Die deutschen Kolonien

Bernd G. Längin

Die deutschen Kolonien

Schauplätze und Schicksale
1884–1918

Bilddokumentation
Michael Schindler

Seit  1789

Verlag E.S. Mittler & Sohn GmbH
Hamburg · Berlin · Bonn

Bildnachweis:
Staatsarchives, *Windhoek*
Nachlass Franz Scholz, *Hamburg*
Privatarchiv H.M. Schindler, *Seefeld*
Amtsblätter des Deutschen Reichstages
Über Land und Meer
Kolonie und Heimat
Deutsche Kolonialzeitung
Ein Jahrhundert Deutscher Geschichte
Ein Teil des Bildmaterials wurde
aus historischen Bänden entnommen.

Schutzumschlag:
Titel von links nach rechts
Hauptmann Friedrich v. Erckert, *DSWA*
König Njoja von Bamum hält Audienz, *Kamerun*
Junger Massaikrieger, *DOA*
Askari Wachposten, *DOA*
Fort Namutoni, *DSWA*
Rückseite von links nach rechts
Traghängematte mit aufgesetztem Sonnensegel, *Togo*
Askari bläst zum Appell, *DOA*
Hendrik Witbooi (Mitte) mit seinen Söhnen und Unterhäuptlingen, *DSWA*
Rebellenführer Bushiri, listenreicher Gegenspieler Wißmanns, *DOA*
Samoanisches Paar in Hochzeitstracht, *Samoa*
Häuptling Tamasese, *Samoa*

Ein Gesamtverzeichnis der lieferbaren Titel der
Verlagsgruppe Koehler/Mittler schicken wir Ihnen
gern zu. Sie finden es aber auch im Internet unter
www.koehler-mittler.de

Bibliografische Information Der Deutschen Bibliothek
Die Deutsche Bibliothek verzeichnet diese Publikation in der
Deutschen Nationalbibliografie; detaillierte bibliografische
Daten sind im Internet über http://dnb.ddb.de abrufbar.

ISBN 3-8132-0854-0

© 2005 durchgesehene Sonderausgabe by Verlag E.S. Mittler & Sohn GmbH, Hamburg, Berlin, Bonn
Alle Rechte – insbesondere das der Übersetzung – vorbehalten
Produktion: Inge Mellenthin
Druck und Bindung: Druckerei zu Altenburg GmbH, Altenburg

Printed in Germany

Der Inhalt

Inhalt

Abkürzungen

AA	Auswärtiges Amt
Abt.	Abteilung
Adm.	Admiral
Btl.	Bataillon
Bttr.	Batterie
DDG	Deutsche Diamanten-Gesellschaft
DHPG	Deutsche Handels- und Plantagen-Gesellschaft
DKG	Deutsche Kolonialgesellschaft
DOA	Deutsch-Ostafrika
DOAG	Deutsch-Ostafrikanische Gesellschaft
DSWA	Deutsch-Südwestafrika
Feldko.	Feldkompanie
FKpt.	Fregattenkapitän
Frhr.	Freiherr
Fw.	Feldwebel
GDK	Gesellschaft für Deutsche Kolonisation
Gen.	General
Genlt.	Generalleutnant
Genmaj.	Generalmajor
HMS	Her/His Majesty's Ship
Hptm.	Hauptmann
Inf.	Infanterie
JCGS	Johann Cesar Godeffroy & Sohn
KAdm.	Konteradmiral
Kbt.	Kanonenboot
Kkpt.	Korvettenkapitän
Kptlt.	Kapitänleutnant
Ko.	Kompanie
Ksl.	Kaiserlich
KzS.	Kapitän zur See
Lt.	Leutnant
Maj.	Major
MSC	Missionarii Sacratissimi Cordis (Missionare vom heiligsten Herzen Jesu)
NGK	Neuguinea-Kompanie
NMG	Norddeutsche Missionsgesellschaft
Oblt.	Oberleunant
Oblt.z.S.	Oberleutnant zur See
Obstlt.	Oberstleunant
Offz.	Offizier
Pol. Maj.	Polizei-Major
Pol. Wm.	Polizei-Wachtmeister
Rgt.	Regiment
RKA	Reichskolonialamt
RMG	Rheinische Missionsgesellschaft
RKV	Reichskolonialverordnung
Sgt.	Sergant
S.M.	Seine Majestät
S.M.S.	Seine Majestät Schiff
SVD	Societas Verbi Divini (Steyler Missionsgesellschaft)
Uffz.	Unteroffizier
USS	United States Ship
VAdm	Vizeadmiral

»Der Hafen von Angra Pequeña ist ein sehr guter ...
der Mineralreichtum des Landes soll ein sehr großer sein.«

KzS Richard Aschenborn, SMS Kanonenboot NAUTILUS.
Eintrag vom 24/1/1884.

»Hij is hot en tot«
Ein Sandloch macht Geschichte

Holzbrenner. Ausgerechnet Holzbrenner, von dem an Bord jeder weiß, dass er Nichtschwimmer ist!

Sr. Majestät Kreuzerfregatte ELISABETH (2.508 Tonnen, 423 Mann, 16 schwere, zwei leichte Geschütze, sechs Revolverkanonen) ist mit einer 2.400 PS starken Dampfmaschine ausgerüstet, »das schönste Schiff der preußisch-deutschen Marine« fährt trotzdem unter Segel. Deutschland braucht Kolonien, Kolonien brauchen Deutsche. Das mit Blut und Eisen geschmiedete Kaiserreich ist auf dem Meer, um bei der Europäisierung des Erdballs doch noch dabei zu sein. Zu besonderer Eile drängt ein englischer Protest. Aber Kohle ist teuer, den Wind gibt es umsonst.

Als sich die ELISABETH auf Sichtweite an Angra Pequeña heranschiebt, ist die Verspätung schon erheblich, trotz des Wettlaufs mit der Zeit. Im Logergebnis wurde zur Begründung die Kreuzerfregatte mit einem »Spielball ungünstiger Winde« verglichen. Tatsache bleibt jedoch, dass Ingenieur Jantzen die Schiffsschraube abgetakelt, hochgehievt und an Bord fest vertäut hatte, der eigentliche Grund Kohle war und nicht der wenig günstige Wind, was sich kurz vor dem Landfall für Kapitän zur See Schering und die Besatzung noch einmal als rechtes Handicap erweist. Mit dem Vor-Anker-Gehen um einen Tag verschoben, ist zur Hebung der Moral jenes Segelexerzieren angesagt, währenddem Holzbrenner, als er durch Leistung auffallen will, von einer Rahe fällt. Der Matrose Sr. Majestät des Kaisers überschlägt sich spektakulär in der Luft, um danach – an den Decksplanken vorbei – Hals über Kopf ins Meer zu stürzen. Dass er eine ihm zugeworfene Rettungsboje zu fassen bekommt, verhindert die hohe See. Als die ELISABETH endlich beidrehen kann, um einen Kutter auszusetzen, treibt Holzbrenner bereits einige 100 m achteraus.

Sr. Majestät Ruderer legen sich kräftig in die Riemen, erreichen den Kameraden trotzdem erst nach rund 20 Minuten. Eine kleine Ewigkeit, während der Holzbrenner eine Menge Wasser säuft, die von der ELISABETH jeden Augenblick damit rechnen, dass er untergehen, einfach verschwinden würde. Wie er so knapp am Tod vorbeischrammt, sich in den Wellen hält, grenzt dann an ein Wunder, wird von jenen, die daran glauben, auch als solches gesehen.

Auf dem Achterdeck nimmt es noch eine gute Stunde, doch dann ist der trotzige Held in diese Welt zurückgebracht. Wunder nur oder tatsächlich auch ein Fingerzeig? Kapitänleutnant Siegel, dem Batterien und Kadetten unterstehen, Leutnant v. Colomb oder Bode vom Seebataillon sollten auch Jahre später noch darauf bestehen: Unter normalen Umständen hätte der Atlantik den Holzbrenner verschluckt, Deutschlands koloniales Abenteuer ein allererstes Opfer gefordert. Doch was war auf Position 26° 38' Süd/Breite und 15° 9' Ost/Länge schon normal für Kämpen in des Kaisers Rock!

Tags darauf läuft S.M.S. ELISABETH an Angra Spitze und Haifischinsel vorbei in den Naturhafen von Angra Pequeña ein, wo S.M. Kreuzerfregatte LEIPZIG wegen der Verspätung bereits wartet. Des Kaisers Mannschaften und Seesoldaten brüllen drei kräftige Hurras, die Bordkapellen intonieren, was Bordkapellen jener Zeit am besten intonieren: den Preußenmarsch.

England hat Kolonien und Kolonisten, Frankreich Kolonien und keine Kolonisten, das von Preußen geführte Deutschland Kolonisten, doch (noch) keine Kolonien. Des Reiches Gegenwart und Zukunft, aufgrund der Geschichten, die jetzt Geschichte machen, immer auch Vergangenheit: Der Zug der Ehinger und Welser nach El Dorado, Augsburgs Konquistadoren in der »Provincia de Venezuela y Cabo de la Vela« auf der Suche nach dem Goldenen Mann. Jakob v. Kurland auf der vulkanischen Antillen-Insel Tobago, die Festung Jakobus »über dem Wind«, das glücklose Jakobusstadt. Experimente im Mohrenhandel an Afrikas Westküste, im späteren Gambia und in Mauretanien. Friedrich Wilhelm v. Brandenburg, den – Sieger und Held nur selten – alle Welt bewundernd-ironisch den Großen Kurfürsten nennt, im lukrativen Sklavengeschäft. Weiße und schwarze Preußen in Groß-Friedrichsburg oder um Fort Sophie-Louise beim Kap der Drei Spitzen. Koloniale Gehversuche Neu-Teutschlands über See, die – von unzivilisierten »grimmigen Menschfresser Leuthen« oder zivilisierten Großmächten »trobliert« – kurzlebig bleiben mussten. Teutsche waren zuzeiten durchaus ernst zu nehmen, doch Europas ernst zu nehmende Konkurrenz hatte ihnen die seetüchtige schwimmende Macht voraus!

Koloniale Ambitionen dann während der Revolution des liberalen Bürgertums, ein sächsischer Hofkapellmeister auf Lebenszeit als deren Sprecher: »Nun wollen wir in Schiffen über das Meer fahren, da und dort ein junges Deutschland gründen, es mit den Ergebnissen unsres Ringens und Strebens befruchten, die edelsten, gottähnlichsten Kinder zeugen und erziehen: Wir wollen es besser machen als die Spanier, denen die Neue Welt ein pfäffisches Schlächterhaus, anders als die Engländer, denen sie ein Krämerkasten wurde« (Richard Wagner, Kapellmeister am Königlichen Theater Dresden, am 14. Juni 1848 im »Dresdner Stadtanzeiger«).

Ein Reich, ein Volk, ein Gott und Kolonien! Auswanderern eine Brücke, ein Hafen dem Bevölkerungsüberschuss. Der Kaufhand den Zugang zu den Tropen, den Missionen die Möglichkeit zum Christenmachen, dem deutschen Volk der Sonnenplatz. Transatlantische Expansion, der Traum von imperialer Geltung und Bessermachen, wie es eine junge Nation zusammenhält.

»Wir wollen es deutsch und herrlich machen: Vom Aufgang bis zum Niedergang soll die Sonne ein schönes, freies Deutschland sehen und an den Grenzen der Tochterlande soll, wie an denen des Mutterlandes, kein zertretenes unfreies Volk wohnen, die Strahlen deutscher Freiheit und deutscher Milde sollen den Kosaken und Franzosen, den Buschmann und Chinesen erwärmen und verklären.«

Ein paar Jahre später – Wilhelm I. (seit Wagners Tagen auch Kartätschenprinz genannt) war Kaiser, Graf v. Caprivi Chef der Admiralität – hatte Bismarcks berühmtes Kabelgramm nach Kapstadt das Reich in die Klasse der Kolonialmächte katapultiert, imperiales Ausgreifen S.M.S. ELISABETH ins »dunkelste Afrika« geführt. Dort hatte der Kaufmann Franz Adolf Eduard Lüderitz mittels Rechtsgeschäft nach europäischem Muster Angra Pequeña »wohl erworben«. Der agile Bremer konnte nicht wissen, was er vom Hottentotten-Kapitän Josef Fredericks erhalten hatte, die 100 Pfund Sterling in Gold und 200 Gewehre, die er dafür hinlegte, war ihm der Küstenstreifen allemal wert (eine Ulanenuniform mit Säbel, die Fredericks in Zukunft bevorzugt zum Kirchgang anlegen würde, gilt als Geschenk). Was Angra Pequeña fehlte, war das

»Heißen« der Flagge (wie es damals noch heißt), wie sie nach englischem Vorbild der Bibel oder dem Handel auf »herrenlosem Boden« folgt.

Im Morgengrauen des 7. August 1884 ist der Wasserspiegel vor Angra Pequeña so stark gefallen, dass die ausgesetzten Landungsboote auflaufen, Offiziere wie Kptlt. Fischel, v. Koppelow, Eickstedt, Koch, Kutter oder Pook ans Ufer getragen werden müssen. KzS Schering von der ELISABETH, vom Fürsten Bismarck für die koloniale Mission bestimmt, hat wegen Unwohlsein kurzfristig abgesagt, seine Vertretung KzS Herbig, Kommandant S.M.S. LEIPZIG, übernommen. Matrose Holzbrenner ist, als sei er kurz zuvor nicht knapp am Tod vorbeigeschrammt, an Land mit dabei.

Angra Pequeña, das Buschmänner »einen Flecken, an dem es nichts gibt«, nennen – Deutschlands Platz an der Sonne, den frühe Entdecker »Sand der Hölle« nannten – ist durch das Aufziehen der Reichskriegsflagge für ein paar Minuten im Blickpunkt der Weltpolitik:

- Antreten zur Flaggenparade (8 Uhr Lokalzeit, mit preußischer Pünktlichkeit). Offiziere, Seekadetten und Matrosen mit Hut und großer Uniform.
- Kompaniekolonnenbewegung und Griffe wie zu Hause. Aufmarsch mit voller Musik. Aufstellung bei der Flaggenstange. Die Mannschaften präsentieren das Gewehr.
- Verlesen der Proklamation (KzS Herbig mit Front zur See): »Seine Majestät der Deutsche Kaiser Wilhelm I., König von Preußen, haben mir befohlen ..., das dem Herrn Adolf Lüderitz gehörige Territorium an der Westküste Afrikas unter den direkten Schutz Seiner Majestät zu stellen ...« – Seine Majestät Kaiser Wilhelm I. lebe hoch (dreifach).
- Salut der Flagge durch die Schiffsbatterien (21 Schuss).
- »Ich bin ein Preuße (... *die Fahne schwebt mir weiß und schwarz voran)*« und »Heil dir im Siegerkranz (... *sei, Kaiser Wilhelm hier, lang' Deines Volkes Zier)*«.
- Ende der Flaggenparade.

Deutsch-Land für Deutschland! Harry Koenig, Assistenzarzt der ELISABETH, der später alles eins zu eins formulieren sollte: »Wir nahmen uns nicht so wichtig. Wir hissten wie befohlen die Flagge in dem Negerkaff, in dem Hottentottenkral, und damit gut.« Für einen wie ihn würde sich hinterher nie die Frage stellen, warum Hottentotten-Kapitän Fredericks beim Verkauf Angra Pequeñas zufrieden die Bemerkung »Den Sand mögt ihr wohl haben« schnalzte.

Ein Tag im afrikanischen Sonnenbrand, die Lichtintensität des dunklen Erdteils, wie sie für Europäer schwer einzuschätzen ist. Vielleicht war es die Kamera, die während der Flaggenhissung ständig Notizen machte, auch auf Photométer und Bromsilbergelatine fiel später der Verdacht: Aus der Fotostrecke, wie vom Haus Lüderitz Beteiligten fest versprochen, wurde nichts, was Leute wie Herbig, Eickstedt oder Koenig – einmal zurück in der Heimat – dann zur Schilderung des Schutzgebietes ohne fotografische Unterlagen zwingt.

Angra Pequeña (nur folgerichtig eines Tages Lüderitzbucht): Makabre Topografie und fehlende Vegetation so weit das Auge reicht. Eine dicke Sandschicht auf felsigem Untergrund. Anhöhen, mit Geröll und verwittertem Granit durchsetzt. Drei zusammenlegbare Blockhäuser, in denen die Herren Vogelsang, Wegener, Franke und Falkentahl Straußenfedern, Häute und Felle der Firma Lüderitz hüten. Auf Sichtweite – »hij is hot en tot«, mal hier, mal dort – Mattenhöhlen lokaler Hottentotten. Im Hinterland Missionare beim Traditionenaustreiben, um armen Heiden-*Negern* christliche Verantwortung und deutsches Beten beizubringen.

Neu-Teutschland über See, Sand der Hölle oder Henry Koenigs *Negerkaff*. Was sich durch das Aufziehen der Flagge geändert hat, sind Schutzherrschaft und Oberherrlichkeit S.M. des Kaisers über den Platz. Die Geschichte der Deutschen würde sich wie bisher zwischen Maas und Memel, Etsch und Belt abspielen, zusätzlich zwischen Oranje und Kunene, der Küsten- und der Kalahariwüste. Auf dem Sand der Hölle ist es ausgesprochen ruhig, im Kriegsfall würde Lüderitzbucht, sofern keine Neutralität ausgehandelt werden konnte, als deutsches Hoheitsgebiet gelten.

Welkgelb bis rötlich angehauchte Naturmenschen vor Ort, die gestern noch nicht wussten, dass es Preußen, ein Deutsches Reich oder einen Hohenzollernspross namens Wilhelm gibt, gelten heute zu Pommern, Friesen, Märkern oder Bayern als dessen Untertanen. Die Behauptung skeptischer Zirkel, der Preußenliedzeile »Ich bin ein Preuße, kennt ihr meine Farben?« komme damit neue Bedeutung zu, ist trotzdem gehässige Schwarz-Weißmalerei. Die Erwerbung mag ein vages Versprechen für Deutschlands Zukunft sein, zählt als solche jedoch weiterhin zu des Herrn Lüderitz Privatbesitz. Wilhelm I., Bismarck oder Caprivi wollen den Flecken gar nicht haben, laut einschlägigen Dossiers nicht einmal geschenkt.

Mit den Mannschaften an Bord der im Naturhafen dümpelnden LEIPZIG und ELISABETH zurück, spülen Offiziere und Angestellte der Firma Lüderitz mit Bier der Brauerei Beck & Co, Bremen, Wein und Sekt der Marke Kupferberg eines der exotischsten Kapitel der deutschen Geschichte noch an Land hinunter. Weniger patriotische Teilnehmer sollten später das Gelage, nicht die Flaggenparade, den eigentlichen Höhepunkt des 7. August 1884 nennen.

Ganz anders S.M. der Kaiser im heimatlichen Berlin: An Afrikas Westküste wehen nach den Farben Brandenburgs die Farben des Deutschen Reiches. Jetzt und erst jetzt kann der eine dem anderen Hohenzoller ganz offen ins Auge sehen. Gelegenheit dazu bietet sich auf der Kurfürstenbrücke gleich nebenan. Dort steht der Große Kurfürst in grün patinierter Bronze. Am Denkmal-Sockel vier angekettete Sklaven.

Zweifelhafte Sammelwut

S.M.S. ELISABETH hält sich nicht mehr lange im Hafen auf. Als sie den Abschiedswimpel setzt – die LEIPZIG befindet sich bereits auf dem Weg heim ins Reich –, bleiben in Lüderitzbucht ein schwarz-weiß-roter Pfosten, eine daran befestigte Tafel mit Reichsadler und der Hinweis »Territorium Lüderitz/ Nördl. vom Oranjefluss bis 26° S.B./ unter Protektorat des Kaiserl./Deutschen Reiches. 7. August 1884« zurück. Fürs bessere Eingewöhnen sind in einem der Blockhäuser eine Fotografie des Kronprinzen und des Kaisers Öldruckbild aufgehängt. Zum Abschied drückt KzS Schering, inzwischen wieder hergestellt, zwischen Haifischinsel und Angra Spitze der Firma Lüderitz die Hoffnung aus, dass dem Unternehmen »trotz der Öde« Erfolg beschieden sei. Was er sich wünscht, ist, dass die auf Federn, Häuten und Fellen sitzende, immer etwas klamme Bremer Traumfabrik eines nicht allzu fernen Tages auszubeutende Kupfererzlager finden kann (der Kapitän ist Seemann, mit Diamanten rechnet er nicht).

Sr. Majestät Kreuzerfregatte hält auf Australien, lässt sich von dort von günstigen Passatwinden durch die Südsee treiben, um hier und da an fremden Ufern – Kompaniekolonnenbewegung und Griffe wie zu Hause. Aufmarsch mit voller Musik – neue Deutschlands zu gründen. Auf ihrer Rückreise operiert die ELISABETH in Bismarcks großem Flottenverband zur Einschüchterung des Sultans Said Bargasch von Sansibar. In Kamerun nimmt sie die Afrodeutschen Mpako, Mbuele und Eudeme an Bord. Noch bevor Schering rund zwei Jahre nach dem Auslaufen den Heimatwimpel aufzieht, hat das saturierte Kaiserreich sein Kolonialimperium im Prinzip zusammen. Trostpreise nur für eine spät gekommene Nation, doch rund fünfmal so groß wie das Mutterland.

Ein Raum ohne Volk für ein Volk ohne Raum? Die jungen Kolonialherren – »und Herren sind wir, nicht Herrische« (Wilhelm Pleyer) – sollten jetzt vieles machen, wie vom 48er Richard Wagner vorgelegt, wo nicht frei und herrlich, so doch immerhin deutsch. Weit und breit kein pfäffisches Schlächterhaus, kein Krämerkasten. Allein der Gedanke, dass zur kulturellen Daseinserhaltung in Nachbarschaft menschenfressender Neger jetzt Schiller gelesen, Beethoven intoniert würde, imponiert. Des Meisters Strahlen deutscher Milde bescheinen Buschmann und Chinesen, hinausgeschickte Händler, Beamten und Soldaten »lassen sich gehen, wo sie wollen«, zeugen die edelsten und gottähnlichsten Kinder, auch wenn sie eingeborenen Landeskindern häufig recht ähnlich sehen.

Deutsche Leistungen, zumindest Zeichen deutscher Normalität und Disziplin: Deutsch-Neuguinea: »Um 9 Uhr (21 Uhr) erschallt wiederum das schon mehrfach erwähnte Hornsignal, der neuguinesische Zapfenstreich; Spiel und Tanz hören auf, die Gesänge verstummen, um 10 Uhr muss das Licht in den Arbeiterhäusern nach strenger Vorschrift erlöschen« (Carl v. Beck, Pflanzungsvorsteher).

Kamerun: »Ehe wir Deutschen nach Kamerun kamen, war Buea ein im Urwald verstecktes Räuberdorf; allmählich wächst es sich jetzt zu einem schmucken Städtchen aus« (Emil Sebritzki, Reichsschullehrer).

Togo: »Nicht dem besser gearteten Charakter der Eingeborenen verdankt die Togokolonie den friedlichen Verlauf ihrer Entwicklung, sondern der richtigen Behandlung der Eingeborenen durch die ersten im Land auftretenden Weißen« (Curt v. François, ksl. Offizier und Forschungsreisender).

Deutsch-Südwest: »Als wir da im Süden mit unserem Hauptmann am Feuer saßen, da sagte er, zwei Millionen Deutsche würden hier wohnen; ihre Kinder, sagte er, würden sicher durchs Land reiten und ihre Gespielen besuchen und würden unterwegs ihre Pferde an den alten Wasserstellen tränken« (Gustav Frenssen, Pastor und Kolonialliterat).

Deutsch-Ost: »Überall herrscht tiefer Friede. Höchstens sind es die Massai, die sich mit ihren Raubgelüsten hier und da unangenehm bemerklich machen« (August Leue, Leiter der Ansiedlung Leudorf am Meru).

Samoa im Vielinselgebiet Polynesien: »Wir dürfen uns freuen, das schönste Stück Erde unser zu nennen. Wir hatten ein Anrecht darauf, denn deutsche Pioniere vor allen andern haben hierher die Kultur getragen, und deutsches Blut hat hier den Boden getränkt; die deutschen Seeleute, die hier gefallen, sie ruhn nun in deutscher Erde« (»Berliner Illustrirte«).

Ostfriesische Zuchtbullen für westafrikanisches Rindvieh, in Südwest galoppieren Ostpreußen und Hannoveraner. Kameruns Wildkautschuk durch Anpflanzung von Hevea brasiliensis und Ficus elastica supplementiert. Sisalagaven aus Florida und mexikanische Vanille in Deutsch-Ost. »Weißkohl gedeiht, macht aber niemals große Köpfe, Rotkohl gedeiht im Tiefland nicht«, als Erkenntnis eines Paul Preuss.

In Deutsch-Ost hangeln der (Berg-) Gorilla gorilla beringei (nach seinem Entdecker Hptm. Oskar v. Beringe, ksl. Resident von Ruanda-Urundi), in Kamerun der Gorilla gorilla diehli (wie er nomenklatorisch das Andenken an einen Herrn Diehl am Leben hält), dazu Preuss' Roter Stummelaffe nach dem Leiter der Ksl. Versuchsanstalt Victoria. Auf Samoa, und nur dort, flattert der Tagfalter Papilio godeffroyi (Godeffroy & Sohn, Hamburger Handelshaus), die Ornithologenzunft ist durch Loranthus prittwizii (Breslaus Lt. v. Prittwitz und Gaffron), den Schwarzschnabelturako Tauraco emini (Emin Pascha alias Eduard Schnitzler), Streptopelia reichenowi (Anton Reichenow) oder den Langflügelpapagei Poicephalus meyeri in Stimmung gebracht. In und um Nssanakang am oberen Mum Aya flattert der graubraune Hübnerrius miniatus ..., um nur einige Entdeckungen und Entdecker zu nennen.

Zurück im Reich hat eine Erklärung in des *Bwana mkubwa Kaisari* bestem Kaiserwilhelmdeutsch den vom Schwabenfähnlein Krapf und Rebmann entdeckten Kilimandscharo neben Watzmann oder Zugspitze zum deutschen Hausberg gemacht.
Das Reich ist in seinen Kolonien, die Kolonien sind im Reich angekommen. Die Deutschen lieben Meldungen wie: »Nach ein paar Stunden Reitens sahen wir vor uns einen hohen Gebirgszug, dem wir seines schwärzlichen Aussehens wegen den Namen Schwarzwald gaben« (Missionar Hahn) ... »Die bis zum Jahre 1863 fast nackten Heiden [hier: Nama und Herero] lernen sich kleiden« (Missionar Jakob Irle in Deutsch-Südwest), »In Urundi und Ruanda ist der Landfriede zwischen den scheuen Wald- und den raublustigen Sumpf-Batwa-Zwergen wieder hergestellt« (Reichskolonialamt, RKA).

In den Schulen sitzen sie über Lesestückchen wie »Kopra und die Kokosnuss«, »Unsere Togoneger als Ackerbauer«, »Muschelgeld macht selig« oder »Ein Zusammentreffen mit Zwergen in Kamerun«. Dem Singspiel »Zehn kleine Negerlein« kommt eine ganz neue Bedeutung zu, kann es sich hier im Endeffekt – »Ein kleines Negerlein,/ Das fuhr mal in der Kutsch,/Da ist es unten durchgerutscht,/Da war'n sie alle futsch« (Vers 10) – doch um kaiserliche Untertanen handeln.
Finsch hat Finschhafen entdeckt (denn entdeckt musste ja werden), die Besatzung der S.M.S GAZELLE Gazellehafen erschlossen. Der Schopenhauer- und Kantberg, das Kronprinzen- oder Kaisergebirge, die Hindenburgkette ... Städtchen und Dörfer am Großkreis des Äquators, Berge, Flüsse, Buchten und Häfen, die Namen tragen, deren nationale Herkunft eindeutig ist.
Einer wie Herr M. aus Buxtehude kann jetzt selbst 4.350 Seemeilen von der Heimat entfernt die Moltkespitze ersteigen, das Baumgelände Grunewald und den Gouvernementsbereich Moabit durchstreifen. Und wenn er in Togo

zufällig auf einen Häuptling mit dem Namen Hossugba (der Adler) trifft ... der Mann hat sich nach deutsch-kaiserlichem Vorbild den Vornamen Wilhelm zugelegt. Herr M. kann den Hohenlohegraben und Neu-Langenburg in Deutsch-Ost besuchen, dazu Hohenfriedeberg, zu dem Eingeborene allerdings nur Hoheni sagen. Vorausgesetzt natürlich, der M. will dorthin.
Selbst in der Südsee »überall deutsche Namen, die Anfänge einer nennenswerten Kultur«: Neupommern, Potsdam- oder Friedrich-Wilhelms-Hafen, die Stettiner- und Langemackbucht, Kap König Wilhelm ..., wie Naturkinder dort Herzog Ernst Güntherhafen oder Kaiserin-Augustafluss aussprachen, ist nicht überliefert. Herr M., jetzt rund 11.700 Seemeilen von Buxtehude entfernt, befindet sich weiterhin auf deutschem Boden.
Natürlich ist absolut nichts wie an Elbe und Este. Herr M. fühlt sich hin und wieder gar fremd: »In Neu-Mecklenburg gehen die Bewohner vollständig unbekleidet« (Franz Hernsheim), »im alpenartigen Bismarckgebirge fressen sie sich gegenseitig auf ..., in Neuhannover ist ein starker Diebessinn ausgebildet« (Paul Wirz).
»Die Weiber [bei Finschhafen] sind größtenteils unansehnlich, sehr klein und mager, viele sogar missgestaltet, wenigstens an den unteren Extremitäten [und] ... man wäscht sich nie« (Wilhelm Knappe an Bismarck). »Die Frauen sind klein und unschön gebaut: eigentümlich ist bei ihnen die große Fettbildung (Steatopygie). Die Fettpolster des Gesäßes springen treppenartig selbst bis zu $^1/_4$ m Durchmesser vor« (Pierers Konversationslexikon zum Thema Hottentotten).
Kolonialer Alltag, der nach anfänglicher »Schützenfeststimmung« (der Abg. Ludwig Bamberger, ein ehemaliger 48er) beim Durchschnittsdeutschen eher Verwunderung als Begeisterung auslöst.
Romantisches Interesse zwar weiterhin wie in Freiligraths »Löwenritt«: *»Abends, wenn die hellen Feuer glühn*

im Hottentottenkraale ... wenn der Kaffer einsam schweift durch die Karru/Wenn im Busch die Antilope schlummert und am Strom das Gnu.« Felix Dahns Agitation für den Zugewinn: *»Noch manches Eiland lockt und lauscht/Aus Palmen und Bananen;/ Der Sturmwind braust, die Woge rauscht,/Auf, freudige Germanen!«*

»Afrika den Afrikanern, uns aber die Afrikaner« (Eugen Zintgraff), doch was stört, der kolonialen Sehnsucht Grenzen setzt, bleibt Kaiserdeutschlands Konzept. Wo gehört zum Beispiel Tschatschamanade am Kamaa im Bezirk Sokode-Bassari hin, die Straße Tsewie-Agbatovhe-Avhegame, die die Ölpalmgebiete zwischen Haho und Lili an die Bahn anschließt? Wo liegen Sapapalili, Wunawutung oder Ombuzondjora?

Irgendwo im Nirgendwo Flaggen zu pflanzen, um zu verhindern, dass andere dort Flaggen pflanzen, war gut für Weltmachtambitionen gewesen, etwas weniger gut für eine erschrockene Öffentlichkeit. Konnten nach erster Erkenntnis deutsche Kolonisten im überseeischen Besitz, wo er fruchtbar oder nur klimatisch geeignet war, doch jetzt nicht leben. War er dort, wie sie hätten leben können, doch nicht fruchtbar und geeignet.
Düstere Protokolle so auch wie vom Bremer Großkaufmann Johann K. Vietor vorgelegt: »Etwas Primitiveres als den deutschen Besitz in Afrika kann man sich kaum denken.« Häme und Spott: »Wo nur sich ein Land findet, das klimatisch unbrauchbar und mit Malaria behaftet ist, da greifen wir zu« (Rudolf Virchow, freisinniger Reichstagsabgeordneter aus dem ostpommerschen Schivelbein).
Theodor Fontanes Kolonial-Kritik: *»Sohn, hier hast du meinen Speer,/ Nimm dir viel und dann noch mehr.«* Im Chor der Enttäuschten einer wie der Schiffsarzt Maximilian (Max) Buchner, amtierender Reichskommissar in Kamerun: »Hoffnungen unserer Optimisten, dass wir aus dem dunklen Kon-

tinent neben anderen fabelhaften Bereicherungen auch größere Gewinne für die Heilkunde zu erwarten hätten, möchten kaum erfüllt werden. Der Neger hat nicht einmal zuverlässige Abführmittel.«
Oppositionsdruck gegen den Gründungselan: »Im Grunde genommen ist das Wesen aller Kolonialpolitik die Ausbeutung einer fremden Bevölkerung in der höchsten Potenz. Und das treibende Motiv ist immer Gold, Gold und wieder nur Gold« (August Bebel, Spitzengenosse der Sozialistischen Arbeiterpartei).
Beißend des linksliberalen Abgeordneten Eugen Richter kritische Replik: »Angra Pequeña ist nichts als ein ödes Sandloch, das bestreitet heute niemand. Zu bedauern sind nur die armen drei Beamten, die jetzt dort unsere Flaggenstangen auf dem öden Sandmeer zu bewachen haben. Wer spricht heute noch von Lüderitz. Das ist ein verkrachtes Geschäft.«

Angra Pequeña, Deutsch-Südwest, Lüderitz als Lügenfritz: Es ist schlimm, des Kaisers Kolonialpolitik hängt fest wie die holzgefeuerte Dampflokomotive »Martin Luther« im Namibsand. Es kommt noch schlimmer. Das windund sanddurchfegte Lüderitzland geht durch die Hölle, bevor es als vermeintliches Paradies Schlagzeilen macht.

Kolonialprosa so auch auf Jahre hinaus: »Militärposten Waterberg/Sergeant Rademacher zerstört, unter den 17 Toten Graf Dohna [ausgerechnet er] und Legationsrat Dr. Höpfner.« – Gouverneur Oberst Leutwein, der im Sonnenland seinen Vornamen Theodor (»Geschenk Gottes«) auslebt, holt sich bei Oviumbo Prügel ab. – »Hptm. Hugo v. François an der Wasserstelle Owikokorero von Hereros unter einem Subkapitän getötet, der ausgerechnet Traugott heißt.« – Abteilung v. Glasenapp (1., 4. Kompanie des Seebataillons, Kompanien v. Winkler und v. Eggers, Artillerie) anstatt auf dem Felde der Ehre in Otjihaenena im Typhuslazarett.

Hölle und gelobtes Land

Befriedung, Erschließung, Kolonisation …, die deutsche Hand auf dies oder das zu legen, was erst einmal durchgestanden werden muss. Wild-(Süd-)West-Literatur, wie sie Verständnis für politische und wirtschaftliche Notwendigkeiten weckt: »Was wir vorgestern beim Gottesdienst gesungen haben: Wir treten zum Beten vor Gott den Gerechten, das verstehe ich so: Gott hat uns hier siegen lassen, weil wir die Edleren und Vorwärtsstrebenden sind. Den Edleren und Vorwärtsstrebenden gehört die Welt« (ein Deutscher zu einem Deutschen).
Doch Gott lässt sich Zeit. Im Überbrückungsraum ist das kräftig durchalimentierte Schutzgebiet ein Passivposten. Im konsternierten Reich zuallererst als Lieferant jenes geflügelten Wortes bekannt, das der frühen Kolonialverdrossenheit einen Namen gibt. Ungeklärt sollte bleiben, warum sich Franken, Hessen, Mecklenburger oder Sachsen nicht an wilhelminische Untertanen wie Wanjamwesi, Dagomba, Mandingo, Kotokoli oder Suaheli hielten, mit denen sie im Sammelsurium des vielrassigen, vielsprachigen überseeischen Streubesitzes verbandelt sind. Ein Bezug auf pygmoide Wald-/ Sumpf-Batwa-Zwerge, die sie »Fäustlinge« nennen, zerknitterte Buschmänner oder kraushaarige Papuas wäre mundgerechter gewesen. Doch alle (deutsche) Welt sagte jetzt geflügelt: »Bei euch sieht's aus wie bei den Hottentotten!«, wie in Angra Pequeñas fremdartigem Lebensmilieu. Wie bei Vogelsang oder Lüderitz. Der eine oder andere mochte Hottentotten als anthropologische Ausstellungsstücke der Hagenbeck'schen Karawane tatsächlich gesehen haben. Wie es bei denen zu Hause aussah, wusste er nicht. Er sagte es trotzdem und meinte »einfach abstoßend, ekelerregend, schlicht schauderhaft« damit.
Als wäre das Außenseitertum kaiserlich-deutscher Hottentotten nicht schon genügend strapaziert, muss es nach

blutigem Vorspiel im Reich zu den berüchtigten Hottentottenwahlen kommen. Der erste richtige Krieg seit 1870/71 hatte Preußens Gloria angekratzt, in den trotzigen Bergen und spröden Steppen Südwestafrikas lagen deutsche Soldaten begraben. Unpatrioten, »vaterlandslosen Gesellen«, geht das Verständnis dafür ab, worüber Bernhard Fürst v. Bülow den Reichstag nach Hause schickt. Der Wahlausgang sollte für Gegner deutscher Kolonien »hottentottisch«, schauderhaft sein.

Richard Wagner ruht längst im Garten seiner Villa Wahnfried, Sr. Majestät Kreuzerfregatte ELISABETH wurde in Stettin abgewrackt, Bismarck in Friedrichsruh beigesetzt. Von Caprivi wird erzählt, dass er sich kein größeres Übel vorstellen könne, als wenn einer dem Reich ganz Afrika schenkte. Ausgerechnet jetzt kommt es zu jener Entdeckung, die aus Südwests verfluchtem Höllensand ein deutsches Hottentottenparadies, die Namib zum wertvollsten Teil des gesamten deutschen Kolonialbesitzes macht. Praktisch über Nacht ist nichts mehr wie es einmal gewesen ist: »Mit einer preußischen Ordentlichkeit wurden die Schätze gefunden. Abenteuerlich war höchstens, dass eine Zeit lang Kellner und Barfräulein in Lüderitzbucht ihr Trinkgeld in Diamanten bekamen« (Hans Grimm) …, womit der kolonialen Geschichte des Kaiserreiches jedoch bereits etwas zu weit vorgegriffen ist.

Das Segelexerzieren in Sichtweite von Henry Koenigs Hottentottenkral, Holzbrenners spektakulärer Sturz aus der Takelage der ELISABETH? Ein Nichtschwimmer in aufgewühlter See?

Auch beim Aufziehen kaiserlicher Farben über so fernen Plätzen wie Bimbia, Mioko, Wamatschonde oder Tschu tscha tau, wie auf der Schering-Insel, an Eickstedt-Busen, Preußenreede oder Bayern-Bucht, konnte es zu mehr oder weniger symbolhaften Zwischenfällen, durchaus komischen Geschichten kommen. Das »Mann über Bord« auf Position 26° 38' Süd/Breite und 15° 9' Ost/

Länge mochte reiner Zufall gewesen sein, war im geschichtlichen Zusammenhang in seiner Symbolkraft jedoch kaum zu übertreffen.

Auch das junge, dem größeren Deutschland zustrebende Reich war mit Bismarcks Kabelgramm nach Kapstadt ins Wasser gefallen, mit der Flaggenhissung in Angra Pequeña im Kampf mit den Wellen. Eine Weile sollte es sich über Wasser halten, doch schwimmen, so die Siegermächte, die nach Verdun oder Cambrai (Duala/Kamerun, Morogoro/Deutsch-Ost oder Treckkopjes/Deutsch-Südwest) in Versailles das Sagen haben …, schwimmen konnte es nicht. Wo eine von Öl, Fett und Schmutzpartikeln wasserdicht versiegelte, zum Windei aufgeblähte Bluse den Matrosen Sr. Majestät Holzbrenner gerettet hatte, war des Kaisers zusammengepuzzeltes Kolonialreich dem Untergang geweiht. Der Sturz wurde nachträglich zum Sündenfall, Wunder, an die man so gerne geglaubt hätte, blieben aus.

Deutschland, unter den Letzten, die gekommen waren, ist unter den Ersten, die wieder gehen müssen.

Zeit, um die Verluste zu mustern, Fragmente einer gewesenen Welt. Was überlebte, sind jene Geschichten, wie sie einst Geschichte machten.

Bernd G. Längin

Bismarcks Kabelgramm nach Kapstadt, mit dem sich das Reich als Schutzmacht erklärte.

Bocksohr, Kuhschwanz, Pferdefuß ...,
als Johann Wolfgang v. Goethe zur
Feder greift, um Weltliteratur zu
schreiben, wählt er als Quelle nicht die
Zerrfigur der Puppenspiele, das als
Person gedachte Böse, sondern eine
kräftig modernisierte Gestalt.

Anno Domini 1534 hatte ein Reichs-
ritter Philipp aus dem Freiherrengeschlecht der von Hutten im Fränki-
schen das *gar sunderliche Gefühl* ver-
spürt, nicht in Ruhe sterben zu können, »wenn ich nicht die Indischen
Lande [das Welserland Provincia de
Venezuela] besucht hätte«. Was ihm
dazu fehlte, war die rechte Prognose,
für die er sich mit einem D. Johann
Fausten zusammensetzte. Als Ort des
Orakels wird Augsburg vermutet, ver-
bürgt ist, welche Antworten der Ritter
auf seine brennendsten Fragen erhielt.
Weitbeschreyter Zauberer dann, Schwarz-
künstler, der obersten Teufel einer ...,
die Nachwelt mochte von Fausten einmal halten, was sie wollte. Mit seiner
Voraussage hatte er ins Schwarze getroffen, was ein recht deprimierender
Brief Huttens aus Coro im Januar 1541
unterstreicht. Wie genau der historische Faust tatsächlich orakelte, konnte der Dichterfürst zu seiner Zeit am
Epitaphium des Moritz v. Hutten, Fürst-
bischof von Eichstätt, in der Pfarr- und
Wallfahrtskirche von Maria Sondheim
bei Arnstein nachlesen. Der hatte seinem auf so tragische Weise ums Leben
gekommenen *lieben Bruder* dort das
Denkmal gesetzt:

»Am Hofe Karls V. erzogen, reiste er
im Jahre des Herrn 1534, um den
christlichen Namen auszubreiten und
fremde Völker kennen zu lernen, nach
Venezuela, einer Landschaft des fernen Indiens. Hier unternahm er zwei
Entdeckungszüge. Während des ersten,
der drei Jahre lang dauerte, hielt er
sich so tapfer, dass er nach dem Tode
des Statthalters von seinen Gefährten
zu dessen Nachfolger gewählt wurde.
Auf dem zweiten Entdeckungszug von
fünfjähriger Dauer führte er den Oberbefehl. Durch unermüdliche Ausdauer
eroberte er mit Hilfe einer kleinen, tap-

feren Schar unter dem südlichen Himmel weite Gebiete. Schon wollte er,
nachdem er seine Unternehmungen
wohl und glücklich ausgeführt hatte,
nach seinem Standlager Coro zurückkehren, als er von einem neidischen
Spanier mit Namen Johannes Carvesal
zugleich mit Bartholomäus Welser aus
Augsburg und zwei vornehmen Spaniern Alfonso Romero und Gregorio de
Placentia in der Karwoche des Jahres
1546, o Jammer, elend ermordet und
durch den verbrecherischen Carvesal
in vier Stücke zerschnitten begraben
wurde. Sein trauernder Bruder Moritz,
von Gottes Gnaden Bischof von Eichstätt, widmet ihm aus Liebe und zur
Erinnerung das Denkmal.«

Was die deutsche Conquista zum Wohle
der Christenheit, die nichts anderes als
eine Suche nach El Dorado (dem Ver-
goldeten, dem Goldland) ist, als Urszen-
ne der deutschen Überseepolitik im
Prinzip schon auserzählt.

Die »Indischen Lande« hat Hutten gesehen, es dort, bevor sein Traum zum
Albtraum wurde, zum Generalkapitän
der Welser gebracht. Seinen Horoskopersteller sollte Goethe zum Kraftkerl
und Genie hochschreiben. In Ruhe sterben durften sie beide nicht. Der frän-
kische Ritter und Konquistador überlebte eine nach einer Pfeilverletzung
vom Feldscher durchgeführte Brust-
operation, bevor er auf dem Marktplatz
von El Tocuyo durch zwei kräftige *Ne-
gersklaven* »elend ermordet« wurde.
Auch Goethes Ideengeber wurde –
glaubt man der Sage – nach Ablauf seines Teufelspaktes »recht elendiglich«
ums Leben gebracht.

Neu-Teutschland über See

Goethes Faust steht für die Verkörpe-
rung des rastlos Strebenden, fausti-
scher Wille über der Suche nach Gold.
Faustisch ist – so spätestens seit Oswald Spengler – die Kolumbussehn-
sucht des abendländischen Menschen,
haben faustische Gestalten, als sie sich
kundig in Erdkunde machten, doch den
Seeweg nach Indien, den Indischen,
den Stillen Ozean und – westwärts nach
Osten segelnd – die transatlantische
Welt entdeckt.

Die Erde, jetzt eine sich um die Sonne
drehende Kugel, war umsegelt, toll-
kühne Schiffsmeister berichten von
»fabelhaften Ländern und wunder-
baren Leut«. Strittig nur, wer Neu-
entdecktes besitzen, ausbeuten, missionieren ..., wer vor Ort christlich-
abendländische Überlegenheit demonstrieren durfte, worüber sich Europas
dominierende katholische Supermäch-
te nicht einig sind. Da sie Gott wegen
Lappalien dieser Art nicht zu fragen
wagen, wenden sie sich an dessen Stellvertreter auf Erden. Alexander VI. (Rodrigo Borgia) ist Primas der gesamten
Christenheit und nach der Vorstellung
des kanonischen Rechts zum Schiedsspruch berechtigt.

Tordesillas im Jahre des Herrn 1494:
Alexander VI. greift zu Lineal und Federkiel, zieht damit etwa 370 Seemeilen westlich der Kapverdischen Inseln
eine Linie, die in Nord-Süd-Richtung
von Pol zu Pol ein westliches von einem
östlichen »Missionsgebiet« trennt. Die
außereuropäische Welt ist aufgeteilt,
womit, Brasilien ausgenommen, die so
genannte Neue rechtskräftig zu Spanien, Afrika und Asien zu Portugal zäh-

len. Der Trennungsstrich schließt noch zu Entdeckendes ein, gemeint damit ist, was Abendländer Entdeckungen nennen.

Von Alemães, die in der Seefahrt des späteren Mittelalters noch eine führende Rolle spielten, war in Tordesillas nie die Rede, über Alemanes oder Tedesco fiel offenbar kein Wort, was dem amtierenden Pontifex maximus nicht anzukreiden ist. Teutsche mochten, wenn es zu Kartografischem oder Navigatorischem kam, in der Frühzeit kolonialer Erwerbungen durchaus ernst zu nehmende Mitspieler sein, doch das Alte Reich spielt wegen »der Nullität seiner Mittel«, die teutschen Lande machen aufgrund ihrer nationalen Zersplitterung nicht mit.

Abgesehen von germanischer Wander- und Kampfeslust ..., kolonisiert, im Wortsinn von »ein Schwächerer unterliegt einem Stärkeren«, hatten auch sie: »Das großartigste Beispiel germanischer, ganz eigentlich deutscher Kolonisationstätigkeit bietet die Geschichte der Verdeutschung von Kurland, Livland und Preußen durch den Ritterorden der Schwertbrüder und den Deutschherrenorden«, so »Das Überseeische Deutschland«, ein Standardwerk für Kolonialenthusiasten aus dem Jahre 1903. »Friedlich ist dies Werk nicht vor sich gegangen; und dem hochherzigen Ureinwohnervolk wird nie die Bewunderung seines Heldenmutes, das Mitleid mit seinem unabwendbaren Geschick versagt bleiben. Aber höher steht die Kultur! Und die hat das Deutschtum in die Ostmark gebracht.«

Die Ritter mit dem schwarzen Kreuz auf weißem Mantel ..., wie sie mit Schwert und Lanze, Kreuz und Maurerkelle Propaganda für Gott machten, ohne die politische Absicht neben der Mission zu übersehen; die Orlog-Schiffe Danzigs, Hamburgs oder Bremens: Gepflogenheiten, die das »wie im finsteren Mittelalter« flügelnd in den Sprachschatz einreihten, die Kaiser Wilhelm II. trotzdem als Blüte deutscher Leistungsfähigkeit bezeichnet.

Papst Alexander VI.
(Rodrigo Borgia, 1430–1503),
Primas der gesamten Christenheit.

Als Alexander VI. mit Lineal und Federkiel hantierte, um die Welt außerhalb Europas aufzuteilen, hatte sich der Ordensstaat jedoch überlebt, kam das Heilige Römische Reich teutscher Nation ohne Reichsflotte aus. Die Bedeutung der meergewaltigen Städtehanse war im schnellen Sinken begriffen, für einen Neustart gab die teutsche Seefahrt absolut nichts her. Die mit sich selbst beschäftigten Teutschen dachten, seemächtige Völker handelten, errichteten Handelsstationen, steckten Einflusszonen ab.

Wenn Teutsche im frühen Entdeckungszeitalter zu fremden Ufern fuhren, dann im Dienste von Portugiesen und Spaniern. Adelsburschen und Kriegsknechte, die sie zu Hause gerade nicht brauchten, segelten auf hochbordigen Karracken oder wendigen Karavellen. Abenteurer, Wundärzte, Schreiber und Vagabunden heuerten auf schlanken Galeonen an, seit Portugals erhabener König Johann I., den sie den Unechten nannten, für die Eroberung seiner frühen afrikanischen Kolonie Ceuta in Europa die Werbetrommeln rührte. Begleiter des portugiesischen Admirals Diego Cao, der auf der Suche nach dem Seeweg nach Indien 1486 Portugals

Wappenpfeiler am Kreuzkap (nördlich des heutigen Swakopmund) errichtete, war der Nürnberger Kartograf Martin Behaim. Nach Vasco da Gamas erster Indienfahrt (um 1497), die das Kap der Stürme an Afrikas Südwestküste zum Kap der Guten Hoffnung machte, fand keine portugiesische Asienreise ohne Waffenhilfe der Alemães statt.

Mit dem Tag, an dem England und Holland die Bedeutung überseeischer Kolonien für *Commercii* und *Kommercium* entdeckten und die Grenzen, die Gottes Stellvertreter in Tordesillas zog, mehr und mehr ignorierten, waren Teutsche auch in deren Diensten dabei. Besonders die wenig volkreichen, doch flottenstarken Niederlande setzten ihre *Zeelverkoopers* auf brachliegende Kräfte der »seelisch verwandten« Nachbarschaft an. Namen blonder Klischee-Recken wie die Jakobe, Geerd, Frans oder Martine, zeitgemäße Krieger der rauesten Sorte aus Hamburg, Lübeck oder Schwedt, irrlichtern durch die Geschichte. Griffe dazu in eine koloniale Ahnengalerie, die in deren Strandgut verschwinden musste:

»Auch sind allda gewesen 500 Hochteutsche Niederländer und Sachsen und unser aller oberster Hauptmann, welcher mit seinem Zunamen geheißen Don Pedro de Mendoza«, so Gregor Aldenburgk, 1623–1626 in holländischen Diensten, bei der Eroberung der Stadt San Salvador, der Augsburger Christoph Linz beim *Anschlag auf das Land Brasilia* dabei. Der Feldobrist Sigemundt v. Schkoppe, Herr von Krebsbergen und Groß-Cotzen beim Sturm auf Santa Catharina do Cabedelo mit *mannlichem Muth*, Sergeant Georg Hebern aus Joachimsthal »auf Ceylon von Elefanten derart zugerichtet, dass er aus dem Zeitlichen in die Ewigkeit abging«.

Dapffere Teutsche zogen die Blut- und Fechtfahnen (»*darinn ein Arm mit dem Schwerdt steht*«) im goldreichen Malakka, in China, Japan und Aden auf. Teutsche Ehr spielte bei den Eroberungen von Sofala, Mosambik und Mombasa eine Rolle, teutsche Bandulierer zeichneten sich in den heißen Kämpfen um Goa aus. Teutsche sind bei der Gründung von Nuestra Senora Santa Maria del Buen Aire, der Heiligen Jungfrau Maria der Guten Luft dabei. Als Johann Moritz v. Nassau-Siegen in Brasilien eintraf, wehte dort neben der Kompagnie- und der holländischen Flagge die Fahne des Heiligen Römischen Reiches teutscher Nation.

Taten und Untaten werden aufgezeichnet, versteht sich der eine oder andere doch im Umgang mit Säbel und Feder: »Den 5. Januarii begab ich mich und mein Kamerad in die Stadt Batavia, den köstlichen Tee-Tranck, welcher warm getrunken wird (ist gut, wenn der Magen mit Speiße und Tranck überladen, stärket das Gedächtnüß und schärft den Verstand), wie auch Zuckerbier zu versuchen« (der Sachse Johann von der Behr). »Den vierten Tag fielen wir in den Flecken, erschlugen alles, was wir darin fanden, und fingen viel Weiber; das war unser großer Behelf« (Ulrich Schmidel aus Straubing).

Zum kriegerischen kommt das kaufmännische Geschick. Ober-Teutsche Familien wie die seefahrenden Welser oder geldmächtigen Fugger, die bereits mit König Manuel, dem Glücklichen, von Portugal Verträge schlossen, stellten Logistik und Kapital für Francisco Almeiras gefahrvolle Indien-Expedition und Sebastian Cabots Erkundungsreise auf dem La Plata. Die Gossenbrot, Neidhart, Cromberger, Vöhlin, Herwart, Rot, Imhof, Nürnberger oder Höchstetter waren in der Einkaufszentrale Venedig oder am Gewürzstapelplatz Lissabon geachtet, führten im Handel an Ostafrikas Küste, bestimmten den asiatischen Kolonialwareneinkauf.

Georg Pock von der auf Edelsteinhandel spezialisierten Hirschvogelschen Goa-Faktorei kann seiner Zentrale melden: »mer hab an Stein, dessen Mechtigkeit« zu beschreiben »zwei Ries Papier« nicht ausreichen. Balthasar Sprenger macht »als ainn bestel-

ter von wegen der Welser zu Augspurg«, Nathanael Jung als Geschäftsführer teutscher Faktoreien in Asien reichlich Gewinn, was zukünftige Propaganda immer dann, wenn die Zeit nach nationalen Legenden rief, so auslegen würde, dass Teutsche, »von waghalsigem Wikingergeist beseelt, ihre starken kolonialen Fähigkeiten schon jetzt unter Beweis stellten«.

Doch wachsender Lebensraum, Kraftquellen für die Heimat, Pflanzstätten deutschen Wesens? Die Kaufherren besaßen Handelstalent und Risikobereitschaft, stellten den Kaufmann. Eroberer waren sie nicht. Was den Teutschen für ein Neu-Teutschland über See fehlte, waren die politische Einheit, die zielbewusste zentrale Führung und die wehrhafte Flotte. Teutsche dienten, von Groß-Mächtigen angeworben, dem Bekehrungseifer der katholischen Kirche und fremdem Unternehmungsgeist. Teutsche unterhielten Kolonien in aller Welt, doch ohne Hoheitsrechte oder den Schutz eines teutschen Staates.

Einer wie Ferdinand Kron, Generalvertreter teutscher Faktoreien in Asien, reklamierte, dass seine der Entwicklung hinterherlaufenden, im Kielwasser großer Entdecker hinterhersegelnden Landsleute einiges verpassten: »Wann die Teutschen dise Gelegenheit dismal versäumen, werden sy gewis-

lich so bald nicht mer dergleichen partido bekhomen.« Falsch ist das nicht. Spanier, Portugiesen, Niederländer, Engländer oder Franzosen hielten ihre kolonialen Ehrentafeln hoch, die Teutschen trauerten verpassten Gelegenheiten, so tragischen Gestalten wie dem Philipp aus dem Freiherrengeschlecht der von Hutten, hinterher.

Der Zug nach El Dorado

Karl V., prunksüchtiger Sohn Johannas der Wahnsinnigen und Philipps des Schönen, »zu allen Zeiten Mehrer des Reiches«, hatte Schulden. Patrizier wie die Augsburger Anton und Bartholomäus V. Welser hatten Geld. Der römisch-teutsche Souverän verfügte über ein Reich, in dem die Sonne nicht unterging. Die Welser zeigten Interesse, die Kette ihrer handelspolitischen Unternehmungen mit einem eigenen Kolonialimperium abzurunden, auch dann noch, wenn es historisch nach Tordesillas so nicht vorgesehen war. Anno Domini 1528 wird es wohl so weit gewesen sein, ganz sicher sind sich His-

Der Nürnberger Kartograf und Kosmograf Martin Behaim (1459–1506), Begleiter Diego Caos auf der Suche nach dem Seeweg nach Indien, vor seinem ersten Erdglobus (Gemälde von Max Baer).

Vasco da Gama (um 1469–1524): Die Entdeckung des Seewegs nach Indien begründet die Weltmachtstellung Portugals.

toriker nicht. Erst 1531 treten Anton und Bartholomäus V. Welser de jure als Vertragspartner der Krone auf. Karl V. hat dem Handelshaus die Privilegien zum *Conquistar y poplar*, der Eroberung und Besiedlung der kulturfernen »Provincia de Venezuela y Cabo de la Vela«, überschrieben. Den Küstenstrich hatte Kolumbus angesegelt, der Spanier Alonso de Ojeda, als er an der Lagune von Maracaibo Pfahlbauten entdeckte, nicht ohne Ironie Venezuela (Klein-Venedig) genannt. Magisches historisches Datum sollte für Deutsche mit der Landung Teutscher bei Santa Ana de Coriana (Coro) der 24. Februar 1529 sein.

Was Karl V. den Schwaben mit allerhöchstem Willen gewährte, war das Ein-/Ausfuhrmonopol, dazu die Ausbeutung von Land und Leuten. Als Gegenleistung hatten sie 50 Bergleute ins Land zu bringen, zwischen Kap Maracapana und Capo de la Vela zwei Siedlungen für jeweils 300 Europäer und drei befestigte Plätze anzulegen. Steuern mussten ordnungsgemäß abgerechnet werden, von eventuell aufgefundenen Edelmetallen verlangte die

Krone ihren Schnitt. Zu »conquisieren und reich Land aufzudecken«, die Heiden dieser Welt zum katholischen Glauben zu bekehren oder zu vertilgen, war allgemeine Christenpflicht.

Die Perlenbänke am Kap der Segel und der Bergbau versprechen moderate Profite, ein übers Meer gebrachter *Negersklave* bringt um die 50 Dukaten Gewinn, doch die spanische Krankheit (die Suche nach Gold, Gold, Gold) kurieren sie nicht.

Kaum im Land, brechen die Teutschen vom Verwaltungszentrum Coro aus zu den berühmt-berüchtigten Welser-Entradas auf. Entradas sind Erkundungsreisen einer Hand voll Männer, die sich auf Gott und ihr scharfes Schwert verlassen. Entradas werden zu Raubzügen, wenn Kriegsleute wie Ambrosius Ehinger, Georg Hohermuth, der schwäbische Feldhauptmann Nikolaus Federmann oder der Reichs- und Glücksritter Philipp v. Hutten im Erkundeten, Neuentdeckten etwas zu rauben finden. Entradas können allerdings auch etwas wie Selbstmord auf Raten sein.

Im gelobten Land, das viel mehr nimmt als gibt, beginnen sich die Ereignisse zu überschlagen, ist das Welser-Unternehmen doch so reich an Geschichten, dass niemand neue dazu erfinden muss. Die Ehrfurcht vor den weißen Göttern schwindet, was jagende Christen (*»mehr zigeünern und krüplen, denn kriegsleütten gleich«*) zu Beute werden lässt. Einen wie den edlen Hutten, einst Edelknabe am Hofe Kaiser

Karls, macht der Hunger zum Kannibalen: »Wir waren gezwungen, Menschenfleisch zu essen, was im Gegensatz zu den natürlichen Moralgesetzen steht.«

Den Teutschen fehlt das Talent des Hernán Cortéz, sich als höhere Wesen herauszustellen, die List und Tücke eines Francisco Pizzaro, den das Gold der Neuen Welt zum Überhelden macht. Am Kaiserhof redet der Dominikaner Bartolomé de Las Casas das Kolonialsystem der Welser schlecht.

Selbstherrliche Konquistadoren, die fraglos lieber Geld als Christen machen, meuternde Conquistadores und konkurrierende Conquista-Züge. Neusiedler wie der Lebzelter, Franz oder Gundelfinger, Andreas, die, anstatt einer ehrlichen Arbeit nachzugehen, lieber eingeborene Guajiros, Cáquetios oder Arawaks jagen. Intrigen und nationale Eifersucht. Unter den Europäern, die sich am liebsten »wir Christen« oder »der Christlichen Kirchen einverleibet« nennen, geht es keineswegs christlich zu, was Hutten ein ums andere Mal klagen lässt: »Ich fürcht mehr den Krieg mit den Christen denn den Indianern.«

Die Teutschen töten und werden getötet. Prominentes Opfer ist Statthalter Ambrosius Ehinger, im Tal von Chinacota aus heiterem Himmel von einem

Bartholomäus V. Welser (um 1484–1561), Chef der Welsergesellschaft, und Barbara Welser.

Pfeil getroffen, der zudem vergiftet ist. Generalkapitän Georg Hohermuth bringt das Verrugas-Fieber um, Bartholomäus Welser d.J., der älteste Sohn des Augsburger Konzernherrns, lässt der Spanier Carvesal in Stücke schneiden.

Mit dem Tod des Erben vergeht den Welsern die Lust zum Weitermachen, am Kaiserhof ist die Stimmung gekippt. Nach ein paar Jahren entzieht Karl V. den Schwaben das Patent, was die Welt noch einmal zu Papst Alexanders VI. Monopolprinzip zurückkehren lässt.

Künftige Erinnerungen helfen dabei, Distanzen zu seemächtigeren Ländern abzubauen, nähren die Vorstellung, dass deutsche Kolonialgeschichte etwa zeitgleich mit jener von Portugiesen oder Spaniern beginnt. Ein trojanisches Pferd in den Imperien der großen zwei war die (politisch gesehen ohnehin nur bedingt teutsche) Conquista jedoch nicht. Als Goethe 1832 sein Manuskript vom Faust versiegelt, hat er – wenn auch mit Unterbrechungen – rund sechs Jahrzehnte daran gearbeitet. Das Welserreich von gestern, über blutbesudelte Anfänge nicht hinausgekommen, hatte keine 20 Jahre bestanden.

Teutschen fehlte die koloniale Reife, am Traum vom Neu-Teutschland über See ändert sich nichts. 1626 kommt es in Schweden zur Einrichtung eines Handels- und Kolonialunternehmens, mit dem das holländische und spanische Handelsmonopol mit der Neuen Welt durchbrochen werden soll. Unter den Gründungsmitgliedern befinden sich Städte wie Lübeck, Emden und Danzig, dazu der Herzog von Pommern. Einer Verwirklichung der hochfliegenden Pläne – für die Anlage einer teutsch-schwedischen Kolonie ist an Grund und Boden im heutigen New York gedacht – kommt der Dreißigjährige Krieg zuvor. Die volle Tragik, wie es einem teutschen Landesfürsten zwischen Welsern und Groß-Friedrichsburg ergehen konnte, der einen Blick für überseeische An-

Der Dominikaner Bartolomé de Las Casas, Autor des »Kurzgefassten Berichts von der Verwüstung der westindischen Länder«.

gelegenheiten hatte, sich eine Kolonie verschaffen wollte, spiegelt sich im Los des Grafen Friedrich Casimir v. Hanau-Lichtenberg.

Seefahrt und Handel zählen zum Fundament, auf dem ein Land wirtschaftlich erblühen kann. Spekulieren über schnelle Gewinne in Übersee lenkt von hausgemachten Problemen ab. Friedrich Casimir hatte 1669 über seinen Geheimrat Johann Joachim Becher Kontakte mit der Holländisch-Westindischen Kompagnie aufgenommen, um einen Landstrich in Holländisch-Guyana (zwischen Orinoco und Amazonas) zu erwerben. Zur Gründung eines Königreiches Hanauisch-Indien und einer Hanauisch-Indischen Kompagnie ließ er Bechers Aufruf »Wohlan denn, dapffere Teutschen, schaffet, dass man in der Mapp neben neu Spanien, neu Frankreich, neu England, auch ins künfftige neu Teutschland finde« auf den Märkten verlesen.

Das war es auch schon, denn gut gehen konnte das Ganze von vornherein nicht. Die Grafschaft Hanau ist gerade mal 44 Quadratmeilen groß, Hanauisch-In-

dien 3.000. Für seinen kolonialen Weitblick wird Graf Friedrich Casimir praktisch für verrückt erklärt und unter Vormundschaft gestellt.

Kurfürst Jakob auf Tobago

Jakob v. Kurland, Patensohn des englischen Königs James I., hatte Illusionen. Eine davon sah sein aus dem zerfallenen Gebiet des Deutschen Ordens stammendes Gottesländchen – neben der Landschaft um Riga Hauptsiedlungsgebiet des baltischen Deutschtums – als See- und respektierte Handelsmacht, als »zweites Holland«.

Voraussetzung dafür war der Einstieg ins transkontinentale Dreiecksgeschäft, für das die Zeit ihre wirtschaftliche Zauberformel hat: Europas Segler segeln mit heimisch gefertigtem Zivilisationsgut nach Afrika, nehmen dort lebendige und tote Ware an Bord, um sie in Amerika einzutauschen oder zu verkaufen. Aus der Neuen Welt kehren sie mit Silbermünzen und Kolonialwaren wie Zucker, Kakao, Baumwolle, Tabak und tropischen Früchten für den Heimatmarkt zurück.

Kern des Geschäfts ist der profitträchtige, als durchaus ehrenwert geltende Sklavenhandel, zahlt der Europäer in Afrika für gesunde Mohren (den Begriff *Neger* gibt es im teutschen Sprachgebrauch noch nicht) doch gerade mal 45 Gulden pro Kopf. In Amerika sind beim Weiterverkauf 210 Gulden zu erzielen …, immer vorausgesetzt, dass der Mohr die Überfahrt gesund überstanden hat. Tote Sklaven rechnen sich nicht.

Kur- und Holland, zwei auf ein und derselben Stufe! Normalerweise gilt einer wie er als Spinner, dem Jakob nahm man es ab. Kurland, zwischen Ostsee, Rigaischem Meerbusen und Düna (im heutigen Lettland), mochte gerade mal 27.286 qkm groß, dann auch nur Heimat von 200.000 Einwohnern sein, »meist germanisierten« Kuren und Wenden von lettischem und litauischem Stamm, dazu Familien mit Wurzeln im Westfälischen und am Rhein.

Doch Jakob war nicht irgendwer. Der Souverän hatte in Leipzig und Rostock studiert, auf Reisen Handel und Wohlstand in Frankreich und Holland schätzen gelernt. Im englischen Bürgerkrieg (1642–48) war er Charles I. mit sechs Kriegsschiffen zu Hilfe geeilt, wofür ihm His Majesty noch etwas schuldete. Was Kurland als ernst zu nehmende maritime Macht auftreten ließ, im Kolonialgeschäft zählte, waren über 100 Handels- und Kriegsschiffe mit 1.416 Kanonen. Hochseetaugliches darunter wie die auf Kurlands Werften gebauten DREI HERINGE, die BLUMENTOPF oder die KROKODIL, die das Transportmonopol etablierter Seemächte nicht beseitigen, doch immerhin herausfordern konnten.

Für die Suche nach Stützpunkten im Dreieckshandel ist dem kleinen Kurland kein Spagat zu groß, zur Sicherung einer ersten Station wird die KROKODIL 1651 an Westafrikas Küste geschickt. Das mangrovenbestandene Mündungsgebiet des Gambia River, der Wasserstraße ins Innere Afrikas, bietet sich für den Handel mit Mohren an. Unweit von Juffure, Geburtsort des durch Alex Haleys Familiensaga »Roots« unsterblich gewordenen Mandingo-Knaben Kunta Kinte, kann ein Peter Schulte St. Andreas (später: James) Island pachten. Auf der Insel legen die Kurländer Fort Jakobus als Ausgangspunkt ihrer Aufkäufer an, die im Um- und Hinterland nach Gold, Elfenbein und Mohren suchen.

Nahezu zeitgleich will sich Jakob auf der 301 qkm großen Karibikinsel Tobago das westindische Standbein schaffen, wie es für das Sklavengeschäft unverzichtbar ist. Weiße Palmenstrände und tropische Vegetation ..., die Insel der Kleinen Antillen, die vor Fruchtbarkeit geradezu strotzt, zählt zu den schönsten Plätzen der Karibik. Kolonisten, die das ziemlich raue Klima im Heimatnest an Ostsee oder Rigaer Busen hinter sich ließen, um in der Neuen Welt ein neues Leben anzufangen, wussten den Platz an der Sonne zu schätzen. Drei unabhängig voneinander begonnene Siedlungsversuche von Kurländern sind trotzdem schon gescheitert, wer lebend davonkam, hat sich nach Holländisch-Guyana abgesetzt.

1654 segelt KzS Wilhelm Mollens mit dem Zweidecker WAPPEN DER HERZOGIN VON KURLAND (45 Kanonen, 24 Offiziere, 124 kurländer Soldaten und 80 Kolonistenfamilien) Tobago an, um es vor Ort zu Kurlands Besitz zu erklären. Auf der Nordhälfte der Insel wird zur militärischen Absicherung erst Fort Jakobus, danach – so ist es Jakobs Wunsch – an Jakobusstadt gebaut.

Erste Voraussetzung für den Anspruch einer europäischen Macht auf den dauerhaften Besitz überseeischer Gebiete ist die »göttliche Hülfe«. Fast genauso wichtig sind Kanonen und Bandulierer, die mit Pulver, Kugel und Lunte umzugehen verstehen. Die Bindung ans Mutterland, was Tobago, nach jenem Kraut, das Einheimische dort in langstieligen Pfeifen schmauchen, zu Neu-Kurland macht, wird durch *Peuplierung* erzielt, wofür Jakob an Düna, Stende und Windau die Werbetrommeln rühren lässt. Die Resonanz hält sich in Grenzen; um das Soll zu erfüllen, machen auch straffällig Gewordene die Reise in die Karibik mit. Eine Strafkolonie ist Neu-Kurland trotzdem nicht.

Vielleicht hatte sich Jakob v. Kurland nie ernstlich mit der Conquista beschäftigt (von Tobago zur Küste Venezuelas sind es nur wenige Kilometer), vielleicht fehlte ihm ein Horoskopersteller wie Faust: Auf Neu-Kurland leben bald um die 600 kurländer Kolonisten, die sich im Anbau von Zuckerrohr, Baumwolle und Tabak versuchen. Erinnerungen an das Welserfiasko weckt, dass sich neben ihnen auch Niederländer, Franzosen, Engländer, Schweden, Piraten und natürlich lokale Kariben (»*fremde, noch im rohesten Aberglauben verharrende Wilde*«) für das Eiland interessieren. Den Rest besorgen Europas immer wieder ausbrechende Konflikte.

Im 1. Nordischen Krieg (1655–60) leiden Heimat und Kolonie besonders schwer. Die Schweden nehmen die Residenzstadt Mitau ein und den Herzog gefangen. Ohne Jakobs schwere kurfürstliche Hand muss die Zukunft der Kolonisten schnell Vergangenheit sein. Auf der Südhälfte der Insel anlandende Niederländer *troblieren* das allein gelassene Kollektiv so sehr, dass aus Neu-Kurland Nieuw Walcheren wird.

Franzosen, Holländer, Engländer, dann wieder Franzosen: Die Insel »über dem Wind« bleibt Zankapfel auf Jahre hinaus, wechselt rund 40-mal die Hand. Am kurländischen Optimismus ändert sich nichts, auch nach Jakobs Tod lebt Kurlands Anspruch weiter. Für die gezielte Neuansiedlung fehlen Sohn Friedrich Kasimir allerdings das Geld und die Unterstützung Großbritanniens. Verhandlungen, eine Inselhälfte an Kurbrandenburg zu verkaufen, müssen an den ungeklärten Besitzverhältnissen scheitern.

Wie schnell Leben und Sterben in und um Jakobusstadt die Wellen des Vergessens umspülen, erfahren geneigte Leser, die einen seit 1720 auch auf Teutsch erschienenen Klassiker anblättern. Daniel Defoe, der die Geschichte des schiffbrüchigen Robinson Crusoe auf die »unbewohnte« Antilleninsel verlegt, ist das kurländische Zwischenspiel keine Zeile mehr wert. Faktum dann oder Fiktion: Auf der Crusoe-Insel würde es in Zukunft immer Leute geben, die behaupten, von Robinson Crusoe abzustammen. Andere halten sich für Nachkommen von Kurländern ... Kuren und Wenden vom lettischen und litauischen Stamm, dazu Familien mit Wurzeln im Westfälischen und am Rhein.

Wie für den Jakob sollte die kleine, aber starke Republik der Vereinigten Niederlande auch für das koloniale Ausgreifen Friedrich Wilhelms v. Brandenburg ein rechtes Vorbild sein. Während eines Bildungsaufenthalts am Hof seines künftigen Schwiegervaters, des niederländischen Statthalters Friedrich

Heinrich v. Oranien, hatte der Zollern-spross mit eigenen Augen gesehen, wie ein Volk vom Überseehandel *benificie-ren* kann. In den Niederlanden war er zu der Erkenntnis gekommen, dass »Seefahrt und Handlung die fürnehmsten Säulen eines Estats [Staates] sind, wodurch die Untertanen beides zu Wasser, als auch die Manufakturen zu Lande ihre Nahrung und Unterhalt erlangen«.

Die familiäre Atmosphäre besticht, auch dann noch, wenn sie (»*Alliancen seindt zwahr gutt, aber eigene Krefte noch besser*«) hin und wieder etwas vergiftet ist. Jakob v. Kurland aus der Dynastie der Kettler war Ehemann Luise Charlottes, der Schwester Kurfürst Friedrich Wilhelms v. Brandenburg.

Die Preußen in Afrika

Penunsen, Piepen, Puseratzen – Brandenburgs chronisch klammer Friedrich Wilhelm – Vater Friedrichs III., Groß-vater Friedrich Wilhelms I., Urgroß-vater des Großen Friedrich oder Alten Fritz – konnte nie genug davon bekommen, hatte so auch ein Leben lang seine Probleme damit.

Brandenburg-Preußens Lage war desolat. Das im Vergleich zu westlichen Nachbarn eher rückständige Agrarland litt unter den Folgen des Dreißigjährigen Krieges. Kurfürstliche Projekte wie die Rekrutierung einer schlagkräftigen Landmacht oder die eigene Seehandlung setzten gewaltige pekuniäre Opfer voraus. Die konnte die *Oeconomie* zwischen Niederrhein und Memel allein nicht aufbringen. Um dem flügellahmen Adler das Fliegen beizubringen, musste Friedrich Wilhelm den brandenburg-preußischen Handel beleben, dazu wie zuvor schon Schwager Jakob ins Mohrengeschäft.

Brandenburgs barocker Großer Kurfürst und der Mohr, mit dem Engländer, Holländer, Franzosen und Spanier richtig Geld verdienten: Als seine ersten Schiffe nach Afrika fahren, fordert er zu seltenen Vögeln, Affen und

Friedrich Wilhelm v. Brandenburg (1620–88), bewundernd-ironisch der Große Kurfürst genannt.

anderen exotischen Tieren ausdrücklich eine Hand voll »schöner und wohlgestalteter Mohren von vierzehn, fünfzehn und sechzehn Jahren« als Mitbringsel an. Als sich die MORIAN zwecks Landnahme zum Kap der Drei Spitzen vortastet, hat ihr Kapitän die kurfürstliche Anweisung an Bord: »Er soll denen Mohren anzeigen, wie lieb und angenehm Seiner Churfürstlichen Durchlaucht gewesen, dass sie zu höchstbesagter Seiner Churfürstlichen Durchlaucht eine aufrichtige confidence haben, und dieselbe zu ihrem hohen Schutzherren angenommen.« Der Fürst als Fuchs im Hühnerstall – übertrieben war die Anweisung sicherlich nicht.

Wer mit Gold, dem kostbarsten aller Güter, handeln oder mit der schwarzen Haut Geschäfte machen wollte, musste mit scharfem Gegenwind rechnen, wachten die mächtigen seefahrenden Handelsorganisationen doch eifersüchtig darüber, dass ihre Handelsmonopole erhalten blieben. Unter ihnen so prominent wie schlagkräftig die Holländisch-Westindische Kompagnie, an der Goldküste die führende europäische Macht.

Wer sich mit Niederländern anlegen wollte, kam ohne deren Know-how

nicht aus, einmal mehr griff der kurfürstliche Hof so auch auf den in Seesachen versierten Kaufmann, Reeder und per Kaperbrief privilegierten Seeräuber Benjamin Raule zurück. Mijnheer Raule hatte 77/78 während der Belagerung von Stralsund und Rügen des Kurfürsten Kriegsflotte befehligt. Einer wie er war absolut nach Friedrich Wilhelms Geschmack.

Es ist Raule, der, zum kurfürstlichen Generaldirecteur der Marine aufgestiegen, das Interesse an Westafrikas gnadenloser Küstenkette weckte. Raule hätte sich irren können, doch Raule irrte sich nicht. Von hier waren es nur noch Formalitäten bis zum Beschluss, »baldt einen habilen Ingenieur [zum Landerwerb nach Ober-Guinea] zu schicken, umb dort zu versuchen, ob man allda künftig Jar nicht ein Fort machen undt Kriegsvolk ans Land bringen könne«.

Besonders originell war die in Raules Hof auf dem Friedrichswerder ausgeheckte Vorstellung allerdings nicht, hatten Europäer ihre Interessen an Sklaven- und Gold-, Pfeffer- und Elfenbeinküste doch bereits mit rund 60 Festungen oder befestigten Niederlassungen abgesteckt. Härtete dort den Wettbewerb doch, dass die Geografie nur scherzt, es Sklaven auch an der Goldküste, Gold an der Pfeffer-, Pfeffer an der Elfenbein- und Elfenbein an der Pfefferküste gab. Immer auch umgekehrt.

1681 segeln die Fregatten WAPPEN VON BRANDENBURG und MORIAN die goldreichen Landschaften Ahanta und Nzema an. Das finanzielle Risiko trägt eine Kapitalistengruppe um Raule, der Kurfürst stellt die Besatzungen der Schiffe.

Die WAPPEN VON BRANDENBURG hält sich einen Augenblick zu lange in Elmina auf und wird von Niederländern konfisziert, die für Friedrich Wilhelm eine ähnliche Rolle spielen wie Engländer und Franzosen einmal für das Kaiserreich. Die MORIAN mogelt sich bis zum Capo tres Puntas, dem Kap der Drei Spitzen durch, wo KzS Philipp Peter-

19

An Bord brandenburgische Balken und Ziegel: KURPRINZ/KzS Matthäus de Voß und MORIAN/KzS Blonck beim Kap der Drei Spitzen.

sen Blonck mit den Mohren-Capusiers (Häuptlingen) Suffoni, Pregati und Apani vom Stamme der Ahanta eine Reihe vorläufiger Handels- und Schutzverträge schließt. Danach stiehlt er sich mit einer Ladung Gold und Elfenbein erneut an den Holländern vorbei und zu seinem Heimathafen zurück. Churfürstliche Durchlaucht will in der Rückkehr der MORIAN den vollen Erfolg sehen, im Verlust der WAPPEN VON BRANDENBURG nicht das erste Leck.

Um von den mit Vorverträgen erworbenen Plätzen auch Besitz zu ergreifen, erlässt Friedrich Wilhelm im März 1682 das »Edikt wegen Oktroyierung der aufzurichtenden Handels-Kompagnie auf denen Küsten von Guinea« (später: Brandenburgisch-Afrikanische Kompagnie). Das Grundkapital beläuft sich auf 50.000 Taler, von denen 48.000 gezeichnet werden. Friedrich Wilhelm ist die Teilhabe immerhin 8.000 Taler wert. Wer mitmachen will, ist für 200 Taler pro Aktie dabei.

Erster Sitz der Kompagnie ist die frühe Residenzstadt Königsberg, größer als Berlin und reicher dazu. Das Atmosphärische stört, dass der Kürfürst die »krämerhaften« Königsberger nicht schätzt, am Neuen und Alten Pregel wenig Gutes über den Kurfürsten zu hören ist. Für den baldigen Umzug ins ostfriesische Emden spricht daneben, dass der Weg durch Kattegat und Sund nicht ungefährlich, die Ostsee im Winter zeitweise nicht schiffbar ist. Abgesehen davon stellt Ostfriesland den Großteil der Aktionäre.

Zwei Monate nach der Gesellschaftsgründung segeln KURPRINZ/KzS Matthäus de Voß (32 Kanonen, 60 Seeleute) und MORIAN/KzS Blonck (12 Kanonen, 40 Seeleute) nach Guinea. An Bord neben brandenburgischem Backstein, brandenburgischen Balken und Ziegel die ratifizierten Brandenburg-Ahanta-Verträge, die Blonck im Vorjahr geschlossen hat. Dazu ein paar Becher mit dem Porträt des Kurfürsten im Deckel als Aufmerksamkeiten für jene Capusiers, die Seine Churfürstliche Durchlaucht zu ihrem hohen Schutzherren angenommen haben oder noch nehmen.

Einmal an Land, holt die Brandenburger das Gesetz der Wildnis schneller als erwartet ein. Von den drei Mohren-Capusiers, mit denen sich Blonck geeinigt hatte, sind zwei samt Untersaßen erschlagen worden, für den dritten kommt das Schutzversprechen keinen Tag zu früh.

Für den Bau einer Wehranlage, die die geplante Handelsniederlassung und Soldatensiedlung gegen schwarze und weiße Gegner militärisch sichern soll, wählt Expeditionsleiter Otto Friedrich von der Groeben die Anhöhe Manfro, eine kleine Meile westwärts des Kaps der Drei Spitzen. Dort fühlt man sich, nachdem Schwarz und Weiß ein paar Sechspfünder an und über Land gezogen haben, erst einmal sicher. Der Boden, der dem Häuptling von Pokesu, einem Dorf am Fuße des Manfro, gehörte, hat neue Besitzer.

Am Neujahrstag 1683 hisst Groeben mit Pauken und Schalmeien, allen im Gewehr stehenden Soldaten und »fünff scharf geladenen Stücken« Brandenburgs roten Adler auf weißem Feld. Schon am Tag darauf markieren die Ingenieure Walter und Leugeben 35 m über der Atlantikbrandung den Grundriss zur »Forteresse Groot Friedrichborg«. Die Anhöhe Manfro tauft Kolonialpionier Groeben – da alle Welt den Großen (Kurfürsten) Friedrich kennt bzw. kennen lernen soll – kurzerhand zum »Grossen Friedrichs-Berg« um. Gleich danach sieht er sich zum Abschluss neuer Schutzverträge gezwungen.

Brandenburg-Preußen versichert, Land und Leute gegen etwaige Feinde zu schützen, keine Afrikaner – Weiber und Kinder ausdrücklich eingeschlossen – aus dem Goldküstenstrich in die Sklaverei zu verkaufen (die 40 Sklaven, die jetzt nach Hamburg verschifft werden, stammen aus dem Hinterland).

Mohren-Capusiers wie Etong, Casparo, Mana und Brombire versprechen für ihre Landfetzen, in Zukunft nur noch mit brandenburgischen Schiffen Handel zu treiben, dem Vertreter des Kurfürsten mit Gut und Blut zu Hilfe zu eilen, wenn Feste und Garnison zu verteidigen sind. Den Weißen würde beim Geschäft im Hinterland weitergeholfen, sind es doch Mohren, die Mohren fangen und an sie verkaufen. Damit alles seine Richtigkeit hat, wird das Vertragswerk mit einem kräftigen, nach Goldküsten-Tradition mit Schießpulver angereicherten Schluck Branntwein besiegelt. Dazu mit dem Schwur »Breche ich meinen Eid, so lasse mich der große Monarch sterben«.

Dass beide Seiten auch meinen, was sie beschwören, unterstreicht ein erster Sieg teutscher Waffen: Von Holländern aus den Stützpunkten Fort Orange und Fort Batensteyn in Teutschenangst aufgebaut, rennen ein paar tausend Krieger vom Volk der Adom gegen Dickichtsperren und Erdwälle der noch provisorischen Wehranlage an. Dort empfangen sie Fähnrich Hilmar v. Selbling, ein Sergeant, zwei Korporale, zwei Spielleute, »guthe, gesunde 40 Musquetiere« des brandenburgpreußischen stehenden Heeres zu Fuß und märkisch-preußische Mohren. Brandenburgs Adler schlägt mit den Flügeln, »die Adom suchten in aller Geschwindigkeit das Weite, weil die Mohren nichts weniger vertragen können als das grobe Geschütz«. Noch 1683 segelt KURPRINZ mit einer ersten Ladung Sklaven nach Amerika.

Ausgerechnet jetzt sterben in Groß-Friedrichsburg die Ingenieure Walter und Leugeben weg, reduzieren Krankheiten und Seuchen die Garnison auf 16 Mann. In Gefahr, sich nicht mehr *defendiren* zu können, sieht sich Berlin zum Nachlegen gezwungen, als neuer Festungsbauer trifft Hptm. Carl Constantin v. Schnitter ein.

Die Geschäfte brummen, ein Anfangserfolg bleibt nicht aus. Einmal auf Expansionskurs, lässt sich Brandenburg-Preußen kaum stoppen, finanziert wird, was sich auf Pump finanzieren lässt. Von Raule erwirbt Friedrich Wilhelm neun Schiffe (176 Kanonen) zum Preis von 109.340 Taler. In Havelberg, Kolberg, Pillau und auf der »Hochseewerft Berlin« werden die bauchigen Fleuten FELDMARSCHALL DERFFLINGER, FRIEDE und WOLKENSÄULE für den Machtzuwachs gebaut.

Parallel dazu treffen real existierende Mohren in der Metropole ein, wo sie – in brandenburgische Uniformen gesteckt, im Stadtschloss untergebracht – als Schaustücke bei Volk und Regent den voraussehbaren Riesenwirbel ent-

Groß-Friedrichsburg, 35 m über der Atlantikbrandung: Die Festung ist nach den Regeln der modernen Fortifikationskunst gebaut, mit vier Bastionen bewehrt und mit 44 Geschützen armiert.

Preußens Kolonialpionier Major Otto Friedrich von der Groeben (1657–1728) aus Napratten im Ermland.

fachen. Als sie die Heimfahrt antreten, wissen die schwarzen Preußen, was Kampfmoral, was eine feste Schlachtordnung und eine zeitgemäße Waffe ist.

Und schon plant die Gesellschaft den nächsten Coup: Für den Dreieckshandel wird ein Vertrag mit Dänemark geschlossen, der ihr den Betrieb einer Handelsstation und die Nutzung einer Plantage, groß genug, um dort 200 Mohrensklaven zu beschäftigen, auf der Karibikinsel St. Thomas erlaubt. 1686 kommt die Insel Arguin südöstlich vom Kap Blanko hinzu. Auf dem Eiland, durch Gummihandel von kommerzieller Bedeutung, wird ein gesprengtes Fort neu aufgebaut und *mit 30 Stücken* armiert. Im Umland lassen sich nach und nach um die 70 Teutsche nieder.

Zurück im Mohrenland richten sie sich ein, als würden sie für immer dort bleiben. Musketiere, Handwerker, Bäcker und Barbier, Brandenburgs roter Adler auf weißem Feld im Küstenwind … Groß-Friedrichsburg, nach den Regeln der damaligen Fortifikationskunst errichtet, mit vier Bastionen bewehrt und

44 Geschützen armiert, könnte auch im Märkischen, bei Kliestow etwa oder bei Treuenbrietzen, stehen. Das Umland wurde mit den Schanzen Accada/Dorotheen, Taccarary und Taccrama/Fort Sophie-Louise aufgerüstet. Verbindungen mit der Heimat stellen Fregatten wie GÜLDENER LÖWE und WASSERHUND her.

Vom ostfriesischen Emden oder ostpreußischen Pillau aus die Welt zu erobern, ist allerdings kein leichtes Unternehmen. Wenn die in der Kompagnie engagierten Aktionäre nach anfänglich guten Geschäften jetzt bilanzieren, wächst die Erkenntnis, dass sich das Kolonialunternehmen auf Dauer finanziell nicht rechnen kann, wofür es eine ganze Reihe triftiger Gründe gibt.

Jahrelanges Hickhack als Teil allgemeiner Welthändel und kolonialer Rivalitäten, Havarie, Piraterie und Feindseligkeiten …, auf dem Meer geht es zu wie verhext. Gegen die Handels-Kompagnien flottenstarker See- und Kolonialmächte kommt der maritime Gernegroß nicht auf, der Sprung über den Atlantik ist eine einzige Tortur.

Die Schnau KIEBITZ läuft auf Grund, die SIEBEN PROVINZEN sinkt. Die CHARLOTTE LUISE wird von Freibeutern geraubt, DIE GUTE EINIGKEIT auf der Rückfahrt von Arguin geentert, der FLIEGENDE DRACHE aufgebracht. Ausgerechnet die HOFFNUNG gerät in holländische Hand.

Die Brandenburger besetzen die Krabbeninsel bei St. Thomas, verlieren sie wieder, requirieren St. Peter südlich von Tortola, das sich beim näheren Hinsehen als Fels und damit untauglich für ihre Pläne erweist. An Bord des Sklaventransporters BRAUNSCHIFF wird die Mannschaft von revoltierenden Sklaven *massacriert*. Die Niederlassung in St. Thomas räumen Seeräuber aus. Zu allem Unglück sinken in Amerika jetzt die Preise für Sklaven. Auch vor Ort gibt Normalität viele Rätsel auf. Die Brandenburger, ohne Tropenpraxis und koloniale Erfahrung, tappen im dunklen Erdteil im Dunkeln.

Die Küstengeißeln Hitziges Fieber, Ruhr und Guineawurm (der schlangenartige Dracunculus) sind ständige Begleiter, das feuchte Klima und die so schädlich-heißen Tropennächte lähmen die Körperkraft. Was den afrikanischen Alltag erschwert, ist das Fehlen von Rindvieh, dessen Milch Leben verlängert. Als wäre es nicht schon genug, haben Brandenburgs Weiße Brandenburgs Schwarze dazu »so klug und verschlagen« gemacht, dass sie um den Wert eines Reichstalers jetzt vier bis fünf Stunden feilschen, dabei so manchen Christen im Handel beschämen (Groeben).

Nach dem Tod Friedrich Wilhelms nimmt sich Friedrich III. der kolonialen Sache an. Zum ersten König »in« Preußen gekrönt, beginnt sich seine Begeisterung in Seesachen und afrikanischen *Commercii* zu legen. Ist mit der Brandenburgisch-Afrikanischen Kompagnie – Alteigner haben längst aufgegeben, Raule saß, der Unterschlagung beschuldigt, in Spandau ein – doch kein Staat mehr zu machen. Des Kurfürsten Enkel Friedrich Wilhelm I. schließt, vom »Preußen frißt mir auf« getrieben, Spielereien mit Schiffen dann vollständig aus. Die Luxusyacht FRIEDRICH vermacht er dem Zaren, wofür ihn der Herrscher aller Reußen mit ein paar ausgesprochen langen Kerls bedient.

Zwischen 1711 und 1713 laufen noch einmal 95 Schiffe Groß-Friedrichsburg an, die Kolonialherren hatten sich trotzdem viel mehr versprochen. 1716 rufen sie ihren Generaldirektor in die Heimat zurück. Im Jahr darauf werden Brandenburgs afrikanische Kolonien für 6.000 Taler und zwölf Mohrenknaben (*»von denen sechs mit goldenen Ketten geschmückt sein sollen«*) an den langjährigen Konkurrenten Holländisch-Westindische Kompagnie verkauft. Das Hohenzollernland ist damit keine Kolonial- oder Seemacht mehr, das Leben in Berlin trotzdem etwas farbiger. Die Haltung eines Haus- oder Hofmohren gilt als Statussymbol (ab-)gehobener Kreise, für des Preußenkö-nigs außerordentlich Lange Garde pfeifen und trommeln schwarze Spielleute, die in der Mohrenstraße einquartiert sind. Auch das ist Preußen!

Mit dem Rückzug des Generaldirektors hat sich beim Kap der Drei Spitzen ein Jan Conny als Platzhalter durchgesetzt. Ein *Negerfürst*, der politisieren, organisieren und kämpfen kann, dazu den Handel mit dem Landesinnern kontrolliert. Ohne Brandenburgs ordnende Hand wird Groß-Friedrichsburg zum Schmugglernest. Die Qualität der menschlichen Ware mag weiterhin die gleiche sein, was Europäer dem Conny neiden ist vielmehr, dass er Sklaven im Sonderangebot jetzt um rund 20 Prozent billiger anbieten kann.

Um Connys Provokationen ein Ende zu bereiten, kreuzen im Mai 1718 drei holländische Kriegsschiffe vor Groß-Friedrichsburg. Der Versuch, die Festung mit kräftigen Breitseiten sturmreif zu schießen, scheitert, der märkische Backstein bröckelt, doch er berstet nicht. Als KzS van der Hoeven mit 120 Mann Kriegsvolk auf dem Festland erscheint, wird er von Connys gut gedrillten schwarzen Preußen entsprechend empfangen. Mijnheer van der Hoeven kann sich, obwohl verwundet und nur mit Mühe und Not schwimmend, auf eines seiner Schiffe retten. Seine schwer geprügelte Landungsabteilung bleibt aufgerieben am Uferrand zurück.

Drei Jahre später zieht Conny Brandenburgs Adler ein, um damit im Hinterland zu verschwinden. Dort wird er irgendwann gestorben sein, um in der Erinnerung Schwarzafrikas, aber auch in der schwarzen Diaspora der Karibik weiterzuleben.

1721 gibt KzS Wynen Brandenburgs Festung auf der Insel Arguin auf, da er mit je einem weißen Schmied, Zimmermann und Arzt, vier *Negersoldaten* und knapp 50 loyalen Eingeborenen das Fort gegen anstürmende Franzosen nicht halten kann. 1724 weht über Fort Hollandia (bisher Groß-Friedrichsburg) die Driekleur.

»Große« sind sie dann beide, hat den einen doch ein Reitersieg bei Fehrbellin, den anderen der Zweite Schlesische Krieg dazu gemacht. An überseeischen Angelegenheiten wie sein Urgroßvater ist Friedrich II. allerdings weitgehend uninteressiert. Der Philosoph von Sanssouci, einmal dabei, Preußen zur Großmacht zu machen, hat mit der Eroberung und Behauptung fast ganz Schlesiens alle Hände voll zu tun, wenn er schon kolonisierte, dann auf unbebauten Flächen im eigenen Land.

Commercii steht auf einem anderen Blatt, neidet Friedrich den Holländern doch den Import asiatischer Produkte nach Preußen. Nach dem Zweiten Schlesischen Krieg kommt es darüber zur Gründung einer »Königlich Preußischen Asiatischen Handlungs-Kompagnie von Emden auf China«, 1752 schickt Emden im Auftrag der mit »allergnädigst Octroi- und Zollfreiheit für Aus- und Einfuhr« ausgestatteten Kompagnie die Fregatten König von Preussen (26 Kanonen) und Burg von Emden (38 Kanonen) nach China. Die Schiffe kehren auch mit Porzellan, Tee und Seide beladen aus Kanton zurück. Den Plan, Emden als Überseehafen zu einem zweiten Amsterdam zu machen, verhindert der »Siebenjährige«, der nächste Schlesische Krieg.

Groß-Friedrichsburg auf dem Großen Friedrichs-Berg, Mohren-Capusiers wie Suffoni, Pregati und Apani, Conny, der letzte märkisch-preußische *Negerfürst*?

Im Februar 1884, das Kaiserreich war kurz davor, an das koloniale Erbe Kurbrandenburgs anzuknüpfen, ankert S.M. Kreuzerkorvette Sophie dort, wo einst Fregatten wie Güldener Löwe oder Wasserhund vor Anker lagen: beim scharf ins Meer vorspringenden Kap der Drei Spitzen. Offiziere und Mannschaften befinden sich an Land, um in der vom Dschungel überwucherten Ruine Groß-Friedrichsburg – jetzt zwischen den englischen Plätzen Axim und Secondee – nach Erinnerungsstücken zu suchen.

Als die Sophie die Heimatwimpel setzt, hat sie eines der alten Kanonenrohre an Bord. 1912 wird mit Erlaubnis der englischen Kolonialregierung der Rest nachgeholt und in Kiel, Emden und Pillau ausgestellt. Dazu in Berlins Ruhmeshalle der brandenburgpreußischen Armee.

Rund 25.000 Sklaven – »dem Äußeren nach menschlich gebaut, doch wie Vieh behandelt« (der Schwabe Johann Peter Oettinger, der aufgekauften Mohren die Initialen C AB C für churfürstlich afrikanisch-brandenburgische Compagnie einbrannte) – dürften unter märkischen Farben von Afrika nach Amerika verschifft worden sein. Vielleicht waren es auch mehr. Brandenburgs Ausflug ins Land der Mohren war trotzdem keine Erfolgsgeschichte, vom Wirtschaftlichen her eher extrem defizitär. Der frühen Heldengestalt deutscher Kolonialpolitik kann es nicht schaden, hat mit Friedrich Wilhelm Deutschlands frühes koloniales Streben doch ein Gesicht. Tatsächlich bietet sich der Große Kurfürst selbst im Rückblick der Geschichte noch als Vorbild an: Sein Kolonialunternehmen zog sich über 34 Jahre hin. Damit genauso lange wie das des Kaiserreiches.

Deutschland muss aufs Meer

»Die deutsche Nation [teutsch im Anlaut jetzt mit d geschrieben] ist bei der Verteilung der Welt bisher leer ausgegangen. Alle übrigen Kulturvölker be-

Afrikanische Besitzungen Brandenburg-Preußens: Im Mittelpunkt die Festung Groß-Friedrichsburg auf der Anhöhe Manfro, jetzt Großer Friedrichs-Berg.

sitzen auch außerhalb unseres Erdteils Stätten, wo ihre Sprache und Art feste Wurzeln fassen und sich entfalten können« (Carl Peters, Propagandist deutscher Überlegenheit und Kolonialpionier, der zur Sendung auch die Botschaft hat).

»Die See ist der Paradeplatz der Nationen, Tummelplatz der Kraft und des Unternehmergeistes für alle Völker der Erde« (Friedrich List, Volkswirt). – »Für ein wachsendes Volk kein Wohlstand ohne Ausbreitung, keine Ausbreitung ohne überseeische Politik, keine überseeische Politik ohne Flotte« (Prinz Adalbert v. Preußen, Admiral der preußischen Küsten).

Nach dem Zusammenbruch des Alten Reiches war es Preußens volkstümlicher Patriot Joachim Nettelbeck gewesen, der – Napoleons Kontinentalsperre in unguter Erinnerung – auf Deutschlands Kolonialnot aufmerksam machte. Für seinen Appell, Frankreichs Niederlage dazu zu nutzen, um eine Landschaft aus dessen Kolonialreich zu schneiden, war die Zeit noch nicht reif. Anno Domini 1841 schlugen die Hamburger Karl Sieveking und Johann Cesar VI. Godeffroy von der Deutschen Colonisations-Gesellschaft die Gründung einer Deutschen Antipoden Colonie auf den zu Neuseeland gehörenden

Johann Cesar VI. Godeffroy (1813–85), Hamburger Großkaufmann und Reeder, im Volksmund »König der Südsee« genannt.

Chatman-Inseln vor. Dort wollten die Hanseaten deutsche Auswanderer ansiedeln, Geschäfte machen, sich dafür die notwendige Flotte zulegen. Ein entsprechendes Angebot lehnte England schon im Vorfeld ab.

Während der Revolution des liberalen Bürgertums, der sich auch Bauern und Arbeiter anschlossen, wird die koloniale Frage erneut gestellt. Macht und nationales Prestige eines europäischen Landes lassen sich am überseeischen Besitz ablesen. Weiterhin gilt, was für Brandenburgs Friedrich Wilhelm gegolten hatte: Ohne Handels- und Kriegsflotte keine Kolonien, ohne Kolonien kein nationaler Wohlstand, ohne See- keine Weltgeltung. Voraussetzung ist die kampffähige Seestreitmacht. Mit Beginn des Ersten Deutsch-Dänischen Krieges scheint es dann tat-

sächlich so weit zu sein. »Die Schöpfung einer Kriegsmarine ist nicht nur eine militärische, sondern im höchsten Grade eine nationale Frage. Sie ist jedes Opfer schon allein deshalb wert« (General Joseph Maria v. Radowitz). Die Paulskirchen-Parlamentarier bewilligen sechs Millionen Taler zum Aufbau einer Bundes- oder Reichskriegsflotte. »Deutsch, ganz deutsch muss sie sein, die Marine«: Rest-Deutschland würde Preußen, das eigene Planungen dafür zurückstellt, nicht noch einmal im Stich lassen wie zu Zeiten des Großen Kurfürsten.

Die Revolution scheitert, was Richard Wagners Versprechen »Wir wollen es deutsch und herrlich machen« zur Fußnote der Geschichte werden lässt. Allzu ernst kann es der Meister damit ohnehin nicht gemeint haben, zieht es ihn nach gescheiterter Mairevolte doch nicht aufs Meer und darüber hinaus, sondern als Emigrant in die Schweiz. Das Flaggschiff BARBAROSSA, die ehemaligen Postraddampfer LÜBECK und HAMBURG waren im Seegefecht bei Helgoland auf die Dänen getroffen, doch mit dem Fehlschlag von 48/49 fehlt der Reichskriegsflotte das Reich. 1853 geht die Flagge Schwarz-Rot-Gold mit schwarzem Doppeladler vom Mast, ein Kommissar für Flottenauflösung, der Hannibal Fischer heißt, lässt Schiffe und Inventar versteigern. Noch einmal ist das Machtmittel gesamtdeutsche Flotte gescheitert, was Englands Lord Palmerston mit Hohn und Spott begrüßt: »Die Deutschen mögen den Boden pflügen, mit den Wolken segeln oder Luftschlösser bauen; aber nie seit dem Anfang der Zeiten hatten sie den Genius, das Weltmeer zu durchmessen oder die Hohe See oder auch nur die schmalen Gewässer zu befahren.«

Miserable Bilder dann aus einer täglich angelsächsischer werdenden Welt, die Polizeiwirtschaft auf dem Meer kommt dem englischen Dreizack zu: »In beinahe allen Häfen, die ich auf meiner Reise um die Erde besuchte, fand ich eine achtbare deutsche Bevölkerung, deutsche Handelshäuser und

auf den Märkten deutsche Waren, nur keine deutsche Flagge, kein deutsches Kriegsschiff. Es erscheint mir unerklärlich und unglaublich, dass 40 Millionen der intelligentesten Bevölkerung der Erde, mit einer blühenden Industrie und einem regen Handel, als Mitglieder des Welthandels sich mit einer so untergeordneten Stellung begnügen können« (ein Deutscher).

Die Paulskirchenflotte war wegen Uneinigkeit, Geldnot und fehlender Exekutivgewalt gestrandet, allein der preußische Staat schätzt den Wert der Marine richtig ein. 1859 laufen ARCONA, THETIS und FRAUENLOB zu einer Expansionsreise nach Ostasien aus. Preußen hegt keine machtpolitischen Ambitionen, will nach offizieller Lesart nichts anderes als seinen Handel fördern, was immerhin die halbe Wahrheit ist. Die andere Hälfte erzwingt die Erkenntnis des Krimkrieges, wonach dem kohlebefeuerten Dampfschiff die Zukunft gehört. Wer sich im Welthandel engagieren will, braucht Kohlestationen, maritime Stützpunkte, wie sie sich Berlin durchaus in aller Welt vorstellen kann. 1861 erzwingt Graf zu Eulenburg den Abschluss

Otto Fürst v. Bismarck (1815–1898): Reichskanzler, preußischer Ministerpräsident und »Vater der Kolonien«.

Hermann Fürst zu Hohenlohe-Langenburg (1832–1913) aus dem württembergischen Langenburg, Begründer und erster Präsident des Deutschen Kolonialvereins.

eines Handels- und Schifffahrtsvertrages mit China. Sieben Jahre später verlegt Preußen die ersten Kriegsschiffe nach Ostasien. Von dort fahren sie in den Südpazifik (zu dem Deutsche bevorzugt Südsee sagen) weiter.

Die relative Entlegenheit des Pazifischen Ozeans wirft verkehrstechnisch Probleme auf, seine Inselwelt ist trotzdem altes deutsches Betätigungsfeld. Bevor sie in Berlin ernsthaft an Kolonien dachten, hatte der Handel hier »ungeachtet der planmäßigen Gegenarbeit von Engländern und Amerikanern« große Bedeutung erzielt. Der Südpazifik ist – »Man sollte oft wünschen, auf einer der Südseeinseln als so genannter Wilder geboren zu sein, um nur einmal das menschliche Dasein ohne falschen Beigeschmack durchaus rein zu genießen« (Goethe zu Eckermann) – deutsches Sehnsuchtsgebiet.

Zwischen 1876 und 1879 – Bismarcks Proteste gegen die Behinderung deutscher Interessen auf den Philippinen durch Spanien waren wirkungslos geblieben, Englands Annexion der Fidschi-Inseln hatte für Aufregung gesorgt

– schließt das junge Reich Verträge zum Schutz deutscher Interessen mit Tonga und Samoa.

KzS Karl Bartholomäus v. Werner, S.M. Korvette ARIADNE 1878: »Wenn man sich klar macht, welchen Umfang der deutsche Handel in der Südsee erreicht hat, ohne bisher von der vaterländischen Regierung unterstützt worden zu sein, so muss man unwillkürlich die weitgehendsten Hoffnungen für den Fall schöpfen, dass die heimische Regierung sich entschließen sollte, diesen Handel nicht nur durch Stationierung eines Kriegsschiffes zu unterstützen, sondern auch gewillt ist, eine Politik zu verfolgen, welche dieses fruchtbare Gebiet dem deutschen Fleiß, der deutschen Ausdauer für immer erhält.«

Kolonisieren heißt missionieren

Das Deutsche Reich wird aus dem Triumph über den »Erzfeind« Frankreich geboren. Die auf den Schlachtfeldern von Gravelotte oder Sedan errungene Machtstellung, die durch die Einigung auch im kleindeutschen Rahmen gewonnene Kraft …, mit dem politischen Erstarken kann eine staatliche Kolonialpolitik kein Tabuthema mehr sein.

»Deutschland muss aufs Meer und übers Meer hinaus in überseeische Länder, um Produktions- und Konsumtionsgebiete zu erlangen« (Wilhelm Roscher, Nationalökonom und Verfasser einer Unzahl erschreckend dicker Lehrbücher). – »Es ist sehr gut denkbar, dass einmal ein Land, das keine Kolonien hat, gar nicht mehr zu den europäischen Großmächten zählen wird, so mächtig es sonst sein mag« (Heinrich v. Treitschke, stoischer Befürworter einer aktiven Kolonialpolitik, Mitglied im Reichstag).

*Noch ist die Welt nicht ganz verteilt,/ Noch manche Flur auf Erden/Harrt gleich der Braut. Die Hochzeit eilt;/des Starken will sie werden« (Felix Dahn, im Umgang mit Völkerwanderungen versierter Kolonialromantiker).

Der kolonialpraktische Gedanke und die zivilisatorische Mission sprechen

vom Kauf- zum Gottesmann, vom Militär zum Abenteurer die unterschiedlichsten Kreise an. Ein rohstoffarmes, exportorientiertes Land braucht Rohstofflager und Absatzmärkte. Ein Millionenvolk sucht nach Ansiedlungs- und Ackerbaukolonien, »in denen ein Ableger des Deutschtums zur Blüte gelangen, aus der ein großer nationaler Reichtum erwachsen kann«.

Die Reichsgründung hat die nationale Aufgabe nicht restlos erfüllt, geht dem Vaterland doch Jahr für Jahr die Kraft von 200.000 Deutschen verloren. Rund 3,3 Millionen haben der räumlichen Enge schon den Rücken gekehrt, der Kräfteabfluss, der dem Weltmarktkonkurrenten USA zukommt, schmerzt. Was Zweifler in Erklärungsnot bringen könnte …, was wäre, wenn der natürliche Abfluss vom Akademiker zum Landwirt in Zukunft der eigenen Nation zugute käme, der Auswandererstrom nicht auf fremden Böden versiege? Gelänge es, dem Emigranten ein Deutschland über See anzubieten, würde einer *Entnationalisierung* (wie sie nach Peters in der urdeutschen Selbstverachtung begründet ist) rechtzeitig vorgebaut.

Dichter und Denker für Fetischdiener und Menschenfresser: »Wenn kolonisieren missionieren heißt, dann missionieren auch kolonisieren« (Wilhelm Heinrich Solf) … Wann immer Entdecker davon berichten, dass sie irgendwo im gerade Entdeckten noch nichts von Christus wissen, argumentieren Kirchenleute mit dem Missionsbefehl »Darum gehet hin und lehret alle Völker«. Hat Gott doch auch eine andere Seite: »Es ist ja selbstverständlich, dass wir die deutschen Kolonisationsbestrebungen auf unseren Missionsgebieten mit herzlicher Freude begrüßen, sonst müssten wir in der Tat keine guten Deutschen sein und kein patriotisches Bewusstsein besitzen« (Rheinische Mission).

An guten Vorsätzen fehlt es nicht, soll doch überall alles so zugehen, wie es einer alten Kulturnation entspricht.

Für Otto Fürst v. Bismarck, reichsweit mit dem Erreichten zufrieden, ist das Kaiserreich allerdings *saturiert*, so auch nicht auf Expansion ausgerichtet. Die Reichsgründung muss das Äußerste sein, was er den gereizten Nachbarn zumuten kann. Als Johann Ludwig Mosle, oldenburgischer Generalmajor, im Verein mit hanseatischen Kaufleuten und Berliner Gelehrten Cochinchina (mit der Flottenstation Saigon im südlichen Französisch-Indochina) als Kriegsentschädigung anfordert, hält er ihm sein berühmtes »O! O! Cochinchina! Das ist aber ein sehr fetter Brocken für uns. Wir sind aber noch nicht reich genug, um uns den Luxus von Kolonien leisten zu können« entgegen.

Frankreich wäre bereit gewesen, Berlin Kolonialbesitz in Asien zu überlassen, um den Verlust Elsaß-Lothringens zu verhindern. Die Deutschen, die gerade bewiesen hatten, dass man Kriege gegen mächtige Gegner auch ohne Kriegsschiffe und Flottenstationen gewinnen kann, zogen den Rückerwerb des »deutschen Elsass« dem Cochinchinas vor.

1879 stößt Friedrich Fabris Propagandaschrift »Bedarf Deutschland der Kolonien?« die eigentliche Kolonialdiskussion an. Der Inspektor der Rheinischen Missionsgesellschaft in Barmen, jetzt Schlüsselfigur der Bewegung, will im Kolonialerwerb das Ventil für soziale Spannungen sehen, den Ableiter für eine imminente sozialdemokratische Gefahr. Für Fabri, und nicht nur für ihn, bietet sich überseeischer Besitz für den Export revolutionären Zündstoffs an, muss es doch einfach sein, überschüssige Proletarier dorthin abzuschieben.

Um die Notwendigkeit deutscher Kolonien zum Gemeingut des Volkes zu machen, den inlanddeutschen Menschen zu einem großräumigem volksbewussten Denken zu erziehen, finden sich Industrie (Graf Guido Henckel v. Donnersmarck), Handel und Banken (Adolf v. Hansemann, Gerson v. Bleichröder) und Politik (Johannes v. Miquel)

zusammen. Am Nikolaustag 1882 heben sie in Frankfurt/Main den Deutschen Kolonialverein aus der Taufe, im März 1884 folgt die Gesellschaft für Deutsche Kolonisation (GfDK), »eine Kapitalistengruppe zur Annexion und Verwaltung großer Kolonialländer unter deutscher Flagge«.

Anfang 1886 findet in Berlin die Tagung des Ersten allgemeinen Kongresses zur Förderung überseeischer Interessen statt. Den Vorsitz führen Carl Peters und Robert Jannasch vom Zentralverein für Handelsgeografie. Zur Einstimmung wird Robert Linderers Operette »Unsere Marine« aufgeführt mit dem Flaggenlied »Stolz weht die Fahne Schwarz-Weiß-Rot« zum Höhepunkt hin (Musik: Richard Thiele). Im Jahr darauf schließen sich Kolonialverein und GfDK zur Deutschen Kolonialgesellschaft (DKG) zusammen, in die sich das Kolonialwirtschaftliche Komitee eingliedert. Organ ist die »Deutsche Kolonialzeitung«.

In der DKG trifft sich, was Rang und Namen hat: (Seine Hoheit) der Herzog Johann Albrecht zu Mecklenburg, (Eure Durchlaucht) Hermann Fürst zu Hohenlohe-Langenburg, (Eure Erlaucht) Hermann Graf v. Arnim-Muskau, der Felix Graf v. Behr-Bandelin, der Edle Herr v. Gayl usw. Der im Kaiserreich einflussreiche Verband, 1889 bereits mit 16.000 Mitgliedern, unterhält Zweigstellen in Palermo, Chicago, selbst noch an so fernen Plätzen wie Tokio und Batavia.

Wie viel Streben nach imperialer Macht würde das deutsch-englische Verhältnis vertragen, wie viel überseeischen Besitz hält das deutsch-französische aus? Bismarck gilt, wobei er weiterhin abwägt, ob der Nutzen den möglichen Schaden aushält, als Gegner kolonialer Bestrebungen. Vorgebrachtes sieht auch durchaus danach aus:

»Ich will gar keine Kolonien. Die sind bloß für Versorgungsposten gut. In England sind sie jetzt nichts anderes, in Spanien auch nichts. Und für uns in Deutschland – diese Kolonialgeschich-

Carl Peters (1856–1918), Pfarrersohn aus Neuhaus/Elbe, treibende Kraft der Kolonisierung Ostafrikas.

te wäre für uns genauso wie der seidene Zobelpelz in polnischen Adelsfamilien, die keine Hemden haben.« – »Wir haben keine genügende Flotte, um sie zu schützen, und unsere Bürokratie ist nicht gewandt genug, die Verwaltung solcher Länder zu leiten.«

Durchschnittsdeutsche säßen am liebsten hinter dem eigenen Ofen, dem Meer den Rücken zugewandt. Lauben(-kolonie) anstelle der überseeischen Handels- oder Siedlungskolonie, deutsche Dampfkorvetten und Kanonenjollen, die in Bremerhaven verfaulen und Geld fressen! Deutsches Phlegma, Sitzfleisch und Stubenglück! Das Häuschen in den Thüringer Bergen! Hüllerchen, Rostbrätel und Linseneintopf süßsauer als historische Perspektive!

Kolonien würden das Verhältnis zu England belasten, zu *unfriendly rivalry* mit dem kolonialen Branchenriesen führen, außereuropäische Reibungen alte Feindschaften neu offen legen. Was auf die heimische Situation projiziert nur bedeuten könne, dass Besitzungen an Niger oder Kongo eines Tages am Rhein oder vor den Toren von Metz verteidigt werden müssten.

Die vom frechen Visionär Peters, der wohl buntesten Figur der Kolonialszene, geplante Erwerbung der Bucht von Mossamedes an Afrikas Westküste wird vom Auswärtigen Amt abgelehnt. Der Vorschlag, eine Kolonie zwischen dem Sambesi und Transvaal zu gründen, bleibt ohne Resonanz. Der Südostafrikanische Kolonisationsplan des Afrikareisenden Ernst v. Weber, der zusammen mit Großkaufmann Lüderitz an der Lucia-Bucht Land erwerben will, scheitert. Als der Sultan von Sansibar nach der deutschen Hand ruft, stellen sich die Berliner taub.

Patagonien, Sulu-Inseln oder Borneo, Madagaskar, Formosa, Philippinen und die Insel Hainan, Tunis, Marokko, Costa Rica, Bolivien, Ecuador und Hawaii: Tatsächlich verbleibt außerhalb Europas bald kaum noch ein ernst zu nehmender Platz, der nicht als deutsche Kolonie oder Flottenstation im Gespräch war oder noch ist.

Bismarck somit ein Gegner der aktiven Kolonialpolitik? Die schlechte Nachricht für Koloniallobbyisten: es stimmt, die gute: es stimmt nicht oder nur bedingt.

Sprengsatz Samoa

Samoa, die viel gerühmte Perle der Südsee, ist seit Mitte des Jahrhunderts Domäne deutscher Interessen. Auf Samoa hat die Marine ihre Bunkerstation. Wer von der Insel spricht, Geschäftsmann oder Politiker ist, assoziiert sie mit J.C. Godeffroy & Sohn. Das angesehene Hamburger Südseehaus kontrolliert nahezu 90 Prozent des Warenverkehrs mit Kolonialprodukten im westlichen Südpazifik, der Handel mit Perlen, Perlmutt und Kokosnüssen hat Cesar VI. Godeffroy zum König der Südsee gemacht.

1878 hat Godeffroy, von finanziellen Turbulenzen erschüttert, nicht nur den Überblick über sein Imperium, sondern auch über seine Kreditverpflichtungen verloren. Mit Deutschlands Stellung in

der Region bedroht, bildet sich eine Seehandelsgesellschaft unter Führung Adolf v. Hansemanns, dem Vertreter der Diskontogesellschaft zu Berlin. Seine »mit glühenden Patrioten« durchsetzte Kapitalistengruppe will die Geschäfte weiterführen, vorausgesetzt, das Reich stellt die Garantie für die Verzinsung aufzubringenden Kapitals.

Bismarcks Vorlage, die den Reichstag um die Bewilligung einer Zinsgarantie bis zu 350.000 Mark ersucht, ist damit motiviert, dass Deutschlands Basis im Pazifik gehalten werden muss, das Geschäft nicht in englische Hände fallen darf. Die Stützungsmaßnahme ist keine Parteifrage, »sondern eine Frage des Ruhmes und der Ehre Deutschlands«. So jedenfalls der Geheime Legationsrat v. Kusserow, ein erwiesener Kolonialenthusiast.

Der Bundesrat erkennt die nationale wie wirtschaftliche Bedeutung, stimmt nahezu einstimmig zu. Der Reichstag lehnt die von Otto zu Stolberg-Wernigerode (für den erkrankten Bismarck) eingebrachte Vorlage auf Grund der Agitationen des Abgeordneten Ludwig Bamberger ab.

Schneller als erwartet erweist sich die Haltung der Reichsvertreter als schwer wiegender Fehler. Auf Samoa bricht ein regelrechtes Chaos aus, das Berlin »das Blut deutscher Marinesoldaten«, dazu einige Millionen Reichsmark kostet. Der politische Schaden ist ungleich größer: Das Reich hatte seine *Run ins* mit den USA wegen Haiti und Venezuela, China, Santo Domingo und Manila Bay; Samoa ist der einzige Platz, wo tatsächlich auch Schüsse fallen. Alle Welt hat für den Fall, dass es Krieg gibt, auf die USA und England als Gegner getippt. Doch ausgerechnet im Kampf um die heftig umstrittene Südseeperle, um Allianzen mit Leuten, die Malietoa Laupepa, Tui Aana Tupua Tamasese Lealofi oder Mataafa Iosefo heißen, finden Amerikaner und Engländer nach einem Jahrhundert der Feindseligkeiten wieder zusammen. Im Streit über Samoa stellen die USA ihre Weichen gegen Kaiser und Reich.

Wie die Ablehnung der Samoa-Vorlage die Gegner deutscher Überseeinteressen beruhigt, fordert sie Deutschlands Kolonialfreunde heraus. Darunter auch gestandene Reichsvertreter.

Deutsche Konsuln, ohne Macht, um Ansprüchen Gewicht und Geltung zu verschaffen, nehmen draußen eine untergeordnete Stellung ein, »diplomatische Depeschen reichen bei unzivilisierten und halbzivilisierten Völkern wie in China nicht aus«; 1882 wird es Konsul v. Eichberger in Amoy (Xiamen) dann einfach zu viel. Nachdem chinesische Behörden die Pfannen eines deutschen Kaufmanns beschlagnahmt haben, ruft er die in der Nähe stehenden S.M.S. Elisabeth und Stosch um Hilfe. Die beiden Kreuzerfregatten laufen die Hafenstadt an, ihre Landekommandos riegeln den Bezirk mit dem Amtsgebäude ab, in dem die Pfannen lagern. Verluste sollte es keine geben; als die Schiffe wieder in See stechen, sind die Pfannen im deutschen Konsulat unter-

Kaiser Wilhelm II. (1859–1941): Die Kolonien für imperiale Größe, die Flotte für des Reiches Heil zur See.

gebracht. Doch der »Pfannenkrieg von Amoy« wurde hinterher als vieles gesehen, unter anderem auch als Probelauf für die so berüchtigte kaiserliche Kanonenbootpolitik.

Scramble for Africa

Gerangel um Stützpunkte und Einflusssphären, groteske Übermalungen für das beliebte Flaggenhissen (»*die Küstenneger haben sich vielfach europäische Bedürfnisse angeeignet und verlangen für ihren Hausstand und ihre Kleidung nach kostbaren Stoffen*«): Um 1880 hat das *Scramble for Africa* begonnen, Europas Wettlauf um die letzten weißen Flecken im zentralen und südlichen Afrika.

Von etablierten Kolonialmächten eingerichtete Zollschutzzonen führen zu Handelsnachteilen und Verzerrungen des Wettbewerbs, die merkantile Überlegenheit der Kolonialmächte kostet die heimische Industrie so manchen Arbeitsplatz. Als sich England und Frankreich über die Festlegung einer Demarkationslinie für die Ausdehnung ihrer westafrikanischen Besitzungen Gedan-

Franz Adolf Eduard Lüderitz (1834–86), Großkaufmann aus Bremen.

ken machen, schlagen die Hanseaten, die dort Handel treiben, Alarm. Kann jetzt doch davon ausgegangen werden, dass London und Paris auch nach Togo und Kamerun greifen.

1883 lässt derselbe Bismarck, der eben noch mauerte und taktierte, um die Erfolge seiner drei Kriege nicht infrage zu stellen, bei Hamburger und Bremer Kaufleuten anfragen, wie ihnen Kaiser und Reich an Afrikas Westküste weiterhelfen könnten. Leute wie Woermann, Jantzen, Thormälen, Goedelt, Witt, Lüderitz, Bohlen, Büsch, Wölber, Grumbach oder Vietor antworten. Noch im Dezember geht ihnen die Bestätigung zu, dass S.M. Kreuzerkorvette Sophie Afrikas Westküste besuchen wird.

Bismarcks koloniale Wendung, die Tatsache, dass er allen früheren Erklärungen zum Trotz bald klingt wie andere, setzt eine Reihe von Ursachen voraus. Gegner wie Befürworter der Kolonialpolitik, die die Deutungshoheit für sich reklamieren, wählen darunter das eine oder andere aus, verwenden es dann so, dass des Kanzlers Ruf als ehrlicher Makler erhalten bleibt.

Nationales und internationales Prestige (eine erfolgreiche Außenpolitik stabilisiert im Innern), Plätze für den Bevölkerungsüberschuss, ein Ventil für die sozialdemokratische Gefahr, Verflechtungen mit dem Großkapital … der Kanzler ist ohne Zweifel Taktiker genug, um in der Richtungsänderung von kontinentaler zu überseeischer Orientierung den eigenen Vorteil zu sehen.

Dem Reichstag verrät er dazu wendewillig, wie sich überseeischer Besitz durch die Vermehrung deutschen Nationalreichtums auch rechnen könnte. Als Beispiel biete sich mit der Gattung Gossypium die wichtigste Gespinnstfaser des Erdenrunds an: G. hirsutum L. oder G. barbadense, wie sie das Reich aus den USA bezieht. Wie – so der Kanzler – wenn der Deutsche mit der gleichen Intelligenz wie der Amerikaner Baumwolle in Neuguinea, Kamerun oder Togo anpflanze? … Das Geld dafür bliebe in deutscher Hand.

Adolph Woermann (1847–1911) aus Hamburg, Großkaufmann, Reeder und Kolonialpolitiker, seit 1880 Chef des Hauses C. Woermann.

Ein Kolonialmensch ist der Kanzler auch weiterhin nicht: »Die Velleitäten des Fürsten Bismarck waren um die Herbstsonnenwende 1884 noch sehr, sehr matt. Er entschloss sich höchst ungern, das Einlenken in die neuen Bahnen über See mitzumachen. Auf keinen Fall sollte ihm das europäische Verwicklungen bringen« (Peters). Doch im Oktober stehen Reichstagswahlen an. Den Deutschen ein neues Ziel zu setzen, für das sie sich begeistern können, muss den Wahlkampf munitionieren, nicht nur den Kolonialtreiber ansprechen.

Handels-, *Neger-*, Pflanzungs-, Plantagenkolonien dann und eine Siedlungskolonie … »beeinträchtigt die Lebensdauer von Weißen« oder »beeinträchtigt die Lebensdauer von Weißen nicht«: Wie sich Bismarck, kolonialpolitische Spannungen zwischen England und Frankreich, England und Russland, Frankreich und Italien nutzend, beim Erwerb von Togo, Kamerun, Deutsch-Südwest, Deutsch-Ost und im Pazifik gegen englische

Interessen durchsetzt, ist ein diplomatisches Meisterstück.

Gerangel dafür an der Heimatfront: Friedrich Engels mit der Behauptung, dass Bismarck »mit dem Kolonialschwindel« einen famosen Wahlcoup gelandet habe. Der Abgeordnete Wilhelm Liebknecht bissig wie immer: »Sie [Bismarck] exportieren die soziale Frage. Sie zaubern vor den Augen des Volkes eine Art Fata Morgana auf dem Sande und auf den Sümpfen Afrikas.« »Der Sozialdemokrat« höhnisch: »Die paar Tausend nackten und halbnackten Wilden, die irgendwo in einem afrikanischen oder sonstigen von den Engländern, Amerikanern oder Franzosen als wertlos nicht besetzten oder wieder aufgegebenen Küstenstrich wohnen, sollen so kolossale Massen von deutschen National-Industrie-Podukten verbrauchen, dass dadurch die Überproduktion ab- und der deutschen National-Industrie für immer aufgeholfen wird.«

Bismarck selbst, durch und durch persönlich: »Die ganze Kolonialgeschichte ist ja Schwindel, aber wir brauchen sie für die Wahlen.« Eine Liebesbeziehung würde es so auch nicht werden. Als ihn der weltreisende Schriftsteller Eugen Wolff aus Kirchheimbolanden einmal zur weiteren Landnahme anregen wollte, hielt ihm der Kanzler sein berühmtes »Meine Karte von Afrika liegt in Europa. Hier liegt Russland und hier liegt Frankreich, und wir sind in der Mitte. Das ist meine Karte von Afrika« entgegen.

Bismarcks kolonialer Gedanke

Deutschland hat Kolonien (offiziell: Schutzgebiete), Bismarck lehnt die formale Kolonialherrschaft jedoch ab, sieht den Berliner Beitrag eher symbolisch. Seine favorisierte Organisationsform ist die Handelskolonie, in der Gesellschaften, die den wirtschaftlichen Nutzen ziehen und Reichsschutz genießen, auch die finanziellen Lasten tragen: »Das Deutsche Reich ist nicht in der Lage, ein Kolonialsystem wie das französische durchzuführen. Es kann keine Kriegsschiffe aussenden, um überseeische Länder zu erobern, d.h., es wird nie die Initiative ergreifen. Aber es wird den deutschen Kaufmann in den Gebieten, die er erworben hat, beschützen. Deutschland wird dasselbe tun, was England seit jeher getan hat, es wird privilegierte Gesellschaften gründen, auf denen die Verantwortung lastet.«

Kapitalgesellschaften nach Art der britischen East India Company – mit lokalem Management, dem im Idealfall ein einziger Vertreter der kaiserlichen Oberhoheit (»*den wir Konsul nennen wollen*«) zur Seite steht – verwalten, entwickeln und besiedeln ein Gebiet in Eigenverantwortung. Schutzerklärungen bedeuten weder die Stationierung deutscher Truppen noch die Einrichtung eines großen Verwaltungsapparates: »Unsere Geheimen Räte und versorgungsberechtigten Unteroffiziere sind ganz vortrefflich bei uns, aber dort in den kolonialen Gebieten erwarte ich von den Hanseaten, die da draußen gewesen sind, mehr, und ich bemühe mich, diesen Unternehmern die Regierung zuzuschieben.« Nicht der regierende Beamte oder Militär, sondern die unabhängige Kolonialgesellschaft soll ein Gebiet entwickeln, was – typisch Bismarck – Berlins politisches Risiko beschränkt.

Die Übernahme der Verwaltung von der »Nutzbarmachung behufs Erzielung von Erträgen«, »Erziehung der Eingeborenen zur Civilisation« bis zur Aufstellung einer bewaffneten Macht wird mit weitgehender Handlungsfreiheit und dem Zugang zum Markt honoriert. Die zivilen Verwalter erhalten vom Eintreiben einer Kopf-, Erbschafts- oder Beerdigungssteuer bis zur Erhebung von Zöllen weitgehend freie Hand. Das Reich hält sich zurück, schützt vor Beeinflussung von außen, stellt den Marine- und Konsularschutz, sichert den Handel, greift lediglich ein, wenn deutscher Besitz durch andere Kolonialmächte bedroht wird. Ein Angriff von außen ist ein Angriff auf das Reich. Flaggenhissungen nehmen deutsche Kriegsschiffe vor.

Das Offizierskorps und die Seekadetten S.M.S. ELISABETH 1884/86, oberste Reihe 4. v. lks. Kapitän Schering.

Togo – ein Bauernland als Modellkolonie

Die Könige Aiaushi Agbanor (unten) und Garsa (auch: Gassu): Aiaushi bittet den Kaiser um Schutzherrschaft, Garsa von Bagida ist unter den Küstennoblen, die den Schutzvertrag bezeugen.

Es lebe, wer sich tapfer hält: »Seit dem Kriege von 1870 ist das deutsch-nationale Gefühl im Interessenkampf mit anderen Nationen sehr empfindlich und anspruchsvoll. Nur festes, zielbewusstes, energisches, herrisches Auftreten dem Ausland gegenüber, schnelle diplomatische und kriegerische Erfolge erfreuen sich ... der Sympathien des deutschen Volkes« (Curt v. François).

1884 ist ein ausgesprochen gutes Jahr, es der Restwelt durch energisches Auftreten zu zeigen. Das Reich kann die Laune des Augenblicks nutzen (hier eine außenpolitisch günstige Konstellation), um ungestraft vorzugehen. Das Timing für das Aufziehen des schwarzen Kreuzes im schwarz-weiß-roten Feld in fernen Ländern ist richtig, da zu Hause Oktoberwahlen anstehen.

Der Kanzler beginnt durchaus bescheiden. Es ist das Übersehen einer relativ diskreten Forderung nach Schutz für Bremens Großkaufmann Lüderitz – in Angra Pequeña hatte die Besatzung eines Kriegsschiffes die über »Fort Vogelsang« wehende deutsche Flagge durch eine englische ersetzt –, das seinen Kampfgeist weckt. Natürlich würden später auch andere Versionen verbreitet. »Angra Pequeña, Sand der Hölle?« ist nur eine davon und wahrscheinlich frei erfunden: Bismarck habe es standhaft abgelehnt, den Lüderitzschen Besitz unter Schutzhoheit zu stellen. Erst der Hinweis eines Geheimrats (»*Exzellenz, Exzellenz ... wo soll unser Adel seine missratenen Söhne hinschicken, wenn wir keine Kolonien besitzen?*«) soll ihn gewandelt haben.

Was Ew. Durchlaucht Otto Fürst v. Bismarck auf Hochwohlgeboren Gustav Nachtigal bringt. Den vaterländischen Forschungsreisenden hatte Afrika bekannt gemacht, in Afrika musste er jetzt zu vermitteln sein.

Gustav Nachtigal aus dem altmärkischen Eichstedt spielte in seinem Leben mehrere Rollen. Aus einer der ersten – er ist Militärarzt in Köln – scheidet er wegen eines Lungenleidens aus. Für die Suche nach trockeneren Wetterlagen bietet sich ihm Tunis an, wo er als Militär- und Leibarzt am Hofe des Bey praktiziert.

1868 wollte der Preußenkönig dem Herrscher des Reiches Bornu ein paar Präsente zukommen lassen, an Zivilisationsgut wie Taschenuhren, Armbänder und ein Teeservice wurde gedacht. Das Sultanat Bornu, westlich des Tschadsees, war seit Jahrhunderten Hauptstapelplatz des Handelsartikels Menschenware. Doch der Sultan hatte sich deutschen Reisenden gegenüber recht freundlich gezeigt. Überbringer sollte Gerhard Rohlfs aus Vegesack sein, Fremdenlegionär, Oberarzt für den Harem des Sultans von Marokko und gestandener Afrikaforscher. Der wollte oder konnte nicht und reichte den Auftrag an den Eichstedter weiter.

Nachtigal bricht im Februar 1869 in Tripolis auf, weitet die Überbringungstour getreu seinem Motto (»*das Geheimnis jeglichen Erfolges in Afrika ist Geduld*«) auf eine nahezu sechsjährige Forschungsreise aus. In Deutschland zurück, übernimmt er den Vorsitz der Afrikanischen Gesellschaft, 1882 geht er erneut nach Tunis, diesmal als Generalkonsul. Mit dem ersten Teil seiner Geschichte hinter sich, beginnt der zweite damit, dass ihn Bismarck im März 1884 zum ksl. Bevollmächtigten (Reichskommissar) für Westafrika ernennt.

Als der Kanzler Nachtigal telegrafisch beauftragt, den Küstenstrich zwischen Nigerdelta und Gabun, dazu Angra Pequeña aufgrund der immer häufiger vorgebrachten Klagen deutscher Handelsmänner zu besuchen, sind drei Varianten angedacht, die er den Häuptlingen, *Chiefs* oder *Kings* unabhängiger *Negerstaaten* anbieten kann (Mohren wie in Sarottis Mohrenkopf oder Reichenows Mohrenkopf-Papagei gibt es noch immer, doch für Afrikas indigene Völker hat sich das Wort *Neger* wie in *Neger*-

problem, -kuß oder -pimmel eingebürgert).
Nachtigal steht es frei, Handels-, Freund-
schafts- oder Protektoratsverträge anzubieten, einzeln oder als Kombination. Eine
hohe Instruktion für die Sicherstellung von
Küstenstrichen hat er nicht, eine Besitzergreifung ist lediglich bei Gefahr für Leben
und Eigentum von Deutschen in Betracht
zu ziehen.

Damit auch konkurrierende Länder verstehen, worum es hier geht, führt das dem
Reichskommissar zur Verfügung gestellte
Kleine Kanonenboot Möwe/KzS Hoffmann
vorsorglich mehrere Dutzend Flaggen
mit. Lästerzungen sollten dazu »das Spazierentragen der deutschen Flagge« sagen.
Patrioten (Kaufleute, einzelne Bürger, Mitglieder der Kolonialvereine und Marine-
kreise, die in der Heimat aufs Tempo
drücken) sagen so etwas nicht.

Europa
kommt nach Afrika

To für Wasser, *Go* für Ufer: Togo (zu dem
die Deutschen noch Togoland sagen) lässt
sich mit »auf dem anderen Ufer«, »hinter
dem Meer« oder »jenseits der Lagune«
übersetzen. Die Bewohner, so lehrt Pierers Lexikon (um 1890), sind *Neger* vom
Ewestamm. Sie bauen Mais an, Yams, Bananen, Orangen, Öl- und Kokospalmen,
scheinen gute Weber und Töpfer zu sein.
Wildschweine sind häufig, Elefanten und
Leoparden selten, überreich ist die Fisch-
und Vogelwelt.

Togos Küste ist eben und steril, sieht von
See her wenig einladend aus. Einmal im
Eweland, ist auch der erste Eindruck
wenig verlockend. »Das Tiefland ist hier
schmal, aber kompliziert gebaut. Am Meere liegt zunächst ein flacher, einige hundert Meter breiter Sandwall, auf den eine
mit Lagunen und sumpfigen Flussläufen
erfüllte Ebene folgt, die fast im Meeresni-
veau liegt. Dann erhebt sich das Land zu
einer Platte, deren Südrand zum Teil von
den Lagunen durchfurcht wird. Diese Platte fällt nach Norden ziemlich steil zu einer
Senke ab« (Siegfried Passarge aus Königsberg). Doch im Norden, wo sie Allah fürchten, die grüne Fahne des Propheten weht,
leben keine Ewe mehr.

Den von Nehrungen und Lagunen gebildeten Küstenstrich, das in eine Lagunen-
niederung eingebettete Süßwasserhaff des
Togosees, hatten die Portugiesen entdeckt.
Nach ihnen kamen Franzosen, Engländer,
Holländer und Dänen. Unter denen, die
die Landschaft durch das *Wegfangen
von Menschen* zum Teil der Sklavenküste
machten, waren des Großen Kurfürsten
Brandenburger.

Elfenbein, Pfeffer und Sklaven …, als Europäern das Geschäft mit der schwarzen
Haut verboten wurde, begann das Interesse an alten Handelsrouten zu sinken,
war Togo ein Land, *in dem der Pfeffer
wächst*. Die ersten, die sich wieder ernsthaft dafür interessieren, sind Missionare,
aufgrund ihrer höheren Kulturstufe dazu
berufen, rückständigen Völkern die Seg-

**Gustav Nachtigal
(1834–85) aus
Eichstedt während
eines Aufenthalts
in Kairo 1875:
Den vaterländi-
schen Forschungs-
reisenden hatte
Afrika bekannt
gemacht, in Afrika
war er jetzt zu
vermitteln.**

nungen der Zivilisation zu vermitteln, darüber Heiden, deren täglich Brot Menschenfleisch sein kann, zum Christentum zu bekehren. Unter ihnen die Sendboten der in Hamburg gegründeten Norddeutschen Missionsgesellschaft (NMG), nach ihrem Sitz in Bremens Ellhornstraße 12 auch Bremer Mission genannt.

Missionar Lorenz Wolf übersetzt Gesangbücher und das Neue Testament in die Ewesprache, Christian Hornberger aus Oberkochen im Amt Aalen legt sich in Ho im späteren Bezirk Misahöhe mit Himmels-, Erd- und persönlichen Schutzgöttern an, unternimmt dazu verschiedene Forschungsreisen. 1859 gibt es im Land der Ewe bereits vier NMG-Hauptstationen.

Kampf der Blutrache und dem Fetischismus, dem Ahnen- und Voodookult, den Initiationsritualen und Beschneidungsfesten. Alphabetisierung und Volksaufklärung durch Schulen muss, wer sich um die Taufe bewirbt, doch Lesen lernen, um die Wahrheit der Heiligen Schrift zu verstehen. Hobeln dazu, Sägen, Bohren, Meißeln, Nähen oder Flicken, um den Einzelnen der Kultur zugänglich zu machen. Für die Erkenntnis »Als die Weißen hierher kamen, hatten die Afrikaner das Land, die Weißen die Bibel, dann hatten die Afrikaner die Bibel und die Weißen das Land« ist es noch etwas zu früh.

Gott Mawu hat die Menschen schwarz geschaffen, zwischen feindlichen Falschgläu-

Übersichtskarte von Togo: Das mit 87.200 qkm kleinste afrikanische Schutzgebiet schiebt sich in Südnordausdehnung von der Sklavenküste 579 km ins Hinterland. Küstenstreckung ca. 55 km. Nachbarn sind im Norden Obersenegal-Niger (Obervolta), im Osten das französische Dahomey, im Westen die englische Goldküstenkolonie. Entfernung von Lome zur Elbmündung: 4.350 Seemeilen.

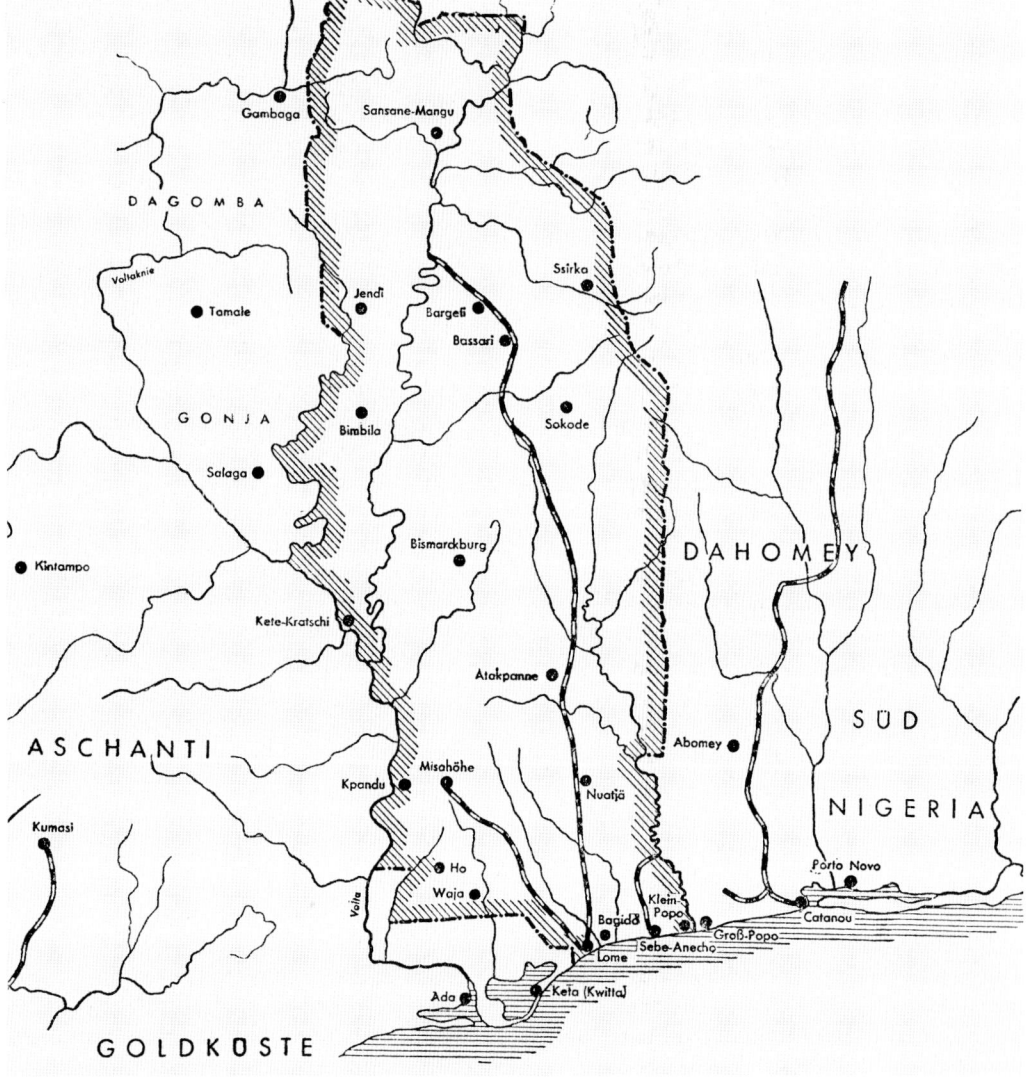

bigen ein Zion zu errichten, ist schwer. Arme Heiden-*Neger* (»*einmal aus ihrer geistigen Stumpfheit gerissen*«) über das »Schaffet, dass ihr selig werdet mit Furcht und Zittern« zum christlichen *ora et labora* oder *labora et ora* zu erziehen, stößt auf Widerstand. Der Himmel freut sich über jeden, der rüberkommt, doch wer missioniert und/oder forscht, muss mit dem Unplanbaren planen. Den Fetischleuten, der eigentlichen Macht im Lande, ist es ein Leichtes, alles, was schief geht, als Strafe für die Aufgabe gesellschaftlicher Traditionen hinzustellen. An Krankheiten, zu viel oder zu wenig Regen, einer Fischarmut in der Lagune oder der Schildlaus in der Kokospalme sind jetzt die Weißen schuld. Es passiert, was passiert, wenn zwei Kulturen zusammenprallen: 1869 wird die Missionsstation Ho von Asante-Leuten eingeäschert, 1877 die katholische Missionsstation in Atakpame zerstört. Zwei Missionare wurden vergiftet.

Mit der NMG im *Negerland* wird Fetischismus (»*früher nach der einen Theorie eine Vorstufe der Religion, nach der anderen eine Degeneration*«) auch in der Heimat bekannt. Damit sie sich dort eine rechte Vorstellung machen können, wird in Berlins Botanischem Museum ein im Adele-Land abgehackter Giftbaum aufgestellt, wozu die Erklärung Bände spricht: Im Fetischland erkennen Eingeborene die Antwort auf leichtere Fetischfragen in den letzten Zuckungen eines getöteten Huhns. Es kommt jedoch vor, dass ein Angeklagter zum Einatmen eines aus der Rinde des Giftbaumes Erythrophloeum guineense gewonnenen Pulvers gezwungen wird. Muss er niesen, ist er schuldig. Trinkt er eine Giftprobe und stirbt, hat er für seine Schuld gebüßt.

Wolf dann beim Transfer christlich-abendländischer Kultur, Hornberger mit Psychrometer, Pflanzenpresse und Krimstecher auf Reisen (in der Medizinkiste Chinin in gehörigen Mengen). Wohin man zwischen Mono und Volta auch blickt, kulturelle Vielfalt mit zahlreichen Ethnien und unterschiedlichen Sprachen. Der *Negertyp* besonders im Süden und im Gebirge (»*dunkelbraun, muskulös, mittelgroß, dicklippig, breitnasig*«), der hamitisch-

äthiopische Typ zum Norden hin (»*lange, schlanke Gestalten, schmale Gesichter mit hohen Nasen, langen Beinen*«). Bubalis centralis (der große schwarze) und Bubalis brachyceros (der kleine rote Büffel), Python regius oder das Keilschnauzenkrokodil …

Togo ist voll von Menschen, Tieren und Dingen, trotzdem Niemandsland und noch »unentdeckt«. Etwas, das hinterher keiner mehr verstehen kann, weder die Engländer, die in unmittelbarer Nachbarschaft sitzen, noch die Franzosen.

Es gibt keinen triftigen Grund, lediglich ein paar Gründe, warum das Land am Golf von Guinea und Meerbusen von Benin noch herrenlos ist, als die Deutschen kommen. Einer davon mochte sein, dass die Natur Togo nicht nur geißelt, sondern auch schützt, von Nord nach Süd ziehende Baumziepern und Kuhstelzen, Brachschwalben oder Würger die einzigen »Europäer« sind, die es Jahr für Jahr leicht hierher schaffen …, dass alle anderen gezwungen sind, sich vor dem Landgang einer risikoreichen Prozedur zu unterziehen.

Afrikas Küstenstrich zwischen dem Kunene und dem Kap der Drei Spitzen hat die *Kalema* berüchtigt gemacht. Ausgerechnet vor dem hafenlosen Eweland tobt

König Zeberim von Bimbila, dem Hauptort des Nanumbalandes im kolonialen Verwaltungsbezirk Kete-Kratschi.

Anecho
(Klein-Popo),
neben Lome
der bedeutendste
Ort an der Togo-
küste, von
der Lagune aus
gesehen.

sich der Brandungsgürtel besonders stark aus. Der flache Einfall des Meeresbodens zwingt anlaufende Schiffe dazu, in einer Entfernung von rund 400 m vom Festland auf Reede zu ankern. Dort werden sie auch abgefertigt.

Die Landverbindung stellen Brandungsboote her. Eingeborene Wilde arbeiten tatsächlich wie die Wilden, dazu mit enormem Geschick. Das Ausbooten von Passagieren und Löschen der Güter ist trotzdem gefährlich, die Angst vor dem Untergang groß. Boote schlagen um, Personen und Güter gehen verloren. Erst 1883 war die Besatzung eines deutschen Frachters von Eingeborenen umgebracht worden, nachdem ihr Schiff hier strandete. Noch zu deutscher Zeit heißt es so auch »Landung mit Schwierigkeiten verbunden«. Wer nach Togo will, reist obendrein auf eigene Gefahr dorthin. Die Seeversicherung hat dazugelernt, weigert sich aus Erfahrung, hier für irgendetwas aufzukommen.

Wer das Land trockenen Fußes erreicht, will dort in der Regel nicht bleiben. Auf den sandigen Nehrungen am Haho oder an der Schio-Mündung sieht der Gegner zu sehr wie ein Gegner aus: Er trägt bläu-

lich gefärbte Hautnarben auf Stirn und Wangen, hat sich zwischen den Schneidezähnen eine dreieckige Lücke herausgefeilt. Seine Hautfarbe ist ein dunkles Kaffeebraun.

Die hinter der Strandnehrung sich hinziehenden Lagunen haben nach jeder Überschwemmung der Regenzeit Morast und Sumpf zurückgelassen, Brutstätten für allerlei Ungeziefer. Die zahlreichen Tümpel sind Stechmückenparadiese, das Wasser der Lagune schmeckt salzig, da es mit dem Meer kommuniziert. An harmattan-trüben Tagen, im Dezember oder Januar, reduzieren staubführende trockene Landwinde (»*die häufig ein dunstiges, nebliges, höhenrauchartiges Wetter erzeugen*«) Afrikas Sonne zu einer matten, roten Scheibe.

Wer ins Hinterland vorstoßen will, muss mit Dyabo Bukari rechnen, der um die 300 Reiter, 1.000 Gewehrträger und mehrere tausend Bogenschützen ins Feld führen kann. Vor einem König Adjaitó, der ein übel beleumundeter Sklavenhändler ist, wird gewarnt. Den Nuatjä-Leuten ist mit Vorsicht zu begegnen, da der Stammesname auf gut Deutsch so viel wie grausam bedeutet.

Im tropischen Afrika sind Krankheiten allerdings ein noch gefährlicherer Feind: »An der Küste tritt Malaria bisweilen epidemisch auf, wobei kein Europäer verschont bleibt, selbst die weitab auf Reede liegende Schiffsbevölkerung in Mitleidenschaft gezogen wird und viele Eingeborene bis weit in das Innere hinein zum Opfer fallen. Die Fieber haben oft Komplikationen und andere Krankheiten im Gefolge, solche der Milz, Leber, des Darmes, der Lungen, Nieren und Nerven.«

Etwas weiß der Togoreisende schon, vieles würde er erst viel später erfahren: »Das Trinken aus stagnierenden Gewässern verbietet Dracunculus, der Guineawurm« (Friedrich Fülleborn, ksl. Regierungsarzt aus Kulm). – »Bienen machen gelegentlich einen Überfall, Termiten durchwühlen alle Gegenstände, die ihren Kiefern nicht unbedingten Widerstand entgegensetzen. Ameisen finden sich überall, einem nächtlichen Überfall durch ungezählte Scharen entzieht man sich am besten durch schleunige Flucht. Skorpione bewohnen mit Vorliebe die Wohnungen von Menschen, sodass es angebracht ist, Ärmel und Beinlinge zu untersuchen, ehe man Kleidungsstücke anlegt« (Richard Büttner aus Brandenburg a.H., Stationschef in Bismarckburg). – »Die Eingeborenen setzen ihre Exkremente in der Regel in der Nähe ihrer Hütten, auf ihren Feldern oder im Busch ab. Nur die höherstehenden Rassen und einige Volksstämme besitzen in oder bei ihren Hütten Abortgruben. Die freie Ablage der Exkremente richtet hygienische Schäden an, Darmkrankheiten, Typhus, Ruhr« (Fülleborn).

Zu so Prinzipiellem wie der »Akklimatisation der Germanen«, Voraussetzung für jeden längeren Aufenthalt, gehen die Meinungen auseinander: »In den tropischen Städten und Gebirgsregionen Afrikas gestatten die hygienisch-physiologischen Verhältnisse sowohl die persönliche wie auch die Rassen-Akklimatisation« (Prof. Albert Plehn). – »Deutsche sollten sich in subtropischen, erst dann in tropischen Gegenden akklimatisieren« (Prof. Bernhard Nocht). – »Bei dauerndem Aufenthalt in den tropischen Hochländern erleidet der Organismus des Europäers, und zwar besonders das Nervensystem, eine Veränderung, wenn nicht in der ersten, dann in der zweiten oder nachfolgenden Generation« (Prof. Emil Steudel).

Togos Küste und das unmittelbare Hinterland dann als arge Geißel und Grab des weißen Mannes, verlockendere Szenarien erst im Hinterland, wo das Togo-Atakora stellenweise an deutsche Mittelgebirge erinnert! Die Gefahren sind durchaus bekannt; was gegen sie steht, deutsche Handelsleute hierher gezwungen hat, waren einmal die in englischen Küstengebieten erhobenen enorm hohen Zölle und Steuern. Dazu alles, mit dem ein rechter Hanseat Geld machen kann.

Gummi, Palmkerne, Erdnüsse und Mais für den Export, allen voran die zwischen Strand und Lagune stehende Kokospalme, deren hellrote Frucht ein Hauptfaktor für den Welthandel ist. Kopra, das geschnittene und getrocknete Fruchtfleisch der Kokospalme, ist Ausgangspunkt für Öle und Fette. Die Kokosnuss steht in Emden oder Altona für Kokosnussbutter, in Dithmarschen für Düngemittel und Viehfutter. In ganz Deutschland laufen sie auf Kokosfaser-Matten herum. Der Importschlager Branntwein fürs Gegengeschäft. Preußenschnaps ist im Eweland Zahlungsmittel, vom Handel mit Branntwein versprechen sich korn- oder kartoffelbrennende ostel-

Deutsche Kaufleute in Togo: Die Produktion von Landesgütern bleibt in Eingeborenenhand, Europäer besorgen lediglich das Vermarkten.

bische Junker und exportorientierte Hanseaten die Erholung des im Argen liegenden Schnapsgeschäfts.

Pionier unter den deutschen Handelshäusern war F. M. Vietor & Söhne aus Bremen, ab 1879 zogen Unternehmen wie C. Woermann, Wölber & Brohm, C. Goedelt, G.L. Gaiser, Grumbach & Co. und R. Müller nach. Handelszentrum ist Klein-Popo, das sich auf einem 60 bis 250 m breiten, etwas erhöhten sandigen Landstreifen zwischen Meer und Lagune zwängt. Wölber & Brohm, Vietor & Söhne und die Bremer Firma C. Goedelt unterhalten Handelsfaktoreien im Stranddorf Bey Beach und in Bagida.

Löwe und Springbock

Das Land der Ewe oder Popo-Leute kommt ohne zentrale politische Gewalten aus, jede Dorfgemeinschaft kann etwas wie ein Königtum sein, jeder Dorfchef oder Häuptling ein *King*. Wer hier Geschäfte machen will, muss sich so auch mit einheimischen Herrschern arrangieren. Mit Leuten wie dem alten Kwadjovi von Klein-Popo, der den Hanseaten Handelsfreiheit in der Vermittlung des Warenverkehrs mit Europa zugesichert hat. Dafür müssen die Hanseaten seine Zollerhebung auf Palmöl und -kerne akzeptieren. Was sich zurück in Bremer und Hamburger Zentralen einfach anhören musste, erst der küstentypische Krämerneid komplizierte.

Als Kwadjovi 1883 stirbt, nutzen Engländer den Elitenwechsel, um Unruhen zu schüren. Die Sympathien der Küstenleute sind flexibel, einmal sollen die Deutschen, dann die Engländer oder Franzosen das Land verlassen. Ein englischer Versuch, Klein-Popo durch Truppen zu besetzen, schlägt fehl, trotzdem ersuchen aufgeschreckte Deutsche das Kaiserreich um Schutz.

Im Januar 1884 liegt, wie den Hanseaten von Bismarck versprochen, S.M.S. Sophie vor Klein-Popo auf Reede. Im Auftauchen der Kreuzerkorvette, nicht im Schockeffekt des Kanonendonners steckt das Kalkül, genügt es in der Regel doch, Germania zur See irgendwo Flagge zeigen zu lassen, um Eindruck zu wecken.

Zum Landgang wählt KzS Wilhelm Stubenrauch die Zeit kurz vor Sonnenaufgang, in der der Seegang erfahrungsgemäß nicht ganz so heftig ist. Palavert wird unter Fiederblättern der Kokospalmen, die die Faktoreihöfe im Ostteil von Klein-Popo überschatten. Dort stimmt sich der Seemann einen Tag lang mit maßgebenden Eingeborenen ab. (»*Im allgemeinen sind die Leute hier wohlgeformt, zumal die Männer, während die Frauen kleiner und unansehnlicher erscheinen. Besonders machen die lang herabhängenden Brüste und ein eingebogenes Kreuz die Frauen unschön.*«)

Von Klein- fährt Stubenrauch nach Groß-Popo weiter. Mit der Sophie außer Sicht geraten Engländer, Deutsche und partizipierende Popo-Leute erneut hart aneinander. Die Sophie, so englische Kolonial-Autoritäten, könne im Ernstfall die Leute von Klein- oder gar Groß-Popo nicht *defentieren*, was natürlich nichts weiter als üble Nachrede ist.

Nervös geworden, sieht sich ein Vertreter der Firma Wölber & Brohm aufs Pferd gezwungen. Der Mann reitet, was in und um Klein-Popo den Ernst der Stunde noch unterstreicht. Wo wegen des Bisses tagaktiver Tsetsefliegen Tiere als Lastenträger Raritäten sind, lassen sich Kaufleute und Missionare in der Regel tragen. Am besten bei Ebbe, in einer Hängematte mit aufgesetztem Sonnensegel und von vier kräftigen Kerlen »im Hundetrab« (vier müssen es schon sein, vier weitere wechseln sie ab). Einmal im Sattel, legt der Mann von Wölber & Brohm die Strecke nach Groß-Popo in Kurzzeit zurück. Das hätten Träger so schnell nicht geschafft.

Mit ihrem Ruf angekratzt, lichtet Sophie die Anker, um die Reede vor Klein-Popo erneut anzusteuern. Die 100 Mann des Landungskorps, die Stubenrauch durch die Brecher bringt, nehmen die »Hauptanstifter der Unruhen« fest, ein paar davon müssen die Rückfahrt nach Deutschland als Geiseln mitmachen. Dort werden sie auf Berlins Glanz und Gloria hingewiesen, was Erinnerungen an des Kurfürsten Mohren weckt. Auch darauf, was deutsche Soldaten leisten können bzw. wie viele der Kaiser tatsächlich davon hat.

Ewehäuptling mit Gefolge im Kriegsschmuck (ca. 1907): Das Land der Ewe kommt ohne zentrale politische Gewalten aus, jede Dorfgemeinschaft kann etwas wie ein Königtum sein.

Politik in Afrika ist etwas, was Afrikaner von Natur aus verstehen (»*der Löwe fragt den Springbock nicht, ob er ihn fressen darf, er tut's*«): Zurück in Togo bleibt Stubenrauchs Exempel der Macht nicht ohne Wirkung. Unter dem Datum vom 5. März bedanken sich ein *King* Aiaushi Agbanor und die Dorfchefs von Klein-Popo und Gridji bei Wilhelm, dem Kaiser, für Germanias Friedensstiftung. Gleichzeitig ersuchen sie ihn um Schutz vor einer drohenden britischen Annexion.

Togos Küstenzone kann auch weiterhin kein deutsches Sehnsuchtsziel sein, doch Rechenübungen in Berlin unterstreichen, dass, wo andere 25 Prozent Einfuhrzoll auf Rum, 100 Prozent auf Tabak und Gin, 200 Prozent auf Pulver erheben, es die Hanseaten einfach billiger machen können und besser dazu. Zur Werteschaffung der deutschen Wirtschaft, zum Wohle der Togolesen.

Ein Papier mit Negerkreuzen

Anfang Juli 1884 läuft S.M. Kleines Kanonenboot MÖWE die Sklavenküste an. An Bord die zurückgebrachten Geiseln, die deutschen Flaggen und Hochwohlgeboren Nachtigal. Die Zeit drängt, ist Togo doch nur als Kurzvisite gedacht, da man den Reichsvertreter auch am Kamerunästuar erwartet.

Nachtigal, der das Gespräch mit Mlapa III., dem absoluten König von Togoville, sucht, um ein Übereinkommen zu erzielen, trifft auf Plakkov, dessen Stabträger. Der gibt zu verstehen, dass Mlapa »vom Wunsche geleitet, die Unabhängigkeit seines Gebietes zu bewahren« tatsächlich um den Schutz des Kaisers ersuche. Im Gegenzug würde er versprechen, den legitimen Handel deutscher Kaufleute zu schützen und in Zukunft keiner anderen Macht Landesteile abzutreten. An Zöllen fordere Mlapa lediglich einen Schilling pro Tonne Palmkerne, einen weiteren für jedes Fass Palmöl, was für beide Seiten gute Geschäfte verspricht.

Das Übereinkommen wird, wie besprochen und mit Rücksicht auf den Bildungsgrad der Farbigen etwas einfach gehalten, am 5. Juli unterzeichnet, danach von lokalen Größen wie Nukoo, Coodayce, Adey oder Hadzi mit Handzeichen bezeugt. Ein Papier mit *Negerkreuzen* darunter, so Fürst Bismarck im fernen Berlin, dessen formel-

Palaver in Bimbila: Bimbila ist Sitz eines Verwaltungspostens mit Telegrafenhilfsstelle, die dem Bezirksleiter von Kete-Kratschi untersteht.

le Gültigkeit – nach europäischen Rechtsbegriffen ebenso richtig wie nichtig – anzuzweifeln sei.

Die Fischer der Sklavenküste verstehen einiges von Meerbrassen, Welsen, Krabben und Tintenfischen, vom Umgang mit Reusen und netzeschleppenden Kanus. Von europäischen Rechtsnormen verstehen sie nichts. Was damit anfängt, dass ihnen das Besitzrecht des Individuums auf Grund und Boden völlig unbekannt ist. Der Ewe sagt, »wo der Fuß unserer Jäger hintritt, ist Eweland«, der Fulbe »wo meine Rinder weiden, ist Fulbeland«, was sie, zu Ende gedacht, die Konsequenzen des Abkommens nicht abschätzen lässt.

Der Kanzler amüsiert sich über Deutschlands Partner, die *King* Mlapa von Togostadt oder Mensah von Porto Seguro heißen. Mit *Negerkreuzen* bezeugte Vertragswerke erkennt er als Inbegriff staatlicher Oberhoheit trotzdem an. Immer dann, wenn es zu Unbotmäßigkeiten kommt, die Schutz- irgendwo als Besatzungsmacht empfunden wird, reagiert er mit militärischen Mitteln.

Nachdem alles unterschrieben ist, gehen Nachtigal (»*obwohl ich noch im Fieber*

lag«), KzS Hoffmann, Schiffsarzt Max Buchner und Konsulatssekretär Mevius beim Küstenplatz Bagida an Land. Bei den hanseatischen Faktoreien werden sie von den Vertretern von Wölber & Brohm (Heinrich Randad, H. Armerding, E. Kentzler), Vietor Söhne (H. Brandt, E. Hille) und einer größeren Menge Togo-, Lome- und Bagida-Leuten bereits erwartet.

Im offenen Karree, das blaue Jungs in weißen Paradehemden bilden, steigt die deutsche Flagge als äußeres Zeichen der Schutzherrlichkeit über das Gebiet des Königs von Togostadt auf. Ein schwarzer anstelle des roten Adlers *hoch über Sumpf und Sand:* Der Zirkelschluss kann historisch kaum bedeutender sein, alleine die Tatsache, dass das deutsche Wappentier zwei Jahrhunderte nach Groß-Friedrichsburg erneut über Westafrikas Küste weht, fasziniert. Ins dreimalige Hoch auf S.M. den Kaiser stimmen die Deutschen, die wissen, um wen es sich bei ihm handelt, um so begeisterter ein. Die Marinesoldaten grüßen ihre Farben mit drei Salven, von der Reede her donnern 21 Schuss Salut, worin – alles in allem – einheimische Ethnien eher die Gaudi sehen, nicht das, was sie bei Vertragsbruch erwartet. Am Tag darauf wiederholt sich im Fischerdorf Bey Beach das Zeremoniell. Bey Beachs »fremdländische Titulatur« wird durch die einheimische Bezeichnung Lome ersetzt, an der Grenze zur Goldküste ein drei Meter hoher, in den deutschen Farben gehaltener Wappenpfeiler in den Boden gerammt. Tafel und Inschrift weisen die Küstenregion als Protektorat des kaiserlich-deutschen Reiches aus ..., klarer lässt sich der Anspruch im Augenblick nicht artikulieren.

Der Altmärker Nachtigal fährt nach Whydah/Dahomé weiter. Dort hatte der Schwabe Johann Peter Oettinger einst aufgekauften Sklaven die Initialen C AB C für churfürstlich afrikanisch-brandenburgische Compagnie eingebrannt. Von Whydah meldet er die Flaggenhissungen telegrafisch gehorsamst dem Kanzler in Berlin. Dazu, dass er Heinrich Randad, Hauptagent Wölber & Brohm, in Togoland als provisorischen Konsul eingesetzt hat. Danach nimmt die MÖWE Kurs auf Kamerun, das auf der Präferenzliste der Hanseaten als Schutzgebiet ganz weit oben steht.

Konkurrierende Mächte haben Kolonien (Gebiete, in denen im Rahmen der europäischen Expansion Land und Leute Land und Leuten unterlegen sind, die kriegerisch stärker, geistig oder wirtschaftlich im Vorteil waren). Kolonisation bedeutet, so Bernhard Dernburg, »die Nutzbarmachung des Bodens, seiner Schätze, der Flora, der Fauna und vor allem der Menschen zugunsten der Wirtschaft der kolonisierenden Nation, die sich dafür zur Gegengabe ihrer höheren Kultur, ihrer sittlichen Begriffe, ihrer besseren Methoden verpflichtet«.

Das Kaiserreich hat, um konkurrierende Großmächte nicht über Maß zu provozieren, keine Kolonien, sondern lediglich Schutzgebiete, dann auch keine Kolonial-, sondern Schutz- oder Polizeitruppen vor Ort. Termini somit, wie sie für Bismarck typisch, mit dem tatsächlichen Wesen der Beziehungen jedoch lediglich Synonyme für Kolonien sind.

Schutz- ist so viel wie uneingeschränkte Staatsgewalt, der Schutz- ein Unterwer-

fungsvertrag. Okkupationen nimmt *Wir, Wilhelm, von Gottes Gnaden deutscher Kaiser, König von Preußen* et cetera vor, indem er international anerkannte Schutzbriefe ausstellt. Das Reich verspricht dem Vertragskontrahenten Sicherheit und Schutz gegen jedermann. Protektion ist allerdings nicht zum Nulltarif zu haben, bedeutet Schutzherrschaft doch, dass die Beschützer zur Aufschließung und Nutzbarmachung im Herrenlosen (»*zunächst da, wo es irgendeinen Ertrag verspricht*«) angestrengt nach Herrenlosem suchen. Begehrlichkeiten sind Grenzen gesetzt: Als herrenlos gilt nur Land, dessen Eigentumsrecht niemand nachweisen kann. Rechte Eingeborener sind erwiesen, wenn sie in den letzten zehn Jahren ausgeübt wurden.

Ein Platz wie *King* Mlapas Küstenstrich ist deutsches Hoheits-, ohne deutsches Reichsgebiet zu sein. (»*Als Grundsatz kann angenommen werden, dass die Gesetze des Mutterlandes betreffend die inneren Rechtsverhältnisse nicht ohne ausdrückliche Ausdehnung auf die Kolonien in denselben gelten.*«) Das Mutter- oder Hauptland besitzt im Falle in- und ausländischer Konflikte die unbeschränkte Souveränität. Zivilisierte Deutsche aus Hessen-Nord oder Baden-Süd sind allerdings nicht gezwungen, in Unzivilisierten ihresgleichen zu sehen. Im Gegenteil. Während die Territorien staats-

Trägerkarawane mit Traghängematte und aufgesetztem Sonnensegel: Wo Tiere als Lastenträger Raritäten sind, lassen sich Weiße von Eingeborenen tragen.

und völkerrechtlich Teil des Reiches sind, haben Afrodeutsche wie Nukoo, Coodayce oder Hadzi nicht die Stellung von Staatsbürgern.

Beschützte müssen parieren, um die Protektion nicht zu verlieren. »Schutzverträge sind kein Mittel, um eine zahlreiche und zahlenmäßig bedeutend überlegene Eingeborenenbevölkerung dauernd im Zaume zu halten. Nur wirkliche Machtmittel wie Eisenbahnen, Soldaten und Kanonen sind dafür geeignet, als sichtbare Zeichen der Überlegenheit der weißen herrschenden Rasse« (Dr. jur. Hermann Hesse).

Schutzbereitschaft hat ihre Grenzen, kann – »sie haben gemordet und gestohlen, haben verwundeten Soldaten Ohren und Nasen und andere Körperteile abgeschnitten, und wollen jetzt aus Feigheit nicht mehr kämpfen« (v. Trotha während des Hererokrieges) – aufgekündigt werden, aus wilhelminischen Schutzbefohlenen rechtlose Untertanen machen.

Wilde Eingeborene
und schwimmende Macht

Wenn es nach Bismarck geht, befindet sich Togos Küstenstrich jetzt in Privatbesitz: Zivile Kolonialbehörden kümmern sich um Land und Leute, verwalten und kommen für die Kosten der Erschließung auf. Das Reich ist zum Schutz deutscher Faktoreien und Handlungstreibender in Klein-Popo, Bagida und Lome bereit, Berlins politisches und militärisches Engagement trotzdem auf ein Minimum begrenzt. Doch es geht nicht nach Bismarck.

Schutzgebiete brauchen viel Geld und viel Geduld, etwas, das sie weder in Hamburg noch in Bremen haben. Die am Togogeschäft beteiligten Handelshäuser, darunter auch größere Namen wie Vietor & Söhne oder C. Woermann, wollen zwar Kolonien, trauen auf Grund der Risiken allerdings der eigenen Zukunftsrhetorik nicht so recht. Wo der Warentransport noch in Karawanentagen abgerechnet wird, mit unbotmäßigen Eingeborenen zu rechnen ist, will Freude am Kolonisieren nicht aufkommen. Das Großkapital zieht nicht mit, da es an Plätzen, wo Oberhäuptlinge, die einige Macht besitzen, Dakada von Kpando

(zwischen Daji und Volta) oder Hosu von Ho (im südwestlichsten Teil des Schutzgebietes) heißen, ein Wapa von Bato den Beinamen Löwe von Akposso führt, nicht investiert.

Bismarcks favorisierte Organisationsform der Handelskolonie muss so auch Wunschdenken bleiben, der sonst so eiserne Kanzler ein Zweiklassen-System akzeptieren, für das die Hanseaten die Regeln diktieren. Während etwa Angra Pequeña oder Deutsch-Ost zumindest vorerst Konzessionsland einer Handelsgesellschaft bleiben, ist Togo von vornherein Kronland, damit volkseigen. Von hanseatischer Fairneß wird nicht mehr gesprochen, für anfallende Kosten kommt das ohnehin strapazierte Reichssäckel auf.

Ganz oben steht dann nicht ein Handelsmann, der Grumbach oder Goedelt heißt, sondern S.M. der Kaiser, dem der Reichskanzler verantwortlich ist. Zu deren Entlastung wird vom AA ein »Dezernat für die deutschen überseeischen Interessen« (Kolonial-Abteilung, ab 1907: Reichskolonialamt) eingerichtet, für das Entscheidungen von Reichstag und Bundesrat maßgebend sind. Vor Ort haben vom Kaiser ernannte Gouverneure (Reichskommissare, Landeshauptmänner) als oberste Zivil-, Polizei- und Militärgewalt das absolute Sagen, ausgenommen lediglich die Post, die dem Reichspostamt untersteht.

Erster Oberkommissar für Togo wird der als Gouverneur am Kamerunästuar sitzende Frhr. Julius v. Soden, erster Reichskommissar Ernst Falkenthal. Als Amtssitz dient zunächst der Küstenort Bagida, danach Sebe an der Nordseite der Lagune. Klein-Popo, wo Großhandel betrieben wird, wäre zweifellos logischer gewesen, doch dort ist es wegen der Brandung laut, dazu eng und für Kolonialbeamten zu schmutzig.

Mit dem Eintreffen Falkenthals machen sich des Kaisers Deutsche daran, Togolesen das Europäische beizubringen, was soviel heißt, wie eine Verwaltung aufzubauen, Gesetze zu erlassen und zu regieren. NMG-Missionare bieten Erfahrungen und Verbindungen an, dazu schafft sich das Kolonialexperiment eine Reihe ureigener Glaubenssätze:

»Der größte Fehler, den eine Verwaltung oder eine Truppe in Afrika machen kann, ist der, den Eindruck der Schwäche zu hinterlassen. Der Eingeborene sieht in Nachgiebigkeit nur Schwäche, was seine Angriffslust ins Gefährliche steigert« (Paul Rohrbach aus Irgen/Kurland, evg. Theologe und Kolonialfunktionär, der sich die Themen Kolonie und Rasse zur Lebensaufgabe machte). – »Der Weiße ist dem Farbigen überlegen. Die Linie zwischen beiden darf nicht verwischt werden« (Max Fleischmann aus Breslau, Professor für Kolonialrecht mit Preußens erstem Lehrauftrag). – »Nur ein satter Neger ist ein guter Arbeiter« (Bernhard Dernburg aus Darmstadt, Staatssekretär im RKA). – »Arbeit an einem Naturvolke muss damit beginnen, seinen Fortbestand möglichst sicherzustellen, also seine körperliche Widerstands- und Fortpflanzungskraft zu erhöhen« (Diedrich H. Westermann aus Baden/Hann., Missionar der NMG). – »Wozu wollen wir den Neger erziehen? Zur Arbeit!« (Ludwig Külz aus Borna in Sachsen, ksl. Regierungsarzt).

Um seine Aufgabe in den Griff zu bekommen, verfügt Falkenthal die Aufstellung einer paramilitärischen Polizeitruppe, die die öffentliche Sicherheit im Küstenstrich gewährleisten soll. Vom Ernstfall im Hinterland ist vorerst abzusehen, was bei einer Etatstärke von zehn unter einem weißen Uffz. dienenden Haussa-Soldaten sicher auch ratsam ist. Schutzmacht sieht zweifellos anders aus, bis zur Aufstockung der Polizeitruppe muss sich die deutsche Autorität auf einen Raum, den die Kriegsmarine mit *Bestreichungssektor* umschreibt, beschränken. Über den Schirm deutscher Bordgeschütze hinaus fehlt Verwaltungsbeamten, Forschern oder Entdeckern bis auf weiteres die Feuerkraft, um sich den nötigen Respekt zu verschaffen ..., sind sie als Kolonialherren keine Herren mehr.

Sollten sich Wilde irgendwo tatsächlich wie die Wilden benehmen, widerstrebenden Hinterlandfürsten das Deutschwerden nicht passen (»*wenn der oder jener Häuptling bodenlos frech geworden ist*«), würde man sich auf des Kaisers Schiffe verlassen, die die Meere durchpflügen, um hin und wieder auch gefechtsklar vor Togo auf Reede zu liegen.

»*Schirmest mit mächt'ger Hand/Schifffahrt und Handelsstand,/Hilfreicher Stern!/ Wer sich mit Frevelmut/Rauben will deutsches Gut,/Zahlt es mit seinem Blut/ Auch in der Fern'*« (Kaiser und Admiral) ... Seestreitkräfte, des Reiches überlegenstes Machtmittel in diesem Teil der Welt, haben den Auftrag, die deutschen Erwerbungen mit Hilfe ihrer Bordartillerie (gegen küstennahe Ziele) und ihren Landungskorps (gegen innere wie äußere Feinde) zu schützen. Nicht ohne Grund wird mit Beginn der aktiven Kolonialpolitik eine Abteilung im AA »Kolonialangelegenheiten und Entsendung von Kriegsschiffen zum Schutz deutscher Interessen« genannt.

Am Pokertisch in Berlin

Als die am afrikanischen Handel interessierten Mächte 84/85 in Berlin zur Kongokonferenz zusammenkommen, ist Deutschland ein ernsthafter Mitspieler. Ziele sind die Herbeiführung internationaler Verständigung, die Bekämpfung der Sklaverei und Hebung der sittlichen wie materiellen Wohlfahrt Unzivilisierter. Letztere sind daran zu erkennen, dass sie zurückgeblieben, Analphabeten oder auch beides sind. Zur Debatte steht herrenloses Land nach dem Völkerrecht, wozu sich, da alle die gleichen Interessen haben, gemeinsame Nenner schnell finden lassen: (a) Nur Zivilisierte im Sinne der Vertragsgemeinschaft können Herren sein, (b) Zivilisierte sollen sich untereinander nicht bekämpfen, da, wenn es darauf ankommt, der Unzivilisierte der eigentliche Gegner ist.

Die Gemeinschaft der Zivilisierten markiert Flüsse wie Volta oder Mona als mögliche Grenzen, zieht dazu willkürlich mathematische Linien mit und ohne Lineal. Als sie alles wider alle Egoismen »im Namen des Allmächtigen Gottes« unterschreibt, ist Togo abseits des deutschen Küstenstrichs weiterhin Niemandsland, jedoch immerhin »entdeckt«.

Kritisch nur, dass den vorwiegend noch in Küstenbereichen sitzenden Mächten aufgetragen wird, die Effektivität ihrer Besitznahme des Hinterlandes zukünftig nachzuweisen. Erst in der genaueren Kenntnis dort wohnender Ethnien, der Flüsse, Berge, Ortschaften, Pflanzen etc. erkennt man den Eigentümer, was die Bereisung von Landschaften zu Pflichtübungen macht.

Entdecker und Forscher vermessen und fotografieren Eingeborene und Reptilien zur gleichen Zeit, riskieren ihr Leben, um Paarungsrituale unter Naturmenschen zu beschreiben, oder plagen sich wegen eines Schmetterlings durch Urwald und Steppe …, den kolonialpraktischen Standpunkt vergessen sie nicht. Wer entdeckt, erforscht oder sammelt, hat das erste Zugriffsrecht, wer die Braut erobert, führt sie auch heim. Ein Preis, für den Männer, Gesellschaften und Länder, die im Prinzip keine Grenzen kennen, bereit sind zu tricksen, zu kungeln und zu bestechen. Jeder so gut, wie er kann.

Entdecker bringen vom Wettlauf-Marathon der Nationen tatsächlich Entdecktes mit: »Der Neger kann der nackten Füße halber nicht mit dem Spaten arbeiten und den Pflug kennt er nicht, ebensowenig eine Düngung« (Büttner). – »Die Kabure [Ka-

biye], der brauchbarste und tüchtigste Volksstamm Togos, besorgen sich das außerordentlich begehrte Salz und Roheisen auf nächstgelegenen Märkten. Als Gegenwert zahlen sie mit Menschen« (Bayerns Graf Zech, Bezirksamtmann in Kete-Kratschi).

»Im Dorf Bato befindet sich ein besonderes Schädelhaus, in dem die Schädel der erschlagenen Feinde aufbewahrt werden« (Büttner). – »Im Kabureland bedecken die Weiber die Scham in dürftigster Weise, sie tragen eine Hüftschnur oder ein kleines Franzenschürzchen oder ziehen einen Streifen von Rindentuch zwischen den Schenkeln hindurch« (Zech).

François interessierte sich für die Kokos-, Dattel-, Dum-, Wein-, Öl-, besonders für die Fächerpalme (Borassus flabelliformus), Klose hat auf der Sudu-Dako-Hochfläche Zwerge gefunden, Baumann klaubt in Misahöhe Schmetterlinge, Orthopteren und Wanzen zusammen, die nach dem Präparieren 700 große Sammelkästen füllen.

Die Kongokonferenz, die das *Afrika den Afrikanern, uns aber die Afrikaner* legalisierte, hatte mehrere Sieger. Unter ihnen Bismarck mit seinem Vorschlag zur Poli-

Missionsschule in »Akpafo« (korrekt: Akpafu), einer Landschaft im Verwaltungsbezirk Misahöhe; im Mittelpunkt Missionar Pfisterer von der Norddeutschen Missionsgesellschaft.

tik der »offenen Tür«. Dazu ein Mann namens Woermann, Reeder, Kaufmann und Kolonialpolitiker, der die Lobby des landwirtschaftlichen Sektors der großen Hamburger Handelshäuser vertritt. Die Hansestadt ist Zentrum des Alkoholhandels.

Carl Woermann, aus Westfalen zugezogen, hatte sein Hamburger Handelshaus 1837 gegründet, sein Kutter CONSTANZE steuerte 1849 Westafrikas Küste an. C. Woermann war das erste deutsche Handelsunternehmen, das nach den Brandenburgern hier Faktoreien unterhielt, zuerst in Liberia, dann in Gabun, zwischen Bimbia und Eloby, dann an der Biafra-Bucht und der Bucht von Benin. Mit dem Afrikahandel als einzigem Geschäftszweig stieg C. Woermann zu einem der führenden Handelshäuser am Küstenstrich auf. Es war Carl Woermann, für den Bismarck das Wort vom Königlichen Kaufmann prägte.
1878 addierte das Handelshaus seinen zwölf Seglern den ersten Dampfer hinzu, vier Jahre später – Sohn Adolph hat nach des Vaters Tod als Seniorchef übernommen – waren für das Afrikageschäft bereits drei Dampfschiffe unterwegs. Die Erwerbung Kameruns geht auf Adolph Woermanns Initiative zurück, an jener Togos hat er zumindest kräftig mitgearbeitet.
Adolph Woermann (»*ein Mann, in dem der Geist der alten Hanse weiterlebt*«) ist eine der mächtigsten Personen des Kaiserreiches, auf der Kongokonferenz war es seinen Beziehungen zu verdanken, dass eine Kontrolle der Alkoholeinfuhr in Afrika unterblieb. Auch Bismarcks Familie brannte Schnaps!
Nicht nur Deutsche liefern Hochprozentiges nach Afrika, doch es sind hanseatische und ostelbische Kornspekulanten, Schnapsbrenner und -händler, die im Export allen anderen überlegen sind. Branntwein, an der Spitze der von Hanseaten gehandelten Güter, ist an Afrikas Westküste weiterhin Zahlungsmittel, Branntwein spielt eine Rolle bei nahezu jeder Expansion.
Natürlich haben Dagomba, Tschokossi oder Mandingo auch in vorkolonialer Zeit schon getrunken. (»*Täglich des Nachmit-*

tags zwischen zwei und drei finden in allen größeren Dörfern [des Bassari-Landes] unter besonderen Schattenbäumen Palmweingelage statt. Meist werden diese in gehobener Stimmung verlassen und um fünf Uhr Abends findet die Fortsetzung des Trunkes auf dem Marktplatz statt, wo Bier verkauft wird … Auch die Weiber sprechen dem Bier ordentlich zu.«)
In und um Aima oder Adangwe haben sie ihren eigenen Alkohol: Bier aus rotem und weißem Guineakorn, Honig oder Mais. Dazu Zuckerrohr- und *Negerschnaps*, wie er den geübtesten Trinker zu Boden wirft, und aus Ölpalmen gewonnener Wein. (»*Zum Zweck der Palmweingewinnung wird der Baum unter dem männlichen Blütenstand angebohrt, worauf der Saft in die unter der Öffnung aufgehängte Kalebasse tropft. In frischem Zustande ist der Palmsaft süß und natürlich ganz alkoholfrei. Aber schon nach einigen Stunden gärt er, wird nach und nach sauer und alkoholhaltig)*«.
Doch preußisches Feuerwasser, verbunden mit den klimatischen Verhältnissen, wirkt auf Geist und Körper unverhältnismäßig schlimmer. »Für Branntwein verkauft der Eingeborene allmählich sein ganzes Besitztum, Land, Vieh, Weib und Kind. Der trunksüchtige Eingeborene zeigt alle schlechten Eigenschaften, alle Laster in der widerwärtigsten Form, und eine Branntweinschenke in der Nähe einer Missionsstation genügt, die Eingeborenen dem Einfluss des Missionars zu entziehen« (François).
»Branntwein ruiniert den Neger physisch, intellektuell, moralisch, religiös. Er wird den Neger ermorden« (Franz M. Zahn aus Moers, Inspektor der NMG). Ein Fässchen Schnaps bewirkt Wunderdinge: »Wie toll der Branntwein einen berauschten Neger machen kann, davon vermag man sich in Europa keine Vorstellung machen. Ist er berauscht, so glaubt er sich vom Fetisch besessen, er macht Sprünge in die Luft, tanzt wie rasend, hat Zuckungen.«
Branntwein ist der Fluch der Zivilisation, für die Eingeborenen verhängnisvoller als die Sklavenhaltung. Kolonialgeschichte beschreibt den Siegeszug hochgradigen Alkohols, es ist der exzessive Alkoholkon-

Adolf Friedrich Hzg. zu Mecklenburg (1873–1969), der letzte Gouverneur von Togo.

»Palmweinfabrik«
in Südtogo nach
einer Fotografie
von Walter Busse.
Das Mitglied der
Ksl. Anstalt für
Land- und Forst-
wirtschaft in
Dahlem hatte Togo
1905 besucht.

sum, der Togo, dann auch Kamerun verändert. Der trunksüchtige *Neger* kann
nicht anders, was den Geschäftemacher
Woermann in die Schusslinie wohlmei-
nender Kritiker rückt. Die Gruppe, die
Himmel und Hölle gegen dessen Schnaps-
interessen in Bewegung setzt, dominieren
Missionare der NMG, die unter den Ewe
den Grundstein zur evangelischen Kirche
legen. Für deren Vormann Franz M. Zahn
ist es kein anderer als der Teufel persönlich, der das Hochprozentige erfand.

Mit Branntwein hat dann einer wie Woermann in Afrika richtig Kohle gemacht.
Branntwein, der Vorwurf der Alkoholver-
seuchung von Eingeborenen, würde eines
Tages unter den Gründen sein, warum
Deutschland seine Kolonien, darunter Plätze wie Togo oder Kamerun, wieder verliert.

»One for the Kaiser«

Ein echter Neuanfang war die Berliner
Konferenz nicht, geht der *Scramble for
Africa* doch auf lokalen Ebenen weiter. Wer
die Starken in diesem Teil der Welt herausfordern will, hat kein leichtes Spiel. Als
eines Tages die Trikolore über Klein-Popo
weht, kann der mit S.M.S. BISMARCK auf-
kreuzende Admiral v. Knorr nichts weiter

als Protestieren. Den Vergleich erreicht
der Verhandlungsweg, der Groß-Popo den
Franzosen, Klein-Popo den Deutschen
überlässt. Letztere wollen dem prüden
Reich jetzt nicht mit Popo (Podex, Gesäß)
oder eingeborenen Popo-Leuten kommen,
taufen den Ort zwischen Meeresstrand und
Lagune so auch in Anecho um. Anecho: so
viel wie Eidechsenzunge.
86/87 stellen Falkenthal und Verwaltungs-
vize Grade die Landschaften Agotime,
Tove, Keve und Palime (auch: Agome-Pa-
lime) unter deutschen Schutz. Im Jahr darauf addiert der Berliner Ernst Henrici die
Liati-Region jenseits des Togo-Atakora-Ge-
birges hinzu, das die Wasserscheide zwischen Volta und Mono bildet.
Die Gebietserweiterung, gerade auch die
Tatsache, dass sich lokale *Chiefs* von zehn
Haussa und einem weißen Uffz. nicht
schrecken lassen, Raubzüge und Sklavenhandel weiterhin beliebte Beschäftigun-
gen sind, erfordert die Verstärkung der
Polizeisoldaten. Polizeimeister v. Piotrowski, den die Eingeborenen nur Mr. Soso nennen, übernimmt nach dem Fiebertod des
Gefreiten Bilke die Ausbildung. Gedrillt
wird mit Nachdruck, wie man einem Gegner im Busch begegnet. Der fertige Poli-
zist weiß, was ein langsamer Schritt ist,
was ein Parademarsch, was Feuerdiszi-
plin bedeutet und den Wach- vom Feld-
dienst unterscheidet. Was ihm Mr. Soso
nicht zeigen durfte, war die Bedienung des
Maschinengewehrs. Der Umgang mit der
Wunderwaffe, die die Erwerbung von Kolonien erst möglich macht, bleibt Weißen
vorbehalten.

*»Droht uns in Togo am Meeresstrand/ Oder
auch im inneren Land/ Gefahr durch Feindes Speer und Bogen/ Voll Mut wird in den
Kampf gezogen«* …, die mit dem Kavalle-
rie-Karabiner 71 bewaffnete Truppe trägt
weiße, mit rotem Nahtbesatz versehene
Marineuniformen und den roten Fes. Marschiert und paradiert wird barfuß.
*»Wir fürchten nicht den gift'gen Pfeil,/Wir
rufen Kaiser Wilhelm Heil!/Der uns ein
edler Schutzherr worden/Im Kampfe gegen
wilde Horden«* …, die Barfüßler sind keine
normalen Polizisten, allerdings auch keine
regulären Soldaten, wie sie die ksl. Schutz-

truppen in den übrigen Afrikakolonien stellen.

Vier Jahre nach Nachtigals Hauruck-Aktion beginnt die eigentliche Erforschung/Okkupation jenseits der Küstenregion. Erster offizieller deutscher Reisender ist Curt v. François, kgl.-preuß. Hptm. im Colbergschen Grenadier-Rgt. Nr. 9 und Weggefährte des großen Wißmann. François zieht von Bagida über Kpando zum Volta, dann den Fluss entlang in die Landschaft Kratschi. Von Kete geht es über alte Karawanenstraßen ins altberühmte Salaga im Hinterland der englischen Goldküstenkolonie. Als er zwischen Daka und Oti dem König der Dagomba seine Aufwartung macht, wohnen dem Empfang in dessen weitläufiger Residenz um die 60 Trommler, einige hundert Krieger und rund 10.000 Schaulustige bei. (»*Nur die Häuptlinge und Krieger haben Gewehre, im übrigen führt man Pfeil und Bogen, Lanzen, auch eine Art Wurfeisen, Messer, Schwerter, Streitäxte. Die Pfeile sind oft vergiftet, die Schilde werden aus Büffel- oder Elefantenhaut hergestellt*)«.

Erst im Nachhinein würde die Demonstration der kriegsgewohnten Dagomba auch als etwas wie eine Drohung gesehen, können doch ausgerechnet sie im Schutz des Reiches nie etwas Positives sehen, was sie zu entschiedenen Gegnern der Deutschen macht.

François arbeitet sich noch ins Gambaga-Gebiet vor, wird dann von gewaltbereiten Mossi-Leuten zum Rückzug gezwungen. Wieder an der Küste, hat er schriftliche Übereinkommen in der Tasche, darunter jene mit den Noblen von Jendi, Gambaga, Karaga und Natong.

Ende März 1888 brechen in Anecho »drei alte Afrikaner« mit 98 Wei-, Lagos- und Popo-Leuten als Waffen- und Lastenträgern auf. Ihre Aufgabe ist mit »zwecks Überholung der Franzosen im Hinterland« umschrieben. Unmittelbare Kontrahenten sind Missionare der Missions Africaines. Ludwig Wolf (38) aus Hagen bei Osnabrück, Stabsarzt der sächsischen Armee, und Erich Kling (34) aus Torgau, Hptm. im württen. Feld-Art-Rgt. Nr. 29! Zwei, die

Wißmanns Kassai-Expedition mitmachten, die Luluaburg anlegte! Dazu der Apenrader Bugslag, Begleiter Major v. Mechows während dessen Quango-Reise! Drei gestandene Deutsch-Afrikaner somit gegen eine Hand voll Gottesmänner, die nach einem Frühstart lediglich den Vorteil haben, dass sie bereits ca. 12 bis 14 Tagesmärsche weiter bei Atakpame sind.

Die Strecke bis Bato im nördlichen Gebirgsland von Akposso schafft die Expedition in 21 Tagen. Von dort geht es weiter ins Adele-Land. Als am 2. Juni 1888 auf dem Berg Adado die deutschen Farben hochgehen, ist von den Franzosen weit und breit nichts zu sehen. Bismarckburg, Togos erste feste Inlandstation, wird auf einer planierten Kuppe in 710 m Höhe gebaut, der Verteidigung dienen eine Palisade, ein Graben und eine stachlige Euphorbienhecke.

Bismarckburg ist zuallererst als Handelsstation gedacht, um Zwischenhändler vom Geschäft mit der nahen Goldküste abzulenken, dazu als Basislager künftiger Reisen (von hier aus zieht Wolf tiefer ins Hinterland, was schief gehen kann, dann auch tatsächlich schief gehen muss). Die Bismarckburger schlichten Streitigkeiten, strafen Störer der guten Ordnung ab, studieren Sprache, Sitte und Brauchtum in der Nachbarschaft, legen botanische und zoologische Sammlungen an und treiben meteorologische Beobachtungen.

Bismarckburg hat mit King, Büttner und Doering kompetentes Führungspersonal, die Station steht jedoch am falschen Platz. Das umliegende Adele- ist rechtes Fetischland, die Adele-Leute sind »faul und ängstlich, leben dem Tanz und ihren Festlichkeiten«, anstatt für die Deutschen zu arbeiten. Für einen Umzug spricht, dass Bismarckburg nicht wie erwartet eine Rolle im Binnenhandel spielen kann.

1894 wird die Anlage schon wieder aufgegeben, dafür – zwei Kilometer vom Handelsplatz Kete und einen Kilometer vom Fetischsitz Kratschi entfernt – am Volta eine neue Regierungsstation gebaut. Dort versuchen zwei weiße Verwaltungsbeamte den Handel zu intensivieren und die von Schmugglern benutzten Schlupflöcher am

Admiral Edward v. Knorr (1840–1920) aus Saarlouis, Chef des Westafrikanischen Geschwaders.

Voltaufer zu schließen. Die Doppelstadt Kete-Kratschi wird Ausgangspunkt zahlreicher Reisen und Expeditionen, die den deutschen Einfluss im Hinterland stärken.

In François' Reise haben die Engländer etwas wie eine Kampfansage gesehen, darauf mit Schutzverträgen für die Landschaften Adaklu, Ho, Boem und Kunja reagiert. Um das sich zuspitzende Verhältnis zu entschärfen, stecken die beiden Kolonialmächte eine Neutrale Zone ab, die die Königreiche Gondja mit Salaga und Dagomba umfasst. Ein Status quo, der François' Vertragswerk überschreibt, damit weitgehend wertlos macht.

In Berlin, wo sie glauben, was sie glauben wollen, erklärt der Kaiser dem Reichstag: »Unsere afrikanischen Siedlungen haben das Deutsche Reich an der Aufgabe beteiligt, jenen Weltteil für christliche Gesittung zu gewinnen. Ich habe deshalb eine Verständigung zunächst mit England gesucht und gefunden, deren Inhalt und Zweck Ihnen mitgeteilt werden wird.«

Wißmanns erste Expedition zum Kassai (1883–85) vor dem Aufbruch: Franz Müller (Meteorologe, Fotograf), Hans Müller (Zoologe, Botaniker), Ludwig Wolf (Militärarzt), Curt v. François (Karto- und Topograf) und (sitzend) Hermann v. Wißmann.

Ein echter Frieden ist es allerdings nicht, eher das Gegenteil. Im Hinterland drängen sich weiterhin die Entdecker, die Landschaften für sich reklamieren. Zum kolonialpolitischen Kräftemessen muss mit weiteren Auseinandersetzungen mit den Nachbarn gerechnet werden, was Nachverhandeln zum Tagesgeschäft von Politikern und Bürokraten macht. Hier erweist sich, wie wenig bewandert die Bürokratie im bescheidenen AA-Palais in Berlins Wilhelmstraße 76 in Kolonialfragen tatsächlich ist, wie es an einem der bedeutendsten Kolonialabkommen zwischen England und Deutschland abzulesen ist.

1890 stecken, um einen Schlussstrich unter ihre kolonialen Rivalitäten zu setzen, London und Berlin ihre Interessensphären ab. Das seltene Beispiel der Kooperation umspannt einen Rahmen, in dem es in erster Linie um Sansibar, den Kilimandscharo und die rote Nordseeinsel Helgoland geht. Was Deutsch-Togo anbetrifft, wird lediglich die Grenze gegen die Goldküstenkolonie geregelt. Das Reich erhält die Landschaften Adaklu, Kpando und Ho, dazu das linke Voltaufer zwischen den Mündungen des Daji und Daka.

Das Vertragswerk spiegelt die Bemühungen von Bismarcks Nachfolger Leo Graf v. Caprivi, dort diplomatische Nachsicht walten zu lassen, wo das neue Verhältnis gestört werden könnte. Was wachsamen Engländern dazu ein dankbares »One for the Kaiser« entlockt, wird vor Ort, wo sie um Fassung ringen, mit Bestürzung aufgenommen: Die Vertragskontrahenten haben die Grenze am linken Voltaufer und nicht in der Flussmitte gezogen, womit die Deutschen von der wichtigsten Wasserstraße in diesem Teil Afrikas abgeschnitten sind.

»Freilich haben die hochfliegenden Pläne zur Ausgestaltung des deutschen Besitzes sich bei späteren diplomatischen Verhandlungen nicht durchsetzen lassen«, so Friedrich Hupfeld, Direktor der Deutschen Togo-Gesellschaft hinterher. »Besonders seit Bismarcks Abgang herrschte in Berlin eine in Kolonialfragen kleinliche und kurzsichtige Auffassung vor.«

Kräftemessen im Hinterland

Jesco v. Puttkamer hat Falkenthal als Reichskommissar abgelöst, Herold gründet am Pass über das Togo-Atakora-Gebirge die politische und wissenschaftliche Station Misahöhe. Im Jahre sieben nach dem Anfang von Bagida brechen Kling und Bugslag zu ihrer zweiten Togoreise auf. Bugslag erkrankt noch an der Küste, doch Kling erreicht die Mohammedanerstadt Salaga, geht durch die Landschaft Tschaudjo in Nordtogo nach Barba und kehrt, wenn auch schwer angeschlagen, nach Bismarckburg zurück.

Oblt. Hans Georg v. Doering aus Königsberg schließt einen Vertrag mit dem Oberhäuptling von Bassari, der Wahrenbrücker Forschungsreisende Hans Gruner sichert Dakada von Kpando eine Rente zu, worauf dieser die deutsche Flagge akzeptieren will. Die Togo-Hinterland-Expedition, die sich über Pama und Gurma nach Ssai am Niger, dann flussabwärts nach Giris durchrackert, wird mit dem Sultan von Gando einig. Nupe und Ilorin nehmen den Kaiser als Schutzherrn an, Kpele, Tamberma oder Kebe werden deutsche Kolonialuntertanen.

Ernst v. Carnap-Quernheimb, Oblt. aus dem oberschlesischen Oppeln, reist von Salaga über Gambaga nach Sansane-Mangu, der Hauptstadt des Tschokossi-Reiches, wo es zu einem Abkommen kommt. Mit dem Gurmafürsten von Matschakuale wird man sich einig. Deutsch-Togo ist auf dem Weg zur Musterkolonie, Erschließung ohne den Rückhalt militärischer Machtmittel gibt es trotzdem nicht, da Menschen, die mit *Negerkreuzen* zeichnen, auch weiterhin mit europäischen Rechtsnormen überfordert sind. »Kolonisieren ist im Grunde ja nichts anderes als Erobern, naturgemäß regt sich bei dem Eingeborenen der Widerstand« (François).

Jede Unbotmäßigkeit und Verletzung deutscher Interessen fordert die Gesichtswahrung heraus. (»*Was helfen uns stattliche Faktoreien und ausgedehnte Plantagen, wenn wir sie nicht zu schützen vermögen? Hier muss zur Befriedung die Waffe sprechen, wenn andere Mittel versagen.*«) Fürs Geschäftemachen braucht man Frieden, wer anbauen und ernten will, zumal in einem wilden Land, hat von Anfang an dafür zu sorgen, dass er wirklich Herr seines Eigentums ist.

»Da die Nuatjä schließlich auch einen Europäer bedroht hatten und mir sagen ließen, sie lehnten ab, der deutschen Regierung zu gehorchen, war ich gezwungen, schärfer durchzugreifen. In Eilmärschen von etwa 21 Stunden erschien ich plötzlich eines Nachmittags in Nuatjä mit 24 Soldaten und verlangte als Genugtuung die Gestellung von 500 Arbeitern, die bis zum Sonnenaufgang zu meiner Verfügung stehen mussten ... Als die Hähne zu krähen anfingen, kamen die Eingeborenen in Scharen, und als die Sonne aufging, konnte ich mir aus der Masse der Erschienenen 500 kräftige Leute aussuchen« (Geo A. Schmidt aus Reppen, Bezirksamtmann in Atakpame).

An Afrika legen die Kolonialherren ganz andere Maßstäbe als in der Heimat an, greifen, wo modern-europäische Anschauungen und Strafgesetz-Bestimmungen unangebracht erscheinen, auch auf landesübliche Mittel zurück: Einer wie Bosumfo, unter den mächtigsten Fetischpriestern des Landes, und dessen Helfer Okla werden von der Togo-Hinterland-Expedition nach kurzem Prozess einfach hingerichtet.

Um Herr im ehemals Herrenlosen zu werden, mischt der schutzherrliche Staat heimische Ethnien auf oder arrangiert sich mit lokalen Kollaborateuren, die vor kurzem noch recht schlimme Nummern waren. Nicht arbeiten wollen ist Kampfansage und Verbrechen zugleich, etwas, das die Togo-Deutschen strenge Sachlichkeit nennen. Als sich die Moba-Leute im Bezirk. Sansane-Mangu weigern, Stationsfelder für die Suche nach anbaufähigen Kulturpflanzen anzulegen, kommt es zur Strafexpedition. Nachdem Dörfer der westlichen Grenzregion die Teilnahme am Wegebau ablehnten, zog die Polizeitruppe auf (»*seitdem kommen die Leute gehorsam und willig zur Wegearbeit*«).

Die Polizeitruppe wird immer wieder einmal aufgestockt, was sie schlagkräftiger, dann auch viel bunter macht. Zusammen mit den Haussa marschieren jetzt Ange-

Jesko v. Puttkamer (1855–1917), Jurist aus Berlin, Reichskommissar und Landeshauptmann von Togo.

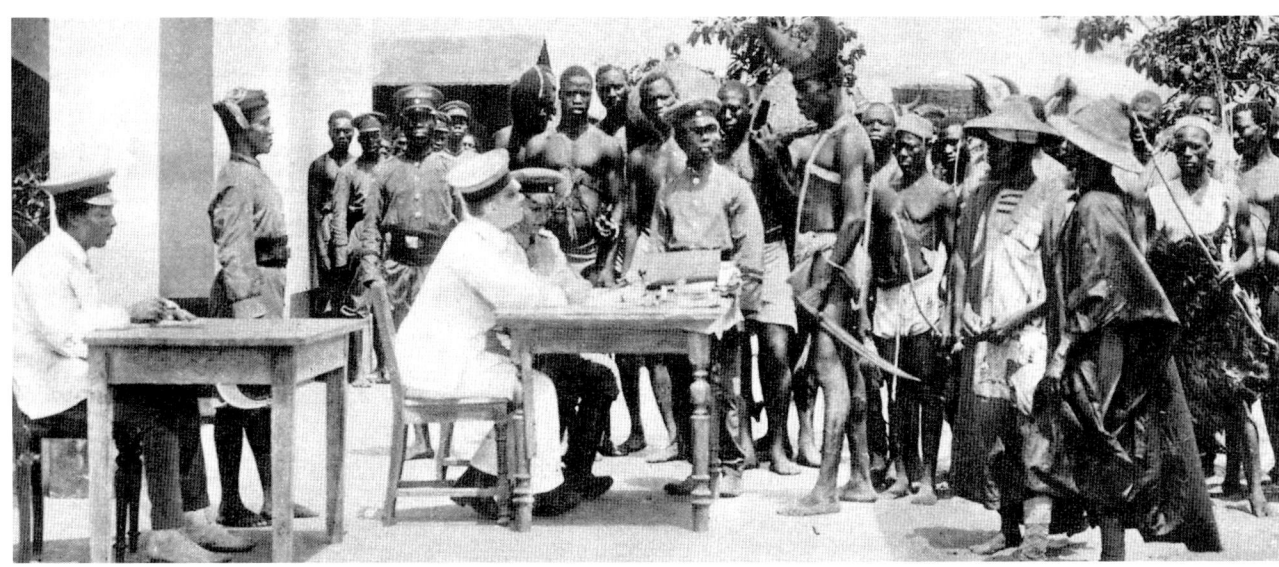

Rekruten der Polizeitruppe: Togo ist ein für afrikanische Verhältnisse friedliches Land, Widerstand wird, doch nur sporadisch geleistet.

hörige der Mossi-Stämme (*»die sich ihres großen und schönen Wuchses wegen besonders zu Soldaten eignen«*), dazu Wey-Leute aus Liberia und Dahomé, selbst Dagomba, Konkomba, Tschokossi, Losso und Kabiye liefern Rekruten. Gekämpft wird, wenn einzelne Ethnien genügend Kombattanten zusammen bekommen, bevorzugt im eigenen Platoon.

Das Netz der Stationen, Knochengerüst jeder Kolonie, wird ausgebaut. (*»Wir müssen zunächst einzelne Stationen im Innern schaffen, von denen aus der Missionar so gut wie der Kaufmann wirken kann; und die Flinte und die Bibel müssen hier miteinander wirken«*, Caprivi) In Kpando steht eine Station zur Unterbindung des Schmuggels mit englischen Waren. Die Handelsstraße von Tschaudjo zur Küste sichert die von Doering gegründete Station Atakpame.

Togo ist ein für afrikanische Verhältnisse friedliches Land, Widerstand wird doch nur sporadisch geleistet. Als die Togo-Hinterland-Expedition (Gruner, Doering, Carnap-Quernheimb, 25 Bewaffnete, 120 Träger) von Misahöhe aus über Kratschi und Salaga nach Sansane-Mangu vordringen will, wird ihr von den Dagomba der Weg versperrt. Valentin v. Massow, Oblt. d.R. des Kürassier-Rgt. von Driesen (Westfälisches) Nr. 4, muss fürs Freikämpfen von der Küste her kommen. Ein Einsatz,

der laut offiziellem Bericht »beträchtliche Machtmittel« erfordert.

1895 machen Bewohner von Tove und Klonu den Handel zwischen Lome und Misahöhe zum Hindernislauf. Soldaten einer Patrouille werden getötet. Mit einem »Kriegswetter« nicht auszuschließen, führt Polizeimeister v. Gerlach die Truppe (zwei Weiße, 80 Farbige) im Eilmarsch heran, vor Klein-Popo geht S.M. Kleiner Kreuzer SPERBER, aus Kamerun kommend, vor Anker. An Land wird mit den Aufständlern kurzer Prozess gemacht (*»Bewohner von Tove und Klonu, die nicht geflüchtet waren, wurden bestraft, Hab und Gut weggenommen, die Dörfer und Farmen zerstört und Tribut auferlegt«*).

Kleinere Expeditionen dann gegen die Dörfer Dogbadja und Vhane, Scharmützel bei Anfoe und Biakpa. Graf Zech schlägt mit Hilfe von 100 Tschaudjo-Kriegern und 40 Reitern bei Tassi den mächtigen Urabaya von Bo. Die Polizeitruppe kämpft bei Bimbila im Nanumba-Land und bei Bambalaga. Besonders blutig geht es bei einer Begegnung auf dem Feld vor Adibo zu, wo um die 6.000 Dagomba- und Konkomba-Krieger auf Massows 91 Polizeisoldaten treffen. (*»In diesen Kämpfen hat sich die Truppe mit Ruhm bedeckt, denn sie hatte eine gewaltige Übermacht, darunter auch Reiter, zu bekämpfen.«*) Das Dauerfeuer des aus Marinebeständen bezogenen Maschinengewehrs entscheidet, um die 500

Afrikaner fallen. Echt dann oder nur gut erfunden ..., hinterher wurde erzählt, dass die Deutschen den Führer der Dagomba, im Ruf, gegen Feuerwaffen resistent zu sein, mit Steinen erschlagen hätten.

Sergeant Heitmann, vor Bambalaga durch eine Ladung aus gehacktem Blei, Nagelfragmenten und kleinen Steinen schwer verwundet, wird zur Großen Armee abberufen, in Berlin tönt Wilhelm, der Kaiser: *»Wo ein deutscher Mann in treuer Pflichterfüllung für sein Vaterland fallend begraben liegt und wo der deutsche Aar seine Fänge ins Land geschlagen hat, das Land ist deutsch und wird deutsch bleiben.«*

Massow stürmt Jendi. Zech marschiert nach Siade, Sitz des Gottes Buruku im zentralen Togogebirge, setzt den Oberhäuptling der Atjuti-Leute ab, der gleichzeitig Fetischpriester ist. Der hatte sich geweigert, die deutsche Flagge zu hissen. Damit auch die Heimat, die schließlich alles finanziert, partizipieren kann, lässt der Bayer allerhand blutbespritzten und federbeklebten Fetischkram mitgehen, darunter ein im Griff mit Goldblech beschlagenes Fetischschwert, ein Schlachtmesser und eine ramponierte Tasche, in der der Priester sein Gift aufbewahrte. Eines Tages würde alles im Berliner Museum für Völkerkunde zu finden sein.

Als Franzosen in von Tschaudjo abhängigen Gebieten Ärger machen, zieht Zech nach Tschaudjo und Sugu, wo er einen Vertrag abschließt. In Paratau wird eine Station errichtet (die man später nach Sokode verlegt). 1897 berichtet Büttner »von einer ganz verwickelten Lage«: Die Franzosen halten Mossi durch eine Station in Wagadugu, ebenso einen großen Teil von Gurma. Die Deutschen sitzen zwar in Pama, aber ihre Station in Sansane-Mangu ist entblößt, der Posten in Bapure eingezogen, die deutsche Flagge in Sara durch eine französische ersetzt. In den Landschaften Tschaudjo und Sugu befinden sich Stationen der beiden Mächte nebeneinander, in mehreren Ortschaften weht die Flagge der Deutschen neben jener der Franzosen, als handle es sich bei ihnen um Alliierte. Ein Oblt. Thierry marschiert im

Land herum, um in vom »Erzfeind« beanspruchten Gebieten deutsches Selbstverständnis zu demonstrieren ..., ein unhaltbarer, gefährlicher Zustand, was einen weiteren Vertrag zur Abgrenzung zum französischen Protektorat hin erzwingt. Kirikiri in der Landschaft Tschaudjo wird deutsch, allerdings erst, nachdem das Reich auf den Zugang zum Niger, Afrikas drittgrößtem Strom, verzichtet.
Im Süden von Sansane-Mangu erheben sich Dagomba und Konkomba, 98/99 erfordert die Öffnung des Kabiye-Landes, nördlich des Oberlaufes des Kara, noch einmal heftige Gefechte heraus. Gegen Bafilo und die Waldstädte an der Ostgrenze von Tschaudjo kommt es zu Strafexpeditionen, mit dem Heidenstamm der Namba wird beim Pass von Anima gekämpft. Nord-Kabiye und Moba, die von den Schutzherren nichts wissen wollen, bezahlen für ihre Haltung. In Agotime sieht man sich zur Anwendung von Waffengewalt gezwungen.

Provokationen, Strafaktionen, Expeditionen, präventives Dreinschlagen und Stationsbau zur Abschreckung einheimischer Ethnien ..., eine Reihe, die sich fortsetzen ließe. Auch in Togo wurde somit geschossen und Blut vergossen, aber eben viel weniger als im übrigen Deutsch-Afrika.

Treueid auf die deutsche Fahne: Ursprünglich ausschließlich von kampferprobten Haussa gestellt, wird die Polizeitruppe mit jeder Reorganisation ethnisch bunter.

Togo extrem

1897 zieht die Zentralverwaltung von Sebe nach Lome um, ein Platz, der sich aufgrund des gesünderen Klimas schon seit längerer Zeit anbietet. Lome ist für ein besseres Togo von strategischer Bedeutung, da von hier aus der Einfluss des dem Gebiet vorgelagerten englischen Kitta-Dreiecks wirkungsvoller begegnet werden kann. Lome ist die natürliche Eingangspforte nach Atakpame oder über Misahöhe zum Salaga-Tiefland.

Hptm. v. Seefried und Capitaine Des Vaeux, der Geometer Arendt und Second Lieutenant Coningham, Oblt. Heilingbrunner und Captain Fourn treffen sich zu Grenzexpeditionen, -festsetzungen und -regulierungen. Nachverhandelt wird weiterhin, wie es gute Kolonialpraxis ist.

Mit dem Samoa-Abkommen, das Verhältnisse am anderen Ende der Welt regelt, wird auch Togos Neutrale Zone aufgeteilt, womit das Land zumindest im Westen seine äußere Umgrenzung erhält. Salaga gehört nun den Engländern, Jendi dem Reich. Neuer Streit bleibt angesagt, da die Deutschen unter Jendi das Dagomba-Reich, die Engländer lediglich dessen Hauptstadt verstehen.

Um die bisher erworbenen Gebiete jetzt auch physisch zu besetzen, wendet man sich konzentrierter dem Inneren zu. Dort sieht es, glaubt man Zeitzeugen, längst nicht überall einladend aus. Des Kaisers neue Kinder sind streitsüchtig und räuberisch, arbeiten nicht mehr als notwendig (die Akposo), ergeben sich dem Nichtstun, dem Schnapstrinken, Kautschuksammeln und -verhandeln (die Atjuti), sind gewalttätig, eher ängstlich, schüchtern, zum Stehlen und Betrügen geneigt (die Anyana).

Die Bassari (groß, stattlich entwickelt, mit hervortretender unterer Gesichtspartie) sind jähzornig, räuberisch und aufbrausend, »haben eine Neigung zum Lügen, sind in der Tat schlimme Räuber, so auch bei den Nachbarvölkern verhaßt«. Die Atakpame (selbstbewusst und sogar unverschämt) fallen dadurch unangenehm auf,

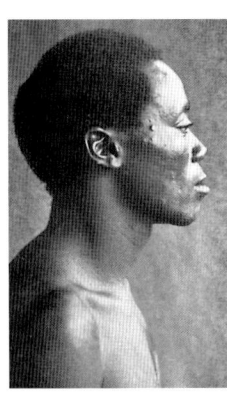

Ackerbauer und Viehzüchter mit Geschick in der Verarbeitung von Eisen: ein Bassari aus der Völkergruppe der Gurma.

dass sie immer wieder »hätten wir doch nur die französische Herrschaft genommen« sagen. Diese anstelle der deutschen.

Aufklärer wie Büttner, Zech oder Doering beschönigen nichts. So manches hatte man ohnehin schon geahnt, liest es trotzdem mit Erstaunen, da Stärke selbst noch in ganz kleinen Geschichten liegt: Die Kabiye verschlucken lebende Kröten, um in die Kaste der Krieger aufgenommen zu werden. – [Der Götze] Odente im Umland von Kratschi ist alles andere als Vegetarier. Er liebt Hunde, Stiere, Schafe und ... Menschen. – In Nordtogo liegen viele Volkstämme fortwährend in Fehde miteinander, fangen gegenseitig Weiber, Sklaven und Vieh fort und zerstören die Farmen. – Bei den Mohammedanern ist die Anzahl der Weiber auf vier beschränkt, bei den heidnischen Stämmen unbegrenzt. – Haustiere wie zu Hause: Schweine, Schafe, Ziegen, Katzen, Hühner, Hunde (letztere eine Delikatesse).

Von den Nkynza-Leuten fordert Obergott Sia Trinkopfer aus Menschenschädeln. Die Fetischtrommeln haben Menschenschädel als Schmuck, für den mancher Fremde oder Sklave herhalten musste. – Die Kabiye-Männer gehen so nackt durchs Leben, wie sie auf die Welt gekommen sind. – Kappengeier, Hyänen und Schakale reinigen die Straßen.

Ausgesprochen gut kommen nur die einwie anpassungsfähigen Ewe oder Popo-Leute der Südzone weg (*»von ihnen kann man nicht mehr als Wilden sprechen«*). Die Ewe sind tüchtige Handels- und Marktleute, die Ewe sind friedliebend und reinlich (*»besonders das weibliche Geschlecht hat Freude am Waschen«*).

Bismarcks Gattung Gossypium fürs Nationalvermögen? Etwas, wovon Kolonisierer und Kolonisierte gleichermaßen profitieren? Baumwolle wird von Eingeborenen als Zwischenkultur gezogen, ist aufgrund der Bastardierung jedoch von verminderter Qualität.

1900 schickt Berlin eine Baumwollexpedition, die die Vorbedingungen für eine lohnende Baumwollkultur ausloten soll. Auftraggeber ist das Kolonialwirtschaftliche Komitee, eine gemeinnützige Organi-

sation zum Zweck der wirtschaftlichen Hebung der Schutzgebiete. In Tove am Agu
wird eine Versuchsfarm angelegt, der drei
im Baumwollbau erfahrene nordamerika-
nische *Neger* (»*in den USA die am meisten vertretene Arbeitskraft*«) zur Verfügung stehen. Als 1902 die erste Rohbaum-
wolle in Bremen eintrifft, wird sie als gut
und brauchbar befunden.
In den Bezirken Atakpame, Sokode-Bassari, Misahöhe, Glekovhe oder in Tschatschamanade am Kamaá werden zur Aufbesserung der heimischen Baumwollkultur
Saatzuchtanlagen eingerichtet, die weiße
Landwirte führen. Die seit Jahren akkli-
matisierte langstaplige Sea-Island-Sorte,
Typus Ho, bewährt sich dann, Gossypium
peruvianum Cav. (die Kpando-Sorte) nicht.

Der Erfolg der Baumwolle würde sich erst
langfristig erweisen, in der Zwischenzeit
arbeitet zumindest alle (deutsche) Welt
darauf hin: »Nach einem langen Palaver
erklärte ich den Häuptlingen und Dorfäl-
testen [der Nuatjä], dass sie zur Strafe für
ihre Unbotmäßigkeit ein großes Baumwollfeld in der Nähe des Königssitzes anzulegen hätten. Zur Pflege dieses Feldes
musste jeder Ort der Landschaft zwei junge Leute stellen, die im Baumwollbau ausgebildet werden und später als Wan-
derlehrer dienen sollten. Täglich mussten
500 Eingeborene arbeiten, es wurde ein
zusammenhängendes Baumwollfeld von
rund 25 Hektar gerodet und bestellt. Um
die von den Ortschaften gestellten Baum-
wollschüler gut ausbilden zu können, rich-
tete ich [in Nuatjä/Bezirk Atakpame] eine
landwirtschaftliche Schule ein« (Geo A.
Schmidt).
Nuatjäs Baumwoll- wird zur Ackerbauschule (ab 1912: Landeskulturanstalt). Die
Einrichtung bietet dreijährige Lehrgänge
an, die junge Togolesen (»*möglichst ge-
lehrige und intelligente Leute, die auch
schwere Arbeit zu leisten vermögen, nicht
unter 17, nicht über 23 Jahre*«) zu Ackerbauern machen. Schulabgänger erhalten
nach erfolgreichem Ablegen einer Prüfung
8 ha Land, eine Dunggabel, eine Hacke,
ein Haumesser und einen Pflug. Das Interesse an Baumwolle, dann auch Mais, Erd-
bohnen, -nüssen, Süßkartoffeln, Bohnen

etc. hält sich trotzdem in Grenzen, da das
strenge preußische Erziehungsideal nicht
jedem passt. Die Schüler wollen dann auch
nicht unbedingt, bestellen »missmutig, nur
dem Zwang gehorchend, ihren Acker«
(Schulleiter Sengmüller). Deswegen zu-
rückzustecken wäre allerdings weder
human noch verwaltungsklug gewesen,
der Grund, warum die Mehrheit zu ihrem
Glück gezwungen wird.

Gott und die Welt

Von August Bebel, Drechslermeister und
eine der zentralen Gestalten aus der Früh-
geschichte der Sozialdemokratie, ist inzwischen bekannt, dass er Kolonialpolitik als
solche nicht schon für ein Verbrechen hält.
Worauf es ankommt ist, wie man sie betreibt.
Das junge Reich tut sich als Schutz- und
Verwaltungsmacht schwer. Die Deutschen
wollen die Guten, die Besten sein, an entsprechenden Vorsätzen in kolonialwirt-
schaftlicher wie -politischer Sicht fehlt es
nicht. Allerdings auch nicht an Unzu-
länglichkeiten. Der Kolonialbeamte, der
kaisertreu, militärfromm und patriotisch
antritt, um mit verschiedenen Rassen, Völkern und Stämmen, Sprachen, Dialekten,
räumlichen und klimatischen Gegensät-

**Am Durchgangs-
platz des
Sudanhandels:
die 1897 gegrün-
dete Regierungs-
Nebenstation
Bassari im Bzk.
Sokode in Nord-
togo.**

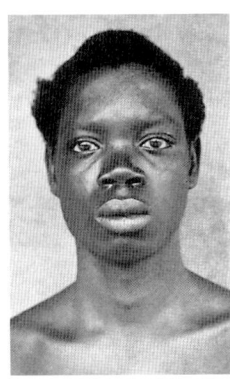

Ewe in Südtogo: Die Ewe- oder Popo-Leute im südlichen Teil des Schutzgebiets stellen sich als tüchtige Händler heraus.

zen fertig zu werden, kennt weder Land noch Leute, die praxisnahe Ausbildung war mehr als nur flüchtig: »Man studierte die wenigen, der Natur der Sache nach meist recht allgemein gehaltenen Verordnungen, las die von draußen eingehenden Berichte und beschäftigte sich besonders eingehend mit dem ganzen Material der Sklaverei« (Solf). Das war's.

Kolonialbeamte schwören »so wahr mir Gott helfe« dem Kaiser die Treue. Gottes Hilfe brauchen sie bereits, wenn es zum Start im kolonialen Wildland kommt. Der Todeskuss der Glossinen, Kleinzirpen und Blattroller in Baumwollfeldern, Bockkäferlarven und Kakaobohrer oder sei's nur die geringe Zug- und Tragkraft einheimischer Tiere, die den Transport des unverzichtbaren Maschinengewehrs in Togo auf die Schlittenlafette zwingt.

Unter den Pionieren auf Kolonialboden ist der häufig in militärischen Kategorien aufgewachsene Beamte ein Mann deutscher Praxis, doch wann hatte man sich an Spree oder Elbe schon einmal mit der Frage beschäftigt, wie Wildbeuter, Viehzüchter oder Ackerbauern auf die »Vorschriften im Rahmen des § 20 KolGG nach § 3 SchGG., 19 § KolGG., Art 69 EGBGB in Anlehnung an das preuß. Jagdrecht« reagieren ..., wenn sich einer dafür interessiert, wie man die Bambara-Erdnuss, die eine Erderbse ist, am besten lagert, um sie trocken von Lome nach Hamburg zu bringen?

Deutschen fehlt die koloniale Vergangenheit, auf die Engländer oder Franzosen bauen. Steuern und Dividenden, Sinn und Zweck des Besitzes, fließen nicht. Die Schutzgebiete stellen sich als Fass ohne Boden heraus, was selbst Wilhelm, den Kaiser, eins ums andere Mal die hohen Opfer an Blut und Geld, die dem Vaterland auferlegt werden, beklagen lässt. Im Reichstag, wo Befürworter, Bremser und Neinsager zusammensitzen, fehlt den Abgeordneten zeitweise jedes Vertrauen in die eigene Kolonialpolitik. Gerüchte, wonach hanseatische Geldsäcke irgendwo Vermögen scheffeln, während der Steuerzahler deren Kriege finanziert, kommen auf. Kolonialdebatten bieten sich zu kräftigen Abrechnungen an, der propagierte

Spaß am Kolonisieren scheint endgültig dahin.

Liebknecht dazu, aggressiv wie immer: »Es gibt kaum ein Verbrechen, das der Kolonialmilitarismus und der in ihm geradezu gezüchtete Tropenkoller nicht gezeigt hätten.« *Tintenspione,* wie sie nach Curt v. François besonders konzentriert in der Redaktion der »Vossischen Zeitung« sitzen, kommen mit der Behauptung, Deutsch-Ost sei die Kohlen nicht wert, die deutsche Schiffe auf dem Weg dorthin verfeuern. Der Abgeordnete Müller nennt die Bedingungen der Kontraktarbeiter in Neuguinea reinen Massenmord.

In Afrika, der schwarzen Schönen, hält Georg Richelmann, Hptm. der Schutztruppe aus Zeitz, dagegen, »dass Leute, welche den Neger nur auf der Straße, höchstens in einer Hagenbeckschen Karawane gesehen haben, das große Wort bei Verhandlungen über die Eingeborenenfrage führen, Leute, welche Afrika nur notdürftig aus Büchern kennen, mit Kennermiene vernichtende Urteile über Sachen fällen, von denen sie eigentlich gar keine oder höchstens eine verkehrte Ahnung haben«.

Die Hagenbecksche Karawane als politisches Anschauungsmaterial, Volkstänze so genannter Togotrupps auf *Neger-* oder Völkerschauen (»*die Neger tanzen gemeinsam, aber keiner kümmert sich bei den zappelnden Bewegungen um den anderen*«) ..., so unrecht hat Hptm. Richelmann zweifellos nicht, was 21 Jahre nach der Flaggenhissung eine Reichstagsdelegation nach Togo bringt. Treibende Kraft der Herren v. Richthofen-Damsdorf, v. Bohlendorff-Kölpin, Arendt, Goller, Semler, Hagemann und Storz ist die eigene Ratlosigkeit in Sachen Kolonien, ihr Vorhaben, wenn man so will, ein Bildungsurlaub.

In Deutsch-Südwest zwingen Herero und Hottentotten zur Waffenschau, in Deutsch-Ost schlagen sie sich mit Mafiti, Wangoni und Wahehe herum. Um seine Afrikafilialen zu retten, hatte Bismarck schon früh die Flotte geschickt. Kamerun ist, von Skandalen erschüttert, ein Pflegefall und würde es vorerst auch bleiben. In Samoa sind die neuen Deutschen »im Genuss des

Schlaraffenlebens versunken, fast jeder Arbeit abhold« (v. Beck), aus Kaiser-Wilhelmsland schreibt ein Pflanzungsdirektor: »Ich bin weit in der Welt herumgekommen und habe viele junge und alte Kolonien gesehen. Solch heillose Zustände indes wie sie in Neuguinea in jeder Beziehung bestehen, habe ich noch nirgendwo gefunden« (Ludwig Kindt an Caprivi).

Einzig Togo, eine reine Handels- oder *Negerkolonie*, befindet sich »nach jeder Richtung hin auf dem Wege der besten Entwicklung«. Das Land am Busen von Benin hat bisher keine finanziell aufwendigen Kampfhandlungen gesehen, keinen größeren Flächenbrand, angefallene Unbotmäßigkeiten ließen sich zum Sparpreis unterdrücken. Die Produktion von Landesgütern ist weiterhin in Eingeborenenhand, Europäern bleibt lediglich das Vermarkten. Wo andere darüber klagen, dass Farbige (Generalverdacht: faul) nicht zur Arbeit taugen, gibt Togo zur Linderung der Arbeiternot Togolesen ins Ausland ab. Kamerun erhält sie umsonst, alle anderen zahlen der Kolonialbehörde zehn Mark pro Kopf.

Togo kommt – Ruhm und Stolz des Schutzgebietes – seit Jahren ohne Reichszuschuss aus, da sich Einnahmen und Ausgaben decken. Tsingtau mochte das Schaufenster des Reiches sein, doch es ist das krisenarme Schutzgebiet an der Sklavenküste, das den Ehrennamen Musterkolonie verdient.

In Togo ist Optimismus so auch angebracht, wozu es einiges Rätselraten gibt. Grundzüge der Kolonialpolitik sind die gleichen, was in Lome gut ist, muss es auch in Daressalam oder Windhuk sein. Hier wie dort haben die Kolonialbeamten alle Hände voll zu tun, um »deutsches Ansehen, Ruhe und Ordnung« aufrecht zu erhalten. Kolonialpolitik ist, so Theodor Leutwein, der Gouverneur von Deutsch-Südwestafrika, eine inhumane Sache. Sind des Kaisers Deutsche zu hart gegenüber Eingeborenen, droht der Aufstand, sind sie zu weich oder nur fair, geraten sie in den Ruf, unpatriotisch (*gegen Vaterland und Rasse*) zu sein.

Unbestritten ist, dass Togo von Anfang an effektiv verwaltet wurde. Die Tatsache alleine, dass sich unter den Hütern deutscher Interessen hier weniger Juristen befanden als in den übrigen Kolonien, wo sie das Gros der Beamten stellten, kann es wohl kaum gewesen sein.

Togo habe einfach die kultiviertesten Eingeborenen aller deutschen Kolonien, dazu eine gut entwickelte Volkskultur (meinen die einen). Die Bevölkerung stelle der Sudanneger, der dem anderswo vorherrschenden Bantu überlegen sei (glauben andere). Togolesen wären verhältnismäßig ehrlich …, wogegen sich einer wie Curt v. François sträubt: Nicht der Charakter der Togoneger sei es gewesen, der das Land so weit brachte, sondern die richtige Behandlung der Eingeborenen durch die ersten hier auftretenden Weißen (zu denen er sich selbst zählen kann).

Es waren so auch Fragen, wie hier regiert, wie durchgegriffen wird, wie kultiviert Togolesen tatsächlich sind, die Entscheidungsträger wie v. Richthofen-Damsdorf oder Arendt nach Togo brachten. Musste es doch in der Heimat und in den übrigen Schutzgebieten von übergroßem Interesse sein, was ausgerechnet ein kleines, mit tropischen Krankheiten belastetes, für afrikanische Verhältnisse dicht besiedeltes Bauernland, das nie etwas für Lebensraumtheoretiker wie Fabri oder Treitschke sein würde, zum Muster für alle anderen macht.

Wilhelm Liebknecht (1826–1900), Politiker und Schriftsteller aus Gießen.

Die Regierungsstation Kete-Kratschi, 1894 in der Nähe des Volta gegründet und mit zwei deutschen Beamten besetzt.

**Julius Graf Zech
auf Neuhofen
(1868–1914)
aus Straubing,
Bezirksamtmann
in Kete-Kratschi
und Gouverneur
von Togo
(1905–10).**

Tauende gegen Schambock

Wer so weit ist wie Togo, braucht sich nicht mehr groß verbessern, Differenzen mit der sich um alles kümmernden Berliner Bürokratie bleiben trotzdem nicht aus. Typisch dafür jener umfangreiche Notenwechsel, den Kolonie und Mutterland in Sachen Körperstrafe führen. In Deutschland einst gang und gäbe, ist das körperliche Züchtigungsrecht dort inzwischen verboten. In den Schutzgebieten, wo reichlich Juristen sitzen, wird die Ausübung den weißen Dienstherren als Erziehungsmittel ausdrücklich empfohlen. Gefängnis schreckt Eingeborene nicht (»*im Gegenteil, manche freuen sich darüber*«), Geldstrafen ziehen nicht (»*da Eingeborene noch kein Verhältnis dazu haben*«), was eine sehr deutsche Diskussion entfacht.

»Körperliche Züchtigung hat den großen Vorteil, dass sie eine Strafe ist, die rasch vollstreckt werden kann und deren Eindruck auf Eingeborene dennoch wirksam genug ist, sie von neuen Übeltaten abzuschrecken« (RKA). Prügelstrafe als Mittel der Kolonialstrafjustiz (für Trägheit, Drücken vor der Arbeit, Beharren im Ungehorsam etc.) hat viele Anhänger. (»*Zu berücksichtigen wäre, dass Körperstrafen in Afrika seit Negergedenken nichts Entehrendes sind, rohes Vorgehen der Philosophie der Eingeborenen entspricht*«, Otto Jöhlinger.)

In allen deutschen Kolonien sind zur Erhaltung der Disziplin (»*aber nicht gegenüber Weibern*«) bis zu 25 Schläge erlaubt. Eingeborene besseren Standes bleiben davon ausgeschlossen, Häuptlinge, die gezüchtigt werden müssen, sind zuvor ihrer Würde zu entheben. Am Züchtigungsrecht wird nicht gezweifelt, Franzosen oder Engländer prügeln auch. Die Frage ist nur, ob nun das Tauende oder die Dickhäuterpeitsche Schambock (Kiboko in Deutsch-Ost) das ideale Züchtigungsinstrument ist. Sühnend und bessernd wirken beide, was das erzieherische Prinzip als Ideal jeder Strafe erfüllt.

Togos Gouverneure wie Waldemar Horn halten am Tauende fest, wofür es laut Notenwechsel gute wirtschaftliche Gründe gibt: Der mit dem Schambock Gezüchtigte kann sein Gesäß wochenlang nicht mehr zum Sitzen benutzen, erscheint dann auch zur Arbeit nicht. Doering, bekennender Freund der Prügelstrafe, fügt dem hinzu, dass die Folgen des Tauendes einfach milder, damit menschlicher sind als die des Schambocks. »Der Schmerz ist heftig, brennt heiß und juckend, warum ein Missetäter das Tauende sicher ebenso fürchtet wie die Nilpferdpeitsche, aber die Haut wird nur selten verletzt.«

Auch Zech hält das Tauende für das mit Abstand humanere Instrument. Sei doch kein Schambock wie der andere, gäbe es scharfkantigere, sprödere und stärkere Instrumente, wodurch plötzliche Todesfälle dann nicht mehr ausgeschlossen werden könnten, wenn Hiebe nicht direkt auf die Hinterbacken, sondern daneben gingen.

Prof. Dr. med. Emil Steudel, Generalarzt im RKA, hält dagegen, dass das Tauende auf den ersten Blick zwar das humanere Instrument sei, da es die Haut mehr schone, die Nilpferdpeitsche wegen des geringeren Gewichts jedoch weniger Tiefenwirkung erziele …, worauf mit Erlass vom Oktober 1905 die Benutzung des Tauendes verboten wird. In Deutsch-Afrika hat die Nilpferdpeitsche Züchtigungsinstrument zu sein, was erneut zum Notenwechsel führt.

Schwarze Tage für Weiße

Zu Beginn der aktiven Kolonialpolitik war im Reich die Parole »*Tüchtige Leute gehören in die Kolonien, die besten sind gerade gut genug*« ausgegeben worden. Auffallend dann, dass sie im Prinzip niemand hörte (»*ebenso zaghaft wie das Kapital war der einzelne Ansiedler*«, François). Die Zahl der Togo-Deutschen war völlig unbedeutend geblieben; ob bei den bescheidenen, klimatisch gesunden Höhenlagen und der vorherrschenden Wirtschaftsstruktur hier jemals viele leben würden, ist mehr als fraglich.

»Die Besiedlungssache kommt im nationalen Sinne nicht voran, da die leitenden Persönlichkeiten die zwingende Natur dieser Aufgabe nicht erkannt haben, von Berlin kein deutlicher und ermutigender nationaler Ton zu hören ist« (Rohrbach).

Vielleicht sind aber auch nur die Erwartungen einfach zu hoch gesteckt, muss der Kolonialmensch, der unter Palmen wandeln will, doch aus ganz anderem Holz geschnitten sein, als jener, der zu Hause unter Eichen und Linden sitzen bleibt: »Wer auswandern will, muss ein gesundes Herz, gesunde Lungen und eine gute Verdauung haben. Nervenkranke sind untauglich besonders wegen des Tropenkollers (viele Pflanzer leiden darunter, der Grund, warum sie keine schwarzen Arbeiter bekommen). Morphinisten und Gewohnheitstrinker können es vergessen, da Geist und Körper so geschwächt, dass sie Malaria, dem schlimmsten Feind der Kolonisten, und Klima nicht standhalten können. Gewerblich Unzucht Treibenden kann die Einreise verboten werden« (Dr. Oscar Bongard).

1907 – die Zahl der Weißen hat sich um 18,5 vom Hundert (von 243 im Vorjahr auf 288) erhöht – sieht es einmal kurz danach aus, als würde sich im Reich der bald 70 Millionen der eine oder andere doch noch für Togo interessieren. Doch es war alleine die Eisenbahn, der Bau der Kaffee-/ Kakao- und Baumwoll-Linien, der Ingenieure, Techniker und Maschinisten ins Land gebracht hatte. Nachdem die Trasse fertig ist, gehen sie wieder.

Was Reinheitstheoretiker jetzt erstarren lässt, ist nicht das Minus der Statistik, sondern das, was die Eisenbahner zu Schienen und Signalanlagen sonst noch hinterlassen haben. Sind fruchtbaren Verbindungen mit Landeskindern doch derart viele Mischlingskinder entsprungen, dass laut Kolonialatlas »die Zeit nicht mehr fern ist, wo die Zahl der Mischlinge der der Europäer gleich kommt, ja diese übertrifft, was im höchsten Grade bedenklich ist«.

Schwarz und Weiß gleich Bunt ist eine Formel, die absolut nicht ins deutsche Weltbild passt, schwarze Tage für Weiße verspricht. Ganz am Anfang war man davon ausgegangen, dass der Vermehrung des Weißen an Plätzen wie Togo enge Grenzen gesetzt sind (»*da der durch die Hitze der äquatorialen Sonnenstrahlen erschlaffte Körper seine Pflichten nicht erfüllt*«). Gerade Berlin wollte fest daran glauben, schickte dann auch bewusst Unverheira-

tete in die Kolonien. Am Tag, an dem man erkannte, dass das Treib- durchaus auch Triebhausklima sein konnte, war es in vielen Fällen bereits zu spät, doch das Reich hatte gelernt, schickte künftig bevorzugt Verheiratete ins tropische Afrika. Die Landsleute von der Eisenbahn teilten die Bedenken nicht, fühlten sich zu Landestöchtern vielmehr hingezogen: »Alle Deutschen taten es, Jungfrauen mussten es [aufgrund der grassierenden Geschlechtskrankeiten] sein.« …

Da für deutsche Menschen Togo offenbar keine Alternative ist, muss man die Eingeborenen mit viel mehr Nachdruck für den deutschen Weg gewinnen. Dem Deutschwerden dienen Maße und Gewichte, die denen im Reich entsprechen, der Handel mit Palmöl erfolgt im Litermaß. Das waldreiche Kunja-Gebirge wurde zum Sechsherrenstock, der Mont Agou zum Mount Baumann. Ein Pass über das zentrale Togogebirge trägt den Namen des Kolonialpioniers François.

In den Regierungsschulen singen sie »Mit dem Pfeil und Bogen« und »Dem Kaiser sei mein erstes Lied«, übersetzt wird von Ewe ins Deutsche und umgekehrt. Für jene, die sich im Deutschunterricht auszeichnen, sind Regierungsprämien ausgelobt. In Lome unterrichten deutsche Lehrer und farbige Unterlehrer, als Lehrmittel dient die von Lehrer Köbele im Ewedialekt Anecho verfasste Fibel.

Eweschule in Westheim: Für die Missionsarbeit bildet die Norddeutsche Mission christliche Ewe in Deutschland aus.

Hier und da werden zwar Klagen laut, dass sich in deutschen Schulen erzogene Afrikaner – Burschen, die Kofi, Kwame oder Yawu heißen – im praktischen Leben als Taugenichtse erweisen, was nur heißen kann, dass der Charakter der schwarzen Rasse und europäische Bildung einfach nicht zusammen passen.

Doch Schönschreiben und Rechnen, dazu turnerische Ausflüge und Marschübungen in Verbindung mit dem Singen deutsch-patriotischer Lieder als wesentliche Erziehungsmittel zeigen auch Erfolge. Die die Schule besuchen, sind weniger tölpelhaft, anstelliger und Belehrungen zugänglicher. »Wenn schon bei uns die Schule neben der wissenschaftlichen Ausbildung auch erzieherische Pflichten hat, so gilt das noch viel mehr für Togo. Den schwarzen Knaben muss Sinn für Ordnung, Reinlichkeit und gute Sitte beigebracht werden. Täglich müssen sie baden und wöchentlich ihre Kleider und Tücher waschen. Ein Erfolg ist, dass der Gesundheitszustand der Schüler immer besser wird« (Büttner).

Mit Schulabgängern haben die Kolonialherren einiges vor. Wer die Schule besuchte, kann zum Schreinern, Schlossern, Schneidern oder zum Unterbeamten (Schreiber, Heilgehilfen, Dolmetscher) weitergebildet werden. In lokalen Hierarchien der Missionen ist es möglich, zum Lehrer oder gar Priester aufzusteigen.

Alphabetisiert dann oder nicht ..., ein Abstand muss einfach bestehen bleiben, »die reale Ungleichheit die angebliche Gleichheit« balancieren. Nachdem sich der zum Ende hin in Lome den Gouverneursposten nobilitierende Hzg. zu Mecklenburg einmal näher damit beschäftigte, verbietet er Togolesen das Tragen deutscher Namen. Eben so, wie im wüstengeborenen Swakopmund (DSWA) Farbige die Bürgersteige meiden müssen, in Daressalam vor Weißen der Hut zu ziehen ist.

1913 – Ein Jahr im Leben Togos

Im *Januar* wird das deutsche Seekabel Emden—Teneriffa—Monrovia zwischen Lome und Duala in Betrieb genommen ..., kann auf den Märkten von Wo-Kutime, Woga, Aklaku, Seaga, Degbo und Aguega

nur noch auf bestimmten, von der Behörde festgelegten Plätzen mit Mais, Palmkernen und Palmöl gehandelt werden. Im *Februar* ist Kete-Kratschi auf rund 3.000 Hütten angewachsen ..., darf Polizeisoldaten kein Kredit gewährt werden, um einem Von-der-Fahne-Gehen vorzubeugen (in Togo ist die Grenze nirgendwo fern).

Im *März* werden 368 Europäer gezählt, darunter 94 Regierungsbeamte, 76 Missionare und Geistliche, acht Pflanzer, 26 Ingenieure, Bauunternehmer und Techniker, neun Handwerker, 66 Kaufleute und zwei Seeleute (in Togo leben 67 weiße Frauen). Im *April* wird das Fahrwasser der Lagune ausgetieft ..., dürfen Neubauten nicht mehr mit Strohdächern gedeckt werden, da diese sich als Stechmückenparadiese erwiesen haben.

Im *Mai* sind – Bassari ausgenommen – alle wichtigen Stützpunkte im Hinterland an das Telegrafennetz der Verwaltung angeschlossen ..., ist die Anschlussstrecke der Hinterlandbahn von Agbonu ins Zentrum des Baumwollanbaus Atakpame betriebsfertig. Im *Juni* wird Sklavenhandel mit drei Monaten Gefängnis bestraft ..., die Gesellschaft für drahtlose Telegraphie mbH Konzessionär für die Funkstrecke Deutschland—Togo. Im *Juli* erfolgt die Verordnung über die Anlage von Waldschutzgebieten.

Im *August* machen sich ein Arzt und eingeborene Heilgehilfen im Bezirk. Misahöhe an die Durchimpfung gegen Pocken. Im *September* muss jeder erwachsene Eingeborene des Bezirks Lome-Stadt und der Ortschaft Anecho, der arbeitsfähig und männlich ist, eine jährliche Einkommenssteuer »in Geld« (ersatzweise durch zwölf Tage Steuerarbeit) bezahlen.

Im *Oktober* bereist Staatssekretär Solf die Bezirke Anecho, Lome-Land, Atakpame, Sokode und Misahöhe ..., bricht im Bezirk Misahöhe Gelbfieber aus. Im *November* eröffnet Lomes Königin-Charlotte-Krankenhaus seinen Erweiterungsbau ..., werden in den Schlachthäusern von Lome und Palime Sachverständige mit der Fleisch- und Trichinenschau betraut.

Im *Dezember* wird Kamina von der Großfunkstation Nauen angesprochen ..., ist

das durch Notenwechsel heiß diskutierte Tauende als Züchtigungsinstrument erneut im Gebrauch (Länge durch Verordnung ungefähr 60, Stärke 2–2 1/2 cm).

Negerpfade und Chausseen

»Früher gab es auch in Togo nur schmale, gewundene Negerpfade, die auf primitiven Stegen die Flüsse und Bachläufe überschritten. Jetzt durchziehen schöne und guterhaltene Fahrwege [hier gerne Chausseen genannt] das ganze Land.« Handicap bleibt die in weiten Teilen vorherrschende Tsetsefliege, sodass der Fahrverkehr nur mit Automobilen oder Menschenkraft möglich ist (»*die letztere Methode ist vielfach eingeführt, und es hat sich herausgestellt, dass mit Hilfe leichter, von Schwarzen gezogener und geschobener Lastwagen der Gütertransport dort, wo noch keine Eisenbahn existiert, der guten Straßen wegen billiger kommt als der primitive urafrikanische Trägerverkehr*«).

Auch sonst hat sich einiges geändert. Leute, die Togos Küstenstrich seit vielen Jahren kennen, erkennen ihn neuerdings nicht wieder. »An der Küste ist die Gier nach europäischen Statussymbolen gestiegen, ahmen alte und neue Reiche mit mehr oder weniger Geschick mit luftigen, von Sumpf und Lagune entfernten Wohnstätten die europäische Bauart nach.« Die Gewöhnung an Aborte kommt stellenweise voran; wo Ewe- oder Popo-Leute konzentrierter zusammenwohnen, hat sich das System der Tonnenabfuhr gegen die freie Ablage der Exkremente bewährt (»*Europäer und Eingeborene erfreuen sich guter Gesundheit*«).

Auf dem Dammweg von Adjido kommen Farbige zum Sämlinge pflanzen oder Saatnüsse auslegen bereits mit dem Fahrrad daher. Andere, die die längste Zeit über keiner Mode unterworfen waren, tragen jetzt Hosen. Etwas, das im Mutterland nicht nur auf Zustimmung stößt: »Wenn man nun so einen Neger, der herumgelau-

Blick auf Lome vom Turm der evangelischen Kirche, im Vordergrund das Haus der Norddeutschen Mission; Togos Hauptort ist Sitz der Zentralverwaltung, der Handelshäuser, Faktoreien und Missionen, ca. 1908.

Kampf der Schlafkrankheit:
Die Entdeckung der Art der Übertragung gelingt mit Oberstabsarzt Friedrich Kleine und Schutztruppenarzt Max Taute zwei deutschen Forschern.

senen Haussa geprägt. Unter der farbigen, auf rund 7.000 Köpfe angewachsenen Bevölkerung überwiegt das Ewe-Element. Auf dem Markt, wo sie Yams, Maniok, Bohnen, Zwiebeln, Maiskolben, Brennholz oder Kalebassen verkaufen, schmecken Papayas, Bananen oder Ananas wie sie schmecken sollen.

Lome ist Europa: Faktoreihäuser, im Reich vorgefertigt, hier mit dem Tropenaufstrich Weiß versehen, liegen an der Hamburger, Filialen europäischer Häuser an der Bismarck-, Regierungsgebäude in der Wilhelm-, die katholische Mission in der Strandstraße. Auf dem Marktplatz steht ein Denkmal für die drei Afrikaner Kling, Wolf und Bugslag. Die Stadtanlage ist quadratisch, die Straßen wurden so angelegt, dass die Seebrise durchwehen kann. Überragendes Gebäude ist die Herz-Jesu-Kathedrale der Steyler Missionsgesellschaft *(»ein Werk deutscher handwerklicher Wertarbeit und frommen Eifers«)*, architektonisch der Kirche am Gründungsort Steyl nachempfunden.

Wer in Lome wohnt, farbig, bei der Truppe und des Heldenlebens nicht überdrüssig ist, hat es geschafft. Für die Polizeisoldaten hat man gleich hinter dem Exerzierplatz heimische Hüttenanlagen gebaut und vertraut eingerichtet. Ausexerzierte erhalten 1 Mark pro Tag, farbige Gefr. und Uffz. bis zu 1,50 Mark. An Marschtagen gibt es zusätzliche 25 Pfg ..., eine Löhnung, die sich sehen lassen kann. Togos Polizeisoldat trägt zeitgemäße Uniform, die Jacke (mit roten Litzen) und Kniehose (mit roter Biese) aus Kakistoff, eine hemdartige Bluse (am Kragen rote Borden) und der Rollfes (mit blauer Festroddel und weißem Preußenadler) oder die Schirmmütze (mit deutscher Kokarde) aus Kakistoff ... »Das Schaulaufen der Barfüßler kann sich sehen lassen. Des Morgens ruft die Trompete oder Trommel zum Dienst, des Abends ist Zapfenstreich. Des Morgens zieht die Truppe mit klingendem Spiel vom Gouvernementshaus zum Dienst aus *(»natürlich spielt die Musik, deren Repertoire aus acht Stücken besteht, darunter auch in Afrika Heil Dir im Siegerkranz und König Friedrich Wilhelms Präsentiermarsch«)*.

fen ist, wie ihn Gott geschaffen hat, plötzlich in Hosen und Jackett mit obligatem Stehkragen oder gar Lackstiefeln zwängt, so ist das sicher ungesund, denn die anliegende europäische Kleidung setzt eine größere Sauberkeit voraus, als sie der Neger allgemein kennt« (die illustrierte Zeitschrift »Kolonie und Heimat« zum Thema *Hosenneger*).

Den mächtigsten Sprung nach vorne hat zweifellos der Haupthandelsplatz Lome gemacht. Wo in Nachtigals Tagen ein paar primitive Faktoreien neben armseligen Fischerhütten standen, Brandungsboote lagen, weht jetzt ein Hauch von Berlin. Im Kasuarinenwäldchen, das Grunewald heißt, kann man mit etwas Glück einem Polizeimeister mit Tropenhelm mit der Reichskokarde begegnen, mit schwarz-weiß-roten Achselschnüren und dem Reichsadler auf versilberten Metallknöpfen. Im Gouvernementsbereich liegt Moabit mit einem Gefängnisbau.

Lome ist gerade auch für routinierte Afrikabesucher eine schön herausgeputzte Stadt. Lome ist Afrika, das Straßenbild von Busch-, Küstenleuten und hoch gewach-

Lomes knapp 200 Weiße, klar in der Minderheit, haben sich trotz aller *Fährlichkeiten* arrangiert. Den Beamten geht es nicht schlecht, seit Berlin eingesehen hat, »dass Männer auf so vorgeschobenen Posten nur dann furchtlos stehen können, wenn sie nicht Sorge um die Zukunft drückt«. Was für einen wie den Vizewachtmeister Sohn, für Sergeant Koch oder den Lt. v. Reitzenstein bedeutet, dass er nach zwölf Jahren in den Tropen die lebenslängliche Pension beantragen kann. Kolonialdeutschen, die bei Palawe, am »deutschen Oti«, Mono oder sonstwo das Vaterland verteidigten, werden Strafexpeditionen als Kriegsdienst angerechnet. Wichtig, wenn es einmal zum Ruhegeld kommt.

Beliebte Freizeitbeschäftigung sind Segeln und Ruderpartien in Gondeln und weißen Gigs, unter den Hobbys führen Radeln und Kegeln. Pferderennen sind populär, obwohl Togos Süden wegen des frühen Wegsterbens weiterhin als schlechter Platz für Pferde gilt.

Stolz der Stadt ist die eiserne Landungsbrücke, die sich 366 m lang, mit Eisenbahngleisen und schienengebundenen Dampfkränen der Kalema entgegenstemmt. 1904 eingeweiht, hatte sie 1911 »ein noch nie beobachteter Seegang« mit Urgewalt zerschlagen. Am Tag, an dem Gouverneur Edmund Brückner aus Friedersdorf/Kr. Görlitz hier eintraf, bot sich ihm »ein Bild wildester Zerstörung«, hatte die See doch alles auf zwei Kräne und den Brückenkopf reduziert. Bereits im November 1912 konnte die Landungsbrücke erneut dem Verkehr übergeben werden.

Deutsch auf afrikanisch

Im Jahre 29 nach der Flaggenhissung sieht es einmal kurz danach aus, als würde Togo (»*ein mit deutschem Blut erworbenes und durch deutsche Rührigkeit und Tätigkeit zur Blüte gekommenes Schutzgebiet*«) an die Franzosen verhökert. Kolonialfreunde protestieren mit Erfolg.

1913 will sich Wilhelm Heinrich Solf in Togo kundig machen. Wenn einer etwas vom Kolonialgeschäft versteht, Schutzgebiete nicht nur vom Reißbrett her kennt, dann er. Zu Hause als wehruntauglich erkannt, hat der Mann aus Schöneberg als Bezirksrichter in Daressalam gearbeitet, danach als Gouverneur in Deutsch-Samoa. 1911 übernahm er den Posten als Staatssekretär im RKA von Friedrich v. Lindequist (es war Solf, der den Satz »Kolonisieren ist Missionieren« prägte).

Als der hohe Gast Togo wieder verlässt, packt er seine Eindrücke in ein Telegramm an Gouverneur Hzg. zu Mecklenburg: »Unter der sachkundigen Leitung Eurer Hoheit habe ich die wichtigsten Plätze des Schutzgebietes kennen gelernt und freudig festgestellt, dass Togo den Ehrennahmen einer Musterkolonie verdient. Wenn nunmehr auch der völkerreiche Norden mit derselben liebevollen Arbeit aufgeschlossen wird und eine Bahn ihn mit dem Süden eint, so werden sich bald die reichen natürlichen Schätze des Landes vervielfältigen. Das wünsche ich zum Abschied den fleißigen Bewohnern Togos, weißen und farbigen, von Herzen.«

Musterkolonie oder: Wie schön, dass es die Deutschen gibt! Männer vom Format Jo-

Königin Charlotte-Krankenhaus (links) und Gouvernementsgebäude in Lome: Typisch die großen Veranden, wie sie dem tropischen Baustil entsprechen.

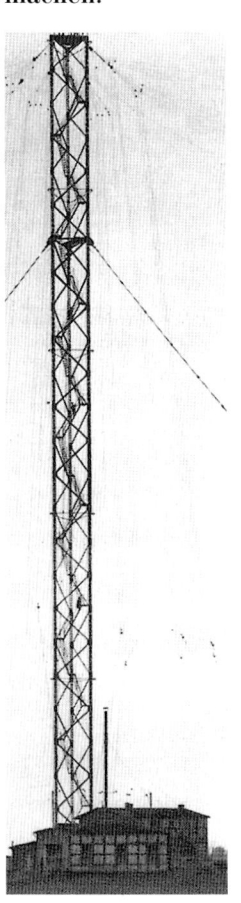

Antennenmast und Betriebsgebäude der Telefunken-Station von Nauen: 1906 als Versuchsanlage eingeweiht, soll die Großfunkstation bei Berlin das Reich kabelunabhängig machen.

hann Karl Vietors aus dem Afrikahaus J.K. Vietor, das sie wegen seiner Nähe zur NMG »die fromme Firma« nennen, wie Oberstabsarzt Wicke vom Nachtigal-Krankenhaus in Anecho oder die weißen Schwestern vom Roten Kreuz. Adam Mischlich aus Nauheim, Bezirksleiter von Kete-Kratschi, hat sich eingehend mit der Haussa-Sprache beschäftigt, Jakob Spieth, Missionar aus Hegensberg bei Esslingen, das Alte Testament in Ewe übersetzt. Carl Fies aus Linkenheim bannte als Hobbyfotograf Alt-Togo im Bild.

Die Superintendenten Rieker und Ulrich, der Lehrer Mühleder und Techniker Stöhr, der preußische Landesgeologe Willi Koert … »In Togo geschieht alles, was das Klima gestattet, in allen anderen Kolonien ist der deutsche Gedanke noch nicht zur unbedingten Herrschaft gelangt« (Jahrbuch über die deutschen Kolonien von 1914).

Zusammen ist man ein gutes Stück vorangekommen, um mehr zu schaffen, bräuchte man einfach noch Zeit. Togo ist die einzige deutsche Kolonie, die Gewinn erwirtschaftet, lediglich Samoa ist so weit, dass es keine Zuschüsse mehr braucht. Die deutsche Eingeborenenpolitik, die Kleinbetriebe in der Landwirtschaft fördert, Togolesen zur Ausfuhrerzeugung erzieht, wird inzwischen von den Engländern kopiert. Die Post arbeitet so zuverlässig, dass Franzosen aus dem Nachbarland hier ihre Postsachen aufgeben. In Südtogo wurde an den Flüssen Haho und Baloe kräftig aufgeforstet, im Norden an Kamaá und Mo.

Im Land arbeiten 16 weiße Ärzte, was die Sterblichkeit der Europäer, zeitweise über zehn Prozent, in erträglichen Grenzen hält. Lome hat ein Eingeborenenkrankenhaus, Bagida ein Aussätzigenheim. Am Klutoberg im zentralen Togogebirge unterhält das Gouvernement eine Isolierungs-, auf dem Hausberg bei Misahöhe eine Erholungsstation. Die Mortalitätsrate von Schlafkranken ist dank des Ehrlich'schen Mittels von hundert auf zehn Prozent gedrückt. Mit den Engländern wurde abgesprochen, dass sie Schlafkranke, die sich ärztlichen Nachstellungen gerne durch Flucht auf englisches Gebiet entziehen, in Zukunft zurückschicken. Malaria wird durch

Chininprophylaxe bekämpft, versumpfte Küstenstrecken mit Saprol behandelt.

Die Heimat half mit und hilft weiterhin: Altkleider-Sammlungen für arme Eingeborene, Bares für Missionsstationen und Kirchenbau, schwarzbuntes Niederungsvieh aus Ostfriesland für das Tschaudjorind der Fulbe. Die Nachtigal-Gesellschaft hat für das Nachtigal-Krankenhaus in Anecho gesammelt, der Landesverband Württemberg des deutschen Frauenvereins für Krankenpflege in Kolonien die Mittel für den Bau von Lomes Königin-Charlotte-Krankenhaus zur Verfügung gestellt.

Auch politisch gesehen wurde einiges in die Reihe gebracht. Im Süden scheint alles in Ordnung zu sein, ist der Landfrieden in keiner Weise gefährdet (»*abgesehen vom einen oder anderen, dem die Ausdehnung der Steuerleistung auf neue Bezirke nicht passt*«). Seit Einführung der Kopfsteuer können einsammelnde Häuptlinge vier Prozent einbehalten, was notwendige Abhängigkeiten schafft. Der Norden ist militärisch unterworfen, wird über kolaborationsbereite Noble indirekt regiert. Agitationen von Mahdisten inspirierter Wanderprediger haben nachgelassen, um jede Provokation gegenüber dem Islam zu vermeiden, bleiben mohammedanische Gebiete für nicht in amtlicher Funktion reisende Europäer trotzdem gesperrt.

Zweifellos läuft nicht alles so, wie sie es in Lome oder Berlin gerne hätten. Musterkolonie mit Vorbehalt, doch ein Kronjuwel ist das Land an der Sklavenküste (noch) nicht. Die Kindersterblichkeit *bei den Heiden* liegt bei 75 Prozent. (»*Ein objektiv wirklich gesundes Negerkind ist, so sonderbar es klingen mag, in vielen Gegenden unserer Schutzgebiete eine große Seltenheit.*« Külz) So Überlegenes der christlich-abendländischen Kultur wie die Einehe lässt sich auch weiterhin nur schwer vermitteln.

Versuche mit Kaffeebäumen mussten nach anfänglichen Erfolgen erst einmal abgebrochen werden, als Grund gelten Dürrejahre und Schädlingsbefall. Kakao brachte nicht viel, mit Tabak wird experimentiert. Mit der Landolphia-Liane ließe sich Geld machen, die Gummi-elasticum-Pflanze Clitandra elastica erwies sich als minderwertig. Der in Gebirgszonen gewonnene Adele-Kautschuk ist gut, doch der Raubbau überall augenfällig. In der Rindviehzucht kam aufgrund der Verluste durch Tsetsefliegen und Viehkrankheiten bisher hauptsächlich Frust heraus.

Natürlich ist man nicht umsonst so weit gekommen, macht das Prädikat Musterkolonie den Blick auch auf die Opfer frei: Missionar Hornberger hat in Kitta an der Goldküste das gottselige Ende gefunden, Stabsarzt Wolf erlag während einer Hinterland-Expedition in Ndali dem Fieber (vielleicht wurde er auch vergiftet). Bugslag und King, noch in Togo schwer erkrankt, starben nach ihrer Rückkehr in der Heimat, der Forscher Küster auf dem Weg nach Bismarckburg. Valentin v. Massow, Chef der Polizeitruppe, wurde in Kirikri, Gouverneur Köhler, Regierungsassessor aus Eltville, in Lome vom Tod überrascht. Von 157 an der Sklavenküste arbeitenden Sendboten der NMG mussten in 50 Jahren 64 ihren missionarischen Eifer mit dem Leben bezahlen. Die Steyler beklagen nach sieben Jahren Togomission den Tod von sieben Europäern.

Die Zukunft wird dann auch realistisch gesehen, goldene Zeiten winken nicht: »Wohin wir in Togo blicken, nirgends finden wir Faszinierendes, nirgends die Möglichkeit, mühelos Reichtümer zu sammeln, aber überall gesunde, solide Verhältnisse, überall stetiger Fortschritt. Ein Land, geschaffen für gründliche, ausdauernde Arbeit, ein Land, das diese Arbeit nicht tausendfältig, aber mit Sicherheit lohnt und lohnen wird, ein Land, dessen weitere Erschließung und Entwicklung eine aussichtsreiche und dankbare Aufgabe ist.«

Nauen ruft Kamina

Wenn es draußen gewitterte, begann es zu krachen, zu gurgeln und zu zischen. Es »funkte« tatsächlich. In der Mittagshitze, dann wieder wenn der Mond aufging, wurden die Signale schwach und schwächer, bei atmosphärischen Störungen konnte die Verbindung total unterbrochen sein: Das Reich, die Kolonialdeutschen, -stationen und die Funktelegrafie!

Seit 1906 wurde bei Nauen, westlich von Berlin, an der Telefunken-Station gebaut, wofür es wirtschaftliche und militärische Überlegungen gibt. Internationale Kabelverbindungen werden in der Regel von England oder Frankreich kontrolliert. Wenn es früher oder später zum Krieg kommen würde, so sicher mit ihnen. Ein Ausbruch von Feindseligkeiten musste bedeuten, dass Gegner dieser Größenordnung als erstes die deutschen Seekabel kappen und versiegeln. Wollte das Reich dann noch mit seinen Kolonien in Verbindung treten oder über sie die auf den Weltmeeren fahrenden Kriegs- und Handelsflotten erreichen, musste es kabelunabhängig sein.

Techniker, Monteure und Ingenieure leisten Beachtliches, um im engen Zeitraum ein Weltfunknetz von transkontinentaler Leistungsfähigkeit aufzubauen. 1911 wird in Kamina, östlich von Atakpame, eine Empfangsantenne hochgezogen, im Jahr darauf Togo von der rund 5.000 km entfernten Großfunkstelle Nauen angesprochen. Gleichzeitig veranlasst die Gesellschaft für drahtlose Telegrafie den Bau von kleineren Funktürmen als Nachrichtenmittel innerhalb der Kolonien.

Bei Kriegsbeginn sind die Großfunkstellen Windhuk (Deutsch-Südwestafrika), Bitapaka, Jap, Nauru, Samoa (Südsee) und Kamina mehr oder weniger fertiggestellt. Dazu kommen die Kleinfunkstellen Duala (Kamerun), Daressalam, Muanza, Tabora, Bukoba (Deutsch-Ostafrika), die Küstenfunkstellen Lüderitzbucht, Swakopmund (Deutsch-Südwest) und Tsingtau im Pachtgebiet Kiautschou.

Togo mag die kleinste der afrikanischen Kolonien sein, wenn es zur Funktechnik kommt, ist es absolute Spitze. Das noch im Aufbau befindliche, doch bereits rund um die Uhr empfangsbereite Kamina kann direkt von Nauen empfangen und den Verkehr mit Kamerun, Deutsch-Südwest und Deutsch-Ost vermitteln. Über Kamina läuft der Kontakt zu den auf großer Fahrt im Südatlantik befindlichen Schiffen.

Edmund Brückner (1871–1935) aus Friedersdorf im Kreis Görlitz, Referent in Kamerun, stellv. Gouverneur in Deutsch-Südwest und Gouverneur in Togo (1911/12).

Kamerun – das Stiefkind unter den Schutzgebieten

»Überhaupt sind die Kamerunneger die frechsten und unverschämtesten Neger der ganzen Küste, und ich kann nur nicht begreifen, wie die Weißen sich hier haben die Neger so schlecht erziehen können« (Eduard Woermann, Großkaufmann und Reeder aus Hamburg).

»Hauptnahrungsmittel sind Yams, Maniok, Hirse und Bataten, am Morgen essen sie Kolanuss mit Malgettapfeffer. Beilagen können Ratten, Mäuse, Engerlinge, Ameisen und Termiten sein« (Franz Hutter, ksl. Hauptmann aus Kempten, Stationschef in Baliburg).

»Stirbt eine angesehene Person, so sterben auch zwei bis sechs und mehr eines gewaltsamen Todes, welche darüber in Verdacht der Zauberei geraten sind.« (Hans Dominik, ksl. Major aus dem westpreußischen Kulm, Stationschef in Jaunde) …

Martin Dibobe aus Kamerun brannte darauf, das Bild, das sie sich im Mutterland von seiner Heimat machten, zu korrigieren, Berlinern, Hamburgern oder Kölnern, die in Berlin, Hamburg oder Köln mit nichts zu begründende Angst vor dem schwarzen Mann zu nehmen. Als die vom Verein Berliner Kaufleute und Industrieller ausgerichtete Deutsche Gewerbeausstellung am 1. Mai 1896 die Tore öffnete, stellte der Afrodeutsche zusammen mit rund 100 Afrikanern und Ozeaniern die Kolonialexposition »Zum Studium unserer Schutzgebiete«. Eine Ausstellung von Kolonie-Menschen, die zusammen mit Marineschauspielen der Propaganda für die Schutzgebiete und Wilhelms flott gebaute Flotte diente: Die Kolonien für imperiale Größe, die Flotte für des Reiches Heil zur See.

Damit sich Besucher eine richtige Vorstellung machen konnten, hatten die Ausrichter im Treptower Park ein so genanntes *Negerdorf* aufgebaut. Ein reales Stück Afrika, in dem Dibobe im exotischen Outfit afrikanisches Alltagsleben vorführte.
Kleine *Neger*, große Affen. Giraffa camelopardalis, Panthera leo. Marienberg und Tschebtschigebirge. Nachtigalschnellen und Ngaundereplateau. Stickige Tropennächte und tropenkräftige Natur. Wilde Ekstasen unterm Butter- und Leberwurstbaum, übermütiger Spaß. Als Zugabe die krumme gelbe Frucht Musa paradisiaca subsp. sapientum.
Deutsche Kolonisierende, die Martin Dibobe im *Negerdorf* gesehen hatten, wollten hinterher nicht viel mehr von kamerunischen Kolonisierten wissen als bisher. Das Land mochte dank seiner bevorzugten Lage am Golf von Guinea der schönste Punkt an Afrikas Westküste sein … »und nicht nur der schönste, sondern auch der fruchtbarste« (Paul Preuss aus Thorn, Leiter des Botanischen Gartens in Victoria). Den Ruf, Stiefkind von Kaiser und Nation zu sein, wurde es trotzdem nicht los. Deutscher Gewerbefleiß, deutsche Bildung auf kulturarmem Boden? Dem deutschen Volke neue Länder dienstbar machen, seiner Geistes- und Gedankenwelt Stützpunkte rund um den Globus schaffen? Von wegen! Wann immer Kamerun in den Schlagzeilen stand, waren es recht negative. Die Besetzung eines riesigen Areals kam nur auf der Kriechspur voran. Fortschritte machten sich langsamer bemerkbar, drückten sich, wenn überhaupt, bescheidener als in jeder anderen deutschen Afrikabesitzung aus. Der Grund, warum sie sich im Reich ganz generell weniger für Kameruns Menschen als für seine Tierwelt interessierten.

Ein Vertreter davon sollte als Spende des Haudegens Hans Dominik, dessen Leute zwischen kleinem und großem Kanonendonner im Mwelle-Gebiet ein paar Elefantenkälber gefangen hatten, bald in Berlins zoologischem Garten stehen. »Acht Tage nach dem Fang waren sie schon so zahm, dass ihr Wärter ruhig in ihren Stall gehen konnte, sie zu füttern!« Der imperialen Metropole vermacht, war der Dickhäuter aus dem Mwelle-Gebiet Deutschlands erster zahmer afrikanischer Elefant.

Was deutsche Menschen seit dem Tag der Inbesitznahme zusätzlich faszinierte, waren Kameruns Menschenaffen, die sagenumwobenen Gorillas des Waldlands: »Größe eines Menschen, nur weit breitschultriger, mit kräftigen und muskulösen Armen und gewaltigen Händen, kammartig gewölbtem Rücken, der breiten, tief durchfurchten Nase, der mächtigen, vorspringenden Schnauze, aus welcher ein furchtbares Gebiß mit scharfen Eckzähnen hervorfletscht, der schwarzen Behaarung, die auf dem Genick fast zu einer sträubenden Mähne sich verlängert.«

Bei Ausbruch des Ersten Weltkriegs kennen die Kolonialherren viele eingeborene Stämme noch nicht oder wissen – »Die Gundi [am Ssanga] sind schmutzig, bauen Maniok und Bananen an und leben von Fischfang und Jagd« – nicht viel über sie. Von den Gorillas sind dagegen sechs Rassen bereits recht ausführlich beschrieben: G. diehli im Bereich des Calabar, G. zenkeri von Bipindi, G. hansmeyeri vom Dume, G. schwartzi vom Sanga, G. matschiei von Jaunde und G. jacobi vom oberen Dscha.

Das Schutzgebiet selbst war Rätselland geblieben, wogegen Repräsentanten vor Ort vergeblich anschrieben.

Kamerun und seine Kameruner: »Stirn niedrig, unterer Gesichtsteil von der Nasenwurzel ab vorgeschoben, Nase kolossal breit, plattgedrückt, mit gewaltigen fleischigen Flügeln; Gesicht besonders um den Mund herum faltig, Lippen dünn; stark behaarter Oberkörper; Farbe heller als bei den übrigen Negern; kupferig und mit erdigem Ton« (Friedrich Plehn, Regierungsarzt in Duala über das Wildbeutervolk der Pygmäen). Erdachtes und Erlebtes: »Der Neger ist kein Kind, der Neger ist eben Neger« (Grete Ziemann, Hausfrau, in »Mola Koko! Grüße aus Kamerun«).

»Im übrigen sind die Leutchen von so gutmütigem, friedfertigem Charakter, dass, wenn es mir einmal beschieden sein sollte, in einen afrikanischen Kochtopf zu wandern, ich mir die Batom wählen würde« (Eugen Zintgraff, Afrikareisender über das Bantuvolk der Batom).

Martin Dibobe aus Kamerun, 1896 Ausstellungsstück der Kolonialexposition »Zum Studium unserer Schutzgebiete« als Angestellter der Berliner Verkehrsbetriebe.

»Die Frauen sind, solange jung, zum großen Teil große Schönheiten; nur ihre Magerheit wirkt häufig störend. So mancher und manche Fulla würde als Marmorbüste wohl eher für einen Hermes oder eine Diana als für einen afrikanischen Typus gehalten« (Siegfried Passarge, Mediziner und Naturwissenschaftler) ...

Martin Dibobe war unter jenen Ausstellungsstücken, die nach dem Abbau des *Negerdorfs* im Mutterland blieben. Nach einer Schlosserlehre bei Siemens fuhr er als erster schwarzer Schaffner mit der U-Bahn durch Berlin. Tiefere Spuren im Gedächtnis der Stadt sollte er nicht hinterlassen. Was den Berlinern von der Kolonialexposition »Zum Studium unserer Schutzgebiete« dauerhafter in Erinnerung blieb, war die krumme gelbe Frucht Musa

Heinrich Barth (1821–65) aus Hamburg, einer der bedeutendsten Afrikaforscher des 19. Jahrhunderts.

Als »christlicher Spion« bei Wara in Wadai erschlagen: der Afrikaforscher Eduard Vogel (1829–56) aus Krefeld.

paradisiaca subsp. sapientum. Hatte sie die Ausstellung neben Afrikanern und Ozeaniern doch auch im größeren Rahmen mit der Banane bekannt gemacht.

Ironie der Geschichte dann oder auch nicht: Mit dem Bau des Kühl- oder Fruchtdampfers Pungo durch die Afrikanische Frucht-Companie Hamburg waren die vor Tatendrang sprühenden Hanseaten 1914 endlich so weit, deutsche Edel- und Mehlbananen vom Fuß des Kamerunberges ins erwartungsfrohe Reich zu verschiffen. Mit Kriegsausbruch wird der Bananendampfer, zum S.M. Hilfskreuzer Möwe umgerüstet, jedoch anderweitig eingesetzt.

Wie Kamerun deutsch wurde

Portugiesische Seefahrer, die den innersten Winkel der westafrikanischen Küste nach Sklaven absuchten, hatten im Golf von Guinea den Busen von Biafra, dort das haffartige Mündungsbecken entdeckt, in dem Mungo, Wuri und Dibamba zusammenfließen. Mit der vulkangeborenen Felseninsel Fernando Po als Wellenbrecher bot sich das breite Kamerunästuar Seefahrern als Ankerplatz an. Die Wurisümpfe und zahlreichen Creeks, zu denen die Deutschen einmal Krieks sagen würden, waren etwas für Feinschmecker. Die muss es an Bord der portugiesischen Schiffe einfach gegeben haben, wurde der große Wasserweg nach den appetitlich fetten Krabben, die dort zu finden waren, doch Rio dos Camaroes, Krabbenfluss, genannt.

Engländer sollten das Umland zu Cameroons, Franzosen zu Cameroun machen. Die Deutschen sprachen, da sich der Name dem jeweiligen Besitzer anzupassen hatte, von Kamerun, womit anfänglich lediglich der Platz der Besitzergreifung mit der am Südufer des Wuri ins Ästuar hineinragenden Joßplatte bezeichnet wurde. Je mehr Wasser über den Plateaurand dann den Krabbenfluss hinunter zum Atlantik floss, desto mehr bürgerte sich Kamerun auch für das unmittelbare Hinterland, schließlich für das gesamte Schutzgebiet ein. Die frühe Siedlung am Ästuar, vorläufiger Sitz der Kolonialverwaltung, wurde zur Unter-

scheidung nach einem Bantuvolk, das zwischen Wuri und Dibamba saß, Duala genannt.

Cameroons war bereits in vorkolonialer Zeit Handels- und Haupthafenplatz. Europas Kaufleute lebten und arbeiteten hier nicht an Land, sondern auf so genannten Hulks, im Mündungsgebiet des Wuri in unmittelbarer Ufernähe aufgelaufenen, abgetakelten und fest verankerten Segelschiffen. Ihre Faktoreien tauschten Erzeugnisse des Landes gegen Branntwein, Schmuck, Stoffe, Kleidung, Eisenwaren, Pulver, Tabak und Salz. Die Geschäfte liefen nicht schlecht, wären allerdings profitabler gewesen, hätte sich ihre Handelstätigkeit nicht auf den Küstenstrich beschränken müssen. Für den Warentausch zwischen Ästuar und Hinterland besaßen andere das Monopol. An der Küstengesellschaft der Duala-Leute, die mit ihren Kanus den Handelsverkehr mit dem Landesinnern beherrschten, scheiterte jeder Versuch, in direkten Kontakt mit Binnenstämmen zu kommen. Eine Erfahrung, die gerade auch die Hanseaten immer wieder machen mussten.

Das Handelshaus C. Woermann unterhielt die eigene Faktorei im Ästuar seit 1868. Mit dem Tag, an dem sich Johannes Thormälen, Woermanns Mann in Kamerun, selbständig machte, setzte sich auch Jantzen & Thormälen vor der Joßplatte fest. Woermann hatte sich daneben an der Batangaküste, Jantzen & Thormälen in Bimbia, Malimba, in Victoria am Fuß des Kamerunberges und an der Mündung des Kampoflusses etabliert.

Der deutsche Kaufmann wurde an der Küste festgehalten, deutsche Afrikareisende durchstreiften das ferne Hinterland. Urpionier war der Hildesheimer Friedrich K. Hornemann gewesen, der als »Musa ben Jussuf« von Tripolis über Audjilo und den Tschadsee zum Niger vorstieß, dort an Fieber oder am Stich eines Stoßspeers umkommen musste.

Der Hamburger Heinrich Barth, wohl bedeutendste deutsche Gestalt des Entdeckerzeitalters, erreichte Jola am Fuß des Werregebirges, betrat Kuka, die Hauptstadt Bornus, drang bis zu den Tuburisümpfen vor. Nachtigal besuchte Kuka,

Rohlfs stand am Tschadsee, Schweinfurth am Oberlauf des Ubangi. Flegel zog den Benue, die »Mutter der Gewässer«, hinauf und arbeitete sich in Adamaua bis Ngaundere vor. Buchholz, Reichenow und Lühder steuern mit dem Schoner DAHOMEY der Firma Vietor von Bremerhaven her die Kamerunküste an.

Was alles erst später so richtig gewürdigt wurde: »Mit welch bescheidenen Mitteln haben alle diese Männer, die Ideale wahrer Forschungsreisender, gearbeitet, und was haben sie geleistet. Heutzutage durchziehen gewaffnete und organisierte Expeditionen das Land [Kamerun], Maschinengewehre schmettern die Eingeborenen zu Boden und Brandgranaten fliegen in ihre Dörfer – Nachtigal hat während seines vierjährigen Aufenthalts nicht eine Patrone verfeuert« (Hutter 1902).

Entdeckungsreisen forderten ihren ganz normalen Preis: Hamburgs Adolf Overweg, in Barths Begleitung, starb am Tschadsee. Der Krefelder Eduard Vogel, auf der Suche nach dem als verschollen geltenden Barth, erreichte Jola, bevor ihn Sultan Mohammed es Sherif bei Wara mit dem Knüttel erschlagen ließ. Der Afrikaforscher Karl Moritz v. Beurmann, mit dem Auftrag, nach Vogel zu suchen, wurde beim Versuch, nach Wadai einzudringen, ermordet.

Lühder starb noch in Kamerun, Buchholz schaffte es, »mit wissenschaftlichen Schätzen reich beladen«, doch bereits vom Tode gezeichnet, noch nach Greifswald zurück.

Forschungsreisen, durch den Afrikafonds des Reiches gestützt, von Kapitalistengruppen gefördert, prominent von der Afrikanischen Gesellschaft organisiert, galten in erster Linie wissenschaftlichen Zwecken. Mutige Männer sammelten Vogeleier, Regenwürmer, Wanzen, Spinnen und Planarien, beobachteten Flora und Insektenwelt. Sie lernten so genannte Naturvölker kennen oder nur fürchten, studierten deren Sitten und Unsitten. Reisende kehrten mit Penisfutteralen, Unterlippenscheiben, Nasenpflöcken, selbst dem einen oder anderen Menschenschädel als Ethnographica aus Urwald und Savanne zurück.

Erst der *Scramble for Africa* lässt deutsche Forscher ganz bewusst auch an politischen Aufgaben arbeiten, macht ihren Auftrag wissenschaftlich und kolonial zugleich. Erfolge bleiben nicht aus, erreicht Berlins »Beherrscher aller Völker« doch schon einmal die Einladung aus dem Busch: »Bringe Pulver und viele Gewehre ..., auch Deine Weiber bringe mit.« Nicht auszudenken, was geschehen wäre, wenn der Adressat tatsächlich nach Afrika gereist,

Gerhard Rohlfs (1831–96) aus Vegesack/Bremen, die schillerndste Figur der deutschen Afrikaforschung.

Gustav Nachtigal beim Sultan von Bornu: im Reisegepäck Zivilisationsgut als Geschenke von Preußenkönig Wilhelm.

Der (Amateur-) Geograf und Forschungsreisende Gerhard Rohlfs (hintere Reihe) zieht 1867 von Kuka nach Mandara in Nordkamerun. Berühmt machen ihn seine fesselnden Reisebeschreibungen.

Wert der Entdeckungen für ihren Handel. Berlin schlug die Ratschläge seiner Afrikareisenden in den Wind. Als Kapitalistengruppen die Finanzierung weiterer Expeditionen zurückhalten, setzen sich Engländer an Benue und Niger fest. Parallel dazu der Versuch englischer Kaufleute, die Kamerunküste unter den Schutz ihrer Krone zu stellen, was lokale Häuptlinge an Mungo, Wuri oder Dibamba auch durchaus unterstützen. Die frühe Landnahme zögert hinaus, dass London nicht schnell genug reagiert.

Am Ästuar wird auf Post aus England gewartet, in Berlins Auswärtigem Amt häufen sich die Klagen der Hanseaten: »Die Kamerunneger lassen keinen Weißen über die Flussmündung ins Innere hinein, und wenn es in einzelnen Fällen gestattet wird, so geht ein Häuptling zur Begleitung mit, um jeden Verkehr mit benachbarten Völkern zu verhindern.«

Unter den Sprechern des hanseatischen Handelsstandes ist Adolph Woermann, Chef des Handelshauses C. Woermann (in Kamerun Woermann & Co). Was Leute wie er oder Thormälen gerne sehen würden, wäre auch weiterhin die Ernennung eines Konsuls für den Küstenbereich, dazu eine Gleichstellung aller europäischen Kaufleute durch international gültige Verträge.

Deutsch-Land für Deutschland? Thormälen bringt das dem spanischen Fernando Po gegenüberliegende Festland von Cameroons zur Sprache. Ein Küstenstrich, »der uns während einer langen Reihe von Jahren bekannt geworden ..., wo der deutsche Handel die englische Konkurrenz mit Erfolg bekämpft«. Der aufs Tempo drückende Woermann addiert mit Bimbia, Klein- und Groß-Batanga, Bata und Benita eine Wunschliste für Flaggenhissungen hinzu. Wäre dort doch von Vorteil, dass brauchbares Arbeitermaterial bereit stehe, »die Neger der Westküste – wie aus der Geschichte zu ersehen – als Sklaven stets das gesuchteste Arbeitsmaterial für heiße Klimata sind«.

Bimbia, Benita oder Wuri-Hulk, ein für Weiße interessanter Küstenstreifen und

vielleicht sogar dort geblieben wäre. Doch Wilhelm I. ließ andere für sich reisen.

Unter ihnen Eduard Robert Flegel, Handelsagent und Forscher aus Wilna. Flegel entdeckt die Quellen des Benue, schätzt die wirtschaftlichen Möglichkeiten »des reichen Adamaua« (ein politischer, kein geografischer Begriff) realistisch ein, was ihn zu einem Vorreiter der deutschen Kolonisation macht.

Wie im übrigen Afrika sind auch Cameroons deutsche Kaufleute, über deren Faktoreien lediglich die Farben Hamburgs wehen, auf sich selbst gestellt, damit nicht selten der Willkür konkurrierender Handelshäuser ausgesetzt. Einen ersten Versuch Woermanns, das Reich zur Ernennung eines Konsuls für den Küstenstrich zu bewegen, hatte Berlin abgelehnt. Barth, Nachtigal oder Flegel, der Opfertod Vogels oder Overwegs, Woermann, Jantzen und Thormälen ..., die umtriebigen Hanseaten hätten es nach eigener Einschätzung besser verdient gehabt.

Die große Politik spielte, doch sie spielte nicht mit, die Deutschen verkannten den ein aufgrund der Verkehrswege scharf getrennter Binnenhandel ... Um zum eigentlichen Punkt zu kommen, was für Geschäftsleute vor Ort von überragender Bedeutung wäre, sei die Entfaltung »einer den Negern imponierenden Macht«. Was die Hanseaten Bismarck damit sagen wollen, am Beispiel Plantagenbau, hier: Kakao (»*Anlage wie beim Kaffee durch Auslagen der Bohnen, nachdem der Urwald während der Regenzeit gefällt und am Ende der Trockenzeit niedergebrannt ist*«). Am Kamerunberg bürgten nährstoffreiche Böden, Verwitterungsprodukte von Laven und Basalten, für die Erzeugung tropischer Produkte, die Deutschland vom Import aus fremden Ländern unabhängiger machen könnten. Im Raum Victoria würden bereits mehrere hundert Kakaobäume gezählt. Kakao, der bei planmäßiger Förderung des Anbaus zum Renner werden musste.

Wo es Willkür und Habgier unzivilisierter *Negerhäuptlinge* macht- und rechtlos gegenüberstehe, investiere das Kapital jedoch nicht. Ohne Reichsgarantie *(»die Herrschaft einer zivilisierten Nation«)* ließen sich in von europäischen Mächten noch nicht besetzten, von selbständigen Häuptlingen beherrschten Gebieten keine Investoren finden. Ohne Investoren keine Plantagen, damit kein deutscher Kakao (kein Kaffee, Zimt, Pfeffer, weder Vanille, Kola oder Kardamom).

»Was nun die politischen Verhältnisse in Kamerun anlangt«, so die Herren Jantzen und Thormälen, »hat von jeher eine große Rivalität zwischen King Bell und King Aqua [Akwa] bestanden und häufig zu blutigen, den Handel höchst schädigenden Kriegen geführt.« Noch wäre es keinem gelungen, die Oberherrschaft über den anderen zu erlangen, wogegen sich zwei andere – Dido und Lock Preso – in einer mehr oder minder abhängigen Stellung den beiden Kings gegenüber befänden.

Vielleicht war es tatsächlich so, dass deutsche Handelshäuser zeitweise eine gewisse Vormachtstellung an Kameruns Küste hielten. Englands Interessen waren jedoch fraglos die älteren. London hatte einen Berufskonsul in Old Calabar mit Amtsbefugnis in Kamerun. Englische Baptisten missionierten am Kamerunberg, seit 1856

bestand zur Schlichtung von Streitigkeiten ein Schiedsgericht (Court of Equity), dem Vertreter der englischen Kaufmannschaft und Mission, bedeutende Häuptlinge und Ortsälteste angehörten. Sieben englischen Handelshäusern (mit 30) standen zwei deutsche (mit 20 Angestellten) gegenüber. Was Kameruner bisher unter europäischer Machtentfaltung verstanden, waren englische Kriegsschiffe, die hin und wieder in der Wurimündung dümpelten.

Für die Deutschen sprach so auch lediglich, dass London ein Schutzersuchen der Küstennoblen seit rund 18 Monaten nicht beantwortet hatte, Bell und Akwa und Dido gerade jetzt von den Hanseaten einfach besser umschmeichelt wurden.

Am 10. Juli 1884 liegt das englische Kanonenboot GOSHAWK in Schlagdistanz im Wuri, um Häuptlinge und deutsche Kaufleute gleichermaßen einzuschüchtern. Der Kommandant liest die Zeichen an der Wand, kann die Besitzergreifung jedoch nicht vornehmen, da für einen Akt dieser Größenordnung der Konsul zuständig ist. Der wollte zum Flaggenhissen innerhalb der nächsten acht Tage in Cameroons erscheinen.

Eduard Robert Flegel (1855–86), Handelsagent und Forschungsreisender aus Wilna.

King Bell, Küstenhäuptling einer Stammeshälfte der Duala: 1884 erhalten die Vertreter Hamburger Firmen Bells Souveränitätsrechte im Küstenstrich.

Am Tag darauf holt die GOSHAWK die Anker ein und dampft davon. In Bell-, Akwa- oder Didotown, wo des Großen Kurfürsten Wort »weil die Mohren nichts weniger als das grobe Geschütz vertragen können« noch so aktuell wie vor rund 200 Jahren ist, bleiben mit schwersten Gewissensbissen kämpfende Eingeborene zurück. Geht es jetzt doch um so grundsätzliche Fragen, ob nun der *King of Hamburg* (mit Hamburgern hatten sie es bisher zu tun) oder die englische Queen mehr Schiffe und Kanonen besitze, ob der *King of Hamburg* ein rechter Ober- oder nur der Unterhäuptling des *Emperor of Germany* ist.

Mit GOSHAWK außer Sicht, fährt noch am Abend des 11. Juli S.M. Kanonenboot MÖWE/KzS Hoffmann in die breite Wurimündung ein. Auf der Höhe des Marktfleckens Joßdorf geht es vor Anker. An Bord sind Gustav Nachtigal, Schiffsarzt Max Buchner und Konsulatssekretär Mevius.

»[Eduard] Schmidt und [Johannes] Voß hatten leider in der Kamerunangelegenheit wenig geschafft bis jetzt und waren ziemlich desparat«, so der vor Ort wartende Eduard Woermann hinterher. Das sollte sich schlagartig ändern. Die Küstenhäuptlinge Bell, Akwa und Dido überschreiben den Hamburger Firmen einen Teil ihrer Souveränitätsrechte. Schmidt zeichnet in Woermanns Faktorei am King-Akwa-Strand dagegen, Voß (für Jantzen & Thormälen) auf dem deutschen Hulk LOUISE. Lock Preso befindet sich z.Z. auf Reisen, von ihm nimmt man einfach einmal an, dass er wie die anderen einem Vertrag zustimmen würde. Als alles unterschrieben ist – Bell trägt dazu den grauen Zylinder, den er bei besonderen Gelegenheiten zu tragen pflegt, packen die Deutschen ihre Geschenke aus.

»King Akwa und der König Bell/ *juphei-di, jupheida*/Sagten unlängst Very well/ *jupheidi, jupheida*/ Schenkten für sechs Pullen Rum uns ihr ganzes Königtum/*jupheidi, jupheida ...*« Die *Kings* versprechen sich vom Vertragswerk die Anlage eines richtigen Hafens am Ästuar, den Bau von Schulen, Hospitälern, Straßen, vielleicht sogar einer Bahntrasse. Was ihnen die Hamburger garantieren, der ksl. Bevoll-

mächtigte nur noch zu bestätigen hat, ist eine jährliche Rente (Coumie), die Wahrung des Besitzstandes (Grund und Boden), ein Selbstverwaltungsrecht und »in erster Zeit« Respekt vor Landessitten und -bräuchen.

Der 13. Juli ist ein Sonn-, damit Ruhetag. Am 14. gehen Nachtigal, Buchner, Mevius und eine Abteilung Marinesoldaten an Land. In Bell-, Akwa- und Didotown stehen in aller Eile aufgestellte Flaggenmasten, neben denen Nachtigal im allerhöchsten Auftrag seine immergleiche Proklamation verlesen kann. Die Marinesoldaten grüßen ihre Farben mit drei Salven, S.M.S. MÖWE schickt 21 Schuss Salut hinterher. Bis zum »Seine Majestät Kaiser Wilhelm I. lebe hoch, hoch, hoch« ist keine Viertelstunde vergangen, die Duala-Siedlungen haben sich im Minutentakt dem direkten Schutz des Reiches unterstellt. Wer als Weißer dabei ist, um Geschichte zu erleben, kennt die Routine, wertet das Ganze trotzdem auch »als rechtes Mahnzeichen für die Schwarzen, dass wir Kriegsschiffe und Landeabteilungen haben«.

Festtagsstimmung dann auf den schaukelnden Hulks und darüber hinaus: »Aus den entfernteren Ortschaften kamen die Eingeborenen in ihren buntbemalten, oft

Die Landungsabteilung der OLGA im Mangrovendickicht des Wuri.

Gouverneur Jesko v. Puttkamer (links) mit Hptm. Hans v. Ramsay im Urwald von Kamerun.

Grabmal Theodor Christallers, des ersten Lehrers an der Regierungsschule für schwarze Knaben in Duala.

Für die Missionsarbeit in Kameruns apostolischer Präfektur erwählt die römische Congregatio de Propaganda Fide die deutsche Provinz der Pallottiner. Vom Mutterhaus in Limburg gefördert, eröffnen Laien und Geweihte Stationen in Marienberg am Sanaga, in Kribi und Duala, dazu 1.400 Fuß hoch in den Kamerunbergen den Erholungsplatz Engelberg. Um die Jahrhundertwende unterhalten die Basler mit 21 Missionaren und 145 schwarzen Lehrern 9 Hauptstationen und 129 Außenstellen, die Pallottiner vier Stationen mit sieben Priestern, 15 Missionsschwestern und 18 Laienbrüdern. Der Preis für die Verbreitung der guten Nachricht ist wie in Togo bedeutend, stehen alleine bei den Pallottinern den ersten 8.000 Taufen doch 24 tote Sendboten gegenüber.

Erster Reichsschullehrer der 1887 in Duala eröffneten Regierungsschule für schwarze Knaben wird Theodor Christaller, Leiter von Dualas Postagentur, Afrikas erstem deutschen Postamt, der Gärtner Friedrich Gochter aus Ulm. Im Oktober 91 – in Deutsch-Kamerun leben 65 Deutsche – wird eine paramilitärische Polizeitruppe und Marinemiliz aufgestellt. Den Stamm bilden zwei Gefreite, 13 aus Togo abkommandierte Polizeisoldaten und eine Reihe freigekaufter Dahomé-Sklaven. Auf weißes Mannschaftspersonal, aber auch auf lokale Kameruner wird verzichtet. (»*So wurde diese Polizeitruppe aus ziemlich minderwertigem Negermaterial der Westküste zusammengestellt, statt sie aus den tüchtigen, kriegerisch und soldatisch veranlagten Stämmen des Hinterlandes zu nehmen. Unrichtige Behandlung kam noch dazu*«, Hutter)

Als hätte er nicht ohnehin schon Probleme genug, ist Soden in Duala auch stark mit sich selbst beschäftigt. Aus dem versumpften, das Ästuar rahmenden Mangrovengürtel steigen Fieberdünste auf, die den Europäer nur mit einem Bruchteil seiner Effizienz arbeiten lassen, das feucht heiße Tropenklima schwächt die Schaffens- und Manneskraft. Da in Duala an ein ruhiges Regieren nicht zu denken war, hatte sich die Verwaltung auf die Suche nach einer menschenfreundlicheren Umgebung gemacht. Dabei war Puttkamer an den Hängen des Kamerunberges fündig geworden. In den Höhenlagen des Großen und Kleinen Kamerunberges (Fako und Etinde) ist das Klima kühl und feucht, trotzdem relativ gesund, da sich das Fieber der Tiefebene nach rund 900 m verliert. Die natürliche Kulisse ist einer Hauptstadt des Schutzgebietes würdig. Störend nur, dass auch Bantuvölker wie die Bakwiri am Süd- oder die Bambuko am Nordabhang die Vorzüge der klimatischen Insel zu schätzen wissen. Wenn man schon in Kamerun leben musste, sollte es am Kamerunberg sein. Den nennen Einheimische »Mongo ma Loba«, den Götterberg, weil er ein Berg der Götter ist.

Gustav Nachtigal, der den Wettlauf mit Her British Majesty's Consul Hewett um Kameruns Küstenplätze knapp gewonnen hatte? Der vaterländische Forschungsreisende kehrte eines Tages nach Jung-Kamerun zurück. Durch Malaria und Seekrankheit geschwächt, 1885 an Bord der MÖWE gestorben und auf dem Friedhof von Kap Palmas beigesetzt, werden seine sterblichen Überreste zwei Jahre später nach Kamerun überführt, dort bei einem von deutschen Kaufleuten gestifteten Denkmal auf der Joßplatte zur letzten Ruhe gebettet.

Mbum und Bata für den Kaiser

»Die Gestalt Kameruns ist infolge des Grenzlinienverlaufs eine ganz eigenartige; und man braucht keine karikierende Ader

zu besitzen, um unwillkürlich an die Gestalt eines nicht gerade sehr graziösen Vogels, etwa eines Wiedehopfs mit Schopf und mit nach Osten gewendetem Schnabel, zu denken« (Hutter).

Kamerun ist ein Land voll kultureller, landschaftlicher und klimatischer Gegensätze: Feuchtsavanne, Grasland und von stelzfüßigen Mangroven bedeckte Schwemmlandküsten. Im Süden Traumstrände und immergrüner Regenwald, im Norden Trockensteppe und Halbwüste. Als Zugabe die grandiose Vulkanlandschaft der Kamerunberge im innersten Winkel der Biafra-Bucht.

Divergent wie das Land sind seine Menschen, die des Kaisers Untertanenkreis um mehr als 200 Ethnien erweitern: Mbum, Bata und Bafut oder Bamilleke, das Handelsvolk der mohammedanischen Haussa. Viehzüchtende hamitische Fulbe zu Mbimu, Bomome oder Kunabembe. Die Bakundu in Kombone sind, obwohl nach Zintgraff durchaus liebswürdiger Natur, noch rechte Kannibalen, auch Batom, Mwelle oder Batschenga haben ihre Gegner zum Fressen gern. Die Musgu kommen in völliger Nacktheit daher, die Haussa in einem Überfluss an Textilien. Das Jägervolk der Pygmäen ist kleinwüchsig, die Bakwiri sind ausgesprochen groß. Die »Kangu-Heiden« kämpfen mit Wurfmesser, Kirri und Speer, die Tukum mit Pfeil und Bogen, den Küstenurwald beherrscht der Vorderlader mit Feuersteinschloss. Das Sprachengewirr ist so babylonisch wie ethnisch bunt.

Franz Hutter (1865–1924), ksl. Offizier aus Kempten und Stationschef von Baliburg, bei der Ausbildung von Balisoldaten.

Übersichtskarte von Kamerun: Das 495.600 qkm (mit Neukamerun 795.000 qkm) große Kamerun wird im Westen durch den Küstenstrich (ca. 320 km zwischen Kampo und Rio-del-Rey) natürlich begrenzt. Im Nordwesten stößt es an Britisch-Nigeria, im Süden und Osten an Französisch-Zentral-/Äquatorialafrika. Spanisch-Muni bildet eine Enklave auf deutschem Gebiet. Entfernung von Victoria zur Elbmündung: 4.900 Seemeilen.

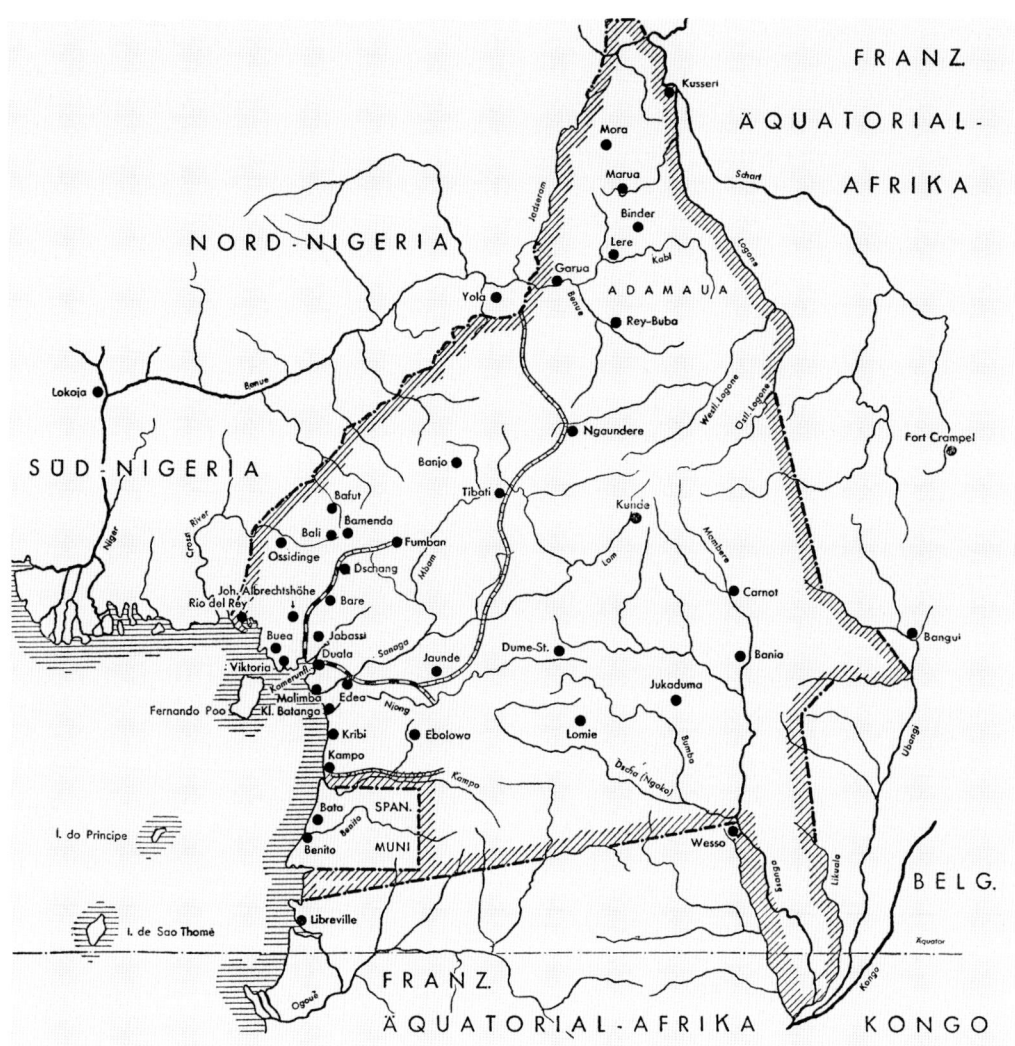

Kameruns Grundbevölkerung stellen die in viele Stämme aufgesplitterten Bantuvölker in den Waldgebieten und im Süden. In den Baumsavannen Mittelkameruns leben Semibantu in der Grauzone zwischen Bantu- und Sudanvölkern. Als eigentliche Völkerscheide zwischen Bantu und Sudannegern gilt der Übergang von der Wald- in die Graslandregion.

Als Nachtigal die deutschen Farben aufzog, war der jungen Kolonialmacht von dem allerdings noch kaum etwas bekannt. Die Küstenzone zwischen Kampo und Rio del Rey hatten im Bestfall ein paar Dutzend Deutsche besucht, das Hinterland bis zu den Wasserstraßen von Benue, Schari oder Ubangi war für Weiße ein weißer Fleck. Das Reich konnte keine Ahnung haben, was es erworben, die Schutzmacht, was sie in Zukunft zu schützen hatte.

Die Küstenplätze waren in deutscher Hand. Sollte der Flagge der Handel folgen, musste das Handelsmonopol der *Küstenneger* gebrochen, das Hinterland erschlossen werden. Der Idealfall wäre gewesen, jetzt »mit allen Mitteln« ins Landesinnere vorzudringen, um mit eingeborenen Vertragskontrahenden Vereinbarungen zu schließen, danach Zementpfeiler oder Steinhaufen als Fixpunkte zu errichten, um etwaigen Ansprüchen Dritter vorzubeugen. Den Idealfall blockierte, dass sich auch hier die deutsche Autorität auf die Tragweiten der Schiffsgeschütze limitierte. Woran sich im ersten Jahrzehnt der Schutzherrschaft auffallend wenig ändern sollte.

Zum Inneren des Kontinents hin sind die Interessengebiete häufig nichts weiter als imaginäre Linien, anfällige Korrekturen und Festlegungen jedoch vorerst den Bürokraten überlassen: Deutschland verzichtet auf Protektoratsrechte südlich des Kampo, Frankreich auf Rechte nördlich des Flusses. Mit der vorläufigen Festlegung der Rio-del-Rey-Grenze bis zu den Cross-/Kreuz-Schnellen kommt das sich im Küstenraum in Form eines Halbmonds erstreckende Kamerungebirge in deutsche Hand. Das Reich erhält den zwischen Logone und Schari liegenden so genannten »Entenschnabel«, Ansprüche auf das Gebiet bis zur Schari-Nil-Wasserscheide müssen jedoch abgeschrieben werden. Adamauas politische Hauptstadt Jola bleibt der einen, das weite Land der anderen Kolonialmacht unterstellt, da sich der Sultan von Jola beharrlich weigert, ins deutsche Lager zu wechseln ...

Wann immer es zu abschließenden Grenzvereinbarungen kommt, sieht es so aus, als wollten London und Paris den Reichsbürokraten ihre Grenzen aufzeigen. Vielleicht stimmt die Geschichte, nach der auf Berlins grünen Tischen unzuverlässige geografische Unterlagen lagen, ganz bestimmt mangelte es an kolonialpolitischem Verhandlungsgeschick. Jede Zwischenbilanz unterstreicht, dass Kaiser und Reich Gebiete, die Barth, Overweg, Flegel oder Rohlfs betraten, leichtfertig aufgaben, England und Frankreich ihre Kolonialinteressen zielbewusster und informierter vertraten.

England, im Besitz der Mündungsgebiete der großen schiffbaren Flüsse Calabar (Cross) und Niger, kontrolliert dann den schiffbaren Benue, Deutsch-Adamauas einzige natürliche Verkehrsverbindung mit dem Atlantik. Lediglich der obere, nur bedingt befahrbare Benue liegt in Deutsch-Kamerun. Franzosen haben sich die Handelswege vom Benue zum Kongo, damit die Kontrolle über den Verkehr zwischen den zwei großen Stromgebieten gesichert. Über dem kupfer- und elfenbeinreichen Südosten kräht der gallische Hahn. Der Tschadsee ist, abgesehen vom Gebiet zwischen der Mündung des Schari und den Mündungsarmen des Jadseram, weit eher ein englisch-französischer Lake Chad/Lac Tchad.

Die Deutschen sitzen an wasserreichen Küstenflüssen, die Pinassen oder Kanus von der Mündung her ein paar Tagesreisen tragen. Doch dann blockieren große, den Absturz vom Hoch- zum Flachland ausgleichende Katarakte jede Weiterfahrt, was den Wasserweg für den Binnenhandel wertlos macht. Dank ihrer natürlichen Verkehrsstraßen sind es dann Engländer, die Deutsch-Adamaua, das wirtschaftliche Kernland der Kolonie, über Niger und Benue mit Waren versorgen, führen Franzosen die Elfenbeinvorräte des Hinterlandes über den Kongo aus.

Sklaven für das Deutsche Reich

Reichsadler, Trikolore und Union Jack im Wettlauf, um sich ein Stück Afrika, dann noch eines zu sichern:

Im Jahre eins nach Nachtigals Knaller stoßen Pfarrer Bernhard Schwarz und Lt v. Prittwitz und Gaffron zum Calabar-Fluss vor. Parallel dazu tritt Flegel, von kolonialen Kreisen ausgerüstet, seine dritte Afrikareise an. Geht es nach Plan, zieht der Forscher den Niger und Benue hinauf, um in Adamaua Verträge abzuschließen. Danach beißt er sich südwärts bis zur Kamerunküste durch. Flegel kann eine Station an der Einmündung des Tarabba in den Benue errichten, erkrankt jedoch und stirbt im Delta des Niger.

Die Periode neuerer Forschungstätigkeit beginnt mit Eugen Zintgraff, Richard Kund, Hans Tappenbeck und Curt v. Morgen. Mit Männern, die zum Teil gewaltige geografische Entfernungen meistern, allen möglichen Unmöglichkeiten trotzen, deren »friedliche Entdeckungsreisen« – Maj. a. D. Kund stürmt Wuataré, Oblt. Morgen schießt sich nach Yaunde vor – kolonialpolitisch motiviert militärischen Kraftakten gleichen.

Zintgraff, Afrikareisender aus Düsseldorf, und Karl Zeuner, Oblt. aus dem badischen Emmendingen, dringen im nordwestlichen Waldland bis zum Elefantensee vor. Nach

Curt Ernst (von) Morgen (1858–1928): Der Oberleutnant aus Neisse führt eine kühne Expedition nach Südkamerun, wo er Handelsbeziehungen mit den Wute knüpft.

Oblt. Karl Zeuner (1852–89) aus dem badischen Emmendingen, mit Zintgraff im nordwestlichen Waldland bis zum Elefantensee vorgedrungen, errichtet mit *Kruboys* die Station Barombi (später: Johann-Albrechtshöhe).

der Anlage der Station Barombi (später: Johann-Albrechts-Höhe) als Basis für den weiteren Vormarsch, zieht Zintgraff nach Batom und Banjang weiter. 1889 durchbricht er auf dem Weg ins 1.400 m hoch gelegene Grasland als erster Europäer den Urwaldgürtel, der das Innere Kameruns als topografische Grenze zu schützen schien.

Auf dem Baliplateau legt Zintgraff, inzwischen Blutsbruder von Häuptling Fo Bessong, die Station Baliburg als vorgeschobene Grenzwacht Nordkameruns an. Die politisch gut organisierten *Balineger* (»*ein Kriegerstamm, und unbewaffnet sieht man nie einen*«) werden zu Pfeilern deutscher Kolonialinteressen im Grasland, mit ihnen verbünden sich die Kaiserlichen. Zeuner, in Barombi zurückgeblieben, erkrankt und stirbt während der Heimreise auf der Reede von Lagos.

Die Minderwertigkeit des Afrikaners gilt weiterhin als unbestritten, Reisen der Kolonialpioniere werden vom Vertrauen in die weiße Überlegenheit getragen. Was nicht unbedingt ausreicht, wie das Schicksal der von Jantzen & Thormälen ausgerüsteten kaufmännischen Nord-Hinterlandexpedition unterstreicht. Als die Karawane (sieben Europäer, 400 Balitruppen und einige 100 Träger, die im Falle kriegerischer Ereignisse dem mitreisenden Zintgraff unterstehen) im Dezember 1890 Baliburg erreicht, haben sich dort

schon länger schwelende Feindseligkeiten zwischen Bali, Bafut und Bandeng so weit zugespitzt, dass die Weißen Partei ergreifen müssen. Mit den Blutsbrüdern Seite an Seite fallen im Januar beim befestigten Dorf Bandeng in Südadamauas westlichem Hochland vier Europäer und 170 *Balineger*. Zintgraff eilt an die Küste zurück, um die Verwaltung um Waffenlieferungen für die Bali zu bitten. Die bei Bandeng gefallenen Weißen werden durch Rittmeister v. Gemmingen und Lt. Hutter ersetzt.

Den ersten schweren Fehler macht Berlin, als es den Bali 2.000 Mausergewehre zugesteht, den zweiten Hutter, der in Baliburg eine Truppe im Umgang mit dem Hinterlader einübt. »Die Balisoldaten stellen sich so anstellig wie deutsche Rekruten an«, was dem bayrischen Leutnant Zeit lässt für persönliche Studien: »Denkt man als Soldat an die Körper unserer Rekruten zu Hause, wenn man sie sieht, wie sie Gott erschaffen hat, so bezeichnet man unbedenklich die Sudanneger als den schöneren und besser gebauten Menschenschlag.« Doch Waffenlieferung und Hutters Drill sollten sich eines Tages als »sehr verkehrt« erweisen, was manchen Schutztruppler das Leben kostet!

1887 brechen Kund, Tappenbeck und Weißenborn von der Batangaküste aus ins Landesinnere auf. Die Batanga-Expedition (»*der Wald war geschichtslos, darum nahm man für das Eindringen in die Wild-*

nis das mitgebrachte europäische Wort Expedition«) geht über Njong und Sanaga, wird beim Versuch, von Jaunde aus das Kamerunästuar zu erreichen, jedoch von den Bakokos überfallen und ausgeraubt. Unter den Verwundeten sind Kund und Tappenbeck.

Im Jahr darauf stoßen Kund, Tappenbeck, Weißenborn und Hörhold mit 280 Eingeborenen erneut durch Wald und immer wieder Wald ins Landesinnere vor. Weißenborn erkrankt und muss an die Küste zurück. Kund und Tappenbeck legen die Yaunde-Station an. Sich für Kaiser und Reich zu Tode zu forschen, scheint eine der Besessenheiten der Zeit zu sein: Tappenbeck, den das Fieber in Ngila einholte, und Weißenborn sterben an der Küste, Kund kehrt, von Verwundungen und Krankheiten für immer gezeichnet, in die Heimat zurück.

Curt v. Morgen, Premierleutnant aus dem schlesischen Neisse, der dort weitermacht, wo Kund und Tappenbeck aufgehört haben, knüpft Beziehungen mit den Wute und öffnet den schiffbaren Abschnitt des Sanaga bis zu den Edeafällen dem Handel. Von Malimba erneut aufgebrochen, geht er über Yaunde, Ngaundere und Banjo zum Benue, wo er auf Flegels Spuren trifft.

Der Forscher im zu Erforschenden: »Die Ratten fressen Stiefel und Sandalen an und machen nächtliche Kletterübungen am todmüden Schläfer; die Fliegen dringen in Augen, Mund, Nase, zerstechen den Körper und setzen sich, eitererzeugend, in Wunden; die Ameisen überziehen im Nu den wehrlosen Wanderer, den ahnungslos Rastenden zu Tausenden und martern ihn mit Bissen; die Sandflöhe bohren sich heimtückisch unter die Nägel der Zehen, erzeugen dort Geschwüre und machen den Menschen oft für Wochen vollkommen marschunfähig.«

Der Reisende in Kamerun: »Fünf Marschstunden, auf die einschließlich der Pausen selten mehr als 20 km gerechnet werden, sind der Tagesschnitt. Der Europäer könnte mehr machen, aber die Träger mit 60 Pfund auf dem Kopf haben reichlich genug damit. Tageslohn und Verpflegung, die auch für den Rückmarsch der abgelösten Träger gewährt werden müssen, machen eine Mark pro Kopf aus. Mit den Dienerlöhnen und den sonstigen Ausgaben kostet also die Fortbewegung für jede 20 km im Durchschnitt vielleicht 50 M. – in Deutschland auf der Eisenbahn 1. Klasse Schnellzug 4.20 M.!« (Rohrbach).

Und Berlin knausert, hält seine überseeischen Töchter kurz. Rühmliche Ausnahme sollte 1891 eine Expedition zur Festlegung einer geeigneten Ostgrenze sein, die in der Wunschvorstellung die schiffbaren Flüsse Ubangi und Schari bilden. In weiser Voraussicht, dass sich die Kaiserlichen dort mit den Franzosen anlegen müssen, ist das Reich bereit, dafür eine für die Zeit fast unvorstellbare Summe von 400.000 Mark auszugeben.

Zum Leiter der Expedition wird der als tollkühn bekannte Karl Frhr. v. Gravenreuth (33) bestellt, dem der Spitzname *Simba ja Mrima* (Löwe von Afrika) wie eine Warnung vorangeht. Der Augsburger hat sich in Deutsch-Ost bewährt, dort Sudanesen, Zulus und Somalis befehligt. Auf den *Kamerunneger* setzt er allerdings keine müde Mark, was ihn noch während der Anreise einem König Behanzin 370 Dohomé-Sklaven und -Sklavinnen abkaufen lässt.

Söldner und Träger, die seine Expedition begleiten sollen, tatsächlich zum Nulltarif,

Eugen Zintgraff (1858–1897), Afrikareisender aus Düsseldorf, stößt als erster Weißer von Duala ins nordwestliche Grasland vor.

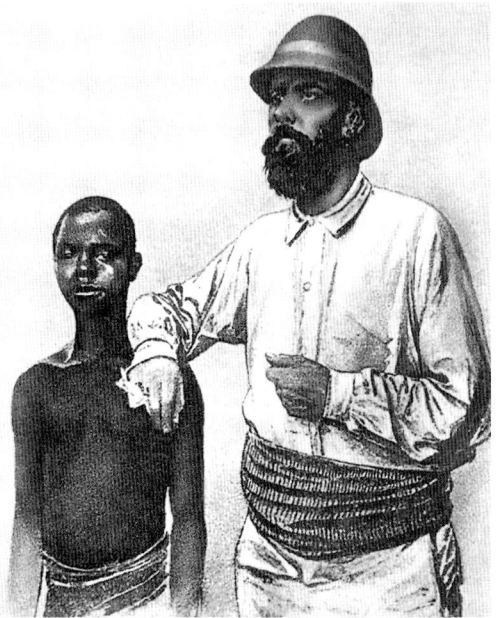

Hptm. Richard Kund (1852–1904) aus Zilenzig, Brandenburg führt mit Tappenbeck die Batanga-Expedition von der Küste ins Hinterland.

Hptm. Karl Frhr. v. Gravenreuth (2. von links) aus Augsburg (1858–91), zur Erforschung des Hinterlandes in Kamerun, führt eine Strafexpedition gegen die Aboleute, die dem Kaiser den Krieg erklärten.

ist doch ausgemacht, dass die Dahomé ihre Loskaufsumme von 400 Mark pro Kopf im Dienst der Kameruner Kolonialverwaltung abarbeiten, wofür ein Zeitraum von fünf Jahren vorgesehen ist. Sklaven für das Deutsche Reich ..., hinterher würde erzählt, dass die Dahomé-Leute nur die Wahl gehabt hätten, mit Gravenreuth davonzuziehen oder während eines lokalen Festessens verspeist zu werden.

In Kamerun eingetroffen, scheint Gravenreuth seine eigentliche Aufgabe aus den Augen zu verlieren. »Ein Anhänger des Angriffs«, zieht er – vom Gouverneur darum gebeten, doch diesem nicht unterstellt – die Strafaktion gegen Afrodeutsche jedem Wettlauf mit Franzosen vor. Entgegen kommt ihm, dass der am linken Munoufer, nördlich von Duala, lebende Bantustamm der Abo durch Besetzung und Befestigung des Ortes Miang dem Kaiser gerade den Krieg erklärt hat.

Zu dessen Disziplinierung bricht *Simba ja Mrima* mit »3 Neger-Kompanien zu 100 Köpfen und 50 Weibern zum Lastentragen« im Oktober 91 auf. Der Löwe kämpft im Rudel, das Marinesoldaten der beiden Stationäre »Habicht« und »Hyäne« unter Kptlt. Krause stellt. Vom Gouvernement kommen weitere 25 Mann.

In der sengenden Hitze vor Miang beweisen die Kaiserlichen Mut, Eifer und Entschlossenheit. »Bootsmannsmaat Lack wurde gleich mehrfach verwundet ..., Lt. z.S. Czech brach vom Sonnenstiche getroffen zusammen und musste besinnungslos zu dem Gouvernements-Dampfer Soden gebracht werden, wo Marineassistenzarzt Frentzel-Beyme alle Hände voll zu tun hatte«. Steuermannsmaat Itgenhorst zeichnet sich durch Draufgängertum, Obermatrose Werner als Krankenträger aus. Krause ist der erste, der über die Palisaden kommt, der größte Anteil am Sieg deutscher Waffen wird hinterher allerdings Lt. z.S. Krüger und dem von ihm bedienten Maximgeschütz zugeschrieben.

Im Bericht von KKpt. v. Dresky, dem dienstältesten Offizier der Kamerunstation, ist nachzulesen: »Der Verlust des Feindes konnte nicht festgestellt werden, da derselbe seine Toten und Verwundeten auf der Flucht mit sich nahm. Später nach Kamerun [Duala] gelangte Nachrichten bestätigten jedoch, dass der Verlust ein recht beträchtlicher gewesen sein muss, da alleine 4 Häuptlinge gefallen sind ... Außerdem wurde beobachtet, dass eine große Zahl flüchtender Neger viele Körper mit sich schleppte.«

Mit der Eroberung von Miang und der Zerstörung seiner Kulturanlagen gilt der Zweck des Strafzugs als erfüllt. Dem Palisadenspringer Krause wird durch den Kaiser, der solche Siege liebt, der Rote Adlerorden 4. Kl. mit Schwertern verliehen.

Der Tod am Kamerunberg

Gravenreuth ist für viele Geschichten gut, diese ist seine letzte: Mit dem Ansehen des Reiches gerade wieder hergestellt, bricht der bayrische Rittmeister Maximilian v. Stetten zum recht vulkanischen Kamerunberg auf. Die in Duala schwitzenden Deutschen wollen mit einem Symbolschlag ihren Anspruch auf ein besseres Klima demonstrieren, der mitmarschierende Paul Preuss nennt das »recht rohe und dreiste«

Verhalten der Bakwiri oder Buea-Leute unter Häuptling Kuva Likenye als Grund. Gravenreuth schließt sich mit seinen Afrikanern auch diesem Unternehmen an, womit sich – »Allzeit/Treu bereit/Für des Reiches Herrlichkeit!« – an Bord der in die Ambas-Bucht vor Victoria einlaufenden HABICHT Deutsche, Kamerun-, Togo-, Sierra-Leone-Neger und losgekaufte Dahomé-Sklaven unter der schwarz-weiß-roten Flagge drängen.

Am Nachmittag des 5. November kämpft Gravenreuth, der in Deutsch-Ost so manches Feuer überstanden hatte, in Deutsch-Kamerun sein letztes Gefecht. Die begleitenden Umstände sind alles andere als normal, das von der Truppe mitgeschleppte Maximgeschütz hat Ladehemmung, der Kamerad am Maschinengewehr ist verwundet, als Todesschütze Mondinde Mw Ekeke den Löwen trifft.

Stetten fällt wegen einer Verwundung aus, mit Hptm. Hans v. Ramsay, ksl. Artillerie-Offizier aus dem westpreußischen Tinwaldein, übernimmt ein weiterer Ostafrikaner Gravenreuths Expedition. Kolonialpolitisches Ziel ist das Erreichen des Ubangi, von wo die Karawane zum Schari und an dessen Lauf entlang zum Tschadsee ziehen soll.

Um noch eine Erfolgsstory zu werden, ist es jetzt allerdings zu spät. Als Ramsay den Sammelpunkt Edea erreicht, sind die bewilligten 400.000 Mark beinahe aufgebraucht, hat der Tod unter den Dahomé-Leuten gewütet. Während Lt. v. Brauchitsch an der Küste nach neuen Trägern sucht, vertreibt sich die Truppe die Zeit mit einer Vorexpedition. Ramsay marschiert den Sanaga hinauf und legt die Balinga-Station an, die er Lt. Richard v. Volckamer unterstellt. Für die Hauptexpedition zurück in Edea erfährt er, dass der ohne jeden kolonialen Ehrgeiz angetretene Bismarck-Nachfolger Caprivi das Unternehmen telegrafisch für beendet erklärte. Dem »Erzfeind« wird es so auch leicht gemacht, anstelle von Kaiser und Reich erzielen vom Norden und Osten nach Mittelkamerun eindringende französische »Forscher« Übereinkommen mit eingeborenen Herrschern. Als Baron Edgar v. Üch-

tritz und Siegfried Passarge ein paar Monate später im Auftrag der DKG auf dem Niger-Benue-Weg zum Tschadsee vordringen, können sie noch Verträge mit den Noblen von Bubandjidda, Ngaundere und Marua abschließen, die dem Reich einen Großteil Nordkameruns sichern. Im Grenzbereich Bornus am oberen Schari sieht sich die Expedition jedoch zur Umkehr gezwungen, da sich Franzosen dort bereits festgesetzt haben.

Die Vorstellung einer geeigneten Ostgrenze ist verspielt, der Plan, von Kamerun aus tief ins Herz Afrikas vorzustoßen, um dort im großen Stil Fuß zu fassen, Makulatur. Üchtritz und Passarge haben trotzdem neue Verhältnisse geschaffen, die es zu konsolidieren gilt. Nach einer Expedition des wiederhergestellten Stetten von Kribi über Ngaundere nach Jola werden Vorstöße ins Landesinnere so auch eingestellt. Mit den äußeren Grenzen international erst einmal abgesteckt, scheint es ratsam, sich viel bewusster dem Naheliegenden zuzuwenden. Besonders dort, wo aus dem Deutschwerden einfach nichts werden will.

Die Niederlage am Kamerunberg, die erste als Kolonialmacht in Afrika, hatte ein

Hptm.
Hans v. Ramsay (neben dem Sohn des Sultans von Bali) während der Erforschung und Kartierung des Reiches Bamum (1902).

Abmarsch einer Expedition in Bombe: Fünf Marschstunden für 20 km sind der Tagesschnitt, die Träger schleppen bis zu 60 Pfund.

Maximilian v. Stetten, Rittmeister aus Nürnberg, 1894–96 Kommandeur der Schutztruppe.

*von Stetten
(1894–1896)*

Überdenken des Machtmittels Polizeisoldat erzwungen. Als sich 1893 die Dahomé-Leute des Polizeidienstes gegen ihre Vorgesetzten erheben, erkennen auch Berlins Bürokraten, dass Kameruns Sicherheit und Stabilität nur mit einer stehenden ksl. Schutztruppe zu festigen ist.

In der Heimat König Behanzins Kochtopf entkommen zu sein, ist eine Sache, in Kamerun wegen der Freikaufsumme lediglich »ums Sattessen« zu dienen, eine völlig andere. Die Dahomé haben auf einen Grund zur Meuterei so auch nur gewartet, Heinrich Leist, der als Kanzler den beurlaubten Gouverneur gerade vertritt, kommt ihnen entgegen. Der Jurist aus Meitzendorf, durch seine skandalöse Nähe zu Landestöchtern (hier: unzüchtiger Verkehr mit im Gefängnis einsitzenden *Pfandweibern*) bereits aufgefallen, ist absolut kein unbeschriebenes Blatt. Was die Dahomé nicht weiter interessierte. Kritisch wurde es erst, als Leist entgegen der Dienstanweisung, die die körperliche Züchtigung von Weibspersonen verbietet, auf der Auspeitschung von Polizistenfrauen besteht. Rund 50 Dahomé greifen zur Waffe, ziehen damit zur Messe in Duala, in deren Speisezimmer sie Otto Riebow erschießen:

Riebow, Gerichtsassessor aus Scharchow in Pommern! Ausgerechnet Riebow, der im Dienst des AA für den kolonialen Konflikt im Alltag und die Praxis kolonialer Rechtsprechung den ersten Band der Deutschen Kolonialgesetzgebung abgefasst hatte!

Mit der öffentlichen Ordnung in höchster Gefahr sieht sich die Mannschaft von S.M. Kanonenboot HYÄNE gefordert. Kplt. Reincke kann sein Landekommando durch Landsleute wie Lt. z.S. Deimling vom Vermessungsdetachment Kamerun, Steuermann Staack vom Gouvernementsdampfer NACHTIGAL und die Mannschaft des Cyklop-Hulks verstärken. Der Dahomé-Aufstand wird zwischen dem 15. und 23. Dezember niedergeschlagen.

Reinckes Landekommando und engagierte Landsleute haben den Dahomé gezeigt, wie ein deutscher Krieg funktioniert. »Vorwärts«, das Sprachrohr der Kolonialgegner, kann seine Kritik am Kochen halten: »Die deutsche Dahomé-Schande ist durch die amtlichen Berichte in ihrer ganzen Ausdehnung festgestellt worden. Es ist kein Zweifel mehr: Beamte des Deutschen Reiches, angeblich Träger der Kultur, haben sich schlimmer benommen als die schlimmsten Barbaren.«

Adler und Geier

In Kamerun ist praktisch das ganze Jahr über Krieg, sollte gerade keiner sein, ruht er nur für ein paar Wochen. Die bewaffnete Macht ist überfordert, was 1894 die zeitnah notwendige Reorganisation erzwingt, aus der Kameruns ksl. Schutztruppe und die Landespolizei hervorgehen. Ausrüstung, Bewaffnung, Bekleidung und Ausbildung sind die gleichen, mit der Rekrutierung immer wieder einmal neu durchdacht, um die militärische Verwendbarkeit zu garantieren, übernimmt die Polizei ihre Offiziere und Unteroffiziere aus dem Schutztruppenkreis. Was den Schutztruppler vom Polizeisoldaten unterscheidet – auch Kameruner tragen jetzt des Kaisers Rock –, ist nur beim näheren Hinsehen auszumachen: Beim einen ist der Adler am Rollfes und auf Knöpfen gelb, beim anderen weiß.

»Ob wir auch schwarz, wir fühlen warm: Der Kaiser ist uns gut!/Drum weihen wir ihm Herz und Arm/Und unser heißes Blut« … die Schutztruppe ist Polizei, die Polizei ist Schutztruppe, »aufgrund ihrer Friedensarbeit die Vorhut der Zivilisation«. Die bewaffnete Macht hat – Kampf dem Kannibalismus, dem Menschenopfer, den Sklavenjägern und Geheimbünden – die Unterdrückten zu schützen, Unbotmäßigkeiten zu bestrafen und im schwarzweißen Dauerkonflikt »mit Nachdruck gegen Räubereien und andere Übergriffe« vorzugehen. Die unter Zivilverwaltung stehende, auf Bezirksämter und Stationen verteilte Polizei wird im Etappendienst und zur Bewachung von Örtlichkeiten eingesetzt, die Schutztruppe in Gebieten mit militärischer Administration.

Schutztruppler sind nicht nur Männer, die oft und gerne über Leichen gehen. Sie erforschen Land und Leute, errichten Stationen, bringen von ihren langen Märschen wertvolles topografisches Material und kartografische Aufnahmen mit, vermachen deutschen Museen Tuthörner aus Elfenbein, Duala-Sprechtrommeln, *Negerklaviere* und den Thronsessel, den König Akwa auf Kriegszügen mit sich führte. Sie legen kolonialbotanische und -ethnografische Sammlungen an, studieren Niederschlagsmengen, Gewitterbildung und Wolkenformationen, präparieren zoologische Objekte und testen, ob sich Kraftwagen in tropischen Gebieten überhaupt verwenden lassen.

Stabsarzt Alfred Mansfeld aus dem österreichischen Tetschen entdeckt am Kreuzfluss den bis zu 50 m hoch wachsenden Mfo, dessen pflaumengroße Früchte gutes

»Lichtfunken in heidnischer Finsternis«: die ersten Getauften der Basler Missionsgesellschaft in Bali, dem Hauptort des Balilandes.

Speiseöl liefern. Oberstabsarzt Philalethes Kuhn kämpft in den weiten Überschwemmungsgebieten von Kadei und Ssanga, an den Likualaströmen und im Flussgebiet des Lobaie gegen die Geißel Schlafkrankheit. Beim Wege- und Brückenbau fließt der Schweiß von Schwarzen und Weißen. Lt. v. Estorff sollte den sammelnden, konservierenden, impfenden, schaffenden, immer auch kämpfenden Kameraden dafür schlicht »Mädchen für alles« nennen.

In Kamerun können es Farbige, »vom wilden Buschneger zum pflichttreuen deutschen Soldaten erzogen«, bis zum Unteroffizier bringen, allerdings ohne militärisch einem Deutschen vorgesetzt zu sein. Der weiße Schutztruppler ist Offz./Uffz., steht – im Unterschied zu Deutsch-Südwest, das aus historischen Gründen keine Askaris kennt – nicht im Mannschaftsrang. Kommandiert wird auf Deutsch. Soldaten wie Ernst v. Raben aus Gmünd oder Erich v. Germar aus Neustadt-Magdeburg sind gerne dabei, der Andrang in der Heimat ist groß. Für Europa ausgebildet, kennen sie weder Land noch Gegner, sehen sich dann auch mit Situationen konfrontiert, die sie beim Einexerzieren und -marschieren nicht lernten. Das einheimische Bier – braun, trüb und säuerlich – schmeckt scheußlich (man nehme Mais und Hirse,

seie das Gemisch nach mehrmaligem Kochen ab, setze nach dem Gären Honig hinzu und trinke das Ergebnis kalt). Doch um es als Soldat in Friedenszeiten zu etwas zu bringen, muss man in die Kolonien, wo dann auch so manche Karriere beginnt.

Für Kamerun gilt, um den Lebensbedingungen Rechnung zu tragen, die Verpflichtung für zwei Jahre. 24 Monate, um den afrikanischen Soldatenalltag kennenzulernen:
Wie bewegt man sich im dichten Busch?
Maj. Karl Zimmermann: Im Küstenbusch und Urwald ist, wie die koloniale Erfahrung lehrt, auf das fehlende taktische Verständnis des Gegners zu setzen, wo immer möglich anzugreifen. Zur Entscheidung führen Gefechtsdisziplin, die bessere Bewaffnung und der überlegene Wille zum Sieg. Nachhaltigsten Eindruck auf die *Neger* macht die unerwartete Beschlagnahme ihres in den Schlupfwinkeln des Busches für unerreichbar gewähnten Hab und Gutes, was dann auch häufig zur schnellen Unterwerfung führt.
Wie kämpft man in Adamaua, im nördlichen Teil Kameruns? Zimmermann: In den Fulbe-Sultanaten, in denen der Gegner mit modernen Mehrladern ausgerüstet, teilweise beritten, numerisch in der Regel weit überlegen ist, muss der Nah-

Polizeimeister mit Polizeisoldaten: Die unter Zivilverwaltung stehenden Polizisten werden im Etappendienst und zur Bewachung von Örtlichkeiten eingesetzt, bilden dazu etwas wie Reserveeinheiten der Schutztruppe.

kampf vermieden werden, wird die Begegnung erst aus der Defensive geführt, dann durch ausreichendes Feuer des Maschinengewehrs entschieden. Hat sich der Angriff verblutet und wendet sich der Feind zur Flucht, dann wird verfolgt, solange der Atem hält.

Für Bewegungen jeder Art: Der schnelle und durchschlagende Erfolg ist die menschlichste, billigste und für die Wohlfahrt der Kolonie zuträglichste Lösung. Auftreten mit unzureichenden Mitteln und Überstürzen des Operationsbeginns sind besonders gefährlich, da selbst ein geringer Erfolg des Feindes seinen Kampfesmut ins Ungemessene zu steigern und schwankende Stämme mitzureißen pflegt.

An der Bewaffnung wird gearbeitet: Um den meist in Minderzahl fechtenden Kaiserlichen zur Vermeidung des gefährlichen Nahkampfes in dumpf-feuchter Buschatmosphäre eine bessere Nutzung ihrer Feuerüberlegenheit zu ermöglichen, erhält die Jägerbüchse 71 einen Auswerfer und rauchfreie Munition. Die in Adamaua und den Tschadseeländern stehenden Kompanien beziehen für ihre Mehrlader anstelle der in ihrer Wirkung unzureichenden 98er die erheblich überlegene S-Munition.

»Die Kameruner Wachtparad'/Marschiert auf grünem Waldespfad/Bei Trommelschall und Pfeifenklang/Da wird dem Feinde angst und bang« …

Die Siege der kleinen Schutztruppe gegen große Völker hebt das Ansehen bei unbedeutenderen Stämmen: Oblt. Gunther v. Hagen (*»fallen muss, was die Unterwerfung verweigert«*) besetzt Ssenge und Bukum. Hptm. Bartsch bestraft die unverschämten Lakka (*»von ihnen war eine aus 346 Reibuba-Bibene und Ngaundere-Leuten bestehende Trägerkolonne überfallen und zum größten Teil niedergemacht worden«*). Hptm. Walther v. Unruh aus Klein-Münche bei Birnbaum an der Warthe steht am Kele-Fluss, »um die Eingeborenen dahin zu bringen, dem neu eingerichteten Posten Wum Folge zu leisten«. Oblt. Wanka und Lt. Trabert, während Erkundungsmärschen von Nangire-Schoa-Leuten angegriffen, stellen des Kaisers Ruf mit vollem Erfolg wieder her (*»welch zähen Widerstand die Eingeborenen leisteten, geht aus der Verlustziffer hervor: Oberarzt Bergeat, vier Soldaten und drei Träger wurden schwer, zehn Soldaten und 13 Träger leicht verwundet«*).

Über die militärische Sicherung werden Forschung und Erschließung nicht vergessen. Rudolf Plehn rackert sich vom Kongo-Ssanga her in den östlichen Süden vor, seine Arbeit setzen Frhr. v. Stein und Scheunemann fort. Oblt. Ernst v. Carnap-Quernheimp, Chef der Jaunde-Station, zieht den Ssanga abwärts zur Mündung des Dscha. Hptm. Hans Glauning führt die deutsch-englische Grenzexpedition zwischen Jola und dem Tschadsee, der Berliner Hans Ziemann studiert »die Bevölkerungs- und Viehfrage« in den Hochländern am Manenguba.

1906 sind die Fixpunkte dann nach astronomischen Längen- und Breitenbestimmungen festgelegt, Grenzziehungen allerdings weiterhin »unentwickelt«, woran sich bis Ausbruch des Weltkriegs wenig ändern würde: »Dann geht die Grenze den Likuala Essubi aufwärts bis Botungo, von hier läuft sie geradlinig nach S bis Bera Ngoko, dann nach Nordw. zur Vereinigung von Lobaje und Bodinge und darauf den Lobaje abwärts zum Ubangi, nach 12 km steigt sie in gerader Linie zum Puma etwas westlich vom Zusammenfluss mit dem Mbi, dann den Pama aufwärts und in gerader Linie zum Penndé oder östlichen Logone

Soldaten der Kameruner Schutztruppe: Die durch Reichsgesetz vom 9. Juli 1895 errichtete Schutztruppe wird vorwiegend in Gebieten mit militärischer Administration eingesetzt.

König Njoja (auch: Joja) von Bamum, seit 1889 an der Macht, ein loyaler Statthalter der deutschen Schutzherrschaft.

bei Goree ...«, was in Schnees Koloniallexikon eindeutig klingt, es aber nicht ist.

Nach der Expedition ist vor der Expedition, geforscht wird bis zum Schluss: Frhr. v. Stein bereist das Gebiet zwischen Jabassi und Bamum, arbeitet sich nach Bangsom-Fombong-Kargashi und in das Zusammenflussgebiet des Nun und Mbam vor. Fritz Jentsch und Moritz Büsgen, Professoren für Forstwirtschaft und Botanik, suchen nach einem Weg, um den Raubbau im Holzhandel zu stoppen.
Die Botaniker Carl Ludwig Ledermann und der Zoologe Rippenbach führen eine botanisch-zoologische Expedition durch Mittelkamerun. Die Deutsche Zentralafrika-Expedition unter Leitung des Herzogs zu Mecklenburg zieht vom Kongo zum Tschadsee, eine Teilexpedition durch Südkamerun zu den Guinea-Inseln. Das Ehepaar Marie Pauline und Franz Thorbecke und Leo Waibel forschen im Auftrag der DKG im Gebiet zwischen Dschang, Fumban, Tibat und Joko. Lt. Bock v. Wülfingen erkundet den Jarindo und Caragua im Süden, den Aina-Ivindo von Alati abwärts bis zur Aufnahme des Karagua bei Mwine und des Karagua aufwärts bis Ngarabinsam.

Zittern in Buea

Der Respekt vor den Bakwiri, die den Kaiserlichen bei den Buea-Siedlungen eine Lektion erteilten, hält rund drei Jahre an. Dann trifft sie die Strafe um so härter. Im Dezember 94 greift ein schwer bewaffnetes deutsches Allerlei aus Weißen und Schwarzen die Buea-Leute an. Die sich todesmutig wehrenden Buea-Leute haben keine Chance, sind, nachdem der letzte Schuss gefallen ist, dann auch »kaum noch mehr als dem Namen nach vorhanden« (Hans Dominik, der sich vorgenommen hat, Bücher über sich und Kamerun zu schreiben).
Der Sieg über die Bakwiri erlaubt es, sich endlich um die sterblichen Überreste *Simba ja Mrimas* zu kümmern, den man beim Missionshaus so begraben hatte, dass ihn die Gegner nicht finden. Gravenreuths Gebeine (»*lang ausgestreckt lag er da. Wenige Zeugfetzen fielen bei der ersten Berührung wie Zunder von den weißen Knochen, nur die Füße steckten noch in den wohlerhaltenen gelben, festen, nägelbeschlagenen Schnürschuhen«)* werden nach Duala überführt, dort unter dem Standbild eines bronzenen, zu den gesun-

den Höhen Bueas hinüberblickenden Löwen bestattet. Den Sockel ziert das Bild des Bayern.

Nach vollzogener Strafexpedition steht der friedlichen Pflanzungstätigkeit am Kamerunberg nichts mehr im Weg, kann auf der – tatsächlich nur 980 m hoch liegenden – Tausendmeter-Terrasse ein deutsches Buea entstehen. An den Südhängen, wo die wichtigsten Plantagen liegen, würde jetzt viel über Kautschuk, Ölpalme, Mangos, Breiäpfel oder Guaven gesprochen. Dazu über etwas, das die Deutschen mit »Arbeiterkalamität« kürzeln, um nicht immer wieder sagen zu müssen: »Aus faulen Afrodeutschen tüchtige Tropenwirte zu machen, mag keine leichte Aufgabe sein, am Kamerunberg preußisch-diszipliniert zu schaffen, ist sicher nicht jedermanns Sache ... Erwartungen in Arbeitsleistungen sind so auch nicht hoch gesteckt, dafür hat man die Säfte der Pflanzenwelt und verdammt gute Böden. Doch die Suche nach Woermanns ›brauchbarem Arbeitsmaterial für heiße Klimata‹ ist weiterhin unser größtes Problem.«

Kameruns wirtschaftliche Bedeutung beruht auf dem eingetrockneten Milchsaft der Kautschuk- oder Gummibäume und den Produkten der Ölpalme. Elfenbein spielt vorerst noch eine gewisse Rolle. Die Hauptfertigung von Kautschuk und das Sammeln von Ölfrüchten und Elfenbein liegen in Eingeborenenhand, Kameruns wichtigste Ausfuhrartikel beruhen somit auf Eingeborenenproduktion. Der Farbige kann als größtes wirtschaftliches Aktivum gelten, Inlanddeutschen allerdings nur, wenn er bereit ist, für sie als Arbeiter, Träger oder Ruderer, als Dienstbote oder Hausangestellter zu malochen.

Vorausgesetzt wird, was Max Möller in seinem Büchlein »Was uns die Kolonien bringen« (Charlottenburg 1910) so umschreibt: »Als unsere Kolonien vor Jahren/noch unentdeckt und schutzlos waren/schuf dort dem Volk an jedem Tage/die Langeweile große Plage/denn von Natur ist nichts wohl träger/als so ein faultierhafter Neger.« Vorausgesetzt wird so auch, dass Bafut, Bamilleke oder Bakundu regelmäßige Arbeit (»dieses Talent der Kulturmenschen«) im vorgeschriebenen Stundentakt nicht kennen können, Rohdiamanten wie Ngolo, Bamboko, Bassa oder Mabea erst geschliffen werden müssen. Im Reich werden dafür Abhandlungen wie »Die Erziehung des Negers zur Arbeit«, »Wie man den Neger am Besten zur Plantage-Arbeit erzieht« oder »Wie man den Neger Belehrungen zugänglich macht« aufgelegt. Drängt die Zeit doch nicht nur am Kamerunberg, da in der Erziehung zur europäischen Arbeitsauffassung neben der Arbeits- auch die Kaufkraft steckt, im Erwerbssinn der Käufer der Konsum.

Im Jahre 17 nach Nachtigals Coup zieht Gouverneur v. Puttkamer (»um meine Verwaltungsbeamten längere Zeit arbeitsfähig zu erhalten«) von Duala nach Buea um. »Hier oben in Buea herrscht ein gesundes Klima. Das Fieber der Tiefebene und des Urwaldes wagt sich nicht hinauf. Hier gedeihen Spargel, Gurken, Rettich, Radieschen und Erdbeeren; selbst Kartoffeln werden angebaut. In den Gärten von Buea blühen Rosen und Veilchen ...«

König Njoja von Bamum mit einer seiner Frauen: Das Volk der Bamum lebt im Westen des Hochlands von Südadamaua.

Oberst Kurt
(von) Pavel aus
Tscheschen
im Kreis Groß
Wartenberg,
1901–03
Kommandeur der
Schutztruppe,
1913 in den
erblichen Adels-
stand erhoben.

Hans Dominik
(1870–1910) aus
dem westpreußi-
schen Kulm,
Major der Schutz-
truppe, 1910
Befehlshaber in
Jaunde, Ebolowa
und Denne.

Duell ums Hinterland

Gurken, Rettich, Spargel und Radieschen
…, was beim Ostpreußen Sembritzki nach
deutscher Normalität klingt, bewegt sich
in Grenzen. Das Hinterland ist wie verna-
gelt, lässt sich nur militärisch erschließen.
Die Niederwerfung der Bakwiri war lediglich ein Etappensieg, im Kampf um Köpfe
und Herzen der Kameruner kommt man
nicht weiter. Einer Expedition folgt die
nächste, womit der Aufstieg des Hans Dominik beginnt.

Nachdem er zusammen mit Oblt. Morgen
die Miangesen im Aboland zur Botmäßig-
keit gebracht hat, marschiert Dominik mit
dem Büchsenmacher Zimmermann und
Polizeisoldaten gegen das Volk der Bakoko. Die mit Steinschlossflinten, Speeren und
Keulen gerüsteten Bantuneger erweisen
sich als Meister der Guerillataktik: »Kaum
eine halbe Stunde verging, ohne dass wir
Feuer bekamen. Die Bahohos (!) griffen uns
immer wieder an, obwohl ich die gefangenen Frauen und Kinder zwischen die Soldaten und die Jaundes gestellt hatte.« Zum
Ende hin muss Dominik »wegen einer Ladung Topfscherben« in der Seite gegen den
Feind getragen werden, fällt Zimmermann
wegen Krankheit aus.

Der Kulmer hat seinen Feldzug verloren,
kommt ein paar Monate später jedoch mit
der schlagkräftigen 1. Kompanie zurück.
Und jetzt sollten sie ihn, dazu sein Motto
»Nicht rechts geschaut, nicht links geschaut, vorwärts gradaus, auf Gott vertraut und durch« richtig kennen lernen.
Vom Jagdfieber gepackt sind ksl. Untertanen (Schutztruppe) auf die Trophäen ksl.
Untertanen (Bakoko) aus: »Mit drei Hieben meist ist der Schädel vom Rumpf getrennt: zwei dicht unter dem Kinn rechts
und links, der dritte im Nacken.«

Dominik hinterher: »Täglich wurden mehrere Patrouillen vorgetrieben, die die Dörfer verbrannten, die Felder verwüsteten
… Krachend stürzten die brennenden Häuser zusammen, Frauen und Kinder irrten
ratlos umher, laut aufkreischend, wenn sie
auf einen bekannten Gefallenen stießen,
denn echt afrikanisch – mit dem Bajonette – hatten die Sudanesen gearbeitet. Zum

ersten Male hatte ich die Bestie im Menschen entfesselt gesehen, und noch stand
ich unter dem Eindruck all des Grausigen
… Ich ließ zum Sammeln blasen und
schlug fern von dem blutbedeckten Kampf-
platz mein Lager auf. Hoch oben kreisten,
gierig krächzend, reicher Beute gewiss,
die Aasgeier. Ich dachte an die Lieben daheim.«

Zwischen 1896–98 marschiert Oltwig v.
Kamptz, ksl. Major aus Torgau, zur Sicherung deutscher Besitzansprüche gegen
Jaunde, Bane-Buli, Fang und Ikoi. Im Dezember 98 fühlen sich die Kaiserlichen
dann wieder so stark, um weitere besitzergreifende Expeditionen zu starten. Während des Wute-Adamaua-Feldzugs nimmt
Kamptz Ngila, die Residenzstadt des Wute-
Oberhäuptlings (auch: Kaiser-Wilhelms-
burg). Von dort stößt er bis zum Handels-
knotenpunkt Joko, einem vorgeschobenen
Fulbeposten des Emirats Tibati am Ostab-
fall des Dommegebirges, durch. Die Anlage einer Regierungsstation öffnet dem
Handel das Hinterland bis nach Ngaundere, eine der bedeutendsten Städte im
mittleren Kamerun.

Der Unterwerfung der Bule zwischen Njong und Kampo und der Bangwa im Manenguba-Hochland folgen Befriedungsaktionen Dominiks im Hinterland. Oblt. Radtke siegt bei Djidda im Fulbestaat Bubandjidda. Hptm. Cramer v. Clausbruch aus Czernowitz stürmt (»*damit das Ansehen des Deutschen Reiches dort nicht verloren geht*«) Ngaundere. Schimmelpfennig kämpft gegen die Wute, Pavel hisst in Garua die deutschen Farben.

Im Januar 1902 schlagen sich die getrennt aufmarschierten Dominik, Clausbruch und Bülow einen blutigen Montag lang bei Marua mit Suberu, dem Sultan von Jola. Held des Tages ist Oblt. Siegfried v. Bülow, der mit dem wirkungsvollen Dauerfeuer seines Maschinengewehrs den numerisch weit überlegenen Gegner in Schach halten kann. Nach dem »endgültigen Sieg« über die Fulbe, dem bisher größten Feuergefecht der bewaffneten Macht, wird das deutsche Tschadseegebiet dauerhaft besetzt.

1903 löst Franz Müller aus Friedrichsthal/Bzk. Stendal Kurt v. Pavel aus Tscheschen/Kreis Groß Wartenberg als Kommandeur der Schutztruppe ab. Müller hatte sich als Leutnant im Jägerbataillon Nr. 1 im deutsch-französischen Krieg das Eiserne Kreuz erkämpft. 1895 zur Truppe in Deutsch-Südwest versetzt, war er dort gegen Nordwestherero und Swartbooi-Topnaar-Hottentotten gezogen. 1903 Oberst in Kamerun, wird er zum Generalmajor befördert, was für deutsche Verhältnisse – für einen, der einfach nur Müller heißt – eine rasante Karriere ist.

Siegmeldungen und Katastrophen lösen sich ab. 1904 lehnen sich die Anjang im Nordosten von Ossidinge auf, was sechs Weiße das Leben kostet. Die Anjang-Expedition führt Müller. Im Jahr darauf marschiert Oblt. Scheunemann gegen Ndsimu-Häuptlinge und stammverwandte Nachbarstämme im kautschukreichen Dschagebiet. Auf dem Manenguba-Plateau sieht sich erneut Müller zum Härtezeigen gezwungen.

Im Waldgebiet am oberen Njong und Dscha, wo es seit jenem Tag rumort, an dem Weiße (»*die sich zugegeben nicht immer zweckentsprechend benahmen*«)

dort den Reichtum an Kautschukbäumen entdeckten, lässt der Versuch, lokale Eingeborene um ihre Ernten zu bringen, Njem, Ndsimu und Maká alte Rivalitäten vergessen. In einem Gebiet, »das dasjenige des Königreiches Sachsen übersteigt und ungefähr 10.000 waffenfähige Neger ausweist«, bricht der Aufstand aus. (»*Dabei ist zu bedenken, dass diese von der Küste entfernteren Stämme noch der krassesten Menschenfresserei huldigen und dafür bestraft werden müssen, dass sie vor einigen Jahren einen Kaufmann und seine 52 Angestellten aufgefressen haben.*«) Njem und Ndsimu werden 1907 »unter allergrößten Opfern« geschlagen, die Maká-Stämme des Dumebezirks kann Dominik endgültig erst 1910 besiegen.

Dominik, Friedrich Wilhelm Hans: Die Niederwerfung der Maká sollte seine letzte Heldentat sein. Die militärische Aufschließung des Südens ermöglicht das Vordringen des Kautschukhandels in die Gummidistrikte zwischen Küste und französischer Grenze, doch »teuer war der Erfolg erkauft, da sich der unermüdliche Führer von den überstandenen Anstrengungen nicht wieder erholte«.

»Kameruns großer Soldat«, als koloniale Spitzenkraft beinahe heilig gesprochen, stirbt auf der Heimreise, um – wenn man so will – unsterblich zu werden: Ein bei dem in Überseekreisen hoch geschätzten Berliner Kolonialbildhauer Möbius in Auftrag gegebenes Standbild des Kolonialoffiziers trifft in Jaunde ein, die Errichtung verhindert der Kriegsausbruch. In einem Schuppen gelagert, kehrt die Kamerun-Ikone 1930 nach Deutschland zurück. Dort wird sie im Garten der Hamburger Universität aufgestellt …

Passieren sollte eigentlich längst nichts mehr, hatte der Hererokrieg als Chiffre des deutschen Kolonialdebakels das Reich doch einiges Prestige gekostet, Berlin sensibilisiert. Für Kamerun gilt künftig der Schiesserlass: »Schüsse aus dem Busch auf die marschierende Truppe bedeuten durchaus nicht immer Feindseligkeiten. Eine gute Truppe muss es über sich bringen, auf sich schießen zu lassen, ohne das Feuern zu erwidern!« Das Leben und Sterben lassen geht trotzdem weiter, käme

Hptm. Oltwig v. Kamptz aus Torgau, Kompaniechef des II. Seebataillons, 1897–1901 Kommandeur der Schutztruppe in Kamerun.

»jede Schonung dieser fanatisierten Horden«, wie im weit entfernten Berlin als Zeichen guten Willens ausgedacht, bei den Herbertfällen des Sanaga, den Tappenbeckschnellen des Njong oder vor Yambong doch einer Selbstvernichtung gleich.

Neuland für Deutschland

Während des Marokkoschauspiels abschließendem Akt erhält das Reich als Kompensation für gewisse Ansprüche eine Landmasse von rund 250.000 qkm aus Frankreichs äquatorialem Besitz. Dazu kommt für den Fall, dass die Spanier eines Tages verkaufen wollen, das Vorkaufsrecht für Spanisch-Guinea (Muni). Neugrenzt im Süden und Osten an Altkamerun, Deutsch-Land schließt mit der Übernahme ein Ufergebiet des Kongo zwischen der Mündung des Ssanga und Likuala-Mossaka ein, erreicht den Ubangi nördlich der Mündung des Lobai. Durch den Gebietszuwachs, dem letzten Neuland für Deutschland, ist das Schutzgebiet anderthalbmal so groß wie das Reich und dessen drittgrößte Kolonie. Der Bevölkerungszuwachs wird auf eine halbe Million geschätzt.

Neukamerun ist weitgehend unerforscht, seine hochgrasige Busch- und Baumsteppe unerschlossenes Gebiet. Den dauernden Aufenthalt für Europäer vereiteln Klima und Krankheitserreger. Der Landgewinn macht so auch wenig Sinn, ist selbst von Kolonialfanatikern nur mit dem Zutritt zum Kongo zu erklären. Dem stehen zum Teil extreme Bedrohungslagen gegenüber, geht Völkern wie den räuberischen Jade oder kriegerischen Lakka doch jede Achtung vor den deutschen Waffen ab, haben schon die Franzosen ihre Probleme mit schwierigen Fang-Stämmen, den Sanga-Sanga-Leuten und einem Häuptling Gabola von Nguku gehabt. Entlang von Flüssen und in den Überschwemmungsgebieten ist die Tsetsefliege Glossina Palpalis als Trypanosomenträger ein noch gefährlicherer Gegner.

Kolonialpolitiker wie Dernburg hätten es zweifellos vorgezogen, die bestehenden Kolonien besser zu entwickeln, anstatt ihnen Neuland aufzuzwingen. Lindequist tritt darüber als Staatssekretär im RKA zurück. Kaiser und Reich sehen es anders, schüren Warnungen jetzt doch den Appetit, es dem 70/71 bei Orléans oder Metz humilierten Frankreich in Afrika noch einmal zu zeigen.

»Was nun die neu erworbenen Gebiete betrifft, so hat sich deren Übernahme selbst, von einem Zusammenstoß abgesehen, den die mit der Besetzung des Wolö-Ntem-Bezirkes beauftragte 10. Kompanie bei ihrem

Elfenbein-Karawane:
Das Überjagen der Herden lässt die Elfenbeinernte von Jahr zu Jahr schrumpfen, 1910 werden die Kosten für den Jagdschein für einen Elefanten auf 300 Mark angehoben.

Einmarsche zu bestehen hatte, ohne Widerstand seitens der Eingeborenen vollzogen. Doch lässt sich nicht leugnen, dass sowohl im Osten wie im Süden die bisher unter französischer Verwaltung stehenden Eingeborenen den deutschen Behörden vielfach mit Misstrauen entgegentreten. Als Ursache hierfür konnte des öfteren festgestellt werden, dass ganz unwahre, den Stempel böswilliger Erfindung an der Stirn tragende Angaben über Zweck und Art unserer Verwaltung verbreitet worden waren« (Offizieller Bericht nach Abschluss des Gebietsaustauschs).

Kamerun paradox

Kamerun ist eine vernachlässigte Kolonie geblieben, Schlusslicht unter den vier afrikanischen Schutzgebieten, Rätselland mit vielen kritischen Punkten im Hinterland. »Fast an keiner Stelle zeigt Afrika, die schwarze Schöne, ein so ernstes, finsteres Antlitz, drohend abzuschrecken von dem verwegenen Beginnen, in ihr Geheimnis einzudringen, ihre Schönheit hüllenlos schauen zu wollen. Fast an keiner Stelle ruft sie gegen den kühnen Eindringling auf der Schwelle bereits Natur und Menschen auf, Hemmnisse dem vorwärts strebenden Fuß zu bereiten, Schwierigkeiten aufzutürmen« (Hutter).

Kamerun hatte fraglos einen schlechten Start, die Verwaltung vor Ort auffallend wenig zustande gebracht. Das Schutzgebiet hatte Fehlbesetzungen wie Gouverneur v. Puttkamer, der weit weg von Berlin seine »Puttkamereien« pflegte. Wie Assessor Wehlan, der als besonders brutale Version des Kolonialbeamten mit Befehlen vor dem Feind wie »den Bakoko-Weibern die Hälse abzuschneiden« viel mehr als das militärisch Notwendige verlangte.

Leicht haben es Land und Leute den Deutschen allerdings nie gemacht. Zu Beginn der schwer zu überwindende Sperrhandel der Küstenstämme, die koloniale Konkurrenz von Engländern und Franzosen und der Respekt vor dem mohammedanischen Norden. Die Befriedung, dann die Durchquerung des mehrere Tagesreisen breiten Urwaldgürtels zum Hochland hin, brauch-

ten Zeit, viel zu langsam drang die Kolonisation ins Landesinnere vor.

Möglichkeiten dann, die sich als unmöglich erwiesen. Während des Baus der Nordbahn ging das Geld aus, worauf der Schienenstrang einige Tagesmärsche vor der großen Ölpalmenregion stoppte. Die Mittellandbahn kam aufgrund des Terrains lediglich 20 bis 30 km pro Jahr voran.

Hochwertige Steinkohle, bei Mamfe entdeckt, ließ sich nicht abbauen, da sie bei Flut unter Wasser lag, zur Gewinnung von Glimmer fehlten die Arbeitskräfte. Umfangreiche Erdöl-Bohrungen der Kamerun-Bergwerks-AG führten zu keinem positiven Ergebnis, das Geschäft mit Kohle, Zinn oder Kupfer rechnete sich nicht. An Salzquellen im Bereich des Kreuzflusses zeigte sich die Kolonialverwaltung desinteressiert, das Überjagen der Herden ließ die Elfenbeinernte von Jahr zu Jahr schrumpfen.

Bei der noch recht primitiven Ernte von Ölfrüchten ging viel Öl verloren, in den Waldgebieten wurde lediglich ein kleiner Teil des Bestandes genutzt. Adamaua hatte sich nicht wie erwartet als ein Dorado erwiesen, 1909 fielen die Kakaopreise. Als

Gouverneur Jesko v. Puttkamer mit Major Hans Dominik: Kamerun hatte einen schlechten Start, die Verwaltung vor Ort auffallend wenig zu stande gebracht.

Verwaltungs-
gebäude der
Westafrikanischen
Pflanzungsgesell-
schaft Bibundi AG
(Hamburg) im
Küstenort Bibundi
am Fuß des
Kamerunbergs.

der erste marktgerechte Tabak produziert wird, ist das Produkt von guter Qualität, was Raucher stört, die geringe Brennbarkeit.

Produkte der Viehzucht und Reis können auf dem Weltmarkt nicht konkurrieren, Bananenmehl kommt im Reich nicht an. 1898 hatte der Kaufmann Fritz Borrmann im Halleschen Torbezirk Berlin die Einkaufsgenossenschaft der Kolonialwarenhändler (EDK) gegründet, aus der die Edeka wurde. Doch Bananenmehl oder Reis aus Kamerun verkaufte sich auch bei der Edeka nicht. An Nutz- und Edelhölzern wäre das Mutterland dagegen interessiert, hier fehlen, da sie wegen ihres Gewichts nicht geflößt werden können, den Kamerunern die Transportmöglichkeiten.

Der Kautschukexport hatte 1907 noch 7,5 Mio Mark erbracht. Unübersehbar selbst in so gummireichen Bezirken wie Ebolowa, Kribi, Lolodorf oder dem Haupthandelsplatz Jaunde schon jetzt die erschreckenden Zeichen des »abscheulichen Raubbaus« bei der Gummigewinnung. Schlagen die Eingeborenen die Stämme, dann auch die Ranken der Gummiliane doch einfach ab, anstatt sie einzukerben. Als sie mit Kautschuk noch einmal so richtig ins Geschäft kommen könnten, ruinieren Konkurrenten den Preis.

Kamerun führt mehr Werte ein als aus, ist wirtschaftlich gesehen auch als Absatzgebiet nur von bescheidenem Nutzen. Das Schutzgebiet ist eine Last und würde es vorerst auch bleiben, der Grund, warum sich Kaiser und Reich schon einmal fragen müssen, ob sie sich über den Besitz am Busen von Biafra nun freuen sollen oder nicht.

»Von allen Kolonien wurde in Kamerun am wenigsten geleistet« (Rohrbach) ..., was nicht heißt, dass man überhaupt nichts geleistet hätte. Den Deutschen sind die Pioniere und Helden darüber nicht ausgegangen, Opfer an Blut und Gut haben sie erbracht.

Die Eigentümlichkeiten der gegnerischen Kampfesweise, des Klimas und der Kriegsschauplätze, deutsches Schicksal in der Ferne: Oblt. Joseph Graf Fugger v. Glött (34) aus Blumenthal in Bayern: 1903 von einem Fulbefanatiker in seinem Zelt in Marua »meuchlings mit vergiftetem Pfeil erschossen«. Hptm. Hans Glauning (40) aus Berlin, Chef der Station Bamenda: während einer Expedition gegen die Muntschi im Bali-Hochland gefallen. Hptm. Hans Adolf v. Schimmelpfennig von der Oye (38) aus dem schlesischen Hirschberg: in Duala gestorben. Forstassessor Rudolf Plehn (32) aus dem westpreußischen Lubochin, Gründer der Ngoko-Station: durch

Pfeilschuss bei Dsgai im Dumebezirk tödlich verwundet.

Eduard Graf v. Pückler, Bezirkschef von Ossidinge: von Bascho-Leuten ermordet, Theodor Christaller, Kameruns erster Reichsschullehrer: an Schwarzwasserfieber gestorben. Hptm. v. Thierry, Resident des Bezirks Garua: bei Mubi »durch den Pfeilschuss eines unbotmäßigen Heiden« getötet, Oblt. Schröder: »beim Sturm auf das Räubernest Ngute« gefallen. Lt. v. Volckamer und Uffz. Szadock: nach Verlassen der Balinga-Station vermisst. Ufw. Sievertsen: während eines Gefechts bei Akoga im Muni-Dreieck tödlich verwundet (*»indes haben die Eingeborenen derartige Verluste erlitten, dass sie sich nicht mehr zu stellen wagen«*).

Im Schutzgebiet wurde nicht nur geschossen oder über die Ausbeutung von Land und Leuten nachgedacht. Duala hat durch die Befeuerung des Fahrwassers einen der sichersten Häfen Westafrikas, durch die vorgelagerte Sandbarre ist eine Fahrrinne ausgebaggert. Am Kamerunberg, um Johann-Albrechtshöhe und Edea kreuzen sie das einheimische buckellose Waldlandrind zur Höherzüchtung mit Allgäuer Bullen auf, in der Sennerei der Tausendmeter-Terrasse stehen 60 Allgäuer Kühe. Der nicht besonders hochwertige Wild- oder Sammelkautschuk von Gummibaum und -liane ist durch Pflanzungskautschuk supplementiert. Am Fuß der Kamerunberge zieht sich das größte Plantagengebiet an Afrikas Westküste hin.

Des Kaisers Veterinäre sorgen sich um die seuchenartig auftretende Rinder-Lecksucht, um Bandwurmfinnen bei Schweinen, Rachitis und Osteomalazie unter Pferden. Des Kaisers Botaniker kämpfen gegen Probleme wie Braunfäule oder Rindenwanze an, quälen sich mit der Frage, warum nun der im Victoriagebiet geerntete Kakao etwas bitter schmeckt, Kakao aus Deutsch-Samoa auf dem Weltmarkt soviel besser ankommt, als der von Deutsch-Kamerun, wo er einen Grundstock der Pflanzungen bildet.

Duala hat ein Gouvernemtskrankenhaus, Jaunde ein Krankenhaus für Europäer. Hospitäler sind praktisch auf jeder Station zu finden, der Pockenbekämpfung dienen sechs Stationen, die die zur Impfung erforderliche Lymphe selbst herstellen. Im Kampf gegen die Schlafkrankheit wurden ganze Ortschaften umgesiedelt, Infizierte in weitgehend stechfliegenfreien Isolierlagern zusammengefasst und behandelt. Die deutsche Fluchtburg Buea ist zu einem Kurort ersten Ranges aufgestiegen. Wer im Tiefland erkrankt, dazu weiß ist, kann sich im Sanatorium bei frischem Gemüse und frischer Milch erholen. Der Deutsche Frauenverein des Roten Kreuzes hat in die Seebrise einer Halbinsel das Erholungsheim Suellaba gestellt.

In den Regierungsschulen sitzen schwarze Knaben über »Beleedi ba gerama. o jokwa bwambo ba teuto«, der kleinen deutschen Grammatik, in den Elementarschulen der Missionen Knaben und Mädchen über »Beleedi ba bona Kristo«, der Christenlehre (*»Knaben und Mädchen … zeigt die Erfahrung doch, dass der Erfolg des Unterrichts bei älteren Negern in keinem Verhältnis zur aufgewandten Mühe steht«*).

Die Ksl. Versuchsanstalt für Landeskultur in Victoria unterhält einen Schulbetrieb, der Afrodeutsche zu Pflanzungsaufsehern ausbildet. Neben der Ackerbauschule Dschang und dem Pferdegestüt Golombe arbeiten Versuchsstationen in Nomajas (für Eingeborenen-), in Pittoa bei Garua (für Baumwollkultur), in Titog und Kuti (für Landwirtschaft). Handwerkerschulen

Agentur der Woermann-Linie AG (Hamburg) in Duala: Den »Schnelldienst« für Post und Passagiere zwischen Deutschland und Kamerun besorgen zwei Woermann-Dampfer.

Ein bronzener Löwe für den »Löwen von Afrika«: Denkmal für Hptm. Karl Frhr. v. Gravenreuth auf der Joßplatte von Duala.

machen Farbige zu Tischlern, Schreinern, Sattlern, Sägern, Ziegelbrennern oder Maurern.

Der Klang der Glocke löst den Beat der Trommel, Animismus, Ahnenkult und Zauberglaube nur äußerst zögernd ab, doch wo sich die Missionen im Schulwesen und in der ärztlichen Versorgung engagieren, leisten sie gute Arbeit. Pallottiner unterhalten in den Kamerunbergen die Station Einsiedeln mit angehängtem Lehrerseminar, deutsche Baptisten ein Kolleg in Soppo, das Landeskinder zu Hilfspredigern erzieht. In Buea, Engelberg oder Mapanja wird »Fetischdienern« vom Licht der Zivilisation in der Dunkelheit des Schwarzen Kontinents erzählt, im Grasland haben die Basler eine Station mit Schulbetrieb eröffnet. Neukamerun wurde den Sittarder Priestern vom Herzen Jesu als Missionsgebiet zugesprochen.

Alt-Kamerun ist kartografisch aufgenommen, in Stuttgart das Neue Testament, in Basel die Biblische Geschichte in der Dualasprache gedruckt. Der ksl. Major Wilhelm Langheld, zuletzt Resident in Adamaua, hat die Stammesorganisationen der *Kamerunneger* studiert, Max Dinklage, Angestellter Woermanns in Batanga, für den bescheidenen Nachruhm Moose gesammelt. Die Deutschen haben Kamerun die Katze gebracht und dafür gesorgt, »dass der Missbrauch, Mädchen schon im Kindesalter zur Ehe zu geben, bei den Duala fast gänzlich aufhörte«.

Die Kolonialherren geben, sie nehmen: Kigelia africana, der mittelhohe Leberwurstbaum, liefert Heilmittel gegen Ruhr und gegen Syphilis. Das aus der Rinde des Yohimbe-Baums gewonnene Yohimbin hilft nicht nur deckfaulen Hengsten zum Sprung. Im Reich gegen erektile Dysfunktion eingesetzt, ist es ein absoluter Renner, der Yohimbe, den die Pangwe Schweinepenis nennen, ein regelrechter deutscher Liebesbaum.

Die Märsche der Schutz- oder Polizeitruppe und die Routen der Forscher haben den einstmals weißen Kartenfleck zusammenschrumpfen lassen, in Buea oder Duala gehen sie davon aus, die kolonialen Lehrjahre hinter sich zu haben. So manches ist weit genug erkundet, dass es wirtschaft-

lich erschlossen werden könnte, Pläne für ein besseres Kamerun stehen zumindest auf dem Papier. Vordergründige Aufgaben würden die Erschließung Adamauas, die dem Binnenhandel den Durchbruch zur Küste ermöglicht, und die Verkehrsanbindung bis ins Kongo-Becken sein. Das Eisenbahnnetz soll durch die Weiterführung der Nordbahn zum Tschadsee, der Mittellandbahn über Jaunde nach Garua und durch den Bau der (noch nicht bewilligten) Südbahn von Kribi zum Ssanga erheblich erweitert werden.

Kamerun ist kein Einwanderungsland, kann jedoch Pflanzungs- oder Plantagenkolonie, eines Tages vielleicht auch Produktionsgebiet des Reiches werden.

Kameruns Zukunft hängt vom Verhältnis zwischen Schwarzen und Weißen ab, Reizthema dazu ist die Eingeborenennutzung geblieben: »Einig sind wir uns alle darüber, auch die Missionen, dass die Negerseele nicht so ist, wie wir sie haben wollen und brauchen können« (Külz). »Alles leidet darunter, dass die Stämme wenig zur Arbeit taugen« (Rohrbach).

Kolonialminister Dernburg wiegelt zwar ab, dass Kamerun zur Zeit noch »eine moralisch sehr minderwertige Bevölkerung«, auf längere Sicht trotzdem das Menschenmaterial habe, »welches in den Vereinigten Staaten die Baumwollproduktion alleine besorgt«. Der ehemalige preußische Gerichtsassessor Karl Ebermaier (50) aus Elberfeld, der den ehemaligen preußischen Gerichtsassessor Otto Gleim (49) aus Berlin als Gouverneur ablöste, hat sich mit der Erhebung einer Kopfsteuer von 10 Mark für männliche Eingeborene etwas einfallen lassen. Kann der Betrag doch durch Steuerarbeit für öffentliche Zwecke zum Tagessatz von 0,20 Mark abgeleistet werden.

In Zukunft will man mehr Gewicht auf den (Groß-)Plantagenbau, den von Europäern geführten Pflanzungsbetrieb und die Viehzucht auf dem tsetsefreien Hochplateau legen. Anstrengungen würden gemacht, um das vorhandene Menschenmaterial durch den Ausbau kleinbäuerlicher Betriebe besser zu verwerten.

Was Deutsch-Kamerun dann nur noch bräuchte, sind Deutsche aus dem Reich. 1908 hatte die DKG schon gejubelt: »Die weiße Bevölkerung hat sich wiederum nicht unbedeutend vermehrt, nämlich von 826 auf 896 Personen, darunter 102 weiblichen Geschlechts.« Weiße Frauen für Kamerun, was vom »Rassenstandpunkt« her gesehen zu begrüßen, vom Standpunkt der »Rassenhygiene« her unverzichtbar ist. Doch schon im Jahr darauf sollte die weiße Bevölkerung wieder um einen Kopf abnehmen, da der eine oder andere Pflanzer jetzt weiße Angestellte durch billigere schwarze ersetzt.

Der Landsmann kommt nicht; für den Fall, dass er eines Tages noch käme, wird vorausgesetzt, dass er hier nicht arbeiten kann. Europäer, die trotzdem bleiben wollen, müssten sich, um ganz sicher zu gehen, in mindestens 1.200 m Höhe ansiedeln …, »ob sie sich aber im wirtschaftlichen Kampfe mit der eingeborenen Bevölkerung werden halten können, ist freilich eine andere Frage«.

1913 – Ein Jahr im Leben Kameruns

Im *Januar* wird das deutsche Seekabel Emden—Teneriffa—Monrovia zwischen Lome und Duala in Betrieb genommen, im *Februar* die Postanstalt in Ngaundere eröffnet. Differenzen zwischen Kaufmannschaft und Gouvernement, das farbigen Schuldnern einen allgemeinen Zahlungsaufschub einräumt, dauern an. Im *März* wird Neukamerun in Verwaltungsbezirke eingeteilt. Ein Feuer, das Farbige während eines Sonntagappells der 6. Kompanie im Standort Mbaiki legen, zerstört die Station.

Im *April* übernimmt Deutschland den französischen Posten Carnot …, arbeiten 17.827 Eingeborene in Plantagenbetrieben, über 10.000 beim Bau der Mittellandbahn. Im *Mai* werden Bezirksämter in Ebolowa, Dume und Jabassi eingerichtet. Im *Juni* ist der Gebietsaustausch mit Frankreich abgeschlossen …, wird Regierungsarzt Houy während Hptm. Tollers Logone-Pama-Grenzexpedition von seinem Togodiener ermordet.

Im *Juli* kommt es zur Einteilung Adamauas in die Residenturen Garua und Ngaundere …, wird Singa am Ubangi zur zollfreien Zone erklärt. In Südkamerun sieht sich die Administration (»*da die bewohnenden Pangwe vor Angriffen auf Europäer nicht zurückschrecken, z.B. war der Gummiinspektor Treichel angegriffen und drei Tage in einer Eingeborenen-Blockhütte eingeschlossen worden*«) zu Säuberungsaktionen gezwungen.

Im *August* trifft Staatssekretär Solf in Kamerun ein …, werden auf dem Weg von Victoria nach Kriegsschiffhafen die letzten morschen Holz- durch dauerhafte Zementbrücken ersetzt. Im *September* kommt es zur Erhöhung der Einfuhrzölle zugunsten des Baus von »Automobilstraßen«. Im *Oktober* werden Handelskontrollstellen für Kautschuk eingeführt. Unter dem 12., einem Sonntag, wird Bezirksrichter Dr. Seger beim Häuptlingsdorf Nguku überfallen und verwundet.

Im *November* tagt der Gouvernementsrat … kommen nach einem Regierungsbericht Hakenwurmkrankheiten und Ruhr im Jahresvergleich jetzt seltener vor. Im *Dezember* ist die Mittellandbahn bis Bidjoka (km 153) verkehrsbereit …, erstürmt Hptm. v. Puttkamer Nguku.

Im Jahre 29 nach der Flaggenhissung wohnen Kameruns Weiße am dichtesten im Dualabezirk, in und um Buea, Victoria, Kribi, Edea und Jaunde. Den stärksten Einfluss üben sie im Küstenstrich aus, wo eine Reihe von Eingeborenen bereits der europäischen Kultur zuneigt. Im krassen Gegensatz dazu stehen die mohammedanischen Regionen des Nordens, die des Kaisers Schutzherrschaft kaum verändert hat.

In Adamaua ist der Alltag noch so wie in kaiserlosen Zeiten, um den Dschihad zu vermeiden, bleibt den christlichen Missionen der Zugung verwehrt. In alten, nach uralten Gesetzen regierten Gebieten liegt die Verwaltung bei eingeborenen Lamidos, die ein Resident als Auge und Ohr des Gouverneurs kontrolliert. Die mohammedanischen Vasallen haben sich den Deutschen unterworfen, die Heidenstämme den Vasallen. Ihren Tribut zahlen die Herrscher vorwiegend in Naturalien, mehr geht nicht, da die Deutschen weder das Militär noch die Polizisten haben, um eigene Verwalter an die Macht zu bringen bzw. sie dort zu halten.

Leben und Sterben für Kamerun

Land und Leute geben weiterhin mehr Fragen auf, als beantwortet werden können. Im Jahre 30 nach der Unterzeichnung des Schutzvertrages kennen die Kolonialherren viele der zu schützenden Völker noch nicht. Wen sie glauben zu kennen, mit wem sie den meisten Umgang haben, sind die Duala-Leute, die als Küstengesellschaft an Kameruns Eingangspforte sitzen. Man kann dann danach suchen, doch ausgerechnet über die Duala *(»ziemlich hässlich und auch ihr Charakter lässt viel zu wünschen übrig«)* verlieren die Deutschen kein gutes Wort.

»Die Duala sind faul, unverschämt, lügnerisch und unzuverlässig. Zu allem Überfluss haben sie natürlich nicht das Gute, was sie am Weißen kennen lernten, angenommen, sondern das Schlimme« (Kurt Hassert aus Naumburg/Saale, Professor der Geografie). – »Dualaneger …, ein intelligenter, aber verdorbener Stamm« (RKA). Tatsächlich nehmen die Duala, die in vorkolonialer Zeit vom reichlich gewinnbwerfenden Zwischenhandel lebten, sich jetzt als Kleinpflanzer mit dem Anbau von Mais und Yams, Maniok und Makabo ab plagen, im Kreis der ksl. Untertanen eine Ausnahmestellung ein. Aufgrund ihrer Kontakte mit europäischen Händlern und Missionaren im Umgang mit Weißen vertraut, als die Deutschen kamen, stellen sie jetzt die Kräfte für Bürobetriebe und Missionen ...

Wenn es nach den Kolonialherren geht, sollen Söhne angesehener Familien der Tradition entsprechend eines Tages die Führung des Landes übernehmen. Natürlich unter deutscher Administration. Zur Vorbereitung darauf wurde *King* Didos Sohn Otto im Reich in deutscher Gehorsams- und Leistungsethik erzogen, erlernte *King* Bells Enkel Rudolf dort deutsches Denken.

Nicht immer ging dabei alles nach Konzept. Mpundu Akwa, ältester Sohn *King* Dika Akwas, 1884 Vertragskontrahent der Hanseaten, hatte im Reich die Schule besucht, dann als Volontär gearbeitet. Zurück in Kamerun engagierte ihn Jesco v. Puttkamer als Dolmetscher. So nahe beim Gouverneur muss er Einiges mitbekommen haben, was absolut nicht für ihn gedacht war.

Als 1902 eine Duala-Delegation mit Rudolf Manga Bell und Dika Akwa ins Mutterland reiste, um beim Kaiser gegen das Vertragswerk der Hanseaten, das Willkürsystem Puttkamers, gegen führende Kolonialdeutsche vom Richter zum Bezirksamtmann ganz generell, zu klagen, war Mpundu dabei. Willem Zwo hatte Wichtigeres zu tun, worauf die Delegation unverrichteter Dinge wieder abreiste. »Der Prinz von Kamerun« blieb, um sich bei Kolonialgegnern für seine schwarzen Deutschen einzusetzen.

In Kamerun reagierte Puttkamer in der ihm eigenen Art. Nachdem Geld, das ihm sein Vater schickte, noch in Duala abgefangen worden war, musste Mpundu Schulden machen. Formal des Betrugs angeklagt, erzielte sein Prozess durch einen Beschwerdebrief des Akwa-Clans an den Reichstag politische Brisanz. Den Freispruch vor dem Landgericht Altona verdankte der Afrodeutsche Moses Levi, einem begnadeten Altonaer Anwalt. Wieder in Kamerun, verschwand Mpundu

Ksl. Gouvernements-Werkstätten und Regierungsschule in Duala.

Akwa in einem Gefängnis. In Freiheit sollte ihn danach niemand mehr sehen.

Probleme zwischen Kolonialherren und zu Kolonisierenden gehen auf jenen Tag zurück, an dem vertragschließende *Kings* beim Ruf nach der deutschen Hand an den Bau von Schulen, Krankenhäusern oder Straßen dachten, die Deutschen an die völkerrechtliche Okkupation. Der Reichsschutz war nicht für null Komma nichts zu haben. Da sich die Kameruner nicht anderweitig erkenntlich zeigen konnten, wurde der Schutzvertrag so gut es ging zur Ausbeutung von Land und Leuten genutzt, was sich am Auffallendsten in der Bodenpolitik niederschlug.

Landflächen, die die Pflanzungsgesellschaften Soppo, Bibundi oder Victoria in deutschen Tagen bearbeiten, hatten, als Europa nach Afrika kam, bereits Eigentümer gehabt. Auf Grund und Boden der

Pflanzungen Scipio, Bolifamba, Lisoko oder Esser-Oechselhäuser bestanden Nutzungsrechte farbiger Kameruner.

Grundsätzlich sollte der tatsächliche Besitzstand eingeborener Stämme und Sippen respektiert werden. Während die Überlassung von Eingeborenenland an Weiße der Genehmigung durch die Verwaltung bedurfte, konnte Herrenloses relativ problemlos erworben werden. Wer herrenloses Land suchte, fand allerdings herrenloses Land, konnte die indigene Gesellschaft doch nicht überall sein, nicht jeden Fußbreit bewirtschaften.

Mit der Kronlandverordnung von 1896 wurde die Übertragung von Eingeborenenland zwar theoretisch erschwert, herrenloser Boden im Gegenzug jedoch unter Aufsicht der Krone gestellt. Hier war es, wo die Kolonialherren mit zwei großen

Aufbereitungsanlagen der Westafrikanischen Pflanzungsgesellschaft Victoria AG (Berlin), im Hintergrund der Kleine Kamerunberg.

95

Sultanspalast von Dikoa, dem Hauptort von Deutsch-Bornu und Knotenpunkt der Karawanen aus dem Nigergebiet zum ägyptischen Sudan.

Landkonzessionen für kapitalkräftige Gesellschaften dann besonders kräftig zuschlugen.

Nachdem die Kolonialverwaltung erfahren hatte, dass in Kameruns Südostteil Ausländer Gummi und Elfenbein ausbeuteten und über den Kongo ausführten, kam es 1898 zur Gründung der Gesellschaft Süd-Kamerun mit Sitz in Hamburg und Brüssel. Die Gesellschaft erhielt 77.000 qkm »Kronland« zur Nutzung und Erschließung durch Handel, den Bau von Faktoreien und Stationen und die Anlage von Plantagen auf 20 Jahre. Die Gesellschaft verpflichtete sich dafür, einen Anteil des Reingewinns an den Landesfiskus abzutreten.

In Molundu wird die Hauptniederlassung eingerichtet, Faktoreien in Bomedai und im Ndsimu-Gebiet liefern Kautschuk und Elfenbein für den Export. Die Gesellschaft kann die Wasserstraße des Kongo-Ssanga nutzen, muss aufgrund der Kongoakte jedoch mit ausländischen Firmen konkurrieren. Das scheint nicht immer einfach zu sein. Um konkurrenzfähig zu bleiben, überlässt ihr Noch-Gouverneur Puttkamer 1905 weitere rund 1,5 Mio ha als Eigentum. Auf Gegenleistungen kommt es ihm nicht an.

1899 werden der Gesellschaft Nordwest-Kamerun, in der die Pionierhäuser Woermann und Jantzen & Thormälen aufgehen, 90.000 qkm in einem noch zu schaffenden Kronland überschrieben. Die Gesellschafter verpflichten sich zum Bau von öffentlichen Wegen und Eisenbahnen, zur Ein- wie Ausrichtung von Dampfschiffverbindungen und Forschungsexpeditionen. Am Kreuzfluss, im Banyanland und in Bali werden Faktoreien eröffnet, die dem Export von Kautschuk, Ebenholz und Ölpalmprodukten zuarbeiten. Als die erwartete Rendite ausbleibt, bietet die Gesellschaft ihren Landbesitz der Kolonialverwaltung zum Rückkauf an. Das RKA widerruft die erteilte Konzession.

1903 erlässt Puttkamer ein Gesetz, wonach Eingeborenenland im öffentlichen Interesse in Zukunft enteignet werden kann. Der rigorosen Landnahme sind damit kaum mehr Grenzen gesetzt, da Kolonialgesellschaften und weiße Siedler Grund und Boden »fast umsonst« erhalten.

Puttkamers Bodenpolitik eskaliert den Landkonflikt, Dualas schicken am Gouverneur vorbei einen Protestbrief nach Berlin. Vom »allerdurchlauchtigsten Reichstag« ignoriert, werden die Initiatoren in

Kamerun mit Kettenhaft bestraft. Sozialdemokraten und Zentrum protestieren, worauf Puttkamer in die Heimat gerufen wird. Dort sind es nicht seine Puttkamereien, sondern ein Verhältnis mit einer ihm allzu nahe stehenden Lebedame, das zum Stolperstein seiner Karriere wird. Von der Disziplinarstrafkammer des auf öffentliche Moral bedachten Reiches zu einem Strafgeld von 1.000 Mark verurteilt, kehrt er nicht wieder nach Buea zurück.

In Kamerun werden die Landenteignungen weitergeführt, im Mittelpunkt steht die als »hygienisch notwendig« begründete Sanierung von Duala. Geplant ist, Europäer- und Eingeborenensiedlungen durch freie Zonen räumlich voneinander zu trennen, »ist diese Art der Sanierung in den Tropen doch allgemein als die eindeutig wirksamste anerkannt« (RKA).
Rudolf Manga Bell protestiert erneut, nimmt dazu Kontakte mit Engländern auf. Als sich der Reichstag auf die Seite der Kolonialadministration stellt, wird Bell abgesetzt. Rund um den Hansaplatz, in Woermann- oder Breite Straße brechen Unruhen aus, die unmittelbar nach Kriegsausbruch explodieren. Doch wer jetzt renitent ist, mit dem wird nicht viel Federlesens gemacht.
Unter den ersten Opfern für Kameruns Sache ist Mebenga M'Ebono aus Metutu

Mvila bei Biba, der als Bursche Curt v. Morgen auf verschiedenen Expeditionen begleitet hatte. 1891 von Morgen mit nach Deutschland genommen, wurden ihm in Kladow bei Berlin Lesen und Schreiben beigebracht. In Religion unterrichtet, ließ sich Mebenga auf den Namen Martin Paul Zamba taufen. Militärisch ausgebildet, diente er in Kameruns Schutztruppe, um es nach dem aktiven Dienst zum angesehenen Kaufmann zu bringen. Bei Kriegsbeginn beschuldigen ihn die Deutschen, dass er eine Verschwörung gegen sie plane. Martin Paul Zamba alias Mebenga M'Ebono aus dem Yeneyema-Clan wird am 8. August 1914, einem Samstag, in Ebolowa standrechtlich erschossen, Rudolf Manga Bell am Tag darauf zusammen mit seinem Sekretär Ngoso Din wegen angeblichen Hochverrats gehängt (wie hingerichtet wird, ob durch Erschießen, Enthaupten oder Erhängen, entscheidet nach § 6 SchGG. in Verb. mit § 9 Ksl. V. vom Nov. 1900, BGBl. S. 1005 der Gouverneur).

Bell hatte in der begrenzten Zeit, die ihm unter dem Galgen verblieb, Gott und Duala um die Vertreibung der Deutschen von Kameruns Boden gebeten. Seine Bitte wurde erhört. Es sind landeskundige Duala, die nach Kamerun eindringende Engländer und Franzosen gegen die Deutschen führen.

Gouvernementspalast in Buea am südöstlichen Abhang des Kamerunberges: Das Gebäude, von Gouverneur Puttkamer im wilhelminischen Stil erbaut, wird in deutschen Kreisen gerne »Puttkamer-Schloss« genannt.

In Treue fest.
Deutsch-Südwest

Schtorstraße, Sundowner oder *Kaross*. Sprachunarten wie *Omatako* für Sitzfläche (Po, Gesäß) oder *Braai* für die Fleisch- und/oder Würstchenbraterei auf offenem Feuer. Ein Pfarrer Ziegenfuß, der im Volksmund *Bokkiebein* heißt, oder ein Mann wie der Katiti-Müller. *Katiti* steht für was Kleines …, Deutschverderber sind am Werk, stellen im Land des gelben Grases die koloniale Ordnung auf den Kopf.

Was Sprachpfleger mit gerechtem Zorn erfüllt, ist, dass Afrikanerdeutsch eine Farbigensiedlung zur *Werft* (wie in Marinewerft Wilhelmshafen), den Hottentotten-Häuptling zum *Kapitän* (wie KzS Herbig) macht.
Oubaas, Dinki und *Klein-Missis (»rein spricht in seiner Kolonie/der Deutsche seine Sprache nie«).* Babylonische Sprachverwirrung allenthalben, da die Begegnung mit stammverwandten *Japies*, mit englischen *Kakis* und afrikanischen *Kaffern* ihre Spuren hinterlassen hat. Sie noch täglich hinterlässt.

Selbst Gottesmänner, die nationalpolitisch-kolonisatorisch ganz im Sinne des Reiches arbeiten, schließen sich dabei nicht mehr aus. Am Beispiel der Missionsstation Keetmanshoop, wie sie der Hoffnung des spendierfreudigen Johann Keetman auf die Verbreitung des Christentums unter Heiden entspricht. Missionspfarrer Vedder: »Missionar Schröder wird mit Keetmans Geld nach dem Namaland gesandt. Ein neuer Ort war in Südwest entstanden, und für den neuen Ort gehörte sich [der Platz heißt eigentlich Swartmodder/schwarzer Schlamm] ein neuer Name. Weil Keetmans Hoffnung über das Grab hinaus die trei-

bende Kraft zur Gründung des Ortes gewesen war, so nannte man ihn ihm zu Ehren Keetmanshoop.« Keetmans*hoop*!

Um die Jahrhundertwende wird es dem Allgemeinen Deutschen Sprachverein, Zweigstelle Windhuk, dann auch einfach zu viel. Die Suche nach einem Stichwort hat zum Wort *Rivier* geführt, was nur versteht, wer das niederschlagsarme Südwest aus eigener Anschauung kennt. 4.682 Weiße sagen dort Rivier und meinen einen periodisch abkommenden Trockenfluss damit. Der Swakop ist ein Rivier, Nossob, Epukiro und der Kuiseb sind Riviere, der Omusema ist ein Seiten- oder Nebenrivier.
Ein Rivier ist, von ein paar Kolken abgesehen, während des Großteils des Jahres ein trockenes Flussbett. Ein Rivier kann allerdings auch ein Fluss im deutschen Wortsinn sein. Es fließt, wofür man die sprachliche Formel *kommt ab* gefunden hat, wenn es im Einzugsgebiet viel regnet, trägt, wenn es *stark abkommt,* Busch, Baum, Vieh bis hin zum beladenen Ochsenwagen mit, führt jedoch nicht unbedingt auf ganzer Länge Wasser. Der Swakop kann, so wird erzählt, in einer regenreichen Regenzeit so viel Brennholz mit sich führen, dass er Swakopmund damit für zwei Jahre versorgt.
Der Wasserschatz schießt dem Atlantik zu (Südwests Hauptort Windhuk liegt rund 1650 m über dem Meer). Danach läuft das Rivier jedoch schnell wieder ab. In der neunmonatigen regenlosen Trockenzeit ist es wiederum kein Fluss, sondern dessen trockenes Bett, was das Afrikanerdeutsch jedoch nicht erklärt.
18 Jahre nach KzS Herbigs Flaggenhissung – das Thema Eingeborenenreservate ist aktuell, ein *Orlog* (Krieg) mit den Bondels steht bevor – wendet sich der Sprachverein mit der Bitte an Ew. Exzellenz v. Bülow, dass er veranlasse, dass das schauderhafte, durch seine Nähe zum englischen *river* absolut fremdländisch klingende Wort Rivier von Reichs wegen künftig aus amtlichen Bekanntmachungen verschwinde.

Der Reichskanzler ist bekannt dafür, dass er – ohne jemanden in den Schatten stellen zu wollen – auf dem deutschen Platz

Johann Keetman, deutscher Bankier und Kaufmann: Das 1866 als Station der Rheinischen Mission gegründete Keetmanshoop steht für die Hoffnung des Keetman.

an der Sonne besteht. Vom Reichstag stammt die Formel »Wir sind Deutsche, wir sind Weiße und wollen Weiße bleiben«. Also weiß noch und deutsch selbst unter Schwarzen und Gelben.

Um historisch korrekt zu bleiben: Es passiert nicht viel, um die bedauerliche Entartung zu stoppen, ein nachhaltiges Eingreifen Berlins bleibt aus. Vielleicht ist der Grund, dass dort keiner weiß, mit was man Rivier ersetzen könnte. Wasserlauf, Flussähnliches, -artiges oder gar Regenfluss? Sandbett, das aus Lehm, mit Geröll und Klippen aufgefüllt, mit vor sich hinwelkendem Gras gedeckt sein kann?

Natürlich hätte man es halten können wie die frühen Pioniere, die den Toa Xoub (Swakop) zum Rhein machten. Doch der Rhein, Inbegriff deutscher Romantik, als Trockenfluss …, etwas, das selbst Sprachpfleger nicht akzeptierten.

Was den Sprachverein ums geistige Überleben bangen lässt, ist, dass Südwester Deutschen das Afrikanerdeutsch viel zu leicht über die Lippen geht. Ist doch zu befürchten, dass wer *Mariva* zum Geld oder *Bambuse* zum Küchenjungen sagt, die deutsche Sprache zersetzt …, dass mit der Sprache das Gefühl für Herkunft, mit dem Verlust die eigene Identität verschwimmt, womit das Deutsch vor Südwest seine Berechtigung verliert.

Windhuks Pfarrer Anz, einmal dafür renommiert, dass er den Grundstein zur Christuskirche legte, nennt »die bekannte Unart der Deutschen, ihre Sprache jeder beliebigen anderen nachzustellen«, als Grund. Ein Muster macht die Runde: »Leutnant (weiß): ›Willem, dass tomorrow om sewen Uhr die Reitaffär von die Leutnant klar ist!‹ – Willem (schwarz) ›Jawohl!‹– Leutnant: ›Wat sollst du?‹ – Willem:›Um sieben Uhr das Pferd von Herrn Leutnant satteln‹« … Wer, fragt sich nicht nur der Pfarrer Anz, wer lernt hier wen Deutsch?

Einer wie Anz hat Recht. Dem *Oukie,* dem Südwester Deutschen, wird trotzdem unrecht getan, was soviel heißt wie: er kann gar nicht anders.
»*Wellige, wogende Dünen,/Glutroter, rieselnder Sand,/Undurchdringliches Schweigen,/Weites, einsames Land*« (Hans A.

Aschenborn): Zwergige Buschmänner und gigantische Tierwelt. Der berüchtigte Kralldornenbusch *wachteenbeetje/wart' ein bisschen,* der landestypische Köcherbaum oder die Nacht unter dem Omumborombonga. Makalani-Palmen, Dornsavannen und Kudubusch. Die Namib als Inbegriff einer Wüste mit den höchsten Dünen der Welt …

Das Gesicht des Landes, als Stiefkind der Natur zwischen zwei Wiegen (der fruchtbaren Kapkolonie und dem tropischen Norden) und zwei Wüsten (der Namib und der wasserarmen Kalahari,steppe) eingezwängt, ist alt, trotzig und verschlossen. Südwest ist etwas für Charaktere, die weit, weit weg von Europas Zivilisation den täglichen Kampf nicht scheuen. Wüste und Weite, die den Besucher erst abstoßen, dann jedoch (»*Ich hasse dieses Land und liebe es doch.*« Hptm a.D. Steinhardt) mit jener Faszination in ihren Bann ziehen, wie es das Südwester-Lied einmal besingt.

Ein paar burische Großwildjäger, die sich Jacobus oder Willem riefen, waren schon vor den Deutschen hier. Dazu die Nieuwenhuissens oder van der Merwes als Trekker, Sir Francis Galton oder Sir James Alexander als Vertreter englischer Gesellschaften und Forscher.

Vorarbeiter der deutschen Kolonisation ist die Mission. Die Knechte des Herrn, die in Bethanien, Otjimbingwe oder Gibeon in großer Distanz zueinander wohnen, haben die eigentliche Lotsenfunktion. Es ist das Wirken zur Beförderung des Reiches Gottes unter nichtchristlichen Völkern, was als Beginn der deutschen Siedlungsgeschichte gesehen werden kann. Die Mission beginnt mit der Expedition, damit *auf Pad.* Die *Pad* ist ein Pfad oder Weg, am häufigsten jene Spur, die das Hauptverkehrsmittel Ochsenwagen gezogen hat. *Auf Pad* kann einer auch mit der handlichen, zweirädrigen *Karre* sein, dazu *futsam,* zu Fuß.

Gute Pad (gute Reise) gilt als frommer Wunsch, wie ihn frühe, auf jede Hilfe angewiesene Einwanderer gerne hören. *Auf Pad sein* heißt *trekken* wie in »Trekk, trekk Fahlperd, Rooiipens, Blauberg, Halsdook … trekk Osse, trekk«.

Bernhard v. Bülow (1849–1929): Der Reichskanzler will niemand in den Schatten stellen, besteht jedoch auf dem deutschen Sonnenplatz.

Südafrikas Pioniere sind die Buren, Afrikaans oder Kapholländisch sprechendes weißes Afrikaanervolk. Buren und Deutsche stehen sich unbedingt nahe, ihre Sprachen sind miteinander verwandt.

Das Einleben in eigenartiger Natur, Inbesitznahme, Behauptung und frühe Kolonisation (»*Der deutsche Mensch braucht Raum um sich und Sonne über sich.*« Hans Grimm): Als die ersten Siedler kommen – ein derber, meist niederdeutscher Menschenschlag –, ist der Bur ihr Lehrmeister, was Worte wie das *Veld* (die wilde Steppe), die *Feldkost* (überwiegend Wurzeln und zwiebelartige Knollen) oder die *Puetz* (Wasserstelle) zu ihrem Wortschatz macht.

Bülow, der Mann ist Jurist und Diplomat, schreibt in Sachen Rivier nach Südwest zurück: »Wenn aber der tiefere Grund in dem überwiegenden Vorherrschen holländischer Sprachelemente zu suchen ist, deren Einfluss die noch geringe Zahl der deutschen Einwanderer sich nur schwer entziehen kann, so ist gründliche Abhilfe nur von der planmäßigen Besiedlung des Landes durch rein deutsche Volksteile zu erwarten.«

Volksteile kommen, besonders während der Großen Aufstände und in des Kaisers Rock. Deutsche Kraft dann und Tapferkeit, der Reiter in Wüste, Busch, auf heißem Sand: »*So reiten wir gen Osten/Für unser Vaterland;/Wir sind die weißen Posten,/Von Deutschland ausgesandt*« (Stefan v. Kotze). Der Einsatz gegen den Feind: »*Das war ein Ritt!/Und die Sonne ging mit!/Wir hingen im Sattel und lechzten,/die Geier flogen und krächzten*« (Wilhelm Kotzde).

Lt. Lampe fiel bei Gobabis im Kampf mit Khauas-Hottentotten, Lt. v. Atrock in der Chamsibschlucht, Reservist Obermayr wird beim Ausfall aus Omaruru »von Hereroweibern bestialisch abgeschlachtet« ..., und wiederum typisch, dass für jeden Heldentod künftig ein *braver* Reiter steht. *Brav* anstelle von mutig wie im englischen *brave*!

Schutztruppler und Kriegsschwestern, die es ursprünglich nicht nach Südwest, sondern zur Truppe gezogen hatte, um dort was zu werden, bleiben nach Auslaufen der Dienstzeit zurück, ziehen ein Leben nördlich und südlich des Wendekreises des Steinbocks der binnendeutschen Enge vor. Neusiedler aus dem Reich, die schon etwas sind, gesellen sich dazu ..., »welch klangvolle Namen aus ruhmreicher deutscher Geschichte stehen heute im roten Staub von Deutsch-Südwest, an Melkpferche gelehnt, mit Kastrationsringen oder mit der Mistgabel in schwieliger Hand«.

Koch und Käse erwerben Farm Gelwater/Gibeon, Thalheim Altseeis/Windhuk. Stabsarzt Kahle macht sich auf Ogombe Katjimane/Okahandja daran, wildes Land der Kultur zu erschließen, wovon er allerdings wenig Ahnung hat, was auch ihn in die Abhängigkeit von Eingesessenen und deren Sprachgewohnheiten zwingt.

»*Was uns eint im fernen Land/Was uns hält ein festes Band/Heilig durch die Seele zieht/das ist unser Deutsches Lied*« (der Männer Gesang Verein Windhuk unter Trompeter-Sergeant Schinkothe) ..., was so viel heißt, wie, dass man es tatsächlich versucht.

Südwester Schicksale dazu und Originale: Estorffberg im Damaraland, Maerckerpforte zwischen Naukluft und Yarisbergen. Die Müllerschanze an jener Stelle im Omarurubezirk, an der Lt. Adolf Müller das junge Leben aushauchte. Volkmannhöhe, Stuhlmanndüne, Streitwolfweg und Trothakluft. Maltahöhe, von Hptm. Henning v. Burgsdoff nach Ehefrau Malta (v. Dallwitz) genannt. Ein Landstreifen zum Sambesi, zu dem sie etwas vulgär Zipfel des Caprivi oder Caprivi-Zipfel sagen.

In Aus ist es tatsächlich aus ..., deutscher geht es nicht, hat der Ort doch seinen Namen, weil sich Reisende vom Hochland zur Küste hier für den Namib-Wüstenstrich zum letzten Mal verproviantieren. Aus ist nicht das Ende der Welt, wer dort ist, glaubt es allerdings vor sich zu sehen.

Dem Sprachverein genügt es nicht, erhalten Deutschverderber doch das frühe Werk: Konrad Graf Dohna, Gestütsleiter in Nauchas (auch als Hengst-Dohna bekannt) oder die Freifrau v. Tiesenhausen auf Farm Schweinsburg-Ovikango sagen weiterhin *kwaii* für böse und *mooi* für gut. Der Butz, Friedrich auf Farm Hardap oder der Ziegler, Ottokar auf Etiro sprechen von *Kamel-*

Karl Henning Konrad v. Burgsdorff (1867–1904): Als der Bezirksamtmann von Gibeon, ist der aus Demmin stammende Hauptmann unter den ersten Todesopfern des Namaaufstands.

dorn und meinen Acacia giraffae, die Giraffenakazie damit. Das nur, weil die Buren Kamel zur Giraffe sagen.

»Nur, wer den deutschen Laut verfälscht, Wer möglichst greulich kauderwelscht,/Der, der beherrscht am besten/Die Sprache von Südwesten« (Walter Ahlhorn aus Oldenburg, Bzk.-Amtmann in Okahandja) ..., was Sprachpflegern gerade jetzt die Sprache verschlagen muss, ist doch zu befürchten, dass sich im Gegensatz zu 1902, als sich der Südwester nur selbst gefährdete, er mit seinem Wortschatz jetzt das mit der Selbstverwaltung bewusst eingebrachte deutsche Staatsleben unterminiert.

Kurz vor Kriegsausbruch lässt »die Sorge der greulichen Verwüstung unserer Umgangssprache durch Plattdeutsch, Holländisch, Englisch und Herero« den Sprachverein erneut in Berlin vorstellig werden. Dort hat Theobald v. Bethmann-Hollweg v. Bülow als Reichskanzler abgelöst. Der Mann hat sein Abitur in Pforta mit Auszeichnung bestanden, weiß, dass ein Stein keine *Klippe* und die Oryx-Antilope kein *Gemsbock* ist. Seine Versicherung, wonach Berlin in Zukunft viel entschiedener gegen Sprachverhunzungen vorgehen würde, wird in Windhuk begrüßt, sollte allerdings ohne Folgen bleiben.

Ein paar Wochen später wird wiederum *Orlog gemacht*, zwingt Europas Krieg *Japies, Kakis* und *Oukies auf Pad*. Als das Reich ausgezählt wird, gibt es trotz Afrikanerdeutsch kein überseeisches Gebiet, das »deutscher« geworden ist als das teutoafrikanische Südwest. Der eine oder andere behauptet gar, deutscher selbst als das Deutsche Reich.

Gottesmänner im Heidenland

Der eine stammt aus dem Baltikum, vom Flecken Aahof bei Riga, der andere aus Blasheim in Westfalen. Was sie im rohen inneren Afrika verbindet, ist der missionarische Auftrag, Eingeborene von der Realität des Christentums zu überzeugen.

Carl Hugo Hahn und Franz Heinrich Kleinschmidt, Sendboten der Rheinischen Missionsgesellschaft (RMG) und Vorboten der deutschen Kolonisation, haben über den

Bülows Nachfolger im Reichskanzleramt: Theobald v. Bethmann-Hollweg (1856–1921).

Oranje gesetzt, um nach Bethanien zu reiten (in Südwest, wo die Tsetse, der tödliche Feind von Pferd oder Ochs, weithin unbekannt ist, reitet oder fährt man, nur in den Tropen lässt man sich tragen oder geht zu Fuß).

Südwest gleich über dem Oranje ist trocken, trostlos so auch und feindselig, doch selbst das Heilige Land mochte einmal nicht viel anders ausgesehen haben. Südwest ist ein Land ohne Rechtgläubige, ein »Kaffernland«, für das die Buren von den Arabern das verderbte *Kafir* für Ungläubige übernommen haben. Verkaffern, wozu sie in anderen Schutzgebieten Vernegern oder Verkanakern sagen, kann für »das Herabsinken des Europäers auf die Stufe des Eingeborenen« stehen, Kaffernarbeit ist etwas, zu was sich Weiße nicht herablassen. Landeskindern kommt es allerdings ganz anders über die Lippen. Die Herero nennen sich Beest-/Rinderkaffern mit Stolz, Bergdamara sind Klippkaffern, auch wenn sie von den Nama, in deren Abhängigkeit sie stehen, nur als *chaudaman* (Scheißkaffern) bezeichnet werden.

Hahn und Kleinschmidt nehmen nicht in Anspruch, die ersten Deutschen im Land zu sein, hatte Gottes Hand einem Johann H. Schmelen aus Kassebruch bei Bremen doch schon vorher den Weg hierher gewiesen. Der Mann baute im Auftrag der im Kapland wirkenden Londoner Mission eine

Missionar Franz Heinrich Kleinschmidt (1812–1864) aus Blasheim in Westfalen.

Carl Hugo Hahn (1818–1895), Sendbote der Rheinischen Missionsgesellschaft (RMG) und Vorbote der deutschen Kolonisation.

Gemeinde in Bethanien auf, übersetzte mit Ehefrau Zara, einer Hottentottin, Bibeltexte in die Namasprache. Der Missionserfolg hielt sich in Grenzen, das Misstrauen der Nama baute sich nie ab. Als einer Dürreperiode eine Heuschreckenplage folgte, verließ der dafür verantwortlich gemachte Schmelen Bethanien mit Frau und vier Kindern. Zurück blieb das Schmelenhaus, das erste Steinhaus in Südwest.

1830 stieß Schmelen, im zentralen Hochland zur Jagd, am Okakango-Rivier auf eine ergiebige Quelle. Seine akkurate Kunde von Land und Leuten war es, die die nach unbearbeitetem Heidenland suchende RMG in Barmen auf die Gegend aufmerksam machte. Nachdem Schmelen dem Sonnenland den Rücken kehrte, traten die Londoner ihr Arbeitsfeld im Nama/Hottentotten- und Herero/Damaraland an die Barmer ab. Deren Weg sollte ebnen, dass Jonker Afrikaaner, zeitweise mächtigster Mann im Land, gerade jetzt nach Missionaren rief …, Jonker, vom Beruf her sündiger Räuber, vor der Geschichte Südwestafrikas Napoleon und erster Straßenbauer, dazu (»*Gott liebt die Bösen, damit sie gut werden*«) getaufter Christ.

Im Jahre des Herrn 1842 stoßen Hahn und Kleinschmidt zu einem fruchtbaren, quellenreichen Talkessel vor, den Eingeborene bisher Aigams (Feuerwasser) oder Otjomuise (Dampfplatz) nannten, Jonker, der an dem von Eros- und Auasbergen gesäumten Platz etwas zu sagen hat, nach dem Stammeszentrum seiner Vorfahren am Winterhoekberg »Klein Winterhoek« nennt.

Hahn tauft Klein-Winterhoek Elberfeld, Groß-Winterhoek Barmen, der Kamm des Khomashochlandes im Westen bietet sich ihm als Schwarzwald an. Das ist es allerdings auch schon, was an die deutsche Heimat erinnert.

In »Elberfeld«, wo sie am 24. Dezember 1842 die Weihnachtsbotschaft verkünden, versuchen die Missionare Fuß zu fassen. Was sie daran hindert, die christliche Eintracht stört, ist ein Missionar der konkurrierenden Wesleyaner, der ähnliche Ziele wie sie verfolgt. Als es zu Auseinandersetzungen kommt, ziehen es Hahn und Kleinschmidt vor, nach einer neuen Aufgabe unter den Herero zu suchen, was einen frommen Kraftakt verspricht.

Zufall dann oder auch nicht: Deutschlands Missionare haben es in Südwest von Anfang an prominent mit den Völkern der Landesmitte und des sandigen Südens zu tun, mit den gleichen Leuten wie eines ferneren Tages kolonialdeutsche Kaufleute, Siedler, Bürokraten und das wilhelminische Militär.

Allen voran die großen rivalisierenden Völker der Nama (»*eine eigene Rasse, die dem Bantu, ja dem Neger selbst ebenso fern steht wie dem Europäer*«) und der Herero (»*der brauchbarste Stamm, oft herkulisch gebaut, Gesichtszüge eher hamitisch als übermäßig negerhaft*«). Südwests »Hauptrassen« sind völlig anders geartet, sehen auch völlig anders aus. Den Gottesknechten, dann auch Kaiser und Reich, für die sie einmal Verbündete, einmal tödliche Gegner sind, machen beide zu schaffen.

Die hellfarbigen, stroh- oder welkgelben Nama sehen sich in ihrem eigenen Selbstverständnis als Khoikhoi, als »Menschen der Menschen«. Ein abgeplatteter Schädelbau, schiefe Augenlinien und breite Backenknochen, der Haarwuchs in warzenartigen, wolligen Büscheln …, die Buren wollen in ihnen etwas ganz anderes erkennen, Karl Dove, Tübinger Professor der Geografie, sieht sie so: »Die äußere Erscheinung wird von der Häßlichkeit des Gesichts beherrscht. Platte Nasen von großer Breite, zwinkernde Augen mit oft schiefgestellter Lidspalte. Bei älteren Leuten vereinigen sich Falten in der Haut und ein durch Wulstlippe verunzierter Mund zu einem nicht gerade anziehenden Bilde, das bei alten Frauen bisweilen förmlich an einen Totenkopf erinnert.«

Die Nama, von den Kapholländern aufgrund ihrer mit Schnalzlauten durchsetzten hastigen Sprache Hottentotten (Sprachgestörte, Stotterer) genannt, sind aufgrund tribalistischer Aufsplitterungen nicht auf einen Nenner zu bringen. Urstamm dürfte die Rote Nation zwischen Kuiseb und Nossob sein, als alt eingesessen gelten die Bondelswarts in und um Warmbad, die Feldschuhträger nordwestlich von Rietfontein, die Swartboois im Nordwesten um Franzfontein, die Fransman oder Simon-Kopper-Leute am Auobfluss im Nordosten von Gibeon, die Bethanier und die Topnaars im Gebiet von Walfish Bay.

Als Orlam zusammengefasst werden später zugewanderte Stammesgruppen wie die Afrikaaner, die den gefürchteten Jonker stellen, die Berseba-Hottentotten und die Witboois (Kowesin oder Bettler). Letztere sollte man sich merken.

Den schokoladefarbenen, bantusprechenden Herero sind Hochmut, Geiz und eine bis zur Frechheit gehende Anmaßung von Natur aus eigen, auch daran zu erkennen, dass sie jeden, der kein Herero ist, als »omutua«, als Sklave oder Fremden bezeichnen. So jedenfalls die Kolonialliteratur.

»Allen gemeinsam ist eine unglaubliche Gier nach Alkohol in jeder Form, ihre Lügenhaftigkeit, ihr Hang zum Diebstahl und ihre Unzuverlässigkeit sind staunenswert. Ehre und Ehrgefühl haben die Herero nicht« (Kurd Schwabe aus Münster, Oblt. der Schutztruppe).

Natürlich hat ein Volk, das den größten Bevölkerungsanteil im außertropischen Südwest stellt, auch gute Seiten. Herero sind gastfreundlich: »Um meine Wirte nicht zu kränken, gab ich jeder der etwas penetrant

riechenden Schönen [die man ihm in den *Pontok* schickte] einen Kuß, nannte sie geliebte Freundinnen und schickte sie wieder nach Hause« (Leutwein). Ihr Umgang mit Rindern ist geradezu beispielhaft. Mit Rindern kennen sich »die kaum bekleideten Kinder der Natur« besonders gut aus.

Das halbnomadische Hirtenvolk (auch Ovaherero) wanderte spät erst ein, ist zum Zeitpunkt, als Schmelen in Bethanien missionierte, noch keine 200 Jahre im Land. Herero mit Mbanderu/Ostherero, Tjimba und Himba sind durch fundamentale innere Widersprüche nicht überall gleich Herero. Ihre Schwäche ist die innere Zersplitterung.

Im Verhältnis zu Nama und Herero sind die San eine Minderheit. Für die vagabundierenden Wildbeuter und Sammler hatten die Kapholländer das Wort Bosjesmans erfunden, »Leute, die hinter Zweigen wohnen«, woraus die Deutschen Buschmänner machten. Das kleinwüchsige gelbe Volk war hier, bevor die Nama aus dem Süden, verschiedene Bantuvölker aus dem Norden ins wildreiche Land zwischen Oranje und Kunene, Kalahari und Atlantik kamen.

Buschleute *(»mit der Seele vergnügter Kinder und der Seele blutdürstiger Raubtiere«*. Karl Angebauer aus Warsow bei

Johann Heinrich Schmelen (1777–1848) aus Kassebruch bei Bremen, Gründer der Missionsstation Bethanien.

Das 1814 errichtete Schmelenhaus in Bethanien gilt als das erste von einem Europäer gebaute Steinhaus Südwestafrikas.

Ochsentreck vor dem Aufbruch in Walvis Bay (um 1860): Es sind Treckochsen, die Europas Kultur auf weide- und wasserarmen Strecken ins Landesinnere schleppen.

Schwerin, Schriftsteller) sind Menschen, die nichts haben, sich das, was sie brauchen, holen, dabei den Unterschied zwischen Wild und Farmtieren nicht beachten. Ihre Waffe sind Pfeil und Bogen. Buschleute würden Deutschen bis zuletzt als »die gelbe Gefahr« erscheinen, weil sie ihre Pfeilspitzen mit dem milchig verdickten giftigen Saft der Euphorbia candelabria bestreichen: »Polizeisergeant Ahlefelder auf Patrouille von Buschmännern getötet« (1911), »Farmer Küchler erschießt zwei Buschleute auf Farm Nuitsas« (1912), »Buschleute vergiften Farmer Müller von Kleinhuis« (1913).

Die negriden Bergdamara (»*ein Volk von Sklaven und Vagabunden*«, Karl G. Büttner aus Königsberg, RMG-Missionar) sind wie Buschmänner Jäger und Sammler. Als Nahrungsmittel dient ihnen alles, was sich sammeln und erlegen lässt, Viehdiebstahl spielt für den Speiseplan eine nicht unwesentliche Rolle. »Von Kultur im höheren Sinne kann hier keine Rede sein«, doch mit den Bergdamara, die zwischen Nama und Herero leben, verstehen sich die Deutschen am besten. Bergdamara sind arbeitswillig, »selbst in so verantwortungsreichen Stellungen wie Postträger«, während der Großen Aufstände, als alles in Aufruhr ist, verhalten sie sich neutral.

Nama und Herero

Glänzende Rinder und gefüllte Kalebassen ..., im Hereroland, dem inneren Hochland nördlich des Swakop bis in die weiten Weidelandschaften am Waterberg, sind es die Landesnatur und die Gunst der Regenzeiten, die die Großviehzucht erlauben. Was im Hereroland, wo einen wie Leutwein schon einmal die »Erlkönigstimmung« überkommt, zählt, sind die Verstorbenen, die Lebenden und die Rinder. Es ist der klimatische Vorzug, der die Herero nach afrikanischen Maßstäben eher wohlhabend macht.

Im Namaland, dem Gebiet vom Swakop nach Süden bis hin zum Oranje, ist es häufig trocken, dominieren reiner Steppencharakter und verbuschtes Land. Wasserstellen sind seltener, das Pflanzenkleid ist dürftiger als im Norden, was die Nama zur Haltung von Kleinvieh wie Schafen und Ziegen zwingt. Küstenhottentotten mögen Robben, Delfine und Pinguine verspeisen, die vom Binnenland müssen sich an alles halten, was da kreucht und fleucht, verschmähen auch Mäuse, Käfer und Eidechsen nicht.

Was unter Nama wie unter Herero zählt, sind die Verstorbenen, die Lebenden und die Rinder. Was das Verhältnis zwischen den im Norden herumziehenden großviehreichen »Schwarzen« und den im Süden heimischen großviehmarmen »Gelben« kompliziert, ist, dass sich die Rinder der einen wie der anderen auffällig gleichen: sie sind hochbeinig und schlank, tragen gewaltig ausgeformte, breit gestellte Hörner (Zugleistung prächtig, auch als Reittier zu nutzen, Schlachtgewicht des ausgewachsenen Ochsen um die 225 kg). Mit Bulle und Kuh trotz klimatischer Ungunst am Aufbau eines eigenen Rindviehbestands zu schaffen, würde dem Naturell des gelben Mannes widersprechen. Von tödlicher Konsequenz so auch, dass das Rindvieh der einen wie der anderen den gleichen Besitzer hat: den Herero.

Der kühne Handstreich nach einer Hereroherde hat Tradition, Rinder stehlen ist so viel wie eine offizielle Kriegserklärung, *Orlog machen* ein Dauerzustand.

Böse Geschichten aus der Geschichte: Als Kapitän Jonker aus der Häuptlingsfamilie der Afrikaaner im *Pontok* auf der *Kattel* liegt, um von einem großen Hottentottenreich zu träumen, setzt er den geregelten Nachschub von Feuerwaffen, Kugeln, Pulver und Pferden voraus.

Jonkers Handelsbeziehungen zur Kapkolonie sind gut, die weißen Wanderhändler geben ihm Waren auf Kredit, was ihn abhängig, dazu manipulierbar, aber eben auch stärker macht. Elfenbein als Zahlungsmittel ist knapp geworden, was Jonker zum Räuber- und Kriegerleben zwingt, sind somit Hereorinder, die er den Händlern zutreiben kann.

Der Nama aus dem trockenen Süden greift die großen Rinderposten der Herero an, nimmt ein paar tausend Kopf Großvieh als Beuteobjekte mit. Die Herero, denen Großviehherden als Grundlage für ihren Lebensunterhalt und Statussymbol dienen, schlagen zurück. Wer sich gerade wo behauptet, besitzt das Land (die Weide, die Wasserstelle), kann seine Schulden bezahlen, Kriegsgerät, Bedarfsartikel, dann auch Branntwein kaufen. Das so lange, wie kein Stärkerer auftaucht.

Jonker besiegt die Herero eins ums andre Mal. Als er 1861 stirbt, ändert das am Waffen-Rinder-Handelskreislauf mit seinen blutigen Händeln nichts. Christian Afrikaaner unterliegt den Herero bei Otjimbingwe (Christian fällt). Hottentotten greifen Otjimbingwe erneut an, dort lebende Weiße retten sich durch Flucht. Nama tauschen

Kapitän Jan Jonker aus der Häuptlingsfamilie der Afrikaaner (1823–1889), Enkel des südwestafrikanischen Napoleons Jonker.

Afrikaaner-Kapitän Jan Jonker (vordere Reihe Mitte) mit Häuptlingen und Unterhäuptlingen (um 1876).

Carl Hugo Hahn, der Bahnbrecher der Herero-mission, gründet die Missions-stationen Neu-Barmen und Otjimbingwe.

in einem einzigen Monat 4.000 erbeutete Rinder ein, Herero besiegen sie bei Oka-handja und Otjikango. *Orlog machen* ist ein Kreislauf von biblischer Brutalität, für Leute wie Hahn oder Kleinschmidt etwas wie die Vorstufe zum Jüngsten Gericht.

Licht im Dunkel

Hahn und Kleinschmidt verlassen Elber-feld, aus gegebenem Grund jetzt Zankbrun-nen genannt. Da ein neuer Ruf nicht zu er-warten ist, schlagen sie auf eigene Faust die Richtung Okahandja ein, wo sie beim Flussbett des Okakango auf eine Quelle stoßen, die eine Missionsstation versorgen kann.

Bei einem Platz, den sie zu Ehren Schme-lens Schmelens Erwartung nennen, wird mit dem Hausbau begonnen (*»unser Herz war voller Dankbarkeit gegen den Herrn«*). Als die Quelle überraschend versiegt, was im Sonnenland das Ende jeden Anfangs ist, ziehen sie ins nahe Otjikango, so viel wie »Ort der heißen Quellen«, weiter. Dort eröffnen Hahn, Kleinschmidt und der far-bige Johannes Heinrich Bam am Reforma-tionstag des Jahres 1844 eine erste Mis-sionsstation, nach dem RMG-Hauptsitz Neu-Barmen genannt.

Leicht wird es den Sendboten nicht ge-macht, sind der Bekehrungsarbeit doch enge Grenzen gesetzt. Der kleinliche Cha-rakter, die brutale Grausamkeit – waren Eingeborene überhaupt Menschen? *»Nein, noch waren sie nicht Menschen. Auch die nicht, die Christen geworden waren. Sie ließen sich taufen aus Nachahmungstrieb«* (Friede Kraze, »Heim Neuland«).

Vieles, was als gottgefällig vermittelt wer-den müsste, kommt einfach nicht an. Die Frage so auch, wo die Kirche im Dorf las-sen, wenn noch keine Kirche im Dorf ist? »Ein Mann darf seine Frau und eine Frau ihren Mann nicht schlagen oder beißen oder auf ähnliche Art behandeln.« – »Ein Mann, der mehr als eine Frau hat, soll die älteste heiraten und die anderen verlas-sen. Hurerei wird mit 40 Schlägen be-straft«, was die Arbeitskraft der Frau über-sieht, die die Polygamie so attraktiv macht. Einer wie Herero-*Chief* Kamaharero (Ma-harero ua Tjamuaha) nennt, ein Beispiel von vielen, 40 Frauen sein Eigen.

Broschüren zu Themen wie »Die Gefahr des Zuckerbiertrinkens« oder »Vom Segen der Arbeit« verfehlen den Zweck, sind Abstinenz und protestantische Arbeitse-thik, einmal irdisch gesehen, doch absolut nicht jedermanns Geschäft. Kleinschmidt in Rehoboth, Scheppmann von Rooibank aus unter den Topnaars, Rath in und um Otjimbingwe, Kolbe in Okahandja, Franz H. Vollmer in Berseba ..., der eine oder

Otjikango im süd-lichen Hereroland, nach dem Haupt-sitz der Missions-gesellschaft Neu-Barmen genannt (Stich von 1871).

andere Gottesmann hätte die Sache dann auch gerne hingeschmissen, »wenn er Ihn nicht fürchtete, will Er doch das Opfer«.

So fassen sie auch immer wieder Fuß, legen auf Kreuz-Zügen fern jeglicher Zivilisation Missionsstationen, Handelsposten und Viehtransportstationen an, bahnen durch die allmähliche Erschließung des Landesinnern den Weg für eine gezielte Besiedlung durch Weiße.

Hahn wird kurzfristig abberufen, um in der Heimat als Reiseprediger zu dienen, kehrt – Schnee, Regen und Graupel überdrüssig – jedoch wieder zurück. In der Auszeit hatte er die Muse gehabt, über den Neuanfang nachzudenken.

Frühere Versuche, das Nomadenvolk der Herero sesshaft zu machen, sind fehlgeschlagen. Wo sie bodenständige Gemeinden bilden wollten, zogen Sendboten von Wasserloch zu Wasserloch, Weideplatz zu Weideplatz. Was man brauchte, war das Missionszentrum, die Musterwirtschaft deutscher Missionskolonisten, die Näh- und Flickstube, den beispielhaften Handwerkskurs.

In Otjimbingwe, dem Sammelpunkt von Jägern und Händlern im südlichen Hereroland, gründet Hahn mit Missionskolonisten die erste deutsche Kolonie. Als erstes Siedlerehepaar reisen der Schmied und

Missionshandwerker Eduard Hälbich (28) aus Schlesien und Braut Amalie Bartel an. Das Schlacht- wird neben das Warenhaus gestellt, die Wagenmacherei neben die Schmiede. Otjimbingwe ist einer der heißesten bewohnten Plätze, den man sich denken kann, aber auch der wichtigste Rastplatz für den Ochsenwagenverkehr zwischen dem Landesinnern und der Küste.

Die Sendboten haben zum Monopol auf Friedensliebe das Monopol des Handelsgeschäfts. In vorkolonialen Tagen ist es üblich, dass die Gottes- in der Zeit, die ihnen neben dem Christenmachen verbleibt, als Geschäftsmänner dienen, worüber es 1868 in Neu-Barmen zur Gründung der Missionshandels AG, der ersten Handelsgesellschaft Südwestafrikas, kommt.

Da Branntwein vom Missionshandel ausgeschlossen ist, dominieren alte Militär-, Steinschloss-, Perkussions- und Miniégewehre das Angebot der Mission, dazu Vorderlader-, selbst noch Doppelbüchsen mit Hinterladung, Pulver und Blei. Das Missionarisch-Erweckliche leidet nicht, wird doch behauptet, dass die bessere Bewaffnung Eingeborene zu Herren über das Wild machen würde, was fraglos ein kultureller Fortschritt wäre.

Curt v. Francois, der eines Tages derart gerüsteten Landeskindern gegenübersteht, würde sich wundern, dass ausgerechnet

Kamaherero (um 1820–1890), der Häuptling der Okahandja-Herero, stellt sich 1885 unter deutschen Schutz.

Missionshandwerker Johann Carl Eduard Hälbich (1836–1888) aus Groß-Reichen im schlesischen Kreis Lüben mit Familie (um 1882).

Otjimbingwe im südlichen Hereroland, Hauptstation der Rheinischen Mission und erste »Hauptstadt« des Schutzgebiets (um 1876).

Friedrich Fabri (1824–91) aus Schweinfurt, Inspektor der Rheinischen Missionsgesellschaft in Barmen.

Friedensboten mit Vernichtungswaffen und Munition handelten: »Man hat der Mission vorgeworfen, dass sie vom Krieg profitiert hätten, lagerten zu Zeiten doch 15.000 Pfund Pulver in Otjimbingwe ..., die sonst leichtsinnigen Eingeborenen kauften die Munition zentnerweise und versteckten ihre Vorräte an geheimen Orten in den Bergklüften, wo sie sich bei der Trockenheit des Klimas ausgezeichnet hielten.«

Hahn erarbeitet zusammen mit Rath eine Herero-Grammatik, Krönlein übersetzt das Neue Testament und Luthers Kleinen Katechismus. Johannes Olpp schreibt am Deutsch-Nama-Wörterbuch, Friedrich W. Weber studiert die Schnalzlaute der Hottentotten, Missionar Schaar sammelt Nama-Fabeln. Hahns Frau Emma führt zur Kleiderhygiene die viktorianischen Missionskleider der Hererofrauen ein, wie sie sie heute noch tragen.

Die Missionsstationen scheinen die richtigen Missionare zu haben, doch die falschen Geschäftsleute. Hahns Kolonisten machen sich selbständig, die Zahl der Gläubigen bleibt hinter der Zahl der Gläubiger zurück. Die schlechten Nachrichten häufen sich, bereits 1873 muss die Missions-Handelsgesellschaft liquidieren.

Zum echten Erfolg war dagegen das von Hahn und Diehl arrangierte Treffen zwischen Kamaharero und Jan Jonker Afrikaaner im Jahre des Herrn 1870 geworden, reichte der Missionsfrieden von Okahand-

ja doch immerhin zehn Jahre. Wenn alles gut gehen würde, konnte das Gute jetzt dem Bösen folgen, doch so ganz traut man dem Frieden nicht. 1877 ersuchen die Herero England um Protektion, bieten dafür als Gegengeschäft zwei Drittel ihres Landes, darunter die gesamte Küste. Die Petition bleibt unbeantwortet, den Hafen von Walvis Bay sollten die Engländer im Alleingang besetzen, was an Südwests hafen- wie lebensfeindlicher Küste zum Volltreffer wird.

Herero ziehen hinunter nach Rehoboth, damit auf Nama-Gebiet. Ihre Herden grasen Jan Jonkers Viehweiden ab, was die Spirale der Gewalt erneut in Bewegung setzt. Unter den Opfern ist der Missionssitz in Klein-Windhuk.

Hahn, ganz ehemaliger Pionieroffizier, hatte zuvor schon die englische Regierung und Preußens König zu einer Machtdemonstration gedrängt, um Erreichtes durch staatliches Auftreten zu schützen. RMG-Inspektor Fabri fordert jetzt die Stationierung eines deutschen Kriegsschiffes in Walvis Bay, um zu zeigen, dass Gott auch eine andere Seite hat. Berlin fragt in London an, ob es zugunsten der RMG intervenieren könne. Bismarcks Bitte wird mit der Begründung ausgewichen, dass England lediglich für das Territorium von Walvis Bay zuständig sei, alles andere außerhalb seines Hoheitsgebietes liege.

Deutschlands Missionsveteranen müssen es so auch als Gotteswink sehen, als ausgerechnet in jenen Landstreifen, wo sie so aktiv wirken, deutsche Kaufleute Grund und Boden erwerben. Die RMG grenzt zwar ab, dass »die Kolonisation der Ausbreitung von Macht und Ansehen des lieben deutschen Vaterlandes diene, die Mission dagegen die Ausbreitung des Reiches und der Ehre unseres himmlischen Königs, Jesus Christus suche«.

Doch man hilft sich gegenseitig. Kaufhand und Reich profitieren von den Landeskenntnissen der Missionare, die Mission, die sich mehr Schutz und mehr Ordnung verspricht, strengt sich dafür kräftig an, um Eingeborene politisch wie wirtschaftlich auf Vordermann zu bringen.

Auf rauem Pfad voran

Adolf Lüderitz, mehr Abenteurer als Geschäftsmann, hatte sich als junger Mann in der Neuen Welt umgesehen, den Tabakmarkt in Virginia studiert, dann in Mexiko eine Ranch geführt. Dort Opfer einer der üblichen Revolutionen, kehrte er nach Europa zurück. Lüderitz heiratet gut, übernimmt das Tabakgeschäft des verstorbenen Vaters, hat jetzt das Geld, um sich an einer Faktorei im englischen Lagos zu beteiligen, was ihn in den Handel an Afrikas Westküste einführt.

Lüderitz (»*Keine Schwierigkeiten schrecken, sondern auf rauem Pfad voran*«) lernt einen Kapitän Timpe kennen, kauft auf dessen Vorschlag, mit Afrikas Wilden Geschäfte zu machen, die 260-t-Brigg TILLY. Vordergründig wird an den Tausch von Exotischem wie Elfenbein gegen Zivilisationsgut gedacht, der Erwerb von herrenlosem Land ist geplant. Auf die Suche nach Naturschätzen, um die es Europäern in Afrika immer geht, würde sich der Bremer machen, sobald ihm irgendwo etwas gehört.

Unter den Ideengebern des Lüderitz ist der 21-jährige Handelsgehilfe Heinrich Vogelsang, der sich nach einem Afrikaaufenthalt zutrauen würde, Togo als deutsche Kolonie zu gewinnen. Von hier bis zur Erkenntnis, dass Südwest das gesündere Klima hat, ist es nicht weit.

Bevollmächtigter der Firma F.A.E. Lüderitz, trifft Vogelsang mit der TILLY/KzS Timpe im April 83 in Angra Pequeña, der »Engen Bucht«, ein. Eng ist die Bucht tatsächlich, auch im kolonisatorischen Sinne, sitzen auf vorgelagerten Inseln doch bereits seehundjagende Kapholländer und Briten. Der Mann bleibt trotzdem optimistisch: »Am Abend unseres ersten Tages auf südwestafrikanischem Boden ließen wir die Becher kreisen.« *Wir* in Feierlaune, das sind neben Vogelsang und Timpe die Herren v. Pestalozzi, Francken, Wagner, Lahnstein, De Jongh und Klisser.

Die Strecke nach Bethanien reitet Vogelsang in fünf Tagen. Dort erwirbt er vom gegenwärtigen Besitzer, dem Bethanier-Kapitän Fredericks, die Angra-Pequeña-Bucht nebst anschließendem Land im Um-

Kolonialpionier Adolf Lüderitz während seiner ersten Reise durch »Lüderitzland«.

Lüderitzbucht um 1908: vom »Platz an dem es nichts gibt« zum reichsten Platz im deutschen Kolonialbesitz.

Josef Fredericks, Kapitän der Bethanier-Hottentotten.

kreis von fünf Meilen. Zurück an der Küste hämmern sie in Bremen vorgefertigte Holzhäuser zu »Fort Vogelsang« zusammen, über dem sie die Flagge des Kaiserreiches wehen lassen.

Schon im August wird ein weiterer Vertrag mit Fredericks unterschrieben, der die Firma in den Besitz des Küstenstreifens vom Oranje nordwärts bis zum 26° südl. Breite »mit Inbegriff aller Häfen und Baien« bringt. Dazu kommt das Hinterland auf eine Breite von 20 Meilen. 500 Pfund Sterling in Gold, 60 Wesley-Richard-Gewehre und ein paar Spielzeugsoldaten sind ein Schnäppchenpreis, geht Vogelsang doch von der geografischen Meile (7,5 km), der Nama von der rund 6 km kürzeren englischen Meile aus. Deutschlands Kolonialgegner sollten das Geschäft so auch »Vogelsangs Meilenschwindel« nennen.

Noch im August reist Lüderitz nach Berlin, um sich dort für den Schutz seiner Niederlassung einzusetzen. Sein Bonbon hat er dabei: »Da Angra Pequeña Bay in meinen, also deutschen Besitz gekommen ist, so beabsichtige ich, dieser Bay auch einen deutschen Namen zu geben ..., Kaiser Wilhelm Bay.« Vom AA wird eine recht allgemein gehaltene Zusage erteilt. Diese

für den Fall, dass der Landstrich von keiner anderen völkerrechtlich anerkannten Macht mit Recht beansprucht würde.

Im Reich wird die Erwerbung des Lüderitz von Zeichnern jetzt so dargestellt: Papageien, Palmen, Affen, grüne Haine und weißer Strand. Hier und da spielende, rundherum zufriedene *Negermassen*. Als der Bremer im Oktober 83 in 14-tägiger mühseliger Wanderung mit dem Ochsenwagen sein Eigentum kennen lernt, fällt ihm zum Vegetationslosen jedoch eher das biblische Tohuwabohu ein. Nachzulesen unter 1. Mos. 1,2.

Hätte Lüderitz auf lokale Buschmänner gehört, die Angra Pequeña »einen Platz, an dem es nichts gibt« nennen! Doch Lüderitz hört nicht auf Buschmänner. Lokalen Hottentotten verspricht er einen Kaufladen, was er auch halten kann, dazu den Schutz vor anderen Stämmen, wozu weder er noch seine Firma die Möglichkeiten haben. Der Bremer schätzt seine Grenzen ausnahmsweise richtig ein und wendet sich an Bismarck persönlich.

Die Politik sieht die Probleme, den sensiblen Auftrag, beim Kolonialriesen England abzuklären, ob er Souveränitätsrechte über den Platz ausübe, erhält der ksl. Botschafter in London Graf Georg Herbert Münster v. Derneburg (»*Wenn es Afrika, dieses dunkle Land, nicht geben würde, hätten wir Diplomaten wenig zu tun.*«) Angra Pequeña ist auf Afrikas Landkarte nur ein winziger Klecks, doch Großbritannien liegt als Mutterland viel daran, fremde Mächte von der Kapkolonie fernzuhalten.

Bismarcks Anfrage löst so auch einen regelrechten Kolonialhickhack aus. Zur Wahrung eigener Interessen schicken die Kapbehörden das Kriegsschiff BOADICEA, zur Überprüfung des Lüderitzschen Besitzes steuert S.M. Kbt. NAUTILUS Angra Pequeña an. KzS Aschenborn sieht sich um, stellt auf der höchsten Erhebung ein Kreuz als amtliche Landmarke auf, fährt anschließend nach Kapstadt weiter.

Als Aschenborns positiver Bericht in Berlin eintrifft, sagt Bismarck unter dem Datum vom 19. April, damit mitten im rhetorischen Säbelrasseln, Lüderitz den Schutz des Reiches zu. Kaiser Wilhelm I. bestätigt zwei Tage später.

Ende Juli erhalten S.M. Kbt. WOLF/KzS Raven und Kreuzerfregatte LEIPZIG/KzS Herbig Befehl, Unternehmungen der Kreuzerfregatte ELISABETH/KzS Schering an Westafrikas Küste zu unterstützen. Am 7. August 1884 geht des Kaisers Flagge in Angra Pequeña hoch.

KzS Raven hisst die deutschen Farben am Nordufer der Swakopmündung, Lüderitz erwirbt von Topnaarkapitän Piet Haibib Land »in den Grenzen des 22° und 26° südl. Breite« für 20 Pfund Sterling. Schon im September erkennt Britanniens Kgl. Regierung die deutsche Schutzherrschaft an.

Die Firma schickt mehrere Expeditionen ins Land, die im Prinzip nach Bodenschätzen suchen, denen Schutzbegehren jedoch gelegen kommen. Das wehrhafte Reich schützt den Besitz des Lüderitz, der eine oder andere Kapitän stellt sich, ohne zu wissen, was er von der neuen Zeit zu halten hat, aus Angst vor seinen Nachbarn unter den Schutz des Lüderitz.

Mineningenieur Höpfner trifft Hermanus van Wyk, Kapitän der Rehobother Baster. Baster/Bastards wird in DSWA als Stammesbezeichnung für Abkömmlinge von ca. 30 burischen Siedlern und Namafrauen verwendet, die aus der Kapkolonie zugewandert sind. Wyk »bittet den Kaiser, seinen kaiserlichen Schutz auch über sein Gebiet [im nördlichen Namaland] zu erstrecken«. Der umtriebige Höpfner verpflichtet sich »so weit tunlich«, Ruhe und Ordnung im Lande herzustellen, durch Grubenabbau Arbeitsplätze zu schaffen und die Baster zur Wiederherstellung des Friedens mit Waffen und Munition zu versorgen.

Die Baster (»stattlicher Mittelwuchs, an Zigeuner erinnerndes Äußeres [die Männer], recht anziehende Gesichtszüge, in höheren Jahren zum Starkwerden neigend [die Frau]«) gestehen dem Lüderitzvertreter die Regelung ihrer Verhältnisse zu Nachbarstämmen zu, die Gerichtsbarkeit und volle Vergünstigungen für Handel und Geschäfte. Höpfner selbst erhält die Prioritätsrechte für den Grubenerwerb.

Im Oktober trifft Gustav Nachtigal, der fürs Wahljahr die deutschen Farben in Togo und Kamerun hisste, in Angra Pequeña ein. Den ersten Südwester Schutzvertrag schließt er mit Fredericks. Zu denen, die das Werk bezeugen, zählt Lt.z.S. Graf Spee. Eine Fusion unter Gleichen ist es nicht. Missionar Bam hinterher über Fredericks: »Derselbe hatte sich in seinen schwarzen Sonntagsanzug geworfen und hätte gewiss ein

Hermanus van Wyk: Vom Kapitän der Rehobother Baster erhält Mineningenieur Höpfner die Prioritätsrechte für den Grubenerwerb.

Erste Faktorei der Bremer Firma F.A.E. Lüderitz in Angra Pequeña.

John Müller, Faktoreileiter der Firma F.A.E. Lüderitz, mit Buschleuten und Hottentotten in Angra Pequeña (1885).

Adolf Lüderitz und Steuermann Steingröver vor der Faktorei der Firma F.A.E. Lüderitz in Bethanien.

einnehmendes Äußeres präsentiert, wenn nur seine Hände nicht gar so schmutzig gewesen wären.«

Eines Tages wurde erzählt, dass Graf Spee beim Herumlungern auf vom Wind landeinwärts getriebenen Küstendünen ein paar gelbliche Steinchen gefunden habe, die Vogelsang jedoch für wertlos hielt.

Lüderitz klotzt, er kleckert nicht. Seine Leute errichten Faktoreien in Aus, Kuibis und Bethanien, schließen Kaufverträge und erwerben Minenrechte in geografisch lediglich roh begrenzten Gebieten. Sein Agent, Missionsspediteur Koch, erwirbt von Afrikaaner-Kapitän Jan Jonker den Platz Windhuk und das dazugehörende Weideland mit Ausnahme der Privatrechte des Stammes für 100 Pfund Sterling.

Lüderitz hat jetzt Land im Überfluss, dazu jedoch ein verkorkstes Geschäft. Aus der Heimat angereiste Mineningenieure und Geologen wie der Obersteiger Grimm, wie Mertens oder Beck finden keine abbauwürdigen Bodenschätze. Zwischen Angra Pequeña bis hinauf zum Kunene, abgesehen von Walvis Bay mit seiner Europäerkolonie, über Hunderte von Kilometern nichts. Kein richtiges Haus, kein richtiger Hafen, weder Gold noch Kupfer, Silber oder Blei. Für die Anlage weißer Siedlungen scheint Südwest ungeeignet zu sein, der Tauschhandel mit Eingeborenen lohnt den Aufwand nicht.

Eines nicht allzu fernen Tages hat der Bremer rund 1 Mio Goldmark in seine afrikanischen Besitzungen gesteckt. Als die Brigg TILLY mit teuren Bohrmaschinen an Bord gegen das Angra-Riff fährt und sinkt, kann sich die Firma davon nicht mehr erholen. Lüderitz verkauft im April 85 einen Teil seiner Besitzungen mit den dazugehörenden Minenrechten an die Deutsche Kolonial-Gesellschaft für SWA (DKG/SWA, nicht zu verwechseln mit der Kolonial-Gesellschaft DKG). Den neuen Herren der alten Erde wird von Berlin die Landeshoheit übertragen.

Wie der Aufstieg des Kolonialpioniers, ist auch sein Ende schnell auserzählt. Lüderitz hat einen Fehlstart hingelegt, sein Geld buchstäblich in den Sand gesetzt, was seinen hanseatischen Unternehmergeist nur noch fördert. Im Juli 86 bricht der nicht mehr so junge Lüderitz in Aus zu einer Expeditionsreise auf, um im Süden nach Mineralien zu suchen. In seiner Begleitung Bergwerksingenieur Iselin, der Seemann Steingröver und Faktoreileiter Müller. Dazu eingeborene Führer, zwei Wagen und 40 Zugochsen, drei Tragochsen, sechs Pferde, Schlachtvieh und Treiber.

Am Oranje besteigen Lüderitz und Steingröver ein Faltboot, um damit die Schiffbarkeit des Flusses zu testen. In seinem letzten Brief schreibt der Bremer: »Der Oranjefluss ist hübsch und romantisch, machte uns aber viel Arbeit, da wir 52 Stromschnellen zu überwinden hatten.«

Lüderitz und Steingröver übernachten auf Farm Kort Doorn, verlassen dann das Festland und sind seither verschollen. Von den einen wird ein Sturm aus Nord/Nordwest dafür verantwortlich gemacht, andere deuten auf umherziehende Buschleute. Das Schicksal des Großkaufmanns im Mündungsgebiet des Oranje bleibt Spekulation, zur Bildung der Lüderitz-Legende trägt es kräftig bei. Zurück im Reich gibt es bald Lüderitzstraßen und -Cafés, in Sachsen-Anhalt den Ort Lüderitz. Nach seinem Tod wird Angra Pequeña, eines Tages der reichste Platz im deutschen Kolonialbesitz, Lüderitzbucht genannt.

Hendrik und Wilhelm

Im April 85 schickt das Reich den ksl. Gebietskommissar Heinrich E. Göring und Kanzler Louis Nels ins Sonnenland. In ihrer Begleitung Polizeimeister Hugo v. Goldammer, der eines Tages hier Proviant-, mit Einrichtung eines Postamts Generalpostmeister wurde. An Bismarcks Konzept, nach dem der Kaufmann, nicht der Berliner Bürokrat das Schutzgebiet regiert, hat sich nichts geändert. Doch Göring, zuletzt Landgerichtsrat in Metz, ist als Jurist der richtige Mann, um angelaufene, überaus verwickelte Rechtsverhältnisse zu klären.

Hochwohlgeboren legt den Weg von der Küste nach Otjimbingwe im schwerfälligen, ungefederten Ochsenwagen zurück. Auf dem nördlichen Swakopufer richtet er sein Reichskommissariat ein, was das Missions- und Handelszentrum zur ersten »Landeshauptstadt« macht.

Göring kann in Warmbad Schutzverträge mit Bondels und Feldschuhträgern schließen. Ein früher Höhepunkt ist das Abkommen mit Kamaharero, zu dem man im Oktober 85 in Okahandja, dem Hauptort der Herero im Tal des oberen Swakop, zusammenkommt. Für das Reich verhandeln neben Göring August Lüderitz Missionspfarrer Büttner und Sekretär Nels, für die Gegenseite Vorleute wie Nikodemus, Barnabas und Josaphat. Dazu Riarua, den sie den »Bismarck der Hereronation« nennen. Ort der Handlung ist das Haus des Missionars Diehl.

Ironie der Geschichte jetzt, dass ausgerechnet Hendrik Witbooi – Gottes Freund, doch aller Welt Feind, so auch Hauptgegner der Deutschen – zur Annäherung zwischen Weißen und Schwarzen beigetragen hat. Der Nama sieht sich als Christ und Gottesgeißel in einer Person. Mit den Herero steht er im Krieg. Es war sein Überfall auf Okahandja gewesen, der die Schwarzen über ein Schutzbündnis gegen ihn hatte nachdenken lassen.

Um einen Vertrag mit Vater (Moses) und Sohn (Hendrik) Witbooi bemüht sich Göring vergeblich. Die beiden haben die Gefahr für ihre Selbständigkeit erkannt, ziehen es so auch vor, sich gegenseitig zu schützen. Bei ihnen hilft selbst die Bottel *Eau de Breme* nicht weiter, Weinbrand, den Lüderitz in euphorischer Gründerstimmung als Parfüm einführt, um die Missionare nicht zu verstimmen.

Heinrich Vogelsang (1862–1914), Bevollmächtigter der Firma F.A.E. Lüderitz.

Steuermann Steingröver, Begleiter von Adolf Lüderitz.

Aufbruch in Aus: Lüderitz mit Begleitern im Juli 1886 auf dem Weg zum Oranje, um im Süden nach Mineralien zu suchen.

113

Der gelbe Hendrik, tatsächlich einer der verwegensten Räuber, und der weiße Wilhelm sind als König und Kaiser von Gottes Gnaden für zwei verschiedene Reiche bestimmt. Als die Deutschen seinen Waffenhandel unterbinden wollen, vertritt der Nama die Meinung, dass der Mensch ein natürliches Recht auf das Tausch- und Prestigemittel Waffen habe. Ebenso wie auf Sonne und Regen ...

Südwest hat jetzt eine Schutzmacht, die die Herren Göring, Nels und Goldammer vertreten. Was es nicht hat, ist ein einziger Soldat, der den Ruhm deutscher Waffen hochhalten kann. Kaiser und Reich haben die Reihenfolge auf den Kopf gestellt, anstatt einer militärischen Hand mit Goldammer einen Polizeimeister, mit Nels einen Kanzler und mit Hochwohlgeboren einen Reichskommissar gestellt.

Als die durch Schutz- und Trutzbündnisse verbandelten Landeskinder um militärischen Schutz gegen die Nama ersuchen, muss Göring Berlin um die Entsendung von Truppen bitten. Die Dringlichkeit der Anfrage unterstreicht der Reichsvertreter damit, dass er etwas von Goldfunden im naturrauen Küstenbereich gehört haben will, was man später »Görings Goldschwindel« nennt.

Protektionsverträge klammern die Stationierung deutscher Truppen (noch) aus, den Notruf aus Otjimbingwe reicht Bismarck an die DKG/SWA als Rechtsnachfolgerin des Lüderitz weiter. Die Gesellschaft stellt eine private Schutztruppe zusammen. Lt. Hans Ulrich v. Quitzow, die Uffz. Böhsel, Grundmann, Schad und Höpfner landen im Mai 88 in Walvis Bay. Zu ihrer Verstärkung reist der in Kamerun verabschiedete Frhr. v. Steinäcker an, die Ränge füllen 20 Baster und Nama. Unter den Rehobother Baster lässt Göring zusätzlich 80 Gewehre verteilen, damit sie sich im Notfall selbst verteidigen können.

Große Worte, k(l)eine Taten, mit der Gesellschaftstruppe ist es nicht allzu weit her. Der Widerstand lebt, die Witboois zwingen die Weißen aus ihrer »Landeshauptstadt« und zur Flucht ins englische Walvis Bay. Herero und Baster müssen sich wie bisher auf sich selbst verlassen.

Reichskommissar Göring mit der von der Kolonial-Gesellschaft gestellten privaten Schutztruppe vor dem Haus des Landungsagenten Ludwig Koch in Walvis Bay.

Als die Raubzüge der Nama auf ihre Rinderposten nur noch zunehmen, S.M. der deutsche Kaiser den Schutz nicht wie versprochen übernimmt, wird das Abkommen von den Herero gekündigt.

Ein Held für Deutsch-Südwest

Graf Henckel v. Donnersmarck, die Deutsche und die Dresdner Bank, das Bankhaus Sal. Oppenheim, der Kommerzienrat Hansemann, Leo & Co., die Bank Delbrück …, an der Kolonial-Gesellschaft für SWA sind Vertreter des großen Geldes beteiligt. Für Bismarcks Kolonialkonzept fehlen trotzdem die Mittel. Das Grundkapital ist von 1,548 Mio auf 150.000 Mark geschrumpft, die Kritik »wegen erwiesener Unfähigkeit« zweifellos angebracht, doch des Kanzlers bloße Schutzgewährung war bereits in Togo und Kamerun ein recht gestriges Rezept.

Mit des Kaisers Statthalter auf der Flucht, kann Bismarck nicht anders, als des Reiches Muskeln spielen zu lassen. Zur Wiederherstellung des eigenen Ansehens »nimmt Mutter Deutschland das Kind Südwestafrika an die Brust«. Zu dessen Disziplinierung wird eine Privattruppe unter staatlicher Führung gebildet, wobei zu klären wäre, ob es so etwas überhaupt gibt.

Die Kolonialkämpfer sind eine reine Söldnertruppe, nicht dem Reich, sondern alleine ihrem Kommandeur verpflichtet. Der Soldat erhält monatlich 83,33 Mark, postnumerando zu zahlen, freie Verpflegung und Unterkunft, dazu die Kleidung vom Waffenrock (Kord) über zwei Unterhosen zu sechs Paar wollenen Socken. Dazu die Waffen, vorerst Karabiner 71, Revolver 79 und Bowiemesser.

Preußens Kriegsminister und die Generalkommandos vermitteln, sechs Aktive aus dem Heer und 13 Freiwillige aus dem Beurlaubtenstand machen die Reise nach Walvis Bay mit. Unter ihnen die Uffz. Trautvetter und Ballnuß, der Gefreite Kallweit und der Jäger Bremen, Grenadier Hellberg, Husar Felix, Ulan Jahn und der Trainsoldat Heim. Den Befehl halten die Hugenottenenkel und Soldaten aus Familientradition Carl und Hugo v. François.

Hptm. Curt Carl Bruno v. François (»*ein starker, breiter Mann mit scharfgeschnittenem Gesicht und unbeugsamem Willen*«. Bernhard Voigt) hatte seine militärische Karriere im Pommerschen begonnen, sich im Krieg von 1870/71 das Eiserne Kreuz verdient. Weggefährte Wißmanns war er als Topo- und Kartograf bei der Erforschung des Kongo-Nebenflusses Kassai dabei. François bereiste die Flussgebiete des Tschuapa und Lulongo, nahm den von Leopold v. Belgien gestifteten, nur ein einziges Mal verliehenen Orden »Kreuz des Südens« entgegen. Zur Kolonialabteilung des AA abkommandiert, führte er zwei Reichsexpeditionen im Togo-Hinterland. Einer wie François kennt Afrika, weiß, wie man sich dort bewegt. Kaiser und Reich lieben Helden wie ihn.
Bruder Hugo diente als Adjutant des II. Bataillons Inf.-Rgt. Fürst Leopold v. Anhalt-Dessau (1. Magdeburgische) Nr. 26, bevor er zur Kolonialabteilung wechselte.

Der Kreis der Mitwisser ist vorerst so klein wie nur möglich, doch mit dem Eintreffen der als wissenschaftliche Expedition getarnten François-Truppe beginnt des Reiches »bewaffnetes Fußfassen«, tritt Südwest aus dem Stadium der kaufmännischen Selbst- in das der Militärverwaltung ein. Die Dienstanweisung stellt den polizeilichen Charakter heraus, die Truppe soll die Wiedereinsetzung der Beamten forcieren, den Waffen- und Munitionsschmuggel eindämmen, dazu deutschfreundliche Landeskinder so gut es geht unterstützen.

21 Reiter zwischen großen Stämmen in einem weiten, wilden Land. Eine Bewaffnung dazu, die die mit dem weittragenden Hinterlader bereits vertrauten Räuber- und Steppenvölker nur wenig überzeugt …, was François, kaum im Land, nach Verstärkungen rufen lässt.
Bis zu deren Eintreffen errichten die Brüder mit gutem strategischen Blick am Swakopufer bei Tsaobis, ca. 40 km von Otjimbingwe, eine befestigte Station. Die Platzwahl könnte besser nicht sein, da von hier aus der Warenverkehr auf dem Baiweg zu überwachen ist, der von Walvis Bay den Swakop entlang durch das Khomas-

Heinrich Ernst Göring (1838–1913) aus Emmerich, erster Reichskommissar von Deutsch-Südwest.

Träger der in Südwest landesüblichen Botenpost.

Major Curt Carl Bruno v. François (1852–1931), Reichskommissar, Landeshauptmann und erster Kommandeur der Schutztruppe.

Tsaobis oder Wilhelmsfeste am linken Ufer des Swakop, der erste deutsche Stützpunkt im Landesinnern (1889).

hochland bis nach Windhuk führt. »Die Bauten der Station haben eine beherrschende Lage, und ich kann mit 18 Mann jedem Angriff der Herero in Ruhe entgegensehen« (François). Wasser und Weide sind ausreichend vorhanden, der Name Wilhelmsfeste bietet sich an.

Anfang 1890 trifft Lt. Georg Maercker mit 43 Mann in Sandwichhafen ein. Die Truppler – Männer wie der Büchsenmacher-Uffz. Gutsche, der Gefr. Junker oder der Reiter Talheim – sind mit dem neuen Inf.-Gewehr 88 und dem kurzen Inf.-Seitengewehr ausgerüstet. Mit der Verstärkung

erhält François die Befugnisse eines Korpskommandeurs in Kriegszeiten, dazu die Dienstanweisung, die deutsche Herrschaft im Land unbedingt aufrechtzuerhalten, was seinen Handlungsspielraum erweitert.

Fünf Jahre nach dem Okahandja-Vertrag zwingt der Aufmarsch von 800 Witbooi-Reitern die Herero dazu, sich erneut unter des Kaisers Schutz zu stellen. Die Protektion hat ihren Preis, der bereits kränkelnde Kamaharero wäre zu Konzessionen ohnehin bereit gewesen.

Herero und Nama haben in und um Winterhoek etwas wie ein neutrales Gebiet geschaffen. Warme und kalte Quellen, prächtige Weiden und ein guter Baumbestand, 1650 m über dem Meeresspiegel ein Klima, in dem Weiße angenehm leben könnten. Der Platz ist seit längerem unbewohnt, als der Botaniker Hans Schinz hier zuletzt vorbeikam, hat ihn lediglich eine Schakalfähe (Canis mesomelas) begrüßt. In Winterhoek/Windhuk kann sich François sein Hauptquartier vorstellen. Anstelle von Tsaobis oder Wilhelmsfeste.

Göring lässt Witbooi wissen, dass sich die Herero erneut unter den Schutz des Kaisers stellten. Im Prinzip nichts Neues, Vertrag oder nicht. Südwests Deutsche stehen dort, wo sie stehen wollen: in der Mitte. Solange Nama und Herero ihre traditionellen Fehden pflegen, beschäftigen sie sich weniger mit ihnen. Doch die Herero besitzen Großvieh, Nama produzieren, von wertlosem Kleinvieh abgesehen, wirtschaftlich nichts. Wenn der Kolonist eines Tages Waren aus dem Reich kaufen würde, musste er etwas haben, um dafür zu bezahlen. Das können aus aktueller Sicht nur die Rinder der Herero sein.

Vom Werden einer Metropole

Curt v. François trifft am 17. Oktober 90 mit 32 Mann in Windhuk ein, die Truppe biwakiert an der Stelle des späteren Ausspannplatzes. Da die Zeiten alles andere als sicher sind, wird schon am Tag darauf auf Groß-Windhuks beherrschendem Quellhügel mit der Errichtung der (heute Alten) Feste begonnen.

Den Plan hat François selbst gezeichnet, die Ausführung teilen sich weiße Soldaten und farbige Arbeiter, die Bauaufsicht führt der Obermaurer Tünschel. Die Feste ist, 61,5 m lang, 35,5 m breit, mit vier Ecktürmen so konzipiert, »dass sie Eingeborene nicht einnehmen können«.

Windhuk wird 1891 Regierungssitz (»*somit sind deutsche Männer wie der Lessing, der Ehmke, Wilke I und Wilke II als Gründer der späteren Landeshauptstadt anzusehen*«). Die beiden François' richten sich in den Überresten der Missionsstation Klein-Windhuk ein. Schmerenbeck baut das erste Steinhaus zwischen den Auas- und Erosbergen. Das eigentliche François-Haus, das Proviantamt, Ställe und Depots werden neben das Lehmhaus der Firma Mertens & Sichel gestellt. Zwischen Groß- und Klein-Windhuk wächst ein Beobachtungsturm. Auf was dann nur noch gewartet wird, was man zum Werden einer Landesmetropole einfach braucht, sind Weiße, die hier leben wollen. Prominent wird dabei an den Kleinsiedler, den körperlich schaffenden, im Idealfall wehrtüchtigen Landwirt gedacht.

Um Kolonisten anzulocken, gründet die DKG/SWA das Südwestafrikanische Siedlungssyndikat. Da eine Zuwanderung aus dem Reich noch etwas verfrüht erscheint, wirbt ein Graf Pfeil um Deutsche in Südafrika. Deutsch von Geburt oder Abstammung sollten Windhuker schon sein.

Aus dem Süden trifft der Nordschleswiger Christian Nissen-Lass ein, Frau Nissen-Lass ist die erste weiße Frau, die auf Windhuks neudeutschem Boden steht. Die Kaufleute Albert Voigts und Fritz Wecke ziehen nach, dazu ein John Ludwig, der seinen Garten an jener Stelle anlegt, wo später das Gasthaus »Ludwigslust« steht. Neusiedler kommen, doch nie genug, nach einem neuen Konzept wandern 1893 um die 60 Reichsdeutsche ein. Einer von ihnen, der Nitze, Albert, bringt den ersten Simmenthaler Bullen mit. Höhenfleckvieh, mit dem sich lokales Rindvieh aufkreuzen lässt.

Im Reich hat der junge Kaiser das Amt des wachhabenden Offiziers auf dem Staatsschiff übernommen (»*der Kurs bleibt der alte und nun voll Dampf voraus*«). Neu im Amt ist der preußische General Leo Graf v. Caprivi, mit dem Wilhelm (»*Ich bestimme*«) Bismarck aufgrund persönlicher und sachlicher Differenzen ersetzte. Unter Caprivi, im Jahre 16 nach der Flaggenhissung, erfüllt sich der lang gehegte Wunsch der Berliner, im Südwester Norden eine Verbindung zum Flusslauf des schiffbaren Sambesi, damit zu den Wasserwegen Zentralafrikas, zu schaffen.

Für das deutsch-englische Abkommen, damit im Rahmen eines viel größeren Geschäfts, haben Unterhändler mit dem Lineal vom Okawango (etwa auf der Höhe des 18. Breitengrads) einen geraden Strich zum Flusslauf des Sambesi, dann einen Parallelstrich gezogen, der auf einen seiner Nebenflüsse stößt. Die weitere Grenze folgt dem Wasserlauf bis zu dessen Mündung kurz vor dem 26. Längengrad. Das Ergebnis ist ein 450 km langer, an keiner Stelle weniger als 20 englische Meilen breiter

Lt. Hugo v. François (1861–1904): Nach dem aktiven Dienst Farmer auf Otjihase, fällt François im Kampf gegen die Herero bei der Wasserstelle Owikokorero.

Lt. Georg Maercker (1865–1924) aus Baldenburg/Havel übergibt seinen Verstärkungstransport in Sandwichhafen Hugo v. François (1890).

François-Haus
in Windhuk:
Mit der Anlage
von »Groß-Wind-
huk« löst der Platz
Otjimbingwe als
Hauptort des
Schutzgebiets ab.

Georg Leo Graf v.
Caprivi de Caprera
de Montecuccoli
(1831–1899),
Chef der
Admiralität,
Reichskanzler und
preußischer
Ministerpräsident.

Korridor, den man nie ganz ohne Ironie den Caprivi-Zipfel nennt.

Macht einer wie Caprivi, mit der Vision »Kolonisation ohne Blutvergießen« angetreten, doch absolut keinen Hehl daraus, dass er im Besitz von Südwest nur die Belastung sieht …, dass er sich kein größeres Übel vorstellen könnte, als wenn man dem Reich ganz Afrika schenkte, was ökonomisch richtig, politisch ziemlich töricht ist, ihn dann auch zum Umdenken zwingt. Caprivi im Februar 91: »Erst muss was zu schützen sein, dann kommt die Truppe.« Caprivi im März 93: »Südwestafrika ist deutsches Land und muss als deutsches Land geschützt werden, einerlei ob es gut war, es zu erwerben oder nicht.«

Aus der François- ist die Ksl. Schutztruppe hervorgegangen, die organisatorisch dem Reichsmarineamt, danach der Armeeabteilung des Preußischen Kriegsministeriums untersteht. Der Truppler ist Freiwilliger, die Truppe selbst Teil des deutschen Heeres, was Versorgungsansprüche, z.B. bei Invalidität oder Todesfall, auf eine gesetzliche Basis stellt.

Afrika ist ein romantisches Ziel der Jugend, nur hin und wieder tritt noch einer mit den Narben von 1870/71 an. Schutztruppler sind Ordnungskräfte, dazu Pioniere, werden im Wege- und Bahnbau eingesetzt, sie erbohren Quellen, bauen Staudämme, impfen Rinder. Schutztruppler studieren die Paarungsgewohnheiten der Oryx-Antilope und die Klagelieder der Bergdamara. Sie beschreiben den Fettansatz an den Oberschenkeln der Namafrauen, lassen sich über »jene sonderbare Entwicklung ihrer Gesäße zu einer überwuchernden Größe« aus und über das Stammesmerkmal *praeputium clitoritus,* die Hottentottenschürze.

Ein halber Tag Soldat, ein halber Tag Straßenbauer, Schuhmacher oder Schneider ist durchaus normal. Wer in den Kolonien ans Gewehr will, muss der ersten Schießklasse angehören, die körper- und charakterliche Eignung dafür erbringen und straflos sein. Schon in Deutschland wird daneben darauf geachtet, dass genügend Handwerker unter den Uniformierten sind.

Mit dem Hauptort im Werden, wendet sich François der Küste zu. Die Nachverhandler haben Walvis Bay, den einzigen natürlichen Seehafen des Landes, offenbar vergessen, befindet sich der Platz doch weiterhin in englischer Hand. Der Hafen von Lüderitzbucht kann aufgrund von Untiefen und Klippen nur mit Risiken angelaufen werden, Sandwichhafen, unter dem Wendekreis südlich von Walvis Bay, versandet mehr und mehr.

1892 sucht S.M. Kbt. HYÄNE/Kom. Frhr. v. Sohlern im Küstenstrich nördlich der Swakopmündung nach einer geeigneten Landestelle. Die Reede spielt für die Auswahl eine Nebenrolle, viel wichtiger ist die Lage zum Binnenland.

Bei Peilungslinie »SSO 3/4°, ungef Breite 22° 40 min, Länge 14° 29,5 min« wird Sohlern fündig, eine Stelle, die zumindest »nicht schlechter als der Zugang von See her nach Togo« ist. An Land wird nach Wasser gebohrt. In der Errichtung des Stationsgebäudes für Uffz. Hannemann und fünf Mann Besatzung sieht Swakopmund, in Zukunft Ausgangspunkt der Dursttrecks ins Landesinnere, seine Gründungsstunde.

Die ersten, die hier auf offener Reede ausgeschifft und mit Brandungsbooten an Land gerudert werden, sind 40 mit Hausrat und Vieh angereiste Siedler. In ihrer Begleitung ein 129 Mann starker Kavallerietransport, womit das Abenteuer Afrika für Mensch und Tier mit einem rechten Abenteuer beginnt.

Die Techniken differieren, drei davon sind bis zum Bau des hölzernen Landungsstegs populär: (1) Schiffsreisende werden entweder auf Prahmen (Landefahren) ausgeschifft, dann mit Seilwinden durch die wilde Brandung gezogen. (2) Schiffsreisende werden von *Kruboys*, von Woermann in Liberia angeheuerte Paddler, in Ufernähe gebracht, wo Landungs-Hottentotten auf sie warten. (3) Schiffsreisende werden im Lehnstuhl sitzend mittels Kran in ein Boot gehievt, kurz vor dem Land müssen sie ins Wasser springen (noch 1904).

Dass es nicht immer gut gehen konnte, beweisen die ältesten vier Gräber der Gegend, in denen vier Matrosen ruhen, deren Boot in der Brandung gekentert ist.

Die Namib, viel Nebel durch den kalten Benguelastrom vor der Küste, landeinwärts, bis nach ca. 50 km die ersten Grasflecken kommen, viel Sand, schlechte sanitäre Verhältnisse und der gefürchtete Swakopmundfloh: »Nach kurzer Fahrt entlang der traurigsten von allen bisher gesehenen Küsten entdeckt das Auge auf einem Sandhügel eine elende Wellblech-

hütte, vor der ein Mast steht, an welchem stolz die Flagge Schwarz-Weiß-Rot weht« (Max Corlei).

Zur Jahrhundertwende gründet ein Bierbrauer, der ausgerechnet Jauche heißt, hier die Bavaria-Brauerei. Das Leben wird dadurch etwas angenehmer, wer es angenehm findet, kommt ohne eine Überportion an Lokalpatriotismus nicht aus. Als Eingangshafen und atlantisches Ausfallstor sollte sich der zwischen weitem Meer und weiter Namib eingebettete Ort jedoch bewähren. Der Großteil der Versorgung der Kolonie wird hier eingeführt, in einem ganz normalen Jahr wie 1912 laufen 430 Dampfer Swakopmund an.

Eingang zur Windhuker Festung (um 1896):
Die Festungsanlage ist von Curt v. François so positioniert und konzipiert, dass sie als »durch Eingeborene uneinnehmbar« gilt.

Blick in Windhuks Kaiser-Wilhelm-Straße (Postkarte von 1908).

Nr. 65. Deutsch-Südwest-Afrika.   Kaiser-Wilhelm-Strasse, Windhuk.

Windhuk nach dem Bau der Christuskirche: Winterhoek, Winthoek, Wint Hook, Windhoek ... bis 1920 wurde für Südwestafrikas Hauptstadt der deutsche Name Windhuk gebraucht.

Offensive am Vormittag

»Die [anderen Kapitäne] *haben alle nicht verstanden, was sie unterschrieben haben. Ich habe es verstanden, darum schieße ich vorher, nachher ist es zu spät.«* Hendrik, durch die Unterwerfung weiterer Nama nur noch selbstherrlicher geworden, hat jährliche Zahlungen von 5.000 Mark fürs Stillhalten abgelehnt, macht auch sonst kein Geheimnis daraus, dass er sich Weißen nicht beugen will. Seine Raubzüge gegen die Herero sind im Prinzip Feldzüge gegen die Deutschen. François, der sich dem im afrikanischen Kriegshandwerk versierten Gegner nicht gewachsen fühlt, sind die Hände gebunden. Das bis zum nächsten Verstärkungstransport.

Im März 93 treffen Oblt. Kurd Schwabe und 224 Schutztruppler mit der »Carl Woermann« in Walvis Bay ein. Mit an Bord sind der Militärarzt Richter, der Allgemeinmediziner Gadow und sieben Einwanderer, denen das Siedlungssyndikat Heimstätten versprochen hat.

Für den Fußmarsch von Wasserstelle über Wasserstelle nach Windhuk benötigt die landfremde Truppe zwölf Tage. Zivilisten, Umzugsgut und Bagage fahren im Ochsenwagen mit. Wo immer sich die Gelegenheit bietet, lässt Schwabe vor Landeskindern exerzieren, weist doch nichts besser auf die tatsächliche Stärke des Reiches hin, als das technisch fortgeschrittene Armeegewehr 88 (mit rauchlosem Pulver und fünf Patronen im Laderahmen).

1893 ist ein gutes Regenjahr, wovon ein deutscher Feldzug nur profitieren kann. Die Riviere schieben gewaltige Wassermengen der Küste zu, an Weide für Reit-, Zug- und Schlachttiere fehlt es nicht. In Windhuk sind *Bokkie* oder Ziege schon für zehn Mark, ein Ochse für 60 Mark zu haben. Mit dem Eintreffen Schwabes am Hauptort teilt François, jetzt mit dem Titel Landeshauptmann, seine Garnison in eine 1. Ko. (Oblt. Hugo v. François, Fw. Heller) und 2. Ko. (Oblt. Schwabe, Fw. Hesse) ein. Am 8. April setzt er, 11.000 km von seiner vorgesetzten Dienstbehörde entfernt, mit 13 Offz./Uffz., 2 Lazarettgehilfen, 2 Trompetern und 93 Reitern (die marschieren, da man kurz an Pferden ist) zum Präventivschlag gegen Hoornkrans, das Kriegslager Witboois westlich von Rehoboth, an. 50 Baster leisten Waffenhilfe. Als die Weißen und Farbigen im Morgengrauen des 12. kommen, sitzen die Gelben gerade beim Frühstück. Die *Orlogleute* halten sich einen knappen Vormittag lang. Erst als sie das Aussichtslose eines weiteren Widerstands erkennen, machen sie sich »unter Hinterlassung der Weiber und Kinder« auf und davon. Die Truppe hat mit etwas, das sie kerndeutsche Hiebe nennt, ein ziemliches Blutbad angerichtet. *(»Die schwer zu schätzenden Verluste der Hottentotten waren beträchtlich. Die Werft bot einen schrecklichen Anblick. Leichen von Menschen und Tieren, Hausgerät und Waffen lagen reglos herum.«)* Auf deutscher Seite sind die *braven* Reiter Sakalowsky und Bartsch gefallen.

Was auf den ersten Blick wie ein Sieg deutscher Waffen erscheint – die Truppe kehrt mit 40 Frauen und Kindern, 50 erbeuteten Gewehren, 40 Kühen und 10 Pferden nach Windhuk zurück –, ist in Wirklichkeit eher dumm gelaufen. Die Witboois sind geschlagen, doch nur für den Augenblick. François hat erreicht, was er eigentlich verhindern wollte: den langwierigen Klein- oder Bewegungskrieg.

Rund 800 waffenfähige, dazu gut berittene Nama setzen sich in die Berge ab, wohin ihnen die marschierende Truppe nicht folgen kann. Hendrik erbeutet 120 für Windhuk bestimmte Pferde, wenig später 400 Zugochsen des Kaufmanns Schmerenbeck. Nachdem ihm Gerd Wieses Wagenzug auf dem Baiweg in die Hand gefallen ist, schleppen seine Leute weg, was ihre Pferde tragen können. Der Rest wird vernichtet.

Die Witboois legen den Frachtverkehr von der Küste nach Windhuk still, worunter Kaufleute wie Mertens, Sichel oder Voigts leiden, radieren Kubub, die Versuchsfarm der DKG/SWA für Wollschafzucht aus, töten die Reiter Skolik, Kramarz und Hölscher. Sie tauchen unmittelbar vor Windhuk auf, was nur heißen kann, dass der deutsche Einfluss auf den Landessüden im Schwinden ist.

Nach Hoornkrans verliert der Vorwärts-Verteidiger François an Rückhalt und Ruf. Der Vorwurf, mit einer taktisch unklugen Operation einen vermeidbaren Kolonialkrieg ausgelöst zu haben, wiegt schwerer als vergangene Heldentaten. Obwohl noch zum Major befördert, wird er von Caprivi als Landeshauptmann und Befehlshaber der Schutztruppe abgelöst.

François' Nachfolger ist Theodor Leutwein aus Strümpfelbrunn im Odenwald, zuletzt in Posen stationiert. Der Badener wartet Hptm. Ludwig v. Estorffs Kavallerietransport ab, um im August 94 mit zwei *Groot Rohr* (Geschützen) gegen Witboois Stellung im zerklüfteten Naukluftgebirge zu ziehen. 160 Baster leisten ihm Waffenhilfe.

Blick auf Swakopmund: Die Reede spielte bei der Gründung eine Nebenrolle, wichtiger war die Lage zum Binnenland. (Zeichnung von Oskar Schulz nach einer Fotografie).

Richard Volkmann aus Pforta/Kreis Naumburg, vormals 3. Thür. Inf.-Rgt. Nr. 71, zeichnet sich im Kampf gegen die Witboois aus.

Theodor Leutwein (1849–1921) aus Strümpfelbrunn im Odenwald, Reichskommissar, Gouverneur und Kommandeur der Schutztruppe.

In der Naukluft, nordwestlich von Maltahöhe, kommt es zu einem richtigen Gefecht, bei dem zwei Truppler auf sich aufmerksam machen, die aus der Geschichte der Südwester Truppe dann nicht mehr wegzudenken sind.

Richard Volkmann, Lt. aus Pforta/Kreis Naumburg, verfolgt den Feind bis zu einer Anhöhe, die künftig Volkmannhöhe heißt. Volkmann wird Distriktchef von Omaruru und Grootfontein, ist bei den Kämpfen bei Okangundi und am Waterberg dabei.

Hptm. Ludwig v. Estorff wird verwundet, macht hinterher jedoch schnell Karriere. Der Hannoveraner wird Bzk.-Chef von Outjo, führt im Hererokrieg die Westabteilung und hält von 1907–11 das Kommando über die Truppe. Zu diesem Zeitpunkt weiß ganz Südwest, dass Estorff bei Feldgottesdiensten gerne selbst predigt. Den Spitznamen »alter Römer« trägt er seit jenem Tag, an dem er einer schwer schuftenden Straßenbau-Kompanie Cäsars Legionen als Vorbild nannte, die durch Straßenbau Gallien erobert hätten.

Die Gelben ziehen sich tiefer ins Gebirge zurück. Während eines Patrouille-Gefechts bei Gurus fallen sechs Reiter, darunter der

Dragoner-Oblt. Diestel als erster deutscher Offizier. Als sich Witbooi Leutwein im September ergibt, nimmt ihm der Badener das Versprechen ab, den Deutschen künftig Heeresfolge gegen innere und äußere Feinde zu leisten. Die Auflage ist logisch aus militärischer wie politischer Sicht, da »Unterdrücker« fortan nicht nur Deutsche sind. Hendrik steht zehn Jahre lang, in sechs Feldzügen zu seinem Wort.

Südwest ist längst nicht befriedet, ein absoluter Luxusartikel für Kaiser und Reich, in Krisenzeiten gar eine echte Hypothek. Nama und Herero zwingen zu Überwachung und zu militärischen Aktionen. Doch die Unterwerfung Witboois (»*der erste freundliche Sonnenstrahl auf dem unter Nöten erworbenen Schutzgebiet*«) verspricht ruhigere Zeiten, lockt dann auch mehr und mehr Landsleute an. 1896 ist ihre Zahl auf 2.628 gestiegen, was aus dem Land der Gelben und Schwarzen »unter dem schützenden Panier der deutschen Kriegsflagge« auch ein Land für Weiße macht.

Martin Luther im Wüstensand

Großwildjäger mögen weite Strecken leergeschossen haben, Südwest ist trotzdem noch für seinen *Loxodonta africana* (Schulterhöhe des Bullen 3 bis 3,20 m, Länge mit Rüssel 9 m) bekannt. Ihm sollte ein wohlhabender Leutnant der Reserve einen weißen Elefanten zur Seite stellen, was zum zugstarken Beitrag für die Landesgeschichte wird.

Die allerersten Siedler waren schlichte Leute aus Handwerker- und Kleinbauernkreisen, die ihre Kraft fürs Überleben brauchten. Wirtschaftliches Fortkommen war wichtiger, als Kulturträger zu sein. Jetzt kamen auch welche, die die höhere Schule oder gar eine Universität besuchten, aus recht angesehenen und/oder begüterten Familien stammten.

Unter ihnen der Kunstmaler Edmund Troost, 94 eingereist und mit der 2. Ko. beim Kampf in der Naukluft dabei. Was einem wie ihm im Sonnenland auffallen muss, ist der Ochsenwagen als Verkehrsträger für Personen und Frachten. Es sind Treckochsen, die Europas Kultur auf weide-

Hptm. v.Sack   Pr.Ltn. v.Burgsdorff   Pr.Ltn. v.Perbandt   Ass.Arzt Dr.Schönewinkel   Ltn. v.Erckert   Ltn.Diestl   Hptm.v.Estorff   U.Rossarzt Rickmann   Ltn.Volkmann   Feldw. Stellbrink

Estorffs legendärer Kavallerietransport: 1894 mit der JULIA BOHLEN in Swakopmund eingetroffen, müssen Truppler wie v. Burgsdorff, v. Erckert oder Volkmann nach Windhuk marschieren, da an der Küste keine Pferde aufzutreiben sind.

und wasserarmen Strecken 18 bis 35 km am Tag ins Landesinnere schleppen.

Um innovativ zu sein, Mensch und Kreatur zu helfen, führt Troost auf eigene Kosten eine Dampf-Straßenlokomotive der Maschinenfabrik Dehne/Halberstadt ein. Der 1,4 Tonnen schwere Koloss wird 96 in Walvis Bay entladen, braucht für die Strecke nach Swakopmund allerdings volle drei Monate, da er immer wieder im Sand oder Gesteinsschutt der Namib versinkt.

Troosts Lokomobil fährt mit zwei großräumigen Anhängern ein paar Transporte nach Nonidas, doch die Probleme bündeln sich. Holzgefeuerte Dampflokomotiven brauchen viel Brennmaterial, alleine für die Fahrt nach Jakkalswater werden zwei Waggons Holz verfeuert, wodurch sich der Transport weitgehend selbst verbraucht. Holzgefeuerte Lokomotiven »saufen« dazu viel Süßwasser (»um am Sonnabend arbeiten zu können, musste man von Montag bis Freitag Wasser heranfahren«, Troost). Südwest ist weder für seinen Holz- noch für seinen Wasserreichtum bekannt.

Nachdem Troosts Lokomobil beim Abkommen des Swakop recht »troostlos« aufgegeben hat, wird es im Volksmund Martin Luther (»*hier stehe ich, ich kann nicht an*-

ders«), in modernerer Zeit auch Martin Luther King (»*I had a dream*«) genannt …

»Aus dem Deutschen Reiche ist ein Weltreich geworden« (der Kaiser). In Südwest ist davon allerdings nur wenig zu spüren. Kein Jahr ohne Unterwerfungsfeldzüge, Säuberungsaktionen und besitzergreifende Expeditionen.

1895 wird der Truppe eine Bastereinheit zur Seite gestellt, im Beamtendeutsch Mischblutstammkompanie. Ausbilder ist Oblt. Schwabe vom 5. Ostpreuß. Inf.-Rgt. Nr. 41. Die Baster sind, nachdem sie Schwabes Losung »Dienst ist Dienst und Schnaps ist Schnaps« verstanden haben, geborenes Soldatenmaterial, dann schon während des Aufstands der Ostherero und Khauas-Hottentotten dabei.

1897 bricht an der Ostgrenze eine Rinderpest aus, die verheerende Folgen hat. Die Schutztruppe impft nach einem Verfahren von Robert Koch, kann um die 80.000 Rinder retten. Doch die Herero, die mehr als die Hälfte ihrer Herden verloren haben, zwingt das Ende des Rinderüberflusses zum Landverkauf. Wer keine Rinder mehr hat, kann als Lohnarbeiter in weiße Diens-

123

Hptm. v. Koppy, Chef der 3. Kompanie: In den Herero- und Namakriegen stehen zeitweise bis zu 14.000 deutsche Soldaten im Sonnenland.

Kapitän Moses Witbooi von Gibeon, Vater Hendrik Witboois.

te treten oder zum *Lofer,* zum Landstreicher, werden.

Deutschen Planern kommt die neue Situation nicht ungelegen. Da sich das ursprünglich für Südwest angestrebte Kleinsiedlungskonzept nur mäßig bewährte, will man es durch klimatisch bedingt große Farmen ersetzen. Um trotzdem Siedlungskolonie zu werden, muss es koloniale Zielsetzung sein, dass Weiße viel Land und viel Vieh besitzen, wofür Berlin den Ankauf von Hereroland auch erlaubt.

Weiße Händler, darunter solche, die als Spekulanten nur nach Farmland suchen, geben fürs Borggeschäft Waren auf Kredit, verlangen dafür übertriebene Gegenleistungen und fordern Schuldenzahlungen unbarmherzig ein. Bezirksämter werden angerufen. Wem das *Mariva* fehlt, wer keine Rinder mehr hat, muss Land abgeben, für das der Stamm als Garant aufkommen muss.

»Das blutsaugerische Volk der Händler hat die armen Herero in den Klauen« (Bebel), der Ausverkauf des Hererolandes zeichnet sich ab. Die Südwester Schwarzen und Gelben haben die Weißen ins Land gelassen, dann auch akzeptiert, dass sie missionierten, Handel trieben oder Minenrechte erwarben ... dass sie jetzt Pflöcke bei ihren Wasserstellen und Weiden einschlagen, akzeptieren sie nicht.

Alarm im Sonnenland

»Hin und wieder brechen die negativen Merkmale der schwarzen Rasse einfach durch. So ihre doppelte Natur, ihre religiöse Scheinheiligkeit, die zu bösen Verbrechen unter dem Deckmantel der Religion führt. Dazu der Krieger, der in vielen steckt.«

1903 ist es wieder einmal so weit. Im Oktober bricht im Bezirk Warmbad ein Aufstand der Bondels aus. Der Grund dürfte eine erneute Registrierung und Abstempelung der in Eingeborenenhand befindlichen Feuerwaffen sein, irgendjemand in Windhuk geht von 20.000 aus.

Unmittelbarer Auslöser ist allerdings ein Fettschwanzhammel (Schlachtgewicht bis zu 50 kg). Kapitän Abraham Christian hatte einem Unterkapitän den Hammel wegge-

nommen, Distriktchef Jobst mischte sich entgegen der Dienstvorschrift ein. Einer Schießerei fielen Jobst, Uffz. Sney, der Siedler Kuhn, der Kapitän und ein paar Vorleute zum Opfer.

Die waffenfähigen Bondels fürchteten das kaiserliche Gericht, versorgten sich über dem Oranje mit Waffen und tobten sich damit im Krisengebiet zwischen Oranje und den Großen Karrasbergen aus. Die Farmer Mähler und Hupfeld, der Landmesser Gärtner (mit Helfer) werden ermordet. Eine Abt. der 3. Feldko./Lt. von der Bussche sitzt in der Station Warmbad fest.

Hptm. v. Koppy marschiert mit einer Kolonne von Keetmanshoop her, Graf Stillfried kommt mit der 1. Ko./Hptm. v. Heydebreck und der Gebirgsbatterie aus Windhuk. Bezirksamtmann Graf Kageneck trifft mit einer Abt. Witbooi-Krieger ein.

Koppy kann die Bondels bei Sandfontein schlagen. Am Morgen des 12.12. stürmt Oblt. Böttlin das Bondels-Hauptlager bei Hartebeestmund. Bei Humsdrift setzt die überlegen bewaffnete Abt. Fiedler »dem gelben Feind« vier Tage vor Weihnachten noch einmal zu. *Chief* Johannes Christian und Fiedler reden über einen Waffenstillstand, Gouverneur Leutwein erreicht das Krisengebiet. Um sicher zu gehen, rückt Frankes Feldkompanie trotzdem noch von Omaruru aus. Mit dem Friedensvertrag von Kalkfontein liefern die Bondels 283 Gewehre ab. Eine Abstrafung unterbleibt.

1904, damit 20 Jahre nach der Flaggenhissung, sind Befriedung und Erschließung so weit fortgeschritten, dass man nach schweren Anfangsjahren darangehen kann, höhere Ansprüche ans Leben zu stellen. Die Kolonialdeutschen, in der Regel trinkfeste Bürger (das Klima macht Durst), denken an Kolonisation, nicht an *Orlog.* Was wichtig ist, was zählt, sind die Preise für Zugochsen, die bei 125 Mark liegen, und jene für die etwas billigere Damarakuh. Zum Preisvergleich: Münchner Bier hell kostet die Kiste 40 Mark, die Packung Maggies Bouillon-Würfel zwei Mark, der Riegel Gelbe Harzkernseife 40 Pf. Ein eingeborener Farmarbeiter ist im Monat schon für fünf bis zehn Mark »nebst Beköstigung« zu haben.

Südwest ist auf dem Weg vom »Niemands-land« zum Ordnungsstaat. Das Reich hat den Markt geschaffen, den es jetzt auch bedient, hohe Wellen schlägt die Besitzung dort allerdings (noch) nicht: »Wenn jemand nach einem Urlaub in Deutschland wieder hierher zurückkehrt und man sich mit ihm darüber unterhält: ›Wie ist das Interesse für die Kolonien und namentlich für Süd-west daheim, was denkt man darüber?‹ lautet die Antwort gewöhnlich: ›Recht ge-ring, denn die Vorstellungen sind im allge-meinen noch nicht viel klarer als früher‹« (»Deutsch-Südwestafrikanische Zeitung«).

Als sich der »Sturm ohne Warnung« zu-sammenbraut, »der Blitz aus heiterem Him-mel« trifft, haben die Deutschen in der Hei-mat, aber auch jene vor Ort, so auch keine rechte Erklärung dafür: »Der Aufstand der Herero ist ohne sichtbaren Anlass und auch für Kenner des Schutzgebietes unerwartet zum Ausbruch gekommen. Die Früchte des Fleißes und der Ausdauer eines Jahrzehnts sind im Aufstandsgebiet vernichtet. Wind-huk selbst, die Hauptstadt ist ernstlich be-droht« (Bülow im Reichstag). »Über die Gründe, die die Herero zu ihren Feindse-ligkeiten veranlasst haben, ist Zuverlässi-ges nicht bekannt« (»Kolonial-Zeitung«).

Hinterher würde man zugeben müssen, dass 1904 zwar ganz normal begonnen hatte, doch dann hätte man hellhörig wer-den können. Herero zogen im Land herum, kauften Sättel, Decken und Lebensmittel. Natürlich alles auf Pump. Aus dem Umland von Gobabis wurden Viehdiebstähle »in frechster Weise« gemeldet, aus Karibib Widersetzlichkeiten. In Okahandja war »die

Übersichtskarte von Deutsch-Süd-westafrika: Im Norden folgt die Grenze mit Angola dem Kunene von der Mündung entlang des Thal-wegs bis zu den Kunene-Wasser-fällen, von dort zum Okavango und entlang des Flusses bis Andara, dann den Caprivi-Zipfel ent-lang zum Sambesi. Im Süden bildet der Oranje die Grenze zur Kap-kolonie. Im Wes-ten Atlantik und Küstenwüste, im Osten die Wüsten-steppe Kalahari und das britische Betschuanaland. Entfernung von Swakopmund zur Elbmündung: 5.800 Seemeilen.

Farm Groß-Barmen während des Hererokriegs: Die Erhebung beginnt am 12. Januar 1904, morgens gegen 7.45 Uhr. Gleich darauf kann sich im Hereroland kein Weißer mehr sicher fühlen.

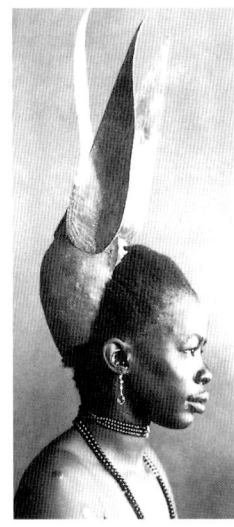

Hererofrau mit traditionellem Kopfschmuck.

Frechheit der Negermassen« derart angestiegen, dass der schwarze Maherusa oder die schwarze Kaminjose glaubten, Weiße nicht mehr grüßen zu müssen. In Omaruru gingen *Neger* gar davon aus, dass ihnen Afrika gehört.

Mit Leutwein bei den Bondels im äußersten Süden, dem Zentrum und dem nördlichen Landesteil weitgehend von Truppen entblößt, wäre generell größere Wachsamkeit geboten gewesen, spätestens dann, als um die Hauptstadt, bei Kapps Farm, Brakwater und Aris starke Hereroverbände gesichtet wurden.

Natürlich waren auch Ignoranz und Arroganz im Spiel, traute doch niemand den Herero ein diszipliniertes Vorgehen gegen die disziplinierten, als unschlagbar geltenden Kampfverbände der Schutztruppe zu.

Leutwein sollte später erklären, dass der Aufstand für ihn eine echte Überraschung war, ging er doch davon aus, dass ihm die Herero dankbar sein müssten, da er sie vor den Viehräubereien der Nama schützte ..., allen voran Kamahareros Sohn Samuel Maharero, der ihm die Würde des Oberhäuptlings verdankte, die die Tradition des Volkes nicht kennt.

Doch das war nur die eine Seite, nach der anderen brauchte niemand lange zu suchen. *(»Sie waren Viehzüchter und Besit-*

zer, und wir waren dabei, sie zu landlosen Arbeitern zu machen; da empörten sie sich. Sie taten dasselbe, was Norddeutschland 1813 tat.« Frenssen)

1904 haben die Herero (*»ein Volk von 60.000 oder 70.000«,* Leutwein) 700.000 Mark Schulden, eine Zahl, die todsicher übertrieben ist. Dagegen stehen um die 300.000 Rinder und Weideland von 10 bis 12 Mio ha. In Sachen Borggeschäfte hatte man zu ihrem Schutz ein Gesetz durchgeboxt, wonach Verbindlichkeiten bei Weißen verjähren konnten. Die Verfügung war gut gemeint, bewirkte jedoch, dass Schulden so rücksichtslos eingetrieben wurden wie bisher, nur eben in kürzerer Zeit.

Im Schutzgebiet ist die Schaffung von Eingeborenen-Territorien in der Diskussion, um Schwarze und Gelbe von Weißen zu trennen. Eine Alternative, wie sie viele der auf ihren Nomadenrechten bestehenden Herero allerdings nicht verstehen.

Unter den Gründen für den Hererozorn, der Reihe nach, doch nicht unbedingt in dieser Reihenfolge: der Bau der die Ahnengräber schändenden Otavi-Bahn. Rechtsunsicherheit und Diskriminierung: »Wie Du weißt, wie viele Herero durch die weißen Leute, besonders Händler, mit Gewehren und in Gefängnissen getötet sind. Und immer, wenn ich diese Sache nach Windhuk brachte, immer kostete das Blut meiner Leute nicht mehr als einige Stücke Kleinvieh« (Maharero an Leutwein).

Die Beschränkung der Waffeneinfuhr über die englische Grenze, sexuelle Belästigungen schwarzer Frauen. Der Abschuss von Hererorindern, die sich auf weißes Farmland verliefen. Der kulturelle und wirtschaftliche Verfall einzelner Völker, eine brutale Strafjustiz. »Einen erschießen die Deutschen an jedem Tag«, am häufigsten vor Sonnenauf- und nach Sonnenuntergang, damit Fotografen Kolonialgegner damit nicht aufmunitionieren können.

Tagesaktuell dazu die Haltung von Okahandjas Distriktchef Zürn, von dem Maharero behauptet, dass dieser ihn habe umbringen wollen (»*dies machte mich wütend und ich gab den Auftrag, die Weißen zu töten*«). Nicht unwesentlich, dass die Herero eine Nachricht erreichte, nach der Leutwein im Süden gefallen sei. Den Badener hatten sie respektiert *(»lass doch Herrn Major Leutwein hierbleiben, lass ihn doch hier in Südwestafrika bleiben, darum bitte ich von ganzem Herzen«*, Maharero an Wilhelm, 1896). Tatsache so auch, dass zu diesem Zeitpunkt absolut nichts reiner Zufall sein konnte.

Der Sturm bricht los

Die ersten Schüsse fallen in Okahandja, dem Sitz Mahareros. Wer sie feuerte, wurde nie ganz geklärt. Missionar Diehl, der die Eskalation vor Ort verfolgte, würde behaupten, dass es Deutsche waren, die zuerst geschossen haben.

Gleich darauf stoßen im Land, »das Gott im Zorn erschuf«, zwei Herrenvölker aufeinander: die stolzen Herero (»*ein Herrenvolk mit vielen guten Seiten und allen schlechten Eigenschaften eines solchen*«, Heinrich Vedder aus Lenzinghausen, RMG-Missionar) und die überaus stolzen Deutschen.

Ein Hirtenvolk mit einer naiv-sozialistischen Grundeinstellung und der fortgeschrittene Kulturmensch mit seinem ausgeprägten Individualismus, was Karl Dove vom Kolonial-Wirtschaftlichen Komitee »das Aufein-

anderprallen von zwei Weltanschauungen nennt«. Berlin sieht sich zu seinem ersten großen Waffengang seit 1870/71 gezwungen, der Kriegsschauplatz ist von der Größe des preußischen Königreiches.

»Bestien« und »Paviane« ermorden »zu Hause oder auf offener Straße unter viehischen Martern« innerhalb von ein paar Tagen 123 Weiße (darunter 13 aktive Soldaten, 5 Frauen), »wild gewordene Neger« stehlen Vieh, greifen Militärstationen an, fackeln Farmhäuser ab, kappen Telegrafenleitungen. Die Angst kriecht durchs grimmig schöne »wohlerworbene Land«, erreicht jedes Farmhaus, jeden Viehposten, dazu manch einsamen Held auf einsamer Station.

Deutsches Schicksal in der Fremde: »*Kein Trommelschlag und kein Horn erklingt/Hyänen bellen, der Schakal singt./Wir reiten, wir streiten im Wüstensand,/wir werben, wir sterben fürs Vaterland*« (Max Geissler).

Samuel Maharero (1856–1923), Oberhäuptling von deutschen Gnaden: Die Vorhersage, nach der sich ganz Afrika gegen die Deutschen erheben würde, erfüllt sich nicht.

Nechale, Häuptling des östlichen Teils der Ovambo, greift 1905 die Militärstation Namutoni an.

Die dichterische Schilderung: »*Steh fest, Süd-West! Steh fest!/Dir sind wir ergeben, trotz Mühen und Sorgen,/trotz Dornen und Busch und trotz Sand und Gestein,/im Schoß deiner Erde ruht treulich geborgen/ so manch braven Streiters und Freundes Gebein*« (Albert Cutis).

An Rhein, Elbe oder Spree, wo sie den fern der Heimat kämpfenden Bruder bald vom Sturmwind der Steppe umheult, bald im glühenden Sonnenbrand sehen, werden in den ersten Nöten knapp 300.000 Mark gesammelt, die zur Verteilung an die von Haus und Hof Vertriebenen, um Hab und Gut Gebrachten gehen. Das deutsche Volk hilft mit Kleidungs- und Wäschestücken, ist die Unterstützung der »Kulturpioniere« im fernen Afrika doch über Nacht moralische Pflicht.

Berlin ist nervös, wird nur noch nervöser. Das Vertrauen in die Möglichkeiten der Truppe leidet, mit alten Zuschreibungen ist es schnell dahin. Der Schutztruppler überwindet alles, was zu überwinden vor ihm liegt? Der Schutztruppler schießt sich aus jeder Krise? Die sieggewohnte Truppe ist für einen Aufstand dieser Größenordnung einfach nicht vorbereitet. Das Reich muss sich zudem fragen lassen, ob seine Soldaten überhaupt noch auf der alten Höhe stehen.

Ernste Stunden schlagen jedem, wie die Geschichte aller Kolonialherren zeigt. Engländer, Franzosen oder Portugiesen registrieren trotzdem mit Schadenfreude, wie schwer sich die Deutschen jetzt tun. Zum Krisengespräch reisen Südwester in der Vorheimat an, darunter Kürsten, Erdmann und Schlettwein. Dort werden sie vom Reichskanzler dem Kaiser zugeführt.

»*Fern im fremden Land begraben, sollen sie vergessen sein?/Deutschland sende deine Stimme übers Meer und rufe: ›Nein‹*« (Ernst v. Wildenbruch) ... Mit dem militärischen Ansehen auf dem Spiel, ziehen tausende Soldaten aus allen Gauen jetzt hinaus, um die Greueltaten zu sühnen, um Sicherheit für eine friedliche Aufbauarbeit ..., fürs Weitermachen zu schaffen.

Leutwein in der Klemme

»Die sicherste Gewähr für erfolgreiche kriegerische Tätigkeit liegt in dem vortrefflichen kriegerischen Geiste, der die ganze Truppe beseelt und sie für die Stunde der Gefahr auch in den schwierigsten Lagen zu großer Hingabe befähigt« (Wilhelm Külz).

Die Schutztruppe besteht bei Kriegsbeginn aus 796 Offz./Uffz. und Mannschaften, die

»Glück Euren Waffen« und »Adieu, Kameraden«: Generaloberst Alfred v. Schlieffen bei der Verabschiedung eines Verstärkungstransports der Schutztruppe.

in der Regel langgedient und landeskundig sind. In ruhigeren Zeiten über das Land verteilt, konzentriert sich die Hauptmacht wegen des Bondelsaufstands im Süden. In Windhuk kann Hptm. a.D. Hugo v. François, Farmer auf Otjihase, mit Ausbruch der Feindseligkeiten hier Stadtkommandant, lediglich über 20 Soldaten verfügen.

Die aktive Truppe kann sich durch Einberufung von Reserven und Landwehr (764 Mann) und 120 militärisch ausgebildete Baster verstärken. Dazu kommt die Waffenhilfe durch Buren, Witboois und Bethanier.

Der Hererokrieg beginnt am 12. Januar 1904, morgens gegen 7.45 Uhr. Zentrum des Geschehens ist vorerst Okahandja, wo 71 deutsche gegen 1.000 Hererogewehre stehen, besonders betroffen sind die Gegenden um Karibib am Südfuß des Erongogebirges und Omaruru im Tal des Eiseb. In der Südwester Nacht vom 12. auf den 13. werden in Windhuk Frauen und Kinder in die Festung gebracht. Am 14., einem Donnerstag, ist Okahandja eingeschlossen, die Telegrafenverbindung unterbrochen, die Eisenbahnbrücke bei Osana zerstört.

Soldaten und Reservisten unter Lt. Boysen und Lt. der Landwehr Voigts, die mit einem Zug mit vorgespanntem MG-Wagen von Windhuk aus Okahandja entsetzen wollen, werden bei einem aufgerissenen Schienenstrang zurückgeschlagen. Boysen, Lokomotivführer Fackert und fünf Mann fallen.

Oblt. v. Zülows Entsatzkolonne dampft mit einem durch Wellblech und Sandsäcke notdürftig geschützten »Panzerzug« von Swakopmund her, bleibt jedoch bei Waldau stecken. Die Spähpatrouille des Feldwebels Kühnel wird von einer »großen Masse von Wilden« eliminiert.
Die Hiobsbotschaften häufen sich: Im Bezirk Windhuk wurde Vorberg ermordet, bei Omaruru Fuchs, bei Karibib Kronewitter, in Okahandja der Polizeibeamte Tausendfreund. Kaufmann Joost, der zwischen Omaruru und Karibib einen populären Ausschank betrieb, und Uffz. Schneidewind haben sie ohne Vorwarnung umgebracht.

Noch am 14. Januar war beim Militärposten Waterberg, dem Omuverume der Herero, viel deutsches Blut geflossen. Unter den 17 Toten Sgt. Rademacher, Uffz. Kottler, Graf Dohna und der Kaufmann Sonnenberg, den sie vor den Augen von Frau und Kind erschlugen. Missionar Wilhelm Eich aus Dierdorf, Chef der Hereromission, war mit dem Leben davongekommen, da Maharero befohlen hatte, Frauen, Kinder, Engländer und Missionare zu schonen (die Familie des Missionars Kuhlmann wird nicht getötet, dafür sieben Wochen im Ochsenkarren mitgeschleppt).

Franke, über Heliografen informiert, bricht in Gibeon südlich von Mariental mit seinen Reitern (2. Feldko., 1 Feldgeschütz/Oblt. Griesbach) auf, erreicht Windhuk in nur vier Tagen. Den Eil- haben schwere Regengüsse zum Gewaltmarsch gemacht, was eines Tages zu den Denkwürdigkeiten des Krieges zählen würde.
S.M. Kbt. Habicht/KzS Gudewill, das halbwrack in Kapstadt gelegen hatte, wirft am 18. vor Swakopmund Anker. Ein Landekommando unter Lt. Gygas (54 Mann, 1 MG, 2 Rev.-Kanonen) übernimmt die Sicherung der Bahnstrecke bis zum Depotplatz Karibib. Oblt. Volkmann weist einen Angriff bei Grootfontein ab.
Die Truppler erobern die Militärstation Otavi zurück, Franke im heftigen Gefecht bei Teufelsbach, nördlich von Windhuk. Okahandja wird ausgerechnet an Kaisers Geburtstag entsetzt (»*als sich Soldaten und*

Maschinengewehrstellung bei Okahandja: Der Gegner kennt jeden Fußbreit Boden, weiß, wie man sich im Dornbusch bewegt. Die Schutztruppe ist überlegen bewaffnet.

Major Georg v. Glasenapp aus Labes im Kreis Regenwalde, Chef des Marine-Expeditionskorps.

Auf dem Wind-huker Bahnhof: Verladen von schwerem Gerät für die Kriegs-front.

Missionar Wilhelm Eich aus Dierdorf, Chef der Herero-mission der Rheinischen Missionsgesell-schaft.

Besatzungsleute zu einer Geburtstagsfeier zusammenfinden wollen, erhalten sie über-raschend heftiges Feuer, was durch einen würdigen Gegenschlag erledigt wird«). Leutwein bricht zur Vermeidung eines Zweifrontenkriegs den Feldzug im Süden ab, Kurt Streitwolf, Oblt. aus Heide im Dith-marschen, macht seinem Namen bei Goba-bis alle Ehre.

Ende Januar nutzt Ovambo-Nebenhäupt-ling Nechale die Situation, um mit 500 Krie-gern Namutoni, den nördlichsten Truppen-posten, anzugreifen. Sieben tapfere Reiter – Uffz. Fritz Grossmann, San.-Sgt. Bruno Lassmann, die Gefr. Albert Lier und Ri-chard Lembke gehören dem aktiven Sol-datenstand an, Karl Hartmann, Jakob Ba-sindowsky und Franz Becker sind flüchtige Farmer – schlagen den Angriff ab. »100 bis 300 tote Ovambos«, im Zweifelsfall auch mehr ..., der Legendenbildung sind keine Grenzen gesetzt. Den glorreichen sieben gelingt die Flucht in Richtung Tsumeb-Sta-tion in der Nacht. Namutoni wird zerstört.

Oblt. Winkler, in Berlin mit Regimentsmu-sik, donnernden Hurras, »Glück Euren Waffen« und »Adieu, Kameraden« verab-schiedet, an Hamburgs Petersenkai (Schup-pen 28) eingeschifft, landet mit 230 Trupp-lern in Swakopmund.

Die *Frischlinge*, auch *Klippdachse* oder *Schweißfußindianer* genannt, sind für Eu-ropa ausgebildet, kommen aus Unkennt-nis von Land und Leuten so auch schnell aus dem Tritt (*»Als wir uns anschickten, die [Maul-]Tiere einzuspannen, lief fast die Hälfte weg.«* Richard Christel) Der eine oder andere kommt dazu aus dem Trab: die Soldaten repräsentieren alle Waffen-gattungen, was in der Schutztruppe, orga-nisatorisch eine berittene Infanterie, häu-fig den Nachteil hat, dass der reitende Fußsoldat nichts von Pferden versteht.

Die Neuen haben die Schiffsreise für Schießübungen mit dem Karabiner 98 ge-nutzt, einmal auf den sonnendurchglühten Sandpads fehlt ihnen für Marschtiefe und -geschwindigkeit die Kondition. Berlin hat zu viel Wert auf die Artillerie gelegt, das Maschinengewehr vernachlässigt, was sich nachteilig bemerkbar machen muss.

Die Kulturarmut des Landes, das ohne Wege und Wasser auf weiten Strecken einer Wüste gleicht, die Eigenart des Geg-ners, der keine Uniformen trägt, die so an-dere Kriegsführung (*»Von fünf gefangenen Herero haben wir vier aufgehängt, der fünf-te wird zu Arbeiten herangezogen.«* Hptm. Victor Franke aus Zuckmantel) ..., so macht

Kriegführen absolut keinen Spaß, so hatte man sich den Krieg auch nicht vorgestellt.

Franke schlägt die Herero am wild zerklüfteten Kaiser-Wilhelmberg, für jene, die dabei waren, die glänzendste Waffentat des Krieges. Franke rückt nach Karibib vor und entsetzt seinen Garnisonsort Omaruru. Mit Franke hat der Krieg seinen ersten Überhelden, was 1908 vor Ort zur Errichtung des massigen, aus Felsstücken des Hauptkampfplatzes zusammengesetzten Franketurms führt.

Mit dem Eintreffen des Marine-Expeditionskorps (2 Seebataillone (Btl.) unter Maj. Georg v. Glasenapp) fühlt sich Leutwein stark genug, um die zum Krieg angewachsene *Empörung* gezielt niederzuschlagen. Die Westabt. Estorff (2., 4. Feldko., 3. Ko. des See-Btl., Artillerie) übernimmt den Distrikt Omaruru. Die Hauptabt. Leutwein (5., 6., und 7. Ko., Artillerie, 2 Masch.-Kanonen, 1. Ko. des See-Btl.) geht gegen Mahareros Hauptmacht bei Otjosonjati und Ogandjira vor. Die Ostabt. Glasenapp (1., 4. Ko. des See-Btl., Ko. Winkler, Ko. Eggers, Artillerie) hat Tjetjos Streitmacht, die Abt. Gygas die Otjimbingwe-Herero als Gegner.

Die Herero (um die 8.000 Krieger mit ca. 6.000 Gewehren, doch zum Teil noch mit Vorderladern und Munition aus Heimproduktion) stehen mit Frau, Kind und Vieh konzentriert in den Onjatibergen, im Khomashochland und zwischen dem Kleinen und Großen Waterberg. Mahareros Vorhersage, wonach »ganz Afrika gegen die Deutschen fechten« würde, hat sich bis dato nicht erfüllt.

Abt. Fischel unterliegt bei Seeis, Gygas besiegt den Gegner im Gefecht von Lievenberg. Die Truppe setzt sich bei Groß-Barmen durch. Franke kann die Herero von der Wasserstelle Otjihinamaparero vertreiben, doch der 13. März wird zum Unglückstag.

Glasenapp, der Tjetjo an der Wasserstelle Owikokorero stellen will, gerät mit seinem Stab und 36 Reitern in eine Falle. Von 11 Offz. fallen 7, darunter der »alte Afrikaner« Hugo v. François und Oblt. Eggers, Lt. Thiesmeyer und Marinearzt Velten. Glasenapp und 19 Soldaten wurden verwundet.

Bei Okaharui kommt es Anfang April zum verlustreichen Gefecht zwischen Tjetjo und der 1. Ko. des See-Btl. Zwei Tage später zwingt der Ausbruch von Typhus Glasenapps Ostabt. in Quarantäne, wird die Missionsstation Otjihaenena Typhuslazarett.

Für das Gefecht von Onganjira, das Leutwein gegen 3.000 Herero stellt, hat der Gegner das Gelände gewählt. Erst der massierte Artilleriebeschuss entscheidet, doch die Deutschen erlitten erhebliche Verluste.

Nach dem Gefecht von Oviumbo, wo das Umland Artillerie nicht zur Geltung kommen ließ, zieht sich Leutwein zurück, um Verstärkungen abzuwarten. Des Kaisers

Hptm. Victor Franke (1866–1936): Mit dem Gutsbesitzersohn aus Zuckmantel hat der Hererokrieg seinen ersten Überhelden.

Unten:
Fort Namutoni, Schauplatz des Gefechts zwischen 500 Ovambos unter Nechale und sieben deutschen Verteidigern.

Häuptling Kandji Tjetjo, einer der engsten Berater Mahareros, mit Sohn Traugott und Gefolge, zum Teil in Beute-uniformen.

Souffleure widersprechen, glauben, dass der Badener eine Beinahe-Niederlage kaschieren will. Abgesehen davon: Ein deutscher Offizier weicht vor Gegnern, die gestern noch Kuhhirten, Ochsentreiber oder Bambusen waren, nicht zurück. Nicht wenn er in der Unterzahl kämpfen muss, nicht im afrikanischen Dornbusch.

Drei Monate nach dem Kriegsausbruch ist Leutwein, der jahrelang taktisch kluge Kreuz- und Querzüge gegen Friedensstörer führte, auch anderweitig angezählt. Aufgebrachte Kolonisten kritisieren seinen Optimismus *(»nicht mit Blut und Eisen nach der Art eines Tartarenkhans sollte die Kolonialpolitik betrieben werden, sondern mit Verständnis für die historisch gewordene Eigenart der vorgefundenen Bevölkerung«).* Leutwein habe den Ernst der Lage viel zu spät erkannt, die Kampfkraft des Gegners unterschätzt. Der Pfarrersohn aus Strümpfelbrunn sei zudem ein Kaffernfreund, was ihn für eine Reihe empfindlicher Schlappen verantwortlich mache.

Nach dem für sie Ende April ungünstig verlaufenen Gefecht von Okangundi setzt sich die Hauptmacht der Herero zum Waterbergmassiv, einem über 1.600 m aufsteigenden wasserreichen Gebirgsstock der Hochlandtafel östlich von Otjiwarongo, ab. Dort kann sich Maharero den Abschluss eines Verhandlungsfriedens vorstellen, allerdings auch eine Entscheidungsschlacht.

Ein Posten für Trotha

Zu wenig ist einfach zu viel gewesen, Mitte Mai löst Berlin Leutwein von seinem Frontkommando ab. Sein Nachfolger, Genlt. Lothar v. Trotha, zuletzt Div.-Kommandeur in Trier, landet am 11. Juni, einem Samstag, in Swakopmund. In seiner Begleitung reist mit Oblt. v. Lettow-Vorbeck kein gewöhnlicher Offizier, doch das ist auch alles andere als ein gewöhnlicher Krieg.

Trotha, ein Mann mit Gespür, sich in Szene zu setzen, hat der Kampf mit Franzosen, Afrikanern und Chinesen gestählt. In Deutsch-Ost war er während des Wahehe-Aufstands zur generellen Erkenntnis gekommen, »dass sich die Neger keinem Vertrag, sondern nur roher Gewalt beugen«, was den Haudrauf, wenn man so will, zur Antithese zu Leutwein macht.

Nur harte und heroische Entscheidungen führen zum Frieden, einer wie er kennt die Welt, auf einen wie ihn ist Verlass: »Ich vernichte die aufständischen Stämme mit Strömen von Blut und Strömen von Geld«, je eher, desto besser. Wo genau er den Feind in Wild-(Süd-)West vernichten würde, weiß er noch nicht, weil es im Prinzip ja auch nebensächlich ist.

Der Truppenaufmarsch gegen das Waterbergmassiv, wo es Trotha mit einer großen, weit ausholenden Offensive jetzt richtig krachen lassen will, beginnt Anfang August. Am Waterberg haben sich um die 35.000 Herero (Männer, Frauen, Kinder) mit rund 10.000 Stück Großvieh versammelt. Die Zahlen müssen nicht unbedingt richtig sein, sind sie doch lediglich geschätzt.

Am Waterberg will Trotha Kolonialgeschichte schreiben, wie sie zuvor auch Engländer, Franzosen oder Portugiesen schrieben. Wenn alles nach Schlachtplan läuft, würde der Gegner an der Südseite des Bergmassivs so eingekesselt, dass er nicht ausbrechen, entweder militärisch vernichtet oder zur Übergabe gezwungen werden kann. Franke, der Sieger vom Kaiser-Wilhelmberg, nennt den Plan von vornherein quartanerhaft, wobei zu berücksichtigen ist, dass er als »alter Afrikaner« wenig Sympathien für Neuankömmlinge wie Trotha oder Deimling hat.

Zur Entscheidungsschlacht, die eher eine Serie von zum Teil weit auseinanderliegenden Gefechtshandlungen ist, geht die Truppe mit sechs Abteilungen in Stellung. 96 Offz./Uffz. mit 1.392 waffentechnisch und taktisch überlegenen Soldaten, mit 30 Geschützen und 12 MGs, durch *Hülfstruppen* der Witbois und Baster verstärkt, gegen knapp 6.000 Hererogewehre. Die Frontlinie ist 40 km lang, weist allerdings Lücken auf. Am Abend vor dem 11. August war es lt. v. Auer gelungen, eine Lichtsignalstation in Gang zu bringen, damit die Truppe entsprechend kommunizieren kann.

Am nächsten Morgen geht es bei Sonnenaufgang los. Trothas Hauptabteilung stößt von Ombuatjipiro gegen die Schwarzen vor. Oberst Deimling kommt von Omuveroume, von der Heyde von Okakarara. Die Angriffe, als Infanteriegefechte geführt, schlagen nicht durch, lediglich Estorff, der von Otjosongombe her als erster am Feind ist, richtet gegen die sich tapfer schlagenden Herero etwas aus. Verlustreich geht es bei der Wasserstelle Hamakari zu.
Am Tag darauf drängt Deimling Flügel und Front des Gegners zusammen. Die Herero, von vier Seiten angegriffen, erkennen die Aussichtslosigkeit ihrer Lage, übergabebereit oder gar geschlagen sind sie nicht. Anstatt sich in die Feuerzone treiben zu lassen, binden sie durch Angriffe zwei Abteilungen östlich und südöstlich des Waterberges, reißen dadurch größere Lücken in den Einschließungsring.
Das Gros der Krieger kann mit Familien und Herden am Streitwolfschen Weg und Hamakari-Rivier, wo die Abt. Heyde stehen soll, nach Südosten entkommen. Trotha und seinem Stab waren die Stellen bekannt, mit einem Durchbruch in Richtung auf das Sandfeld-Omaheke-Durstgebiet hatte niemand gerechnet. Am Waterberg bleiben viel Vieh, viele Habseligkeiten und ein paar Leichen zurück.
Die Herero haben das Gesetz des Handelns weiterhin in der Hand, ins Durstge-

Major Ludwig v. Estorff (1859–1943) aus Hannover: Der »alte Römer« ist am Waterberg als Erster am Feind.

Am Waterberg (um 1920): Trothas großes Strafgericht war nur ein halber Erfolg gewesen, das Kriegsziel erst im roten Sand der Omaheke erreicht worden.

biet »abgedrängt« wurden sie nicht, doch die Ortswahl war sicher die katastrophalste, die sich *Orlogleute* ausdenken konnten. Eine Durchquerung der Omaheke etwa entlang der Trockenflussbetten Eiseb und Epukiro ist schwierig, jedoch möglich. Zum Schicksal der ohne Proviant oder Wasser Flüchtenden wird erst, dass es im Hereroland zuvor gut geregnet hatte, doch ausgerechnet in der Omaheke-Region nicht.

»Wir ließen die schwarzen Teufel auf zirka 300 Meter herankommen, dann gings aber los. An das Geschütz treten und losschießen war das Werk eines Augenblicks. Wie mit einer Sense hingemäht fielen die Kerle massenhaft, denn ein solches Maschinengewehr gibt zirka 500 Schüsse in einer Minute ab« (aus dem Kriegstagebuch eines Reiters am Waterberg).

Trotha dann an den Kaiser: »Jeder Einzelne war ein Held.« Der Kaiser an Trotha: »Mit Dank gegen Gott und hoher Freude habe Ich Ihre Meldung aus Hamakari über den erfolgreichen Angriff auf die Hauptmacht der Herero empfangen. Wenn bei dem zähen Widerstand des Feindes auch schmerzliche Verluste zu beklagen sind, so

Berthold (von) Deimling (1853–1944) aus Karlsruhe, zuletzt Kommandeur des 4. Bad. Inf.-Rgt. Prinz Wilhelm Nr. 112, kämpft gegen Herero und Nama und verlässt Südwest als Generalmajor.

hat die höchste Bravour, welche die Truppen unter größten Anstrengungen und Entbehrungen nach Ihrem Zeugnis bewiesen, Mich mit Stolz erfüllt. Wilhelm.«

Die Kolonial-Gesellschaft kommt zu dem Schluss: »Allenthalben ergab sich, dass der moralische Erfolg des Gefechts am Waterberg ein durchschlagender war.« Eine einseitige Begegnung war es allerdings nicht. Der Gegner kannte jeden Fußbreit Boden, wusste, wie man sich im Dornbusch bewegt, wie man sich dort camoufliert. In der Truppe waren es Landfremde, die überwogen, viele von ihnen an Typhus erkrankt. Die Artillerie hatte Probleme, dem Kampfgeschehen zu folgen. Mit dem Schweigen der Waffen mussten 5 Offz. und 21 Soldaten der afrikanischen Erde übergeben werden: in Decken gehüllt, ihre Gräber mit vielen Steinen beschwert, wegen der Geier und der Hyänen. Sieben Offz. und 53 Mann sind verwundet.

An eine unmittelbare, gezielte Verfolgung laut Führungsvorschrift ist nicht zu denken, Trothas großes Strafgericht nur ein halber Erfolg. Hunderte von Truppenpferden sind verendet, Reserven fehlen, die Truppe ist erschöpft. Die Wasserstellen am Waterberg sind mit Tierkadavern gefüllt, die Deutschen dort erst einmal auf Wassersuche.

Mühlenfels und Deimling folgen den Hererospuren am 13., geben am Tag darauf wegen Wasser- und Weidemangels wieder auf. Trotha bleibt die ehrenvolle siegreiche Schlacht versagt, würde das Kriegsziel jetzt doch erst im roten Sand der Omaheke erreicht (*»wenn es mir nicht gelang, sie durch Geschütze zu schlagen, so muss es auf diese Weise geschehen«*).

»Wie die kommenden Ereignisse indessen lehren sollten, wurde gerade dieser fluchtartige Abzug der Herero nach Südosten in die zu dieser Zeit wasserlose Omaheke ihr Verhängnis. Die Natur ihres Landes sollte ihnen ein vernichtenderes Schicksal bereiten, als es je die deutschen Waffen selbst durch eine noch so blutige und verlustreiche Schlacht hätten tun können« (Generalstabswerk, Berlin 1906).

Das eigentliche Drama spielt sich dann auch auf der dunklen Bühne des Sandfeldes ab, wo zwei Drittel der Flüchtigen umgekommen sein dürften: »Wenn sie an einen Sandbrunnen kamen und es gab Wasser, dann tranken die Krieger. Die Frauen tranken nicht, damit die Krieger Kraft hätten zu kämpfen. Und wenn sie Hunger hatten, sagten die Männer zu den Frauen: Das Kind kann ruhig sterben. Ich muss aus deiner Brust die Milch saugen, denn ich kann nicht anders, damit ich kämpfen kann« (Alex Kaputu).

Estorff und Heyde verhindern den Durchbruch des Feindes bei Omatupa. Trotha geht wegen des Namaaufstands nach Windhuk zurück, lässt den Norden jedoch in bewährten Händen. Die Deutschen riegeln den Süd- und Westrand der Omaheke auf rund 250 km ab, Patrouillen besetzen die Wasserstellen.

»Wir lagen an den letzten großen Wasserstellen vor dem Sandfelde, die ergiebig und schön waren, und machten gelegentlich Züge in das Sandveld. Sie waren sehr anstrengend und wenig ergiebig, denn wir fingen nur noch Versprengte und wenig Vieh« (Estorff).

Der Generalstabsbericht: »Die Verfolgung des geschlagenen Feindes zeigte die rücksichtslose Energie der deutschen Führung in glänzendem Licht. Keine Mühen, keine Entbehrungen wurden gescheut, um dem Feinde den letzten Rest seiner Widerstandskraft zu rauben: wie ein halb zu Tode gehetztes Wild war er von Wasserstelle zu Wasserstelle gescheucht, bis er schließlich willenlos ein Opfer der Natur seines eigenen Landes wurde.«

Erst als die Regenzeit kommt, als sich die Bühne allmählich erhellt und deutsche Patrouillen bis zur Grenze des Betschuanalandes vorstoßen, sollte sich ihnen das grauenhafte Bild verdursteter Heereszüge enthüllen, »das Röcheln der Sterbenden, das Wutgeschrei des Wahnsinns«.

Trotha (»*Ich, der große General der deutschen Soldaten*«) wäre nicht Trotha, hätte er es jetzt dabei belassen. Dieser Aufstand sollte der letzte sein, die Zeiten waren alles andere als human. Anfang Oktober verliest er gleich nach dem Feldgottesdienst in Ozombo ja Windimbe eine Proklamation, um Landeskindern zu zeigen, wie exemplarisch gegen jene vorgegangen wird, die sich gegen ihre Kolonialherren erheben.

Trotha sagt: »Ich sage dem Volk: Jeder, der einen der Kapitäne an eine meiner Stationen als gefangen abliefert, erhält 1.000 Mark, wer Samuel Maharero bringt, erhält 5.000 Mark. Das Volk der Herero muss jedoch das Land verlassen. Wenn das Volk dies nicht tut, so werde ich es mit dem Groot Rohr dazu zwingen.« Und dann sagt er: »Innerhalb der deutschen Grenzen wird jeder Herero mit und ohne Gewehr, mit oder ohne Vieh erschossen, ich nehme keine Weiber oder Kinder mehr auf, treibe sie zu ihrem Volke zurück oder lasse auf sie schießen.« Er sagt und meint es sicher auch, was Lothar v. Trotha zum Symbol des hässlichen Kolonialdeutschen macht.

Der Rigorismus des Oberkommandierenden, »alles, was schwarze Farbe hat, niederzuschießen« (Bebel), entsetzt Freund

Generalleutnant Adrian Dietrich Ludwig v. Trotha (1858–1910) aus Magdeburg, Kommandeur der Schutztruppe in den Kolonialkriegen gegen Herero und Nama.

Gefangene Herero: Herero, die den Krieg und den anschließenden Frieden überleben, sind keine viehzüchtenden Nomaden mehr, sondern Taglöhner, die zum Schuldabtragen für die Weißen arbeiten müssen.

und Feind, aus der Koalition der Empörten meldet sich Liebknecht mit: »Vor Deutsch-Südwestafrika erbleichen selbst die Sterne eines Cortez, selbst eines Pizzaro« zu Wort. Kolonialdirektor Oskar W. Stübel erklärt in Berlin, damit offiziell, dass es doch zu den Grundzügen des deutschen Charakters zähle, »zu Grausamkeiten und Rohheiten nicht geneigt zu sein«.

Bülow verurteilt mit einem »die vollständige Ausrottung der Herero würde das gebotene Maß der Bestrafung übersteigen« den Schieß-, dann auch den Kettenbefehl, nach dem Gefangene ihren Arbeitsdienst in Ketten ableisten sollen. Der Kaiser, dafür bekannt, dass er gerne »den zerschmetterre Ich« sagte, hebt beides auf, um noch größeren Imageschaden zu vermeiden.

1904 würden die Herero, die keine Jahreszahlen kennen, *ojombindu*, das Jahr des Blutvergießen nennen, was zweifellos stark untertrieben ist. Sind die Herero, die den Krieg und den anschließenden Frieden überleben, jetzt doch keine viehzüchtenden Nomaden mehr, sondern Taglöhner, die zum Schuldabtragen für Weiße arbeiten. Wo sie gehen und stehen, müssen sie Messingmarken mit einer Nummer tragen. Ihr heiliges Feuer ist erloschen, der Stammesverband und Ahnendienst vorerst dahin. Ihr Oberhäuptling sitzt im Betschuana-

land, wo ihm die Engländer Asyl zusagten, Hereroland ist Kronland, das die Regierung zur Besiedlung freigeben kann.

Über die Frage, wie viele Herero getötet wurden, wie viele umgekommen sind, würden sich Historiker, die glauben, die Deutungshoheit zu haben, bis heute streiten. Ohne Zweifel waren es viele, viel zu viele.

Mit seiner Eingeborenenpolitik in Scherben, erhält Leutwein noch kurzfristig das Kommando im Süden, wird dann jedoch durch Deimling ersetzt. Der Badener verlässt Südwest »wegen angeschlagener Gesundheit« im November. Sein »Na dann proscht« – unter den großen Weinkennern des Landes war der Gouverneur der größte gewesen – würde einigen Südwestern fehlen.

Einer wie Leutwein, der im Sonnenland erst die Übersicht, dann den Befehl verlor, sollte erleben, dass Vergangenheit nie so richtig vergehen wollte, erfuhr er doch, bereits aus Amt und Würden, was S.M. inzwischen tatsächlich von ihm hielt. Normalerweise hätte ..., doch es ist nicht normal. Als der Kaiser eines Tages an Leutweins Haus am Bodensee vorbeikommt, straft er ihn strikt durch kaiserliches Übersehen.

Gewitter über Groß-Namaland

Als es ganz danach aussieht, als ob das Land befriedet werden könnte – die Schutztruppe hetzt den letzten flüchtigen Herero hinterher –, braut sich im Süden ein neuer Sturm zusammen. Die Truppe hat eine verstärkte Kompanie unter Maj. v. Lengerke vor Ort, was offenbar zu wenig ist, um den »Herero-Bastard« Jakob Morenga zu stellen. Morenga, der als Kopfbedeckung nur den Schutztruppenhut trägt, kann mit gerade mal 60 Gewehren ganze Landstriche östlich der Karrasberge zu Schauplätzen seiner Abrechnung machen. Im *Kap-Boy* Morenga (die Mutter ist Hottentottin, der Vater Herero) hat Windhuk den geradezu genialen Gegner.

Der legendäre Schimmelreiter (»*eine unter den Negern ganz ungewöhnliche Erscheinung*«, Berlin) liefert einer 32-Reiter-Patrouille am Schambockberg Ende August ein Gefecht, das für Lt. Nikolai Baron v. Stempel und vier Mann das letzte ist. Gleich danach überfällt er die Patrouille des Uffz. Ebernickel bei Garabis. Lengerke kann er in Platbeen, den Hptm. Fromm bei Gais und Hptm. Wehle im Gefecht von Wasserfall schlagen.

Wenn es um die Situation im Süden geht, setzen Militärs und Zivilbeamte auf des 80-jährigen Witboois christliches Ehrgefühl und Loyalität. Hendrik hatte seit der Naukluft zur deutschen Fahne gestanden, der Truppe gegen die Herero mit 150 Spähern und Fährtenlesern ausgeholfen. Der persönliche Draht zu Noch-Gouverneur Leutwein und Henning v. Burgsdorff, Bezirkschef von Gibeon, war hilfreich bis hierher. Mit was Windhuk nicht rechnet, ist der Einfluss des *Propheten* Stürmann, der dem alten Witbooi zur göttlichen Weisung »Afrika den Afrikanern« verhalf.

Das Schicksal der Herero vor Augen, geht Hendrik davon aus, dass alles, was nicht weiß ist, jetzt ausgerottet werden soll, selbst ein Frieden mit den Deutschen »den Tod für mich und mein Volk« bedeuten muss. »Solange es Hottentotten oder Buschleute gibt, wird es Räuber- und Diebesgesindel geben«: Tatsächlich sind Falken laut geworden, die jetzt dazu drängen, nach den Schwarzen auch Schluss mit den Gelben zu machen, um endlich Herr im eigenen Haus zu werden.

Den Vertrag, den er mit Leutwein geschlossen hat, will Hendrik nicht brechen (es existiert eine Fotografie, die Leutwein und Witbooi kumpelhaft beim Sekttrinken zeigt). Aus seiner Sicht war das Abkommen jedoch zwischen ihm und Leutwein zustande gekommen, nicht zwischen ihm, Kaiser und Reich.

Okaharui oder Onganjira …, die Herero haben vorgeführt, dass Deutsche verwundbar sind. Aus den Kämpfen am Waterberg liest Hendrik den Sieg der Verlierer heraus, weil ihnen der Ausbruch gelungen ist. »Die [deutsche] Zeit ist vorbei, und der Heiland will nun selber wirken und uns erlösen durch seine große Güte und Barmherzigkeit«, der Grund, warum die Deutschen den Namaaufstand jetzt religiösem Wahnsinn zuschreiben.

Die Bündnistreue kündigt Hendrik am 3. Oktober 04 mit einer förmlichen Kriegserklärung auf. Seine Witboois sammeln sich, rund 600 Gewehre stark, beim Stammsitz Rietmont und bei Kalkfontein. Als Feldzeichen dient ihnen das weiße Tuch am Hut.

Den Witboois (»*für Gutes und Böses gleich leicht beeinflussbar*«, Vedder) schließen sich Simon Koppers Fransman, Hans Hendricks Feldschuhträger, die Bondels unter Johannes Christian und die Nordbethanier

»Ich, der große General der deutschen Soldaten«: Generalleutnant v. Trotha (Bildmitte am Tisch) mit seinem Stab im Feld.

Gottes Freund, doch aller Welt Feind: der Kapitän der Witbooi-Hottentotten Hendrik Witbooi (um 1835–1905).

unter Cornelius mit rund 600 *Orlogleuten* an. Die Rote Nation stellt 190 Krieger. Dazu kommen flüchtige Herero, jene Witbooi-Späher, die sich mit ihren Waffen aus dem Hereroland absetzten, und natürlich Morenga.

Witboois Aufstand beginnt auf Farm Mariental. Dort wird Burgsdorff, der vermitteln will, vom Baster-Nama Salomon Saal hinterrücks erschossen. Gleich darauf ist die Hölle los. Im Süden der Kolonie werden 38 weiße Farmer und Polizisten ermordet. Unter den ersten Opfern ist Missionar Wilhelm Holzapfel, der mit den Gelben ein paar Stunden zuvor noch über die im Christentum wurzelnde Lebensbejahung gesprochen hatte. Danach war gemeinsam gebetet worden.

Die Witboois, kriegskundig, gut beritten und bewaffnet, sind Meister des blitzschnellen Überfalls auf eine marschierende Kolonne. Die Gelben greifen die Telegrafenstation Falkenhorst an, schlagen sich bei Narib mit der Patrouille des Hptm. v. Krüger, bei Nomtsas mit Lt. Steffen, bei Kunjas mit Landwehr-Uffz. Raabe und mit Lt. v. Brandt vor der Kamelbaum-Station. Kaum ein Tag so auch, an dem nicht irgendwo geschossen wird.

Trotha warnt: »Ich frage Euch in Vertretung des mächtigen deutschen Kaisers, wo ist heute das Volk der Herero, wo sind seine Häuptlinge? Nicht anders wird es dem Volk der Hottentotten ergehen.« Seinen Worten schickt er Oberst Deimling zur Waffenabrechnung hinterher.

Hendrik Witbooi in Begleitung seiner Söhne Jeremia, Salomo, Isaak und Jesaia.

300 Witboois greifen die Militärstation Kub/Hptm. v. Krüger an. Deimling trifft gerade noch rechtzeitig ein, um den Angriff abzuschlagen. Zwölf *brave* Reiter sind auf dem Feld der Ehre geblieben. Der durch die Bondels verstärkte Morenga und »die unter Durstqualen aufmarschierte« 3. Ko. unter Koppy liefern sich bei Alurisfontein ein heißes Gefecht. Die Truppe zählt 22 Tote, Verwundete und Vermisste.

Koppy schlägt Morengas Angriff auf Warmbad zurück, die 7. Ko./Oblt. Grüner hält sich bei Litfontein. Die Witboois lassen beim Rückzug von der Naris-Quelle dort 60 Tote und 12.000 Stück Vieh zurück. Abt. Lengerke reibt bei Koes die Feldschuhträger auf. Bei Stamprietfontein trifft Lt. v. Vollard-Bockelberg auf den Gegner ...

Der Krieg gegen das Hirtenvolk der Herero ist mit dem Krieg gegen das Jägervolk der Nama nicht zu vergleichen. Selbst die Taten und Helden beider Seiten unterscheiden sich. Die Herero stellten sich dem offenen Kampf mit geballten Kriegermassen, endeten dafür am Waterberg und in der Omaheke. Die Nama weichen einer Entscheidungsschlacht aus, greifen Meldereiter, Nachschubkolonnen und schwach besetzte Posten an, ziehen sich danach in wildes, schwer zugängliches Gebirgsland zurück.

Nach Morenga erweist sich auch Witbooi als ein Meister der afrikanischen Kleinkrieg-Führung, wobei zu klären wäre, wer von beiden der Gefährlichere ist. Bei *Orlogsende* haben rund 2.000 Nama mit ihrer Taktik auf einem 600 x 400 km großen Kriegsschauplatz um die 15.000 deutsche Soldaten beschäftigt, es dabei auf mehr als 200 Gefechte gebracht.

Der Feldzug gegen die Nama wirft auch andere Probleme als jener gegen die Herero auf. Da der Süden des Landes von Swakopmund abgeschnitten ist, geht die Versorgung der Truppe über Lüderitzbucht. Dort werden Offiziere, Soldaten und Sanitätspersonal für Front und Etappe, die Abteilungen für Funk- und Feldtelegrafie an Land gesetzt. Von Lüderitzbucht aus werden die zähen Panje-Pferde aus dem ostpreußischen Masuren, Bespannungsmaultiere und -esel aus Argentinien, Ochsen, Munition und Bedarfsmaterial aus Südafri-

ka zur kämpfenden Truppe transportiert. Um die Inlandtrecks zu decken, hat Trotha Kamele angefordert, was als Geburtsstunde des Kamelreiterkorps gilt.

Die Verproviantierung der Truppe kostet monatlich um die zwei Mio Mark, ein guter Teil wird für den herkömmlichen Ochsenwagenbetrieb ausgegeben. Zeitweise sind 11.000 Ochsen, 4.000 Maultiere und 200 Dromedare im Wüstengürtel unterwegs. 75 Prozent des Transport-Nutzgewichts bestehen aus Futter, das unterwegs aufgefressen wird.

Zu den Kernfragen der Trotha-Truppe zählt, woher das Frischwasser nehmen, ohne das der Soldat nicht kämpfen, das Zugtier nicht transportieren kann (ein Ochse säuft an die 40 Liter wie nichts). Wasser, das mit Tankschiffen aus Kapstadt angeliefert und von Ochsen 25 Tage lang nach Keetmanshoop geschleppt, am Endpunkt zwischen 40 und 50 Mark pro Kubikmeter kostet.

In ihrer (Wasser-)Not installiert die Truppe Kondensatoren zur Entsalzung von Meerwasser, die das teuerste Trinkwasser der Welt produzieren. Mobile Geräte, die Tümpelwasser mit Berkefiltern biologisch reinigen, gehen ins Feld.

Wasser und immer wieder Wasser …, der Durst als der schrecklichste Feind der

Der legendäre Schimmelreiter Jakob Morenga (Bildmitte), ein Meister der afrikanischen Kleinkrieg-führung, eröffnet den Kampf der Nama gegen die Kolonial-herrschaft.

Hptm. Friedrich v. Erckert (1869–1908) aus Bromberg/Posen, der Schöpfer der Kamelreitertruppe.

Major Frhr. v. Nauendorff, gefallen im Kampf um die Wasserstelle Groß-Nabas.

Frederick (auch Friedrich) Maharero, der älteste Sohn Samuels, 1896 in Berlin.

vor dem Großen Rohr (der Artillerie) und dem langen Messer (dem Bajonett).

Auf dem Talkessel lastet sengende Hitze, um Mittag steigt die Temperatur auf über 40 Grad. Die Truppler, vom stundenlangen Liegen im glühend heißen Sand mit Brandblasen überzogen, haben ihre Wassersäcke und Feldflaschen geleert. Was einzig noch vor dem Verdursten rettet, sind das Blut getöteter Pferde und der eigene Urin.

»›Wasser!‹ Die Witboois halten es fest;/Um den Trunk tobt seit drei Tagen der Tod./›Wasser!‹ Dann mag mich fressen die Pest!/Nur ein Tropfen in letzter Not!« (Detlev v. Liliencron, den Kriegs- und Heldengeschichten faszinieren).

Frhr. v. Nauendorff liegt nach einem Unterleibsschuss tödlich verwundet am Boden: »Getroffen im Unterleib ächzt der Major/In der furchtbaren Hitze drei Tage lang./ Kein Arzt. Er rafft sich vergebens empor:/ ›Wasser‹. Er hört nur Höllengesang.« Nauendorff, um den es hier geht, bietet 10.000 Mark für einen einzigen Schluck, stirbt gleich darauf jedoch den Heldentod. Lt. v. Vollard-Bokkelberg läuft dem Gegner im Delirium entgegen und fällt.

Die Geschützmunition ist knapp, Kanoniere schießen nur noch im Ausnahmefall. Am Abend knien Offiziere und Mannschaften nieder, um gemeinsam zu beten.

»Und dann kam der Tag,/da der Mordfeind lag/hinter Felsen und Klippen/kein Trunk auf den Lippen,/das Fieber glust in den Adern,/wir aber stürmten die Quadern/mit wildem Hurra!« (Wilhelm Kotzde) … Am Vormittag kann die Truppe, obwohl total erschöpft und dem Verdursten nahe, die Felsenfeste mit dem in der Sonne blinkenden Bajonett erstürmen, Hurras brüllten sie immer. 22 Mann sind gefallen, 47 verwundet. Die Gelben lassen 70 Tote zurück.

Abt. Ritter, durch eine frisch aus dem Reich eingetroffene Ersatzkompanie und eine Gebirgsbatterie verstärkt, ficht bei Haruchas im Auobtal gegen Simon Kopper. Lt. Stuhlmann und Lt. Graf Stosch verlieren bei Gochas vier Reiter. Abt. Lengerke hat es bei Swartfontein mit Kopper zu tun.

Kriegsführung, worüber der Kampf um eine Wasserstelle zum ruhmreichsten in der Südwester Kriegsgeschichte wird:

Zum Jahreswechsel 1904/05, damit in der heißesten Zeit, werfen sich die Witboois der von Stamprietfontein her das Auob-Rivier entlang marschierenden Abt. Meister entgegen. Die Gelben sind mit modernen Hinterladern ausgerüstet, ein Teil trägt deutsche Beuteuniformen, reitet deutsche Pferde. Der eine oder andere Führer gibt, bevorzugt mit dem erbeuteten Säbel in der Hand, Kommandos auf Deutsch.

Zwischen dem 2. und 4. Januar kommt es bei der Wasserstelle Groß-Nabas zum 54-Stunden-Gefecht, das hinterher beschrieben und immer wieder beschrieben wurde. Hendrik, bei dem sich der Unheil predigende *Prophet* Stürmann aufhält, hat sich durch 250 Herero unter Frederick Maharero verstärkt, womit der Feind der Truppe numerisch gleich fünffach überlegen ist. Die Witboois kennen jede *Klippe* der Örtlichkeit, viel wichtiger noch, dass sie die Wasserstelle halten. Maj. Meister setzt auf die fast abergläubische Furcht der Gelben

140

Mit den Witboois offiziell besiegt (Hendrik ist, um seine Verfolger zu narren, in der Kalahari verschwunden) kann sich Deimling jetzt gezielt auf den *Kap-Boy* konzentrieren, den er mit 400 Mann, 13 Kompanien, mit 22 Geschützen und zwei MGs in höchst blutige Gefechte verwickelt.

Im März gehen vier Abteilungen aus vier Richtungen gegen Morenga vor. Der Schimmelreiter kann die Abt. Kirchner bei Kosis und Aob am Rand der Großen Karrasberge schlagen (unter den 11 Gefallenen ist der Art.-Hptm. Georg Kirchner). Am Tag darauf gerät er bei Narudas zwischen die Abteilungen Kamptz, Lengerke und Koppy. Morenga erleidet schwere Verluste, entkommt jedoch in die Karrasberge. Den Deutschen lässt er 50 Pferde, 700 Rinder und 7.000 Stück Kleinvieh zurück. *(»Die Erbeutung oder Nichterbeutung von Vieh ist der sicherste Maßstab dafür, ob ein Gefecht mit Eingeborenen einen wirklichen Erfolg im afrikanischen Sinne bedeutet oder nicht.«)*

Abt. Manger schlägt sich am Elefantenfluss, verliert sieben Mann. Im April fällt Siegfried v. Bülow während eines Patrouillenritts bei Huams. Der Schweriner hatte in Kamerun an der Unterwerfung des mohammedanischen Nordens teilgenommen, bei Marua war es sein Massentöter MG gewesen, der die Schlacht gegen den Sultan von Jola entschied.

Estorff kämpft bei Mukorob, Häring bei Kowes, Siebert bei Leukop, Kamptz, zuletzt Kommandeur der Kameruner Schutztruppe, bei der Wasserstelle Narus. Bei Kanibes reitet der Wahlstadter Patrouillenreiter Thilo v. Trotha, ein Neffe des Generals, in den Tod (der Grabstein, den ihm seine Familie am Fischfluss errichtet, würde eines Tages zur ausgesprochenen Touristenattraktion).

Angesichts der vielen Toten werden die Stimmen der Lebenden laut. Die ganze Welt weiß inzwischen, wer Trotha ist, die internationale Presse sucht sich einen wie ihn immer wieder als Hererofresser und Buhmann aus. Die Heimat will seine Ablösung.

In der Kritik steht Trotha längst nicht mehr alleine. Kriegs- sind immer auch Krisenzeiten, doch ob Herero oder Nama ..., Pro-

viant- und Bekleidungsämtern, Konservenfabriken und Remontedepots ist nahezu jeder Gegner recht. Werften, Waffen- und Munitionsfabriken erhalten lukrative Kontrakte, wodurch es einigen Kaufleuten besonders gut geht. Krupp, Loewe, Hagenbeck oder Stumm ..., mit jedem Namen ist zumindest ein Skandal verbunden, der den Kaiser, der auch Souverän von Tschu tscha tau, Bagamayo oder am Otjihanamapareroberg ist, in Erklärungsnot bringen muss.

Ausstatter der Truppe, die durch etwas, das sie Übersee-Equipierung nennen, vom Krieg mehr als vom Frieden profitieren, sorgen für politischen Wirbel. Adolph Woermann nutzt seine Monopolstellung in der Afrikafahrt maßlos aus. Die Berliner Tropenfirma Tippelskirch & Co, die die Soldaten einkleidet und equipiert, hat ihren Umsatz mit weit überhöhten Preisen von zwei Mio (1903) auf 11 Mio Mark (1904) erhöht ...

Hptm. Pichler, gerade erst in SWA eingetroffen, fällt bei Kleidorus. Lettow-Vorbeck hetzt mit Rittmeister Haegele Morenga hinterher. Maj. Meister steht bei Nubib in den Zanisbergen nach sechs Stunden Aufstieg fünf Stunden im erbitterten Kampf. Hptm. Friedrich v. Erckert kämpft bei Nochas gegen Morenga und Johannes Christian. Zwischendurch der Hauruck-Redner in Berlin: »So ist es Mein Wunsch, der Welt

Oblt. v. Vollard-Bockelberg stirbt bei der Wasserstelle Groß-Nabas den Heldentod.

Kamelreiter während der Expedition gegen die Simon-Kopper-Leute in der Kalahari.

Vom Freund zum Feind: Im Hererokrieg hilft Witbooi den Deutschen noch mit Spähern und Fährtenlesern aus (Bild). Ein paar Monate später erklärt er ihnen den Krieg.

Major Oltwig v. Kamptz, zuletzt Kommandeur der Kameruner Schutztruppe, kämpft bei Narus.

Major Meister, Kommandeur der Truppe während des Gefechts um die Wasserstelle Groß-Nabas.

den Frieden zu erhalten, desgleichen aber nach außen die Ehre des Reiches in jeder Weise hochhalten zu können.« Dazu die kaiserliche Bewunderung: »Ich weiß Mich eins mit dem deutschen Volke in dem warmen Danke und der stolzen Anerkennung für die Offiziere und Mannschaften, die auf Meinen Ruf hinausgegangen sind und mit heldenhafter Tapferkeit unseren Besitzstand bis zum Tode verteidigt haben. Wilhelm.«

Der ehrgeizige Trotha, von Sozialdemokrat Bebel als Metzgerknecht charakterisiert, von Estorff als unedel, selbstsüchtig und kalt hingestellt, wird zurückgerufen. Bevor er in Lüderitzbucht an Bord der PRINZREGENT geht, erreicht ihn die Nachricht, dass es »den alten Verräter« nicht mehr geben würde. Hendrik Witbooi, der mit Leutwein »in der Weltgeschichte unsterblich geworden wäre, hätte ihn das Schicksal nicht nur auf einen kleinen afrikanischen Thron gehoben«, war nach einer Verwundung den ehrlichen Soldatentod gestorben. Ein Überfall auf die Truppe in der Nähe von Fahl-

gras (Bezirk Keetmanshoop) gilt als sein letztes Gefecht.

Hendriks Nachfolger wird Sohn Isaak, doch die Widerstandskraft der Nama ist gebrochen. Die meisten Kapitäne ergeben sich Anfang 1906. Morenga, Cornelius, Christian und Kopper kämpfen weiter …

Der Reichstag geizt, gibt pro Kopf der Bevölkerung in den Kolonien jährlich gerade mal 53 Pfennige aus. »Die große Firma Deutsches Reich etablierte sich hier in der Erwartung, mit geringer Einlage gleich Millionen einzuheimsen« (»Windhuker Nachrichten«). Doch im Dezember 05 kann Berlin nicht mehr anders, als die Mittel zum Bau der Bahnlinie Lüderitzbucht—Aus bereitzustellen, um den Südwester Süden militärisch zu sichern, dann auch politisch wie wirtschaftlich von Südafrika unabhängig zu machen.

Kurz nach Weihnachten schafft eine Ksl. Verordnung die Rechtsgrundlage, wonach Grund und Boden jener Eingeborenen, die gegen Weiße oder friedliche Eingeborene feindliche Handlung begangen haben, zu

Kronland erklärt, Vieh und bewegliche Habe eingezogen werden können. Womit die alten Schutzverträge mit Herero und Nama verfallen.

Im Süden kommt es noch zu Geplänkel und kleineren Gefechten. Im März ergibt sich der Bethanier Cornelius, der die Majore Träger, Gräser und Hptm. v. Koppy bis zuletzt beschäftigte. Im Dezember schließen Estorff und die Bondels ihren »Weihnachtsfrieden von Ukamas«. Das Abkommen hatte ein Pater Johann Malinowski vermittelt, Nama-Missionar und Feldgeistlicher in einer Person, da die Mission die Militärgeistlichen aus Spargründen stellt.

Am 31. März 07 wird der Südwester Krieg offiziell für beendet erklärt. *(»Nun gilt es, den aufs neue erkämpften Boden fruchtbringend zu bereiten.« Der Oberbefehlshaber und Souverän.)* Die Kolonialkrieger Trotha, Franke und Meister werden mit dem Pour le Mérite dekoriert, Deimling in den erblichen Adelsstand erhoben. Die Denkmünze »Den siegreichen Streitern« geht allen, die bei der Niederwerfung der Aufstände geholfen haben, in Bronze zu.

Zwei Rechnungen, die noch offen stehen, werden aus Sorge um die Stabilität der Region durch deutsch-englische Kooperationen beglichen. Morenga, nach dem Ausbruch aus seinem Internierungsort in der Kapkolonie auf dem Weg zu Simon Kopper, wird von einer Polizeitruppe unter Maj. Elliot, dem Maj. von dem Hagen zur Seite steht, bei Witpan in den Tod getrieben.

Den Kreislauf der Gewalt schließt die Kalahari-Expedition: Im April 08 führt Hptm. v. Erckert 16 Offz., 323 Kamelkorpsreiter und 129 eingeborene Helfer »über einen gedachten, die deutsche Grenze darstellenden Strich« auf britisches Gebiet. Im Gefecht von Seatsub kann die Truppe Koppers *Fransmänner* schlagen. Unter den Gefallenen ist Kamelreiterführer Erckert, dem die Schutztruppe in Gochas ein Denkmal setzt.

Erinnerungen schließlich ganz anderer Art: Der Karlsruher Berufsoffizier Maximilian Bayer hatte sich für den Karrieresprung

nach Südwest gemeldet, dort Nachschub und Etappe organisiert. Wieder in der Heimat zurück, sollte er während einer DKG-Tagung Schutztruppen-Stabsarzt Alexander Lion treffen. Die beiden gründen nach dem Beispiel des englischen Kolonialoffiziers Baden-Powell 1911 die deutsche Pfadfinderbewegung. Zum sichtbaren Zeichen, dass ihre Idee auch kolonialen Ursprungs ist, wird der an einer Seite hochgekrempte kultige Südwester Hut. Dazu das auf einer Ecke stehende schwarzweiß geviertelte, rot umrandete »Schachbrett« als Bundesabzeichen, wie es dem Beobachterabzeichen der Schutztruppe entspricht.

Isaak Witbooi (1865–1928), Sohn und Nachfolger Hendriks als Kapitän, ergibt sich Lt. Pabst 1906 in Nanub.

Unten: Nach Abschluss des »Weihnachtsfriedens von Ukamas«: Johannes Christian, Hptm. von dem Hagen und P. Johannes Malinowski.

In Sachen Kolonialmoral

»Der deutsche Soldat hat das Land mit seinem Schwert erobert, der deutsche Farmer und Kaufmann sucht seine wirtschaftliche Nutzbarmachung, doch die deutsche Frau allein ist berufen und imstande, es deutsch zu erhalten.« (Ada v. Liliencron) …

Johann H. Schmelen, Sendbote unter den Nama, hatte sich eines Tages (draußen war's kalt) mit der schwarzen Missionsgehilfin Zara allein im geschlossenen Planwagen gefunden. Dem Verdacht der Sünde war nur schwer zu entkommen, was zur Ehe zwischen den beiden, dann auch zu Nachwuchs führte. *(»Damals suchten die Missionare dadurch Einfluss zu gewinnen, dass sie eingeborene Frauen heirateten, ein Verfahren, von dem man jetzt ganz abgekommen ist.«* François)

Die RMG kann nichts Falsches in der Verbindung zwischen Schwarz und Weiß sehen, da sie dem ungeordneten Zusammenleben vorzuziehen sei. Die katholische Kirche geht davon aus, dass ein Eheverbot das Ziel verfehle, da Weiße, die Farbige zu Werkzeugen ihrer Lüste machten, in der Regel zum diskret geduldeten Konkubinat tendierten. Missionar Klamroth, der in Deutsch-Ost die Sinnenfreuden seiner Landsleute im Verhältnis zu ihrer Vorbildfunktion studierte, beteiligt sich mit einem »Der Weiße frönt für wenig Geld seiner Lust …, warum soll es der Schwarze nicht ebenso machen?« an der Diskussion.

In den ersten Jahren der Besiedlung war es durchaus vorgekommen, dass ausgediente Schutztruppler *(»im jugendlichen Alter stehend, ohne Gattin zur Seite ein raues Geschlecht.«* Pastor Heye) etwa Mädchen der Rehobother Baster heirateten. Hauptgrund war das Fehlen »ebenblütiger« Frauen, nie zu übersehen, dass »das Bastardweib« häufig eine gute Aussteuer an Land und Vieh mitbrachte: »Leider ist in den Anfangsjahren, woran die damalige kaiserliche Regierung nicht unschuldig war, auf die Reinhaltung des Blutes in Einzelfällen nicht so scharf geachtet worden, wie es wünschenswert gewesen wäre, und

die Nachkommen haben darunter zu leiden.«

Der Mangel an weißen Frauen war absolut, der Germanen Lust auf Landestöchter konnte nur eine Zeit lang totgeschwiegen werden. Trieb Kolonialdeutsche wie den Heimstättenbesitzer Rößler, den Farmer Blume oder den Zollamtsassistenten Nörr doch eines Tages die Sorge um, dass sie aufgrund kolonialer Kontaktzonen dabei sein könnten, sich selbst abzuschaffen. (Mischlings)Kinder als Ergebnis farbenfroher Seitensprünge gehören zum Straßenbild. Für den Spross einer schwarzweißen Verbindung *(»auch wenn er vielleicht tätowiert ist oder halbnackt herumläuft«)* galt nach deutschem Recht der Gerichtsstand des Vaters. Der war in der Regel weiß und deutsch, was den Neu- zum Reichsbürger machte.

Mischehen bargen, konsequent zu Ende gedacht, die Gefahr, draußen ein Mischvolk zu werden, damit zu »Verkaffern« (*»da mit Mischlingen, dem Verschwinden des Weißen in einer Masse von Schmutz kein bodenständiges Deutschtum zu entwickeln ist«*, Siedlungskommissar Rohrbach).

Beziehungshöllen gibt es natürlich auch anderswo, Südwest steht nie alleine. Jede Südseeplantage ist ein Sündenpfuhl mit zum Teil sehr schönen Frauen (*»die allerdings schnell verblühen«*). Die Deutschen treten nur selten als sittliche Vorbilder auf, was auffallen muss, ist, wie viele Missionare an Geschlechtskrankheiten sterben. Am einfachsten, sich zu verlieben, scheint es dabei auf Samoa zu sein. Auf Samoa ist das rassisch-volkhafte Eigenleben dann auch in größter Gefahr.

Ein so bewährter Kolonialpolitiker wie Albert Hahl genoss den lokalen Brauch, sich in paradiesischer Einfachheit von jungen Frauen mit Kokosnussöl einreiben zu lassen, lebte einige Zeit mit einer Einheimischen auf Ponape. Der ksl. Richter Paul Boether (DNG) ist mit Korinombo, Stationsleiter Hans Klink (Morobe) mit der Melanesierin Ambo verheiratet. Stationschef Winkler hat seiner Ngeribongel auf Palau das Ja-Wort gegeben. Das Gerücht, dass in Südwest farbige Nachkommen Curt v. François' leben, stirbt einfach nicht aus.

Erckertsäule in Gochas: Dem im Gefecht bei der Wasserstelle von Seatsub tödlich verwundeten Hptm. Friedrich v. Erckert hat die Kalaharitruppe in Goachas das Denkmal gesetzt.

Die Amerikaner haben es auf Guam verboten, die Engländer auf Neuguinea, die Buren der Kapkolonie schließen legitime Ehen mit Farbigen aus, wogegen Franzosen und Portugiesen die Verschmelzung akzeptieren.

Frankreichs Eintopf vor Augen, wird in Südwest, wo noch 1901 lediglich 19 weiße Frauen auf 100 weiße Männer kommen, die Mischehe heiß diskutiert. Die rechtlich und sozial sanktionierte Blutmischung ist bis zum Hererokrieg dank allergnädigster Entscheidung möglich. Erst der Krieg spült zur Angst vor dem schwarzen Mann auch die Zeitbombe Eheirrungen hoch. Die Deutschen müssen Farbe bekennen, wäre ein farbiger Stamm deutscher Reichsbürger gerade jetzt doch alles, was das schwer geprüfte Land noch braucht.

Conrad Rust, Farmer auf Monte Christo, fordert die Beachtung der Grenzlinie, die der Schöpfer in der Farbe gezogen habe, Solf die Prügelstrafe bei Eheirrungen. Leutwein verurteilt, »dass Soldaten Afrikanerinnen heiraten und so ein Geschlecht von Afrikanern erzeugen«. Gouverneur Lindequist nennt die »Rassenmischehe« gar ein Verbrechen.

Da das Rassenbewusstsein Einzelner nicht wirksam ist, müssen prohibitive Gesetze erlassen werden. Mit der Null-und-Nichtig-Erklärung aus Mischehen entstandener Ansprüche gewährleistet nur noch das Familienleben mit der weißen Frau, »der Frau desselben Stammes, welche dem Manne Gefährtin und Gehilfin, den Kindern liebevolle Mutter und Erzieherin ist, die für eine gesunde Entwicklung einer Kolonie nötige Ordnung und sittliche Anschauung«.

Unter der Selbstverwaltung wird Weißen, die mit Eingeborenen verheiratet sind, das aktive und passive Wahlrecht entzogen, nehmen Organisationen wie Krieger-, Schützen- und Turnvereine Männer mit farbigen Frauen nicht mehr als Mitglieder auf.

Wirksamste Maßnahme gegen die Mischehe wird allerdings das Einwanderungsprogramm des Frauenbundes der DKG. Die Organisation hat sich zur Aufgabe gemacht, deutschen Beamten, Soldaten und Siedlern unverheiratete Frauen und einwandfreies

Mädchenmaterial zwecks Festigung der Kolonialsiedlung durch Ehen nachzuschicken. Ehefrauen, Bräuten, Schwestern und Töchtern kann aufgrund der Familienverhältnisse weitergeholfen werden, heiratswilligen Frauen und weiblichen Dienstboten wird die Reise nach Südwest in der 3. Schiffsklasse bezahlt.

Die Suche gilt ganz gezielt der deutschen Frau, die weiße Kinder gebären kann. Von unten kommen und nach oben heiraten: Der Ruf wird am häufigsten von Damen aus sogenannte unteren Schichten gehört. Zu Hause selbst Dienstmädchen, hier mit Dienstmädchen, verspricht die Ehe im Sonnenland den gesellschaftlichen Aufstieg, den wirtschaftlichen Erfolg. 1911 kommen

Text des Südwester Lieds, geschrieben von Heinz A. Klein-Werner (1912–1981) aus Königsheid. 1935 nach SWA eingewandert, dichtet Klein-Werner zwei Jahre später das Südwester Lied als Wanderlied für Tsumeber Pfadfinder.

145

Oberstleutnant Joachim v. Heydebreck (rechts) aus pommerschem Uradelsgeschlecht (1861–1914), Kommandeur der Schutztruppe von 1912 bis 1914.

Zwischen Meer und Wüste: Swakopmund aus der Vogelperspektive (um 1920); einst wichtigster Hafen des Schutzgebiets, macht der Ort nach der Übernahme durch Südafrika als Schulstadt und Seebad auf sich aufmerksam.

dort bereits 27 weiße Frauen auf 100 weiße Männer. Bis 1913 hat die DKG durch Anwerbung über See 2.036 Frauen und Mädchen ins Land gebracht.

Bülow spannt die Muskeln

Im Kriegsjahr 04 hatte alle Welt nach Ostasien geblickt, wo sich Russen und Japaner gegenüberstanden. Selbst die Deutschen interessierten sich eine Zeit lang mehr für Kuropatkins Armee als für Leutweins heroisch ringende Truppe, was Port Arthur oder Shenyong bekannter als Okahandja oder Omaruru machte. Für einen wie Gustav Frenssen der Grund, sich als Kolonialliterat zu versuchen.

Frenssen hatte das Sonnenland nie besucht, sich mit Hilfe des Tagebuchs eines Angehörigen des See-Btl., der den *Orlog* mitmachte, jedoch ganz gut informiert. »Peter Moors Fahrt nach Südwest« würde ein absoluter Bestseller werden, mit dem sich der Pastor und Heimatdichter aus Barlt in der Kolonialliteratur gleich hinter Hans Grimm einreiht.

Peter Moor, holsteinischer Bauernlümmel, erreicht Südwest als unbedarfter Matrosengefreiter, erwartet er doch, dort auf mit Pfeil und Flitzbogen unter Palmen spielende Schwarze zu treffen. Einmal von Bord, glaubt er so auch, er sei im falschen Land.

Wüste, Halbwüste und Trockensteppe, Schauplätze und Gegner, wie sie so ganz anders als jene in Europa sind. Krankheit dann und Verwundung, das so genannte Fronterlebnis, Hunger und Durst: Bevor er seinen letzten Vernichtungsritt in der Omaheke reitet, macht der Romanheld (»*wir müssen noch lange hart sein und töten*«) so ziemlich alles mit …

Südwest war bis zu den großen Aufständen ohne schöngeistige Luft ausgekommen. Beamten hatte eine engherzige Bürokratie verboten, Erfahrungen und Erlebnisse niederzuschreiben, Neusiedler, häufig abgeschieden lebend, über weite Flächen zerstreut, schlugen sich mit ganz anderen Sorgen herum.

Die Herero- und Namakriege lösten Darstellungen von vielen Seiten, eine regel-

rechte Flut von Wild-(Süd-)West-Literatur aus: »Wie es am Waterberg zuging« (Sonnenberg), »Gegen die Herero« (Belwe) sind darunter, »Heiße Tage« (Stülpnagel), »Groß-Nabas« (Wies) und »In des Kaisers Rock« (Lüth).

Kriegslyrik dazu wie Kotzes »Der Reiter« oder »Die Patrouille« von Doensch, gerade auch Max Geisslers »Reiterballade«, die die Toten sprechen lässt: »*Rings liegen Gräber, die keiner nennt,/der Dornbusch droht, und die Weide brennt./Der Hauptmann, der war so tapfer und stolz,/nun schläft er, nun trägt er sein Kreuz von Holz.*«

Der Ritt gegen den Feind, den Klima und Landschaft zur Folter machen, ist der literarische Stoff, aus dem unendlich viele Romane und Verse sind. Zeitungen füllen Spalten mit handfesten Heldengeschichten, Stabsärzte werten kriegschirurgische Erfahrungen aus. »Die Literatur über unseren Südwester Kolonialkrieg ist unvergleichlich viel größer, als die über unsere Kolonialkriege in Ostafrika. Das ist begreiflich, denn in Südwestafrika waren es deutsche Soldaten, die gekämpft, gelitten und das Leben gelassen haben, während in Ostafrika farbige Truppen unter deutscher Führung fochten« (»Die Tägliche Rundschau«, 1909).

Hinterher würde behauptet, dass deutschkolonialer Stoff den Ausgang der sogenannten Hottentottenwahlen mitentschied. Was bedeuten würde, dass Herero und Nama Reichspolitik machten.

Die Südwester Kriege, dazu der Maji-Maji-Aufstand in Deutsch-Ost, gelten Unpatrioten als Beweis, dass Berlin Kolonien nicht führen kann. »Das Recht zum Aufstand«, so August Bebel, »das Recht zur Revolution hat jedes Volk ..., der Aufstand der Herero ist nur die natürliche Folge unserer Kolonialpolitik, des Verhaltens der Ansiedler, kurz, der ganzen Tätigkeit, die von uns in Südwestafrika ausgeübt worden ist.«

Fürst Bülow löst den Reichstag auf und schreibt Neuwahlen aus, nachdem Zentrum und SPD gegen einen Nachtragsetat zur Finanzierung des Kolonialkampfes gestimmt hatten. Der anschließende Wahlkampf wird zur Abstimmung über Deutschlands Kolonialpolitik. Interessengruppen

wie Flottenverein, Alldeutscher Verband oder DKG schlagen dazu kräftige nationale Töne an. Wer nicht denkt, wie sie denken, wird als antinational hingestellt.

Tote Soldaten und alte *Negerklischees* ziehen sich wie ein roter Faden durch die Wahlagitation, die Schlachtfelder von Teufelsbach, Kaiser-Wilhelmberg oder Kub fordern Solidarität heraus. »Ein Land, in dem so viele deutsche Söhne gefallen und begraben sind, ist uns kein fremdes Land mehr, sondern ein Stück Heimatland«, so der Karlsruher Oberst Deimling und längst nicht nur er.

Aus der Wahl geht der sogenannte Bülow-Block aus Konservativen, National- und Linksliberalen als der große Gewinner hervor, was Kolonialfreunde so auslegen, dass die Kolonialidee im Volk Wurzeln geschlagen hat. Das Sonnen- hat damit ein Mutterland, in dem das Nationalgefühl durch Mehrheitswillen legitimiert den Parteigeist übertrifft, was bedeutet, dass Soldaten wie der jüngere Trotha, wie Wöllwarth, Griesbach oder der *brave* Reiter Johann Dann, die in den trotzigen Bergen und spröden Steppen begraben liegen, nicht umsonst gefallen sind.

Berlin gewährt Beihilfen, zahlt Entschädigungen, verspricht den zunehmend politisierten Südwestern Mitbestimmung und kommunale Selbstverwaltung. Südwest würde weiterhin der Staatsgewalt des Reiches unterstehen, kann jedoch eigene Entscheidungen treffen, etwa in Sachen Land-

Swakopmunds Landungsbrücke (Spitzname Jetty): 1903/04 als hölzerne Brücke gebaut, sollte »Jetty« ab 1913 durch eine Stahlkonstruktion ersetzt werden. Dafür, dass sie bei 262 m enden muss und nicht wie geplant bei 640 m, sorgt der Krieg.

147

Gouverneur Friedrich Wilhelm v. Lindequist (1862–1945) aus Wostevitz/Rügen führt die ersten Karakulschafe ein.

Schürftafel August Stauchs: Der Bahnmeister kann sich nach der Entdeckung von Diamanten eine Schürfgenehmigung über ein 75 qkm großes Gebiet sichern.

und Forstwirtschaft, Straßen- und Wasserbau ..., einer der Gründe, warum die Südwester als Zeitbestimmung in Zukunft »Vor dem Orlog« und »Nach dem Orlog« sagen.

Romanfiguren wie Frenssens Peter Moor haben das Sonnenland zur volkstümlichen Kolonie gemacht. Über Nacht hat Deutschlands Jugend, bisher auf Lederstrumpfgeschichten angewiesen, die von kolonialen Heldentaten fremder Völker erzählen, ihre eigenen Helden (»*denn was die deutschen Siedler und Soldaten leisteten, wog schwerer als das Leben von Lederstrumpf*«, Georg J. Trümpelmann).

Der deutsche Lederstrumpf, fast immer ein Truppler in Kriegsgarnitur, mit Feldmütze oder Brandenburger Hut (Südwester), einem Rock aus zweckmäßigem, graugelbem Kord, mit dem Gewehr 88 und Infanterie-Seitengewehr 71/84, mit Koppel und Patronentasche (im Schutztruppenjargon *Donkeygeschirr*), die hohen Stiefel aus naturfarbenem Leder ..., der Truppler ist der deutsche Lederstrumpf.

Geschossen wird übrigens auch weiterhin, doch Südwest ist jetzt eher etwas für Jagdtouristen.

Ein Magnet für Abenteurer

1908 leben in Südwest rund 8.000 Deutsche. Gouverneur ist »Väterchen« Bruno v. Schuckmann aus Rohrbeck, der Friedrich v. Lindequist aus Wostevitz/Rügen ablöste. Letzterer hatte sich um Land und Leute verdient gemacht, als er zwei Karakulböcke und zehn Mutterschafe einführte. Die Tiere, ursprünglich aus Asien, sind anspruchslos, akklimatisieren sich. Die Nachzucht ist vielversprechend. Die Lämmer, die unmittelbar nach der Geburt geschlachtet werden, liefern die schwarzgelockten Fellchen für den Breitschwanzmantel, über den das Fettschwanzschaf wirtschaftliche Bedeutung erlangt. Das Karakullämmchen ist ein schwarzer Diamant, doch Südwester Diamanten sind nicht nur schwarz ...

An der Südbahn zwischen Lüderitzbucht und Aus steht ca. alle 20 km ein Bahnmeisterposten, der darüber wacht, dass Treibsand den Schienenstrang nicht blockiert

(die Bahn kommt nur zweimal die Woche vorbei). Einer davon steht in Grasplatz, einem Heulager für Treckochsen ein paar Kilometer vor Lüderitz, bei dem noch nie Gras gewachsen ist. Hier wacht Bahnmeister August Stauch als Angestellter der Kolonial- und Eisenbahnbau-Gesellschaft Lenz & Co. über seinen Teilabschnitt. Stauch, den ein Asthmaleiden ins trockenheiße Schutzgebiet brachte.

Im Mai 08, Stauch ist mit der Draisine unterwegs, pickt sein farbiger Streckenarbeiter Zacharias Lewala im Kiessand bei Kolmanskuppe ein paar wasserklare *Klippies* auf, die nach Regierungsgeologe Paul Range Diamanten sind. Diamanten, die der Oranje vor Jahrmillionen ins Meer spülte, die Wind und Wellen zurücktrugen und im Dünensand versteckten. Womit das Märchen beginnt.

Die Nachricht vom sagenhaften Hottentottenparadies löst den Diamantenrausch aus. Wer ohnehin schon in der Nähe ist, kauft Schürfscheine fürs schnelle Glück, um damit in die Wüste zu stürmen. Glücksritter von weiter her stellen dort ihre Schürftafeln auf.

»Die Diamanten in ihrer ganzen breiten Aussaat fanden in den nächsten sieben Monaten die zähen Lüderitzbuchter unter einem fast übermenschlichen Aufwand an Energie« (Grimm). »Alles liegt im Sand und scharrt, verwegene Gestalten hinter jeder Klippe.« Kolmanskuppe, wo sie den diamanthaltigen Kies sieben und waschen, wird zur blühenden Diamantenstadt. Ist doch genug für alle da, braucht man sich doch nur danach zu bücken ..., am besten vormittags, vor Einsetzen des Nebels.

Zuerst werden einzelne Claims verkauft, Stauch selbst steckt sich das »Edelmineralschürffeld Nr. 1« ab. Als Berlin das Ausmaß des Segens erkennt, wird damit allerdings schnell Schluss gemacht. Bodenschätze sind Sache des Staates, nicht des einzelnen Abenteurers oder Siedlers. Da die Gefahr bestehe, dass deutsche Diamanten verschleudert würden, glaubt sich Dernburg zu drakonischen Maßnahmen gezwungen.

Schon im September wird die Schürffreiheit aufgehoben, ein 100 km breiter Küsten-

streifen zwischen Oranje und dem 26. Breitengrad zum Sperrgebiet erklärt. Die Maßnahme löst in und um Lüderitzbucht »kampfesfreudige Stimmung« aus, im Reichstag werden wiederum hitzige Debatten geführt.

Wie die Dernburgsche Sperrverfügung dem Großkapital für die Ausbeutung der Diamantenfelder den Löwenanteil sichert, schlägt sie – Zuwiderhandlung wird nach § 90 der Bergwerksverordnung mit 500 Mark bestraft oder mit Haft – dem kleinen Mann ins Gesicht. »Die Dernburgsche großkapitalistische Gesellschaftspolitik ist ein Unglück für Südwestafrika und fördert letzten Endes nur den Ruf: Südwestafrika den Südwestafrikanern« (der Zentrumsabgeordnete Erzberger).

1909 kommt es zur Gründung der Deutschen Diamanten-Gesellschaft (DDG), einer Tochter der DKG/SWA. Eine Diamanten-Regie-Gesellschaft dient als Sammelstelle und hält das Monopol für die Vermarktung. Während Buren und Engländer voll Neid über die Grenze blicken, werden Lager-

stätten wie Elisabethbucht, Pomona, Bogenfels oder Charlottental abgebaut. Südwester Steine sind nicht besonders groß, jedoch wasserklar und auf dem Markt sehr beliebt. Zwischen 1908 und 1913 werden 4,7 Millionen Karat im Wert von rund 150 Mio Mark gewonnen, was in etwa einem Fünftel der Weltförderung entspricht. Nicht ganz ohne Ironie ist die Namib, die älteste Wüste der Welt, damit zum wertvollsten Teil des gesamten Kolonialbesitzes geworden.

Gleich nach den großen Aufständen, mit dem Ende der Schutzvertragspolitik, war es schon aufwärts gegangen, jetzt geht es erst richtig los. Kolonialdeutsche anderer Besitzungen blicken voll Eifersucht auf das Land. Glauben sie doch, dass während sie sich zu Tode schuften müssen, dort die Last der Arbeit nur noch auf den Schultern von Schwarzen ruhe, der Farmer keine andere Aufgabe mehr habe, als seinen Stuhl vor dem Farmhaus so zu rücken, dass er im Schatten sitzen kann.

Einer friedlichen Aufbauarbeit scheint nichts mehr im Wege zu stehen. 1910 wird Windhuks in malerischer Lage errichtete Christus- als Friedenskirche geweiht. Die eiserne Dachkonstruktion kommt aus Hamburg, die Orgel aus Ludwigsburg. Die Fenster stammen aus Nürnberg, die Glocken, von der eine die Inschrift »Friede auf Erden« trägt, aus Apolda. Die Altarbibel stiftete die Kaiserin. Nach der Festrede durch RMG-Präses Olpp geht es zum Festessen in die »Kaiserkrone«.

Herren und Reiter

»Den Toten zur Ehre, den Lebenden zum Ansporn, zu erhalten und auszubauen, was in einem schweren Kampfe von aufopfernder Vaterlandsliebe errungen wurde« ..., Südwest sucht nach einem geeigneten Ehrenmal, das dem Gedenken über Generationen hinweg dienen würde.

Die Initiative stammt von Estorff, dem »alten Römer«, die finanziellen Mittel wurden durch Spendensammlungen aufgebracht. Ein früher Entwurf löst allerdings erst einmal Bedenken aus, da von zwei Soldaten einer, die Waffe noch in der Hand, hingestreckt am Boden liegt. Welchen Ein-

August Stauch (1878–1947): Südwests »Diamantenkönig« gründet mit deutschen Geldgebern die Koloniale Bergbau-Gesellschaft und bringt es im amerikanischen Tempo in kurzer Zeit zum Millionär.

Gouverneur Bruno Helmut Erich v. Schuckmann (1857–1919) aus Rohrbeck, genannt »Väterchen«.

Marinedenkmal in Swakopmund: Ein Seesoldat mit dem Gewehr in der Hand, ein toter Kamerad am Boden, halten die Erinnerung an den Hererokrieg wach.

druck würde ein toter Deutscher auf lebende Eingeborene machen? In Windhuk, vor dessen wehrhafter Feste? Der Entwurf wird realisiert, allerdings nicht für Windhuk, sondern für Swakopmunds Marinedenkmal.

Aus einem Wettbewerb unter fünf namhaften Künstlern geht der Berliner Bildhauer Adolf Kürle als Sieger hervor. In Berlin gegossen, per Schiffstransport ins Land gebracht, bietet sich als Datum, um der Geschichte das Denkmal zu setzen, Kaisers Geburtstag im Jahre 1912 an. Den Vorabend krönte ein Zapfenstreich bei Pechfackelbeleuchtung.

Gouverneur Seitz, Maj. Franke, Pol.-Maj. Bethe und Richter Bach: Wer weiß ist und halbwegs gesunde Beine hat, ist dabei, vom Krieger- über den Gesang- und Schützen-

zum Turnverein wirklich alles vertreten. Festreden halten ein Pater und ein Pastor, der eine heißt Klayele, der andere Hammer. Natürlich sehen der deutschen Selbstinszenierung auch ein paar Schwarze und Gelbe zu.

»Der eherne Reiter verkündet der Welt, dass wir hier die Herren sind und bleiben« (Seitz). Gleich darauf legt die Enthüllung das in unbehauenen Granit geschlagene Opfer frei:

»Zum ehrenden Angedenken an die tapferen deutschen Krieger, welche für Kaiser und Reich zur Errettung und Erhaltung dieses Landes während des Herero- und Hottentottenaufstandes 1903 bis 1907 und während der Kalahari-Expedition 1908 ihr Leben ließen. Zum ehrenden Angedenken auch an die deutschen Bürger, welche den Eingeborenen im Aufstande zum Opfer fielen. Gefallen, verschollen, verunglückt, ihren Wunden erlegen und an Krankheit gestorben, von der Schutztruppe: Offiziere 100, Unteroffiziere 254, Reiter 1.180, von der Marine: Offiziere 7, Unteroffiziere 13, Mannschaften 72. Im Aufstande erschlagen: Männer 119, Frauen 4, Kinder 1.«

Darüber überlebensgroß die bronzene Reiterfigur, wie sie Kürle der Wirklichkeit abschaute. Der Reiter hält mit der linken Hand sein Pferd fest am Zügel, die Rechte umklammert das auf dem Oberschenkel aufgepflanzte Gewehr. Die symbolische Kraft würde jene aller übrigen Kolonialdenkmäler übertreffen, waren Herero- und Namaaufstände doch Deutschlands letzte Kriege, die es gewonnen hat. Dass dabei nicht nur Deutsche starben, wird verdrängt.

Unter den Kränzen, die jetzt niedergelegt werden, stammt einer vom Kaiser. Nach der Parade der 4. Ko., der von Johann-Albrechtshöhe angereisten 2. Bttr. und der Landespolizei geht, wer dazu eingeladen ist, zum Festessen ins Hotel »Stadt Windhuk«.

1913 – Ein Jahr im Leben der Kolonie

Im *Januar* tritt die Viehbrandverordnung in Kraft …, wird in Grootfontein und Omaruru der Luftfahrer-Verein gegründet. Im *Februar* werden in Windhuk 2.871, in Lüderitzbucht 1.616, in Swakopmund 1.463 und in Karibib 1.170 Einwohner gezählt (die Regenzeit war wenig ergiebig, was bedeutet, dass Farmer knapp bei Kasse sind).

Im *März* verweist das Obergericht in Windhuk Diplom-Ingenieur Hermann L. Baumann, obwohl zu sieben Achtel der weißen Rasse zugehörig, vor ein Eingeborenen-Gericht ..., fordert der Reichstag die Rückführung der nach Kamerun deportierten Nama.

Im *April* stirbt mit Kaufmann Fritz Wecke einer der Südwester Siedlerpioniere ..., gibt es in DSWA 1.587 Farmer. Im *Mai* zeigt die Windhuker Landesausstellung zu Rettich und Kohlrabi, dass sich die Kreuzung einheimischen Rindviehs mit europäischen Rassen bewährte ..., werden Mordtaten von Buschleuten im Norden gemeldet. Im *Juni* kommt es durch ksl. Verordnung zur Gründung der Landwirtschaftsbank für DSWA ..., wählt Windhuk Peter Müller zum ehrenamtlichen Bürgermeister.

Im *Juli* findet die Evgl. Pfarrerkonferenz in Karibib statt, im *August* erschüttert ein Erdbeben Windhuk und Umgebung ..., wird das Johanniter-Krankenhaus in Keetmanshoop eröffnet ..., kommt es zur Gründung eines Kriegervereins in Rehoboth. Im *September* tritt die Fleischverwertungsgesellschaft in Okahandja erstmals zusammen.

Im *Oktober* wird das Postamt Otjundaura eröffnet ..., darüber diskutiert, ob sich das

Land zur Aufnahme von Schwindsüchtigen eigne. Im *November* beginnen Bauarbeiten für ein Verwaltungsgebäude (im Volksmund »Tintenpalast«) ..., öffnet in Omaruru eine Genossenschaftsbank für den Norden. Im *Dezember* wird die neue katholische Kirche in Tsumeb geweiht ..., stirbt Dr. Göring, der Vater des späteren NS-Reichsmarschalls ..., hat die Mission in Klein-Windhuk 125 hl Wein gekeltert.

Das »Jahrbuch der deutschen Kolonien« für 1913, herausgegeben von Baedecker in Essen, bezeichnet Südwest als einzigen überseeischen Besitz, der »deutsch geworden« sei, damit nicht mehr dem Charakter eines Schutzgebiets entspreche.

»Berliner Rangen« und »Die Logenbrüder« in Swakopmunds Literarischem Verein, Bord- und Marinekapellen bei Flotten- und Witwenbällen. Das Gauturntreffen, Schlacht- und Bockbierfeste, Tage des Karnevals, Wettschießen für Damen in Lüderitzbucht ..., was alles nur heißen kann, dass sich rund 5.800 Seemeilen von der Heimat entfernt ein überseeischer deutscher Neustamm zu bilden beginnt.

Südwest gilt als gesundes Auswanderungsziel: »Im Gegensatz zu den Tropen ist der Winter hier kalt, dazu herb genug, um die Auffrischung durch Hitze verbrauchter Kräfte sicherzustellen ... Eine Degeneration, eine Verschlechterung der Rasseeigenschaften ist nicht mehr zu befürchten« (Warhold Drascher).

Theodor Seitz (1863–1949) aus dem badischen Seckenheim, Gouverneur von Kamerun und Deutsch-Südwest.

Blick auf Windhuk: Der Südwester Reiter, das bekannteste Symbol der deutschen Zeit mit der Christuskirche und dem Tintenpalast (im Hintergrund rechts).

Deutsch-Ost – ein Stein in der Krone des Reiches

Muinin Sagara im Tal des Mukondokwa.

»Finster ist's in Afrika,/Todesnacht und Grauen/Decket alles fern und nah-/Wo ist Licht zu schauen?//Überall nur Nacht und Graus!/Finsternis im Lande,/Finsternis in Herz und Haus,/Und viel Sünd und Schande.«

Muinin Sagara im Tal des Mukondokwa in der Landschaft Usagara im afrikanischen Sonnenbrand, Kolonisation als Akt der Nächstenliebe, wie von Carl Peters & Genossen modelliert. »Die üppigen Landschaften, verödet durch jahrhundertelange Sklavenjagden, liegen da wie die Obstbäume der Frau Holle und harren der Hand, die bereit ist, den reichen Segen zu ernten!«

Wo deutsche Kartoffeln, Sisalagaven und der Kaffeestrauch wachsen könnten, nichts als Bataten, Bohnen, Erdnüsse, Sorghum- und Pennisetumhirse. Eingeborene, die unter Ulcus tropicum, perniziöser Malaria und Wurmkrankheiten leiden ... doch das ließe sich ändern. Kolonial-Peters würde, erst einmal wieder zu Hause, in allen Einzelheiten erklären, dass überall Not herrsche, sich die indigene Gesellschaft, wenn man so will, nach einem wie ihm nur so sehnte (»*selbst den Schwarzen dämmerte die Erkenntnis auf, dass es besser mit ihnen werden würde, wenn Weiße als Herren des Landes unter ihnen wohnten*«).

Hakuna matata ... den Leuten würde es in Zukunft viel besser gehen. Schuf er doch die Voraussetzung dafür, dass Deutsche anstatt Spatenbräu in München bald Hirsebier auf der *Barása* ihrer Häuser am Mukondokwa trinken können.

Das landschaftlich schöne Usagara umfasst zwischen Makattaebene und Massaisteppe ca. 12.000 qkm, wobei zu berücksichtigen ist, dass Ostafrika keine Grenzlinien im europäischen Sinne kennt. Ostafrika hat *Negerreiche* mit fließenden Grenzen, die Europäer als *nobodys land*, als Niemandsland bezeichnen. In Usagara leben halb- oder ganz wilde Völkerschaften wie Wasagara, Wanguru, Wakaguru, Wakamba und Wanjamwesi geografisch zerstreut, wie überall, wo sich Handelsrouten entlangziehen oder gar treffen. Dazu kommen Suaheli, Inder und Araber. Usagara ist an Stellen dicht besiedelt, dann wieder zwei, drei Tagesreisen weit unbewohnt.

Die Wanguru, um eines der Völker näher kennen zu lernen, sind aufgrund des Sklavenhandels »zu einem armseligen, scheuen Geschlecht degeneriert«. Die Wanjamwesi wiederum (»*Wanderarbeiter, die Sachsengänger Ostafrikas, die Männer je ein Fellschurz vorne und hinten, die Weiber mit einem Hüfttuch aus Rindenbast*«) würden eines Tages als zukunftsreichstes Element im ganzen Schutzgebiet gelten.

Muinin Sagara im Tal des Mukondokwa ... war da was los, passierte da etwas (man schreibt den 4. Dezember 1884)?

Auf der Karawanenstraße von der Küste in Richtung auf Tabora, die als Trampelpfad durch das Mukondokwa-Tal führt, zieht eine Erwerbs-Expedition. An der Spitze im Schutz schwarz-weiß-roter Fähnchen – wie klein die Welt doch geworden ist – Carl Peters aus Neuhaus/Elbe (in Afrika marschieren Weiße, wenn die Straße halbwegs sicher ist, immer an der Spitze einer Kolonne, da es mittendrin oder gar hinten zu sehr staubt). Carl Peters, den sie in Usagara bald *Bwana mkubwa* nennen. *Bwana* ist der Herr der Kisuaheli-Sprache, für Eingeborene dann so ziemlich alles, was männlich ist, ein weißes Gesicht und weiche Haare hat. *Mkubwa* steht für hoch oder groß.

In Peters Begleitung der Jurist Karl Jühlke, ein August Otto, im wirklichen Leben Kaufmann, und Joachim Graf v. Pfeil und Klein-Ellguth, Rittergutsbesitzer und Forschungsreisender aus Schlesien. Hinter ihnen Dolmetscher und sechs Diener, die ihr Schießzeug tragen, dazu 36 bewaffnete Träger mit Hausrat, Glasperlen, bunten Stoffen und Preußenschnaps in größeren Mengen.

Das Tal des Mukondokwa ist die Eingangspforte zum zentralen Hochland, Muinin Sagara Sitz des alleinigen und uneingeschränkten Herrschers von ganz Usagara, der ebenfalls Muinin Sagara heißt.

Da war etwas los, auch wenn es im Handumdrehen vorüber ist. Ein paar Minuten, die Geschichte machen, in nostalgischen deutschen Sammelbilderalben auf Jahre hinaus wieder und immer wieder nachgezeichnet werden. Wer im Reich künftig eine Flasche Kupferberg, Margarine oder *Cigaretten* kauft und etwas Glück hat, bekommt Bilder von Peters in Usagara oder Jühlke am Kilimandscharo als Werbezulage mit eingepackt.

Im Zeitraffer, auch wenn absolut nichts zu raffen ist: Eintreffen der Erwerbs-Expedition des Herrn Peters, Grußzeremoniell mit Händeschütteln, Aufstellen der Klappstühle (»*das offizielle Reisemöbel jedes Europäers*«) und Aufbau eines Zeltes. Vorzeigen der Präsente mit Inaussichtstellen von viel mehr und ein Trunk guten Grogs, wonach man ganz schnell zum Thema übergeht. Triviale Versprechungen von Seiten der Deutschen, darunter prominent der Schutz vor Sklavenfängern, was so sicher etwas fischig klingt, das koloniale Begehren jedoch unterstreicht.

Nach Erledigung der *Schauris,* wie man Palaver hier nennt, zum Entspannen ein Kokospalmweingelage. Vorlegen eines Freundschafts-, Handels- und Schutzvertrags, da alles ganz legitim zugehen muss. Bestätigen per Handzeichen durch Muinin Sagara und Sohn Kibuana. Hissen der deutschen Flagge vor versammeltem Volke, Vorlesen des Vertragsinhalts.

Ein Hoch auf S.M. den großen Sultan in Berlin durch die anwesenden Weißen, drei Salven, um Naturmenschen von der Überlegenheit europäischer Waffen zu überzeugen. Erneutes Händeschütteln, das den offiziellen Teil beendet (»*bald schäumte das Bier, bald perlte der Sekt*«), man schreibt

immer noch den 4. Dezember. Das war es dann tatsächlich schon, womit die Runde eindeutig an Peters geht.

»Peters und sein Freund Jühlke schauten, Arm in Arm auf einer Anhöhe, in die herrliche Landschaft«: Der Ugombosee, die Talmulde von Mamboia, die bergigen Komplexe von Itumba und Mangaheri und das Rubeho-Gebirge waren in ihrem Besitz. Muinin Sagara hatte sie zu etwas gemacht, das Reich auf dem Weg zum Weltreich einen weiteren Schritt vorangebracht. Hätte der Peters in Neustadt/Elbe vor ein paar Wochen noch über so etwas auch nur laut nachgedacht, hätten sie ihn dort ausgelacht. »Wer konnte es den beiden Männern verdenken, dass das stolze Gefühl der Freude über das Gelingen der Tat ihnen die Tränen des Glücks in die Augen trieb?« (August Leue, ksl. Hptm. aus Dützen bei Minden).

In Usagara sollte nach dem 4.12. alles ganz anders werden, was die Bewohner, die ihr

Im Auftrag der Gesellschaft für deutsche Kolonisation unterwegs: Carl Peters (Mitte) mit Karl Jühlke und Joachim Graf v. Pfeil und Klein-Ellguth.

Häuptling Bamwalla von Useguha, der Peters gegen Jahresende 1884 die Hoheitsrechte seiner Landschaft überschreibt.

Land zur freien Verfügung auf ewige Zeiten abgaben, auch bald zu spüren bekommen. In Usagara würde es jetzt nur noch ein vor dem Vertrag oder nach dem Vertrag geben.

Kolonialpionier Peters (»*meine Vorbilder in der Geschichte waren Perikles, Hannibal, die Gracchen bis zu Cortez*«) hat entweder alles ganz richtig oder alles ganz falsch gemacht. Deutsch-Ost, dessen Besitz ihm zu verdanken ist, würde als bedeutendstes deutsches Schutzgebiet gelten. Wer einmal den Sigifluss hinauffuhr, die mächtigen Panganifälle besuchte, in der unendlichen Ebene Serengeti ein Spitzmaulnashorn (Diceros bicornis) erlegte oder an Daressalams großer Strandpromenade gestanden hat, will von dort nicht mehr fort. Das bis zum Tag, an dem man damit spekulieren konnte, in Deutsch-Südwest das schnellere Geld zu machen, wegen der Diamanten.

Graf Pfeil und Kaufmann Otto bleiben in Muinin Sagara zurück, um eine Handelsstation anzulegen. Peters und Jühlke ziehen durch die Landschaft Ukami nach Bagamoyo an die Küste. Den Peters müssen vier Träger jetzt über große Strecken tragen, da er sich am Fuß verletzte, dazu die Hitze nicht verträgt.

Die Eingeborenen würden Peters Gesellschaft für Deutsche Kolonisation (GDK) jetzt Usagara nennen, tatsächlich hatte die deutsche Flagge zuvor schon in Useguha geweht. Das am 19. November nach dem gleichen Konzept. Die Deutschen, die mit Usagara oder Useguha wenig anfangen können, sagen zu den frühen Erwerbungen der Kolonialpionierlegende einfach nur Petersland, was wortwörtlich genommen absolut kein unpassender Name ist.

Auf der Ostafrika vorgelagerten Gewürzinsel Sansibar arbeiten deutsche Handelshäuser wie Wm. O'Swald & Co. oder Hansing & Co. schon länger, doch ohne Stützpunkte auf dem Festland. In Deutsch-Ost sind es so auch keine großen Geschäftshäuser wie F.M. Vietor & Söhne in Togo oder Woermann & Co. in Kamerun, die den Kolonialerwerb anstoßen. In Deutsch-Ost ist es ein einziger Mann, den das offizielle Deutschland ablehnt, die Heimat (noch) verlacht. Der Peters hat, von Jühlke, Graf Pfeil und Otto begleitet, sich selbst erschaffen. Der Peters ist einer wie keiner.

Bwana mkubwa hat das simple Hauruck-Verfahren, durch das er berühmt wie berüchtigt wurde, nicht erfunden, aber er hat etwas daraus gemacht. Was sich im Herbst ‘84 auf dem Festland gegenüber von Sansibar abspielte, entsprach der Abenteuersehnsucht vieler Europäer. In Peters (»*ich würde mich verpflichten, an einem Nachmittag, mit einer guten Zigarre auf dem Sofa liegend, ein halbes Dutzend Kolonialpläne auszuhecken*«) kann sich der eine oder andere am heimatlichen Stammtisch wiedererkennen, wenn nicht nach dem ersten, so spätestens nach dem nächsten Bier.

Ein Mann namens Peters

Carl Peters, achtes von elf Kindern einer Pastorenfamilie, Leitartikler am Seesener »Beobachter am Harz«, Frontmann der Gesellschaft für Deutsche Kolonisation: »Ich behaupte, dass wir die erste Rasse in der Welt sind und dass es umso besser für die menschliche Rasse ist, je mehr von der Welt wir bewohnen.«

Nach dem Besuch einer Klosterschule hatte er mal Philosophieprofessor werden wollen, mal Schweinehändler in Chicago wie ein Bruder der Mutter. Was ihn prägt ist die Reichsgründung mit den in sie gesetzten großen Erwartungen, dazu die Entdeckung der Ruinen des Steinpalasts von Simbabwe durch den Schwaben Karl Mauch. Will er jetzt doch fest daran glauben, dass die Überreste von König Salomons Goldland Orphir im Bergland zwischen Limpopo und Sambesi zu finden sind.

Für den Militärdienst taugt Peters aufgrund seiner Kurzsichtigkeit nur bedingt, ein Aufenthalt beim wohlhabenden Onkel Karl in London führt ihm vor, welche Kräfte dem Inselvolk durch das Imperium zuwachsen. Er publiziert Werke wie »Entrissen und Errungen« und »Willenswelt und Weltwille«, entwickelt dazu ein Vorstellungsvermögen, wie es dem eines Cecil Rhodes (»*Gott hat die englisch sprechende Rasse zu seinem ausgewählten Werkzeug formiert*«) entspricht.

Carl Peters ist laut Selbsteinschätzung ein frommer Mann. Das »Mohrenland wird erschrecken« (Hesekiel 30) und »Mohrenland wird seine Hände ausstrecken zu Gott« (Psalm 68, 31) bekam er von zu Hause mit. Ham ist durch Vater Noah zum Knecht seiner Brüder geworden, der Mohr als Nachkomme des Ham »zur Roharbeit geschaffen«.

Dazu kommen Gedankenspiele, die zum Teil gar nicht so abwegig sind: Der deutsche Proletarier strömt ins Ausland, um teilweise der Armenpflege zur Last zu fallen. Wie, wenn der potentielle Auswanderer, ohnehin fleißiger und geschulter als andere, künftig anstatt Roggen in der Ukraine oder Winterweizen in den USA in der Massaisteppe Mohrenhirse anbaute oder in der Panganisenke Rindvieh, Schafe und Ziegen züchtete? Vom Reichwerden durch Kolonialbesitz träumen schließlich auch andere.

Ganz abgesehen davon: Warum sollte sich ein Oberlehrer wie er, ein Dr. phil., der in der Prima eines Gymnasiums Geografie und Geschichte unterrichten könnte, nicht zum Herrn über ein paar tausend Quadratkilometer *Negerland* machen?

John Hanning Speke (1827–1864), mit Richard Francis Burton auf der Suche nach den Quellen des Nils, gelangt 1860 vom Victoriasee nach Ägypten, was »das Rätsel der Nilquellen« löst.

Simatal, im Januar 1885 durch Joachim Graf v. Pfeil angelegt, die erste deutsche Station in Ostafrika (Zeichnung von Graf v. Pfeil).

Carl Peters,
Frontmann der
Gesellschaft
für Deutsche
Kolonisation, der
»Begründer
Deutsch-Ost-
afrikas«.

Sir Richard
Francis Burton
(1821–1890), mit
John Hanning
Speke auf der
Suche nach den
Quellen des Nils,
entdeckt 1858 den
Tanganjikasee.

Dem Berliner AA schlägt Peters die Gründung einer Kolonie am Sambesi vor. Bismarck, mit den Phantasien des Kolonialtreibers überfordert, lehnt ab, da er das Gebiet in der englischen Interessensphäre sieht, den Mann ohnehin nicht leiden kann. Majestät brauchen Sonne, doch (noch) nicht um jeden Preis.

Im März '84 hält Peters im »Magdeburger Hof« in – *nomen est omen* – Berlins Mohrenstraße einen Vortrag über den Vorteil von Kolonien. Gleich darauf kommt es zur Gründung der Gesellschaft für Deutsche Kolonisation, einer kleinbürgerlichen Kapitalistengruppe, die sich für die Annexion und Verwaltung großer Kolonialländer unter deutscher Flagge einsetzen will, sich dabei auf Leute wie den Kammerherrn Felix Graf v. Behr-Bandelin und den Hofgartendirektor Jühlke senior stützt.

Ein Aufruf erinnert die Deutschen daran, dass ihre Nation bei der Verteilung der Welt bisher leer ausgehen musste. Das Reich sei bei der Beschaffung von Rohartikeln und Tierprodukten auch weiterhin aufs Ausland angewiesen, etwas, das ein Anteilschein zu 5.000 Mark jetzt ändern kann. Kolonien stünden nicht nur für Gummi, Kaffee oder Vanille, Kolonien stehen für Weltgeltung und Weltgeschichte.

Den ursprünglichen Plan, sich im südlichen Afrika niederzulassen, hat Lüderitz mit dem Kauf Angra Pequeñas vereitelt. Neues Wunschziel ist Afrikas Ostküste, mit der Eröffnung des Suezkanals Europa viel näher als zuvor. Die Ostküste und das dazugehörende Hinterland haben so vieles, was Kaiser-Deutschland nicht hat. Glaubt man Berichten, können auch Deutsche, haben sie sich erst einmal festgesetzt, dort unten am Wirtschaftsboom partizipieren. Europa konsumiert, was Afrika produziert, die Ostküste ist obendrein ein Sprungbrett für den asiatischen Raum.

Ostafrikas zentrale Landschaften sind, als Peters & Genossen sich dafür interessieren, keine Terra incognita mehr, wozu neben dem Schotten Livingstone, dem Amerikaner Stanley oder den Engländern Burton und Speke gerade auch deutsche Reisende beigetragen haben. »Die Erforschung Schwarzafrikas ist ein Stück deutscher Weltpolitik und ein Abschnitt deutscher Heldenzeit« (Eduard v. Liebert, ksl. Offizier aus Rendsburg).

Johann Rebmann und Johann Krapf waren in unmittelbarer Nähe des Äquators auf Schneeberge gestoßen, Böhm, Kaiser und Reichard zum Tanganjikasee vorgedrungen. Albrecht Roscher hatte noch vor Livingstone den Njassasee erreicht, Gustav Fischer am Natron- und Naivashasee gestanden, was im Wettlauf um Afrika ganz gute Trümpfe sind.

An Fieber oder Erschöpfung gestorben, vergiftet oder ermordet, was Deutschlands Anspruch auf schwarzafrikanischen Boden nur noch unterstreicht ... einige Männer, die vor Ort gewesen waren, hatten dafür mit dem Leben bezahlt. Der Berliner Zoologe Richard Böhm war zu Katapäna am Lualaba an Fieber gestorben, Decken und Begleiter Linck hatten sie bei Bardera, Roscher am Malawisee umgebracht.

Im Sommer '84 reicht Peters in Leipzig seine Habilitationsarbeit ein, Themenstellung: »Inwieweit ist Metaphysik als Wissenschaft möglich«. Im September reist er zur Ausrichtung einer ersten Erwerbs-Expedition nach Sansibar, dem Handelsplatz für Sklaven und Gewürze. Die Insel der tausend Düfte ist der Schlüssel zum tropischen Afrika, für Peters allerdings nur Zwischenstation, sein Ziel so schwammig wie fest umrissen: »Eine Landerwerbung zwecks Anlegung einer Ackerbau- und Handelskolonie an der Ostküste, Sansibar gegenüber, in Usagara, falls dies nicht möglich, an einem anderen Punkt.«

Auf Sansibar treffen Peters, Jühlke, Otto und Graf Pfeil als Mechaniker verkleidet und unter falschen Namen ein, damit Briten, Belgier und Portugiesen nichts merken. Deutschlands Konsul Wilhelm O'Swald, der von ihrem Kommen wusste, legt ihnen ein Schreiben Bismarcks vor, das keine Zweifel daran aufkommen lässt, dass Berlin Unternehmungen eines gewissen Dr. Peters missbilligt, dieser bei der Gründung einer Kolonie keinen Anspruch auf Reichsschutz hat. Bismarck schätzt den zupackenden Peters auch weiterhin nicht, vor Sansibar liegen drei englische Kriegsschiffe.

Kleine Geschichten aus einer großen Geschichte: Peters: »Als wir das O'Swald'sche Haus verließen, legte Jühlke seinen Arm um meine Schulter und sagte: ›Dann lass uns zusammen sterben, Peters‹.« – Peters: »Ich antwortete dem Fürsten Bismarck, wenn er mir einmal wieder etwas abschlagen wolle, so möge er gefälligst warten, bis ich um etwas gebeten habe.«

In Sansibars Shangani-Viertel treiben sich Mitglieder einer belgischen Expedition herum, die sich für die gleichen Landschaften interessieren wie die Deutschen. Macht, und dafür steht der *Scramble for*

Blick auf das Europäerviertel von Sansibar, der »Insel der tausend Düfte« (um 1904).

Richard Böhm (1854–1884), Zoologe aus Berlin.

Der Arzt, Missionar und Reisende David Livingstone (1813–73) auf Expedition: *Scramble for Africa* **heißt so viel, wie schneller zu sein als alle anderen.**

Africa, heißt so viel wie schneller sein als alle anderen. Wichtig für Peters und seine verspätete Nation ist es so auch, sich jetzt nicht noch einmal zu verspäten.

Von Sansibar setzt das Erwerbsquartett aufs Festland über, um dann »Heia Safari, vorwärts mit der sinkenden Sonne« ins Hinterland zu marschieren. Im Hinterland »westlich von dem Reiche des Sultans von Sansibar, außerhalb der Oberhoheit anderer Mächte« mussten Stammeshäuptlinge sein, die sich für Schutzverträge der GDK interessierten.

Was Muinin Sagara und Sohn Kibuana am 4. Dezember '84 Peters per Handzeichen rechtmäßig und auf ewig überschreiben, umfasst in der Summe alle diejenigen Rechte, die nach dem Begriff des deutschen Staatsrechts den Inbegriff staatlicher Oberhoheit ausmachen. Das Vertragswerk billigt der Gesellschaft die völlige und uneingeschränkte privatrechtliche Nutzung der Landschaft zu, die Einrichtung einer eigenen Verwaltung, die Aufstellung einer bewaffneten Macht, die Erhebung von Steuern und Zöllen, die Ausbeutung von Bodenschätzen, Forsten und Flüssen bis hin zur ungestörten Wassernutzung, schließlich das ausschließliche Recht, Kolonisten hier anzusiedeln.

Was ein Potentat wie Muinin Sagara dafür erhält, ist der erbliche Titel Sultan, der Schutz vor Sklavenjägern, eine Rente in Handelsartikeln oder Vieh und ein Freundschaftsversprechen … das allerdings gleich auf ewig.

Usagara ist lediglich ein Streifen Petersland, auch die Herrscher von Nguru, Useguha und Ukami stellen sich unter Gesellschaftsschutz bzw. unter den ihrer Vertreter. Wie bei Muinin Sagara geht es bei Mangungu von Msovero zu, dann beim nächsten und übernächsten Würdenträger, was ausgesprochen gut für die einen, ausgesprochen schlecht für die anderen ist. Peters sichert sich und seiner Gesellschaft gewaltige Vorteile zu, lässt die Vertragskontrahenten auf den Nachteilen sitzen, ohne dass diese es zu diesem Zeitpunkt schon wissen.

Peters in seinen Lebenserinnerungen: »Die bloße Erwerbung von Negergebieten erfordert ein gewisses diplomatisches Talent«, was von einem, der es im küstennahen Binnenland gegenüber von Sansibar in rund vier Wochen auf zwölf »Schutzverträge« bringt, sicher nicht übertrieben sein kann.

Geniestreich oder Amoklauf: Im Reich sind die Reaktionen so gespalten wie bei den Erwerbungen des Lüderitz. Der Abgeordnete Richter, dem bei jeder Gelegenheit »je weniger Afrika, desto besser« entfährt, sieht voraus, dass das mit Peters nicht lange gut gehen kann, andere spornen ihn zum Weitermachen an.

O-Ton dazu des Carl Peters, dessen Gesellschaft zeitweise die Hoheitsrechte über ein Gebiet besitzt, das jenes Kaiser-Deutschlands übertrifft: »Von der Erteilung des Schutzbriefes ab schossen in Deutschland die kolonialgründerischen Talente wie die Pilze aus der Erde. Dutzende haben sich an mich gewandt mit der Bitte, ihnen doch zu sagen, wie das gemacht werden müsse.«

Dem immer noch blockierenden Bismarck droht Peters für den Fall, dass man ihm die Schutzgewährung verweigere, mit dem Verkauf der Erwerbungen an König Leopold v. Belgien. Angesichts dieser Möglichkeit beginnt ein ganz neuer Wind durch Berlins Wilhelmstraße zu blasen, ist Leopold v. Belgien nach europäischen Standards doch ein zweitrangiger Monarch.

Mit den ersten vier Landschaften des Peters ab Februar '85 unter kaiserlichem Schutz, erkennt Berlin die aus den Verträgen fließenden Rechte, einschließlich der Gerichtsbarkeit gegenüber den Eingeborenen und den in diesen Gebieten sich niederlassenden oder zu Handels- und anderen Zwecken sich aufhaltenden Angehörigen des Reiches an, gelten die *Negerländer* als deutsche Territorien.

Henry Morton Stanley (1841–1904) durchquert 1874–77 Afrika von Bagamoyo im Osten nach Leopoldville im Westen.

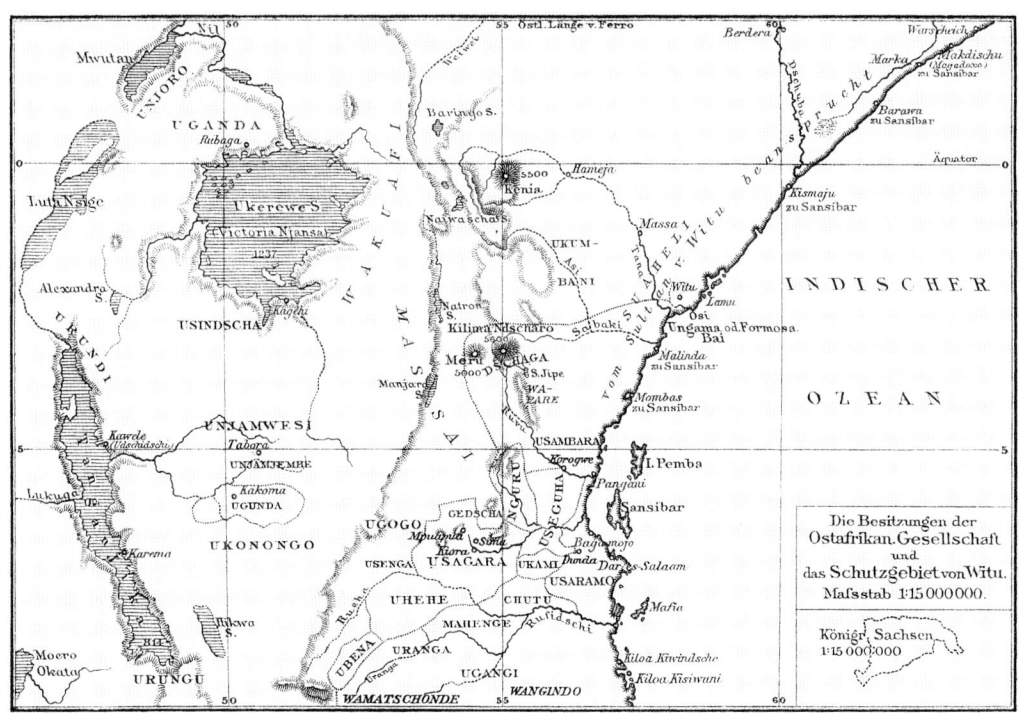

Übersichtskarte der Besitzungen der Deutsch-Ostafrikanischen und der Witu-Gesellschaft.

159

Leopold II. v. Belgien, aufgrund der »Kongogreuel« in der Kritik: Nach europäischen Verhältnissen ein zweitrangiger Monarch.

Eduard Schnitzler (1840–92), nach dem Übertritt zum Islam Mehmet Emin Pascha: Quarantänearzt, Forscher, Kolonialpolitiker und -pionier, »der große Sohn seines Volkes« (Wilhelm II.).

Useguha, Usagara, Nguru und Ukami mit zusammen rund 140.000 qkm bilden den Grundstock zum späteren Deutsch-Ost, sind jedoch nur als ein Anfang gedacht. So lange es in diesem Teil Afrikas noch kolonisierbare Territorien gibt, gehen Kolonialmänner wie Jühlke, Pfeil oder Rochus Schmidt auf Erwerbs-Expeditionen. *Negerreiche* fallen wie Dominosteine, werden danach Schlag auf Schlag unter des Kaisers Schutz gestellt.

Peters märchenhafter Werdegang zwingt die Gesellschaft in eine juristische Form. Die GDK wird zur Kommanditgesellschaft Carl Peters und Genossen, schließlich zur Deutsch-Ostafrikanischen Gesellschaft (DOAG), einer Charter Company nach englischem Vorbild, für die sich – die Bankiers Hugo Oppenheim und Ludwig Delbrück, Finanzassessor Klüpfel oder der Prinz zu Sayn-Wittgenstein – endlich auch Reiche und Einflussreiche gewinnen lassen.

Carl Peters hat eine effiziente Art, sich Freunde *und* Feinde zu schaffen. Generelle Kritik bügelt er mit der Begründung ab, dass wer anders denkt oder nur nachdenklich wurde, ins Lager der Unpatrioten gehöre. »Lügen der Presse« legt er unter dem Stichwort Petershetze ab. Ernster sind die Schwierigkeiten, die der Pfarrersohn mit Herbert v. Bismarck, »dem kleinen Sohn des großen Vaters«, hat. Von Bismarck jr. fühlt er sich direkt bedroht, hatte der doch angeblich ein paar Totschläger gedungen,

die nur darauf warteten, ihn umzubringen. Bevorzugt im Landstrich zwischen Witu und Ukamna Mumoni, und damit im Dunkel des dunklen Erdteils, wo Mord nicht weiter auffallen muss.

Peters ist ein Getriebener, als Überzeugungstäter sicher der deutscheste Deutsche in Afrika. 1889/90 übernimmt er die Leitung der Emin-Pascha-Expedition (»*durch welche ich Deutsch Ostafrika bis zum Oberen Nil abrunden wollte und Uganda unter deutschen Schutz brachte*«). Das Unternehmen ist als Hilfsexpedition für den als verschollen geltenden Emin Pascha gedacht, dessen Schicksal während des Mahdisten-Aufstands im Sudan weltweite Prominenz erhalten hatte. Mit der Befreiung Emin Paschas musste sich sein Image verbessern lassen (der Mann hieß eigentlich Eduard Schnitzler und stammte aus Oberschlesien).

Peters landet in der Witubucht, stößt von dort mit einem Major a.D. v. Tiedemann, 17 Somalis und 58 Trägern ins Landesinnere vor, wo es zu Verträgen mit König Mwanga von Uganda kommt, die das zukunftsreiche, besiedlungsfähige Land in Deutschlands Interessensphäre rücken. Um Emin Pascha kümmert sich unterdessen kein Geringerer als Sir Henry Morton Stanley persönlich.

Die Frage, ob Peters & Genossen das Mord-komplott erfunden oder ob Herbert v. Bismarck nur die falschen Mörder gedungen hatte, muss offen bleiben. Die Verträge, die Peters mit König Mwanga von Uganda schloss, sind zweifellos seine allergrößten Nummern. Uganda, so Winston Churchill einmal, Uganda ist Afrikas Perle.

Ein Traum zerbricht

»Helgoland, Deutsch bist Du/Englisch warst Du/Deutsch sollst Du ewig bleiben« ... Als Berlin, dem ausgerechnet jetzt an guten Beziehungen zum Empire liegt, im Kolonialabkommen von 1890 zu Gunsten Ihrer britischen Majestät auf Uganda verzichtet, ist es mit Peters Illusion von einem ganz großen Deutsch-Ostafrika (*»um der germanischen Rasse diejenigen Lebensbedingungen zu sichern, denen sie zur vollen Entwicklung ihrer Kräfte bedarf«*) vorbei.

Peters argumentiert, dass man eine Bade-wanne (Helgoland) gegen zwei Königreiche (Uganda und Witu) eingetauscht habe. Sir Stanley assistiert mit der Behauptung, Deutschland hätte einen Anzug für einen alten Hosenknopf hergegeben.

Peters hat den Sprung in jedes deutsche Geschichtsbuch geschafft, der Kolonialhandel seinem Lebenswerk jedoch einen Tief-schlag versetzt. Aus Plänen, mit Hilfe der frühen Erwerbungen ein Wirtschaftswunder aufzubauen, will zudem nichts werden. Die DOAG hat als Wirtschaftsunternehmen weder das Kapital noch das Konzept, um das Schutzgebiet zu stabilisieren. Berlin kommt um eine Übernahme nicht herum, mit dem 1. Januar 1891 ist Petersland, dazu alles, was zusätzlich erworben wurde, Kron-kolonie.

»Ich-bin-ich-Peters« zieht als Reichskommissar ins Kilimandscharogebiet, was zweifellos ein Fehler ist. Er nimmt sich die Zeit, um »den guten alten Nietzsche zu lesen«,

Carl Peters, Leiter der Deutschen Emin-Pascha-Expedition, trifft den von Stanley (halb unfreiwillig) befreiten Emin Pascha in Mpapua/Ugogo.

Henry Morton Stanley und Emin Pascha (vordere Reihe, 4. und 5. von links) nach dem Eintreffen in Bagamoyo im Dezember 1889.

er baut sich einen kleinen Harem auf, wie es landesüblich ist, auf Linie bringt ihn allerdings auch der Staatsdienst nicht. Muss er unterm Schneedom des Kilimandscharo doch etwas treiben, wofür ihn die Eingeborenen jetzt häufiger *Mikono wa Damu* als *Bwana mkubwa* nennen. *Mikono wa Damu* heißt soviel wie »der Mann mit Blut an den Händen«, etwas, das sich bis ins Reich herumspricht.

Peters kehrt, in den einstweiligen Ruhestand versetzt, in die Heimat zurück, wo er in ein politisches Unwetter gerät. Sozialdemokraten und Linksliberale wollen in ihm den *Negerfresser* sehen, einen, der beim Anblick von Eingeborenen lieber »Waidmannsheil« als *Jambo habari gani* (»Hallo, wie geht es?«) ruft. Das an ganz normalen Arbeitstagen.

Zum »Hänge-Peters« wird der niedersächsische Pastorensohn durch August Bebels Schilderung, wie er seinen Diener Mabruk und seine Konkubine Jagodja hinrichten ließ. Es gibt verschiedene Versionen dieser Geschichte, meistens laufen sie auf Fol-

gendes hinaus: Peters hatte Mabruk und Jagodja bei Intimitäten überrascht. Jagodja war ein Geschenk des Bergvolks der Dschagga, Jagodja also auch die Seine. Da Eifersucht noch kein Grund zum Hängen war, bezichtigte er den Diener des Diebstahls, die Konkubine der Desertation, worauf sie – das Land unterm Kilimandscharo befand sich im Kriegszustand – ein Kriegsgericht zum Tod verurteilte.

Peters führt zu seiner Verteidigung an, dass Wilden als Teil der Natur alles abgehe, was der aufrechte Deutsche Ehrfurcht, Dankbarkeit und Hingebung nennt. »Leider geht mein Weg über Leichen«, hatte er einmal selbst gesagt, was er noch sagte, möchte man lieber nicht wissen.

Die unbefugte Tötung von Schutzbefohlenen auf neudeutschem Boden, der regelrechte Amtsmissbrauch ... zum eigentlichen Stolperstein für ihn wurde, dass er nicht nur mit seiner Jagodja und weiteren Haremsdamen, sondern auch mit der Frau des Sergeanten Schubert schlief. Etwas, das man einfach nicht machte.

Nach einem Disziplinarverfahren dienstentlassen, siedelt der Feuerkopf, von seinen Deutschen einmal mehr im Stich gelassen, nach England über, kehrt – durch einen Gnadenakt des Kaisers mit dem Titel Reichskommissar a.D. und Pensionsanspruch – erst 1914 wieder nach Deutschland zurück. Seine Zukunft hat er allerdings längst hinter sich, die Enthüllung eines Peters-Standbilds in Daressalam verhindert der Krieg.

Das bittere Ende braucht Peters nicht mehr zu erleben, als die Siegermächte daran gehen, Deutsch-Ost unter sich aufzuteilen, ruht er auf Hannovers Stadtfriedhof. Hohenlohegraben, Hoffnungshöhe, der Graf-Götzen-Krater und Ratzelgletscher, die Hans-Meyer-Höhe, Kaiser-Wilhelm-Spitze und das Bismarckriff, Neu-Cöln/Usambara oder Mariental/Ulungwa geraten als deutsches Land in fremde Hand. Kolonisten, die sich nicht ohne Stolz Usambaraleute, »wir Tanganesen«, Kolonialmänner oder Kulturpioniere nennen, werden ausgewiesen, leben bald über die ganze Welt zerstreut.

»Ich bin ich. Der Roman Carl Peters'«, »Carl Peters erobert Ostafrika«, »Karl Peters und sein Volk«, »Dr. Carl Peters. Der Weg eines Patrioten« ... was Peters im Leben versagt bleiben musste, wird ihm posthum zuteil. Die Dreißiger Jahre stellen ihn als Bannerträger des Deutschtums heraus. 1939, als Kolonien erneut als »völkisch, politisch, wirtschaftlich und ethisch unentbehrlich« gelten, wird in Berlins Afrikanischem Viertel mit viel Trara eine Petersallee eröffnet.

1940/41 dreht die Bavaria-Filmkunst München den Streifen »Carl Peters«. Da Außenaufnahmen in Muinin Sagara im Tal des Mukondokwa oder auf Sansibar die Weltlage verbietet, dienen die Insel Rügen und Schäftlarn in Bayern als Kulissen. Den Peters spielt der blonde Hans Albers, den Jühlke ein Karl Dannemann. In Nebenrollen sorgen ehemalige Schutzbefohlene wie Mbebe Mpessa aus Duala/Kamerun und Bayume Mohamed Husen aus Daressalam für Authentizität.

Die Geschichte ist die Geschichte des Peters, wie sie Goebbels Propagandamaschine diktiert. Der blonde Hans-Carl in der Schlussszene zur Mutter: »Ach, lass die nur reden, es gibt etwas, das können sie mir nicht nehmen. Und das ist Afrika.« Womit er Usagara, Nguru, Useguha, Ukami, sicher auch das Land unterm Kilimandscharo meint. Der Uraufführung im Hamburger Ufa-Palast folgen Auszeichnungen wie »kulturell wertvoll«, »volksbildend« und »jugendwert«.

Eine ganz andere Geschichte ist die des *Negerdarstellers* Bayume Mohamed Husen, im Film der Peters-Diener und Dolmetscher Ramassan. Vater Husen hatte als Askari für 240 Mark im Jahr unter Lettow-Vorbeck gekämpft, war für seinen *Bwana mkubwa Kaisari* gefallen. Bayume hatte den Krieg als Kindersoldat mitgemacht, danach in englischer Gefangenschaft gesessen.

Schnee am Kilimandscharo?

»Die Waganga [Zauberer] sind Lügner und Betrüger und verlangen nur Mali [Eigentum]«, so Johann Ludwig Krapf, 1844–55 Missionar in Mombasa und der Missionsstation des Dorfes Rabbai Mpia ein ums

Negerdarsteller **Bayume Mohamed Husen als Signalschüler Mustapha im Film »Die Reiter von Deutsch-Ostafrika«.**

Carl Peters nach Beendigung der Emin-Pascha-Expedition auf dem Balkon des Berliner »Kaiserhof«.

Missionar Johann Ludwig Krapf (1810–81) aus Derendingen bei Tübingen, der Entdecker des Mount Kenia.

Der höchste Punkt deutscher und afrikanischer Erde: Der Kibo, einer der zwei Hauptgipfel des Kilimandscharo (vom Südosten her gesehen).

andere Mal. Galla und Wanika sind in Gefahr, vom »Ungeheuer Islam« verschluckt zu werden, zu Christus bekennen wollen sie sich trotzdem nicht. Die Leute neigen auch weiterhin den *Waganga* zu, nach rund fünf Jahren besteht Rabbai Mpias christliche Gemeinde aus einem einzigen Getauften (*»und der ist ein Krüppel«*, Krapf).

Krapf kommt mit seinem Auftrag, in der Urheimat des homo erectus zu missionieren, so auch einfach nicht weiter, was ihn erneut an seiner Afrika-Vision »Zwölf-Apostel-Kette« arbeiten lässt. Gedacht ist an die Anlage einer Kette von zwölf Missionsstationen, die sich von der Ost- zur Westküste erstreckt, damit Gottesboten im Inland weitergeben können, was an der Küste offenbar nicht zu vermitteln ist. In Johann Rebmann hat Krapf einen tatkräftigen Mitarbeiter. Rebmann ist wie er in Basel ausgebildet und an die englische Church Missionary Society ausgeliehen, um die Frohe Botschaft in Afrika zu verbreiten.

Zur Verwirklichung der »Zwölf-Apostel-Kette« bricht das Schwabenfähnlein aus Derendingen bei Tübingen (Krapf) und Gerlingen bei Stuttgart (Rebmann) zu ausgedehnten Reisen durch Ukambani und Usambara auf. Die beiden wollen Heiden im Rahmen von Bibelstunden zu Christen machen, an deutsche Hausberge in Afrika wird Mitte des 19. Jahrhunderts noch nicht gedacht.

Im Mai '48 stößt Rebmann ins Gebiet der Dschagga vor, wo ihm sein Führer einen großen mit einem hellen Mondglanz bedeckten Berg verspricht. An dessen Hängen hausten böse Geister, die Menschen umbrächten, sobald sie ihnen in Gipfelnähe zu nahe kämen. Rebmann ist Gottesmann, kein Bergsteiger, erwartet im Savannenland eher ein Bergle als einen Berg. Den Tod am Hang schreibt er dem Glauben von Falschgläubigen zu, nicht dem Schweregrad der Höhenkrankheit.

»Am 11. Mai, inmitten einer großen Wüste, die voll ist von großen wilden Tieren … schliefen wir unter Dornbüschen sicher und ruhig unter Gottes gnädigem Schutz. Wir sahen am anderen Morgen die Berge von Dschagga immer deutlicher, bis ich gegen 10 Uhr den Gipfel von einem derselben, mit einer auffallend weißen Wolke zu sehen glaubte. Mein Führer hieß das Weiße, das ich sah, schlechtweg Kälte, es wur-

de mir aber ebenso klar als gewiss, dass das nichts anderes sein könnte als Schnee.«

Die allerletzte Gewissheit mochte ihm fehlen, doch der Gerlinger dürfte jetzt der erste Weiße sein, der rund 14 Tagesreisen von der Küste des Indischen Ozeans entfernt die Schneekuppe des Kilimandscharo vor sich sieht. Das durch geflossene Lava doppelgipfige Kilimandscharomassiv – dem Hochplateau sind Kibo und Mawensi aufgesetzt – ist der Welt größte frei stehende Erhebung.

Krapf, den Fieberschübe der Malaria von Rebmann trennten, wird im Jahr darauf im Massailand zum schneebedeckten Mount Kenia, dem nördlichen Nachbarn des Kilimandscharo geführt. Die Kikuyu nennen den Berg Kirinyaga, was Krapf als Kegnia missversteht.
Der Umstand, dass sich im Raum Mombasa lediglich »ein Krüppel« für Christus interessierte, hatte zwei Schwaben zu den Entdeckern der beiden höchsten Berge Afrikas, ein rechter Schwabenstreich aus britischem Kolonialbesitz Kenya (Kenia) gemacht. Das rund 40 Jahre bevor Peters erst die Augen, dann die Hand aufs Land legte … das war doch was.

Schneeberge drei Grad südlich des Äquators: Was Rebmann seinen Missionsoberen berichtet, Krapf Landsleuten vorzuschwäbeln beginnt, löst in Europa ungläubiges Staunen aus. Von ewigem Schnee am Äquator hatte bis dahin noch keiner etwas gehört. Die beiden Missionare mochten die Väter des Protestantismus in Ostafrika sein, für ihre Entdeckungen ernten sie wenig Lob und viel Spott. Anstatt sich über Bergriesen auszulassen, schreibt Krapf dann an einer Grammatik des Kisuaheli in lateinischen Buchstaben, die Kenias Lingua franca als Basis dient.
Zurück in Europa wird die Schneefrage so lange diskutiert, bis Karl Klaus Frhr. von der Decken Rebmanns Spuren zum Vulkanmassiv des Dschaggalandes folgt. Decken entdeckt den Mount Meru (4.630 m), der mit dem Kilimandscharo so vieles gemeinsam hat, kehrt eines Tages zurück und besteigt, vom jungen Otto Kersten begleitet, den Kilimandscharo bis auf 4.300 m.

Karl Klaus Frhr. von der Decken (1833–65) aus Kotzen/Mark Brandenburg, der Pionier der wissenschaftlichen Erforschung des Kilimandscharo.

Graf Samuel Teleki v. Szek aus Saromberge, österreichisch-ungarischer Abenteurer und Entdecker.

Das Schneephänomen geklärt, stellt sich die Frage, wer als Erster den Gipfel erreichen würde. Der Engländer Charles New arbeitet sich bis auf 4.420 m, Harry Hamilton Johnson bis auf 4.970 m vor. Ein Graf Samuel Teleki v. Szek aus Saromberge, der in Begleitung des Preßburger Seeoffiziers Ludwig Ritter v. Höhnel Afrika bereist, schafft es bis in die Alpinzone (ca. 5.000 m). Kurz nach ihm steht der Leipziger Geograf und Verleger Hans Meyer (»*natürlich war ich vom Gedanken erfüllt, dass dieser höchste Berg Deutschlands auch zuerst von einem Deutschen erstiegen werden muss*«) am Eisrand bei ca. 5.500 m.

Meyers zweiter Versuch, den »Sechstausender« als höchsten Punkt deutscher und afrikanischer Erde durch Erstbesteigung zu bezwingen, endet echt *afrikanisch* (es kommt alles ganz anders, als man denkt): Als die Expedition, der sich der Wiener Forschungsreisende und Topograf Oskar Baumann angeschlossen hatte, auf dem Weg von der Küste her durch das zu jener Zeit noch recht unbekannte Gebirgsland Usambara zieht, bricht der Aufstand der Küstenleute aus. Die Reisenden schaffen

Carl Peters (2. von rechts) in der Station Masinde, angelegt zum Schutz Usambaras vor den raublustigen Massai.

es noch bis Mazinde (»*einem schmutzigen, verwahrlosten Dorf von ca. 100 Hütten*«, Baumann), werden dann jedoch gefangengenommen und kommen erst nach der Zahlung von Lösegeld wieder frei.

Bergspitzen eignen sich seit altersher als Symbole der Macht, auch dann noch, wenn sie im Lauf der Zeit einige Meter verlieren. War der Kilimandscharo nach Hoehnels Messungen noch 6.130 m hoch, hatte sich Meyer beim Hauptgipfel Kaiser-Wilhelm-Spitze auf eine Höhe von 6.010 m festgelegt.

In Zukunft sind Korrekturen angebracht: 1999 – die Kaiser-Wilhelm-Spitze, für Deutschlands Darstellung im Herzen Afrikas einmal von überragender Bedeutung, ist eine Freiheitsspitze (Uhuru Peak) – legt sich eine deutsch-tansanische Vermessungsexpedition auf 5.893 m fest. Die Besteigung des Kilimandscharo ist für Deutsche längst kein Heimspiel mehr, die Suche nach dem höchsten Berg deutscher Erde endet an der 2.962 m hohen Zugspitze.

Ein Land, viele Völker

Usagara, Nguru, Useguha und Ukami sind in der Hand seiner Gesellschaft; um den deutschen Besitzstand zu mehren, schickt Peters Expedition auf Expedition hinaus, allein 1885 sind es elf. Die Kolonialtreiber schließen Verträge im Schatten großer Affenbrot- und Mangobäume, raffen zusammen, was sich zur wirtschaftlichen Nutzung zusammenraffen lässt. Triebfeder bleibt der private Unternehmungsgeist, Erwerbungen kommt entgegen, dass im präkolonialen Ostafrika viele Völker leben, der indigenen Gesellschaft das Nationalbewusstsein fehlt.

Jühlke und Oblt. Max Weiß marschieren zum Kilimandscharo, wo sie die Landschaften Usambara, Pare, Bondei, Aruscha, Kahe, Dschagga und Ugemo erwerben. Im Festpreis findet sich neben dem deutschen Schutz das Versprechen, die Söhne des Sultans deutsch auszubilden. Sultan, arabisch für einen Mächtigen, wird inzwischen nahezu jeder genannt, mit dem man verhandeln will. Sultan, weil sich damit die nominelle Oberheit des rechtmäßigen Sultans von Sansibar überspielen lässt. 1886 erwirbt Jühlke, des Peters' treuester Genosse, die Benadir-Küste auf ewige Zeiten.

Lt. Rochus Schmidt legt die koloniale Hand auf die Landschaft Usaramo, Graf Pfeil auf Khutu bis zum Rufiji, auf Uhehe, Ubena und Mahenge, danach auf Wamatschonde und Wangindo, womit sich das Land zwischen Kilimandscharo im Norden bis nach Uhehe und hinunter zum Rovuma in deutscher Hand befindet.

Während der Berliner Kongo-Konferenz ist es gerade auch Bismarcks Verhandlungsgeschick, das eine internationale Verständigung ermöglicht. Als Dank dafür addiert die Gemeinschaft der Zivilisierten das große *Negerreich* Ruanda und das landschaftlich attraktive Urundi im ostafrikanischen Zwischenseengebiet dem deutschen Einflussbereich zu. In Ruanda und Urundi herrschen viehzüchtende Tutsi (Watussi, Tussi) über ackerbauende Hutu (Wahutu) und Batwa-Pygmäen. Tutsi sind Hamiten, Hutu Bantu, die Batwa freie Paria, was für die Zukunft einiges erklärt. Ruanda und Urundi trennen keine natürlichen Grenzen vom deutschen Besitz.

Nach dem Beispiel des Peters bildet sich in Deutschland ein zweites Konsortium, des-

sen Vertreter vor Ort die Gebrüder Clemens und Gustav Denhardt sind. Den Denhardts, in Zeitz an der Schwarzen Elster zu Hause, verkauft Suaheli-Sultan Ahmed Abdullah *Simba* von Witu Landbesitz mit allen Hoheits- und Privatrechten. Das Sultanat Witu liegt bei der Mündung des Tana-Flusses, landeinwärts von Hafen und Stadt Lamu. Deutsch-Wituland umfasst rund 40 qkm, hat eine Küstenlänge von 60 km.

Eine Grenzregulierung gegenüber dem portugiesischen Estado d'Africa Oriental gibt den Deutschen einen noch größeren kolonialen Spielraum, aus der Gesellschaft für Deutsche Kolonisation geht die Deutsch-Ostafrikanische Gesellschaft als Rechtsnachfolgerin hervor. Die DOAG ist eine Erwerbsgesellschaft mit Regierungsrechten, wichtigster Schritt zur Belebung des Handelsverkehrs würde der Erwerb von Hafenplätzen vom Sultan von Sansibar sein.

Clemens (oben) und Gustav Denhardt: Die Afrikapioniere aus Zeitz erwerben 1885 von Sultan Ahmed *Simba* von Witu ein Gebiet von 60 km Küstenlänge.

Die Brüder Clemens und Gustav Denhardt in Wituland, seit Mai 1885 unter dem Schutz des deutschen Kaisers.

Sultan Said (auch Sayyid) Bargasch aus der Osmanischen Dynastie der al Busaid.

S.M. Kreuzerfregatte GNEISENAU/ KzS Valois bringt den ksl. Schutzbrief nach Witu und segelt in Paschens Geschwader vor Sansibar.

Out of Germany

Noch im Frühjahr '85 bringt S.M. Kreuzerfregatte GNEISENAU/KzS Valois Gerhard Rohlfs als ksl. Generalkonsul nach Sansibar. Rohlfs ist die schillerndste Figur der deutschen Afrikaforschung, die Deutschen reisen viel, doch keiner reist so viel wie er. Zu seinem Empfang spielt des Sultans Kapelle »Die Wacht am Rhein«.

Kaum ist die GNEISENAU am Horizont verschwunden, will Sultan Said Bargasch den Zeitpunkt sehen, das weitere Vordringen der Deutschen aufzuhalten. Ländereien, die Peters und die Denhardts erworben haben, wären die seinen, so Bargasch zu Rohlfs, Geschäftsgebahren der DOAG würden seine Zollinteressen gefährden. Etwas, wogegen er protestieren müsse.

Bargasch ist der Sohn Sultans Sayyid ibn Sultan bin Ahmad von Oman und Sansibar aus der Osmanischen Dynastie der al Busaid. Sayyid hatte das Land von 1806 bis

1856 regiert, was im Reich natürlich kaum jemanden interessiert. Auf Bargaschs Protestnote reagiert Berlin mit schwerstem Kaliber, eben so, wie Berlin jetzt auf Jahre hinaus reagiert.

Man ist Weltmacht geworden und will es auch zeigen. Für die sehr energische Antwort einer Flottendemonstration nehmen die Kreuzerfregatten ELISABETH, STOSCH, PRINZ ADALBERT und GNEISENAU Kurs auf Sansibar. Von der Heimat her kommt der Hansa-Dampfer EHRENFELS mit afrikatypischen Tropenhelmen, Taschen-Wasserfiltern, Bier und Wein. Geschwaderchef ist der Schweriner Adm. Carl Paschen.

Die Flotte, die den Sultan zur Anerkennung deutscher Interessen zwingen soll, ist mit 60 Geschützen armiert, hat mit der Bürgerlichen Emily Ruete alias Sayyida Salima bint Said bin Ahmad al Busaid und Sohn Rudolf Said-Ruete zusätzlich zwei regelrechte Geheimwaffen an Bord.

Emily Ruete, 1844 in Sansibars Mtoni Palast geboren, ist die Tochter von Sultan Sayyid und einer tscherkessischen Nebenfrau. Emily Ruete, hier kurz Salme genannt, steht für ein Leben zwischen den Kulturen

(»*ich verließ meine Heimat als vollkommene Araberin und als gute Mohammedanerin, und was bin ich heute? Eine schlechte Christin und etwas mehr als eine halbe Deutsche*«).

Als Salme Rudolf H. Ruete, Handelsvertreter der Hamburger Firma Hansing & Co., auf Sansibar kennen lernte, und die Verbindung fruchtbar wurde, war ihr Leben bedroht. Salme ist Mohammedanerin, Rudolf Christ, die Verbindung eine Schande für die Dynastie der al Busaid. Vor der Verurteilung kann sich Salme durch die Flucht an Bord von Her Majesty's Ship HIGHFLOWER entziehen. Als Emily christlich getauft, heiratet sie Ruete, mit dem sie nach Hamburg zieht. Ihre Bemühungen nach Ruetes Tod mit ihrer Familie Kontakt aufzunehmen, kann selbst die Unterstützung durch Kaiser Wilhelm I. nicht weiterbringen, was die Deutschen ganz kurz bewegt.

Berlin käme Sansibar als Protektorat ohne Zweifel gelegen. Sansibar ist ein Schmelztiegel mit Menschen aus aller Herren Länder, dazu Umschlagplatz zwischen Afrika, Arabien und Indien. Sansibar steht für Syzygium aromaticum, die Königin unter den Gewürzen, für Kokosnüsse, Zimt und Vanille, Papayas, Orangen, Mandarinen, Felle, Sklaven und Elfenbein.

Unter den verschiedenen Versionen, wie Salme/Emily Deutschlands Kolonialanspruch jetzt helfen könnte, ist diese: Salme und ihr im Berliner Kadettenkorps erzogener Sohn Rudolf sind deutsche Staatsbürger. Sollte einem von beiden im Rahmen der Flottendemonstration etwas zustoßen, könnte man Bargasch dafür zur Rechenschaft ziehen, Rudolf nach erfolgter Okkupation des Inselreichs zum Sultan von Sansibar machen.

So weit kann es Bargasch nicht kommen lassen, er will nicht, doch die Verhältnisse sind stärker als er. Mit Paschens Geschwader vor seinem am Meer gelegenen Sultanspalast erkennt er die deutschen Ansprüche »im vollsten Umfange« an. Ein Benutzungsrecht der Häfen von Daressalam und Pangani wie von der DOAG gewünscht? *Hakuna matata* … absolut kein Problem.

»*So führe uns, Du bist bewährt;/In Gottvertrau'n greif' zu dem Schwert,/Hoch Wilhelm! Nieder mit der Brut!/Und tilg die Schmach mit Feindesblut!*« … Zur Vertragsunterzeichnung am 12. August, zu der die deutschen Offiziere in Bargaschs Haremsgebäude geladen sind, intoniert des Sultans Kapelle erneut »Die Wacht am Rhein«. Als Admiral à la suite Edward Knorr, der in Kamerun gerade für Ordnung sorgte, mit der BISMARCK vor Sansibar eintrifft, meldet ihm Paschen, dass dort alles zur Zufriedenheit verlaufen sei.

Mehr Raum für Deutsche

Salam bedeutet so viel wie Friede oder Heil, die islamische Grußformel *salam aleikum* lässt sich mit »Friede sei mit euch« übersetzen, was korrekt mit *alaikum salam* beantwortet wird. Ein Küstenaraber, der an Allah glaubt, nicht an den lieben Gott, entbietet sein *salam aleikum* jedoch nur Religionsgenossen, was üblich, doch auch typisch für die Verhältnisse ist: Araber, Suaheli (»*Mohammedaner, doch des alten Negerglaubens noch recht voll*«) und Deutsche verstehen sich nicht, kommen miteinander nicht aus.

Sayyida Salima bint Said bin Ahmad al Busaid (1844–1924), die Tochter des Sultans von Omar und Sansibar, als Prinzessin (oben) und als Bürgerliche Emily Ruete.

Das deutsche Postamt in Sansibar: Der Sansibar-archipel ist ein Schmelztiegel mit Menschen aus aller Herren Länder, dazu Umschlagplatz zwischen Afrika, Arabien und Indien.

Sayyid Ali bin Said, einer der beiden Nachfolger Said Bargaschs.

Als Suaheli wird der zwischen Lamu und Mosambik lebende Völkermix bezeichnet. Die Mischung, die durch die Melange von Arabern, Negerstämmen, ungezählten Sklavengenerationen, die Bastardierung mit Indern, Persern, Syrern, Europäern und anderen zusammenwuchs, ist die Signatur der Ethnografie.

Suaheli, die im palmenreichen Simiji, in Shungubwebi oder Pugu wohnen können, sind, so der Leipziger Ethnograf Karl Weule, gesellig, genussfreudig, heiter, unbeständig, unwahrhaft und misstrauisch, jedoch auch »bereit, sich dem europäischen Herrn anzuschließen, sofern er sie gut, das heißt freundlich, streng und gerecht behandelt«. Ausgerechnet hier machen die Deutschen ein paar ganz gravierende Fehler.

Auf Sansibar ist der Sklavenmarkt offiziell geschlossen, was jedoch absolut nichts bedeutet. Landeskinder, im Landesinnern eingefangen, müssen auch weiterhin Handelswaren wie das erjagte Elfenbein zur Küste schleppen, werden dort dann selbst verkauft. Elfenbein hat einen hohen wirtschaftlichen Wert, da Europäer daraus Klaviaturen, Kämme, Messerhefte und Billard-

kugeln fertigen. Auf Sansibar kann ein Sklave – *inshallah* – zum Verkaufsschlager werden, immer vorausgesetzt, er ist gesund.

Hauptverdiener beim Menschenhandel dürfte der Sultan von Sansibar sein, Hauptträger sind die Araber. »Wenn man nur das schöne Land sieht, das herzlosen Arabern preisgegeben ist, deren einzige Beschäftigung es ist, Neger zu fangen und sie wieder zu verkaufen. Sie sind seit Jahrhunderten hier, haben die Kinder des Landes nichts anderes gelehrt als ihr mohammedanisches Glaubensbekenntnis, ohne welches es den Wilden viel besser ginge« (Christian Lautherborn aus Aalborg, Angestellter der DOAG im Plantagenbetrieb).

Neben Sultan und Arabern profitieren Suaheli und sklavenjagende Stämme wie Wanjamwesi oder Wahehe vom Sklavengeschäft (»*gejagt wird in den unglücklichen Gegenden, wo sich der Eingeborene nur mit Speer und Bogen gegen die unmenschlichen Räuber wehren kann*« (Hermann Wißmann). Der Deutsche, eine ganz klägliche Minorität, hat im Sklavenhandel seine Chance erkannt, um die *Negerbevölkerung* für sich zu gewinnen. Die Kalkulation kann einfach nicht einfacher sein: Die neuen Herren der alten Erde unterbinden die *Menschenräuberei,* die Eingeborenen, Gejagte durch Jahrhunderte, danken es ihnen, indem sie in Scharen ins deutsche Lager überlaufen …

Als Berlin und London 1886 ihre Aktionsgebiete abstecken, sieht der Sultan von Sansibar einmal mehr wie ein Verlierer aus. Seine Hoheitsrechte wurden weitgehend auf Sansibar beschränkt, vom Festland ließ man ihm lediglich einen 16 km breiten Küstenstreifen. 16 km zwischen Witu und der Rovuma-Mündung, die einen wie Carl Peters allerdings nicht ruhen lassen, ergibt sich für ihn jetzt doch folgende Situation: Von seinem Besitz im Hinterland aus kann Peters den Indischen Ozean sehen, vorausgesetzt, es herrscht gute Sicht. Wasser, Wellen und Palmenstrand; was richtig stören muss, ist der Umstand, dass der Ozean zwar vor der Haustür liegt, des Sultans Küstenzone jedoch den ungehinderten Zugang verwehrt.

Wer Geschäfte machen, kräftig zulangen will – darin stimmen alle imperialistischen Mächte überein – braucht Hafenplätze. Peters Versuch, Sultan Sayyid Khalifa, Nach-

folger des verstorbenen Bargasch, das Gebiet abzuhandeln, führt zu nichts. Berlin, mit den Methoden des »üblen Burschen Peters« (Herbert v. Bismarck) hinreichend vertraut, beauftragt seinen Generalkonsul Gustav Michahelles, beim Sultan in Sachen Küstenstrich vorstellig zu werden. *Von Reichs wegen* offiziell darauf angesprochen, mit Bismarcks Flottendemonstration in unguter Erinnerung, unterschreibt Sayyid Khalifa einen Zoll- und Küstenvertrag, und diesen gleich auf 50 Jahre.

Das Abkommen sichert der DOAG die Verwaltung der Küstenregion von der Umbamündung bis nach Kap Delgado über dem Rovuma. Im gepachteten Neuland für Deutschland liegen mit Tanga und Daressalam die besten Häfen der Küste.

In Berlin wird zum Pachtvertrag die Frage gestellt, »ob die Gesellschaft die ihr übertragenen Hoheitsrechte überhaupt würde ausüben können«. Fehlt den Beamten und Kaufleuten der DOAG doch das klare Konzept, um sich mit denen, die vor ihnen hier gewesen sind, friedlich auszugleichen. »Würden diese Wenigen mit Freundlichkeit gekommen sein, sich auf den Zolldienst beschränkt und alles aufgeboten haben, um uns, die herrschende Partei der Araber, zu gewinnen, so säßen sie wohl heute noch

Wappen der Deutsch-Ostafrikanischen Gesellschaft.

Der 1885 erteilte ksl. Schutzbrief für die Gesellschaft für Deutsche Kolonisation, aus der die Deutsch-Ostafrikanische Gesellschaft als Rechtsnachfolgerin hervorgeht.

ruhig in den Küstenstädten« (Bushiri bin Salim al-Harthi, Hauptrebellenführer, nachdem er losgeschlagen hatte).

Turbulenzen in Pangani

Mit dem Küstenvertrag kaum unter Dach und Fach, brechen die ersten schweren Zeiten der deutschen Kolonialgeschichte an, hinterher Araber-, Bushiri- oder Aufstand der Küstenleute genannt. Führer ist der bei Pangani ansässige charismatische Bushiri, der als »halber Afrikaner und halber Araber in sich das Beste wie das Schlechteste von beiden Welten vereint«. Oskar Baumann, mit Meyer zum Kilimandscharo unterwegs, hält Bushiri für einen auffallend klugen Kopf, die Kolonialpropaganda stellt eher eine diabolische Wendigkeit heraus (»*wenn einer im Verdacht steht, mit den Deutschen zu kollaborieren, werden ihm Füße oder Hände abgeschlagen oder er wird lebendig verbrannt*«). Neben Bushiri gibt es eine ganze Reihe von Nebenführern, die Bomboma, Malela, Makanda, Pori oder Soliman bin Sef heißen. Dazu einen Bana Heri, der sich angestammter Sultan von Wasegua nennt.

Warum es zum Aufstand kommen muss, lässt sich mit kultureller und wirtschaftlicher Konkurrenz generalisieren: Die Araber sehen, wie Fremde ihre Menschenjagdgründe in Frage stellen, die bisher von ihnen kontrollierten Handelsstationen besetzen. Indische Kaufleute befürchten, dass mit dem Ende des Sklavenhandels mit den Arabern kein Geld mehr zu machen ist (die Inder schießen dann nicht, erweisen sich dafür als Spezialisten im Schleichhandel mit Pulver und Waffen).

Von Bedeutung ist, wie die DOAG, obwohl nur Pächter, ihren Herrschaftsanspruch unterstreicht. Ihre Vertreter gehen kolonisatorisch vor, ziehen entgegen der Abmachungen an mehreren Plätzen die Sultansflagge ein und die Gesellschaftsflagge auf. In Bagamoyo ist die Bevölkerung über das Abholzen des alten Flaggenmasts gleich so aufgebracht, dass sie das Usagara-Lagerhaus stürmt. Lediglich in Tanga kommt es zum Kompromiss: In Tanga dürfen beide Flaggen wehen, die Gesellschaftsflagge lediglich etwas höher als jene des Sultans.

Das Religiöse spielt dort eine Rolle, wo der Bekehrungseifer der Missionen Kulturen zersetzt, alte Maßstäbe lächerlich macht. Dazu kommt rein Persönliches, benehmen sich DOAG-Vertreter, erst kurz im Land, im Prinzip noch gar nicht richtig angekommen, doch wie Konquistatoren (»*wie wenn sie Herren des Landes und wir alle ihre Sklaven wären*«, Bushiri). Sie reiben sich an traditionellen Suaheli-Strukturen, provozieren, wofür das Auftreten eines Emil v. Zelewski, Stationschef in Pangani, aktenkundig wird.

Der Mann, den sie bald *Nyundo*, den Hammer, nennen, macht beim Erfahrungensammeln absolut keine gute Figur. Er stellt

Bushiri bin Salim al-Harthi, Hauptrebellenführer während des Aufstands der Küstenleute.

sich selbst als Sultan hin, bedroht Unbotmäßige mit Hinrichtung oder Deportation ins ferne Reich. Er weiß nicht, warum Mohammedaner ständig *bismi 'llahi 'rrahmani 'rrahim* (»im Namen Gottes, des Erbarmers, des Barmherzigen«) sagen. Am Tag des Opferfests Id-ul Adha betritt er eine Moschee, was Giauren, Ungläubigen, generell verboten ist. Zelewski bringt seine Hunde mit und behält die Stiefel an (der Mann stammt aus dem westpreußischen Borreck/Kreis Karthaus).

Pangani, ca. 50 km südlich von Tanga, ist als End- und Ausgangspunkt der nördlichen Karawanenstraße nach Massailand und über Nord-Unguu nach Irangi ein wichtiger Handelsmittelpunkt, als Kraftzentrum von Arabern, Suahelis und Indern eine recht wohlhabende Stadt. In Pangani muss schon etwas faul gewesen sein, als Hans Meyer und Oskar Baumann hier ihre Kilimandscharo-Expedition an Land brachten (»*natürlich hatte anfänglich niemand gedacht, dass es einem Haufen aufständischer Araber und Neger gelingen könnte, angesichts der deutschen Flotte die Deutschen fortzujagen*«, Meyer).

In Pangani beginnt der Reigen der Gewalt, Pangani wird zum Pulverfass, als Zelewski die Anladung größerer Mengen Schießpulver blockiert. Von einer aufgebrachten Menschenmenge festgesetzt, bleibt er so lange in Gefangenschaft, bis ihn Truppen des Sultans befreien.

Hauptpreis des Aufstands dürfte das geschichtsträchtige Bagamoyo sein. Der auf einer vom Strand allmählich ansteigenden Hügellehne liegende volkreichste Küstenplatz ist Beginn und Endpunkt der großen Karawanenstraße nach Tabora und Ujiji. Bagamoyo gilt als Umschlagplatz des ostafrikanischen Menschenhandels, von hier werden die Sklaven nach Sansibar verschifft. Bagamoyo lässt sich mit »Leg dein Herz nieder« übersetzen, was eine Beziehung zum Geschäft mit Landeskindern hat …

Im Hafen von Sansibar werden S.M.S. Möwe/Kkpt. Riedel und Leipzig/KzS Plüddemann unter Dampf gesetzt, auf dem Festland *Missionsneger* bewaffnet und einexerziert. Die Gesellschaft befestigt ihre Stationen. Um es denen in Pangani noch einmal zu zeigen, wird dort ein Kommando der Kreuzerkorvette Carola/Kkpt. v. Raven an Land gesetzt,

Sklavenkarawane: Hauptverdiener beim Menschenhandel dürfte der Sultan von Sansibar sein, Hauptträger sind die Araber.

Ein Suaheliaskari der DOAG, dem Bushirileute die Hände abhackten, im Kreis von Askarifrauen, Marinesoldaten und DOAG-Angestellten.

wobei es zu ein paar unschönen Szenen kommt. Seemannsbraut ist nicht nur die See, Pangani für einen Typ schöner Frauen bekannt (»*die wir alle zu unseren Sklaven machen wollen*«, Lautherborn). Die Seesoldaten prügeln, plündern und vergewaltigen wohl auch. Im Koppelschloss das »Gott mit uns«.

Der Volkszorn wächst sich gleich derart aus, dass man jetzt weniger auf eine Ketten- als auf eine konzertierte Aktion schließen muss. Ein Angriff »fantastisch gekleideter Araber und waffenstarrender Neger« auf Bagamoyo läuft sich im wohl gezielten Feuer aus dem Stationsgebäude fest (»*die Versuche der Wilden scheiterten am Hinterlader*«). Als Kkpt. Donner die Stadt mit 260 Marinesoldaten der Leipzig entsetzt, ist ihr musealer Kern weitgehend zerstört. Donner, der auf der Außenreede völlig durchnässt worden war, wird fiebrig und stirbt, Bushiri zieht sich nur leicht angeschlagen zum Dorf Kaule zurück.

Im September sind Kilwa, Lindi, Tanga und Pangani von Empörern besetzt, Missionsstationen und Handelsniederlassungen verlassen. Lediglich das notdürftig befestigte Bagamoyo und Daressalam befinden sich noch in deutscher Hand, worauf die DOAG, die aufgrund klammer Finanzen gerade mal 80 Askaris beschäftigen kann, das Reich zur Pazifizierung Bushiris um schnelle und wirksame Hilfe bitten muss.

Berlin sieht schwarz

Peters & Genossen haben Berlin in die Sackgasse manövriert, die schlechten Nachrichten reißen nicht ab. Vor dem Reichstag tobt August Bebel, der eingefleischte Kolonialverächter: »Wer ist denn diese Ostafrikanische Gesellschaft? Ein kleiner Kreis von Großkapitalisten, Bankiers, Kaufleuten und Fabrikanten, das heißt ein kleiner Kreis von sehr reichen Leuten, deren Interessen mit den Interessen des deutschen Volkes gar nichts zu tun haben.«

Bismarck stellt das Auftreten der DOAG als *Flaggen-Comödie* hin, Michahelles und Österreich-Ungarns Honorarkonsul Fuchs erklären aufgrund von Augenzeugenberichten, dass in erster Linie die DOAG-Agenten die Schuld an der Revolte treffe.

Der Schwarze Peter fällt trotzdem den Schwarzen und Braunen zu, was Opfer, die sich gegen Eindringlinge und Landnahme wehren, in der Kolonialpropaganda zu blutrünstigen Tätern macht.

Bismarck, der die Dinge nicht einfach treiben lassen kann, steht vor der Wahl, die Stellung Ostafrika aufzugeben oder sich militärisch zu engagieren. Ein Rückzug muss dem Ansehen im Ausland schaden, das politische Ziel überwiegt alle anderen Bedenken. Mit England stimmt man sich über eine strenge Seeblockade der festländischen Küste Deutsch-Ostafrikas mit Einschluss der Inseln Mafia und Lamu ab.

Kein Kriegsmaterial rein, keine Sklaven raus, würde die Aufständischen in die Knie zwingen.

Parallel dazu, um negative Wählerreaktionen schon im Vorfeld zu ersticken, schiebt die Koloniallobby eine Volkskampagne gegen das unmenschliche Wegfangen von Menschen an. Zelewski oder des Sultans Flagge? Es ist die christliche Verantwortung für arme Heiden-*Neger*, die das afrikanische Geschehen zum Kampf zwischen Gut und Böse macht.

Zwischen Alpenrand und Meeresstrand will man arabische Sklavenhändler an (deutschen) Galgen sehen. Dass Sklaven nicht

Der Aufstand der Küstenleute: Hauptpreis der Erhebung dürfte das geschichtsträchtige Bagamoyo sein, ein Umschlagplatz des ostafrikanischen Menschenhandels.

Oben: Die Verteidiger von Bagamoyo nach Bushiris Angriff.

Unten: Matrosensoldaten von S.M.S. LEIPZIG nach der Entsetzung der Stadt vor dem Stationsgebäude.

175

August Leue, ksl. Hauptmann aus Dützen bei Minden, verteidigt Daressalam und kämpft unter Wißmann bei Palamkaa und Kilwa.

Das Kleine Kanonenboot MÖWE/KzS Hoffmann in Kapstadt: An Bord mehrere Dutzend Flaggen, was Lästerzungen »das Spazierentragen der deutschen Flagge« nennen.

mehr fortgeschleppt werden dürfen, ist Ziel aller Deutschen. Die Kreuzzugstimmung erfasst selbst die politisch Wichtigen, von Bedeutung ist, dass jetzt das hin und wieder kolonial-kritische katholische Zentrum herüberkommt, das bei Etatabstimmungen im Reichstag den Ausschlag geben kann. Als die Seeblockade, von den Kriegsmarinen Englands, Belgiens, Italiens, Frankreichs und Portugals unterstützt, gegen Mittag des 2. Dezember '88 beginnt, regt Bismarcks Engagement so auch niemanden mehr auf.

»Es heult der Sturm, es braust das Meer/ Die Woge brüllt, die See geht schwer« ... Die deutsche Blockadeflotte wird von den Kriegsschiffen LEIPZIG, CAROLA, SOPHIE, OLGA, MÖWE, SCHWALBE und dem Aviso PFEIL gestellt. Geschwaderchef ist KAdm Deinhardt, die Sperrung der Ein- und Ausfuhr zieht sich bis Oktober '89 hin. Sklaven, die deutschen Jungs in die Hände fallen, kommen zur Verteilung auf die Missionsstationen im Hinterland. Aufgebrachte Dhaus werden nach Sansibar geschleppt, dort in der Nähe des deutschen Konsulats zersägt.

Die Abschnürung des Feindes bleibt lückenhaft, kann lediglich ein paar Propagandaerfolge erzielen. Wo immer es in Küstennähe zu Wettrennen kommt, sind die Kriegsschiffe aufgrund ihres Tiefgangs den wendigen Einmastern mit den Dreieckssegeln unterlegen. An Land hat der Gegner genügend Kriegsmaterial gebunkert.

Der Küstenstrich lässt sich von See her nicht pazifizieren, die Krisenmeldungen häufen sich: *Daressalam:* Überfall auf die DOAG-Station durch räuberische Aufständische in der Nacht auf Heilig Abend. – *Kilwa:* DOAG-Agenten Hessel und Krieger ermordet. – *Sadani* (gegenüber von Sansibar): Useguhas wichtigster Küstenplatz von Bana Heris Leuten besetzt. *Lindi:* Weiße retten sich unter Zurücklassung von Hab und Gut. – *Pugu:* Schwester Martha Wansing und zwei Brüder in der Benediktiner-Missionsstation ermordet. – *Daressalam:* Erneuter Angriff von Chef August Leue und Landungstruppen der MÖWE zurückgeschlagen (»*die Marine schickte den Empörern ein paar Grana-*

voraus. 1853 im Haus Lindenstraße 9 in Frankfurt/Oder geboren, hatte er es nach der Erziehung im preußischen Kadettenkorps im mecklenburgischen Inf.-Rgt. Nr. 90 zum Leutnant gebracht. Im Standort Rostock aufgrund zahlreicher Eskapaden mit dem Prädikat »der tolle Wißmann« belegt, studierte er Meteorologie und Astronomie, wenn auch nur flüchtig, um sich danach für eine Forscherlaufbahn im Dienst der Afrikanischen Gesellschaft zu entscheiden.

Mit dem bereits berühmten Zierstorfer Paul Pogge stößt er von Malange/Angola über den Kongo-Nebenfluss Kassai nach Nyangwe am Lualaba vor, zieht, da Pogge nach europäischen Maßstäben den Verstand verliert, dann allein weiter gen Osten. Als er am Indischen Ozean steht, gilt er als erster Europäer, der Afrika von West nach Ost durchquerte.

Wißmann führt eine Expedition von Luanda zum Unterlauf des Kassai, in seiner Begleitung die Gebrüder Hans und Franz Müller, Curt v. François und Ludwig Wolf. 1886 reist er im Dienst der Belgier, da Berlin seine Verwendung im Kolonialdienst ablehnte, von Leopoldville über Luluaburg zum Sambesi und zur portugiesisch-ostafrikanischen Hafenstadt Quelimane. Auf Sansibar lernt er Carl Peters kennen.

Der Afrikareisende Paul Pogge (1838–84), Wegbegleiter Wißmanns.

Links:
Geschwaderchef KAdm. Karl August Deinhardt (1842–1892).

Mannschaften des Landungskorps der Sophie beim Entern eines bewaffneten Kutters während der Seeblockade.

ten hinterher, welche bewirkten, dass die Flüchtigen nach allen Seiten auseinanderstoben«).
Da es Schiffsgeschütze und Landungstruppen allein nicht bringen, sieht sich Berlin noch im deutschen Winter gezwungen, eine erste Kolonialtruppe aufzustellen. Die ksl. Schutztruppe für Deutsch-Ost wurde offiziell erst im März '91 gebildet. Der 8. Februar '89 ist ihr eigentlicher Stiftungstag, die Grundlage das Gesetz betreffend den Schutz der deutschen Interessen und der Bekämpfung des Sklavenhandels.
Bwana Wissmani oder *Bwana Kitsawa,* der Mann, der den Empörern das Gesetz des Stärkeren beibringen soll, heißt Hermann Wißmann im richtigen Leben. Bismarck zu Wißmann: »Siegen Sie«, wofür ihm das Reich zwei Mio Mark zur Verfügung stellt. Mit Wißmanns Bestallung zum Reichskommissar bei voller Selbständigkeit und Entschlussfassung wird das Schutzgebiet faktisch von Berlin verwaltet, beginnt die neue Zeitrechnung.
»Unserem Wißmann«, der Bismarcks Vertrauen, dazu einen emotionalen Bezug zu Afrika hat, geht ein außergewöhnlicher Ruf

Hermann v. Wißmann (sitzend links) mit Offizieren und in Ägypten angeworbenen Sudanesenaskaris der Wißmanntruppe.

Held Wißmann, dem Bismarck den Auftrag zum Siegen gab, kennt Afrika wie kaum ein Zweiter. Er weiß, dass Müller, Meier oder Schulze dort nur bedingt verwendungsfähig sind, sich mit deutschen Soldaten in feuchtigkeitsschweren tropischen Küstenzonen keine Kriege gewinnen lassen. Was er aufgrund des Klimas, der Landesnatur und der Sonderfechtart des Gegners braucht, sind farbige Mannschaften, die bereits etwas vom Handwerk verstehen.

Während Wißmann nach Soldaten für seine Truppe sucht (»*für die aufgrund der Verhältnisse fast nur landfremde Neger in Frage kommen*«), versucht KAdm. Deinhardt vom Blockadegeschwader, die Zeit bis zum Losschlagen mit Scheinverhandlungen zu überbrücken. Die Bedingungen, die ihm Bushiri fürs Stillhalten stellt, kommen ihm »geradezu lächerlich« vor. Der Mann fordert für sich den Posten des Gou-

verneurs, dazu eine eigene Armee, ein Stationierungsverbot für deutsche Kriegsschiffe und die Rückführung entlaufener Sklaven.

Wißmann scheint nicht nur Afrika zu kennen, er kennt auch die Afrikaner. In Ägypten wirbt er kriegsgeübte Sudanesen an (»*die mit Frau und Kind beschäftigungs- und brotlos in den Straßen von Kairo und Alexandrien herumlungern*«). Die Soldaten hatten unter Hicks Pascha gegen die Mahdisten gekämpft und trauten sich, demobilisiert, nicht mehr in ihre Heimat zurück. In Mosambik finden sich »als Gegengewicht zu den mohammedanisierten Sudanesen« 350 Zulus (»*von Mutter Natur mit sehr guten kriegerischen Eigenschaften*«).

Seine Truppe hat er in den ersten Maitagen in Bagamoyo zusammen. Hptm. Wißmann unterstehen acht Chefs (Hauptleute), 13 Leutnants, ein Arzt, drei Beamte im Offiziersrang, sieben Proviantmeister und 56 Uffz. (einschließlich der Lazarettgehilfen), die aus allen deutschen Waffengattungen stammen. Unter den Offizieren fallen Rochus Schmidt, Chef Georg Richelmann, der Frhr. v. Eberstein, der Frhr. v. Bülow und der Frhr. v. Gravenreuth auf.

Bewaffnet sind die Europäer mit dem zeitgemäßen Offz.-Feldzugsäbel, mit Revolver und der Mehrlader-Mauserbüchse 71/84. Zur tropen- wie feldmäßigen Uniformierung zählt ein leichter, blusenartiger Rock aus Baumwolle, ein bequem sitzendes Beinkleid ohne Biese, das für den Garnisonsdienst weiß, für die Expedition kakifarben ist. Zum dauerhaften Schnürschuh aus Segeltuch wird im Feld die Ledergamasche getragen. Als Kopfbedeckung dient der helmartige, mit der deutschen Konkarde geschmückte weiße Sonnenhut aus Kork.

Den Kern der Truppe stellen die in Ägypten angeworbenen Sudanesen mit sechs Kompanien zu je 100 Mann. An ihrer Seite zwei Zulukompanien, ein Zug eingeborene Suaheli-Askaris mit 80 Mann, 40 Somalis und 22 türkische Polizisten. Sudanesen und Zulus marschieren mit der Jägerbüchse 71 ins Feld, die Suaheli-Askaris mit dem Kara-

biner 71 und dem Infanterie-Seitengewehr 71/84, das sich unaufgepflanzt als Buschmesser verwenden lässt.

Als Artillerie verfügt Wißmann über zwölf Feldgeschütze, ein mobiles 6-cm-Berggeschütz, sechs 4,7-cm-Schnellfeuerkanonen und ein Maxim-Maschinengewehr. Der schwarz-weiß gemischten Truppe schließen sich mit Speer, Pfeil und Bogen, durch das Rindshautschild gedeckt, regionale Stammeskrieger an. Die Landessöhne werden bevorzugt in der Aufklärung eingesetzt, tragen, damit sie sich von allen anderen unterscheiden, als Erkennungszeichen rote und weiße Stoffzipfel.

Schwarz und Deutsch

»Ob wir auch schwarz, wir fühlen warm:/ Der Kaiser ist uns gut!/Drum weihen wir ihm Herz und Arm/Und unser heißes Blut« … Die Wißmann- ist als Privattruppe aufgestellt, ihre Rekrutierung war heftig umstritten. Gehen die Meinungen darüber doch weit auseinander, ob Eingeborene (Wilde etc.) überhaupt ausgebildet und modern bewaffnet werden können, ohne die »Weltgeltung der Weißen« aufs Spiel zu setzen.

Held Wißmann (*»ich habe in zehn Jahren meines Afrikalebens nicht annähernd solche Leistungen von Schwarzen gesehen«*) weiß die Diskussion schnell hinter sich. Es gibt Feldzüge, während denen mehr Weiße etwa durch Hitzschlag ums Leben kommen als vor dem Feind. Lt. v. Medem, Stationschef von Mpwapwa, wird Opfer wiederholter Dysenterieanfälle. Uffz. Witzick und Uffz. Gombert sterben vor Sadani (*»da sie keine Schwäche zeigen wollten und so lange vorwärts gingen, bis sie umfielen«*, Wißmann). Die unter seinem Kommando stehenden Kriegsveteranen aus dem Sudan und aus Mosambik zeigen sich dem Tropenklima, dazu allen anderen Strapazen, gewachsen, gehen gegen den Feind so tadellos vor wie europäische Soldaten.

Der Sudanesen-Askari Bachit-Bachit, die *Betschauschs* Muniemvua und Pandascharo … nachdem Versuche mit Söldnern des Sultans von Hyderabad und Rekruten aus Deutsch-Neuguinea zu nichts führten,

Offiziere der Wißmanntruppe: Die Chefs Frhr. v. Bülow, Rochus Schmidt und Frhr. v. Eberstein.

Links: Hermann v. Wißmann (1853–1905), Forschungsreisender und Reichskommissar, »Deutschlands größter Afrikaner«.

179

Georg Richelmann aus Zeitz, Hauptmann der Wißmanntruppe.

Oberstabsarzt Becker, der Chefarzt der Wißmanntruppe.

Ein *Schausch* (Uffz.) der Schutztruppe: Der Askari, der für Deutschland kämpft und stirbt, ist eines Tages so deutsch wie Sauerkraut und Bier.

180

nimmt die Truppe neben landfremden Soldaten auch Ethnien wie Wanyamesi, Manyema, Wasukuma, Wasaramo, Wanganda, Wajao, Wahehe und Massai auf. Farbige Landsknechte, denen das *tunakwenda tunashindo* (»wir marschieren, wir siegen«) leicht über die Lippen geht, die an Gräbern »Ich hatt' einen Kameraden« singen als stünden sie nicht am Mbemkurru, sondern am Rhein, sind aus Deutsch-Ost bald nicht mehr wegzudenken. Der ostafrikanische Askari, der für Deutschland kämpft und stirbt, ist eines Tages so deutsch wie Sauerkraut und Bier.

Der Askari, der seinem allergnädigsten *Kaisari* ewige Treue geschworen hat, steht für Loyalität, Kameradschaft und Tapferkeit. Der Askari vor dem Feind, beim Karabiner- und Stiefelappell oder auf verstärkter Löwenwache liefert den Stoff, aus dem ganze Romane sind (»*ich war nicht der Einzige, der feststellte, wie schön auch diese Leute trotz wulstiger Lippen und aufgeworfener Nasenlöcher sein können*«, Lettow-Vorbeck).

Schausch (Uffz.) und *Betschausch* (Sergeant) sind von deutschen Drillsergeants nach Exerzierreglement und Schießvorschrift der Marineinfanterie gut einmarschiert und einexerziert, *Sol* (Feldwebel) und *Ombascha* (Gefreiter) brauchen sich, wenn es zum Schießen, Hauen oder Stechen kommt, hinter den Deutschen nicht zu verstecken. Der Gemeine, wofür das Wort *Askari* steht, kennt sich in der Gesamtmarschordnung aus, Kommandos werden auf Deutsch erteilt, das Dolmetscher für Neuzugänge übersetzen.

Wer als Nicht-Weißer die fächerartige deutsche Kokarde, den Reichsadler oder die schwarz-weiß-rote Kordel trägt, ist gewohnt, von seinen Landsleuten bewundert zu werden (»*die aus Metall geschlagene Kompanienummer oder gar ein versilberter Adler macht den farbigen Soldaten stolz auf die Truppe, die ihn so schmuck kleidet und dadurch aus der Masse der Eingeborenen hervorhebt*«, Oberstabsarzt Becker).

Askaris bekommen Sold, werden mit Pensionsbezug verabschiedet, um sie an weitere Interessen der Kolonialherren zu binden. Askaris haben allerdings auch eine

ganz andere Seite: Sie können sich, besonders wenn durch Alkohol enthemmt, außerordentlich schlecht benehmen, was Missionar Schüler von der Berliner Mission in Berichten mit einem »wir hoffen und flehen zum Herren, dass es bald besser werden möge« unterstreicht.

Eine Begegnung zwischen Schwarz und Weiß auf gleicher Ebene bleibt ausgeschlossen, da der *Effendi* (der farbige Offizier) hinter dem weißen Unteroffizier rangieren muss. Die Weißen halten die führenden Kommandoposten, doch beim Kriegshandwerk kommen sich Afrikaner und Europäer am nächsten. Die Waffenbrüderschaft beruht auf gegenseitigem Respekt.

Deutsche Offiziere, als starre Zuchtmeister verrufen, sind in Afrika flexibel genug für den Busch- und Guerillakrieg. Wie Lettow-Vorbeck in den letzten Kriegsjahren kämpft, hat er in Südwest dem legendären Schimmelreiter Morenga und dem alten Witbooi abgeschaut. Einen wie Lettow-Vorbeck hatte der Gegner nicht.

Showdown im Süden

Um zu testen, wie kampfstark er wirklich ist, geht Wißmann am 8. Mai, durch 200 Marinesoldaten unter Kkpt. Hirschberg verstärkt, gegen Bushiris Stützpunkt Jahazi bei Bagamoyo vor. Der Gegner kämpft tapfer, ist mit der Landesnatur vertraut, die Wißmanntruppe überlegen bewaffnet. Bushiri verliert 106 Mann, kann selbst jedoch entkommen.

Anfang Juni beschießen LEIPZIG, MÖWE, SCHWALBE und PFEIL die gegnerischen Befestigungen von Sadani von der Reede her, damit Wißmann den Hauptplatz der feindlichen Elemente in Useguha ohne größeren Widerstand nehmen kann. Am gleichen Tag fällt Uwindje.

»Unser Wißmann« erobert Pangani, rapportiert dann nach Berlin, um zu zeigen, zu was seine Truppe fähig ist: »Meine Leute, die 24 Stunden fast durchgängig seekrank gewesen waren, wegen der starken Dünung vor Pangani nicht schlafen konnten, dann einen Tag lang gefochten und gearbeitet hatten, ohne zu essen, die nächste Nacht in strömendem Regen unter freiem Himmel lagen, hatten für mindestens zwei Tage mit dem Löschen und Unterbringen der für Pangani bestimmten notwendigsten Befestigungsmaterialien und des Proviants zu tun, mussten zudem die allernotwendigsten Befestigungsanlagen soweit herstellen, dass ich die Garnison von nur 150 Mann für Pangani allein lassen konnte.«

Wißmann richtet die zerstörte Station Mpwapwa als Deckung der Karawanenstraße nach Tabora neu her, während seine Söldner Dörfer und Erntevorräte der Bushiri-Leute zerstören. Geschossen wird viel und überall (»*um die Unschlüssigen aufzumuntern, sich dem Frieden anzuschließen*«). Der Frhr. v. Gravenreuth hält Simultanangriffe gegen Bagamoyo und Daressalam auf, aus den Kämpfen mit dem durch mehrere tausend Mafiti (Wangoni) verstärkten Bushiri geht der Bayer in überzeichnender Heldenversion als »*Simba ja Mrima*«, Löwe von Afrika hervor.

Meldungen nach Berlin und aus der Presse: In Daressalam wurde von Proviantmeister Janke ein Löwe erlegt, der die Gegend in Schrecken versetzte (»*die Eingeborenen singen jetzt, dass die Deutschen sie von zwei- und vierbeinigen Menschenräubern befreien*«, Wißmann). – In Bagamoyo nahm ein Jumbe den bösen Makanda fest, ein anderer verhalf ihm wieder zur Freiheit. Der eine Jumbe erhielt eine Geldbelohnung, der andere wurde gehängt (»*was einen guten Eindruck hervorrief*«, Gravenreuth).

Berittene Askarieinheit: Die Weißen halten die führenden Kommandoposten, doch beim Kriegshandwerk kommen sich Afrikaner und Europäer am nächsten.

Hptm. Karl Frhr. v. Gravenreuth, der »Löwe von Afrika«.

Bushiris Lager Jahazi bei Bagamoyo nach der Erstürmung durch die Wißmanntruppe: Bushiri hat 106 Mann verloren, konnte jedoch entkommen.

Der gefangene Masiri, ein wohlhabender Mann, der an der Ermordung der Pugu-Missionare beteiligt war, wurde mit dem Tode bestraft (»*er hatte einigen unserer Angestellten brieflich gedroht, er würde ihr Fleisch essen, wenn sie nicht unseren Dienst verließen*«, Wißmann).

Beim Angriff auf Bushiris Hauptlager Yombo schlug ein Kanonenschuss 50 Schritte hinter Gravenreuths Abteilung ein. Die Sudanesen, Zulus und Somalis stürzten – den Schrecken ausgerechnet im Rücken – nach vorn, »das Entsetzen unter den Mafitis war so groß, dass sie einen von Krokodilen wimmelnden Fluss durchschwammen, um den mörderischen Waffen des bayerischen Freiherrn zu entkommen. Nur wenige entrannen der Vergeltung« (Rittmeister Kronberger).

Im Dezember versuchte Bushiri nach Britisch-Ostafrika zu entkommen. In Kwamkoro von Eingeborenen festgenommen, wobei das ausgelobte Kopfgeld von 15.000 Mark sicher eine Rolle spielte, wurde er nach der Auslieferung gehängt (»*sein Todesurteil überraschte ihn sehr, jedoch blieb er gefasst*«, Wißmann).

Das Expeditionskorps unter Rochus Schmidt griff Bana Heris Hauptstellung bei den Höhen von Mlembule in Sadanis Hinterland an (»*bei einer Rekognoszierung war*

man plötzlich auf eine stark befestigte Verschanzung gestoßen, aus der heftiges Feuer kam, sodass sofort ein weißer Unteroffizier und sieben Zulu tot hinfielen«, Franz Stuhlmann, Zoologe, doch »wegen der schönen nationalen Sache« dabei).

Bushiris Nachfolger Bana Heri hat von vornherein die schlechteren Karten, da sich mehr und mehr Häuptlinge ergeben. Der Unterwerfungsakt erfolgt jeweils nach Landessitte, die das Bedecken des Hauptes und der Brust mit Staub vorschreibt. Die gut disziplinierte Truppe eilt von Sieg zu Sieg, mit der Erstürmung des »Raubnests« Palamakaa ist Bana Heri am Ende. Als er sich Gravenreuth in Sadani ergibt, überreicht er sein Schwert als Zeichen der Kapitulation (»*ihm ist vollständig verziehen worden, seine Leute haben nur die Hinterladergewehre hergeben müssen*«, Kkpt. Valette, Kreuzerkorvette Carola). Für den Wiederaufbau der Moschee von Sadani steuert der Kaiser, jetzt wieder ganz Landesvater, 2.000 Rupien bei.

Den nördlichen Küstenteil unterworfen, wendet sich die Truppe der Landschaft südlich von Daressalam zu. Wer sich rechtzeitig unterwirft, muss ein paar hundert Stück Rindvieh oder auch nur Kleinvieh abgeben und bekommt dafür eine schwarz-

weiß-rote Flagge geschenkt. Plätze wie Kilwa-Kiwinje und Lindi, wo die Kriegsparteien das Gesetz des Stärkeren ignorierten, werden gestürmt, Mitte Mai ist der Aufstand im Wesentlichen vorbei.

Zeigen was ein Weißer ist

Held Wißmann tat, was man von einem wie ihm erwartete, »in Bagamoyo ist ein sehr erfreuliches Aufblühen des Karawanenhandels zu konstatieren. Allwöchentlich treffen Karawanen mit Elfenbein ein.« Der Kolonialkrieg hat den deutschen Steuerzahler allerdings zehn Mio Mark gekostet, was manch einer als Geldverschwendung empfindet, am Wert von Kolonien fortan zweifeln lässt.

Mit der Niederwerfung des Aufstands beginnt sich die Kreuzzugstimmung zu legen. Hatte man sich 1889 noch mit dem Gesetz zur Bekämpfung des Sklavenhandels beeilt, wird nun vor allzu schnellem Handeln gewarnt. Ohne Sklaven würde das Land nicht bestellt, was durchaus nicht im deutschen Interesse liegt. Offiziell wird die Sklaverei so auch erst 1904 abgeschafft, mit einem endgültigen Ende des Hausklavensystems ist 1920 zu rechnen.

Der Oberbüchsenmacher Bauerschmidt von der Artillerie-Schießschule schoss sich

vor Sadani den Daumen ab ... der Sultan von Sansibar erhielt von Wißmann ein wertvolles Pferd ... Waseguha von Zelewski im Sturm genommen. Verluste diesseits zwei Tote, vier verwundete Farbige ... Was zeitgleich zum Araberaufstand hohe Wellen schlug, war Hans Meyers dritter Anlauf zur Besteigung des Kilimandscharo.

Meyer geht in Begleitung des österreichischen Extremalpinisten Ludwig Purtscheller vom tropisch-heißen Unterland in die Bananenregion, wo die Kegeldachhütten der Dschagga stehen, arbeitet sich dann durch Regenwald und Heidenland in die Mondlandschaft des Sattels vor. Über die Geröllhalde erreicht er das ewige Eis. Als Meyer und Purtscheller am 6. Oktober '89 die Gipfelregion betreten, vielleicht die Schlüsselszene des deutschen Machtanspruchs in Schwarzafrika, haben sie praktisch alle Klimazonen der Erde passiert.

Meyer: »Ich pflanzte auf dem verwetterten Lavagipfel mit dreimaligem von Purtschel-

Bana Heri, angestammter Sultan von Wasegua und erklärter Gegner der Deutschen.

Bushiri als Gefangener der Wißmanntruppe: In Kwamkoro von Eingeborenen festgenommen, wird Bushiri in Pangani kriegsgerichtlich verurteilt und gehängt.

Hans Meyer
(1858–1929),
Forschungsreisen-
der, Bergsteiger
und kolonialer
Schriftsteller.

Träger der
Kilimandscharo-
Expedition Meyers
und Purtschellers:
»Vom Gedanken
erfüllt, dass der
höchste Berg
Deutschlands von
einem Deutschen
zuerst bestiegen
werden muss«.

ler kräftig sekundiertem ›Hurra‹ eine kleine, im Rucksack mitgetragene deutsche
Flagge auf und rief frohlockend: ›Mit dem
Recht des ersten Ersteigers taufe ich diese
bisher unbekannte, namenlose Spitze des
Kibo, den höchsten Punkt afrikanischer
und deutscher Erde, Kaiser-Wilhelm-Spitze‹.« Dem Namensgeber bringt Meyer ein
paar dunkel schimmernde Gesteinsproben
mit.

Die Rundsicht vom Gipfel ist nicht gerade berauschend, die symbolische Bedeutung der Ersteigung jedoch übergroß. Das
Bergvolk der Dschagga, kein einheitlicher
Stamm, sondern von umliegenden Völkerschaften zusammengeschweißt, lebt seit
Jahrhunderten in der Höhenzone. Dass
es einem Weißen vorbehalten blieb, den
Bergkoloss als Erster zu besteigen, löst im
Reich eine breite nationale Welle aus, kann
es die kulturelle Unterlegenheit von Afrikas
indigener Bevölkerung doch nur unterstreichen.

Kolonialehe mit England

»*Ein Anzug für einen alten Hosenknopf*«
… Märchenhaftes wie aus tausendundei-
ner Nacht für einen Sandsteinfelsen der
Nordsee. »*Viele Perlen gegen einen Stein*«
… Kilometerlange, palmengesäumte Sand-
strände sechs Grad südlich des Äquators

gegen die von Wind und Wellen umnagte
Lange Anna! Die Welt überschlägt sich in
Kommentaren, die für Berlin nicht immer
schmeichelhaft sind.

Um einen Schlussstrich unter ihre kolonialen Rivalitäten zu ziehen, hatten sich
England und Deutschland an Europas grünen Tischen getroffen. Jede Seite meldete
Prioritäten an, wie es in der Diplomatie
üblich ist. Als der »Vertrag über Kolonien
und Helgoland« im Juli ʼ90 unterschrieben
wird, sind ihre Interessensphären in Afrika weitgehend abgesteckt, sieht der Sultan von Sansibar ein weiteres Mal wie ein
Verlierer aus.

Die Vertragskontrahenten einigen sich: Die
Grenze gegen Imperial British East Africa
läuft im Norden in gerader Linie vom Ufer
des Victoriasees durch das Land der Massai zum Indischen Ozean. Lediglich zwischen dem 36° und 38° östl. Länge, wo der
nördliche Abhang des Kilimandscharo liegt,
wird eine Ausbuchtung von 100 km erlaubt.

Die Westgrenze bildet eine Linie von der
Mündung des Kilambo bis zum 1° südl. Breite mit der Grenze des Kongostaats, die Süd-
grenze eine Linie vom Nyassasee nach Por-
tugiesisch-Ost/Mosambik … gezeichnet für
die deutsche Seite: Caprivi, Reichskanzler
und General der Infanterie, Dr. Krauel, ge-
heimer Legationsrat im Auswärtigen Amt.

Womit Deutsch-Ost das in sich geschlossenste, am besten abgerundete und bestbegrenzte von allen Schutzgebieten ist.

Deutschland erhält Helgoland, hat Ruanda-Urundi international abgesichert als Aktionsgebiete, dazu geregelte Grenzen in Westafrika. Deutschland verzichtet auf Uganda und Ansprüche auf Sansibar, das ihm ohnehin nie gehörte, und zieht seine Schutzherrschaft über Witu zu Gunsten Englands zurück. London sichert sich Kenia, Pemba, Njassaland und das Protektorat über Sansibar.

Das arabisch-afrikanische Sansibar, Uganda und Witu mit dem dazugehörenden Küstenstreifen für die Insel Helgoland … da kann etwas einfach nicht stimmen, doch auf »Sansibar für Helgoland« legen sich die Kritiker fest, wofür es erst viel später eine plausible Erklärung gibt. Hatte ein nach seinem Abgang leicht verstimmter Fürst Bismarck vor Zeitungsleuten doch laut darüber nachgedacht, dass Abwarten auch in der Politik hin und wieder geraten sei. Was der Ruheständler damit sagen wollte, war, dass Berlin Sansibar eines

Tages vielleicht doch noch bekommen hätte. Wenn es jetzt kein deutsches, sondern englisches Protektorat würde, so sei das Abkommen des Caprivi ein Verlust.

Verlust ist ein Wort, mit dem sich Kommentare aufblasen lassen, in der Presse sieht es so aus, als habe man Sansibar für Helgoland hingegeben. Etwas, das den »Vertrag über Kolonien und Helgoland« von 1890 für alle Zeiten zum Helgoland-Sansibar-Abkommen macht, woran alle Berichtigungen nichts ändern.

Caprivi kommt Kolonialenthusiasten schon länger verdächtig vor, dass er jetzt auf von Deutschen erforschte Aktionsgebiete verzichtet, mit Witu seinen verlässlichsten Partner in der gesamten Region politischen Interessen opfert, ist fraglos zu viel. Auch deutsch Kolonisierte halten nicht still. In Witu, das man gegen den Willen seines Sultans an England verschacherte, brechen Unruhen aus, die neun Deutschen das Leben kosten. Die Denhardts sind über den Handel so aufgebracht, dass sie die ihnen für den Verlust Deutsch-Witus angebotene Entschädigungssumme ablehnen.

Der Turnlehrer und Alpinist Ludwig Purtscheller aus Innsbruck, eine der großen Bergsteigergestalten des 19. Jahrhunderts.

Unten: Meyer und Purtscheller am Kraterrand des Kibo, vielleicht die Schlüsselszene des deutschen Machtanspruchs in Schwarzafrika.

Viele Perlen gegen einen Stein:
Die Insel Helgoland wird deutsch, bleibt durch den »Vertrag über Kolonien und Helgoland« mit der Insel Sansibar verbunden.

Es gibt mehr lokal denkende Leute, die in Kaiser Wilhelm jetzt einen echten Mehrer des Reiches sehen. Auf Helgoland hatte Fallersleben das Lied der Deutschen geschrieben, Helgoland liegt in der Deutschen Bucht. Rechte Kreise, von der Diplomatie der Wilhelmstraße enttäuscht, werfen Berlin dagegen den Tiefstand des kolonialen Verständnisses vor.

Die einen wie die anderen schießen über das Ziel hinaus. Fest steht, dass Flottenkaiser Wilhelm das nordfriesische Eiland aus militärischen Gründen unbedingt wollte. Nachdem er es hat, ist für ihn die erste Bedingung für den Ausbau der Flotte erfüllt. Doch Wilhelm wollte nicht nur Helgoland, sondern auch den Kilimandscharo, weil ein Schwabe den Berg entdeckte, ein Thüringer ihn deutsch bewimpelte, die Kaiser-Wilhelm-Spitze von allen afrikani-

schen Erhebungen dem Himmel am nächsten, die gesamte Landschaft dort einfach vielversprechend ist und Großmutter Victoria bereits den Mount Kenia besitzt.

Londons Diplomaten schlugen die Teilung des Bergmassivs vor, worauf Berlin dagegenhielt, dass sich ein Koloss dieser Größenordnung einfach nicht teilen ließe. Ein Geschenk Königin Victorias an Enkel Wilhelm war die Ausbuchtung zwischen dem 36° und 38° östl. Länge trotzdem nicht, wie hinterher kolportiert. Im Gegenteil.

Mombasa, die Hafenstadt auf einer gleichnamigen Koralleninsel, gehörte dem Sultan, doch Berlin spekulierte darauf, da das Klima dort viel gesünder als in Tanga ist. London brauchte es, nachdem sich britische Handelshäuser dort festgesetzt hatten. Nachgeben wollte keiner. Als es zu den

Unterschriften kommt, liegt Mombasa in Britisch-, der Kilimandscharo in Deutsch-Ost.

Um deutschen Vorstellungen weiter gerecht zu werden, wird die koloniale Beute noch zusätzlich abgerundet. Von London und Berlin unter Druck gesetzt, verkauft der Sultan von Sansibar der DOAG die Landrechte im Festland-Küstenstreifen zum Preis von vier Millionen Mark. Bereits am 1. Januar '91 wird auf den ostafrikanischen Küstenstationen die rote Flagge des Sultans eingezogen und durch die deutschen Farben ersetzt.

Eine Chance für Deutsch-Ost

Die DOAG hatte vor, dann auch während des Araberaufstands ausgesprochen schlecht ausgesehen. Zur Zivilisierung des Schutzgebiets durch Ansiedlung und Handel fehlten die richtigen Leute und das entsprechende Kapital. Bismarcks favorisierte Organisationsform der Handelskolonie muss wie schon in Togo oder Kamerun Wunschdenken bleiben. Mit Vertrag vom Oktober 1890 verzichtet die Gesellschaft auf ihre Souveränitätsrechte, wird Deutsch-Ost als Kronkolonie Berlin direkt unterstellt.

Das Reich verpflichtet sich, eine von der Gesellschaft aufzunehmende Anleihe von 10,5 Mio Mark mit Jahresraten in Höhe von 600.000 Mark zu verzinsen und zu amortisieren. Der DOAG verbleiben in Teilen des Schutzgebiets das ausschließliche Okkupationsrecht von Herrenlosem und das Monopol zur weiteren Ausbeutung des Landes, darunter das Vorrecht zum Eisenbahnbau.

An die Spitze des Schutzgebietes rückt Exzellenz Julius Frhr. v. Soden, bisher Gouverneur von Deutsch-Kamerun, als Reichskanzler fungieren der durch Stanley »befreite« Emin Pascha, Held Wißmann und das koloniale Schwergewicht Peters. Kolonialhauptstadt wird Daressalam, da Bagamoyos Küste einfach zu flach ist, Bagamoyos Außenreede auf drei km mit Daressalams natürlichem Tiefseehafen nicht konkurrieren kann. Daressalam bedeutet so viel wie Hafen des Friedens, der

Hafen, nur durch eine schmale Einfahrt zu erreichen, ist so groß, dass eine ganze Kriegsflotte darin Platz finden kann …
Carl Peters hatte trotz aller Blessuren den Grundstock zur Kolonie gelegt, Wißmann durch die Niederwerfung des Araberaufstands das Land erobert. Mit England gibt es keine Grenzprobleme mehr, Häuptlinge, die jetzt noch keine deutsche Flagge besitzen, bitten darum (»*nach Aufstand und Abkommen fühlt jetzt jeder instinktiv, dass eine neue Zeit heraufzieht, eine Zeit, an der wir Deutsche mit daran arbeiten sollen, helles, segenspendendes Licht in den dunklen Kontinent zu tragen*«).

Beitrittserklärung zur Deutsch-Ostafrikanischen Gesellschaft: Die Anteile liegen bei 10.000 Mark, »um das kleine Kapital auszuschließen«.

187

Siegel und Münze der Deutsch-Ostafrikanischen Gesellschaft.

Elfenbeinkarawane: Elfenbein hat einen hohen wirtschaftlichen Wert, da Europäer daraus Klaviaturen, Kämme und Billardkugeln fertigen.

Nach 1891 kann man sich um das kümmern, was man erworben hat. In Zukunft würde es nur noch aufwärts gehen, immer vorausgesetzt, »dass der Neger gewohnt bleibt, in uns den Herrn und nicht den nachgiebigen weißen Bruder zu sehen, und solange wir mit einer schnell beweglichen Schutztruppe zur Hand sind, wenn es irgendwo zu gären beginnt«.

Der wirtschaftliche Aufbruch scheint berechenbar, das Land würde mit der verkehrsmäßigen Erschließung wachsen. Noch ist es so, dass es zum Trägerverkehr, der afrikanischsten aller Transportarten, keine Alternativen gibt. Für gute Maultiere muss viel zu viel Geld hingelegt werden, Ochsen sind nicht kräftig genug, um wie in Südwest im Überlandverkehr eingesetzt zu werden. Pferde, Massai-, Maskatesel und Kamele scheiden wegen Tsetsekrankheit, Küsten-, Texasfieber und anderen Seuchen aus.

Die eingeborenen Träger schleppen Lasten zwischen 40 und 80 Pfund auf der Schulter (abwechselnd auf der einen, dann auf der anderen), auf dem Kopf oder in einer so genannten Kraxe auf dem Rücken. Schwere Lasten erfordern lange Stangen, die mehrere Träger übernehmen. Eine Safarikolonne legt am Tag zwischen 20 und 40 km zurück.

Für den Trägerverkehr werden die Hauptkarawanenstraßen zwischen Tanga und dem Kilimandscharo, Pangani und Udjidji mit Brunnen, Brücken und Isolierstationen ausgebaut. Über der Zukunft steht die Parole »Mehr Dampf, mehr Dampf«. Irgendwann würden Waggons mit vorgespannten Lokomotiven die Lasten schleppen, große Schiffe große Mengen Baumwolle, Elfenbein, Kaffee, dazu Nutz- und Edelhölzer von hier in die Heimat bringen. Zur Sicherung der Schifffahrt werden Riffe und Sandbänke entlang der Küste lokalisiert, zwischen Tanga und Mikindani Bojen und Leuchttürme aufgestellt.

Mit der Rechtssicherheit wird in Berlin über ein Besiedlungsprinzip nachgedacht. »Der Charakter der Landschaft um Kidatu an der östlichen Grenze Uhehes entspricht dem Bilde des Austritts der Isar oder des Inn aus den Alpen« (Liebert). – »Uluga erinnert mit Gänse- und Butterblümchen, Brombeeren und Rittersporn an die blumigen Halden der Schweiz« (Bumiller). – »Unser weißer Hausstorch, Ciconia ciconia, kommt auf seiner Winterwanderung nach Deutsch-Ostafrika« (Reichenow).

Mit der Bildung einer geschlossenen deutschen Bevölkerung von auch nur annähernd derselben Dichte wie in der Heimat ist selbst in den klimatisch besten Landesteilen nicht zu rechnen (*»das geht deshalb nicht, weil in Afrika überall Eingeborene vorhanden sind und diese auf keinen Fall von der Verrichtung der groben Arbeit ausgeschaltet werden können«*, Rohrbach). Ein starkes und bodenständiges Deutschtum müsste es trotzdem sein, damit sich das Land einmal aus eigener Kraft gegen schwarze und weiße Gegner behaupten kann, sollte man dazu gezwungen werden.

Einer wie der Gelegenheitsreimer August Leue, während des Araberaufstands Stationschef in Daressalam, trifft die Entscheidung, für immer hier zu bleiben. Sein Usagaralied *»Leb' ich auch im fremden Lande,/Fühl' ich mich der Heimat nah:/Rauschet doch am Meerstrande/Dein Panier Germania«* ist, lange bevor Aschenborns »Heia Safari« aufkommt, Deutsch-Ostafrikas allererste Hymne.

Mit Kanonen und Kultur

Strauße ziehen ihre Federn aus, wenn sie Läuse quälen, Wanjamwesi-Hunde haben einen Ringelschwanz, Maulwürfe lächeln, wenn chloroformiert. Der Sandfloh ist dem Moskito als Plage ebenbürtig (*»sein Lieblingssitz sind die Füße, man betrete Eingeborenenhütten so auch nur in festen Stiefeln«*) ...

»Der Afrikaner schaut seinen Frauen beim Arbeiten zu, trinkt dabei Pombe und schwatzt. Nur wenn er Geld für irgendein Kleidungsstück für sich oder seine Bibi braucht, verdingt er sich auf einige Tage.« *Pompe* ist »jungem Bier ähnlich, schmeckt im Gletscherbach gekühlt nicht übel« (Liebert). *Pompe* wird aus dem Mehl der Hirse, mit oder ohne Zusatz von Maismehl oder Honig hergestellt, aus dem Saft der Kokospalme und aus Reis. Zur Gärung verhilft eine spezielle Hefe ...

Die Kongokonferenz hat der Gemeinschaft der Zivilisierten aufgetragen, die Effektivität der Besitzname von Ländereien durch die genauere Kenntnis von Ethnien, Flüssen, Bergen, Ortschaften, Tieren, Pflanzen

etc. nachzuweisen. Die Kolonialmänner studieren Rennmaus, Schönsteißducker, Flügeltaschenflatterer und die bunte Stinkschrecke (Zonoverus elegans Thunb.), die so manche Kaffeepflanzung ruiniert.

Oskar Baumann zieht von Tanga durch die Massailänder zum Victoriasee. Graf v. Götzen, Kersting und v. Prittwitz und Gaffron erreichen während ihrer Afrikadurchquerung Ruanda und entdecken den inselreichen Kiwusee. Der Hamburger Franz Stuhlmann sammelt Amphibien, Reptilien, Mollusken, Krebse und Fische. Georg Volkens, Kustos der Berliner Botanischen Zentralstelle für die Kolonien, legt zusammen mit dem Dortmunder Heinrich Lent die wissenschaftlich-wirtschaftliche Kilimandscharostation an.

Hptm. Moritz Merker aus dem schlesischen Oels, Leiter der Station Muansa, führen jahrelange Studien zu den alten Hebräern als Vorfahren der Massai (womit er total daneben greift). Carl Velten aus Fluterschen im Kreis Altenkirchen sammelt Prosa und Poesie der Suaheli. Julius Vosseler aus Freudenthal in Württemberg, Zoologe am Ksl. Institut Amani, kümmert sich um Usambaras Wanderheuschrecken und die Malariabekämpfung durch Moskitofische. Adalbert Emil Walter v. Saint-Paul-Illaire,

Sudanesen-Kompanie in Bagamoyo: Die ksl. Schutztruppe für Deutsch-Ost wird offiziell im März '91 gebildet, der 8. Februar '89 ist ihr eigentlicher Stiftungstag.

Walter v. Saint-Paul-Illaire aus Berlin, Bezirkshauptmann in Tanga, entdeckt in den Usambarabergen das Usambara-Veilchen (botanischer Name: Saintpaulia).

Richard Hindorf aus Ruhrort, der Begründer der Sisalkultur in der Südsee und in Deutsch-Ost.

ksl. Bzk.-Hptm. in Tanga, entdeckt in den Usambarabergen das Usambara-Veilchen (botanischer Name: Saintpaulia), das im klassischen Blau, dann von Weiß über Rosa bis Violett aus dem deutschen Alltagsleben bald nicht mehr wegzudenken ist. Richard Hindorf aus Ruhrort/Duisburg führt die Sisalagave und den Kaffeestrauch ein. Agave sisalana ist das blonde Gold Afrikas, Kaffee in der Heimat das Volksgetränk Nummer eins.

Worüber sie sich an Rhein oder Ruhr ganz besonders freuen, was die Leute dort schon länger interessiert … eine Entdeckung und ihre Vorgeschichte (auf Affen hat man sich auch in Kamerun konzentriert): Seit uralten Zeiten kursieren Geschichten, nach denen in Ruandas vulkanischen Virunga-Bergen affenartige Monster Jungfrauen rauben und buchstäblich zu Tode lieben. Volkslegende, Eingeborenenmärchen, Überlieferung?
1902 besteigt Hptm. Robert »Oskar« v. Beringe, Jahrgang '65, aus Aschersleben,

zusammen mit Militärarzt Engeland den Mount Sabinyo. Beringe, vor dem Wechsel zur Schutztruppe Offizier im Husarenregiment Nr. 1 (Totenkopfhusaren), ist Chef des Militärpostens Usumbura (der späteren Hauptstadt Burundis).
In ca. 3.100 m Höhe stoßen Beringe und Engeland auf eine Herde schwarzer, menschenähnlicher Affen (»welche versuchten, den höchsten Gipfel des Vulkans zu erklettern«). Die beiden können zwei der Tiere erlegen, eines davon – Körperlänge: 1,5 m, riesige Hände und Füße, Gewicht über 200 Pfund – dann auch bergen.
Der Deutsche, der in den Kolonien jagt, ist aufgerufen, die Schädel erlegter Arten möglichst mit Unterkiefer und sicheren Angaben über den Ort der Erbeutung der Wissenschaft zugänglich zu machen. Dem Monsteraffen zieht eine Hyäne das Fell über den Kopf, ihm fehlt danach eine Hand. Was übrig blieb schickt Beringe nach Berlin. Dort beschreibt Paul Matschie, Kustos am Zoologischen Museum, den dem Menschen eng verwandten sanften Riesen aus den Virunga-Bergen als neue Gorilla-Unterart Gorilla gorilla beringei … beringei nach einem aufrecht gehenden Vetter.

Von Entdeckern, Forschern, Missionaren und Militärs wird erwartet, dass sie sich durch das Studium von Sitten und Gebräuchen in die Denkweise der zu Kolonisierenden einarbeiten. Für Wissenschaft und Kolonialliteratur wird zusammengetragen, was sich zwischen Tanganjikasee und Indischem Ozean zusammentragen lässt: Babembe (»räuberisch«), Mafiti (»kriegerisch«), Batwa-Zwerge (»pygmoid, von den Nachbarn gefürchtet, verachtet, gehasst). Massai (»rindergierig, mit der Sprache der nilotischen Völker, die Männer im ziegelroten Baumwolltuch, die Frauen in Fell- oder Leinenstreifen«), Wabena (»ein guter Arbeiterstand für Europäer«).
Waboni (»ein tüchtiges Jägervolk, aber als Sklavenjäger gefürchtet«), Wagaia (»die Männer Modelle für Bildhauer, die Weiber hübsch und zierlich«). Wahuma (»die längsten Menschen der Erde, 1,80 bis 2,20 m mehrfach gemessen«), Wangoni (»große wohl gestaltete Menschen, Ackerbauer und Karawanenträger«), Wapokomo (»stramme,

kräftige Gestalten, als Fischer geschätzt«), Wasaremo (*»völlig unkriegerisch«).*

Bei den Wagogo »rasieren sich die Weiber die Schädel oder tragen die Haare ohne Frisur«. Massai sind Menschen, die zur Begrüßung nicht »Wie geht es dir«, sondern »Ich hoffe, es geht deinen Kühen gut« sagen. Eine Eigentümlichkeit der Wangoni sind die *Nutschie,* kleine Kapseln zur Bedeckung der Glans des Penis. »Unter den Wandorobbo muss ein junger Ehemann einem seiner Jagdgenossen das *jus primae noctis* gewähren ... Die Wandorobbo tauschen ihre Weiber untereinander jeweils für sechs bis zehn Monate aus.«

Die Heimat hilft ihren Kulturpionieren mit Altkleidersammlungen und Wohltätigkeitsveranstaltungen. Unterstützung kommt vom Evgl. Hauptverein für deutsche Aussiedler und Auswanderer, vom Afrikaverein deutscher Katholiken und Evangelischen Afrika-Verein. Die gute Tat ist schon bald an einigen Missionsstationen abzulesen: Milow in der Landschaft Upangwa wurde nach dem Heimatort des Kommerzialrats Carl Bolle benannt, der das Berliner Missionswerk nach Kräften unterstützte. Die Station Pommern in Uhehe im Ostafrikanischen Randgebirge erinnert daran, dass gerade aus Pommern viele Spenden eintrafen. Emmaberg heißt Emmaberg, weil die tief religiöse Mutter des Missionspfarrers Christoph Bunck aus Borstel im Kreis Stendal Emma hieß.

Auf eine Spendenbitte von Gouverneur Liebert hin sind im Reich stolze 30.000 Mark zusammengekommen, mit denen sich die evangelische Bevölkerung Daressalams ein stattliches Gotteshaus baut. Die Antisklavereilotterie finanziert den Bau von Schiffen. Wißmann schafft die HERMANN VON WISSMANN, einen in Teile zerlegten recht brauchbaren Dampfer, von der Sambesimündung zum Njassasee. Hptm. Otto Schloifer überwacht den Trägertransport

Fruchtbarkeitstanz der Warundi am nördlichen Ostufer des Tanganjikasees in der Landschaft Urundi.

191

Msinga Juhi (Bildmitte, sitzend), der Sultan von Ruanda aus dem herrschenden Volk der Watussi.

der mit Hamburger Geldspenden für den Tanganjikasee gebauten HEDWIG VON WISSMANN.

Zurück im Reich bürgern sich nach und nach ein paar neue Haushaltsnamen ein: »Ich würde mich nicht wundern, [den berüchtigten Sklavenhändler] Tippu Tip oder [den Größten aller Wanjamwesi] Mirambo, Bana Heri oder, wenn er noch lebte, König Mtesa von Uganda bei Gentz zum Frühstück anzutreffen« (Fontane, als Gast im Haus des weit gereisten Malers Gentz, in: Wanderungen, Am Ruppiner See).

Ein Totenkopf macht Geschichte

Ugogo, Ujansi, Unjamwesi, Usamniro ... zur Festigung der Herrschaft gehen die Kolonialherren gebietsweise vor: Emin Pascha und Lt. Wilhelm Langheld führen eine Expedition zu den großen Seen. Die Antisklavereibewegung schickt Hptm. Waldemar Werther zum Victoria-, Wißmann an den Njassa- und Tanganjikasee. Am Nordende des Njassa wird an der Station Langenburg gebaut, am Victoriasee errich-

tet Langheld, nachdem er sich mit meuternden kongolesischen Soldaten herumschlagen musste, die Station Bukoba.

Den deutschen Waffen kommt der Respekt zu, den man erwarten konnte, für eine direkte Kontrolle von Land und Leuten reicht das stehende Personal jedoch nicht aus. »Ich glaube, dass die afrikanische Rasse nicht bestimmt ist, maßgebend oder herrschend aufzutreten, sondern zum Gehorchen und Dienen«, so Eduard v. Liebert. Was nicht heißen kann, dass man sich dort, wo heimische Regierungsmodelle absolut nicht funktionieren, nicht auf herkömmliche Autoritäten verlässt.

In Afrika kann keine europäische Kolonialmacht auf die Zusammenarbeit mit Eingeborenen verzichten. Deutsch-Ost mit seinen verschiedenen Ethnien, sozialen Systemen und Konflikten ist ein Paradebeispiel dafür. Die Kolonialherren umwerben die Oberschichten, binden Sultane, Häuptlinge und Sippenführer als Unterbeamte in ihre Verwaltung ein. In Gebieten wie im zwischen 1898 und 1903 eroberten Ruanda und Urundi, wo sich die Verwaltung auf die Beeinflussung lokaler Herrscher beschränkt, wird denen ein weißer Resident zur Seite gestellt.

Dubiose Koalitionen bleiben nicht aus. Tatsächlich wird am Beispiel des Sklavenhändlers Semboja dann schon einmal darüber diskutiert, ob es richtig ist, dass lange Zeit praktizierende Sklavenjäger oder gar Menschenfresser jetzt in deutschen Schutzgebieten als Männer der Verwaltung dienen.

Für den kolonialen Kontrollapparat unersetzlich, häufig die einzige Möglichkeit, den Hoheitsanspruch ohne entprechende Machtmittel durchzusetzen, ist das Ausspielen verschiedener Ethnien. Die Deutschen schüren Zwietracht und traditionelle Fehden (etwa zwischen Bantu und Massai), spielen Kriegsparteien gegeneinander aus. Regiert wird mit Hilfe von Gegensätzen, im Kolonialjargon als System Leutwein bekannt. War es doch Leutwein, der als Gouverneur von Südwest das taktisch komplizierte »Teile-und-herrsche« am besten beherrschte.

Unter den Völkern, die sich den Deutschen am längsten entziehen, sind die Wahehe,

Öffnet sein Land der christlichen Mission: König Mtesa von Uganda.

ein bantu sprechender, Buckelrinder züchtender Stamm im Flussgebiet des Rufiji (»*eine der wenigen, die von politischer Bedeutung für größere Teile Afrikas gewesen sind und auch eine für uns verfolgbare Geschichte haben*«, Weule).

»Die Leute waschen sich niemals und da sie es lieben, in warmer Asche zu schlafen, so zeigt ihre Hautfarbe meist ein schwärzliches Grau« (August Seidel). – »Die Wahehe haben ihren Namen von ihrem markerschütternden Kriegsgeschrei ›Hä! Hä!‹, warum man Wahehe auch wie Wahähä ausspricht« (Liebert).

Sieben Jahre nach der Flaggenhissung demonstriert Wahehe-Oberhäuptling Mkwawa seine Unabhängigkeit von den Fremden. Mit drei von Mkwawas Unterhändlern wird kurzer Prozess gemacht, eine Reihe von Dörfern geht in Flammen auf. Im April '91 marschiert Emil v. Zelewski, jetzt Schutztruppenkommandeur, mit vier Kompanien und drei Geschützen die Straße nach Morogoro hinauf, um die Unbotmäßigkeit des schwärzlich-grauen Volkes endgültig zu ersticken. Die Expedition hat im Vertrauen auf ihre militä-

Links: Tippu Tipp, Ostafrikas bekanntester Elfenbein- und Sklavenhändler.

Wilhelm Langheld (1867–1913), ksl. Major aus Berlin, Begleiter Wißmanns und Emin Paschas.

193

Emil v. Zelewski (1854–91) aus Borreck/Westpreußen, Agent der DAOG und Kommandeur der Schutztruppe.

Hptm. Tom (von) Prince (1866–1914), von den Eingeborenen *Bwana Sakarani* genannt.

rische Überlegenheit auf ein Vorauskommando verzichtet. Zelewski ist, wie zuvor schon in Pangani, für die Aufgabe nicht der richtige Mann.

Bei Rugaro, rund zwölf km vor dem befestigten Iringa, liegt Mkwawas Bruder Mpangie mit gut 3.000 Kriegern durch hohes Gras gedeckt im Hinterhalt. Als die weit auseinandergezogene Truppe dort aufmarschiert, räumt der kurze Stoßspeer mit der spannenlangen Klinge in ihren Reihen auf. Die Wahehe sind Zelewskis Truppe Mann gegen Mann klar überlegen, den Askaris lassen sie lediglich die Zeit, um zwei Runden zu feuern. Nach wenigen Minuten ist nur noch das »Hä-Hä« zu hören, in 15 Minuten ist alles vorbei.

Rugaro hat 10 von 14 Europäern das Leben gekostet, darunter Emil v. Zelewski aus Borreck/Kreis Karthaus. Auf dem Schlachtfeld bleiben 256 von 320 Askaris und 74 Träger zurück, dazu 300 Gewehre und die Geschütze, womit Mkwawa genügend Waffen hat, um die Kolonialherren auf Jahre hinaus zu beschäftigten.

Zelewskis Debakel, tatsächlich die verlustreichste Begegnung einer deutschen Seite in der Kolonialgeschichte, würde nicht ungerächt bleiben. Frhr. v. Schele, zuletzt Major im brandenburgischen Ulan.-Rgt. Nr. 3, stürmt Iringa, Tom Prince nimmt Mkwawas Fort bei Kalenga, gleich darauf auch den Wahehe-Hauptort Kalenga. Im Kampf gegen die Wahehe kommt Lothar v. Trotha zur Überzeugung, »dass sich Neger nur roher Gewalt beugen«.

In Tom Prince, den die Eingeborenen *Bwana Sakarani* nennen, hat Ruhestörer Mkwawa seinen fähigsten Gegner. Prince, für seine Leistungen als Schutztruppler in den preußischen Adelsstand erhoben, ist ein auf Mauritius geborener Engländer. *Sakarani* heißt so viel wie »ein Wilder«.

Strafzüge und Vergeltungsschläge lösen sich ab, der Guerillakrieg zieht sich über vier Jahre hin (»*die Hauptstärke des Wahehekriegers liegt im Auflauern und katzenähnlichen Ansprung, um danach schlangenähnlich in schwer zugänglichen Verstecken zu verschwinden*«). So richtig vorbei ist der Wahehe-Aufstand selbst dann noch nicht, sorgte er doch für internationale Verwicklungen.

Im Juni 1898 in Mlambalasi von Truppen unter Sergeant Merckel hart bedrängt, hatte sich Mkwawa das Leben genommen. Sergeant Merckel trennte dem Toten den Kopf vom Rumpf, um ihn zur Station Neu-Iringa zu bringen. Für Mkwawas Kopf waren 5.000 Rupien ausgelobt, den Erfolg krönt die Trophäe. »Seitdem ist der [kopflose] kriegerische Stamm ein gutes Material unter deutscher Leitung geworden und hat keine Unbotmäßigkeit mehr gezeigt« (Liebert), was die Sache mit Mkwawas Totenkopf überspielt.

Zu belegen ist, dass Mkwawas Schädel in Neu-Iringa ausgekocht und ein paar Tage ausgestellt wurde. Was anschließend passierte, will dann keiner mehr wissen. Angenommen wird, dass ein Schutztruppler, vielleicht sogar Prince persönlich, den Kopf als Souvenir behielt. Behauptungen stehen im Raum, wonach Mkwawas Schädel nach Deutschland geschickt wurde, dort in einer Schädelsammlung verschwand.

Mkwawa kann nicht in Frieden ruhen, die Frage nach dem Verbleib seines Totenkopfs kommt auf, als Versailles das kaputte Reich unter Artikel 245 (»Wiedergutmachungen«) verpflichtet, diesen innerhalb von sechs Wochen der britischen Regierung zu übergeben. Die Suche sollte sich über 34 Jahre hinziehen, erst 1953 wird man im Bremer Überseemuseum (»*ein Ort seltener und wertvoller Objekte*«) fündig. Kurz darauf übergibt der britische Gouverneur den Wahehe im Rahmen einer feierlichen Zeremonie einen Schädel, der mutmaßlich jener von Mkwawa ist.

So richtig befriedet ist Deutsch-Ost auch mit dem Tod Mkwawas nicht. In der Taboraregion, am Kilimandscharo und Rovuma brechen Unruhen aus, Frhr. v. Eberstein kämpft bei Kilwa-Kiwinje. Frhr. v. Schele erobert Moschi, bei Mabuene schlägt die Truppe gegen den Jumben Kissanda los … der Kleinkrieg zieht sich bis zum Maji-Maji-Aufstand hin.

»Unser Wißmann«, der für Bismarck gesiegt, danach mehrere Expeditionen unternommen hatte? Der Afrikakenner, den die Eingeborenen den »Mann mit den fünf Köpfen« oder den »Mann mit dem zwölffachen Verstand« nennen, übernimmt das Amt des Gouverneurs, kehrt dann in die Heimat zurück, wo er in den erblichen Adelsstand erhoben und Dr. h.c. der Universität Halle wird. 1905 stirbt Wißmann nach einem Jagdunfall in der Steiermark.

Afrika den Afrikanern

»Wir müssen von dem Gedanken ausgehen, dass wir als Eroberer in einem Lande stehen, dessen Bewohner nie Liebe zu den Europäern gewinnen werden« (Wilhelm Arning, Schutztruppenarzt aus Hannover). – »Die Neger verstehen uns nicht. Sie fragen sich, was wir hier überhaupt wollen. Wir handeln nicht mit Sklaven, unterhalten keine Harems, sind keine Mohammedaner, zwingen sie zum Plantagenbau und besteuern ihre Hütten« …

Schlaraffenländer sind die deutschen Schutzgebiete auch weiterhin nicht, die Kolonialwirtschaft ist eher ein Zuschussgeschäft. »Die 1884 eingeleitete Kolonialpolitik«, so Eugen Richter von den linksliberalen Deutschen Freisinnigen noch 1898, »hat dem deutschen Volk bis jetzt ca. 100 Millionen Mark Kosten verursacht, einer erheblichen Anzahl von deutschen Offizieren und Beamten das Leben gekostet, Streitigkeiten mit anderen Kolonialstaaten veranlasst, das Ansehen Deutschlands durch das Verhalten deutscher Beamten geschädigt, ohne dass der Zweck einer Kolonialpolitik, wirtschaftliche Vorteile aus dem Kolonialbesitz zu ziehen, erreicht worden wäre.«

»Wir Deutschen«, so der Zeitzer Hptm. der Schutztruppe Georg Richelmann aufgrund des ständigen Stänkerns in Richtung Berlin, »erfreuen uns zweifellos einer recht guten Bildung, vielleicht der gründlichsten unter allen Völkern, aber unsere Kenntnisse und die Art, in welcher sie uns beigebracht wurden, haben uns zum doktrinärsten Volk auf Erden gemacht.«

Natürlich wurde darüber nachgedacht, wie man dem kräftig alimentierten Deutsch-Ost ein eigenes finanzielles Rückgrat geben könnte. Der mohammedanische Zehnte, »um die schlummernden Eingeborenenkräfte zu lebendigem Leben zu erwecken« (man war nicht in Hessen oder Württemberg, sondern in Ganja am Fuße des Pare oder Matinde am Fuße des Usambaragebirges)? Verbrauchsabgaben für Palmwein und Hirsebier, eine Wanderhändler-, Wege-, Wagen- oder Spirituosensteuer … »Je primitiver das Wirtschaftsleben der Eingeborenen, je weniger es wirtschaftlich dif-

Massai: Das Hirtenvolk im Norden des Schutzgebiets zählt zu den kriegerischsten unter den ostafrikanischen Stämmen.

ferenziert ist, umso weniger kann sich ihre Besteuerung nach den uns geläufigen Vorstellungen richten« (Karl Rathgen aus Weimar, Prof. der Nationalökonomie).

Den Anfang hatte dann eine Erbschaftssteuer gemacht, doch vererbt wurde nur wenig. Als Eduard v. Liebert, Kommandeur des Grenadier-Rgts. Prinz Karl Nr. 12 a.D., den Gouverneursposten übernahm und sich um ein adequates Steuersystem kümmerte, zeichnete sich ein südafrikanisches Beispiel dagegen als ganz gute Lösung ab.

Die Haus-/Hüttensteuer sei ein äußerlich leicht fassliches Merkmal, hieß es dazu in Daressalam. Was die Kolonialverwaltung damit sagen wollte: Der Eingeborene hat das, wofür er bezahlen muss, Tag für Tag vor sich, weiß so auch, was er versteuert.

Die in Tanga erscheinende »Usambara-Post«, das Organ für die wirtschaftlichen Interessen Deutsch-Ostafrikas, nannte das Häuser- und Hüttensteuergesetz »den ersten praktischen Schritt, das Land und seine Bewohner den deutschen Kolonisationsplänen nutzbar zu machen«. Fritz Langfeld, an der Verwirklichung der Steu-

ergesetze beteiligt: »Man kann ruhig behaupten, dass die Einführung der Hüttensteuer ein Ruhmesblatt in der Entwicklung und den Schlussstein der tatsächlichen Besitzergreifung und Machtentfaltung in Deutsch-Ostafrika bedeutet.«

Beim *Neger* kann man den gleichen Widerwillen gegen die Abgaben erwarten, wie ihn der kultivierte Steuerzahler pflegt. Dass die indigene Bevölkerung, die den Schutz des Reiches und dessen Wohltaten genießt, dafür einen Opolus entrichtet, ist trotzdem richtig.

Die 1898 eingeführte Hüttensteuer unterschied zwischen Häusern nach Europäer-, Inder- und Araberart und landesüblichen Hütten. Die Schuldsumme konnte in Handelswaren (Baumwolle, Kopra, Elfenbein, Wachs), Verkaufsfrüchten oder Kleinvieh entrichtet werden. Die Regelung war für die Verwaltung vor Ort häufig lästig, da Bezirksämter und deren Außenstellen zu Zeiten Jahrmärkten glichen, dem Steuerzahler kam das entgegen.

Steuern sollten natürlich alle zahlen, die Steuerlisten waren so entworfen, dass selbst Schreibunkundige Eintragungen durch Striche und Zeichen machen konnten. Die einen zahlten freiwillig, die an-

Zwei »Afrikaner« im Lager in Daressalam: Franz Stuhlmann (1863–1928) aus Hamburg, einer der großen deutschen Afrikareisenden, und Gouverneur Eduard v. Liebert (1850–1934) aus Rendsburg (3. und 6. von links).

Schulunterricht in Daressalam unter den Porträts von Kaiser Wilhelm II. und Gemahlin: Als die Deutschen eines Tages das Land verlassen, hat sich das Wort Shule in der Umgangssprache Kisuaheli etabliert.

deren mussten regelrecht dazu gezwungen werden, wobei man sich auf recht markige Strafen verließ (»*wo Steuern eingetrieben wurden, wurde recht unmenschlich vorgegangen,* Missionar Schüler).

Der Spitzensatz von vier Mark *in unserem Gelde* pro Behausung war für deutsche Verhältnisse tatsächlich nicht viel. In Landstrichen, wo Vielweiberei vorherrschte, die Tradition das männliche Familienoberhaupt zum Bau einer Hütte für jede seiner Frauen zwang, jedoch ein recht derber Schlag. Die Steuerpflichtigen reagierten, wie nicht anders zu erwarten: In Zukunft drängten sich mehrere Familien unter dem gleichen Dach, wurden einfach weniger Hütten gebaut, was die Einnahmen aus der Haus-/Hüttensteuer in Grenzen hielt.

Liebert, der Vater der Haus-/Hüttensteuer wird für sein koloniales Wollen in den erblichen Adelsstand erhoben, das ihm verliehene Wappen zeigt den Palmbaum, dazu den mit dem Schwert bewehrten Arm:

»Sein kräftiger Arm hat dem seit Urzeiten durch Fehden bedrängten Land und Volk endlich den Frieden gebracht, die Palme, die in den Tropen so eng mit der Kultur verflochten ist, lehrt uns, dass unter der Führung dieses Mannes die Kultur Einzug in das beruhigte Land halten konnte.«

Als Lieberts Nachfolger Gustav Adolf Graf v. Götzen in Sachen Hüttensteuer etwas ändern will, bricht im Süden der Maji-Maji- oder Wasseraufstand aus. Maji hatte der Matumbi-Prophet Kinjikitile *Bokero* Ngwale aus Ngarambe populär gemacht, unter den Führern der Empörung fallen neben ihm Kultfiguren wie der Medizinmann Ngamea und Kapolo aus Madaba auf, dazu Jumben wie Chitalika, Selimani Mamba und der Häuptling Schabruma (»*dabei ist zu beachten, dass das Zauberwesen größtenteils in den Händen der Weiber liegt und dass das Verzehren von Menschenfleisch (meist Leichenteilen) eine große Rolle beim ›Zaubern‹ spielt*«. »Deutsch-Ostafrikanische Zeitung«).

197

Gustav Adolf Graf v. Götzen (links), Forschungsreisender und Gouverneur, während einer Reise im Hinterland.

Forschungsreisender, hatte Afrika von Ost nach West durchquert, die ersten präzisen Nachrichten aus Ruanda gebracht. Nach einem Zwischenspiel in der Diplomatie Gouverneur von Deutsch-Ost, ist Götzen ein Mann, der die Sonnen- und Schattenseiten Afrikas aus eigenem Erleben kennt.

21 Jahre nach Peters erster Erwerbs-Expedition sieht sich der Gouverneur zu einem Befriedungszug gegen die Wangoni (Ngoni) im südlichen Hinterland gezwungen. Etwas Ärger gibt es durch die Bestimmungen zum Zwangsanbau von Baumwolle, die man zur Volkskultur machen will. Ein Abdallah oder Nwalimu, der sich bisher mit Landwirtschaft für den eigenen Lebensunterhalt beschäftigte, sieht sich dadurch zu einem ganz anderen Leben gezwungen. Die Verordnung entmannt so manches Dorf, verändert die Strukturen ganzer Landschaften, verstößt zudem gegen den urafrikanischen Grundsatz, nach dem schwere Arbeiten in den Aufgabenbereich der Frauen fallen.

Auf den Plantagen sind genau wie im Wegebau die Bedingungen alles andere als angenehm. Wer seine Pflichten verletzt, sich widersetzt oder nur träge ist, kann nach § 17 der RKV. v. 22. April 1896 – KolBl. S. 241 mit Geldstrafen, körperlicher Züchtigung und in Verbindung damit oder allein mit Kettenhaft bis zu 14 Tagen bestraft werden (*»streng muss der Afrikaner, der ein Kind ist und bleibt, behandelt werden, für Milde und nachsichtige Güte hat er wenig Verständnis und deutet sie stets als Schwäche«,* Prince).

Ansonsten geht es im Schutzgebiet jetzt jedoch so ruhig und friedlich zu, dass man über die Abschaffung der Schutztruppe nachdenkt. Mit kleineren Unbotmäßigkeiten könnten sich die Polizei- und Knüppel-Askaris beschäftigen.

Vielleicht wäre es eines Tages auch so weit gekommen, würde Götzen jetzt nicht zwei folgenschwere Entscheidungen treffen. Der Gouverneur hebt mit der Begründung, der kulturelle Fortschritt berechtige dazu, die Hüttensteuer an. Viel ernster noch, dass Steuerschulden künftig mit barem Geld

Mwalimu Julius Nyerere, von 1964 bis 1985 erster Präsident Tansanias, würde bei Begegnungen mit Deutschen dann schon einmal ein »Unsere Väter haben doch mit Wißmann Blutsbrüderschaft getrunken« sagen. Vom Maji-Maji-Aufstand, der gewaltigsten und folgenreichsten Erhebung in der Geschichte von Deutsch-Ost, sagte Nyerere, dass er sein Land auf den Weg zur nationalen Einheit brachte. Maji-Zauber und Wasser-Magie allein seien nicht stark genug gewesen, um die Deutschen zu besiegen, das »Afrika den Afrikanern« der Maji-Maji-Krieger hätten jedoch alle unterdrückten Völker gehört.

Maji-Maji ist das Wort für Wasser. Heiliges Wasser aus dem Rufiji, ersatzweise aus den Uluguru-Bergen, mit dem Zusatz von Mais oder Hirse, macht unverwundbar, immun. Wer sich mit Maji aus der Zauberkalebasse Wimpern, Nacken und Herzgrube bestreicht, kommt ohne Pfeil und Bogen aus, da Geschosse an ihm abperlen.

Vision und Wirklichkeit

Graf v. Götzen, geboren auf Schloss Scharfeneck im Glatzer Land, hat etwas von Held Wißmann. Der Schlesier war Leutnant und bezahlt oder von der männlichen Bevölkerung mit Tributarbeit abgeleistet werden müssen.

Mit Kleinvieh, Kobra oder Wachs geht nichts mehr. Über bares Geld verfügt – Araber, Inder und Küstenleute ausgenommen – allerdings nur, wer im festen Arbeitsverhältnis steht. Die Vorschrift soll Landeskinder an die Geldwirtschaft gewöhnen, Plantagenbesitzern, Kommunalschamben und dem Wegebau zu Arbeitern verhelfen. In Afrika hat das Abgelten von Schulden durch Arbeitskraft Tradition.

Otto Stollowsky, Sekretär im Rufiji-Bezirk unter Bzk.-Chef Karl Graß, will die eine oder andere Provokation durch Deutsche, Araber oder Inder durchaus nicht verschweigen, sieht den Grund zum Aufstand trotzdem im Umstand, »dass die Neger einfach nicht arbeiten wollen«. Die »Deutsch-Ostafrikanische Zeitung« behauptet, dass Schwarze, die bei den Indern in Kreide stehen, auf diese Weise ihre Schulden loswerden wollten (tatsächlich werden Inder dann auch reihenweise umgebracht).

Heiden unter dem Einfluss eines Zauberspuks gegen Christen: Missionar Gröschel von der »Gesellschaft zur Beförderung der evgl. Missionen unter den Heiden« glaubt, dass alles nur deswegen passiere, weil sich die Schwarzen nach aus Europa eingeführten Statussymbolen sehnten.

Die Hüttensteuer und der Zwangsanbau von Baumwolle sind die zentralen Fehler, über die es 1905 zur Empörung kommt. Prominente Nebenrollen dürften Akiden und Jumben spielen, deren Verhältnis zu den einzelnen Völkern schon länger schwer geschädigt ist. Akiden sind in den Küstenbezirken eingesetzte Verwaltungsbeamte, häufig Araber, Suaheli oder Inder, Jumben Dorfschulzen, -älteste und Häuptlinge, die den Akiden im Verwaltungssystem unterstehen. Akiden und Jumben arbeiten als Steuerbeamte für die Deutschen, allerdings immer auch in die eigene Tasche.

Brutstätte des Aufstands ist das Hinterland der Stadt Kilwa, führendes Volk sind die Matumbi in den Matumbibergen. Über sie schreibt die Zeitschrift des deutschen Afrikavereins für die deutschen Kolonialmissionen, die ausgerechnet »Gott will es« heißt: »Ein raub- und rauflustiges, dummes und freches Volk, aber auch feige, ohne politische Einheit und Organisation. Abergläubig sind sie, wie alle Neger.«

Bezirksamt des Küstenbezirks Kilwa: Deutsch-Ostafrikas Bezirksämter sind neben dem Bezirksamtmann mit einem Sekretär, einem Polizeiwachtmeister und einem Kanzlisten besetzt.

Schutztruppler auf einem gezähmten Zebra: Versuche der Truppe, Pferdestuten durch Zebrahengste zu decken, um tropenfeste Reit- und Zugtiere zu bekommen, bleiben wirtschaftlich ohne Bedeutung.

Der Landstrich, in dem die Matumbi leben, gilt als der Zeit hinterher, ein Aufmucken wird ausgeschlossen, seit Hptm. v. Beringe dort einmal mächtig aufräumte. Die Matumbi haben ihre Steuern bisher regelmäßig bezahlt, am häufigsten mit Sorghum und Hühnern.

Tatsache ist, dass noch Mitte Juni kein Weißer oder farbiger Händler mit einem Aufstand rechnete, was auffallend an den »Blitz aus heiterem Himmel« im Januar 1904 in Deutsch-Südwest erinnert. Das Auffallendste an der Empörung dann, dass Halb- und Ganzwilde, so Otto Stollowsky, einen wohl überlegten Aufstandsgedanken ausarbeiten und rund ein Jahr lang geheim halten konnten.

Einer wie Stollowsky hatte sich nach dem Ausbruch des Hererokrieges noch intensiv mit der Frage beschäftigt, ob so etwas auch in Deutsch-Ost möglich wäre. Seine Antwort darauf war ein Ja und ein Nein. Scharfe Aufmerksamkeit gegenüber allen in kolonialer Abhängigkeit stehenden Völkerschaften ist generell geboten, woran er sich dann auch hielt. Stollowsky fiel die große Nachfrage nach Pulver zwar auf (»*es erschienen an den Schauri-Tagen regelmäßig 40, 50 und oft noch mehr Eingeborene beim Amt, um für je eine Rupie ein Pfund Pulver zu erstehen*«), doch das ließ sich mit einer Wildschweinplage erklären.

Wilhelm Arning, der die Gegend gerade bereiste, will bemerkt haben, dass der Landbau vernachlässigt wurde, die Leute über zu hohe Steuern klagten und vielfach passiven Widerstand übten. Das sagte er allerdings erst viel später. Pflanzer wie Steinhagen oder Hopfer bemerkten nichts, was einer der beiden mit dem Leben bezahlte.

»Selbst von dem besten Kenner ostafrikanischer Verhältnisse gänzlich unerwartet, setzte der große Aufstand ein. Gewiss gab es manch' einen, der mit einem örtlichen Aufstand gerechnet hatte, oft wurde die Wanyamwesi-Gefahr erwogen, häufig dachte man an die unruhigen Völkermassen des Nordens der Kolonie, dass aber gerade der als beruhigt geltende Süden, und zwar gleichzeitig der ganze Süden, in heller Empörung aufflammen könne, damit hatte wohl niemand gerechnet« (Ernst Nigmann, ksl. Hptm aus Berlin, Bzk.-Chef von Iringa).

Chaostage im Süden

1905 ist im Prinzip ein ganz normales Jahr, gerade auch für die Deutschen. Die neuen Probleme sind die alten (nur damit man sehen kann, womit sie sich gerade beschäftigen): Die Erwerbsgesellschaften klagen über Arbeiter- und Trägermangel, über die Einwanderung von arbeitswilligen Chinesen wird nachgedacht. Die Kolonie droht von unkontrollierten wie unkontrollierbaren Indern überschwemmt zu werden. Das deutsche Kapital hält sich bei Investitionen zurück.

Götzen ist dabei, die Farbenlehre der Schwesterkolonie Deutsch-Südwest zu übernehmen. Wo's menschelt, wer exotischen Reizen erliegt und schwarzweiß heiraten will, findet in Deutsch-Ost bald kein Standesamt, in der Regel auch keinen Geistlichen mehr. Wer trotzdem schwarz heiratet wird ausgewiesen, die Frage »Wie schwarz darf ein Weißer sein?« weiterhin erörtert.

Der Hauptausfuhrartikel Elfenbein steht vor dem Ausverkauf, da Elfantenherden rücksichtslos abgeschossen werden, auch der Häuptling im abgeschiedensten Winkel den Wert der Ware jetzt kennt. Die Erdnuss leidet unter der Kräuselkrankheit.

Flaue Zeiten für Palmkerne, Kautschuk, Palmöl, Kokosnüsse, ein gewisser Stillstand bei Kopra und Kaffee.

Wildtiere übertragen Seuchen auf Rinder (das kurzhörnige Zebu, das buckellose Langhorn). Giraffen zerstören Telegrafenleitungen, Elefanten und Flusspferde richten gewaltige Flurschäden an. Versuche, Pferdestuten durch Zebrahengste zu decken, um tropenfeste Reit- und Zugtiere zu bekommen, bringen nichts, da Zebroide unfruchtbar sind.

Der *Negertabak* ist starkrippig und viel zu schwer, so auch einfach nicht nach europäischem Geschmack. Brieftauben, die zur Nachrichtenübermittlung eingesetzt werden, versagen, bringen es aufgrund von rund 70 Raubvogelarten gerade mal zu einem 25 km-Flugrekord.

Für die Seite, die eindeutig für Deutsch-Ostafrika spricht, hat Götzen in den Usambara-Bergen das Ksl. Biologisch-Landwirtschaftliche Forschungsinstitut Amani eingeweiht, Amanis Botanischer Garten ist der zweitgrößte der Welt. An den Ufern des mächtigen Rufiji-Flusses, dort wo die Matumbis sitzen, ist ein Landstrich als neues Wildreservat abgesteckt. In *Shamba la Bibi,* so genannt, weil es Kaiser Wilhelm Gattin Auguste Viktoria schenkte, werden Elefanten, Flusspferde, Löwen, Wildhunde, Warzenschweine und rund 350 Spezies Vögel geschützt …

Anfang Juli protestieren sie in Kibata gegen den Arbeitszwang auf Baumwollplantagen, die Gegenden um Kilwa und Lindi sind Zentren des Baumwollanbaus. Im Bericht an Daressalam weist der arabische Akide Sef bin Ameri auf Wesen und Unwesen eines Zauberers Hongo hin, der in den Bergen den Maji-Maji-Kult aufleben lasse. Am 25. Juli wird ein kommunales Baumwollfeld vernichtet, am 27. fällt der erste Schuss. Seit dem 30. Juli kann von einem regelrechten Aufstand gesprochen werden, am 31. wird Hopfer in Mtumbei ermordet. Das Zauberwasser drängt sich dem Geist der Empörung auf. Von Maji sind die Schwarzen so überzeugt, dass sie den Deutschen mit nackten Oberkörpern entgegenlaufen. Am 1. August greifen um die

1.500 Matumbi eine Patrouille Polizei-Askaris unter Fw. Hoenicke beim Inderdorf Samanga an, noch am Abend verlassen Hptm. Merker und Lt. Lincke mit der 5. Ko. Daressalam.

Am 3. wird Lincke in Mingumbi von überlegenen Kräften angegriffen, am 10. »Oberzauberer« Kinjikitile *Bokero* Ngwale festgenommen und aufgehängt. Die Aufständischen sammeln sich bei Mitega. Daressalams waffenfähige Weiße bilden eine Bürgerwehr, die im Hof der Askarikaserne exerziert.

Am 14. August töten Dondeleute den apostolischen Vikar Cassian Spieß aus St. Jakob am Arlberg, dazu einen Pater, zwei Brüder und drei Schwestern, die sich bei Mikondo auf Visitationsreise befanden. Am 15. werden Fw. Faubel, der Kaufmann Aimer und sechs Askaris beim Polizeiposten Liwale durch Giftpfeile getötet (»*während sie in Togo Schlangengifte verwenden, in Südwest auch solche aus Käferlarven, werden die Pfeilgifte der Völker Ostafrikas nur aus Giftpflanzen hergestellt, hauptsächlich von der Acocanthera venenata*«, Krause).

Am 20. setzt sich Oblt. z.S. Paasche bei Kobe am Rufiji durch, am 23. führt Oblt. v.d. Marwitz am Matunda-Fluss ein siegreiches Gefecht. Die Missionsstationen Nyangao, Massassi und Lukuledi gehen in Flammen auf, im Distrikt Lindi wird eine Missionsschwester ermordet.

Während des Maji-Maji-Aufstands ermordet: Der apostolische Vikar Cassian Spieß aus St. Jakob am Arlberg (vordere Reihe Mitte).

Telegramm
Wilhelms II. mit
der Ankündigung
von Verstärkungen
für die im Kampf
gegen die Maji-
Maji-Krieger
stehende Schutz-
truppe.

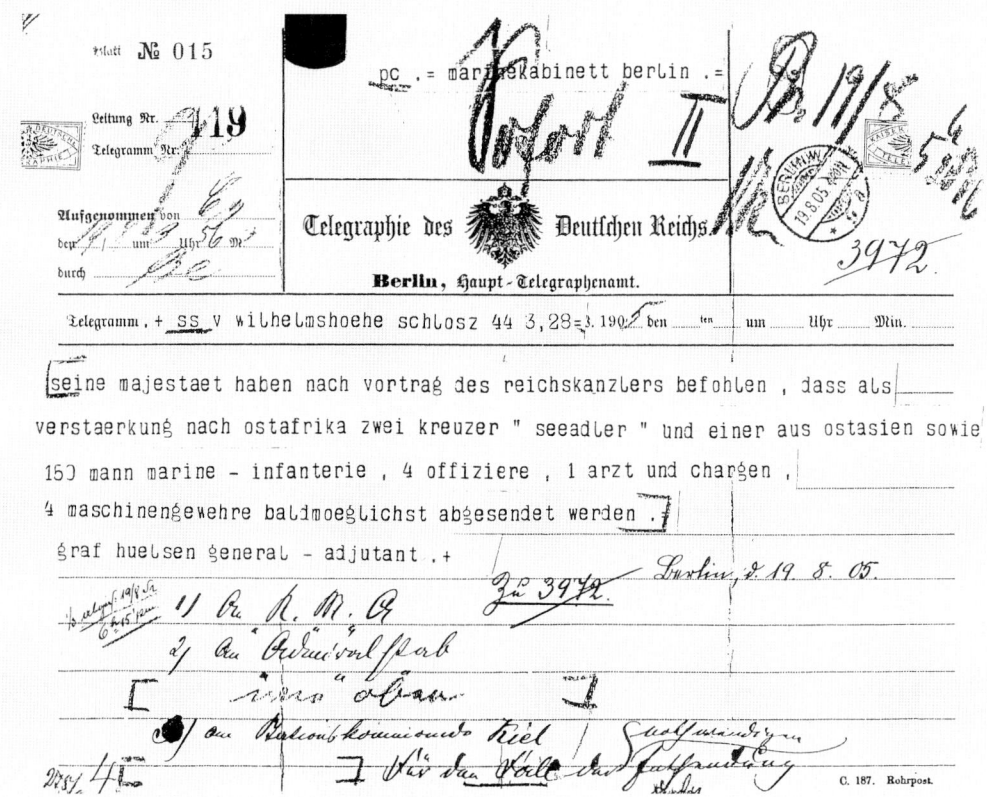

Die Marumbi haben rund 2.000 Krieger zusammen, unter denen, die zu ihrer Unterstützung die Kriegstrommel rühren, sind Wangindo, Wapogoro, Wagoni, Zamaro, Luguru, Vidunda, Sagara und Kichi/Kitschi. Der gesamte Süden hat sich damit erhoben, der Aufstand von Daressalam bis hinunter zum Rovuma, vom Njassasee bis zur Küste ein Gebiet von der Größe Preußens erfasst.

Götzen: »Unsere Aufgabe bestand darin, eine Million Quadratkilometer Land mit beträchtlichen darin investierten europäischen Werten gegen die völlig unberechenbaren Launen von sieben Millionen halbwilden Negern mit 1.701 farbigen Soldaten und 659 farbigen Polizisten zu sichern, mit Mannschaften, die noch dazu in der Mehrzahl den eingeborenen Stämmen entnommen waren, gegen die sie gegebenenfalls zu kämpfen hatten.«
Die Nachrichten lesen sich wie jene aus Deutsch-Südwest, nur dass die Schutztruppe in Deutsch-Ost eine ganz andere ist. Die Stimmung in Daressalam lässt sich mit

jener in Windhuk vergleichen. »Gartenjungen, die auf abgelegenen Parkwegen schleichen, weil sie Kokosnüsse gestohlen haben, werden für gedungene Sendboten der Aufständischen gehalten, Frauen wagen sich kaum mehr über die Straße, sodass der gesellige Verkehr stockt, und in jeder alltäglich beobachteten Rauchwolke, die jenseits des Hafens das Abbrennen der Felder verursacht, wird schon ein Akt der näher kommenden Rebellion erblickt« (Götzen).
Berlin, noch mit dem Kolonialkrieg in Deutsch-Südwest beschäftigt, schickt den Kleinen Kreuzer THETIS/Kkpt. Glatzel (zehn Schnellfeuerkanonen Kal. 10,5-cm, 14 Masch.-Kanonen Kal. 3,7-cm), den Kleinen ungeschützten Kreuzer SEEADLER (acht Schnellfeuerkanonen Kal. 10,5-cm, fünf Revolverkanonen 3,7-cm) und das Marineinfanterie-Detachment Ostafrika (neun Offz., 219 Mann unter Hptm. v. Schlichting).
Kanonenboot BUSSARD/Kkpt. Back schickt Landungstruppen nach Kingani, Mohorro

und Ssamanga. Hptm. Fonck trifft »zur Züchtigung des Packs« in Kilossa an der Karawanenstraße nach Tabora ein, Maj. Kurt Johannes' Expeditionskorps (die Kompanie Merker und das Detachment v. Grawert) steht bei Kilwa. Maj. Frhr. v. Schleinitz wird bei Widunda in ein Begegnungsgefecht verwickelt, Hptm. Frhr. v. Wangenheim rettet im Morogorodistrikt um ihr Leben kämpfende Siedler. Die Peramiho-Mission der Benediktiner von St. Ottilien wird niedergebrannt.

Die Kriegführung ist leicht zu übersehen, relativ unkompliziert. Wo Aufständische auf die Maji-Magie vertrauen, rennen sie mit unerhörter Tapferkeit gegen die Truppe an. Wie schnell sich Kampfhandlungen entscheiden, wie groß das Blutbad dann tatsächlich ist, bestimmt die Zahl der Maschinengewehre, über die eine Truppe verfügt.

Während der Kämpfe um den Militärposten Mahenge im Bergland Upogoro (Stationschef Hptm. Theodor v. Hassel, vier Europäer, 60 Askaris und Hilfskrieger der Kiwanga) halten zwei MGs den Angriff von 15.000 Maji-Leuten auf (»*ganze Reihen, ja Berge von Toten konnte ich durch mein Glas auf allen Kampfplätzen erkennen*«, Hassel).

Mahenge, am 20. September durch Hptm. Nigmanns 2. Ko. entsetzt, ist der Wendepunkt des Krieges. Vor Mahenge haben die Empörer das Vertrauen in die Maji-Magie verloren, was sie zur Guerillataktik zwingt. Die Deutschen schlagen mit dem »System verbrannte Erde« zurück, das Frauen und Kinder mithaften lässt.

»Wie in allen Kriegen gegen unzivilisierte Völkerschaften war auch im vorliegenden Fall die planmäßige Schädigung der feindlichen Bevölkerung unerlässlich. Die Vernichtung an wirtschaftlichen Werten, wie das Abbrennen von Ortschaften und Lebensmittelbeständen, erscheint dem Fernstehenden barbarisch. Vergegenwärtigt man sich einerseits, in wie kurzer Zeit afrikanische Negerhütten wieder entstehen und wie rasch die Üppigkeit der tropischen Natur neue Feldfrüchte hervorbringt, dann wird man zu einer milderen Auffassung dieser dira necessitas gelangen« (Götzen).

Hptm. v. Kleist, Oblt. Graf v Seyboltstorff und Oblt. Frhr. v. Nordeck treten zu Offensivstößen an (»*jeder Offizier und Uffz. darf sich jetzt sagen: Wir waren auch dabei! Wir haben Geschichte gemacht!*«). Der Regierungsrat v. Winterfeld reist im Land herum, um Erhebungen über die Gründe des Aufstands anzustellen. Der Kleinkrieg zieht sich bis ins Jahr 1907 hin, was die Empörer in die Knie zwingt, sind Hunger und Krankheiten, der Mangel an Saatgut und Munition (»*die Menschen hatten keine Häuser mehr, schliefen im Freien, wo sie die Raubtiere holten*«).

Sergeant Thiede im Gefecht gegen die Wagindo, Stabsarzt Wiehe zwischen Kidugala und Pangire gefallen … der Zauberwasser-Aufstand hat – ermordet neun, gefallen sechs, ertrunken zwei, gestorben sechs – 23 Europäern das Leben gekostet, auf deutscher Seite sind 345 Farbige gefallen. Schätzungen über die Zahl der Todesopfer der Gegnerseite gehen wie nach dem Hererokrieg weit auseinander. Die Kolo-

Eingeborener mit Giftpfeil: Die Pfeilgifte der Völker Ostafrikas werden hauptsächlich aus Giftpflanzen der Gattung Acocanthera hergestellt.

nialbehörden stapeln mit 75.000 sicher tief, Kreise, die die Geschichte ganz anders sehen wollen, liegen mit 300.000 zu hoch.

Dem Aufstand folgt, damit Leiden und große Taten in Erinnerung bleiben, wie nach den Herero- und Namakriegen das geschriebene Wort. Sanitäts-Sergeant Max Knispel, beim Militärposten Mahenge dabei, berichtet »Vom Maji-Maji-Aufstand in DOA«, der *Neger* Joseph Sihaba über die letzten Tage von Peramiho. Missionsinspektor Karl Axenfeld beschreibt »Die Feuerprobe der Berliner Mission im Ostafrikanischen Aufstande« und »Die Schreckenstage auf der Missionsstation Jakobi«, Cyrillus Wehrmeister »Die Zerstörung von Lukuledi und Nyangao«.

Der Maji-Maji-Aufstand hat nicht Feindesland, sondern der eigenen, dem einen oder anderen bereits zur Heimat gewordenen Erde tiefe Wunden geschlagen, woran Götzen in einer Denkschrift erinnert. »Ich möchte annehmen, dass manchem Gegner unserer überseeischen Bemühungen durch den Maji-Maji-Aufstand die Augen geöffnet wurden, was einer Kolonie Not tut.« Was solche Kriege in Zukunft verhindern könnte, sei ein ausreichender militärischer Schutz durch das Mutterland, wären Verkehrsmittel, die der Größe des Landes und seinen wirtschaftlichen Aussichten entsprechen.

In den Matumbi-Bergen, und ausgerechnet dort, sieht es so aus, als habe sich der Maji-Zauber doch noch durchgesetzt: »Die Matumbi haben mit dem Aufstand erreicht, was sie erreichen wollten, sie haben keinen Akiden mehr, dafür einen deutschen Feldwebel, der sie besser versteht« (P. Ambrosius Mayer vom Ordo Sancti Benedicti).

Kann Deutschland kolonisieren? (I)

Ferdinand Wohltmann aus Hitzacker an der Elbe, Professor der Landwirtschaft in Halle, wird reichsweit als hervorragender Kolonialfachmann geschätzt. In Deutsch-Ost hat er die koloniale Landwirtschaft studiert, dazu im viel gelesenen »Tropenpflanzer« die Frage »Sind wir in der Lage?« gestellt.

Wohltmanns Antwort auf Wohltmanns Frage: »Der Beweis ist leicht zu führen, dass wir imstande sind, im Laufe der Jahrzehnte oder doch mindestens im Laufe dieses Jahrhunderts – und was sind 100 Jahre im Leben und Streben eines Volkes – Deutsch-

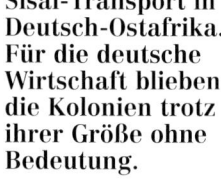

Sisal-Transport in Deutsch-Ostafrika. Für die deutsche Wirtschaft blieben die Kolonien trotz ihrer Größe ohne Bedeutung.

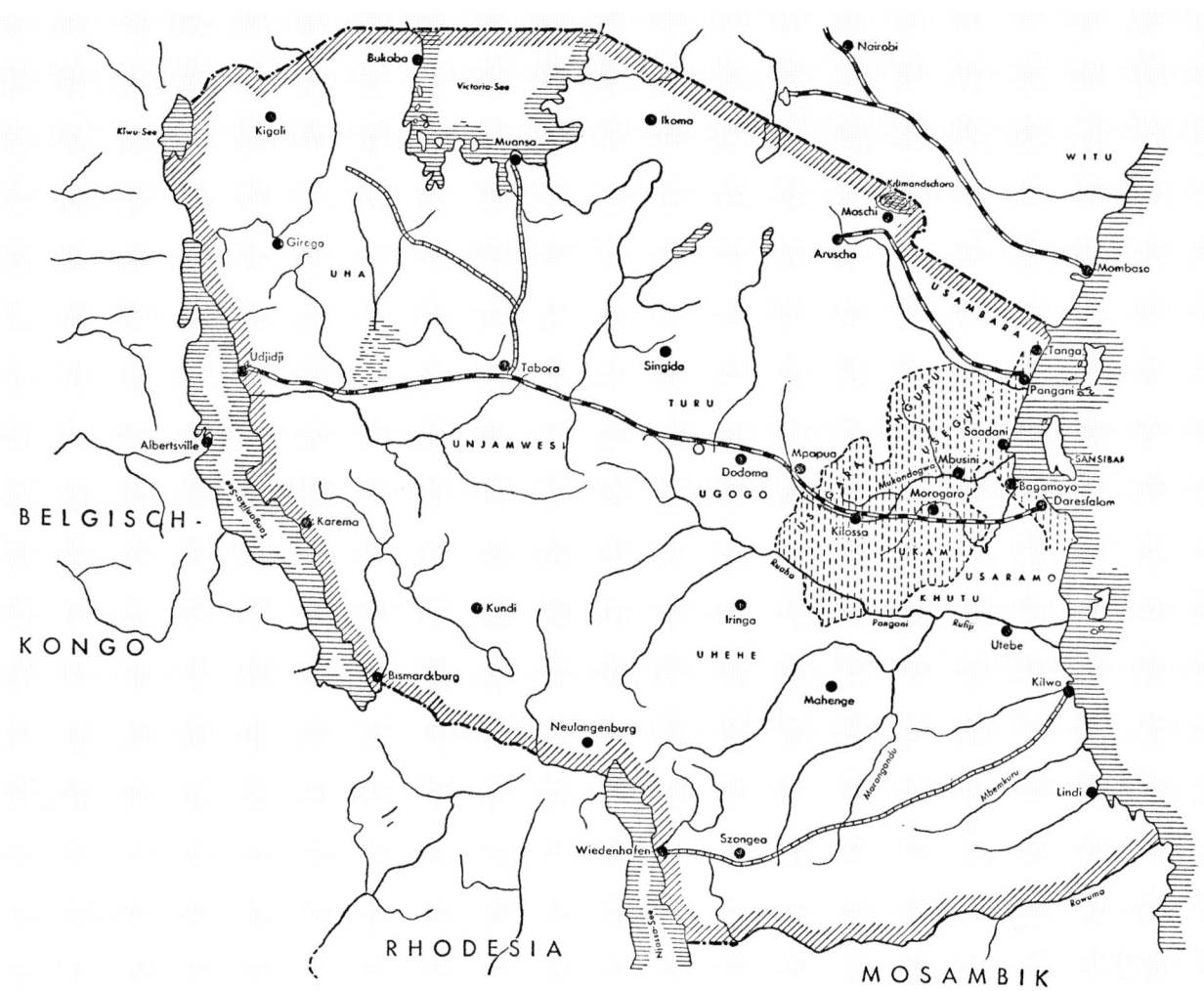

lands gesamten Bedarf an Kolonialerzeugnissen in unseren Kolonien zu decken. Besitzen wir nicht in Togo, Kamerun, Ost-Afrika und Neu-Guinea sowie sonstigen Inseln im Stillen Ozean echt tropische Landflächen von der vierfachen Größe Deutschlands mit zum Teil ganz ausgezeichnet fruchtbaren Gefilden und einer zum Teil recht arbeitsamen Bevölkerung von bereits 15 Millionen Köpfen! Und dieser Besitz sollte nicht befähigt sein, 63 Millionen Deutsche mit Kolonial-Erzeugnissen zu versorgen? Wenn das in 50 bis 75 Jahren nicht der Fall ist, so wäre nicht der Besitz daran schuld, sondern wir, die Besitzer.«
Der Besitz ist wirtschaftlich weiterhin unbedeutend, was sich ganz gut mit der Gattung Gossypium erklären lässt, über die ein wendewilliger Bismarck einst vor dem

Reichstag referierte. Deutschland bezieht jährlich Baumwolle für eine halbe Milliarde Mark, wovon auf den kolonialen Export lediglich 0,6 Mio Mark fallen. In Deutsch-Ost wird Baumwolle konzentriert in der Küstenzone und in den Bezirken Morogoro und Muansa angebaut. In 20, 30 Jahren könnte man vielleicht so weit sein, um zusammen mit den übrigen Schutzgebieten das Mutterland zu versorgen.
Der Besitz mochte noch weitgehend unentwickelt sein, doch die Besitzer strengten sich an. »In Deutsch-Ost sieht man die Früchte seiner Arbeit auf dem jungfräulichen Boden rasch emporschießen und dieses Bewusstsein schafft das lebhafteste Interesse« (Arning). In West-Usambara, das leicht zugänglich ist, ein mildes Klima, fruchtbare Böden und eine friedfertige

Übersichtskarte von Deutsch-Ostafrika: Das Schutzgebiet liegt zwischen dem Indischen Ozean im Osten und den großen Binnenseen. Im Norden britischer, im Süden portugiesischer Besitz, im Westen Belgisch-Kongo, im Südwesten Rhodesien; Entfernung von Sansibar zur Elbmündung: 6.600 Seemeilen.

Trocknen der Kopra (oben) und Beförderung der Fruchtbündel der Ölpalme: Der Außenhandel Deutsch-Ostafrikas wird vorwiegend durch deutsche Handelshäuser vermittelt. 1913 werden Waren im Wert von 35,5 Mio Mark ausgeführt.

nungsmaschine ein. Der ostafrikanische Kaffee, eine kleinbohnige Abart des arabischen, beginnt sich auf dem Weltmarkt durchzusetzen. Das einst unumstößliche *»Wo es fruchtbar ist, ist es ungesund, und gesund nur wo es unfruchtbar ist«* gilt schon lange nicht mehr. An den Hängen des Kilimandscharo und Meru reihen sich Sisalagaven, Cerealien und Kaffeesträucher. Europäer halten Rinder – schwarzbunte Ostfriesen, Allgäuer und Franken –, dazu Schaf, Ziege, Esel, Strauß und Schwein.

Als Faustregel gilt, ähnlich wie in Kamerun, dass sich Landstriche, die unter 1.000 m zum Meeresspiegel liegen, als Dauerbleibe nicht eignen. Ganz anders die Hochlandzonen, die in Deutsch-Ost immerhin eine Fläche von der Größe des Königreichs Preußen ausmachen. Ab 1.000 m können Europäer aufgrund der nächtlichen Abkühlung ohne Schäden für ihre Gesundheit leben, so das Urteil der Mediziner.

Am gesündesten dürfte es im Schatten des Kilimandscharo und auf den Höhen von Usambara sein, dazu in Uhehe, das für deutsche Bauern wie geschaffen scheint (*»das Klima ist wundervoll, der Wasserreichtum groß und eine kleine Zahl von deutschen Ansiedlern ist dort schon ansässig«*, Arning). In Uhehe, wo die befriedeten Wahehe und Watschungwe leben, am hohen Ufer des Njassasees und in der Landschaft Uluguru könnten noch ein paar tausend Europäer ihr Brot verdienen. In Iraku, Konde, Nguru, Pare, Muytek, Ubena, Ukami, Ungoni, Urundi und Usagara steht einer Besiedlung rein klimatisch gesehen nichts entgegen. Zur kolonialwirtschaftlichen Erschließung eignen sich Küste und küstennahe Bergländer.

Deutsch-Ost hat mehrere Sägewerke und Druckereien, Sodawasserfabriken und eine Bierbrauerei, vier Naturschutzgebiete, fünfzehn Wildreservate, in der fruchtbaren Usambararegion die Musterfarm Kwai, in Mpapua ein Tierseucheninstitut. Mafia, die südlichste der drei großen Inseln des Sansibararchipels, kann durch Anpflanzung von Nelken zur Gewürzinsel werden. In den Konzessionsgebieten Kissama, Usindja und Irrangi schürfen sie nach Gold.

Bevölkerung hat, ziehen Kleinsiedler bereits nahezu alle heimischen Gemüsearten, dazu Hülsenfrüchte, Knollen und Futtergewächse. Um Wilhelmstal haben sie mit Mais schon ganz gute Geschäfte gemacht.

Im Land der Bataten beginnt die europäische Kartoffel die wenig schmackhafte afrikanische Süßkartoffel zu verdrängen, Europas Bohnen machen lokalen Helm-, Mungo- oder Vignabohnen Konkurrenz. Volksnahrungsmittel würde fraglos die Hirse bleiben, am Kilimandscharo, am Njassa, in Usumbura und Bukoba ersatzweise die krumme Frucht Banane. Maniok wird überall angebaut.

Die Kolonialherren führten die Baumwollkultur und die dazu gehörende Entker-

Deutsch-Ost ist mit der Verkehrserschließung gewachsen. An einem ganz normalen Tag sind auch weiterhin Hunderttausende von eingeborenen Trägern unterwegs, um Handelsgüter auf schmalen, gewundenen *Negerpfaden* landauf und landab zu befördern. Elfenbein und Kautschuk lohnen sich, Wildschweinzähne, Rhinozeroshörner und Gnudecken nur mit Vorbehalt. Reis rechnet sich nur, wenn er nicht weiter als 100 km transportiert werden muss. Baumwolle, Hanf und Produkte der Kokospalme sind ein Verlustgeschäft, eine Rechnung mit Menschenkraft, die man mit Rentabilitätsradius umschreibt. Doch Deutsch-Ost hat jetzt seine Eisenbahn.

Tatsächlich hatte es vom Tag der ersten Flaggenhissung zehn Jahre gedauert, bis hier die ersten 14 km einer deutschen Kolonialbahn eröffnet wurden. Die Trasse zog sich in der Meterspur von der Küstenstadt Tanga zur Station Pongwe. Als Prinz Heinrich v. Preußen 1905 die Strecke von Tanga bis Mombo einweihte, hatte man an 129 km zwölf Jahre gebaut! Die Nord- oder Usambarabahn galt als Muster deutschen Ingenieurfleißes, doch gerade für den Abschnitt, der durch Usambara in Richtung Moschi führt, legten alle Beteiligten viel Lehrgeld aus, nachdem der Eisenbahn-Gesellschaft, eine Tochter der DOAG, das Geld ausgegangen war.

Seit 1904 windet sich die Sigibahn, im Besitz der Berliner Deutschen Holzgesellschaft für Ostafrika, als Zweigbahn durch Usambaras Waldbezirke. Der Hererokrieg forcierte den Eisenbahnbau, an der Mittellandbahn wird seit 1905 gearbeitet. Der Schienenweg folgt der Karawanenstraße der Sklavenhändler, zieht sich von Daressalam über Morogoro, Kilossa, Kilimatinde nach Tabora, von dort zum Endpunkt Kigoma/Udjidji am Tanganjikasee. Die Arbeiten führt die Frankfurter Firma Philip Holzmann aus, Schienen und Schwellen stammen von Krupp, Union und Hoesch.

Der Vorteil der Eisenbahn für Neuland ist kaum zu überschätzen. Die Eisenbahn erkrankt nicht an Malaria oder Schwarzwasserfieber, ihr machen weder brütende Hitze noch eiskalte Nächte etwas aus. Die Eisenbahn stellt das Heer der Träger für andere Aufgaben frei.

Bau einer Behelfsbrücke der Zentralbahn auf der Strecke Daressalam-Motogoro: Zu den wichtigsten Aufgaben der Kolonialverwaltung zählt der Ausbau der Infrastruktur.

Deutsch-Ost hat etwas für jeden, Deutsch-Ost ist ein Land für Bergsteiger, Abenteurer und Jäger. Wem Deutschlands Berge zu niedrig sind, kann sich am Kilimandscharo oder Meru versuchen. Wer sich bisher am Genfer- oder Bodensee orientierte, überrascht der Größenvergleich: Der Njassasee ist größer als Westpreußen, Ostafrikas Mittelmeer, der inselreiche Victoriasee, beinahe so groß wie Bayern.

Strepsiceros strepsiceros (Kudu), Hippopotamus amphibius (Flusspferd) oder edles Raubwild wie Panthera Leo, der Löwe ... Deutsch-Ost ist ein Dorado für Jäger (Hoflieferant R. Weber/Haynau bietet Fangapparate für Raubtiere, Affenfallen und Schlangenzangen an, Hoflieferant Dingeldey & Werres/Berlin Ausrüstungen für die Tropen).

Deutsch-Ost ist etwas für Abenteurer: »Die Massai sind die kriegerischsten aller ostafrikanischen Stämme, selbst das Schnellfeuer der Hinterlader hat oft den Ansturm der nur mit Hieb- und Stichwaffen ausgerüsteten Massai nicht abwehren können ... Ich gestehe ganz ehrlich, dass ich die Hoffnung hegte, mich einmal mit einem solchen Gegner im Kampfe zu messen« (Oblt. Max Weiß).

Wer jagen, bergsteigen, am Ngorongoro-Krater stehen oder sich unter den Massai umsehen will, schließt sich gerne einer Safari an. Die Safari gehört zu Deutsch-Ost wie der Schnee zum Kilimandscharo. Safari sagen die Suaheli zu einer Reise.

Auf Safari gehen Europäer wie vom Südwester Pioniermaler Aschenborn besungen: »*Wie oft sind wir geschritten/Auf schmalem Negerpfad,/Wohl durch der*

Photographieren Sie?
Dann verlangen Sie sof. gratis u. fr
unverbindl. für Sie uns. reich illustr
Prachtkatalog!
Neueste, **tropensichere**
Apparate, Platten, Papiere, Albums
Entwickler etc. Unsere Spezialität
Zuverlässigste Tropenpackung!
Original-Fabrikpreise.
Richard Henning & Co.
Dresden 14.
Hoflieferanten Sr. Königl. Hoheit des
Herzogs v. Sachsen-Coburg u. Gotha
Liefer. Kaiserl. u. Königl. Behörden
Paris 1911 Goldene Medaille.

Werbung für den Aufenthalt in den Kolonien.

Wüste Mitten,/Wenn früh der Morgen naht ... Steil über Berg und Klüfte,/Durch tiefe Urwaldnacht ...« Auf Safari, wo ein Weißer auf rund 75 Eingeborene kommen kann, reist man mit Stil. »*Wie lauschten wir dem Klange,/Dem altvertrauten Sange/Der Träger oder Askari:/Heia, heia Safari.*«

Der altvertraute Sang ist ein lautes Unternehmen, die Eingeborenen haben, um das Raubwild fernzuhalten, ihre Geräuschmacher dabei. Der eine bläst auf einem Antilopenhorn, der andere trommelt gegen Eimer. Den Marschtakt geben an den Fußgelenken befestigte Klingeln und Klappereisen an.

Ansonsten herrscht Ruhe im Land. Nach dem Maji-Maji-Aufstand hat es keine großflächigen Erhebungen mehr gegeben (»*das Erscheinen einer Kompanie wirkt sofort beruhigend auf alle Gemüter*«). Die Schutz- und Polizeitruppe wird ihrem Ruf gerecht, die Pflanzer und Siedler organisieren sich in Bürgerwehren wie den Meruschützen, um sich allen Ernstes für den Ernstfall zu rüsten:

»*Und kommt durch die Steppe gezogen/Der Feind mit rasselndem Speer,/Und tragen die Meereswogen/Auf eisernen Schiffen ihn her,/Dann stehen von Deutschlands Söhnen/Freiwillige auf der Wacht,/Und donnernde Rufe ertönen/Horrido, Joho, zur Jagd!*«

Magdalene Prince, eine geborene v. Massow, die mit *Bwana Sakarani* Tom in Westusambara die Plantage Sakarani betreibt: »Ich kann es nicht genug betonen, wie mich die Schönheit unserer neuen Heimat überraschte. Die Fülle der Naturherrlichkeiten, die sie bietet, und die wunderbar ozonreiche Luft, die das Höhenklima auch hier mit sich bringt, begeisterten mich förmlich. Schon in jenen ersten Tagen träumten wir von Luftkurorten und Sanatorien in den Bergen Usambaras für die armen Landsleute, die in der heißen Steppe oder an der Küste das kostbarste aller Güter, die Gesundheit, immer einzubüßen Gefahr laufen.«

Magdalene und Tom brauchten nicht lange zu träumen. In Wugiri, dem fieberfreien Luftkurort des südöstlichen West-Usambara, richtet die Lienhardt-Stiftung ein

Sanatorium ein. Der Platz ist ein Gesund-
brunnen für Weiße, die dem fieberschwan-
geren Pesthauch der Küstenregion entkommen wollen und keinen Anspruch auf
Heimaturlaub haben. Wugiri hat, 1.100 m
über dem Meer, kühle Nächte, selbst tags-
über gute Luft und keine Moskitos.

Der Leue, August, der Siedentopf, Friedrich
oder der Vieweg, Karl schauen sich so auch
im Land herum und sagen zufrieden: »Das
ist doch was, soweit haben wir es gebracht.« Zustimmung dann von einer Seite,
von der man sie nicht erwartet hatte: »Es
waren Männer von unzweifelhafter Fähigkeit und Tatkraft; wenn man sie sah, dann
verstand man leicht, warum Deutschland
in Ostafrika so zusehends emporgeblüht
ist« (Theodore Roosevelt, der 1909 zusammen mit Sohn Kermit in Ostafrika elf Elefanten, 17 Löwen und 20 Flusspferde erlegte, dabei auf deutsche Pflanzer, Zivilbeamte
und Offiziere stieß).

Treibhausklima, Giftpfeil, Fieber. Geschichten über Leben und Tod. Das alles hatte
man nicht umsonst bekommen, in Deutsch-
Ost wurde fraglos hart gearbeitet, gelitten
und gekämpft. Deutsch-Ost hat seine zivilen
Toten, dazu Gräber mit der Aufschrift »Mit
Gott für Kaiser und Reich«. Peters Jühlke
hatten sie im blühenden Alter von 30 Jahren in Kismayo an der Somaliküste erschlagen, der Kaufmann Otto war, bei den Strapazen des Programms nicht verwunderlich,
bereits während Peters' erster Erwerbs-
Expedition gestorben.

Heinrich Lent, wissenschaftlicher Leiter der
Kilimandscharostation, war zusammen mit
Dr. Kretschmer und sieben Trägern während eines Ausflugs bei Kirua ermordet
worden. Forstreferent Vogler in Tanga,
Baron Fischer v. Nagy-Szalatny am Victoriasee gestorben. Heinrich Semmler aus
dem oberhessischen Grünberg, Leiter der
Plantagenunternehmung der DOAG, war
der kolonialen Sache durch Fieber entrissen worden.

P. Bonifatius Fleschutz aus Reicholzrieg,
Missionar der Sankt-Benediktus-Missions-
gesellschaft zu Emming-St. Ottilien, 1887
auf Betreiben des Carl Peters mit neun
Brüdern und vier Schwestern zum Mis-
sionseinsatz gekommen, trugen sie schon

1891 zu Grabe. Missionar August Wilhelm
Schynse legte in Bukumbi am Viktoriasee
das Beduinenkleid (die Gandura und den
Burnus) der Weißen Väter ab.

KAdm. Deinhardt starb an den Folgen der
Malaria, die er sich während Bismarcks
Seeblockade holte, Hptm. Moritz in Muansa. Die Leutnants v. Bülow und Wolfram
wurden während eines Gefechts mit Sultan Meli bei Moschi erschlagen, Lt. Brü-
ning fiel beim Einfall im Usagara. Ein paar
Namen nur, um zu zeigen, dass es absolut
nicht immer einfach war, doch das Land
war die gebrachten Opfer wert.

Deutsch-Ost nimmt nicht nur, es gibt: Eine
deutsch-ostafrikanischen Saurier-Expedi-
tion war am Tendaguru bei Lindi fündig
geworden. »Unser afrikanischer verstei-
nerter Riesensaurier« ist, um Besucher mitten in die Tertiärzeit zu führen, dann im
Berliner Museum für Naturkunde aufgestellt. Der Dinosaurier, der einst am Tendaguru lebte, muss über fünf m hoch und

**Tom v. Prince,
Plantagenbesitzer
in West-Usambara,
mit Ehefrau
Magdalene (gebo-
rene v. Massow):
Prince fällt im
November 1914 im
Kampf um Tanga.**

August Schynse (1857–1891) aus Wallhausen, Missionar der Weißen Väter.

25 m lang gewesen sein, hatte gewaltige Hinterbeine und einen langen Schwanz. Mit seiner Intelligenz kann es allerdings nicht allzu weit her gewesen sein, hatte er im Verhältnis gesehen doch nur einen ganz kleinen Kopf. Fachkreise kommen so auch zu dem Beschluss: Das Prachtstück war groß, sehr groß, aber dumm.

Kann Deutschland kolonisieren? (II)

Deutsch-Ost hat nicht nur die Möglichkeiten, sondern auch die passenden Helden für (fast) jeden Geschmack. Deutsch-Ost hat mit Paul Grätz eine Ikone der Zeit. Grätz hatte als Oblt. der Schutztruppe Erfahrungen mit dem Trägerverkehr gesammelt, nach dem Ablegen des Kaisers Rocks dann die folgende Vision: »*Mein Plan, Afrika im Automobil zu durchqueren, entsprach der Absicht, das Automobil als Lasten- und Personentransportmittel in Afrika (speziell in Deutsch-Ostafrika) auf seine Verwendbarkeit im schwarzen Erdteil zu erproben und später dort einzuführen.*« Grätz will den Trägern helfen, das südliche Afrika dem Automobil eröffnen. Das Projekt weckt Erinnerungen an Edmund Troosts Südwester Unternehmen mit »Martin Luther«.

Der Spezial-Mercedes, den die Motoren-Werke Gaggenau liefern, verfügt über einen 35-PS-Vierzylinder-Motor. Das Wageninnere lässt sich zum Nachtlager umbauen, ist durch ein Moskitonetz abzudecken. Der vordere Treibstofftank fasst 125 l, unter den Hintersitzen ist Platz für weitere 250 l. Das Chassis liegt 35 cm höher über dem Boden als bei Automobilen üblich, auf Kotflügel und Auspuff würde man später verzichten, um das Gewicht des Fahrzeugs zu reduzieren.

Die Reise beginnt 1907 beim Postamt von Daressalam, auf der alten Karawanenstraße nach Tabora wird Grätz noch von Theodor v. Röder und einem Diener begleitet. Nach Morogoro platzen die Zylinder, Ersatz trifft erst nach rund drei Monaten ein. Udjidji, Bismarckburg, Fort Jamesson, Bulawayo als weitere Etappen, durch die Kalahari geht es nach Rietfontein-Nord in Deutsch-Südwest. Über Gobabis und Windhuk wird Okahandja erreicht, die Fahrt endet in Swakopmund.

Keine Tankstellen, keine Straßenkarten, keine richtigen Straßen. Das Automobil wurde hin und wieder von Ochsen gezogen oder von Eingeborenen, auch einmal auseinandergenommen und durch schwieriges Gelände getragen. In Okahandja rückte die Schutztruppe das Untergestell einer Kanone heraus, das als Ersatzteil für eine gebrochene Achse diente. Die Reise hatte, für 180 Tage geplant, 630 Tage gedauert. Der Oblt. a.D. war der Erste, der das südliche Afrika mit dem Auto durchquerte. Als er sich in Swakopmunds Hotel »Kaiserhof« von den Strapazen der Reise erholt, erreicht ihn das Telegramm Wilhelms II.: »*Gut gemacht, mein lieber Grätz.*« Einen wie den Grätz schätzt der Kaiser.

Ab nach Afrika

»Weder unter den Völkern noch unter den Eingeborenen gilt das Recht, dass Existenzen, die keine Werte schaffen, einen Anspruch aufs Dasein haben. Keine falsche Philanthropie ist imstande, für vernünftige Menschen zu beweisen, dass die Erhaltung irgendwelcher viehzüchtender Kaffern oder ihrer ackerbautreibenden

Vettern am Kiwu und Victoriasee bei irgendeinem Maß von Selbständigkeit, Unkultur und Eigenwirtschaft für die Zukunft der Menschheit wichtiger sei als die Ausbreitung der großen europäischen Nationen« (Paul Rohrbach, doch bei anderen klingt es nicht anders).

Um sich in Afrika ausbreiten zu können, bedarf es der Einwanderung *wertvollen Volkstums,* mussten Landsleute kommen, die Neuland erschließen, beim Aufbau eines neuen Staatswesens helfen konnten. Afrika hat in Deutschland den Reiz des Unbekannten und Schönen. Doch wer jetzt auswandern will, wiegt den Vorteil gegen die Risiken auf, entscheidet sich dann in der Regel nicht für Mikindani oder Kilwa-Kiwindje in Deutsch-Ost, sondern für Cincinnati/Ohio oder Hermann/Missouri in den USA.

Die einen finden das Land zu unkultiviert, für andere ist ein Umzug ökonomisch viel zu riskant. Wer ans tropische Afrika denkt, kommt dazu an den bösen Drei nicht vorbei: Malaria nach dem Stich der Anopheles, das Schwarzwasserfieber als gefürchtete Begleiterscheinung, Dysenterie, nicht selten in epidemischen Formen, die Schlafkrankheit als gefährlichste aller tropischen Volkskrankheiten.

Gegen die Einwanderung einzelner Berufsgruppen sprechen Dünkel und Konkurrenz, Afrika ist eine einzige Herausforderung: »Lohnarbeiter oder Knecht darf der Deutsche nicht sein, will er nicht werden wie der Kaffer.« Kleinhändler haben gegen lokale Inder und Goanesen wenig Chancen (»*die deutschen Interessen werden durch die Inder empfindlich geschädigt, die durch ihre Anspruchslosigkeit und Verschlagenheit die Niederlassung deutscher Kleinhändler sehr schwierig machen*«).

Gelernte Handwerker und Gewerbetreibende könnten es in einigen Landesteilen schon schaffen, allerdings unter Vorbehalt. Usambara, das Kilimandscharo- und Merugebiet eignen sich für den Kleinbetrieb, ideal dort die 100 bis 200 ha große Farm oder Pflanzung.

Es kommen welche, doch einfach zu wenige, dazu nicht immer die Richtigen. Sie kommen, um vom Kaiser gesponsert gesellschaftlichen Zwängen zu entkommen, um etwas von der Welt zu sehen oder sich vor ihr zu verstecken. So mancher mit Vergangenheit oder nur dürftiger Biografie taucht plötzlich in Pangani oder Mbamba auf, darunter der eine oder andere Versager.

Pater Bonifatius Fleschutz, Begründer der ostafrikanischen Benediktiner-mission (1891).

Das Postgebäude von Daressalam: Für die Postverbindung mit dem Reich sorgen die Deutsche Ostafrika-Linie und die Dampfer der Messagerie Maritimes. Küstenplätze werden von Gouvernementsdampfern bedient.

Pestbekämpfung in Daressalam: Um die eingeborene Bevölkerung kümmern sich vornehmlich Militär- und Marineärzte, Sanitätsoffiziere, Feldunterärzte und Militärapotheker.

»Ein Teil der Europäer hätte die Bedingungen ihrer Existenz schon in der Heimat nicht erfüllt, sie sind Todeskandidaten bereits vor ihrer Ankunft in Afrika« (Militärarzt Julius Falkenstein). – »Die Umstellung auf das neue, andere Leben gelingt nicht immer, häufig sind wohl mindere Erbanlagen vorhanden« (Warhold Drascher). – »Ich habe in Ostafrika eine große Anzahl von Leuten mit schlechter Charakterveranlagung kennen gelernt. Ihnen war der Boden in der Heimat zu heiß geworden und sie hofften, ihr lockeres und verwerfliches Leben in noch leichterer Weise in den Kolonien fortführen zu können« (Oscar Bongard).
»Die besseren Elemente« haben dann Farmen mit gutem Viehbestand, sind Kaufleute, Missionare, Handwerker oder Tropenpflanzer, die weniger guten darben als Frachtfahrer dahin.

Das ostafrikanische Besiedlungskomitee der Kolonialgesellschaft versucht es am Südhang des Meru in gesunder Höhe von 1.250 m mit russlanddeutschen *Schwaben*. Den Platz nennen sie Leuedorf, da Leue die Leitung des Siedlungsprojekts übernommen hat. Das Experiment scheitert daran, dass den *Schwaben*, die aus der Steppe kommen, die Höhe einfach nicht passt.

1910 experimentieren Palästinadeutsche, so genannte Templer, mit europäischen Getreidearten, Apfel, Pfirsisch, Wein und Orange am Meru. Dazu kommen Buren, Griechen, Italiener, Engländer und andere. Migrationsprobleme haben alle deutschen Schutzgebiete, die Bilanz ernüchtert: Zwischen 1881 und 1891 wandern rund 1,35 Mio Deutsche aus der (k)alten Heimat aus, davon leben 1892 lediglich rund 1.200 in den Schutzgebieten. Eine ganze Reihe besteht dort die ökonomische Bewährungsprobe nicht, kehrt so auch in die Vorheimat zurück.
Deutsch-Ost hat so vieles, dass sie es bereits »Deutschlands Indien« nennen. Was ihm fehlt, ist der arbeitslustige, kapitalbildende Deutsche (»*Wie wir leben? Wir arbeiten*«, Magdalena Prince). 1910 leben in Neu-Deutschland über See, das neben den afrikanischen Besitzungen Kiautschou, Deutsch-Neuguinea und die Kleininselhaufen im Pazifik einschließt, gerade mal 15.428 Deutsche, der Großteil in Deutsch-Südwest (9.383) und Deutsch-Ost (2.384).

Aus Afrikanern Menschen machen

Luise Leidecker hat keinen »viehzüchtenden Kaffer« im Haus. Sie hat einen *mpishi,* einen Koch, der sich auf Jahre hinaus im Kolonienklatsch finden lässt: »Nun muss ich in die Küche, um dem Koch die erforderlichen Anweisungen für den mittäglichen Eierkuchen zu erteilen. Denn seine Kunst steckt noch in den ersten Anfängen. Es ist noch nicht allzu lange her, dass er sich hat von der Ansicht befreien müssen, angebrütete Eier mit möglichst entwickelten Küken seien am nahrhaftesten und daher für die Küche besonders zu empfehlen; auch andere, ebenso wenig erbauliche Gewohnheiten, die ihm aus der Zeit seines rauen Steppendaseins noch anhafteten, hat er erst kürzlich unter dem veredelnden Einfluss der Zivilisation abgestreift. Es ist also Vorsicht geboten!«

Magdalene Prince, die für E.G. Mittler & Sohn »Eine deutsche Frau im Innern Deutschostafrikas« schreibt, über den Arbeitstag auf der Plantage Sakarani: »Des Morgens in aller Frühe schellt die Glocke.

Die Leute treten an, der Assistent – wir würden in Deutschland Verwalter oder Inspektor sagen; natürlich ein Weißer – trägt ihre Namen in das Arbeitsbuch ein. Am Abend werden dann, um das vorweg zu nehmen, die Namen verlesen, und jeder erhält sein Poscho, das Geld für den Tagesbedarf, und eine Marke; diese Marken werden später gegen Geld eingelöst.«

Luise und Magdalene haben noch richtig Glück. Überseeischer Besitz ist nicht nur eine Frage von Quadratkilometern, überseeischer Besitz kommt ohne die Zuarbeit von Landeskindern nicht aus. Man braucht sie als Träger auf den Handelsrouten, für den Bahn-, Wege-, Brückenbau und auf den *Schamben,* im Hafen und im Haus. »Die Arbeitskraft der Eingeborenen variiert, hängt von der Klimazone ab, in der sie leben« (Dernburg). Die Landeskinder kräftig, gesund und in genügender Zahl für die Arbeit zu erhalten ist offizielle Kolonialpolitik. »Erst dadurch, dass der Eingeborene im Dienste der höheren Rasse, d.h. im Dienste ihres und seines Fortschritts, Werte schaffen lernt, gewinnt er ein sittliches Anrecht aufs Dasein« (Rohrbach).

Neun von zehn Farbigen in deutschen Schutzgebieten bezeichnet die stark propagandistisch gefärbte Kolonialliteratur als bequem und bedürfnislos. Jedes Neuwerden erfordert übermäßig viel Geduld und viel Zeit. Der eingeborene Arbeiter brauche, um durch Routine zur vollwertigen Arbeitskraft zu werden, rund drei Jahre, so ein H. Waltz in der »Usambara-Post«. Auf Pflanzungen liefere ein alter Zapfer dann gleich das Doppelte wie ein junger Zapfer ab.

Im Land herrscht regelrechte Arbeiternot, dazu Not mit den Arbeitern: »Viele sehen im Eingeborenen ein Wesen, das nur da ist, um ausgebeutet zu werden, das nur durch Prügel und anderen Zwang gefügig gemacht werden muss. Andere sehen nur im Gegenteil das Heil. Sie halten den Eingeborenen für vollkommen gleichberechtigt ... die Ersten werden bald keine Arbeiter mehr finden, die Letzteren machen sich bei ihren Leuten lächerlich« (Oscar Bongard). 1909 beschäftigen die Kolonialherren in Deutsch-Ost um die 70.000 Afrikaner.

Das Schutzgebiet hat eine eigene Arbeiterverordnung mit staatlichen Kontrollen für Anwerbung, Mindestlohn, Arbeitsvertrag und Arbeitszeit. Wie viele Kochstellen und Aborte auf Sisalpflanzungen wie Totohovu oder Kikwetu auf wie viele Arbeiter kommen, ist typisch deutsch geregelt.

»Wird geschlagen?« Dazu Margarete Prince auf Sakarani: »Ich kann es mit gutem Gewissen aussprechen: Der weiße Mann mit der Knute existiert nur in der Fantasie mit den Verhältnissen absolut nicht vertrauter

Staatssekretär Bernhard Dernburg, 1907 in Deutsch-Ost, stattet dem Sultan von Sansibar einen Höflichkeitsbesuch ab.

Unten: **Am Hafen der Küsten- und Bezirksstadt Tanga.**

Europäer. Geschlagen darf nur bei grober Frechheit gegen den Weißen werden: Dann ist ein schneller Schlag allerdings meiner Ansicht nach unentbehrlich und von bester Wirkung. Sonst aber ist man von den Arbeitern viel zu abhängig.«

Kann Deutschland kolonisieren? Die Gegenwart ist kritisch, die Zukunft würde noch kritischer werden. Gibt es doch etwas, das der Kolonialjargon unter »Vermehrung der Menschen« versteht und sich von den Kolonialherren nicht regulieren lässt. Die Bevölkerungzahlen zeigen, anstatt sprunghaft nach oben zu steigen, nach unten, womit kein (weißer) Mensch gerechnet hatte. Tatsächlich ist das Minus bereits so groß, dass das böse Wort von einer »Entvölkerung unserer Kolonien« aufkommt.

Afrikakenner wie Wißmann, Soden oder v. François waren sich noch ganz sicher gewesen, dass infolge der Eindämmung von Stammesfehden, von Kannibalismus und Krankheitsnot durch eine zivilisierte deutsche Verwaltung die Bevölkerung nur zunehmen konnte. Tatsächlich war das Gegenteil der Fall.

Abtreibung, Alkohol oder die Degeneration einer Rasse, das Fortpflanzungsgeschäft hinderliche Krankheiten … der spürbare Bevölkerungsschwund braucht eine Spur. Malaria, Wurmkrankheiten, Kindersterblichkeit oder der unausrottbare Wandertrieb des Afrikaners, eben so, als hätte es das alles nicht schon in präkolonialen Tagen gegeben.

Statistiken unterstreichen, dass es selbst mit dem Kindermachen nicht mehr allzu weit her sein kann. Den Südwester Herero wurden, um ein drastisches Beispiel zu nennen, 1908 5.373, 1912 nur noch 4.591 Kinder geboren. Deutsch-Ost hat in Unjamwesi, das im erweiterten Sinne das ganze zentrale Hochland umfasst, sein auffallendstes Entvölkerungsproblem. In der Landschaft Ussumbwa, der Heimat von Wasumbwa und Wangoni, hat die Zahl der kaiserlichen Untertanen seit 1892 um rund ein Drittel abgenommen.

Kriegerische Verwicklungen, Hungersnöte und Seuchen, die zur Zwangsarbeit eingezogenen oder verschickten Männer vernachlässigen zur eigenen Landwirtschaft auch ihre Familien. Wer in Tanga Sisal-

Die Postagentur in Tanga:
Im Hinterland erfolgt die Postbeförderung durch die Eisenbahn. Die Verbindung der Stationen mit abgelegenen Agenturen besorgt die Botenpost.

ballen oder Kaffeesäcke schleppt, in den Ulugurubergen Rohglimmer fördert oder zwischen Mpapwa und Ikungu Lasten trägt, kann in Ukimbi oder am Hohenlohesee keine Kinder zeugen. Das nicht beim besten Willen.

In frommer Mission

Mission ist Kolonisation, Kolonisation ist Mission, »eine Ausbreitung des Christentums über einen größeren Bezirk, etwa einen ganzen Volksstamm, bei der religiösen Gleichgültigkeit des Negers schwer denkbar« (Liebert). »Wenn uns ein Neger gegenübersteht, schwarz wie Ebenholz, mit krausem, wolligen Haupthaar, mit gedrücktem Schädel und rückwärts gestreckter Stirn« (Fabri) ... Einem Heiden in der Landschaft Ssonjo den Sinn von Tobiasnächten zu erklären, ist einfach nicht einfach, Polygamisten in Mlalo über dem Umbafluss von der Einehe zu überzeugen ausgesprochen schwer.

Missionare von Gesellschaften wie Berlin I, Berlin II und Berlin III, die mit kindlichem Glauben und männlicher Tatkraft afrikanisches Neuland betreten, um im Namen Gottes unter kulturarmen Völkern zu wirken, spüren den Druck. »Ein jeder Tag, wo wir die Heiden auf das Evangelium warten lassen, ist eine Verlängerung ihrer Qualen, wenn sie es auch nicht sagen und wissen ... Nur nicht zu langsam, nur nicht zu langsam, sie sterben sonst darüber« (Friedrich v. Bodelschwingh, im Vorstand der Bethel-Mission).

Vor Ort dann das Christentum in all seinen Ausprägungen. Die Evgl. Missionsgesellschaft/Bethel-Mission, die Leipziger und die Berliner Missionsgesellschaft, die Neukirchner Missionsanstalt, die Herrnhuter, die Sendboten der Trierer Gesellschaft der Afrikamissionare (Weiße Väter), die Benediktiner von St. Ottilien, die Väter vom hl. Geist, die Weißen Schwestern, die Töchter Mariens, die Frauengenossenschaft der Schwestern vom kostbaren Blute:

»Wie überall machen die katholischen Stationen ein großartiges und wirtschaftlich ergiebigeres Ansehen, die evangelischen ein bescheideneres und einfaches. Die Pa-

tres sind durchweg praktische Männer, gute Landwirte, sie pflanzen treffliche Gärten und ernähren sich zum großen Teil vom Lande. Da sie sich mit der Missionslehre nur an die Kinder wenden, so haben sie schnellen Erfolg, sie leiten ihre Schüler auch streng zur Arbeit in Feld und Garten an. Die evangelische Mission will von dem ›Bete und arbeite‹ wenig wissen, sie beschäftigt sich nur mit der Lehre und macht bei erwachsenen Negern leider nicht so schnelle Fortschritte wie es wünschenswert wäre« (Liebert).

Das Postgebäude in Bagamoyo, dem bedeutendsten Handelsplatz des Schutzgebiets.

Unten:
Die katholische Kirche von Daressalam.

215

Die Bucht von Daressalam: Daressalam war als sicherer Ankerplatz an Sansibars Festlandküste schon länger bekannt, doch erst die Kolonialherren haben etwas daraus gemacht.

Die Apostel des Christentums sind »helfende Wegweiser« in einer vielgläubigen Kolonie, unterhalten Apotheken, Hospitäler, Waisen- und Irrenhäuser, sorgen sich um die Erhaltung von Volkstum und Sprache, sammeln Sprichwörter, Lieder, Fabeln und Sagen. Priester, Prediger, Kleriker und Laienbrüder treten als ärztliche Nothelfer auf, als Richter und Schlichter, Sprachpioniere, Lehrer, Tierpfleger, Jäger und Pflanzenzüchter.

Sie leben, wie es von ihnen erwartet wird, erwarten für die fromme Tat keine Bezahlung (»*unser eigentliches Lebensbrot ist das Wort Gottes*«, Paul Döring aus Groß Wusterwitz, Missionar unter den Hohenfriedebergern). Ihre stärkste Waffe dürfte die Heilkunst sein, besonders dort, wo heidnische Zauberpriester versagen. Ihre Leistungen im Erziehungswesen sind nicht zu bestreiten.

In den Missionsschulen, wo sie Lesen, Schreiben und Rechnen lehren, werden Lieder gesungen, die das Mutterland feiern, wird zur Heimatkunde deutsche Geschichte gebüffelt. Anopheles bei Sonnenuntergang in Myriaden … Friedrich der Große bei Leuthen. Im Massailand rudeln sich Gnus, Zepras und Antilopen in paradiesischer Gemeinschaft zu gigantischen Herden, da die Massai kein Wildfleisch essen … Blücher am Rhein. Zukunft braucht Gegenwart, immer auch Erinnerung.

Die Missionsschule, die auch Mädchen offen steht, legt gesteigerten Wert auf eine praktische Ausbildung. Den Zöglingen wird beigebracht, wie man Schulbänke, Tische und Hocker zimmert, kocht, putzt, näht, Kartoffeln anbaut und Windschutzbäume pflanzt. In der Station Lutindi am Südrand von Usambara probt Diakon Bolermann mit dem Posaunenchor »Lobet den Herrn«. Das Hohenfriedeberg der Bethel-Mission, beim Dorf Mlalo in der Schele-Mulde hat es 1913 auf 810 Taufen gebracht, Neu-Wangemannshöh der Berliner Missionsgesellschaft auf 554. Die Zahl der Konvertiten, die zum Taufbecken gehen, muss enttäuschen. Was den Schulunterricht anbetrifft, haben die Missionen trotzdem etwas richtig gemacht. Als die Deutschen eines Tages gehen, hat sich das Wort Shule (ausgesprochen Schule) in der Umgangssprache Kisuaheli etabliert.

1913 – Ein Jahr im Leben von Deutsch-Ost

Im *Januar* erreicht die Zentralbahn den Malagarassifluss, 234 km hinter Tabora … kostet das Kilo Elfenbein (beste Qualität) 34 Mark. Im *Februar* sucht Claus Schilling vom Kgl. Institut für Infektionskrankheiten nach neuen Immunisierungsverfahren gegen Trypanosomenkrankheiten … empfiehlt der Kolonie-Ratgeber für Deutsch-Ost geschlossene Unterwäsche (Reformhosen) wegen des Staubes.

Im *März* kommt es zur Gründung des Freiwilligen-Korps der Usambara-Schützen … nimmt die Telefunkenstation in Daressalam den Betrieb auf … erfolgt der Notenaustausch zur Vermarkung der deutsch-portugiesischen Grenze.

Im *April* wird in Gare bei Neu-Cöln/West-Usambara Kai-Uwe v. Hassel [der zukünftige deutsche Politiker] als Sohn eines Pflanzers und Schutztruppenoffiziers geboren … werden die deutschen Maße und Gewichte eingeführt … in Aruscha und Bismarckburg Bezirksämter eröffnet.

Im *Mai* kostet die Überfahrt Daressalam-Neapel mit der Deutsch-Ostafrika-Linie in den Klassen eins bis drei 750, 525 und 300 Mark … wird der Abschuss der großen Schraubenantilope verboten … experimentiert die Firma Wilkens & Wiese mit schweren Arbeitspferden französischer Herkunft im Schume-Wald.

Im *Juni* stirbt Obstlt. Johannes, der 24 Jahre lang in Deutsch-Ost gedient hatte … gelten rund zehn Prozent der Dschagga, unter denen Pastoren der Leipziger Mission tätig sind, als Christen. Im *Juli* untersucht eine technische Kommission die Möglichkeiten eines Bahnbaus von Aruscha zum Victoriasee, im *August* wird in Moschi der Kilimandscharo-Bergverein gegründet.

Im *September* doziert Geheimrat Dr. Ostertag in Aruscha über die Bekämpfung von Viehseuchen … annonciert W. Wolf Magdeburg-Buckau fahrbare und feststehende Sattdampf- und Heißdampf-Lokomotiven als vorteilhafte Kraftquelle für alle kolonialen Verwendungszwecke. Im *Oktober* wird die Zeit von Moschi als Einheitszeit eingeführt … treffen die Prinzen Leopold und Konrad v. Bayern auf Studienreise ein.

Im *November* wird der Errichtung einer Maschinistenschule für Schwarze in Daressalam zugestimmt … stirbt mit Pater Provikas Bauer einer der verdienstvollsten Missionare der Kolonie. Im *Dezember* löst Obstlt. v. Lettow-Vorbeck Schleinitz als Kommandeur der Schutztruppe ab.

Vom Segen der Kultur

1913 leben in Deutsch-Ost 5.339 Weiße (3.536 Männer, 1.075 Frauen, 725 Kinder), darunter 4.107 Deutsche und 99 Personen aus dem Habsburgerreich (»*114 Mischlinge zwischen Europäern und Negern sind vorhanden*«). Im Kreis der Deutschen finden sich 551 Regierungsbeamte, 186 Angehörige der Schutztruppe, 498 Geistliche/Missionare, 882 Siedler (Pflanzer, Farmer etc.), 355 Handwerker/Arbeiter, 352 Kaufleute/Händler, 352 Angehörige technischer Berufe, 19 Ärzte und Arztgehilfen. Be-

Paul v. Lettow-Vorbeck (1870–1964), als Kommandeur der Schutztruppe Nachfolger von Obstlt. Kurt Frhr. v. Schleinitz.

vorzugte Wohngebiete sind die Bezirke Moschi, Aruscha und Wilhelmstal.

Deutsch-Ost hat Städte, in Daressalam eine richtig schöne Stadt. Seit dem Tag, an dem Leue die Station gegen Bushiris Leute verteidigte, hat sich die Welt kräftig weitergedreht. Daressalam ist Sitz des Oberkommandos der Schutztruppe, der Landeszentral-, Bezirks-, Eisenbahn- und Hafenverwaltung. Daressalam ist eine multikulturelle Stadt.

Wie weit es tatsächlich gekommen war, fiel erstmals 1899 (»*damit nur zehn Jahre, nachdem der Platz nicht viel mehr als ein Negerdorf war*«, Richelmann) auf. 1899 hat die Administration die Fleischbeschau eingeführt.

»Die Straßen sind sauber und beleuchtet, durch die Umgegend ziehen sich gute Wege, zahlreiche Negerdörfer sind begründet und blühen kräftig auf unter dem Segen der Kultur. So ist es auch an den anderen Plätzen in Ostafrika. Gummibäume, Baumwolle, Kokospalmen und andere Ölgewächse sind angepflanzt und gedeihen unter der Leitung angestellter Kulturinspektoren vortrefflich« (Arning).

Daressalam ist wirtschaftliches und geistiges Zentrum von Deutsch-Ost, dazu die schönste Stadt im ganzen tropischen Afrika. Daressalam war als sicherer Ankerplatz an Sansibars Festlandküste schon länger bekannt, doch erst die Kolonialherren haben etwas daraus gemacht. 1887 wurden hier noch um die 3.200 Einwohner gezählt, 1913 sind es genau 22.213.

Denkmäler Wilhelms I. (bei der Post, mit Blick aufs Meer) und Bismarcks (Kreuzung Robert-Koch- und Schelestraße), das Gouvernementshospital, das Gouvernementsgebäude mit Versuchsgarten und ein Fort, die Klöster St. Joseph und St. Maria. Weiße elegante Häuser und Akazienstraßen im Europäerviertel, das Landhaus Lipowsky, die Villa Seidlitz. Die Strandstraße Kaiser Wilhelmufer, die sich im großem Bogen um den geräumigen Hafen legt, zwei Promenadenwege, die auf gut Deutsch Große und Kleine Schleife heißen.

Die Eingeborenensiedlung, nach europäischem Bauplan in einen Palmenhain gestellt, liegt vom Europäerviertel getrennt. In Vollmondnächten wehen von dort das Singen, Musizieren und Tanzen der Farbigen herüber.

Wer als Deutscher nach Deutsch-Ost kommt, landet in Daressalam, bleibt ein paar Tage dort. Er lebt im Hotel, verbringt etwas Zeit im »Kaiserhof« am Strand, wo mit etwas Glück eine böhmische Damenkapelle unterhält. Er lässt sich zum Golf- oder Tennisklub führen, besucht das Casino, einen der Fußballplätze oder den Schießverein. Die Deutschen sind ein exklusiver Club, man kennt sich untereinander oder lernt sich kennen.

Gesellschaftliche Höhepunkte im Leben der Stadt sind die Festlichkeiten zu Kaisers Geburtstag und das Sedanfest, zu denen vom Gouverneur eingeladen wird, wer Rang oder nur Namen hat. Zum Auftakt bläst eine schwarze Musikkapelle den Geladenen den deutschen Marsch. Wer beim Zapfenstreich der Askarimusiker, beim Auf- und Abmarsch der Askarifeldkompanie in dunkler Tropennacht noch dabei ist, würde es nicht mehr vergessen.

Ostafrikas Küstenstrich ist mehr als Daressalam, hat für afrikanische Verhältnisse eine beträchtliche deutsche Bevölkerung. In der Bezirksstadt Tanga lässt's sich leben (»*von der Kulturstation Kwai kommen Butter, Eier, Schinken, dazu Würste aller Art, von den Missionsstationen frische Gemüse, Käse und Pfirsiche*«). Tanga ist ein unter Palmen liegender Edelstein.

Die Stadt hat einen Kaisergarten und eine Kaiserstraße mit Uhrturm. Dazu ein »Kaiserhotel« (»*in dem die schwarzen Kerle*

Das Verwaltungsgebäude von Aruscha: In und um Aruscha, dem wichtigsten Ansiedlungsbezirk der Kolonie, leben 1913 genau 500 Weiße, darunter 207 Frauen.

ganz gute Musik machen«). Den Küstenplatz wollten Kolonialpioniere eigentlich Neu-Kiel oder Neu-Rostock nennen. Der Grund, dass Tanga Tanga bleiben konnte, lag darin, dass man sich weder für das eine noch für das andere entscheiden konnte.

Das ohnehin geschichtsträchtige Bagamoyo hat jetzt noch mehr Geschichte: Auf Bagamoyos Kolonialfriedhof ruhen Soldaten der Wißmanntruppe, denen man eine acht Meter hohe Pyramide als Denkmal errichtete. In Bagamoyo steht der *Hanging Tree*, an dem die Kolonialherren Widerstandskämpfer aufknüpften. Die Boma, das ehemalige deutsche Kolonialhauptquartier, die erste Schule Ostafrikas, das Kolonialkrankenhaus, die Post ... Einer, der Bagamoyo von früher her kannte, es jetzt noch einmal besucht, schreibt in die Heimat zurück: »Die Reinlichkeit in den Straßen hat sich unter deutscher Verwaltung sehr gebessert und die hygienischen Verhältnisse sind infolgedessen nicht unwesentlich gehoben worden.«

In den Usambara-Bergen, wo die schöne Afrikanerin Amaryllis und das Usambara-Veilchen blühen, zirpen Grillen, summen Bienen, zwitschern Vögel. In Usambara

in Tangas Hinterland ist es wie daheim, wie zu Hause. Usambara ist vielleicht der schönste und für Deutsche geeignetste Platz im gesamten Kolonialbesitz: »Ich hoffe und ich glaube es bestimmt, unsere Berge werden in nicht allzu ferner Zeit vielen fleißigen deutschen Siedlern eine neue Heimat auf deutschem Boden gewähren«, (Magdalena Prince, der es ein Anliegen ist, dass Deutsch-Ost deutsch bleiben würde).

»Geht die Regierung jetzt zielbewusst vor«, so Wilhelm Arning, Direktor der deutschen Kolonialschule GmbH, »wird der Erfolg gewiss nicht ausbleiben und Deutsch-Ostafrika eine glückliche und für das Mutterland, speziell für den Handel, der sein Haupttor in Hamburg hat, ersprießliche Kolonie werden.« ...

1914 geht in Deutsch-Ost das Gerücht um, nach dem Kaiser Wilhelm kommen würde, um 30 Jahre Schutzgebiete vor Ort zu feiern. Im Vorjahr hatte er bei der Papenburger Meyer-Werft ein Fracht- und Passagierschiff für den Tanganjikasee bestellt. Der Doppelschraubendampfer, im Baukastenprinzip als GRAF GÖTZEN auf Kiel gelegt, traf in Einzelteile zerlegt und in rund 5.000 Kisten verpackt zwischenzeitlich in Kigoma ein.

Angenommen wird, dass Wilhelm das Schiff nur in Auftrag gab, um während eines Besuchs im Jubiläumsjahr standesgemäß über den Tanganjikasse zu fahren. Über Kigoma thront der »Kaiserhof«, für den Fall, dass der Kaiser tatsächlich kommen würde.

Denkmal für die Gefallenen der Wißmanntruppe in Bagamoyo.

Das Fracht- und Passagierschiff GRAF GÖTZEN: Der von der Papenburger Meyer-Werft gebaute, dann in Einzelteile zerlegte Dampfer trifft kurz vor Kriegsausbruch in rund 5.000 Kisten verpackt im Schutzgebiet ein.

Die Südsee – Deutschlands Platz an der Sonne

Das Paradies: a) der dem ersten Menschenpaar vor dem Sündenfall zum Aufenthalt dienende Garten in [der Landschaft] Eden, b) der im Himmel befindliche Aufenthaltsort der Seligen nach dem Tode, c) die für Büßer bestimmte äußerste Vorhalle einer Kirche, häufig mit einer plastischen Darstellung des Sündenfalls, und d) *die Südsee* (der Pazifische oder Stille Ozean).

Die Südsee, wo sie deutsch geworden ist: Ein »Festland«, tausende über Millionen Quadratkilometer zerstreute Inseln und Inselchen aller Formen und Größen! Viele reden davon, ohne jemals dort gewesen zu sein, wer dort ist, kann Erstaunliches berichten. Schwankende Palmen, einsame Lagunen, breitblättrige Bananenstauden und das tausendfache Gezirp der Zikaden. Menschen dazu, die in selbstverständlicher Nacktheit (»*da das Klima die Bekleidung entbehrlich macht*«) Phantasie und Romantik beflügeln.

Der Schrei des komischen Lederkopfs, der in den Bäumen klettert, Kakao, Vanille, Mango, Guttapercha und Tabak. Der Königin-Alexandra-Vogelflügler, der – Flügelspannweite fast 30 cm – als weltweit größter Schmetterling die Fachwelt gerade in Staunen versetzt. Die Kochbanane Musa paradisiaca, wie während der Deutschen Gewerbeausstellung von 1896 gezeigt.

Die deutsche Südsee: Peleliu, Pinge- oder Rongelab, palmenumsäumt und von der Sonne beschienen. Palau als Inbegriff aller leiblichen Lebensgenüsse ... Beispiele nur, auf was sich selbst einer wie Goethe einmal träumte (»*man sollte oft wünschen, auf einer der Südseeinseln als so genannter Wilder geboren zu sein*«), um weit weg von allem anderen ein Leben ohne zivile Störfaktoren zu führen. Wohin man auch schaut »edle Wilde«, wie vom Südseeschwärmer Adelbert v. Chamisso bekannt gemacht. Drum herum der weite Ozean und ein Kaiserwort, wonach Deutschlands Zukunft auf dem Wasser liege.

Es gibt angeblich nur zwei Sorten Menschen: Die einen, die dort bereits leben, die anderen, die dort gerne leben würden! Der Meyer, Karl (S.M.S. LEIPZIG), der Vogel, Ernst (SPERBER) ... der Kriegsmarine laufen in Ozeanien so viele Leute davon, dass sie jenen ein Kopfgeld anbietet, die sie wieder zurück zur Fahne bringen.

Was Goethe nicht schaffte, haben Landsleute geschafft: Der Etscheit, Dominik aus Ehrenbreitstein heiratete eine Mikronesierin, erwarb Ulul in der Trukgruppe und übernahm eine Plantage auf Ponape/Pohnpei. Friedrich Narruhn aus Nürnberg segelte mit seinem Schoner NEPTUN von Eiland zu Eiland, eröffnete Handelsstationen auf Ponape und Truk. Adolf Nauer, Posthilfsbeamter aus Rottenburg am Neckar, ehelichte die Filomena aus Lepea auf Upolu.

Der Wahlen, Heinrich, den sie im Bismarckarchipel *the Baron* nennen, lebt in seinem Maroner Palast mit einem Harem voll Frauen, die man ihm nach Südseesitte schenkte (allein auf Wuvulu hat Wahlen mit Karl, Dorothea und Margarete drei Kinder). Hugo Schmidt, Pflanzer beim stark europäisierten Apia, der Mineralwasserfabrikant Höflich, Kapitän Hufnagel, als Verwalter der »Firma« Spiritus rector der Samoakulturen, selbst Postmeister Banse, der eines Tages mit einem tödlichen Sturz aus der Kutsche den Sprung in Samoas Lokalgeschichte schaffte ...

»Der erste Eindruck, den Neuguinea auf den Ankommenden macht, ist der eines ungeheuren botanischen Gartens, eines Treibhauses. Wo das Auge hinblickt, erschaut es Grün und abermals Grün, selbst im Wasser spiegelt sich die gewaltige grüne Wand des Uferwaldes, der landeinwärts über terrassenförmig aufgebaute Hügelketten und Berge in unverminderter Üppigkeit ansteigt, und dieses ganze Bild ist eingehüllt in den warmen Duft einer feuchtigkeitsgesättigten Atmosphäre. Lockender kann sich kaum ein Land dem Auge darbieten« (Eugen Werner, der auf der Plantage Jomba nach Kokospalmen und Kautschukbäumen schaut).

»Auserlesener Lieblingsort der Menschheit, bei dessen Schmuck Natur und Kunst sich die Hand gereicht haben« (Hugo Zöller, Forschungsreisender aus Oberhausen bei Schleiden). – »Wie hingezaubert liegt Finschhafen, das lieblichste Stück Erde, das man sich denken kann« (Otto Schellong, Stationsarzt der NGK aus dem westpreußischen Löbau). – »Bunte Blumen und Sträucher ergötzen das Auge« (Heinrich Paul Wentzel, Pfarrer der Wesleyanischen Gesellschaft).

Freie Liebe, junge Mädchen, treffend *Funga* (Blüten) genannt … auf Truk in den Karolinen fehlt ein Wort für Jungfräulichkeit, was ja auch etwas heißt. Männlein und Weiblein in ungeniertem Durcheinander, wer in die Südsee reist, so die gängige Meinung, hat Damenwahl: »Schönste Lebensfreude und harmlose Natürlichkeit, wahrhaft vollendete Geschöpfe« (Franz Reinecke, Redakteur aus Raatz/Kreis Münsterberg). – »Oft bis auf Null reduzierte Kleidung, die für sie die gesündeste und beste ist« (Karl Sapper, Naturwissenschaftler aus Wittislingen/Bayern).

»[Die Frauen der Pingelapesen auf den Karolinen] sind kräftige, schöne Erscheinungen. Das dunkle Haar, stets durchflochten mit Blättern und duftendem Blütenwerk, und die großen leuchtenden Augen stehen den braunen Gestalten sehr gut. Sie leben ohne Sorge wie die Lilien auf dem Felde, tanzen lachend durch das Leben hin, stets heiter wie der blaue Himmel über ihnen« (Georg Irmer aus Dessau, Landeshauptmann der Marshallinseln).

Heißer Sand und ein rundherum erotisches Land: »Auf Palau können Frauen, in der Blütezeit nicht unschön, bis sie verheiratet sind ein freies Leben führen« (Seidel). – »Es dürfte einer der schönsten und eigenartigsten Eindrücke sein, die heutzutage geboten werden können, diese kräftigen und teilweise geradezu klassisch schön gewachsenen Menschen mit ihrer prachtvollen braunen Haut in ihren graziösen Tänzen zu bewundern« (KAdm. Gühler). Ihr Schutzpatron: der Kaiser.

Und wer sich in Rabaul oder Herbertshöhe im Schwarzinselgebiet mit Insulanern unterhalten will, kann es mit Pidgin- oder *Unserdeutsch* versuchen. *Unserdeutsch* (»Der Dog war gestollen«) hatte sich in den Waisenhäusern entwickelt, ist eine auf dem Deutschen basierende Kreolensprache.

Andere Länder, andere Sitten, kulturelle Besonderheiten: »Unter den Papua ist Küssen unbekannt [sind es die Weißen, die den Kuss gerade einführen].« – »Die Damenwelt hält sich Haustiere, Hühner und Schweine, Letztere werden, so lange sie jung sind, von den Frauen wie Schoßhündchen herumgetragen, ja sogar gesäugt.« – »Neupommerns O'Mengen mumifizieren ihre Toten: der in Blätter gehüllte Leichnam wird geräuchert, trocknet ein und wird in der Form von Spindeln in den Häusern aufbewahrt.« – »Auf Samoa wird die Dorfjungfrau vor versammeltem Volke auf dem Dorfplatz defloriert.«

Auf der Rieseninsel Neuguinea, am Rande des Pazifik dem australischen Kontinent zugerechnet, scheinen sie alle gleich zu sein, gibt es in vielen Eingeborenensprachen kein Wort für arm oder reich. Wohlstandssymbol ist das eigene Schwein, wer fünf davon hat, gilt als Persönlichkeit …

Als Emil Nolde, Maler und Graphiker aus Nolde/Schleswig, 1913/14 die deutsche Südsee besuchte (»*sechs Monate reisten wir, sechs Monate waren wir in Neuguinea*«), treibt ihn die Aussicht, dort noch menschliche Urzustände, urweltliche Ruhe, eine regelrechte Urvolkskultur vorzufinden. Das keineswegs im Nirgendwo, sondern im Umland von Berlinhafen an der Brandenburgküste, an der Sachsen- oder Badenbucht, am Kap Moltke oder Schumannfluss, gegenüber der Preußenreede, unter der Rüdigerspitze oder am Schopenhauerberg in Deutsch-Neuguinea.

Den Südseebesitz hat die Verwaltung in die geografischen Begriffe Melanesien (Schwarzinsel-), Mikronesien (Kleininsel-) und Polynesien (Vielinselgebiet) geteilt, die politisch zwei räumlich weit auseinander liegende Regionen bilden: Deutsch-Neuguinea, was etwas näher erklärt werden muss, und Deutsch-Samoa.

Emil Nolde (1867–1956), Maler und Graphiker aus Nolde/Schleswig.

221

Das Alte Protektorat, wo mit der Kolonisation begonnen wurde, umfasste Kaiser-Wilhelmsland, den Bismarckarchipel und die deutschen Salomonen im pazifischen Großraum Melanesien. 1899 erfolgte der Zusammenschluss mit dem Inselprotektorat Mikronesien: im Mittelpunkt die Karolinen mit den westlich gelegenen Palauinseln, im Norden die Marianen (ohne Guam). 1906 wurde auch die Marshallgruppe mit der Phosphatinsel Nauru dem Gouverneur von Deutsch-Neuguinea unterstellt, was als Neues Protektorat dann bis zum Weltkrieg hält.

Deutsch-Neuguinea ist neben dem Festland ein über ein Erdsechstel verstreuter Kleininselhaufen, der, auf Europa projiziert, einen Raum von Island bis zum Ural, vom Nordkap bis zum Balkan bedeckt. Das bei verschwindend kleiner Landmasse und mit weniger Einwohnern als Köln. Zu Optimismus berechtigt, dass sich der (Land)Besitz von Zeit zu Zeit vergrößern könnte, ist nach Harry Koenig (»ELISABETH«) die Erdkruste Westozeaniens doch so unruhig, dass bei Vulkanausbrüchen neue Inseln entstehen,

man mit einer ganz natürlichen Vermehrung des Schutzgebiets rechnet.

Deutsch-Samoa, die kleinste Kolonie im deutschen Besitz, entspricht der Landschaft des hessischen Vogelbergs.

Emil Nolde nimmt an der medizinisch-demografischen Südsee-Expedition des Reichskolonialamts teil. Deutsch-Neuguineas Volksverluste sind alarmierend, fordern eine Untersuchung des Fortpflanzungsgeschäfts, der Gesundheitsverhältnisse und diesbezüglich rassischer Merkmale heraus. Als Nolde in der deutschen Südsee zeichnen und forschen will, ist die Frage noch ungeklärt, »ob die Wilden der tropisch-australischen Monsunregion für die Zivilisation gewonnen werden können, oder ob sie, von der Kultur buchstäblich erdrückt, einfach aussterben würden«, wofür tatsächlich einiges spricht.

In Noldes Begleitung reisen seine Frau Ada, der Kolonialarzt Friedrich Külz, früher Regierungsarzt in Togo und Kamerun, der Göttinger Augenarzt Alfred Leber und die Krankenschwester Gertrud Arnthal.

Übersichtskarte von Deutsch-Neuguinea: Das Schutzgebiet umfasst die geografischen Begriffe Melanesien (Kaiser-Wilhelmsland, Bismarckarchipel, deutsche Salomonen) und Mikronesien (Ost- und West-Karolinen mit Palauinseln, Marianen und die Marshallinseln mit Nauru); Entfernung von Friedrich-Wilhelms-Hafen zur Elbmündung: 11.700 Seemeilen.

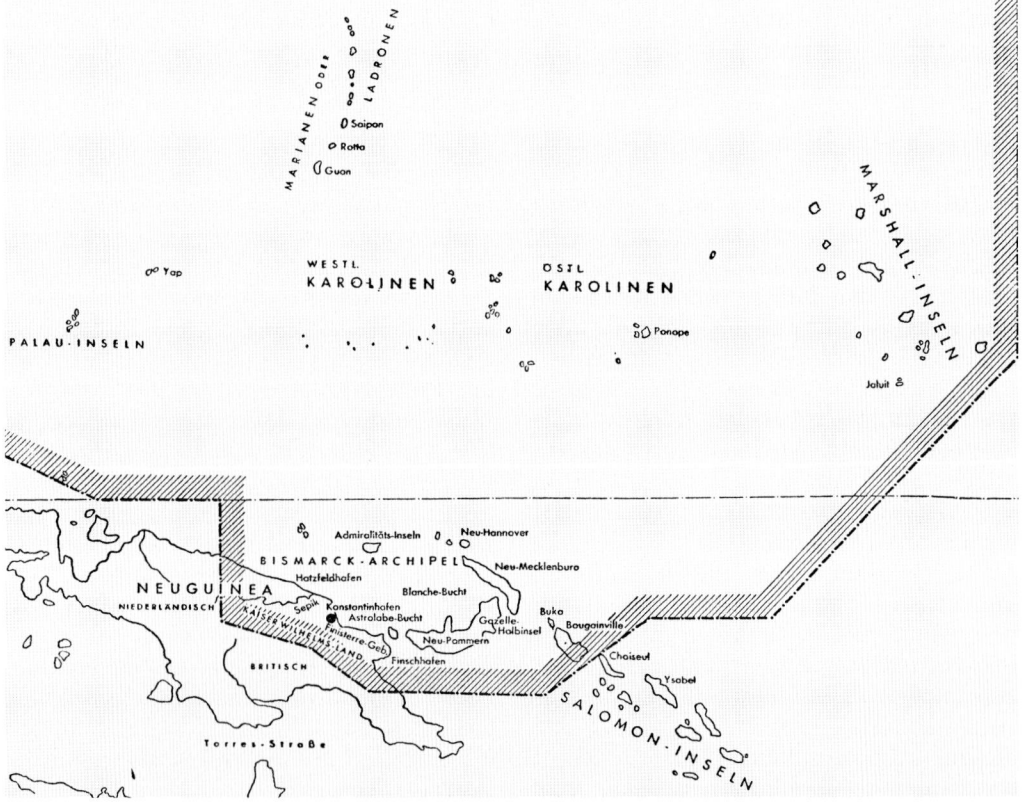

Ob Nolde findet, nach was er sucht? Die Antwort darauf ist ein Ja und ein Nein. Nolde fühlt die Harmonie mit der Natur, malt Strand- und Dorfszenen, porträtiert Eingeborene. Die Südseebühne nimmt ihn derart gefangen, dass es ihm hinterher vorkommt, als habe er, obwohl die Zeit wie im Flug verging, »im unbeschreiblich schönen, wilden Land« zehn Jahre verbracht. Die Exotik mag nicht zu bestreiten sein, das Inselreich ist noch weitgehend ursprünglich. Doch dort, wo die Weißen bereits im Sattel sitzen, befindet man sich – Abortanlagen mit Entwässerung Richtung Meer, Jugendliche, im Reich ausgebildet – in einer Periode des Übergangs, ist es mit der eigentlichen Südsee-idylle schon vorbei.

Die pazifischen Inselfluren haben mit Weißen nicht die besten Erfahrungen gemacht, sind auf so edle Entdecker wie Kotzebue oder Chamisso doch »roheste Abenteurer, die Ausgestoßenen aus aller Herren Länder gefolgt« (Irmer). Leute, die vom Schlechten das Schlimmste, dazu Schnaps und Pulver brachten, was zum Verderben und Schrecken vieler Insulaner wurde.

Leute mit bewegter Vergangenheit aus der englischen Deportationskolonie Neu-Süd-wales oder Frankreichs Straflager Neu-Kaledonien, *Colonials* aus Neuseeland, Wal- und Sklavenfänger, *Beachcomber*, abgeheuerte Seeleute und Schiffbrüchige wechselten sich ab … dazu kamen die Händler, die entweder auf ihren Schiffen hocken blieben oder sich an Land niederließen. Seit 1847 liefen Handelsschiffe aus Hamburg und Bremen die Inselgruppe Samoa an.

Wo Traditionen mit europäischen Vorstellungen kollidierten, haben Kolonisation und Mission die indigenen Gesellschaften und deren soziale Strukturen zerstört, was sich auch so erklären lässt:

Auf den Marianen war es mit den paradiesischen Zeiten vorbei, als Bezirksamtmann Georg Fritz dort eine Uhr aufhängte, um Insulanern deutsche Pünktlichkeit beizubringen … auf Truk, als sie die Prügelstrafe als Mittel der kolonialen Strafjustiz einführten … auf Nauru, als Mann/Frau traditionelle Festlichkeiten zurückstellten,

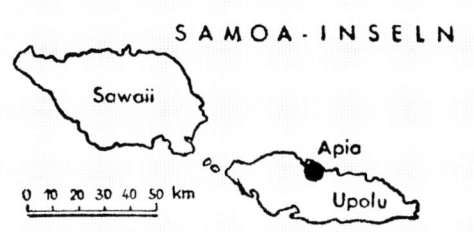

um sich ganz auf Kaisers Geburtstag zu konzentrieren.

In Kaiser-Wilhelmsland war es Schluss mit der (Männer)Idylle, als die Administration auch Frauen erlaubte, sich scheiden zu lassen, zweifellos eine einschneidende Veränderung. Im Gebiet der Marshallinseln würden Paradiessucher künftig enttäuscht, da einige Frauen und Mädchen auf Busenhöhe bereits fein sittsam verhüllt gehen.

Auf der Sehnsuchtsinsel Samoa änderten sich die Zeiten, als Kaiser Wilhelm dort *Tupu Sili o Samoa*, Oberkönig wurde … im Bismarckarchipel, als man den Kannibalen, um endlich Schluss mit der Menschenfresserei zu machen, das Kanonenboot ALBATROSS (95 Mann, vier Kanonen Kal. 12-cm) und den Kleinen ungeschützten Kreuzer SEEADLER (160 Mann, acht 10,5-cm-Schnellfeuerkanonen, fünf 3,7-Revolverkanonen) als Appetitzügler schickte.

In der Tat strengten sich die Administratoren, die Hiltruper Brüder des Heiligsten Herzens Jesu, die Schwestern vom hl. Franz von Assisi, die Steyler Gesellschaft des Göttlichen Wortes und so weiter kräftig an, um lokale Essgewohnheiten zu ändern, die Naturkinder europäisch-zivilisiert zu kleiden.

Der Trend artet an Stellen gar richtig aus: »Die Kultur geht der Auflösung entgegen. Der gutmütig-liebenswürdige Charakter der Eingeborenen ist verschwunden, er hat egoistischem, hinterlistigem, habgierigem, wenig verträglichem Wesen Platz gemacht« (Georg Thilenius aus Soden im Taunus, Prof. der Völkerkunde am Hamburgischen Kolonialinstitut).

»Die Ssissano-Leute und Nossi hatten zwei Weiber aus Warapu gestohlen. Die Warapus hatten dann bei mir Klage erhoben und ich ließ die Ssissano auffordern, die Weiber sofort zurückzugeben. Die Ssissano ließen mir ausrichten, ich solle nur kommen, denn sie hätten jetzt auch ein Gewehr und keine Angst mehr vor der deutschen Polizeitruppe« (gez. Rodatz, ksl. Stationschef in Eitape am Berlinhafen). So etwas wäre früher nicht passiert, so etwas war eine Unbotmäßigkeit.

Von edlen Wilden und Kannibalen

In Deutsch-Melanesien, -Mikronesien und -Polynesien leben edle Wilde und regelrechte Kannibalen, die sich, lange bevor es zum Unwort wird, mit *Kanaker* auf einen Nenner bringen lassen. *Kanaka,* so viel wie Mensch, stand ursprünglich für einen Bewohner Hawaiis. Inzwischen hatte sich die Bezeichnung in vielen Sprachen für alle Südseevölker durchgesetzt (wer im Kolonialjargon *verkanakert,* sinkt auf die Stufe des Insulaners herab).

Südseekulturen sind nicht überall gleich, Neu-Deutschland lässt sich an zwei Extremen messen: Auf der einen Seite die klassisch-schönen Samoaner als edelste Form des Polynesier-Völkerbegriffs (»*ein begabter und heiterer Menschenschlag, tapfer und mit viel Sinn für die anmutigen Seiten des Lebens*«).

Der Wikinger der Südsee (»*Fettpolster gut, Waden stark, Glatze selten, von den Knien bis zum Bauch tätowiert*«) ist hellhäutig/ hellbraun und gefällig gebaut, in der Regel

von mittlerer Größe. Die Gesichtsform der Samoanerin ist, abgesehen von der oft etwas breiten und flachen Nase, klar europäisch, die Schönheit der Samoanerin herauszustellen, lässt kein männlicher Besucher aus.

Mamai tele Samoa, Samoa ist schön. Auf ihre Samoaner sind die Deutschen so stolz, dass Apias Polizeichef, der Berliner Fritz Marquardt, ein paar davon mit nach Deutschland nimmt, um sie bei Hagenbeck in Hamburg, in der Reichshauptstadt und in Leipzig vor- und auszustellen. »Unter allen so genannten wilden Völkern sind die Samoaner vielleicht das körperlich und geistig höchststehende (der Reichstagsabgeordnete Georg Ledebour).

Auf der anderen Seite die *wilden, kannibalisch-grausamen* Melanesier auf den meisten Inseln des Archipels und an der Küste von Kaiser-Wilhelmsland. Dazu die eigentlichen Papua, die – hohe Schmalschädel, gekräuseltes Kopf-, kraues Barthaar, prognathe Kiefer – in dorfartigen Verbänden konzentriert im Innern Neuguineas leben. Es ist gängig, die Inlandbewohner, die keine melanesische Sprache sprechen, Papua, die vom Küstenstrich Melanesier zu nennen.

Unter ihnen der aus der Vermischung entstandene Typus des Papua-Melanesiers (»*die Leute sind rotbraun, haben eine breite Nase und krauses Haar, sind ziemlich gut gebaut, mitunter ganz hübsch*«) und der Amelanesier (»*hellbraun, gelblich, mit fliehender Stirn und schnauzenartigem Mund*«). Auch ihr Schutzherr: der Kaiser.

Inland- und Küstenbewohner sind unterschiedlich gebaut, lassen sich schnell erkennen: Die einen haben die kräftigeren Beinmuskeln und besser entwickelten Unterkörper, was vom vielen Bergsteigen kommt, die anderen zeichnen recht umfangreiche Oberkörper aus, weil sie häufig rudern. Da Melanesier in der Mehrzahl »negerartig dunkelhäutig«, Papua kaffeebraun bis kohlenschwarz sind, wird der Raum, in dem sie leben, Schwarzinselgebiet genannt.

Melanesier (»*gute Schiffer, absolut spitze im Schwimmen, das sie im Wasser laufen nen-*

Papua in Kaiser-Wilhelmsland: Wie in Deutsch-Kamerun die Menschenaffen, sind es hier die Menschenfresser, die im Reich auf großes Interesse stoßen.

nen, geborene Geschäftsleute, doch lügenhaft, misstrauisch, wild und mit diebischem Sinn«) entsprechen deutschen Vorstellungen aufgrund des allzu starken Kulturgefälles nicht oder nur ganz selten. Wo man sich angeblich näher kommt, kann es ein Missverständnis sein: »Das Vorkommen von Menschenschädeln und Knochen in den Hütten deutet auf Kannibalismus. Als der Gesellschaftsarzt der Neuguinea-Kompagnie bei sich zu Hause einen Schädel aufstellte, war er unter Eingeborenen ›als Menschenfresser‹ schnell einer der Ihren« (Wilhelm Knappe aus Erfurt, ksl. Kommissar der Marshallinseln an Bismarck).

Der Mikronesier, der auf den Inseln nördlich des Äquators lebt, sich um Produkte der Kokospalme, Tabak, Bananen, Ananas, Mais, Bataten und Orangen kümmert oder fischt, hat eine dunklere Haut als der Polynesier, ist jedoch heller als der Melanesier, was sich mit einem stärkeren asiatischen Einschlag erklären lässt. Palauinsulaner etwa werden als rosafleischfarben bis gelblichbraun dargestellt, Yaper als hell olivgelb bis ziegel- oder dunkelbraun.

Die Hautfarbe allein sagt noch nichts über die Menschen aus, wie anderswo auch. Die Leute auf den Marianen neigen zu stumpfsinniger Träumerei, sind außerordentlich bequem, die Palauinsulaner zwar »hinterlistig, leicht erregbar und schwer im Zaun zu halten«, doch auch »intelligent, sauber, arbeitslustig und -willig«, somit nach deutschem Geschmack.

Wenn es auf Erden einen Garten Eden gibt, dann die Südsee mit allem, was Menschen lieben, allerdings – und genau hier beginnt das Problem – auch fürchten. Angst und Schrecken in vielen Hütten, Anarchie, Mord und Raub vor gewaltigen Naturkulissen. Blutrünstige Stechfliegen, die Strapazen des Urwalds und das bleiche Gespenst des Fiebers (*»das Klima an der Küste ist fürchterlich, selbst die [gastarbeitenden] Chinesen sterben weg«*).

Des Kaisers Südseeparadies kann eine Hölle sein, im Stillen Ozean ist es nicht still, ganze Landschaften, in denen ans Paradies nur noch das Adamskostüm und die Schlange erinnern. Vielleicht, so der eine oder andere Besucher, hat das Paradies

ohnehin nie im Pazifik gelegen, war von Goethe (*»Uns ist ganz kannibalisch wohl,/ Als wie fünfhundert Säuen«*) über Chamisso bis zum Reisenden Zöller alles nur romantisierendes, realitätsfernes Getue.

Wer den Leuten dort einmal in den Kochtopf schaute, dem wiederum entkommen konnte, zeigt sich entsetzt: »Die Lust nach Menschenfleisch ist so groß, dass sie auch in friedlichen Zeiten auf Mord und Totschlag ausgehen, um sich ein Mahl zu verschaffen. Mit den unglücklichen Opfern hat man kein Erbarmen. Nachdem sie diese durch Brechen der Gliedmaßen hilflos gemacht haben, zerlegen sie dieselben noch lebend. Die Fleischstücke werden in Bananen- oder andere Blätter eingewickelt, mit Freudengeheul weggetragen und zwischen heißen Steinen mit Taro/Colocasia esculenta und Jams [stärkereiche Knollen, gekocht wie Kartoffeln] gebraten.«

Die Kanaker von Melanesien haben – Mann, Frau und Kind – ihre Nachbarn und Besucher zum Fressen gern, sind »genau wie manche unsrer neuen Brüder im Innern Afrikas entsetzlich grausame Menschenfresser« (Wentzel).

»Die gefangenen Feinde werden geschlachtet und mit den erbeuteten Leichen verzehrt, denn Menschenfleisch ist für die Eingeborenen der höchste aller Genüsse. Sie behaupten, es schmecke besser als das Fleisch des Schweines« (der Ethnograf

Eingeborene auf Neumecklenburg: Die Melanesier und Papua sind »negerartig dunkelhäutig«, was den Raum, in dem sie leben, zum Schwarzinselgebiet macht.

Paul Wirz, Fachautor in Sachen Papua). – »Wenn sie einen benachbarten Stamm überfallen, was sehr häufig vorkommt, geht es nach der Schlacht nie ohne großen Festschmaus ab, bei dem sich der Sieger die gefallenen Gegner schmecken lässt« (Handelsvertreter Friedrich Schulle, der einem Schmaus auf Nusa beiwohnte).

Essen und Gefressenwerden, nichts Erfundenes, sondern ein Stück Wirklichkeit! Wie in Deutsch-Kamerun die Menschenaffen, sind es in der Südsee die Menschenfresser, die im Reich auf großes Interesse stoßen. Viel weniger wichtig ist, dass die Melanesier auch animalische Nahrung lieben, Spezialitäten wie Schildkröte, Schwein, Hund, Huhn oder Fisch, wie der Seeigel und die Larve des Borkkäfers.

Die Uhr des Bezirksamtmanns Fritz oder Papuas, die gerade das Küssen erlernen … Emil Nolde aus Nolde/Schleswig, als er die Inseln der Kannibalen wieder verlässt: »Die Eingeborenen sind ein herrliches Volk, soweit sie nicht schon durch die Berührung mit der Kultur der Weißen verdorben wurden.« Wo sie deutsche Normen akzeptierten, kamen sie ihm bereits unerträglich, verlogen und verseucht vor. Ganz abgesehen davon war für einen wie ihn ein Wilder mit Hut, Schirm und Hose kein Wilder mehr, sondern ein Beispiel für die langsam verschwindende Urvolkskultur.

Die alarmierenden Volksverluste und demografischen Lücken, die die Kolonialverwaltung weiterhin ernstlich berührt, Nolde überhaupt erst in die Südsee brachten?

Es wurde jetzt viel über das Aussterben der Naturvölker geschrieben, über Volkshygiene und Praktiken der Insulaner, über deren Beziehungen zur Kolonialwirtschaft, für die sie als Arbeiter, eines ferneren Tages auch als Konsumenten, den »kolonialen Hauptwert« stellen.

Als fortpflanzungshinderlich erwies sich dort, wo Frauen allzu leicht zu haben sind, dass sich die Männer als Fremdgänger vergnügten (»*die Frauen welken schnell, sind nicht attraktiv für den Sinngenuss suchende Männer, die sich Prostituierte suchen*«). An der Festlandküste scheint ein Gebärstreik fürs Minus zu sorgen, mit dem das weibliche Geschlecht gegen die Kolonial-

macht protestiert. Ohne die Frauen geht es nicht, gerade sie müssten schon mitmachen. »Auf den Palauinseln muss der Ehemann seine Frau für jeden Beischlaf bezahlen. Ein inniges Familienleben hat sich bei solcher Lebensweise nicht herausbilden können, daher pflegen die meisten Ehen unfruchtbar zu sein.« – »Auf den Marshallinseln stehen Mann und Frau den Mitgliedern der Häuptlingsklasse frei zur Verfügung. Die Verbreitung der Geschlechtskrankheiten bringt einen ungeheuren Rückgang der Geburtsziffer mit sich, auf Ebon sind nahezu 100 Prozent der Insulaner syphilitisch.«

Gebärstreik, die Ernährungssituation, Infektionskrankeiten, Alkoholmissbrauch trotz Prohibition … Volksverluste anstelle von Volksvermehrung geht alle an, sind »die Lebensfrage für die Zukunft Deutsch-Neuguineas« (Albert Hahl, Gouverneur). Kolonialarzt Külz will die Sache so auch weiter verfolgen, wird dann jedoch vom Krieg überrascht.

Wie sich der deutsche Pazifikinsulaner, der auf Ngatangal Bananen pflückt, am Fluss Ngermeskang auf der Insel Babeldaob lebt oder sich am Rutschfels Papaseea hinter Faleata vergnügt, das Paradies selbst erträumt? »Den Himmel denken sie sich als eine schöne, fruchtbare, sehr warme Insel, auf der alle Lieblingsfrüchte in seltener Größe und in Hülle und Fülle gedeihen und wo unzählige Scharen von Fischen und Schildkröten ihnen zuschwimmen. Wie bei den Arabern bevölkert auch die Fantasie unserer Kanaker ihren Himmel mit einer überreichen Schar schöner Frauen« (Irmer).

Der König der Südsee

»*Fa'avae i le Atua Samoa*« … der Samoaarchipel ist laut Wappenspruch auf Gott gegründet. Zur Inselgruppe am 171. Längengrad zählen neben Sawaii und Upolu Tutuila und Manua. Sawaii hat, so die Legende, der Schöpfergott zur Wiege polynesischen Lebens gemacht. Ganz Samoa ist – *moa* steht für Erdkern, aber auch für Huhn, es soll Leute geben, die Samoa als heiliges Huhn verstehen – vulkanischen Ursprungs.

William Bligh (1754–1817), britischer Seeoffizier und Gouverneur von Neu-Südwales, Kapitän des Seglers Bounty.

Auf Samoa wurde es christlichen wie unchristlichen Südseereisenden beim Vorbeischauen eine Zeit lang relativ leicht gemacht, wurde dort doch eine Weissagung weitererzählt, nach der eine neue Lehre durch den Himmel brechen würde. Die ersten Weißen werden so auch *Papalagi* (sprich: *Papalangi*), Himmelsdurchbrecher genannt. Helle Hautfarbe gilt als Zeichen edler Herkunft, auch wenn es zu Zeiten Verwirrung stiftet.

Unter den frühen Kaufleuten, die es auf Samoa zu etwas bringen, ist ein Hanseat, der sich auf die Initialen JCGS kürzeln lässt: JCGS für Johann Cesar Godeffroy & Sohn. JCGS, wie es allerdings auch für Jesus Christus Gottes Sohn stehen könnte, da es irgendwie zum Thema passt.

Die Godeffroys, aus alter Hugenottenfamilie, gehören inzwischen den Reformierten an, was im lutherisch dominierten Hamburg nicht immer einfach ist. Doch gerade an ihnen kommt kein Mensch mehr vorbei, seit sie aufgrund einer Erbschaft und persönlicher Tüchtigkeit etwas aus sich machten. Die Godeffroys sind einflussreiche Politiker, als Kaufleute und Intriganten gleichermaßen genial, der Gustav G. hat es in der Elbmetropole zum Senator, der Adolph G. zum ersten Generaldirektor der Hamburg-Amerikanische Paketfahrt-Actien-Gesellschaft (Hapag) gebracht.

Schillerndster und lange Zeit erfolgreichster der Brüder ist Johann Cesar VI. Godeffroy, 1813 in Hamburg geboren, jetzt wohnhaft im Hirschparkhaus Elbchaussee Nr. 499 in Blankenese (Adolph Woermann ist in der gleichen Straße zu Hause). JCGS war mit 17 in das vom Großvater gegründete Geschäft eingetreten, hatte es dann weiter ausgebaut. Das Handels- und Reedereihaus Joh.Ces. Godeffroy & Sohn ist eine Weltfirma, JCGS als »König der Südsee« Inbegriff des hanseatischen Großkaufmanns.

Der Stadtstaat profitiert von JCGS, JCGS von Hamburg. 1861 gründet er ein natur- und kulturgeschichtliches Museum, das die Hansestadt zur ersten Stadt der Wissenschaft in deutschen Landen macht. Die Godeffroys sind reich, wenn auch bei weitem nicht so reich, wie viele glauben.

Die Südsee, deren Wellen JCGS mit nach oben spülten, ist ein verklärter Raum auf der anderen Seite des Globus. Wer einmal von Hamburg nach Apia fuhr, dann wieder zurück, weiß, wie groß die Welt tatsächlich ist. In der Südsee waren die Wenigsten gewesen, davon hatte man lediglich gehört, geträumt oder gelesen.

An Neuguinea, so genannt, weil es frühe Entdecker an das afrikanische Guinea erinnerte, führt die Toresstraße vorbei, durch die Käpt'n Bligh nach der Meuterei auf der BOUNTY schipperte. Über einen Besuch der Diebesinseln, nach der Habsburgerin Maria Anna jetzt Marianen, hatte ein Christoph Carl Fernberger v. Egenberg aus dem niederösterreichischen Ybbs im Jahre des Herrn 1623 ins Raißbuch geschrieben: »Disse leit sein ganz schwarz und wolgestalt von angesicht, von persohn ein wenig lenger und ganz nackhent … ob sie zwar schwarz sein sie doch wol gebilt, aber sehr geil den sie weißen uns dass wir solten unzucht mit ihnen dreiben, wie es auch von etlichen beschehen.«

Nachrichten dann von Otto v. Kotzebue und Adelbert v. Chamisso, von den Insulanern nur *Cotabu* und *Camito* genannt, die mit der ksl.-russischen Brigg RURIK mehrere Südsee-Atolle ansegelten. Berichte der österreichischen Novara-Expedition unter Kommodore Frhr. v. Wüllerstorf-Urbair im Rahmen der letzten Weltumrundung eines Segelschiffes. Vermischtes von verschiedenen Reisenden, die entdeckten, forschten oder nur reif für die Inseln waren. Sich in der Südsee auf einzelne Entdecker festzulegen, fällt schwer, da einige Plätze gleich mehrmals entdeckt wurden.

Anno 1855 schickt JCGS den für seinen Südseehandel zuständigen August Unshelm nach Samoa. Der Mann sieht, was dort wächst, stellt sich vor, was dort wachsen könnte, schätzt den Wert des Archipels dazu richtig ein. In der an Upolus Nordküste liegenden, durch Korallenklippen gebildeten hakenförmigen Bucht von Apia könnten Schiffe ankern. An Land, wo während des Großteils des Jahres Passatwinde mit kühlenden Brisen die Tropenhitze mildern, ist das Klima gesund. Auf Upolu oder Tutuila müssten sich Zwischenstationen für den langen Handels- und Auswandererweg

Johann Cesar VI. Godeffroy, Chef des Hamburger Handelshauses Joh. Ces. Godeffroy & Sohn, dem das Reich eines Tages den Besitz West-Samoas verdankt.

Theodor Weber, Leiter der Godeffroyischen Niederlassungen in der Südsee und erster deutscher Konsul in Apia.

nach Australien einrichten, so auch etwas verdienen lassen. Auf Samoa ließe es sich leben.

JCGS schickt ein erstes Handelsschiff, legt eine Faktorei bei Apia an, um gezielt am Südseegeschäft zu partizipieren. 1859 tauchen in Zentral- und Westozeanien die ersten Kriegsschiffe Preußens auf, 1860 sind über 60 Prozent des Handelsverkehrs hier in deutscher Hand.

Nach Unshelms Tod übernimmt ein Theodor Weber, gerade mal 20 Jahre alt, Godeffroys Südseegeschäft. Unter Webers Führung expandiert JCGS von Samoa aus in alle Richtungen, seine Agenten ziehen zu weitgehend unerschlossenen Gestaden, seine Schiffe laufen Inseln an, die noch kein Europäer betreten hat. Weber kann den Handel mit Kopra revolutionieren. Hatte man das Fruchtfleisch bisher ausgepresst in Fässern auf die lange Schiffsreise geschickt, wobei viel verloren ging, wird es durch Trocknung jetzt haltbarer gemacht. Weber erwirbt viel Land, das er mit deutschen Einwanderern besiedeln will, ein erstes Projekt verhindert der Deutsch-Französische Krieg.

JCGS unterhält Handelsstationen auf den Palau-, Ellice- und Gilbertinseln, auf Tonga im Süden und den Marshallinseln im Norden, auf den Karolinen und im (künftigen) Bismarckarchipel. Sein Einflussgebiet reicht von Chile bis nach Hinterindien. Er handelt mit Kopra, Kokusnussöl, Perlmutt, Schildpatt und Seegurke/Trepang. Schildpatt sind getrocknete Hornplatten der Schildkröte, Seegurken sehen zwar wie Gurken aus, sind allerdings kein Gemüse, sondern ein im Westpazifik in großen Mengen auftretender Stachelhäuter. Mit Seegurken, die als Delikatesse und – getrocknet – als Aphrodisiakum gelten, lässt sich in Asien viel Geld verdienen. JCGS erntet Baumwolle, Kaffee und das Erfrischungsmittel Zuckerrohr, pflanzt Kokospalmen auf eigenen Plantagen. Mittelpunkt seines Südseeimperiums bleibt der Samoaarchipel, der 1871 bereits von 36 deutschen Schiffen angelaufen wird. Auch sonst tut sich etwas, das deutsche Ansprüche stärkt: 1874 steuert S.M. Gedeckte Korvette GAZELLE/KzS v. Schleinitz während einer wissenschaftlichen Erdumrundung den Bismarckarchipel an. 1876 unterzeichnet König George Tupou I. von Tonga einen Freundschaftsvertrag mit dem jungen Reich.

1878 erwirbt KzS Karl Bartholomäus v. Werner (ARIADNE) Mioko und Makadau im Schwarzinselgebiet, zumindest geht er davon aus, beides erworben zu haben. Gleich darauf kommt es zu einem denkwürdigen Vertrag, der den Deutschen den Hafen von Jaluit als Bunkerstation überschreibt. Jaluit (sprich *Dschalut*) in einem Korallenatoll der Marshallinseln ist eine der Perlen Mikronesiens, die Feierlichkeiten sind der Stunde so auch angepasst: Die Insulaner führen ihre Kriegstänze auf, Werner lässt die Kanonen der ARIADNE donnern, worauf die farbigen Vertragskontrahenten – so Augenzeugen – höllische Angst überfällt.

Der Erfolg der Godeffroys hatte Begehrlichkeiten geweckt. Neben ihnen suchen bald weitere Deutsche das so riskante wie einträgliche Südseegeschäft. Wer 1873 die Inselgruppe der Marianen besucht (*»wie an einer Schnur aufgereiht, wie ein gefrorener Wurm«*) oder an der Bucht von Apia steht, kann mit etwas Glück die PETER GODEFFROY/KzS Wendt oder die CESAR GODEFFROY/KzS Decker aus Hamburg sehen, die TUTUILA/Hptm. Witt und die SUSANNE/KzS Loser der Firma Capelle & Co, die ELISE/KzS

Hernsheim oder die FRANZISKA/KzS Rohlfs der Firma Hernsheim & Co, um nur einige der Schiffe und Namen zu nennen.

Adolph Capelle aus Meinholz/Hannover hatte sich auf Ebon, dem südlichsten Atoll der Ralikkette, selbständig gemacht, in Mikronesien Plantagen und Verarbeitungsstationen für Kokosnüsse angelegt. Nach der Eheschließung mit der Pazifikinsulanerin Sophia war Capelle der erste Europäer, der auf den Marshalls eine Familie gründete. Das Likiepatoll in der Ratakreihe war inzwischen das Seine.

KzS Eduard Hernsheim, Jahrgang '47, gebürtiger Mainzer, hatten Insulaner einmal das nackte Leben gerettet, nachdem sein Schoner R.I. ROBERTSON in der Ryukyugruppe havarierte (der Kaiser schickte, von der guten Tat angetan, Geschenke als Dank via Kanonenboot). Hernsheim gründete Handelsposten auf den Marshall-, Gilbert- und Karolineninseln, eröffnete eine Faktorei auf Matupi, aus der eines Tages die Südseefirma Hernsheim & Co als Aktiengesellschaft hervorgehen würde. Franz Hernsheim, zeitweise mit Bruder Eduard unterwegs, lässt sich auf dem Jaluitatoll nieder, wo er das Reich als Konsul vertritt. Als 1887 die Jaluit-Gesellschaft in Hamburg gegründet wird, ist der umtriebige Franz mit dabei.

Deutsche Niederlassungen liegen netzartig über einem Teil der pazifischen Inselwelt, das Potential ist riesig. Nicht alle Unternehmer haben das gleiche Glück wie die Hernsheims oder die Godeffroys. Der mit einer Polynesierin verheiratete August Hartmann wird ermordet, nachdem er es auf Kosrae und Truk zu etwas brachte. Von anderen verliefen sich die Spuren noch bevor sie auf sich aufmerksam machen konnten, nicht auszuschließen ist, dass der eine oder andere auf dem Speiseplan der Kannibalen landete.

Der Pazifische Ozean ist nicht pazifiziert, die deutsche Vorherrschaft im Handel nicht festgeschrieben. Bestes Beispiel dafür ist das Südseeherz Samoa, wo sich neben Godeffroy auch englische und amerikanische Kaufleute etablierten. Der Samoaarchipel wird für die Unterhaltung eines Versorgungshafens dann von drei Mächten begehrt. Es ist der Kolonialdisput um die Samoainseln, der – die Weltpolitik im Blick – London und Washington vergangene Differenzen vergessen lässt.

Als die Bordkapelle eines amerikanischen Kriegsschiffes vor Apia das *God save the Queen* anstimmt – an Land tobt der Bürgerkrieg –, wird den in Hörweite ausharrenden Deutschen klar, dass sie es künftig mit einer angloamerikanischen Allianz zu tun haben würden.

Zeigen was ein Deutscher ist

Seit uralten Tagen wird Samoas öffentliches Leben durch *Matais* oder *Chiefs*, den Repräsentanten einflussreicher Familien bestimmt. Die in aller Welt als liebenswürdig gepriesenen Insulaner brauchten keine zentrale Macht, wussten nicht, was ein König ist. Auf ihren Inseln wurden hin und wieder Kriege geführt, die ihre Höhepunkte in der Vorbereitung und in Zeremonien hatten. Irgendwie war es hinterher immer wieder zu einer Einigung gekommen, erst jetzt wurde man von der innenpolitischen Realität überrollt.

Den um sie buhlenden Fremden passt das System Samoa nicht, da sie mit einer einzigen Person, nicht mit zahlreichen Repräsentanten verhandeln wollen, am besten mit einem *King* oder König. Den auf Korrekturen drängenden Deutschen, Englän-

Niederlassung Godeffroys auf Upolu: Der Einfluss des Handelshauses reicht von Chile bis Hinterindien, Mittelpunkt des Südseegeschäfts bleibt Samoa.

dern oder Amerikanern fehlt das Gefühl dafür, ob nun der Taimua, der Puletua, Tumua, Zupua, Faipule oder Tuioana für die Königswürde der Richtige ist. Doch jeder hat seinen Favoriten, auf den er setzt und mit Waffen und Munition versorgt.

Das Jeder-gegen-jeden spiegelt sich in der Spaltung der Samoaner in eine Pro-Reich-, Pro-USA und Pro-England-Partei, wobei die Engländer, für die ein Malietoa Laupepa arbeitet, den größten Zulauf haben. Über die Frage, wer im Paradies der Malietoa oder König ist, kommt der Archipel nicht mehr zur Ruhe, herrscht etwas wie permanenter Kriegszustand. Die Fremden und deren Missionen paktieren je nach Lage der Dinge, die Kriegsschiffe der interessierten Mächte beobachten sich.

1877 – auf den Inseln leben um die 40 Deutsche, der größere Teil der Plantagenbetriebe ist in ihrem Besitz – sieht es so aus, als wollten die Engländer und/oder Amerikaner annektieren. Theodor Weber, Repräsentant Godeffroys, dazu deutscher Konsul in Apia, kann sich gegenüber der Opposition zeitgemäß in Szene setzen. Ungemein hilfreich dabei, dass die Glattdeckskorvette AUGUSTA/KKpt Hassenpflug (sechs 15-Pfünder, vier 12-Pfünder) in der Nähe ist.

Kaum ist die AUGUSTA ausgelaufen, geht das Ringen weiter. Die Deutschen fürchten um die Dominanz ihrer Plantagenbesitzer und Händler. Deren Ausfuhrwert hat sich in Jahresfrist zwar von 680.000 auf 733.600 Mark erhöht, nichtdeutsche Kaufleute haben die Ausfuhr im gleichen Zeitraum jedoch von 60.000 auf 118.000 Mark nahezu verdoppelt.

Anno 1878 erhalten die USA einen Handels- und Freundschaftsvertrag, als Antwort darauf legt KzS v. Werner (ARIADNE) die Hafenplätze Falealili und Saluafata unter Beschlag, schon im Jahr darauf erzielt das Reich die Gleichberechtigung. Mit der BISMARCK vor Apia (»*um geordnete Zustände unter den Samoanern herzustellen*«) bestätigen Samoas *Chiefs* den deutschen Besitz. Als Pfand dafür, dass man sich an Abmachungen halten würde, erhält Berlin Saluafata und Falealili als Flotten- und Kohlenstationen.

Im September '79 zeigen die Vertreter Deutschlands, Großbritanniens und der USA dem formal weiterhin unabhängigen Samoa dann wie Weltgeschichte tatsächlich funktioniert. Ein Malietoa Talavou sieht sich gezwungen, den drei Konsuln die Jurisdiktion über Apia, dessen Umland und so genannten Hafen zu überschreiben. Das erste von mehreren Samoaabkommen macht Apia zur fremdländischen Munizipalität, die Inselgruppe zu einer Art kollektivem Protektorat. Samoa gehört dort, wo es wichtig ist, jetzt allen drei Mächten. Wie das arbeiten soll, wissen allerdings selbst die Konsuln nicht so recht.

Der maritime Großkonzern Joh. Ces. Godeffroy & Sohn ist im Warenverkehr mit Kolonialprodukten der Südsee weiterhin führend. 1877 haben 23 Schiffe von Godeffroys Handelsstationen 275.000 Zentner Südseeprodukte im Wert von 6,103 Mio Mark nach Europa transportiert, 1878 sind es bereits 29 Schiffe und 330.000 Zentner im Wert von 7,021 Mio Mark.

Das Geschäft floriert, dass JCGS aufgrund eines Bankenkrachs und schlechter Investitionen in Europa finanzielle Probleme hat, spürt man lange nicht, dann jedoch umso verheerender. Dem »König der Südsee« fehlt es an Kapital und -gebern, Johann Cesar VI., »der 20 Jahre lang glänzend und ruhmreich den Stürmen des großen Weltmeeres trotzte«, erliegt den Wellen des Ge-

Adolf v. Hansemann (1827–1903) aus Aachen, einer der tatkräftigsten Bankiers der Bismarckzeit.

schicks. 1878 geht aus Godeffroy & Sohn die Deutsche Handels- und Plantagengesellschaft der Südseeinseln (kurz »Firma«) hervor, in die JCGS seine Südseeländereien und -unternehmen einbringt. An der dramatischen Schieflage der Godeffroys ändert es nichts.

Der Niedergang des Handelshauses muss Londons auf Expansion hoffenden australisch-neuseeländischen Kolonien in die Karten spielen. Um die Gefahr einer Liquidation abzuwenden (»*dem deutschen Volke das Südseegeschäft zu erhalten*«), bildet sich eine Seehandelsgesellschaft, die bereit ist, die Unternehmungen der »Firma« weiterzuführen. Treibende Kraft ist der Geheime Kommerzienrat Adolf v. Hansemann, Voraussetzung, dass das Reich bereit ist, für die Verzinsung aufzubringenden Kapitals eine Garantie bis 350.000 Mark zu stellen.

Bismarck, der voraussieht, dass mit dem jähen Absturz der Godeffroys viel (deutsches) Land in fremde Hand kommen könnte, unterstützt den Plan des Hansemann, JCGS streut im Hintergrund kräftig Gerüchte. Im Reichstag sehen die Konservativen die Chance für eine aktive Kolonialpolitik, während sich die Liberalen die Grundsatzfrage »Wollen wir überhaupt Kolonien?« stellen. Als es zur Abstimmung kommt, wird die Vorlage mit 128:112 Stimmen abgelehnt (»*Ludwig Bambergers unglückselige Rede war schuld*«).

Bismarcks Niederlage löst überall dort Genugtuung aus, wo man Deutschlands koloniales Streben mit Argwohn verfolgt. Für einen wie Hansemann ist allerdings nicht nur der Godeffroy bankrott, kommt die Entscheidung der Volksvertreter einer Bankrotterklärung für überseeische Besitzungen gleich. Ironie dann in einer ironiereichen Geschichte, dass das Südseesuperlativ Samoa allein das Marinekonto bis 1889 mit jährlich rund 700.000 Mark belastet.

Anstelle des Reiches springt privates Kapital aus dem alten Kreis der Seehandelsgesellschaft ein, um zunächst einmal die englischen Gläubiger zu beruhigen. Im Mittelpunkt der Rettungsaktion steht weiterhin der Hansemann. Der Hansemann, Direktor der Berliner Disconto-Gesellschaft,

König Malietoa Laupepa (1841–98): trotz des Wohlwollens der Deutschen im englischen Fahrwasser.

ist, wenn es zu kolonialen Bestrebungen kommt, einer der weitblickendsten und erfolgreichsten Pioniere. Ihm verdankt das Reich eines Tages nicht nur den Südseebesitz, sondern auch den Bergbaubetrieb in Otavi und den Bau der Otavibahn in Deutsch-Südwest, Kiautschou die Deutsch-Asiatische Bank zur Förderung von Bergbau- und Eisenbahnunternehmen.

Mit dem Zusammenbruch von Godeffroy & Sohn muss der deutsche Einfluss in Samoa weiter schwinden. Nach dem Tod Malietoa Talavous, von den drei Konsuln als Gegenleistung für Handelsabkommen als König akzeptiert, brechen wiederum Unruhen aus. »Angefeuerte Malietoaleute beleidigen und berauben Deutsche, ohne sich zur Genugtuung zu verstehen.« S.M.S. Bismarck, nachdem das Südseeklima an Bord acht Tote forderte eigentlich auf Heimatkurs, steuert erneut Apia an.

Die Spannungen bleiben: Malietoa Laupepa, einmal mehr als König ausgerufen, driftet »trotz des Wohlwollens Deutschlands« in englisches Fahrwasser ab, die Annexionsgesuche häufen sich. »Malietoa vergaß seine Zugeständnisse und Verträge, sodass Konsul Stübel am 13. Januar 1885 die deutsche Flagge hisste, um zu zeigen, dass wir auch noch da waren«, so Augustin Krämer, ksl. Marinegeneralarzt und Südseeforscher. Mannschaften der ALBATROSS dringen auf neutralem Apiagebiet vor, 1886 kommt das deutsche Geschwader unter Admiral Knorr …

Die Ablehnung der Samoa-Akte hat im Reich erst für Wirbel, dann für eine etwas lebhaftere Kolonialbewegung gesorgt. Hansemanns Vorstoß, die Nordostküste Neuguineas *von Reichs wegen* zu erwerben, weist Bismarck »bei voller Sympathie für das Projekt« zurück, da er Teile Neuguineas, nach Grönland immerhin die größte Insel der Welt, in den Interessensphären Großbritanniens und der Niederlande sieht.

Berlin schätzt die Wahrnehmung gemeinsamer Interessen der Kulturvölker für den Augenblick noch höher als die Erhebung über wilde und halbwilde Staatswesen ein. Was der Kanzler dem Hansemann versprechen kann, dann auch zu Optimismus berechtigt, ist zum Konsularschutz der Schirm der Marine, »um denjenigen Gebilden, die aus den überschüssigen Säften des gesamten deutschen Körpers naturgemäß herauswachsen, in fremden Landen Pflege und Schutz angedeihen zu lassen«.

»Allüberall, wo auf dem Meer/Ein hoher Mast sich reckt,/Da steht die deutsche Flagge sehr/In Achtung und Respekt«: Strafaktionen der schwimmenden Macht zur schnellen Ehrenrettung werden schnell zur Routine. HABICHT vor Neumecklenburg, ALEXANDRINE bei den Gilbert-Inseln, die Landungsabteilung des SPERBER auf dem Atoll Butaritari. BUSSARD auf Manono, Vergeltungsschläge durch HYÄNE und CAROLA nach der Ermordung von zwei Deutschen auf den Hermitinseln!

Als Polizeisoldaten und Plantagenarbeiter begehrt: Eingeborener der Salomonen.

Die Frieden stiftende Wirkung der Marine greift dazu viel weiter aus, langen doch selbst Plantagenarbeiter ganz anders hin, wenn ein Kriegsschiff in der Nähe steht: »Ganz allgemein gesprochen macht das Zeigen der deutschen Flagge, das Erscheinen unserer Kriegsschiffe an der Küste auf die Eingeborenen großen Eindruck. Als Kuriosum zu erwähnen ist, dass wenn es Schiffe mit recht vielen und dicken Schornsteinen sind, dann ist gleich leichteres Arbeiten mit den schwarzen Krausköpfen festzustellen. Ein so großes Schiff macht Aufsehen und verfehlt seine Wirkung nicht.« …

Besser ein Tyrann als drei Tyrannen, so jedenfalls Samoas Noble: 1884 bitten Oberhäuptling Malietoa Laupepa als Führer der deutschfeindlichen Partei, Tupua Tamasese Titiamaea und 48 *Chiefs* Königin Victoria darum, Samoa zur britischen Kolonie zu machen, um einer deutschen Übernahme zuvorzukommen. 1884 ist das Jahr der kolonialen Zeitenwende in Berlin, wie es in Samoa aus deutscher Sicht weitergehen soll, so auch völlig offen.

Der Siegeszug der Kultur

Neuguineas Westhälfte gilt als alter niederländischer Kolonialbesitz, der Osten gehört (noch) keiner zivilisierten Macht. Das englischaustralische Queensland, das als nächstgelegene britische Kolonie den Deutschen den Weg dorthin verlegen will, proklamiert den Osten Neuguineas samt umliegenden Inselgruppen als natürliche Domäne. London lehnt den Alleingang der Tochterkolonie ab, da es gerade anderweitig beschäftigt ist. Großbritannien hat Ägypten annektiert, um sich die Kontrolle über den Suezkanal zu sichern, streitet sich dazu mit Russland über Interessensphären in Ost- und Mitteleuropa. Ganz abgesehen davon ist Premierminister Gladstone unter jenen, die den Deutschen einen Platz an der Sonne gönnen.

Wie beim *Scramble for Africa* ist es wichtig, wer im noch nicht Okkupierten was entdeckt und erforscht. Reisende wie der Edelmann KzS Schleinitz oder der Zoologe Theophil Studer hatten sich während der »Gazelle«-Expedition (1874–76) bereits im Bismarckarchipel und in der Salomonengruppe vorgearbeitet. Otto Finsch führte zwischen '79 und '82 mit Unterstützung der Humboldt-Stiftung anthropologische, ethnologische und zoologische Forschungen in Mikronesien und Melanesien durch. Zu Flaggenhissungen, wie sie die Welt vor

Reinhold Krätke, Landeshauptmann der NGK, während einer Expedition auf Buka/Salomonen: in Krätkes Begleitung Hugo Zöller, Joachim Graf Pfeil, Richard Parkinson und KzS Dallmann.

vollendete Tatsachen stellen, war es aufgrund von Berliner Bedenken trotzdem nicht gekommen.

1883 trifft der Mecklenburger Gutsbesitzer Gustav v. Oertzen, zuletzt Konsulatssekretär in Apia, als Reichskommissar auf Matupi ein. Die Insel in der geräumigen Blanchebucht gehört den Deutschen (noch) nicht, doch gerade von dort hatte man »den Klagegeschrei des deutschen Unternehmergeistes« bereits mehrmals gehört. Matupi ist vulkanischen Ursprungs, das Seewasser dort so schwefelhaltig, dass Oertzens weißes Boot vor der Landung gelb anlaufen musste.

Als Pionier des Bismarckarchipels gilt ein Richard Parkinson aus Augustenburg auf der Insel Alsen. Ein Mann und viele Geschichten, die erzählt und immer wieder weitererzählt werden. Parkinson ist der Sohn des Herzogs von Schleswig-Holstein-Sonderburg-Augustenburg und einer Schustertochter, wird allerdings, da die Verbindung geheim bleiben muss, dem herzöglichen Stallmeister Parkinson zugeschrieben.

Richard Parkinson traf 1876 als Angestellter Godeffroys auf Samoa ein, heiratete dort Phoebe Poe, die Schwester der legendären *Queen Emma,* nachmalige Frau Kolbe. 1882 ließ er sich an der Blanchebucht nieder, pflanzte dort Kokospalmen und Baum-

wolle, reiste viel in der Gegend herum und wurde Stationsvorsteher der Neuguinea-Kompagnie. 1907 erscheint sein Klassiker »Dreißig Jahre in der Südsee« bei Strecker & Schröder in Stuttgart.

Im Frühjahr '84 schickt Hansemanns Konsortium zur Vorbereitung und Errichtung einer Südseekompagnie Otto Finsch von Sydney nach Neuguinea. Der »rühmlichst bekannte« Forscher aus Warmbrunn reist mit dem Dampfer SAMOA/KzS Dallmann, ist nach offizieller Lesart im Dienst der Wissenschaft unterwegs, tatsächlich jedoch, um Land für die kolonialpolitische wie -wirtschaftliche Besitzergreifung zu erwerben, und zwar so viel wie möglich.

Finsch macht fünf Fahrten entlang der Nord- und Ostküste der Insel, meldet Berlin dann die Entdeckung hinreichend fruchtbarer Böden, bedeutender Flüsse und guter Häfen. Auf seinen Reisen hatte er allerhand Land erworben, eine historische Leistung, auf die die Kolonialtreiber mit Beifall reagieren.

Neuguinea, wie er es gesehen hatte: Die Insel ist reich an Pflanzen und arm an Tieren. Ficus, Taro, Jams, Bananen und Süßkartoffeln, eine üppige Vegetation mit tropischen Regenwäldern. Raubtiere fehlen ganz, an ihrer Stelle verwilderte Schweine, Beutelbären, Tauben, Papageien und

233

Otto Finsch
(1839-1917) aus
Warmbrunn,
Naturforscher und
Reisender.

der Paradiesvogel (Kasuar). Krokodile im Flusssystem, Riesen- und giftige Seeschlangen. Unter den Meerestieren von besonderer Bedeutung Trepang, Seeperlmuscheln und Haifische (wegen der Flossen).

In der Metropole konstituiert sich nach den Bestimmungen des preußischen Landrechts die Neuguinea-Kompagnie (NGK) mit namhaften Vertretern des Großhandels und -kapitals. Dem Vorstand gehören Hansemann und Bismarcks Bankier Gerson v. Bleichröder an, Geschäftsführer ist Arthur Salomonsohn. Die Kompagnie weist sich als Kolonialgesellschaft für den Erwerb von Land zur Einrichtung eines Staatswesens in der Südsee aus, mit eigenen Hoheitsrechten doch unter dem Schutz des Reiches.

Im Juni '84 hatte Bismarck dem gespaltenen Reichstag noch seine Abneigung gegenüber Kolonien nach dem System *Land erwerben, Auswanderer herbeiziehen, Beamte anstellen, Garnisonen errichten* versichert. Im August beauftragt er Oertzen mit allerhöchster Genehmigung »zunächst im Archipel von Neubritannien und dem außerhalb der berechtigten Interessensphären der Niederlande und Englands liegenden Teile der Nordküste von Neuguinea, überall, wo deutsche Niederlassungen bereits bestehen oder in Ausführung begriffen sind«, alsbald die deutsche Flagge zu hissen. Kein Widerspruch, so das Auswärtige Amt, hält der

KzS Dallmann
(Dampfer SAMOA),
Seemann und
Südseeexperte.

Kanzler doch auch weiterhin an der von ihm favorisierten Organisationsform der von privilegierten Gesellschaften getragenen Handelskolonie fest.

Ende Oktober trifft S.M.S. ELISABETH/KzS Schering von Angra Pequeña her vor Neuguineas wilder Küste ein. Zwischen dem 3. und 10. November hissen Schering und KKpt Langemak (Kbt HYÄNE) die Reichsflagge auf Matupi (mit einer Faktorei der Firma Hernsheim & Co), auf Mioko (alter Godeffroy-Besitz, jetzt DHPG) und Makadau/Neulauenburg (Hernsheim), im künftigen Friedrich-Wilhelms-Hafen in der Astrolabebucht und in Finschhafen nordöstlich vom Huongolf. KzS v. Wietersheim (Kbt ADLER) zeigt Flagge auf Choiseul und Bougainville, womit die nördlichen Salomonen (»*von Bord mit 21 Schüssen salutiert*«) Teil des deutschen Einflussgebiets sind.

Zwischendurch wird mehr als nur Flagge gezeigt: »Bei der Wallisinsel war vor etwa anderthalb Jahren der deutsche Schoner MIOKO aller Wahrscheinlichkeit nach von den Eingeborenen überfallen, die Mannschaft getötet und gefressen, das Schiff ausgeraubt und verbrannt worden. Allen Versuchen, der Räuber habhaft zu werden, hatten sich die Inselbewohner durch schleunige Flucht entzogen. Wir folgten der HYÄNE in die Bucht, die nach beiden Seiten einen reizenden Blick auf die waldigen Berge bot, und sahen, wie die Leute der HYÄNE die Hütten der Eingeborenen in Brand steckten und ihre Kanus und sonstiges Eigentum zerstörten. Die schlauen Schufte selbst zu fassen, gelang nicht ... In den Hütten wurden übrigens Blätter aus dem Logbuch der MIOKO, auch Instrumente u.a.m. gefunden« (Harry Koenig von der ELISABETH).

Australien, besonders Queensland, fällt es schwer, sich mit Deutschen vor der Haustür abzufinden, Gladstone kann gar nicht anders, als sich zu engagieren. Her British Majesty's Kriegsschiffe stecken den Nordosten Neuguineas von der Huonbucht bis zur Ostspitze als Interessenzone ab. Bismarck protestiert, da an Stellen dort bereits die deutsche Flagge weht, wobei er, was nicht unbedingt vorauszusehen war, den Reichstag nahezu geschlossen hinter sich hat.

Die Abstimmung mit Großbritannien, dann auch mit den Niederlanden, wird auf diplomatischem Weg erzielt, was in der Region ein gewisses Maß an Stabilität erzeugt. Die Australier haben ihren Anspruch auf den australischen Inselgürtel nicht aufgegeben, doch davon erst später.

Neuguinea ist dreigeteilt, den Deutschen fiel das nordöstliche Gebiet etwa vom 141° bis 148° als Kaiser-Wilhelms- oder Festland zu. Das Reich hat auf den Südosten des Hauptkörpers der Insel verzichtet, behielt jedoch die landschaftlich schöne Huonbucht.

Den Schutzbrief erteilt der Kaiser, nachdem alles so gut gelaufen ist, den Herren Hansemann, Bleichröder und Salomonsohn im Mai '85. Die Jurisdiktion schützt das Reich, jedoch ohne sich dort eine stehende Garnison zu leisten. Der Besitz ist in privater Hand, das Regieren bleibt der Kompagnie überlassen.

»Es ist kein Mensch so unverständig, nicht zu wissen, dass man im ersten Jahre von einem neu gepflanzten Baum keine Früchte brechen kann«, so Mijnheer Raule, Generaldirecteur de Marine, einst in Sachen Groß-Friedrichsburg zu seinem Kurfürsten, was Bismarck dem Sinne nach jetzt nur wiederholt. Vorausgesetzt wird, dass die NGK, die den Schutz des Kaiser genießt, das Land wirtschaftlich nutzbar macht, den Handel und die friedliche Zivilisierung der Eingeborenen fördert. In der Zukunft wird vom Kompagniegeschäft mit G. hirsutum L. oder G. barbadense, Kopra, Kaffee und anderen tropischen Produkten eine Vermehrung des heimischen Nationalreichtums erwartet.

Natürlich ist nicht ganz auszuschließen, dass die Aufgabe die Möglichkeiten einer privaten Erwerbsgesellschaft übersteigt. Für den Augenblick scheint die politische Rücksichtnahme – nicht Kaiser und Reich sind die Eigner, sondern eine Gruppe um einen Herrn Hansemann – aufgrund der englisch-australischen Rivalität jedoch das einzig Richtige zu sein.

Südseebilder dann, die Selbstdarstellung einer Epoche: Unter den deutschen Farben wird New Britain zu Neupommern, New Ireland zu Neumecklenburg, Duke of York zu Neulauenburg und das Neuguinea vorgelagerte Inselgebiet auf Oertzens Vor-

KzS Schering, Kommandant der Kreuzerfregatte ELISABETH.

Flaggenhissung auf Mioko am Südrand von Neulauenburg im Schwarzinselgebiet (November 1884).

Großbritanniens Premierminister William Ewart Gladstone (1809–98), einer der großen Staatsmänner seiner Zeit.

schlag hin zum Bismarckarchipel. Auf der Gazellehalbinsel heißen teils tätige Vulkane künftig Vater, Nordsohn, Südsohn und Mutter, wie es recht symbolhaft für das neue Verhältnis steht. An den Kraterhängen flattern Bismarckhühner, der Varzinberg erinnert an des Kanzlers Gutsherrschaft in Pommern. Drum herum rauscht die Bismarcksee bis zu den Gestaden von Kaiser-Wilhelmsland. Dort ragt das alpenartige Bismarckgebirge mit dem 4.508 m hohen Wilhelmsberg auf.

Erster Landeshauptmann wird der als Vizeadmiral verabschiedete Frhr. v. Schleinitz (50) aus Bromberg, erste »Kompagniehauptstadt« Finschhafen. Da es dort noch kein entsprechendes Gebäude gibt, richtet sich der mit Frau Margot, den vier Kindern, einem Privatlehrer und einem Diener angereiste Schleinitz auf einem Hulk am Ufer ein.

Das Kompagnieland bleibt in zwei Jurisdiktionen aufgeteilt. Kaiser-Wilhelmsland: *Die Küstenlänge infolge der Landzersplitterung ca. 800 km, unendlich viele Koralleninseln und Riffe, zwei riesige Buchten, im Osten der Huongolf, im Westen die Astrolabebucht. Im Inland herrscht Gebirge vor, Ebenen lediglich im äußersten Norden. Das Klima ist tropisch-ozeanisch mit hoher Luftfeuchtigkeit, das Land etwa halb so groß wie Preußen.*

Der Bismarckarchipel: *Rund 200 Inseln »jeder Größe« in einer von Neuguinea nach Norden bis zum Äquator, im Osten zu den Salomonen laufenden Gruppe. Die Landfläche entspricht der Größe Bayerns zu zwei Dritteln. Hauptinsel ist das lang gestreckte Neupommern. Zum Archipel zählen verwaltungstechnisch die nördlichen Salomonen, etwa so groß wie Württemberg.*

In Berlin führen Hansemann als Leiter des Direktoriums, Generalkonsul Russel und Baurat Lent die Geschäfte. Organ sind die »Nachrichten über Kaiser-Wilhelmsland und den Bismarckarchipel«.

Im Wunderland der Papua

Schleinitz hatte während der GAZELLE-Expedition Erfahrungen mit Land und Leuten entlang der Küsten des Archipels gesammelt, dann selbst noch für Kannibalen ein gutes Wort: »Gefangene, Getötete und Erbeutete werden zwar durchaus verspeist, trotzdem, bei längerem Zusammensein mit diesen Leuten kann man sich einer gewissen Sympathie kaum verschließen. Die Leute erwiesen sich gegen uns im Ganzen scheu und zurückhaltend, doch nicht feindselig, denn die Pfeilschüsse, mit denen eins unserer Boote empfangen wurde, werden auf Rechnung der durch das Erscheinen noch nie gesehener weißer Männer erzeugten Überraschung zu setzen sein, da das spätere Verhalten auch hier ein ganz friedliches war.«

Schleinitz' zweiter Südseeaufenthalt lässt sich mit dem ersten jedoch nicht vergleichen. Neuguineas Hinterland hat sich seit den Tagen der legendären ersten Menschen Ivi und Kerema Apo kaum verändert. Neuguinea ist von jeglicher Zivilisation unberührt, hat für Europäer, die hier leben müssen, erst einmal etwas von einer Strafkolonie.

Unmittelbares Problem des Freiherrn aus Bromberg ist, dass es für ihn noch nicht viel zu verwalten gibt. Auf 253.645 qkm Kompagniebesitz stehen gerade mal zwei Wohn-, zwei Büro-/Wohnhäuser, ein Lager- und ein Arbeiterhaus, leben grob geschätzt rund 380.000 Eingeborene. Um die eigene Position auszubauen, müssten Schiffe mit allem Möglichen aus der Heimat eintreffen. Am Festland führt keine der großen Schiffsrouten entlang, ein Dampfer auf Welthandelskurs, der hier vorbeikommen will, nimmt einen kostspieligen Umweg in Kauf (Schleinitz und Frau Margot werden das Gefühl nicht los, dass Berlin sie vergessen hat).

Um die Zeit zu überbrücken konzentriert sich Schleinitz, was seinen wissenschaftlichen Interessen entgegenkommt, auf die Erforschung der geografischen Umwelt, besonders der Küstengewässer. Das Aufstellen von Hoheitszeichen (ein Pfosten, ein Schild mit der Aufschrift »Kaiserlich Deutsches Protektorat«) allein bringt noch nichts, den kräftig mäandernden Kaiserin-Augustafluss befährt er, um ins Landesinnere zu kommen, mit dem Dampfer OTTILIE. In des Blaubluts Begleitung Astronom Schrader, Botaniker Hollrung und der Geologe Schneider (Kolonialpioniere, die ins Hinterland wollen, so lehrt die Geschichte, sollten immer zuerst den Flussläufen folgen).

Zurück an der rundum lebensfeindlichen Küste sterben Margot v. Schleinitz und der Diener an Fieber. Schleinitz meldet sich zu einem Erholungsurlaub ab, demissioniert und kehrt nicht mehr nach Finschhafen zurück.

Die Kompagnie hat Probleme mit den ihr zugesprochenen Rechten und Pflichten, Hansemann & Co. fehlt es an Kapital und Moral. Der Geheime Postrat Krätke sieht sich als neuer Landeshauptmann im Riesengebiet vor Aufgaben gestellt, die selbst für zehn Krätkes viel zu groß, viel zu heikel wären. An eine geregelte Kolonisationsarbeit ist auf Jahre hinaus nicht zu denken. Die Herrschaftssicherung gegen Eingeborene und Einfälle fremder Schiffe, die Regelung von Grundeigentum und die Einführung einer Gerichtsbarkeit! Plantagenbau in Küstennähe, der Handel mit Produkten von Eingeborenen, die hauptsächlich vom Fischfang, von der Jagd und vom Hackbau leben!

Im Kompagnie-Besitz legen »kräftige, kriegerische und leider auch oftmals hinterlistige Stämme« den Fremden Fallen, in Neuguinea und auf dem Archipel ist es Schwarz gegen Weiß. Kaufmann Joseph Hass auf Neumecklenburg, Aufseher Ludwig Müller bei Hatzfeldhafen umgebracht, Händler Hans Mätzke auf den Admiralitätsinseln, Gerichtsschreiber Georg Müller auf dem Festland ermordet. Die Händler der NGK-Station Wuvulu erschlagen und aufgefressen. Wuvulu hatte KKpt. Janke (Spezialschiff MÖWE) gerade erst eröffnet.

Die Kolonialmenschen müssen sich, wenn es irgendwo brennt, auf die Schiffsartillerie und Landungskorps der im Pazifik kreuzenden Kriegsschiffe verlassen: Strafexpedition dann der ALBATROSS (»nachdem eine größere Anzahl von Wilden dem Mausergewehre zum Opfer gefallen war, verschwanden sie wieder im Busch«). – Strafaktion der ALEXANDRINE nach der Ermordung von zwei Deutschen. – Gefecht mit mehreren Verwundeten nach dem Überfall auf einen MÖWE-Vermessungstrupp bei Berlinhafen. – Strafaktion gegen die Tolai auf Neupommern.

1887 erzwingt die Sicherheitslage die Aufstellung einer ständigen bewaffneten Macht. Gedacht ist an fünf Weiße und 36 Schwarze, zur Ausbildung reist Lt. Steinhäuser aus der Heimat an. Ein Polizeijunge muss gesund, kräftig und ordentlich sein. Vorausgesetzt wird, dass er sich in Zeiten, die ihm

Polizeitruppe der Neuguinea-Kompagnie: Die Polizeijungs kümmern sich um die innere Ordnung, wenn es irgendwo tatsächlich brennt, wird die Kriegsmarine gerufen.

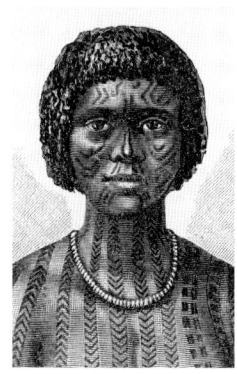

Tatauierte Frau: Der Brauch der Tatauierung (tatau = Wunden schlagen) ist in Polynesien und Mikronesien zu Hause, das Muster der Haut ein Wohlstandssymbol.

neben dem Schießen verbleiben, seinen Sold durch Plantagenarbeit und im Wegebau verdient.

Die Kompagnie führt Pferde, Rinder, Schweine, Schafe, Ziegen und Hühner aus Australien und Ponys aus Java ein. Auf Kompagnieland wird die Reichsmarkwährung Zahlungsmittel. Es läuft also, aber es läuft nicht gut, in der Heimat treffen mit der Neuguineapost wenig erfreuliche Nachrichten ein. 1889 schließen Kompagnie und Reich ein kündbares Sonderabkommen, nach dem Berlin künftig von der NGK finanziert den Kommissar für die Verwaltung des Schutzgebiets stellt.

Nach der neuen Regelung kommt der Regierungsrat Friedrich »Fritz« Rose, zuletzt in der landwirtschaftlichen Verwaltung tätig. Der Rose hat viele böse Gerüchte gehört und will Frieden mit den wilden Stämmen schließen. »Die Kanaker«, so der Mann aus Höxter, »sollen sich zwar unweigerlich jeglicher Beschädigung unseres Lebens, Eigentums etc. enthalten, aber durchaus nicht rechtlos sein.« Während Roses Amtszeit erhält Stephansort an der Astrolabebucht eine Krankenanstalt für Europäer, weicht das Eingeborenendorf Kokopo am Fuß des Vunatali auf Neupommern dem Europäerort Herbertshöhe.

1892 wird der NGK-Verwaltungssitz nach Friedrich-Wilhelms-Hafen verlegt. Für den Beamten des Kaisers heißt es allerdings schon wieder Abschied nehmen, da ihn die Kompagnie nur noch sporadisch bezahlte. Die NGK übernimmt noch einmal das Ruder, als Landeshauptmann reist der Gerichtsassessor Georg Schmiele an. Mit Schmiele in der Verantwortung richtet der Norddeutsche Lloyd eine Seeverbindung zwischen Neuguinea und Singapur ein, wird an der Eisenbahnlinie von Stephansort nach Erimahafen gebaut. Ansonsten passiert wenig Konkretes.

Über Schmiele wäre die Geschichte dann auch schnell hinweggegangen, hätte er sich nicht mit *Queen Emma* angelegt. Mit *Queen Emma,* Produkt einer Verbindung zwischen einem amerikanischen Seemann und einer Samoa-Prinzessin, legt man sich in der Südsee nicht an. Emmas Firma E.E. Forsayth hat ein weit reichendes Handelsnetz aufgebaut, ihre Ralum-Plantage auf der Gazellehalbinsel ist das bedeutendste Wirtschaftsimperium des Archipels. Wer es in Deutsch-Neuguinea zu etwas bringen will, ist auf Emmas Wohlwollen angewiesen, ihr Herrenhaus Gunantambu ist der gesellschaftliche Mittelpunkt Neupommerns.

Aktenkundig wird, dass Schmiele die Ehe zwischen *Queen Emma* und Hptm. a.D. Paul Kolbe verhindern will. Emma beachtet den Landeshauptmann nicht, im Berliner AA trifft ihre Nachricht »Ich habe Herrn Kolbe geheiratet« ein. Der Kolbe, Stationsvorsteher für den Bzk. Bismarckarchipel und Salomonen, ist ihr dritter Ehemann.

Als Schmiele den Kolbe disziplinieren will, schimpft ihn dieser einen Feigling (»*gleichzeitig schlug er nach mir mit dem Reitstock*«, Schmiele an Caprivi). Schmiele besteht auf ein Duell, wozu er die Erlaubnis seiner Vorgesetzten einholen muss. Der Mann geht an Bord des Reichsdampfers LÜBECK, zum Schusswechsel kommt es trotzdem nicht, da er kurz darauf während eines Zwischenstopps auf der Reede von Batavia eines ganz natürlichen Todes stirbt.

Auf Schmiele folgen Marineoffizier Hugo Rüdiger und der preußische Oblt. a.D. Kurt v. Hagen, die Kompagnie administriert, doch es geht nicht voran. Auf Kompagnieland bringen Jahre des Experimentierens nur wenig, anstelle von deutscher Normalität ein Gewaltpotential, das sich nicht brechen lässt.

Die Kompagniebeamten sind schlicht unfähig oder krank, bzw. durch Krankheiten stark geschwächt oder beides. Im Küstenbereich des Festlands machen tropische Krankheiten und klimatische Grausamkeiten das Leben zur Folter. Neuguinea hat das ungesundeste Klima im deutschen Überseebesitz. Mit Fieber, Dysenterie (rote Ruhr) und Cholera setzt bei Weißen das Sterben hier bereits mit der Ankunft ein. Was in der Heimat nur ein Bagatellfall wäre, rafft auf der Rieseninsel den Menschen schon hin. Zur Faustregel für Nachziehende würde, dass es der Deutsche auf dem Festland im Bestfall zwei, drei Jahre aushalten kann. Danach muss er das Klima wechseln, um am Leben zu bleiben.

Schlimmster Feind ist wie in Deutsch-Ost, Togo oder Kamerun die Tropengeißel Malaria (»*wo diese Erkrankung herkommt, lässt sich nur vermuten. Wir beschuldigen die recht engen und vollgepfropften Wohnräume der Malaien, dann wiederum schien uns das Trinkwasser verdächtig*«, Stationsarzt Schellong).

Alleine 1891 sterben in und um Finschhafen innerhalb von 75 Tagen 13 Deutsche an den Folgen der Malaria. Unter ihnen trotz des Versuchs, dem Schicksal durch die Flucht aufs offene Meer zu entkommen, NGK-Direktor Eduard Wißmann. Nachdem sie jeden zweiten Europäer zu Grabe getragen haben, zieht der halbwegs gesunde Rest nach Stephansort, jetzt zweites NGK-Verwaltungszentrum. Auch der Gottesdienst fordert seine Opfer: Die Rheinische Mission verliert während der ersten acht Jahre die Hälfte ihrer Ausgesandten, den Steylern sterben (»*der liebe Gott hat uns schwer heimgesucht*«) in 14 Jahren 15 Missionare weg.

Der Tod macht keinen Unterschied zwischen Herr und Knecht. Besonders schwer leiden die Gastarbeiter, die schlecht ernährt und logiert unter unerbittlichen Bedingungen leiden. 1891 stirbt knapp die Hälfte der rund 1.200 Kontraktarbeiter, worauf die Kolonialopposition im Reichstag die Kompagnie des »reinen Massenmords« beschuldigt.

Zur Krankheits- kommt die Arbeiternot. *Die jeder Kultur baren* Eingeborenen sind nur schwer auf den Plantagen zu halten, was die Kompagnie zur Anwerbung von Chinesen, Malaien, Javanern und Indern zwingt. Solange deren »Wert und Unwert« umstritten ist (»*die Zopfträger fröhnen die Nacht über ihrer Spielleidenschaft, können am Tag darauf nicht richtig arbeiten*«), behält sich die Administration das Recht zur Disziplinierung vor. Träg- oder gar Faulheit im Schwarzinselgebiet werden mit dem Entzug von Nahrungsmitteln und körperlicher Züchtigung bestraft, als Erziehungswerkzeug dient das Rattanrohr, was das Verhältnis auf den Plantagen nicht spürbar verbessert.

Mit was sich der Hansemann arg verrechnet hat, ist die Sogkraft des Paradieses auf den Landsmann im Reich. Südliche Hemis-phäre und paradiesischer Genuss, die Kokospalme und deren Frucht, eine Natur, die dem Menschen den Broterwerb erleichtert! Land, das für ein paar Küchengeräte, eine Axt oder eine Mundharmonika zu haben ist, für eine Packung *Niggheadtabak*, den die Farbigen rauchen und kauen!

Es hängen ein paar Junker herum, ein paar aufs kleine oder große Geld hoffende Reserveoffiziere. Doch die Leute kämpfen mit ständigen Fieberanfällen, sind ständig mehr krank als gesund, besonders unangenehm stößt ihnen »die kulinarische Eintönigkeit« auf (Stephan v. Kotze). Anstatt auf dem Platz an der Sonne an eine feste Niederlassung zu denken, zählt man die Tage bis zur Rückwanderung.

Jeder Versuch, deutsches Landvolk zu interessieren, scheitert daran, dass die Inseln der Kannibalen schnell verrufen sind. Auf eine gezielte Einwanderungsförderung wie in Deutsch-Ost oder -Südwest muss verzichtet werden, da sich gerade die deutsche Frau »solange es keine bequem erreichbaren Höhenluftkurorte« gibt, auf Kompagnieland nicht längere Zeit aufhalten kann. Zum Standortfluch tragen Geschichten wie jene des Landeshauptmanns Hagen bei, die immer auch die Geschichte eines Otto Ehlers ist. Nur um zu zeigen, mit welchen Schwierigkeiten die Kompagnie tatsächlich zu kämpfen hat, was potentielle Auswanderer schreckt:

Krätke, KzS Dallmann, Hugo Zöller und Joachim Graf v. Pfeil hatten mit YSABEL und SAMOA Buka und Bougainville umfahren, Hugo Zöllner war im Finisterre-Gebirge bis 2.660 m vorgedrungen: Die Kolonialpioniere suchen nach Kohle, Gold oder Herrenlosem, dazu nach kräftigen Eingeborenen, die bereit sind, für sie zu arbeiten.

Elf Jahre nach der Machtübernahme bricht die Ehlers-Expedition auf, um Neuguinea auf einer Luftlinie von ca. 170 km zu durchqueren. Die Expedition scheitert, die Einzelheiten sickern dann nur allmählich durch.

Otto Ehlers, Schriftsteller und Abenteurer aus Hamburg, und Wilhelm Piering, Uffz. der Schutzpolizei in Friedrich-Wilhelms-Hafen, erreichen an Bord der YSABEL von

Seit 1883 in Jaluit auf den Marshallinseln: Südseepionier Max Thiel, Angestellter der Firma Hernsheim & Co.

Hugo Zöller: Der Forscher und Schriftsteller aus Oberhausen bei Schleiden bereist für die »Kölnische Zeitung« Westafrika, begleitet Wißmann in Deutsch-Ost und besteigt 1891 das Finisterregebirge in Deutsch-Neuguinea.

Überlebende der Ehlers-Expedition, in der Mitte (mit Mützen) die Bukapolizisten Opia und Ranga.

Finschhafen her den in die Bayernbucht des Huoangolfs mündenden Franziskafluss. Von dort brechen sie mit 43 schwarzen Trägern, einer großen Hündin und einer einzigen Ziege auf (mehr wollte man nicht treiben wegen des zu erwartenden Terrains). Die Expedition hat 31 Trägerlasten zu 20 kg Reis und Tauschartikel dabei, ist mit zwei Jagd-, acht Mausergewehren und zwei Revolvern gerüstet.

Ehlers geht ein paar Tage am Franziskafluss entlang, dann über Höhenzüge, die Reise zieht sich vom 14. August bis tief in den November hin. Der Hamburger muss unterwegs seinen Kompass mit Visiereinrichtung verloren haben, das Pfund Reis pro Mann und Tag ist bald aufgebraucht, selbst die treue Hündin verzehrt. Ansonsten nahrungslose Tage zwingen dazu, Gras und Blätter zu essen, was zu ernsten Darmleiden führt. Der eigentliche Tropenkoller besorgt dann den Rest. Auf dem Weg zum Lakekamu-Fluss werden die beiden Weißen (wahrscheinlich) von den Bukapolizisten Ranga und Opia umgebracht. Womit die Geschichte allerdings noch keineswegs zu Ende ist.

Im August '97 – Kurt v. Hagen, Hans Blum, Franz Boluminski und Albert Hahl sind den Mördern von Ehlers und Pierung hinterher – wird Hagen bei Klein-Gorib (wahrscheinlich) von Ranga erschossen. Ein paar Tage später speeren Einheimische Ranga

und Opia zu Tode. Die Kompagnie stellt die beiden Totenköpfe vor dem Gefängnis von Stephansort aus, muss sie doch zeigen, dass sie wieder Herr der Lage ist.

Hagen wird, von Offizieren und Mannschaften der Dampfpinasse FALKE begleitet, in Stephansort mit militärischen Ehren zu Grabe getragen, ein Platz nach ihm Mount Hagen genannt. Ehlers bleibt solange ein Star über den Tod hinaus, wie sein Buch von der »Perle der Südsee« Samoa zum Geheimtipp heimischer Globetrotter macht.

Vielleicht wäre die Ehlers-Epedition ganz anders verlaufen, hätte sie mehr Ziegen dabei gehabt. Unter den Lehren, die man daraus zieht, ist so auch, dass deutsche Reisende in Zukunft besser ausgerüstet werden. Die erste Gogol-Expedition, um nur ein Beispiel zu nennen, hat statt einer gleich 40 Ziegen als Mundvorrat dabei.

Hagens Nachfolger Hugo Skopnik beneidet dann schon absolut niemand mehr. Die Kompagnie hat um die elf Mio Mark investiert, trotzdem große Verluste eingespielt. Als die Kosten für die Verwaltung nicht mehr aufzubringen sind, muss Hansemann das Handtuch werfen.

Mit der Entkräftung des ksl. Schutzbriefs gehen die Hoheitsrechte der Kompagnie an Kaiser und Reich, 1899 legt Berlin für die Malariakolonie eine Entschädigungssumme von vier Mio Mark hin, zahlbar in zehn Jahresraten. Die Kompagnie bleibt im Südseegeschäft, mit den 150.000 ha Land, die ihr verblieben sind, will sie sich allerdings ausschließlich aufs Handelsgeschäft und den Betrieb von Plantagen konzentrieren. Erster Gouverneur wird Rudolf v. Bennigsen aus Bennigsen bei Springe, vormals Finanzdirektor in Deutsch-Ost, dort an der verhängnisvollen Einführung der Hüttensteuer beteiligt. Als erster Sitz des Gouvernements dient Herbertshöhe an der äußeren Blanchebucht, wo es aufgrund eines mäßig feuchten tropischen Seeklimas gesünder als auf dem Festland ist.

Mit dem Umzug der Administration wird Neupommern zum Gravitationszentrum der gesamten Region. Die Insel ist fruchtbar, liegt verkehrsgünstig und ist von See her leicht zugänglich. Der Archipel hat gute

Häfen, von denen Simpsonhafen/Rabaul der beste ist. 1908 entfallen aufs Archipel vier Fünftel des Warenverkehrs Deutsch-Neuguineas.

Kaum im Land, macht sich Bennigsen ans Regieren, wobei er sich an Deutsch-Ost orientieren will. Sein Vorschlag, das dort bewährte Halseisen auch in Deutsch-Neuguinea einzuführen, wird von Berlin abgelehnt, da es zur Entfremdung der Südseeinsulaner gegenüber dem Gouvernement führen könnte. Die Verordnung des ksl. Richters Heinrich Schnee, die Todesstrafe durch Erhängen durch die Todesstrafe durch Erschießen zu ersetzen, wird akzeptiert.

Rückgrat der Wirtschaft ist die Kultur der Kokospalme, Haupterzeugnisse sind Kopra, Kapok, Baumwolle, Kaffee, Holz, Trepang, Perlmutt und Schildpatt, von einiger Bedeutung die prächtigen Federbälge des Paradiesvogels, wie sie Europas Damenhüte schmücken.

Mit der Administration beim Reich muss die melanesische Polizeitruppe aufgestockt werden. Die Polizeijungs hat Bennigsen von der Kompagnie übernommen und mit kakifarbenen Mützen mit rotem Band und Lederschirm, mit roten, von der Seitengewehrkoppel gehaltenen Lendentüchern uniformiert. Für eine richtige Schutztruppe wie in Deutsch-Ost oder Deutsch-Südwest fehlt dem Südseebesitz der Stellenwert, verweigert der Reichstag die Mittel. Die Farbigen erhalten freie Unterkunft und Verpflegung mit einem Quantum Tabak, werden medizinisch versorgt, mit monatlich sechs Mark jedoch ausgesprochen schlecht bezahlt.

In der Truppe gelten die Bukasoldaten vor dem Feind und bei der Arbeit schnell als die Besten, während man von den Burschen von der Gazellehalbinsel am wenigsten hält. Bei der Rekrutierung wird streng darauf geachtet, dass im Aufgebot miteinander verfeindete Völker sind, könnten zu viele Gemeinsamkeiten doch dazu verleiten, dass sich die Jungs eines Tages gegen ihre eigenen *Masters* erheben.

Den deutschen Südseeinsulanern, den Tonponpes, Jawuringes oder Towarkarats, ist der Dienst unter Kaisers Fahne suspekt. Bennigsen versucht Söldner aus Niederländisch-Indien anzuwerben, um die Jahrhundertwende wird der Versuch gemacht, Askaris aus Deutsch-Ost (»*mit Weibern wegen der Fortpflanzung*«) zu importieren. Berlin denkt an die tüchtigen Wanjamwesi, will im Gegenzug Südseeleute in Deutsch-Ost ausbilden lassen. Der Plan muss recht undeutsch an der Organisation scheitern. Die bereits angeworbenen Wanjamwesi verlaufen sich, die 150 Rekruten, die der Dampfer SEESTERN aus Deutsch-Neuguinea nach Deutsch-Ost bringt, werden aufgrund ihrer Disziplinlosigkeit wieder nach Hause geschickt …

»Wir werden die braunen Naturkinder schützen müssen gegen Seuchen und äußere Nöte und sie aus der Trägheit zu ernstem Schaffen zu erheben suchen. Vor allem werden wir auf Mittel sinnen, wie der erschreckenden Volksabnahme zu steuern sei, damit ein neues, kräftiges Geschlecht entstehe« (Carl v. Beck): 1898 hatte Robert Koch aus Clausthal, Direktor des Berliner Hygienischen Instituts für Infektionskrankheiten, Deutsch-Neuguinea besucht. Kochs Visite war für das Schutzgebiet so richtig wie wichtig, die Anregung dazu von der Kolonialgesellschaft (DKG) gekommen.

Der Bekämpfer des Todes hatte »die sich heutzutage wohl nicht mehr oft bietende Gelegenheit, die Volksseuche Malaria an einem Platz zu studieren, wo sie sich un-

Robert Koch (Bildmitte mit Tropenhelm) mit Gouverneur Rudolf v. Bennigsen (3. von rechts) während der Malaria-Expedition von 1898/99.

241

gestört entwickeln kann« gesucht und gefunden, um die Jahrhundertwende kommt es zu ersten Reihenuntersuchungen. Auf den Plantagen kann die Malaria durch Chininausgaben etwas eingedämmt werden, so das Selbstlob der Deutschen. Für eine regelrechte Vorsorge und verbesserte Therapie, wie von Koch vorgeschlagen, fehlt nicht der gute Wille, sondern einmal mehr das Geld.

Kolonisieren aus Prinzip

Parallel zum Geschehen auf dem Festland und dem Bismarckarchipel sehen sich die Deutschen im nordwestlichen Pazifik nach weiteren Erwerbungen um. Der Druck geht verstärkt von den Kaufleuten aus, doch »Flagge zeigen« entspricht auch dem Wunsch von Kaiser und Admiralität. Das Reich nimmt, was völkerrechtlich noch frei herumzuliegen scheint, es nimmt planlos und trotzdem nach Plan, wie es seinem bevorzugten Nachzüglerstatus entspricht.

KzS Hofmeier (ILTIS) hisst die Flagge auf Yap, KzS Plüddemann (ALBATROSS) auf Truk/Chuuk und Kusaie/Kosrae in der Karolinengruppe. Als deren rechtmäßige Besitzer sehen sich die Spanier an. Berlin stellt deren Souveränität in Frage, da es – eine Rechtsauffassung, die auch England unterstützt – Uraltverträge wie den von Tordesillas nach all den Jahren für abgelaufen hält. Auf den Karolinen, einer willkürlich zusammengefassten Inselgruppe zwischen dem 137° bis 164° östl. Länge und 4° bis 10° nördl. Breite, haben Capelle und Hernsheim Geschäfte gemacht, hier hatten Godeffroys Kopraschiffe angelegt. Die Karolinen wollten die Deutschen (als sie sie eines Tages tatsächlich besitzen, wissen sie allerdings nicht so recht, was damit anzufangen).

Im November '85 bittet Oberhäuptling Kabua im Verein mit den Jaluit-Noblen Lagajimi, Loiak, Nelu und Launa um kaiserlichen Schutz. Was sie leitet, sei der Wunsch, den Handel, der hauptsächlich in deutschen Händen liegt, zu beschützen und dem deutschen Kaufmann bei der Ausübung seines Berufs volle Sicherheit zu gewähren. Vor Jaluit in der Ralikkette der Marshallinseln liegt der Kreuzer NAUTILUS/KKpt. Rötger, als Zeugen treten Rötger und Konsulatsverweser Franz Hernsheim auf.

Von Jaluit fährt Rötger nach Mili, Arno, Majuro, Maloelap und Liekip weiter, wo Inselhäuptlinge Schutzverträge per Handzeichen unterkreuzen. 1885 wird die Marshallgruppe deutsches Schutzgebiet. Die Marshallinseln ziehen sich mit zwei parallel verlaufenden Inselketten – die Ratak/Sonnenaufgangsinseln im Osten, die Ralik/Sonnenuntergangsinseln im Westen – östlich der Karolinen hin. Die Gruppe besteht aus fünf Inseln und 29 weit auseinander liegenden niederen Korallenatollen. Auf Jaluit hatte Hernsheim 1878 sein Hauptquartier eingerichtet. Von hier aus unterhielt er Faktoreibetriebe auf den übrigen Marshallinseln, im Bismarckarchipel und auf den Karolinen. Zu den Marshalls zählt verwaltungstechnisch das Nauru-Atoll, die westlichste Insel der Gilbertgruppe. Die Koralleninsel, gerade mal 41 km südlich des Äquators, hatten die Deutschen 1888 aus strategischen Gründen erworben, um sich einmal mehr als Südseemacht zu etablieren. Dass Nauru ein einziger Glücksgriff ist, konnten sie zu diesem Zeitpunkt nicht wissen.

Richter Heinrich Schnee (1871–1949) aus Neuhaldensleben mit Hernsheimangestellten und Eingeborenen auf Neupommern: Der spätere Gouverneur von Deutsch-Ost gibt 1920 das Deutsche Kolonialexikon heraus.

Die ersten Europäer haben den Platz Pleasant Island, so viel wie angenehme Insel genannt, wofür es lange keine richtige Erklärung gab. Die Naruer hatten viel mit Walfängern, Seepiraten und ausgesetzten Strandläufern zu tun. Sie selbst lagen untereinander in Fehde, worunter Kaufleute, die hier Handel treiben wollten, litten, worüber sie sich immer wieder beschwerten.

Mit der Besitzergreifung durch die Deutschen brechen ganz andere Zeiten an. Zwischen 1848 und 1888 hatten die Leute noch gegen das eigene Ausbluten angekämpft, war die Zahl der Naruer von 1.400 auf 900 gesunken. Nach sieben Jahren unter des Kaisers Schutz sieht dann alles ganz anders aus: Auf Nauru ist es ruhig, hier wohnen ein deutscher Beamter, sieben Händler und bereits wieder 1.324 Insulaner.

Die Entdeckung von großen hochwertigen Phosphatvorkommen auf Nauru hat dann gewisse Parallelen zu August Stauchs Diamantenfund. Phosphat ist für die Landwirtschaft unentbehrlich, Naurus Phosphat zeichnet sich durch Härte und Reinheit aus. 1906 wird mit dem Abbau begonnen, 1913 werden 125.000 kg im Wert von rund fünf Mio Mark ausgeführt. Bei Kriegsbeginn rechnen die Engländer den Wert der hier noch lagernden Vorkommen auf 15 Milliarden Reichsmark hoch.

Mit den Gebietsrechten über die Marshallinseln schließt die erste Phase der Kolonialerwerbungen ab. Im Zeitraum von gerade mal 13 Monaten war das deutsche Kolonialreich entstanden, Anfang 1884 hatte der Reichstag noch darüber gestritten, ob man überseeische Besitzungen überhaupt wollte, 1885 zählen Kaiser und Volk zu den Großen unter den Kolonialmächten.

»Mir schiffe nit so arg weit/Zu was soll uns das diene?/Un bleibe lieber ganz gescheidt/ Hübsch vun de Karoline« (der Mainzer Humorist Eichberger) ... Das mit den Karolinen war tatsächlich etwas voreilig gewesen, kommt Spaniern schnell recht spanisch vor. Die Inselgruppe hat Francisco Lazeano für den europäischen Kulturraum entdeckt, ihr Name erinnert an Spaniens Karl II. Nachdem der Pöbel

in Madrid die deutsche Gesandtschaft »völkerrechtswidrig« gleich mehrmals bedrohte, bittet Bismarck Papst Leo XIII. um einen Schiedsspruch. Der Pontifex Maximus spricht die Inselgruppe politisch zwar Spanien zu, erteilt Berlin jedoch die Erlaubnis, dort Kohlen- und Flottenstationen anzulegen.

Nach dem Spanisch-Amerikanischen Krieg, in dem sich die Deutschen neutral verhielten, kommen die Karolinen, Marianen (ohne Guam) und Palauinseln doch noch zum Reich. Finanziell ruiniert sieht sich Spanien zum Verkauf gezwungen, als Preis kann man sich auf 16,75 Mio Mark einigen. Viel Freude hatten die Spanier mit dem Besitz zuletzt ohnehin nicht gehabt: 1887 war ihr Gouverneur zusammen mit dem Großteil seiner Beamten auf Ponape erschlagen worden.

Karolinen, Marianen und Palau, um die 800 Inseln nördlich des Äquators und Melanesiens, werden administrativ Deutsch-Neuguinea zugeschlagen, das um die Jahrhundertwende damit folgende Gebiete umfasst: Kaiser-Wilhelmsland mit vorgelagerten Inseln, der Bismarckarchipel und die deutschen Salomonen, die Ost- und West-Karolinen mit den Palauinseln und die Marianen.

1906 addiert ein Protest Londons dem Gouvernement auch die Marshallinseln zu, was nur mit Ironie betrachtet werden kann. Die Marshalls hatte das Reich von vornherein ohne rechte Begeisterung unter Schutz gestellt, das lokale Management dann der in Hamburg neu gegründeten Jaluit-Gesellschaft übertragen.

Der Schiedsspruch des Papstes bezüglich der Karolinenfrage in der Karikatur.

243

Südseeidylle im Palauarchipel: Es gibt angeblich nur zwei Sorten Menschen: Die einen, die dort bereits leben, die anderen, die dort gerne leben würden.

Die Gesellschaft, in der die Deutsche Handels- und Plantagen-Gesellschaft (»Firma«) sowie Robertson & Hernsheim ihre Interessen auf den Karolinen, Marshall- und Gilbertinseln einbrachten, erhielt das alleinige Recht, Herrenloses in Besitz zu nehmen, vorhandene Guanolager auszubeuten und nach Perlschalen zu fischen. Den Marshallinseln ist ein ksl. Kommissar vorangestellt, der sich bei wichtigen Beschlüssen jedoch mit der Gesellschaft abstimmen muss, die die Kosten für die Verwaltung trägt.

Die Gesellschaft breitet sich über ganz Mikronesien aus, hat bald 60 Niederlassungen zwischen Gilbertinseln und Palau. Hauptgeschäft ist der Handel mit Kopra, Kokosnuss, Pandanuss, Brotfrucht, Haiflossen und Perlschalen. Die Dividenden betrugen zuletzt 20 Prozent.

Die Inselketten sind damit der einzige Platz, wo Bismarcks favorisierte Organisationsform der Handelskolonie längerfristig funktioniert. Kritisch nur, dass das Unternehmen seine Position dazu benutzt, um Konkurrenten einzuschüchtern. Als sich London 1906 über die enorm hohen Steuern beschwert, die die Jaluit-Gesellschaft von britischen Firmen einfordere, sieht sich das Reich zur Übernahme ge-

zwungen, um Vergeltungsmaßnahmen des Branchenriesen zuvorzukommen.

Deutsch-Neuguinea hat der Zufall zusammengebracht. Wer danach sucht, sich darüber halbwegs informieren will, kommt ohne das »Deutsche Kolonialblatt«, die »Deutsche Kolonialzeitung«, die »Deutsche Kolonialpost«, den »Kolonial-Kursbericht«, die kolonialen Jahrbücher der deutschen Kolonialgesellschaft und den »Kolonial-Atlas« nicht aus.

Wo, bitte schön, liegen Gongodogul, Ngaramlungui oder Ngarad, wo das riffgeschützte Babeltaob? Was wird aus Coelococcus carolinensis gefertigt, was aus Coelococcus salomonensis? Auf welcher Insel leben Eamwidamit oder Irutsi?

Die Kolonialliteratur überschlägt sich, um den Deutschen ihr Deutsch-Neuguinea, seine Lage und Landschaften, seine stammlich wie sprachlich arg zersplitterten Volksgruppen näher zu bringen:

»Wer jemals seinen Einzug nach Herbertshöhe durch den Georgskanal hielt, wird von der Großartigkeit der landschaftlichen Schönheit und der üppigen Fruchtbarkeit dieses gesegneten Landes überrascht sein« (Irmer).

»Eingeborenen-Auslegerboote, hochschnäbelige Moons ... an den Ufern ist fast alles

Wald, und nur vereinzelt zeigen sich da und dort graziöse Kokospalmen und dabei weißer Sandstrand, der von vielen schwarzen Eingeborenen wimmelt. Und wenn das Auge in die klaren Tiefen taucht, so erblickt es in nächster Nähe die prächtigen, bald tellerförmigen, bald ästigen und wulstigen lebenden Korallenstöcke« (Karl Sapper in der Bukastraße).

»Wir sahen große, schöne Gestalten mit auch für europäischen Geschmack hübschen Gesichtern« (Harry Koenig auf Neumecklenburg).

»Die Haare tragen sie in feste Troddellocken gedreht und zudem rot und weiß gefärbt. Da sie ihre Zähne schwarz beizen, ihre Zunge, Lippen und Zahnfleisch durch Betelkauen hochrot gefärbt sind, ist ihr Aussehen im höchsten Grade wild und unsympathisch« (Harry Koenig auf dem Festland).

»Der Charakter der Yaper zeigt außergewöhnlich viele gute Eigenschaften, mir ist neben den Bewohnern der Insel Nauru kein Volk bekannt, welches an edler Gesinnung mit ihnen wetteifern könnte« (Arno Senfft auf Yap).

»Der bösartige, feindselige Charakter des Volkes der Salomonen wird nicht ohne Grund gefürchtet, was allenthalben die zerschlagenen Schädel bezeugen, die benag-

ten Knochen und die sonst in den Häusern sichtbaren Überreste der Verspeisten« (Carl v. Beck).

»Die Weiber im Schwarzinselgebiet sind zur Arbeit geschaffen. Eine von ihnen kann so viel tragen oder heben wie zwei Männer« (Otto Schellong).

»Kleidung trägt unser neupommerischer Landsmann gar nicht, dafür unsere neupommerische Landsmännin … ebenso wenig. Höchstens wird durch eine um die Leibesmitte laufende Schnur bisweilen ein kleines Büschel Blätter gesteckt, die dann vorn herabhängen. Die Männer befestigen aromatisch duftende Kräuter an ihrem Halsband, sodass sie auf den Nacken niederhängen« (Graf Pfeil, der mit Peters durch Ostafrika gezogen war, jetzt für die Neuguinea-Kompagnie arbeitet).

Raus aus der Steinzeit

Deutsch-Neuguinea schließt die unentwickeldsten Landschaften des Erdenrunds ein, die eigentliche Kolonisation beginnt von ganz vorne: Wie viele Rindviecher müssen weit draußen im Pazifik als Unkrautjäger eingesetzt werden, um die gefürchtete Mimosa pudica in Schranken zu halten? Ist mit dem Import von Dolchwespen, der Feinde des aus Ceylon einge-

Eingeborene auf Yap: Die Yaper gelten als friedlich und intelligent, bewähren sich im Damm- und Wegebau.

Missionssiedlung auf Yap in den westlichen Karolinen.

schleppten Nashornkäfers, die eine oder andere Kokoskultur noch zu retten? Wie gewinnt man aus fettarmer Milch gute Butter (fettarm aufgrund des so anderen Futters)?

Erforschen, Vermessen, Erschließen und das Organisieren der Dörfer nach deutschem Muster. Die Hebung des Schulwesens und Verbreitung der deutschen Sprache (Deutsch wird im Unterricht nach Möglichkeit gepflegt, *Unserdeutsch* ist ein Dialekt der Straße). Missionieren, um Gott allen Menschen zu bringen, der Kampf gegen Volkskrankheiten, Blutrache und Kannibalismus. Das Heranziehen zu Steuerarbeit und Wegebau und die Bekämpfung des demografischen Trends. Das Einsammeln von Feuerwaffen und Munition, der Kreuzzug gegen den Alkoholmissbrauch: Deutsch-Neuguinea ist für die Träger der Schutzgewalt eine einzige Herausforderung.

Das Ganze fängt mit ganz spezifischen kolonisatorischen Aufgaben an: Auf den Palauinseln existiert keine geschriebene Sprache, um mit den Leuten dort richtig kommunizieren zu können, muss eine palauanische Grammatik erstellt werden. Im erotischen Paradies ist die wilde Ehe recht gängige Praxis, was eingeschränkt werden muss. Im Zusammenhang dazu, da es die

Administration beschäftigt: Wie ist mit einem kolonialdeutschen Pflanzer umzugehen, der zum Islam konvertieren will, damit er sich eine Reihe barbarischer Schönheiten halten kann?

Muschel- und Steingeld, Hunde- und Eberzähne wechseln als Zahlungsmittel unter Insulanern auch weiter die Hand. Vom Steingeld, gelegentlich so groß wie ein Mühlstein, weiß man, dass es Diebe nicht einfach forttragen können. Trotzdem muss es jetzt verboten werden, damit die Eingeborenen gezwungen sind, richtiges Geld mit ordentlicher Arbeit zu verdienen.

Die Herausforderung fängt im Kleinen an, führt zu ganz Großem, wobei viele der neuen tatsächlich noch die alten Probleme sind: »Wir können und müssen vom Neger verlangen, dass er uns für die Segnungen unserer Wirtschaft und Kultur, die wir ihm bringen, ein Äquivalent bietet, dieses Äquivalent kann aber naturgemäß nur in Arbeitsleistung bestehen«, so eine Denkschrift der Geschäftsleute zur Eingeborenennutzung. »Der Europäer arbeitet und lernt, abgesehen von den ersten sechs Kindheitsjahren, sein Leben lang. Soll es also der Neger besser haben als wir Deutsche im Ausland, die wir uns unsere Kultur und unsere Fortschritte auf dem Gebiete der Religion, der Heilkunde, der Technik und im gesamten Wirtschaftsleben in jahrhundertelangem Ringen erkämpft haben … sollen dem Neger auch diese Segnungen mühelos in den Schoß fallen?«

In Friedrich-Wilhelms-Hafen, das nach dem Ausbau der Lösch- und Ladeeinrichtungen auch große Seeschiffe anlaufen können, auf den Kokosnussplantagen oder in den Kakaoanlagen kommt man ohne die Towarkores, Tobobos oder Elimos einfach nicht aus: »Der Weiße ist in den Tropen auf die Arbeitskraft der Eingeborenen angewiesen. Er ist das Gehirn, das die Arme und Beine der Eingeborenen in Bewegung setzt. Er muss daher wissen, wie der Eingeborene fühlt und denkt, was er für recht und verboten hält, wenn er durch seinen überlegenen Intellekt die an das Klima angepasste Arbeitskraft beeinflussen, lenken will« (Richard Thurnwald aus Wien, Ethnologe mit preußischer Staatsangehörigkeit).

Postagentur in Stephansort an der Astrolabebucht, dem zweiten Verwaltungszentrum der NGK in Kaiser-Wilhelmsland (um 1890).

Das ist zu Zeiten nicht einfach, sind des Kaisers Kinder doch einfach grundverschieden: Die Pingelapesen der Karolinen gelten als recht gute Arbeiter, als Beweis geradezu, dass die Erziehung zur Arbeit funktionieren kann. Die Salomoneninsulaner sind fleißig, intelligent und anstellig, als Plantagenarbeiter und Polizeisoldaten geschätzt. Auf den Marianen gelten die Männer dagegen »als meist recht schläfrig«, sodass man sie zur Arbeit ständig ermuntern muss. Auf den Marianen ist es Aufgabe der Administration, will man es dort zu etwas bringen, »die Eingeborenen aus ihrer Faulheit und Träumerei aufzurütteln« (Thilenius).

Dauerthema neben der Arbeiternot ist der Bevölkerungsfluss, die Statistiken sprechen Bände. 1912 (um eine beliebige Jahreszahl zu nennen) wandern in Deutsch-Neuguinea zwar 571 Personen ein, doch 427 bereits wieder aus. 1914 befinden sich unter denen, die es im Schutzgebiet ausgehalten haben, 172 Landwirte, 172 Kaufleute und Handwerker. Die »produktiven Berufe« sind in der Minderheit, hat man ihnen doch 109 Beamte und 352 Missionare gegenübergestellt.

Die Zahl der Weißen ist völlig unbedeutend geblieben, der Mangel an *ebenblütigen Frauen* gar gravierend. Noch 1913 kommt auf dem Festland eine Europäerin auf sieben Europäer, was den Weißen, so wird immer wieder herausgestellt, zu Konkubinen, zu Prostituierten oder gar zur kolonialen Mischehe zwingt (»*Meine Herren, Sie senden Ihre Söhne in die Kolonien, wünschen Sie, dass sie Ihnen schwarze Schwiegertöchter ins Haus bringen, wünschen Sie, dass sie Ihnen wollhaarige Enkel in die Wiege legen?*«, Gouverneur Solf vor dem Reichstag zum Thema Mischlingsbevölkerung).

In Deutsch-Neuguinea leben ein paar weiße Angestellte, die für Großbetriebe wie Hernsheim & Co., die Neuguinea-Kompagnie oder die Hamburger Südsee-Aktien Gesellschaft (früher E.E. Forsayth) arbeiten. Aus Queensland trifft der eine oder andere deutsche Auswanderer ein, der ursprünglich einmal nach Australien wollte, jetzt wieder »zurück nach Deutschland« will. Auf der Gazellehalbinsel gibt es Ansätze

für eine kleinbäuerliche Ansiedlung mit Pflanzungen von Kokospalme, Ficus, Hevea und Kakao.

Es kommen ein paar Pflanzer, Goldsucher und Abenteurer, immer auch Personen mit zweifelhaftem Leumund, kann sich einer, der in Bochum der Militärpflicht entkommen ist oder den sie am Bodensee gerade suchen, in Delipebinau oder Assongson doch ganz gut verstecken. Friedrich Rose, ksl. Kommissar in Neuguinea, danach Konsul in Apia, jetzt Präsident des Seefischervereins zu Berlin, nennt einzelne Landsleute, die er in den Schutzgebieten getroffen hatte, »den Auswurf Europas«. Nolde addiert 1913/14 ein »zweifelhaftes Europäergesindel« hinzu.

Die Gouverneure Hahl/Deutsch-Neuguinea und Solf/Deutsch-Samoa denken darüber nach, wie der Bevölkerungsfluss besser reguliert werden könnte. Als eine der ersten Maßnahmen wird unerwünschten Elementen, insbesonders Mittellosen, die hier zur Last werden könnten, aber auch Leuten, die ihren Namen in keiner der europäischen Sprachen schreiben können, die Einreise verweigert.

Germania in Pacifico

Kolonialbeamte, die nach Übersee wollen, heben zuvor die Hand zum Schwur: »Ich M.M. schwöre zu Gott dem Allmächtigen und Allwissenden, dass ich Seiner Majestät dem deutschen Kaiser treu und gehorsam sein, meine Dienstpflichten nach Maßgabe der Gesetze und der mir zu erteilenden Instruktionen treu und gewissen-

Training von Polizeisoldaten der Neuguinea-Kompagnie auf einer Fotografie des Südseepioniers Richard Parkinson.

Alltag auf Upolu: Peter Rasmussen aus dem dänischen Horsens mit seinen *schwarzen Jungs* vor einem »Koprahaus«.

haft erfüllen und das Beste des Reichs und seiner Schutzgebiete fördern will, so wahr mir Gott helfe.« Ein Kolonialbeamter ist vom Kaiser als Schutzherr der Kolonien angestellt, hat nach § 1 KolBG., § 1 RBG dessen Anordnungen zu folgen.

Der Pazifik ist für ausgesprochene Karrieristen kein geeigneter Platz, in der Südsee reist kaum einer nur wegen der Laufbahn an. An Spree oder Elbe verabschiedet, ist sich auf Truk oder Kwajalein dann nicht jeder mehr sicher, was das Beste fürs Reich oder nur gut für das eigene Ego ist. Die Geschichte des Festlands und der Inseln wird mehr als in Afrika von Einzelpersonen bestimmt, darunter eine ganze Reihe auffallender Charaktere.

1901 trifft Vizegouverneur Victor Berg, früher Bezirksamtmann in Kilwa und Mikindani (Deutsch-Ost), in Ponape ein. Dort wird er bei der Arbeit von einem Sekretär, einem Polizei- und einem Hafenmeister unterstützt. Deutsche Einrichtungen schützt die melanesische Polizeitruppe. Ponape ist die größte der Karolineninseln, entspricht von der Fläche her dem Fürstentum Waldeck. Größere europäische Unternehmen fehlen noch, der Handel liegt in Händen der Jaluit-Gesellschaft, die am Hafen eine Zweigniederlassung unterhält. Der Reichsdampfer Germania (*»die Schiffs-*

verbindung zu der Kultur«) kommt hier sechsmal im Jahr vorbei, Hauptausfuhrprodukt ist die Kopra.

Berg ist ein Mann, der sich sehr wichtig nimmt, sein Verhältnis Kanakern gegenüber dadurch gestört. Kolonialbeamten wird von Allerhöchst die Anweisung mit auf den Weg gegeben, Eingeborene und farbige Gastarbeiter freundlich und human zu behandeln. Berlin weist seinen Vizegouverneur auf den Karolinen so auch zurecht. Warum der Berg auf Ponape bis zum heutigen Tag nicht vergessen ist, hat allerdings einen ganz anderen Grund: Den Berg hatte die Rache der amphibischen Götter getroffen, der Berg war ein rechter Frevler gewesen, so auch an sich selbst gescheitert.

Vor Ponape liegt auf einem Komplex künstlicher Inseln die Ruinenstadt Nan Madol. Nan Madol, nach der Legende von Überirdischen geschaffen, gilt den einen als Machu Picchu, anderen als Venedig des Pazifik. Tempel, öffentliche Gebäude, Kanäle und Gräber ... die Inselbewohner warnen eindringlich davor, hier die Totenruhe zu stören.

Im April '07 befiehlt Berg mit kolonialer Herablassung, das Grab des hochverehrten Iso Kalakal zu öffnen. Am Tag darauf eines jähen Todes gestorben, wird der Beamte – Gott hab ihn selig – bei der spanisch/deutschen Kirche in Kolonia auf Ponape beigesetzt. Der Arztbefund gibt als Todesursache Sonnenstich und totale Erschöpfung an, die Einheimischen bestehen dagegen darauf, dass der Vizegouverneur sterben musste, weil er die Götter von Nan Madol herausgefordert hatte.

Neben Berg muss einer wie Gustav Boeder als Negativbeispiel des deutschen Kolonialbeamten gelten. Der Mann aus Strasburg in der Uckermark hatte als Zollamtmann in Togo und Kamerun, danach als Regierungsrat in Deutsch-Ost gedient. Boeder war tropentauglich, das durch und durch. Den Posten des Bezirksamtmanns für die Ostkarolinen würde er trotzdem mit dem Leben bezahlen.

Berg und Boeder sind so etwas wie Auslaufmodelle. Franz »Bolo« Boluminski aus Lessen beim westpreußischen Graudenz ist genau das Gegenteil. Der Bezirksamtmann trifft 1910 mit Frau Frieda und acht Polizeisoldaten in Kaewieng auf Neumecklenburg ein. Die äquatornahe Insel gilt als weitgehend unzivilisiert, ist wenig erforscht, von dort lebenden Stämmen wie Hamba, Nokon oder Butam hatte man bisher noch nicht viel Gutes gehört.

Es ist noch nicht allzu lange her, dass Neumecklenburgs Bergstämme mit der eigenen Jugend im Clinch gelegen hatten (»*nach Kämpfen wurde reichlich Menschenfleisch als Beute in die Berge geschleppt*«). Der Grund konnte für die Boluminskis nur eine Warnung sein: Auf Neumecklenburg hatten es die Alten nicht kampflos hingenommen, dass ihre an der Küste arbeitende Jugend mehr und mehr zum deutschen *Way of Live* tendierte.

Bolos Idee, die Insulaner jetzt derart beschäftigt zu halten, dass ihnen keine Zeit für Stammeskämpfe und Dierereien verbleibt, ist dann so simpel wie genial: Bolo, der sich samt Kutsche hin und wieder über schlechte Wegstrecken tragen lässt, baut mit den Neumecklenburgern eine rund 100 km lange Küstenstraße, diese mit den erforderlichen Brücken.

Boluminski ist ein Kolonialbeamter mit einer geeigneten Südseevision, wofür ihm die Heimat den Württembergischen Friedensorden überreicht. Die Straße, tatsäch-

lich ohne Parallelen in der gesamten Pazifikregion, wird als Kaiser-Wilhelmstraße eingeweiht. Mit der Unabhängigkeit Papua Neuguineas (1975) würde der Franz dem Wilhelm den Rang ablaufen: Mit der Unabhängigkeit wird die alte Kaiser-Wilhelmstraße, inzwischen eine Art tropische Autobahn, in Erinnerung an Bolo zum Boluminski Highway.

In der aus 343 Inseln bestehenden Palaugruppe kann Stationsleiter Winkler die Macht der *Kalits* (Zauberer) brechen, ohne dass es wie erwartet zu Blutvergießen kommt, auch das eine koloniale Leistung. Eines Tages sitzen die *Kalits* geschlossen in der Strafkolonie Laulau auf Saipan/Marianen, hat der Winkler auf den Palauinseln freie Hand. Genau wie der Berg auf Ponape oder der Boluminski auf Neumecklenburg ist auch der Winkler auf Palau unvergessen. Noch heute pflegt der Volksmund dort ein »Sei bloß kein Winkler«, wenn einer zu streng, viel zu streng auftritt.

Auf der Insel Sariguan richtet Georg Fritz aus Alzey, langjähriger Bezirksamtmann in Saipan, eine Strafkolonie ein. Seine acht Gefangenen pflanzen zusammen mit ihren Familien 17.200 Kokospalmen und warten dann ab … die Palme braucht zehn Jahre, bis sie volle Erträge liefert. Fritz ist ein ausgewiesenes Organisationstalent, neben der

Gouverneur Albert Hahl (1870–1945) aus dem bayrischen Gern auf Ponape.

Alfred Hahl, ksl. Richter in Herbertshöhe, Vizegouverneur auf Ponape, ab 1902 Gouverneur von Deutsch-Neuguinea.

Einrichtung der Strafkolonie Sariguan hat er auf den Marianen die Regierungsschule eingeführt.

1902 löst Albert Hahl (32) aus dem bayrischen Gern den gesundheitlich nicht allzu stabilen Bennigsen ab. Hahl hat als ksl. Richter in Herbertshöhe und Vizegouverneur auf Ponape Südseeerfahrung gesammelt, eine einheimische Frau und mit ihr ein Kind.

»Straffe Disziplin und Ordnung, aber auch Ruhe und Frieden, warmes Wohlwollen und jede Art von möglicher Fürsorge für die Eingeborenen und ihr Wohlergehen, wie es von einer kulturell so hoch stehenden Nation wie Deutschland erwartet werden kann« ... Unter Hahl ist es mit den Wildwestmethoden in der deutschen Südsee erst einmal vorbei, gibt es so etwas wie eine vorausschauende Eingeborenenpolitik. Der Bayer, mit dem Wahlspruch ›Kolonisierung ohne Dezimierung‹ angetreten, macht sich um die wirtschaftliche Förderung und wissenschaftliche Erschließung Deutsch-Neuguineas verdient. Hahl ist ein Glücksfall für das gesamte Schutzgebiet.

Der Bayer hat seinen Sitz zuerst in Herbertshöhe, unter ihm ziehen Administration (Hauptkasse, Bauverwaltung, Vermessungsbureau, Expeditionskorps etc.) und Obergericht nach Simpsonhafen am Simpsonhafen um. Der Platz, der seinen alten Namen Rabaul zurückerhält, hat das günstigere Klima und durch den Hafen die bessere Verkehrsanbindung. Rabaul bleibt Hauptort, bis die deutsche Südsee im Feuer des Ersten Weltkriegs untergeht.

Natürlich hat Hahl die Kolonie nicht alleine regiert. Ihm nachgeordnet sind ein Vizegouverneur und mehrere Referenten, ihm zur Seite steht ein Gouvernementsrat aus fünf amtlichen und sieben nichtamtlichen Mitgliedern mit beratender Funktion. Beim Gouverneur liegt wie die längste Zeit in Deutsch-Afrika die militärische Befehlsgewalt.

Die Lokalverwaltung gliedert sich in Bezirksämter und zur Pazifizierung angelegte Regierungs-/Polizeistationen. Regiert wird mit Hilfe einheimischer Dorfschulzen (Alkalden) und Häuptlingen der Regierung (*Luluais*). Nach *Luluais* schaut man sich unter Einheimischen um, die im Idealfall Lesen und Schreiben können, dazu bereit sind, für die Kolonialmacht zu arbeiten. Als Zeichen ihrer Würde wird ihnen eine Amtsmütze und ein Zeremonienstab gestellt.

Rückgrat der Verwaltung sind die von deutschen Polizeimeistern geführten melanesischen Polizeisoldaten. Parallel dazu steht eine Truppe mit einem hohen Anteil von Söhnen aus lokalen Häuptlingsfamilien im Kleininselgebiet Mikronesien.

Die Polizeisoldaten helfen in Friedenszeiten in der Lokalverwaltung aus, wenn Not am Mann ist selbst in Krankenhäusern, zu ihren Hauptaufgaben zählt es, Plantagenarbeiter bei der Arbeit zu halten. Wann immer es zu ihrem Handwerk kommt, schlagen sie gegen Insulaner, denen die deutsche Herrschaft nicht liegt, recht unbarmherzig und mit Todesverachtung zu. Gewachsen scheint ihnen aufgrund ihrer Ausbildung und waffentechnischen Überlegenheit im weitläufigen Inselterritorium kein (farbiger) Gegner.

»Die Taktik der Naturvölker und Halbkulturvölker zeigt bei mancher Gelegenheit ihren privaten Charakter und ihr Zu-Kurzkommen gegenüber Auffassungen, die heute dem einfachen Soldaten geläufig sind« (Carl Georg Friederici, Hptm. a.D. aus Stettin). Die Schleuder, in Eingeborenenhand eine gefährliche Waffe, Schlagringe, Rochenstachelspeere, die Keule aus einem Hartholzstiel oder der Dolch aus Kasuarknochen gegen zum Teil mit modernen Mehrladern für S-Munition gerüstete Ordnungshüter würden allerdings auch anderswo nichts ausrichten.

Die Befriedung macht Fortschritte, kommt »angesichts des außerordentlichen Kulturstandes der Eingeborenen« trotzdem nur ganz langsam voran. Noch 1912 kann ein Plan, die gesamte weiße Bevölkerung von Friedrich-Wilhelms-Hafen (dem heutigen Madang) niederzumetzeln, gerade noch rechtzeitig aufgedeckt, dann auch verhindert werden (»*die Bewohner der hauptsächlich beteiligten Dörfer Siar, Ragetta, Panutibun, Beliao und Jakob wurden von ihren Plätzen weggenommen und an der Raiküste angesiedelt*«).

Südsee kompakt

Was einen wie Hahl, mit was sich einer wie Hahl, der Vizegouverneur und die Referenten im Dienst der Krone beschäftigen? Südseegeschehen ganz kompakt:

In Medalaii wird eine Landungsbrücke gebaut, Koror erhält Leuchtturm und Kai, Tarang Island (Yap) ein Krankenhaus, Herbertshöhe eine allgemeine Poliklinik. Im Barriere Riff wird der »handgemachte« *German Channel* offen gehalten, damit Schiffe von Pepeliu und Angaur nach Koror fahren können, zwischen Yap, Map und Ruming ein 230 m langer Verbindungsdamm aus Korallenblöcken angelegt.

Am Hauptort arbeitet eine Anzuchtstelle für tropische Nutzpflanzen (ein weißer Leiter, ein weißer Gartenmeister und Unterpersonal), in der Nachbarschaft liegen Versuchsgärten der allgemeinen Art (»*der Gemüsegarten der Regierungsschule für Eingeborene in Rabaul kann sich sehen lassen*«).

Der Norddeutsche Lloyd baut eine Landungsbrücke in Rabaul, Lloydschiffe stellen die Verbindung zur weiten Welt her, kleinere Dampfer und Segelschiffe besorgen den Lokalverkehr.

Nachdem 1905 ein Orkan mit Flutwelle die Marshallinseln verheerte – im Hafen von Ponape strandeten der Motorschoner der Jaluit-Gesellschaft DIANA und der Regierungsdampfer PONAPE – tragen selbst Kokospalmen, die nicht verwüstet wurden, auf Jahre hinaus keine Früchte mehr. Im gleichen Jahr suchen schwere Unwetter auch Saipan heim.

Deutsch-Neuguinea ist ein Zuschussbetrieb, für Berlin eine finanzielle Belastung. Um den Steuerzahler im fernen Mutterland zu entlasten, muss eine Jahreskopfsteuer eingeführt werden, was auch in anderen Schutzgebieten ein besonderer Test für die Kolonialmacht ist. Eingeborene befriedeter Gebiete müssen eine Steuerleistung zwischen fünf und zehn Mark pro Kopf und Jahr erbringen (auf den Marshalls erhebt Bez.-Amtmann Stuckhardt eine Steuer von fünf Mark »für jeden nicht mehr saugenden Hund«). Damit die Kopfsteuer einen Kopfjäger nicht über Maß strapaziert, wird das Aufkommen zwischen Kolonialherren und Häuptlingen geteilt. Die Steuerschuld kann in 15 Tagen abgearbeitet werden.

Auf eine weitere Einnahmequelle lässt die gesteigerte Nachfrage nach Guttapercha hoffen. Guttapercha ist der eingetrocknete kautschukähnliche Milchsaft von Blättern und Rinde aus der Pflanzenfamilie der Sapotaceen. Guttapercha wird zur Isolierung submariner und unterirdischer elektrischer Kabel verwendet, da es Elektrizität nicht leitet, resistent selbst gegen Meerwasser ist. Guttabäume wachsen in Kaiser-Wilhelmsland …

Parallel zum Geschehen in Küstenabschnitten, wo die koloniale Macht bereits zu spüren ist, brechen Wissenschaftler verschiedener Disziplinen, Missionare und Abenteurer zur systematischen Erforschung des Hinterlands auf. Prominente Aufgaben der von den Behörden oder privat ausgerichteter Expeditionen sind die Aufschließung des Schutzgebiets und dessen Nutzbarmachung behufs Erzielung von Erträgen. Interessant bleibt auch weiterhin, was im ursprünglich Herrenlosen noch herrenlos ist. Tatsächlicher Eingeborenenbesitz muss, so die Verordnung, von Weißen respektiert werden.

Reisende sind in klaren Mondnächten beim Kalakolreigen und beim Aumtanz dabei, beim Siva auf Samoa. Sie untersuchen die physische Beschaffenheit der Insulaner, beschreiben den Paddeltanz auf der Garteninsel Ponape und den Speertanz in Möwehafen/Neupommern. Naturforscher kommen mit Erkenntnissen über Saccharum spontaneum zurück, über die Kuckucksgattung Cacomantis oder die Taubengattung Macropygia. Das Papua-Känguru Macropus papuanus war schon länger bekannt, jetzt hört man erstmals vom Baum-Känguru Dendrolagus bürgersi, das daran zu erkennen ist, dass es kürzere Beine als andere Kängurus hat, dazu einen an der Wurzel nicht verdickten Schwanz.

Museale Sammelexpeditionen entführen Artifakten wie Maultrommeln und Brummrohr, schemelartige Kokosschaber und löffelähnliche Schildplattschalen, hin und wieder auch ausgewachsene Menschen, um Erreichtes daheim im Reich zu do-

Nobler auf Nauru: Das Nauru-Atoll, aus strategischen Gründen erworben, stellt sich schnell als Glücksgriff für die Kolonialmacht heraus.

kumentieren. Allein nach der Sepik-Expedition erhält das Botanische Museum Berlin-Dahlem vom Botaniker Carl Ludwig Ledermann 6.660 getrocknete Festlandpflanzen.

Die Pioniere riskieren ihr Leben, Hiobsbotschaften lösen Erfolgsgeschichten ab. Die Forscher Hunstein und v. Below ertrinken in einer durch einen Vulkanausbruch ausgelösten Flutwelle an der Küste Neupommerns. Beim Zusammenstoß der österreichischen ALBATROSS-Expedition unter KKpt. Josef Ritter Mauler v. Elisenau mit Salomoneninsulanern sterben fünf Weiße.

Bruno Mencke, Erbe eines Zuckerfabrikanten aus Braunschweig, zu naturwissenschaftlichen und ethnologischen Forschungen unterwegs, wird mit vier Begleitern auf St. Matthias, nördlich von Neuhannover, ermordet. Aus dem Bericht der dafür fälligen Strafaktion durch die Landeabteilung des Kleinen Kreuzers CORMORAN: »Unternehmung gegen die St. Matthias-Inseln mit Unterstützung der Polizeitruppe beendet. 81 getötet. Auf unserer Seite keine Verluste.«

Der Reisende Wilhelm K. Dammköhler stirbt auf dem Weg vom Huongolf durch das Markhamtal zur Astrolabebucht (»*Pfeile mit Widerhaken hatten die Schlagadern zerrissen, ein weiterer steckte in der Brust*«). Generell sind Völker des Hinterlands nicht leicht zu berechnen: 1909 wird der Dampfer PEIHO/Kapitän Vahsel auf dem Kaiserin-Augustafluss mit einem Pfeilregen empfangen. KKpt. Siemens, der mit der CORMORAN ein paar Wochen später dort Flusstiefen auslotet, stellt dagegen die friedliebende Gesinnung der Uferbewohner heraus.

Der Forschungseifer erlahmt hin und wieder, um danach nur umso entschiedener aufzuleben: Karl Lauterbach, Hans Tappenbeck, Hans Klink und Hans Rodatz suchen mit einem Spezialschiff der Bremer Vulkan nach Gold. Rudolf Pöch aus Tarnopol/Galizien erforscht Neuguineas Hochlandbewohner, studiert die Gesänge der Papua und erbringt erste Nachweise über das Zwergvolk der Kai. Der Ethnologe Richard Thurnwald ist im Auftrag des Berliner Museums für Völkerkunde unterwegs,

für Rudolf Schlechters Guttapercha- und Kautschukexpedition legt das Kolonialwirtschaftliche Komitee eine Mio Mark aus. Hahl, Sapper und Döllinger durchqueren Bougainville, PLANET steuert die Admiralitätsinseln zu wissenschaftlichen Erkundungen an.

Zwischen 1908 und 1910 findet die weit gerühmte Südsee-Expedition der Hamburger Stiftung für Wissenschaft statt. Die Gesamtleitung haben Friedrich Fülleborn und Marinegeneralarzt Augustin Krämer übernommen. Im ersten Jahr konzentrieren sich die Wissenschaftler auf Festlandküste und Bismarckarchipel, im zweiten auf die Karolinen und Marshallinseln.

Hefele, Fülleborn und Vogel durchziehen Neupommern, Friederici führt die Natuna-, Leonhard Schultze (Universität Jena) die amtliche Neuguinea-Grenzexpedition. 1911 bereist Missionar Pilhofer die Huonhalbinsel, im Jahr darauf kümmert sich die Sepik-Expedition des Bergassessors Artur Stolle um das Stromgebiet des Sepik. Als die Forschungsreise zu Ende geht, hat Neuguinea einen April-, Leonhardt-, Schultze-, Frida-, Mai-, Süd- und Dörfer-, dazu einen Töpferfluss, allesamt Zubringer des Sepik.

Sepik beginnt sich für den wichtigsten Zugangsweg ins Landesinnere gegen die Bezeichnung Kaiserin-Augustafluss durchzusetzen, ein Zeichen dafür, dass die Kolonialherren bereit sind, jetzt mehr auf die Leute einzugehen, die vor ihnen hier gewesen sind. Auch dann noch, wenn es darüber zu Irritationen kommen muss: »Der Fluss erhielt den deutschen Namen vor 25 Jahren mit ksl. Genehmigung, jetzt wurde er selbst im amtlichen Kolonialblatt durch Sepik ersetzt. Seine Verwendung ist ein Rückfall in die so oft bespöttelte Fremdwörtersucht der Deutschen und bedeutet einen Abbruch an dem deutschen Gepräge unseres Koloniallandes« (Karl Schneider, Herausgeber »Jahrbuch über die deutschen Kolonien«).

Gute Zeiten, schlechte Zeiten

1909 ist noch ein regelrechtes Jubeljahr, wohin man auch schaut: Es geht voran. In Simpsonhafen/Rabaul wird das Schulge-

Eingeborener auf der Insel Ragetta/Kaiser-Wilhelmsland, einem Missionsgebiet der Barmer.

1909: Feierlich-
keiten an der
Hernsheimer
Landungsstelle
zum 25. Jahrestag
der Flaggen-
hissung auf
Matupi.

bäude für Europäer eingeweiht (»*von der Veranda des Obergeschosses genießt das Auge einen weiten Blick über den Hafen sowie über das Meer hinweg nach Neumecklenburg*«). Lehrer Jesper unterrichtet in deutscher Sprache. Am Varzinberg wird der Grundstein zum Bismarckturm gelegt, wie er zu einem Bismarckarchipel nun einmal gehört. Im Anschluss daran kommt die Kolonialelite zum Feiern im Erholungsheim Toma, 380 m über dem Meer, zusammen. Auf Matupi erinnern sie sich der Flaggenhissung durch ELISABETH/KzS Schering und HYÄNE/KKpt. Langemak vor 25 Jahren, zu den Festlichkeiten ist die Hernsheimer Landungsstelle groß herausgeputzt. Triumphbögen aus Palmwedeln, Fahnen, Girlanden, im Mittelpunkt, von Blumen und Waffen umrahmt, das Bild Kaiser Wilhelms II. Marineinfanteristen von CORMORAN und PLANET sind an Land mit dabei, um ein Stück deutsche Geschichte zu feiern. Reden dann, um das Erreichte zu loben, von See her donnern die Geschütze.

1910 bricht die Sokehs (auch Dschokatsch)-Rebellion auf Ponape aus. Warum sich die Gewalt ausgerechnet die Garteninsel Mikronesiens aussucht, hat gleich mehrere Ursachen. Für Sprengstoff sorgten die Einführung von Kopfsteuer, Steuerarbeit und Prügelstrafe, dazu kommen eine Landre-

form, der Zwang zum Wegebaudienst und zur Arbeit auf der Phosphatinsel Augur. Die alles andere als neutrale Kolonialliteratur schimpft die Leute auf Ponape jetzt als hinterhältig und katzenhaft (»*mit den liebenswürdigen Völkern der östlichen Südsee, den Samoanern und Tonganern haben sie wenig gemein*«). Georg Fritz sieht – *Ad Majorem Dei Gloriam* – die katholischen Missionare des Apostolischen Vikariats Karolinen, Marianen und Palauinseln in der Verantwortung, was diese mit frommem Eifer bestreiten.

Aktueller Auslöser ist die Behandlung eines hochrangigen Sokehsnoblen, irritierend ein Insulaner, der, nachdem ihn sein deutscher Vormann verprügelt hatte, am Tag darauf bewaffnet zur Arbeit erschien. Die Spannungen zogen sich ein paar Wochen hin. Im Oktober wird Bezirksamtmann Boeder, als er für Ordnung unter den *Bloddy Kanaka* sorgen will, zusammen mit Sekretär Branckmann, Wegebautechniker Häfner, Bürogehilfe Hollborn und fünf in deutschen Diensten stehenden Eingeborenen »förmlich abgeschlachtet und auf unmenschliche Weise verstümmelt«. Pater Gebhardt von der Rheinisch-Westfälischen Ordensprovinz der Kapuziner konnte dem Gemetzel, wenn auch leicht angeknackst, knapp entkommen.

Oblt. z.S. Edgar Frhr. Spiegel von und zu Peckelsheim (S.M.S. Cormoran) mit Polizeisoldaten während des Sokehs-Aufstands auf Ponape.

Medizinalrat Max Girschner, schon länger auf Ponape und mit den Verhältnissen vertraut, organisisert die Reaktion mit loyalen Insulanern. Entgegen kommt ihm, dass der Aufstand längst nicht die ganze Insel erfasst. Rabaul, das aufgrund der Verkehrsverbindungen erst nach sechs Wochen von den Vorfällen hört, schickt ein Aufgebot melanesischer Polizeisoldaten unter Polizeimeister Kammerich. Die Flotte fährt mit den Kriegsschiffen Condor, Cormoran, Emden und dem Vermessungsschiff Planet unter FKpt. Wilhelm Tägert auf. Die Empörer können sich erst einmal halten.

Die Rebellion zieht sich trotz des Einsatzes schwerer Schiffsartillerie über vier Monate hin (»*die gründliche Niederwerfung des Aufstandes hinterließ bei den übrigen Eingeborenen einen nachhaltigen Eindruck*«). Während der Erstürmung der von einem einzigen großen Felsen gebildeten Halbinsel Dschokatsch waren Obersignalgast Günther, Obermatrose Kneidl und Lt. z.S. Erhard in treuer Pflichterfüllung gefallen (»*den Braven, die hier in deutscher Tropenerde schlummern, muss in der deutschen Kolonialgeschichte gedacht werden*«).

17 Haupträdelsführer kommen vor das Erschießungspeloton, den hingerichteten Soumadau und Leperirin wird in der Erinnerung als Märtyrer mit besonderer Verehrung gedacht. 426 Insulaner werden ins Exil geschickt, von wo aus die Gesellschaft, für die sie malochen, monatlich zehn Mark pro Kopf an den Aufstandsfond schickt. Sokehs-Land wird enteignet, Sokehs-Eigentum eingezogen.

Polizeimeister Kammerich und seine Polizeijungs hatten nicht schlecht gekämpft, sahen trotzdem nicht immer wie deutsche Polizeisoldaten aus. Im Schwarzinselgebiet war es üblich, Gefangene umgehend christlichen Wachmannschaften zu übergeben, wer Gegner lebend einbrachte, wurde belohnt. Im Kleininselgebiet muss es einen Grund dafür geben, warum man die Melanesier- künftig Menschenfressertruppe nennt. Die Administration sieht sich zur Reorganisation gezwungen, Vorbild ist die Polizeitruppe Togos.

Kreuz und Caritas

In Deutsch-Südwest war Sr. Majestät Kreuzerfregatte Elisabeth den Missionaren gefolgt, in Deutsch-Neuguineas altem Protektorat folgten die Missionare der Elisabeth. So jedenfalls die Regel.

Zum Ende der Schutzherrschaft hin arbeiten im Schutzgebiet fünf protestantische Missionsgesellschaften: Die Neuendettelsauer und die Rheinische (Barmer Mission) in Kaiser-Wilhelmsland, die Australischen Methodisten (Wesleyanische Mission) im Bismarckarchipel, die Liebenzeller in Mikronesien und die methodistische Boston Mission auf Nauru.

Auf katholischer Seite wirken die Hiltruper Missionare des Heiligsten Herzens Jesu (Herz-Jesu-Mission) in den Vikariaten Neupommern und auf den Marshallinseln, die Ordensprovinz der Kapuziner auf den Marianen, Karolinen und Marshallinseln. Die katholisch religiöse Männerkongregation der Meppener Maristen (Societas Mariae) auf Samoa und den Nordsalomonen, das Steyler Missionswerk in Kaiser-Wilhelmsland. Dazu kommen die Dienerinnen des hl. Geistes, die Missionsschwestern vom hl.

Herzen Jesu und die Luxemburger Schwestern von hl. Franz von Assisi.

Missionieren, scholarisieren, industrialisieren ... den Sendboten kommt die Schlüsselrolle bei der kulturellen Erziehung der Bevölkerung zu. Die Missionare mühen sich redlich, um Schutzbefohlenen den rechten Glauben und die rechte Kultur beizubringen. Die Missionen, die staatliche Beihilfen bekommen, unterhalten Hunderte von Dorfschulen, dazu Internate mit deutschsprachiger Bildung. Die (Katechisten-, Handwerker-, Landwirtschafts-, Druckerei-, Haushaltungs- oder Bäckerei-) Schule ist die Werkstatt deutscher Kultur (»*das wichtigste Mittel, um dem Lande einen deutschen Charakter zu geben*«). Alle christlichen Gesellschaften engagieren sich im Krankendienst, ohne den die eigentliche Mission nicht möglich ist. Gesteigerter Wert wird auf die Unterhaltung von Waisen-, Arbeitshäusern und die eigene Wohlfahrtspflege gelegt.

In der Südsee können Schulabsolventen dann Hilfsschreiber, Telefonvermittler, Lazarettgehilfen und Handwerker werden. Wer Kenntnisse der deutschen Sprache hat, eignet sich als Hilfslehrer auf Außenposten, gibt den besseren Hausjungen und Seemann ab.

Johann Gottlieb Geissler und Karl Ottow von der Utrechtschen Missionsgesellschaft hatten bereits 1855 nach Christi den Boden Neuguineas betreten, um als erste deutsche Missionare unter Neuguineas wildem Papuavolk zu wirken. Mit der christlichen Botschaft kam man nicht so recht voran, die Knechte des Herrn schrieben es sich als persönliche Erfolge zu, wenn sie einen Schiffbrüchigen retten konnten, der früher noch getötet und verspeist worden wäre. Erst 1869 gingen die ersten sechs Insulaner zur Taufe.

Parallel zur Schutzerklärung des Kaisers ist es dann Gottes Wille, dass die Missionierung hier die Kolonisation begleite. Die Neuendettelsauer eröffnen eine Station in Simbang bei Finschhafen. Erster lutherischer Missionar wird – »hier bin ich, sende mich« – Johann Flierl aus Buchhof bei Fürnried. Der Pioniermissionar baut Stationen für die körperliche und geistige Erbauung, wird dann als »Bahnbrecher des

Evangelischen unter den Papua« geehrt. Die ersten Landessöhne sind 1899 so weit. Ein Kaboeng und ein Kamungsanga, vom Neuendettelsauer Georg Pfalzer auf die Namen Tobias und Silas getauft, gehen in ihre Dörfer zurück, um dort »in ihrer heidnischen Umgebung als Salz zu wirken, als Licht zu leuchten, wider alle heidnische Unwesen zu zeugen«. 1887 errichtet die Rheinische Missionsgesellschaft in Friedrich-Wilhelms-Hafen eine Station.

1896 wird die neu eingerichtete Apostolische Präfektur Kaiser-Wilhelmsland mit Missionaren der Societas Verbi Divini (SVD) besetzt. Auch die ersten Steyler – Präfekt Eberhard Limbrock, zwei Patres und drei Missionsbrüder – zieht es erst einmal nach Friedrich-Wilhelms-Hafen. Als sie den Platz bereits von Protestanten besetzt vorfinden, siedeln sie auf der Insel Tumleo an. 1904 richtet der SVD seine Hauptstation in Alexishafen ein.

Der Hoffmann, Albert aus Zeppenfeld, der Lörks, Josef aus Hanselaer, der Fellmann, Heinrich aus Atzhausen und Keysser, Christian aus Geroldsgrün ... wer sich auf das pazifische Missionsfeld begibt, kann dort mit einer regelrechten Feuerprobe rechnen. Die tiefe Kulturstufe und Fremdheit der Eingeborenen, die generelle Unkenntnis der Sprachen, das mörderische Klima zum aufreibenden Tropendienst (»*sterben müssen wir ja alle, aber es ist doch nicht*

Eberhard Limbrock (1859–1931) aus Aalen, erster Apostolischer Präfekt von Kaiser-Wilhelmsland.

Pater Matthäus Rascher (1868–1904) aus dem bayrischen Sambach, Vorsteher der Hiltruper Station St. Paul im Vikariat Neupommern.

der Zweck unseres Hierseins«). Im Mai '91 werden die rheinischen Missionare Friedrich Bösch, Wilhelm Scheidt und Stationsassistent Bodo v. Moisy zusammen mit 13 farbigen Arbeitern auf dem Festland ermordet.

Probleme mit der Kolonialverwaltung, die in den Missionen Gegenregierungen vermutet. Probleme mit Geschäftsleuten, denen mit den geschäftstüchtigen Gesellschaften ernst zu nehmende Konkurrenten erwachsen. Probleme durch Rivalitäten im christlichen Kreis … Südseeparadies? Von wegen!

Um den kulturellen Egoismus zu finanzieren, geht es neben der guten Tat auch ums gute Geld, um *labora* zu Gunsten des *ora*. Die Missionen legen Reis-, Kokos- und Gummifarmen an, auf denen Bekehrte und zu Bekehrende im Namen Gottes ihr täglich Brot verdienen, sie engagieren sich in Acker- und Bootbau, Handwerk und Viehzucht, halten im Holzhandel des nutzholzreichen Neuguinea das Monopol.

Die Neuendettelsauer unterhalten Kokosnussplantagen und Sägemühlen, die Hiltruper eine Brauerei bei Herbertshöhe und eine Plantage bei Weberhafen, die Steyler ein Dampfsägewerk in Alexishafen und eine Postagentur auf Tamara, dazu kommen mechanische Werkstätten und Ziegeleien.

Wer 1913 im Schutzgebiet nach den Früchten des dem Christentum einwohnenden Triebes zur Ausbreitung sucht, ist dann gleichzeitig enttäuscht und erfreut. Die Barmer haben nach 25-jähriger Tätigkeit nur 83 Gemeindeglieder gesammelt, auf den Salomonen sind von rund 100.000 Insulanern gerade mal 480 getauft. Die Neuendettelsauer zählen dagegen um die 3.000 Christen, die katholische Mission gibt die Zahl der in Mikronesien christlich Getauften mit 5.500 an.

Die alten Götter und Dämonen haben von ihrer Ausstrahlung allerdings kaum etwas eingebüßt, die alten Geister spucken noch (*»auf den Karolinen und Palauinseln wird das Werk der Bekehrung durch den Aberglauben und die sittliche Verwilderung der Bevölkerung sehr erschwert«,* Schmidlin). Als durchschlagender Erfolg kann lediglich West-Samoa gelten: 1896 hatten sie in Apia einen ersten protestantischen deutschen Gottesdienst abgehalten, 15 Jahre später können die Inseln aus der Liste der Missionsgebiete gestrichen werden, gilt die Bevölkerung dort als christianisiert.

Christus in den Bainingbergen

Hin und wieder sind es gerade auch auf dem Missionsfeld die ganz kleinen Dinge, die ganz große Katastrophen auslösen. So am 13. August 1904, einem Samstag:

Die Genossenschaft der Missionare vom heiligsten Herzen Jesu, in Frankreich für die äußere Mission gestiftet, arbeitete seit 1881 in Vunapope auf der Gazellehalbinsel. 1897 wurde die deutsche Provinz in Hiltrup gegründet, die als Missionsgebiete die Vikariate Neupommern und Marshallinseln erhielt. Zentralstation und Residenz des apostolischen Vikars bleibt Vunapope bei Herbertshöhe.

1895 trifft Missionarii Sacratissimi Cordis Matthäus Rascher aus dem bayrischen Sambach auf der Gazellehalbinsel ein. Rascher, der seine vornehmste Aufgabe in der Betreuung von Waisen und befreiten Sklaven sieht, zeichnet sich als Sendbote und Forscher durch gute christliche Arbeit aus und wird Vorsteher der Station St. Paul in den Bainingbergen. Sein Leben ist das eines rechten Christen, der geografisch wie missionarisch Neuland betritt.

Rascher gilt unter den sittenstrengen Bekehrern als einer der strengsten. Kampf dem Sex vor der Ehe und der Ehescheidung (*»geliebt sei überall das heiligste Herz Jesu«*), Kampf dem Frauenraub, dem Aberglauben und den Gelüsten nach Menschenfleisch, Anhaltung zur Arbeit. Es kam vor und ist dokumentiert, dass sich ein »Heide« in eine »katholische Konkubine« verliebte und umgekehrt, mit was der Bayer fertig wurde. Viel kritischer eines Tages, dass sich der katholisch getaufte To Mari von Tisch und Bett seiner katholisch getauften Ehefrau trennen will. Den To Mari hatten Hiltruper Brüder einst aus den Händen von Sklavenjägern befreit, danach christlich erzogen.

In Sachen To Mari geht es um die Heilighaltung der Familie, die Verteidigung der Einehe nach dem Lebenslang-Konzept. Als

256

sie den nach katholischem Ritus Getrauten mit einer Geliebten beim Ehebruch ertappen (»*er wollte ein zweites Weib, was P. Rascher ihm natürlich verweigerte*«), wurden beide in Fesseln gelegt und mit heiligem Zorn verprügelt. Die körperliche Züchtigung gilt als unter Völkern niederer Kulturstufe erzieherisch wertvoll und unerlässlich, so auch für die Missionare, was sich im Rahmen des ganz natürlichen Entwicklungsprozesses eines Tages ja ändern würde. Wer sich nach der Bluttat in den Bainingbergen durchs Faktenpuzzle arbeitete, musste trotzdem zur Überzeugung gelangen, dass die prügelnden Gottesmänner ihr Schicksal zumindest mitverschuldeten.

Der Seitenspringer tut sich mit rund 300 Buschkanakern zusammen. Beim Überfall auf die Missionsstation St. Paul am Morgen des Samstags vor Mariä Himmelfahrt werden zwei Missionare, drei Brüder und fünf Schwestern von »wilden blutgierigen Menschen« ermordet. Das unmittelbar nach der Messe.

Schwester Anna Utsch aus Mudersbach haben sie neben dem Tabernakel erschlagen (»*die Unmenschen hatten den Tabernakel mit dem Allerheiligsten heruntergeworfen, aber nicht erbrochen*«). Schwester Sophia Schmitt aus dem badischen Mülben wurde auf dem Heimweg von einem Krankenbesuch mit Mordbeilen getötet, Schwester Agnes Holler aus dem niederbayrischen Ruhmannsfelden später auf einer Leinenkiste gefunden (»*das Gesicht nicht verzerrt, sondern freundlich lächelnd*«). Unter den Toten sind Rascher, Schwester Agatha Rath aus Senden/Kreis Lüdinghausen und der Trappisten-Laienbruder Aloysius Bley aus dem westfälischen Haltern.

»Die Leiche P. Raschers hat man gefunden, einige Leichen haben die Wilden mitgeschleppt und aufgefressen« (Schwester Franziska, MSC). – »Die Mörder der Missionare ebenso wie andere an den Anschlägen Beteiligte wurden zur Rechenschaft gezogen«, sieben Neupommeraner standrechtlich erschossen.

Noch 1904 geht Gouverneur Hahl unter dem Applaus der Missionare viel entschiedener gegen die Heidenpraxis der Vielweiberei vor. Fremdgehen ist damit jetzt überall, wo Deutsch-Neuguinea als befriedet gilt, kriminell. Wer sich erwischen lässt, wird mit ein bis drei Monaten Haft bestraft … Im Inselgebiet Deutsch-Neuguinea kreuzt der Missionsdampfer GA-BRIEL, auf Land sind aufgrund des Verbots der Polygamie die Gefängnisse schnell überfüllt.

Hinrichtung der Mörder nach der Bluttat in den Bainingbergen.

Wilhelm Heinrich Solf (1862–1936) aus Berlin mit Ponygespann: Zuletzt Vorsitzender des Munizipalrats von Apia, wird Solf erster Gouverneur Deutsch-Samoas.

Samoa, die Perle Polynesiens

Am 1. März 1900 erklärt Gouverneur Wilhelm Heinrich Solf des Kaisers Schutzherrschaft über West-Samoa. Auf der Landzunge Mulinuu, dem westlichsten Punkt Apias, geht die deutsche Flagge hoch. »Heil Dir im Siegerkranz«, Hurra auf den Kaiser (»*sein Wunsch ist es, dass ganz Samoa glücklich werde*«), Salut der CORMORAN/KzS Emsmann und USS ABARENDA. Dazu »Lobet den Herren«, vom Chor der Missionsschule angestimmt.

Mit dem Festakt wird das heiß umkämpfte West-Samoa, »der Edelstein in dem leider nicht allgemein gleich edlen Kolonialschmuck des Reiches« (Reinecke), doch noch Schutzgebiet. Erst jetzt ruhen die auf der Kriseninsel Upolu mit Gott für Kaiser und Reich gefallenen Helden nicht mehr in irgendeiner Erde zwischen Lotofaga und Malie Afega, ist der Boden, der sie deckt, richtig deutsch.

»Nun ist Samoa deutsch geworden, und unsers [Otto] Ehlers Traum von der ›Perle der Südsee‹ ist in Erfüllung gegangen. Alofa ia te ve Samoa Siamani: Ich grüße dich, du deutsches Samoa! … Wir dürfen uns freuen, das schönste Stück Erde nun unser zu nennen. Wir hatten ein Anrecht darauf, denn deutsche Pioniere vor allen andern haben hierher die Kultur getragen, und deutsches Blut hat hier den Boden getränkt; die deutschen Seeleute, die hier gefallen, sie ruhn nun in deutscher Erde. Und

wir sind gewiss, auch die Samoaner werden es freudig begrüßen, dass sie jetzt tagata Siamani, Deutsche geworden sind. Denn keine andre der drei Großmächte, die einst um den Besitz Samoas kämpften, genießt solche Sympathie bei den Samoanern wie Deutschland« (»Berliner Illustrirte Zeitung«).

Der Kaiser hat den allgemeinen Landfrieden hergestellt, Hoffnung besteht, dass die Samoaner in Zukunft den Krieg als Mittel der Innenpolitik ächten. Von Samoas edlen Wilden wird erwartet, dass sie dafür ihre Feuerwaffen freiwillig abliefern. Das bis zu Kaisers Geburtstag am 27. Januar 1901, wenn man so will, als eine Art Geburtstagsgeschenk.

Blumenhafte Reden im *fale tele* oder Großen Haus, *fa'a samoa* für die samoanische Lebensart, *ou te alofa ia te oe* für »Ich liebe Dich« … wer auf Samoa einmal *talofa lava* (hallo) sagte, das war auch der Opposition in Berlin bekannt, fürchtete sich vor dem *tofa,* goodbye. Die Inselgruppe hatte, nach allem was hier passierte, bereits etwas wie einen historischen Wert, um den Besitz Samoas hatte das Reich am heftigsten gekämpft. Samoa war eine Obsession der Deutschen.

Tatsächlich gibt jedoch, was die deutsche Brust mit allerhöchster Ermächtigung schwellen lässt, weder fürs Nationalvermögen noch als Einwandererland allzuviel her. Der koloniale Nutzwert ist äußerst gering, wer sich ernsthaft mit dem südlichsten deutschen Pazifikterritorium beschäftigt, stellt sich die Frage, warum das Reich nach der Jahrhundertwende noch einmal zugegriffen hatte.

Erotik und Exotik allein konnten es nicht gewesen sein. Zur Durchsetzung deutscher Weltgeltung war die Inselgruppe zu unbedeutend, zur Erweiterung deutschen Lebensraums fehlte das Land. Auf Samoa benötigt es eines Kapitals von 10.000 Mark, um eine Familie auf 15 ha Land zu ernähren. Billiger geht es nicht, bietet der Europäer als Händler kleineren Stils doch absolut keine Gewähr, »*dass er bei seinen tagtäglichen engen Beziehungen zu den Eingeborenen und bei der ärmlichen Lebensführung, die ihm der Ertrag seines Handels nur gewährt, das Prestige der wei-*

ßen Rasse unter den Farbigen in genügender Weise wahren kann« (E. Langen).

Der Insulaner selbst ist trotz langjähriger Bemühungen für die den Handel belebende Gütererzeugung unfähig geblieben oder einfach zu teuer. Samoaner sind, vom Klima und der natürlichen Fruchtbarkeit des Bodens begünstigt, »im Genuss des Schlaraffenlebens versunken fast jeder Arbeit abhold« (v. Beck), »Samoaner eignen sich wenig zur dauernden Beschäftigung« (Meyers Konversations-Lexikon). »Es sind eben Kinder. Sie singen gerne [wenn auch schrecklich unharmonisch], lachen gerne, fischen gerne, vertun den allergrößten Teil ihres Lebens schlafend.« Schneiden der Nüsse, Trocknen und Verkauf ... die meist dicht um ihre Häuser stehenden Palmen machen den Insulaner bei den gängigen Koprapreisen praktisch ein Leben lang zum wohlhabenden Rentner (eine volltragende Palme liefert zwischen 70 und 100 Nüsse).

Wer auf Samoa pflanzen will, ist so auch auf gastarbeitende Chinesen angewiesen, die für zehn Mark im Monat und mit Dreijahresvertrag zehn Stunden am Tag, sechs Tage die Woche arbeiten.
Die Deutsche Handels- und Plantagen-Gesellschaft (»Firma«) zahlt Dividende. Die Pflanzer bauen bevorzugt Kakao an (»*über die Rentabilität der samoanischen Kakaopflanzungen besteht kein Zweifel*«). Nach der Fahnenhissung werden gummiliefernde Bäume gepflanzt, Favorit bleibt der Urwaldbaum Hevea brasiliensis. Die Kokospalme ist nach wie vor wichtigste Kultur der Eingeborenen. Dazu etwas Tabak und Kaffee, Bananen und Bataten, Taro und Yams für den Eigengebrauch.
Nüsse, Kopra, Kakao. Gastarbeiter, da die eigentlichen Schutzbefohlenen für des Kaisers Schutz nicht arbeiten wollen ... Die Erwerbung hat, abgesehen von Südseeträumereien, keine logischen Gründe, sondern lediglich einen Grund: »Die Erwerbung Kiautschous, der Marianen etc. und der größeren Inseln der Samoa-Gruppe sind bestimmt, um Deutschland in Krieg und Frieden im fernen Osten einen erforderlichen Stützpunkt zu geben« (»Allgemeine Zeitung«, München). Die Kriege der

Zukunft würden Handelskriege sein, Kaiser und Admiralität könnten Samoa als Südseebasis der Kriegsflotte (»*Friedenswächter, die die Welt in Ruhe halten sollen*«) nutzen.
Der Interessenausgleich hatte sich erheblich verspätet, leicht war es keiner der drei konkurrierenden Mächte gefallen. Nach dem Schiffbruch der Godeffroys, aufgrund eigensinniger Oppositionspolitik, waren die Konsuln Zembsch, Stübel oder Becker ständig gezwungen gewesen, auf sich und Berlins Anspruch aufmerksam zu machen. Es war vorgekommen, dass die Reichsfahne am palmenreichen Königssitz Mulinuu wehte, das Sternenbanner nicht weit davon in Apia, die britischen Farben auf der Reede. Und immer wieder aktuelle Kriegsgefahr:
Nachdem es während der Feierlichkeiten anlässlich des 90. Geburtstags Kaiser Wilhelms I. in einer Bar zum Gedränge zwischen Deutschen und Insulanern gekommen war, wurde gleich vom Affront gegen Kaiser und Reich gesprochen. Ein Geschwader unter Kommodore Heusner lief »wegen Beleidigung und Schädigung der

Flaggenhissung auf der Landzunge Mulinuu, dem westlichsten Punkt Apias auf Upolu.

259

Erich Schultz-Ewerth (1870–1935), Nachfolger Solfs als Gouverneur Deutsch- Samoas.

Tupua Tamasese Titiamaea, König der Samoaner von deutschen Gnaden.

Deutschen« die Bucht von Apia an. Seesoldaten (700 Mann, sechs Geschütze) drangen auf Upolu vor. Die blauen Jungs besetzten das Regierungsgebäude und brannten auf Sawaii das »renegate Dorf« Satupaitea nieder. Von *King* Malietoa Laupepa wird erwartet, dass er dem Kaiser $13.000 Genugtuung bezahlt.

Deutsche Geschichte dann im fernen Pazifik: Der badische Artillerie-Hauptmann Eugen Brandeis erzwingt die Absetzung Malietoa Laupepas und die Anerkennung des Tamasese als König von deutschen Gnaden. Tamasese erklärt sich bereit, künftig mit den Deutschen zusammenzuarbeiten (vor Apia liegen fünf deutsche Kriegsschiffe). Malietoa ergibt sich, wird an Bord der BISMARCK festgesetzt, von ADLER übernommen und nach Queensland gebracht, von wo es mit ALBATROSS über Kamerun zunächst einmal nach Hamburg geht.

Die Deutschen hatten Samoa somit praktisch okkupiert, die Amerikaner reagierten, indem sie einen Mataafa protegierten. Mataafa, der seinen Stammbaum bei den Göttern beginnen lässt, zog als Gegenkönig in Apia ein. In Washington wurde ganz offen über einen Krieg mit Deutschland geredet.

USS TRENTON, Flaggschiff der Pazifikflotte, USS VANDALIA und NIPSIC trafen vor Apia ein, legten sich dort auf engstem Raum kampfbereit der englischen HMS CALLIOPE, den Kanonenbooten ADLER (KKpt. Fritze) und EBER (KzS. Wallis) und der Kreuzerkorvette OLGA (KKpt. Frhr. v. Erhardt) gegenüber. Vor Apia war es tatsächlich eng, da die Ankerfläche lediglich 400 m im Geviert betrug.

»Große Frechheiten und arge Ausschreitungen«, so Konsul Knappe, zwangen die Jungs von der Marine erneut zur Tat. In der Nacht vom 17. auf 18. Dezember '88 stachen vier Offiziere und 140 Mann der OLGA in See, um Mataafa im Morgengrauen zu überraschen. Als Lt. z.S. Spengler mit 90 Mann bei Fangalii landete, lief er dort den Mataafa-Leuten direkt in die Hände. Deren Führer war ein Amerikaner mit Namen Klein.

Die Leutnants Spengler und Sieger und 14 Matrosen fielen, 27 wurden schwer, eine ganze Reihe leicht verwundet (das Köpfen gefallener Feinde, eine üble Samoa-Sitte, wird dadurch gemildert, dass man den Angehörigen unmittelbar nach dem Kampf die Köpfe der Toten zukommen lässt, umworbene Überbringer sind die Missionare).

Samoa war in der Sprache der Zeit »mit deutschem Heldenblut geweiht«, Knappes Plan allerdings misslungen. Bismarck, von der Aktion überrascht, tobte, prägte das Bonmot *Morbus consularis,* womit er jene Krankheit der Beamten meinte, die sie daran hindert, sich an Instruktionen zu halten. Die Unruhen dauerten an, 1889 wurden Apias deutsches Konsulat und zwölf weitere Gebäude niedergebrannt. Knappe kehrt aufgrund harscher Kritik in die Heimat zurück.

Vielleicht wäre es wegen Samoa tatsächlich zum heißen Duell gekommen, den Krieg zwischen Deutschland, Großbritannien und den USA bereits zu diesem Zeitpunkt blockierte der Himmel:

Zwischen dem 15. und 17. März fegt ein Hurrikan über die Samoainseln, dem Südwind können die in Apias nach Norden offener Hafenbucht liegenden Kriegsschiffe trotzen. Geschwaderchef KKpt. Fritze erkennt die Gefahr, die Schiffe wären auf hoher See sicher sicherer gewesen, hatten dazu genügend Kohle gebunkert. Dass sie trotzdem in Landnähe bleiben, hat mit dem Befehl zu tun, Samoa vor Amerikanern und Engländern zu schützen. Ganz abgesehen davon: Der Fritze gönnt den anderen den »Hafen« nicht.

Mit dem einsetzenden Nordsturm treibt eine ungeheure See in die Bucht. »Unablässig heult der Sturm, brüllen die Wogen, schmettern die Sturzseen auf die Schiffe nieder. Krachend brechen die Masten, treiben im Wasser, werden gegen die Schiffskörper geschleudert. Eine furchtbare Nacht« (Arthur Berger).

Die Bark PETER GODEFFROY wird aufs Riff geworfen, gleich darauf stoßen OLGA und NIPSIC zusammen. Der kleine EBER zerbricht an den Korallenbänken des Mittelriffs, sinkt danach schnell mit Mann und Maus … KKpt. Wallis, die Leutnants Eckhart und v. Ernsthausen, Assistenzart Dr. Machenhauer, Marineunterzahlmeister Kunze und 68 Mann ertrinken. ADLER hängt auf dem gleichen Riff, verliert 20 Mann. Mit EBER und ADLER gehen USS TRENTON und VANDALIA verloren. OLGA konnte gerade noch rechtzeitig auf Sand gesetzt werden.

»Diese Stunden der Not gereichen den Samoanern zu Ehre und Ruhm, denn trotz der noch bestehenden Feindseligkeiten, trotz der bösen Erinnerungen, die sie schon der Marine verdankten, haben sie in jenen schweren Stunden der Not nicht nur Mitleid im Unglück gezeigt, sondern todesmutig ihr Leben eingesetzt, wenn und wo es galt und möglich war, einen Matrosen den gierigen Armen des Ozeans zu entreißen« (Reinecke). Die edlen Wilden haben fünf Seeleuten der ADLER das Leben gerettet, was das Reich mit $15 belohnt.

Durch die Katastrophe aufgeschreckt, erklärt eine in Berlin zusammengerufene Samoa-Konferenz die Inselgruppe für neutral und unter dem gemeinsamen Schutz der drei Mächte. Samoa wird als Kondominat verwaltet und genutzt, Malietoa Laupepa, aus dem Exil zurück, zum viertenmal König. Caprivi erklärte, dass die Südsee aus seiner Sicht keinen richtigen Streit mit England oder den USA rechtfertige. An den offenen Gegensätzen sollte es nichts ändern.

Landungsabteilungen der Kreuzer BUSSARD und SPERBER nahmen Mataafa auf Manono gefangen und mit ins Exil. Nach Laupepas Tod kehrte Mataafa nach Samoa zurück, wo ihn ausgerechnet die Deutschen zum König ernannten. Amerikaner und Engländer stellten ihm Laupepas Sohn Tanumafili entgegen, da sie Mataafa jetzt für einen Deutschenfreund halten, der noch dazu katholisch ist.

Die »Malietaowirren« arteten zum Bürgerkrieg aus, vor Apia tauchte USS PHILADELPHIA auf, an Bord Vizeadmiral Albert Kautz. Der Einwanderersohn aus dem badischen Ispringen erklärte Tanumafili als rechtmäßigen König. Während der Beschießung Apias durch USS PHILADELPHIA, HMS ROYALIST und PORPOISE wurde ausgerechnet das deutsche Konsulat getroffen.

Der anglo-amerikanischen Allianz gelang es trotz erheblicher Anstrengungen nicht, den deutschgestützten Mataafa zu schlagen, mit Berlins Drohung, seinen Botschafter aus London abzuziehen, wurden die Feindseligkeiten eingestellt. Die Beschießung Apias sollte ein Nachspiel haben: Aufgrund eines Schiedspruchs von König Oskar v. Schweden müssen die Regierungen der USA und Ihrer Britannischen Majestät Kaiser und Reich eine Entschädigung von $ 40.000 bezahlen.

Das Wrack des Kanonenboots ADLER an der offenen Hafenbucht von Apia.

Tupua Malietoa Tooa Mataafa (1832–1912): Über die Frage, wer im Paradies der König ist, kommt der Archipel nicht zur Ruhe.

Im November '99 handelten Vertreter der drei konkurrierenden Mächte an Bord der USS Badger dann den Vertrag über die Teilung Samoas aus. Der Archipel wurde in ein amerikanisches und ein deutsches Schutzgebiet aufgeteilt. Deutschland erhielt West-Samoa mit Sawaii (der größten) und Upolu (der politisch wichtigsten) Insel. Dazu kamen das relativ schwer zugängliche Manono vor Upolus Westkap und die meerumbrandete Kraterinsel Apolima. Die Amerikaner sicherten sich den kleineren Ostteil, doch mit Pago-Pago auf Tutuila den einzigen gutgeschützten Hafen des Archipels. Deutsch-Samoa umfasst 2.572 qkm, was in etwa der Größe des ernestinischen Herzogtums Sachsen-Meiningen entspricht.

England, das sich Berlins Stillhalten im Burenkrieg erkaufte, erhielt als Ersatz für seinen Verzicht St. Isabel und Choiseul aus der Salomonengruppe, dazu Grenzkorrekturen zu seinen Gunsten in Togo. Mataafa, dem der Kaiser zur Unterstreichung seiner Würde den goldverzierten Ebenholzstab mit weißem Roßschweif schickte, bedankte sich für die Übernahme, drückte gleichzeitig die Hoffnung aus, dass sich deutsche und samoanische Gesetze miteinander abstimmen ließen.
Die Pazifikkolonie ist befriedet aber nicht beruhigt. Insulaner geben die Losung Sa-

Wilhelm Heinrich Solf, der erste Gouverneur von Deutsch-Samoa, seit Ende 1911 Staatssekretär im Reichskolonialamt.

moa den Samoanern aus, um die Unabhängigkeit zu erreichen, formiert sich die unmilitärische Widerstandbewegung Mau.

In Samoa hat das Reich gemessen an den afrikanischen Besitzungen nur die halbe Zeit, um es zu etwas zu bringen. Doch es hat Solf, den ehemaligen Bezirksrichter in Daressalam und Vorsitzenden des Munizipalrats von Apia, als Gouverneur.
Die »Cyclopedia of Samoa« sollte eines Tages schreiben, dass Solf es geschafft habe, Samoa zu einer Musterkolonie zu machen, Beweis dafür, dass Deutschland Kolonien führen kann. Exzellenz setzte sich gegen den Widerstand deutscher Pflanzer für seine Samoaner ein, denen er eine gewisse Selbstverwaltung zugestand. Es waren Samoas edle Wilde, die von allen Schutzbefohlenen der Kolonialmacht die wenigsten Zugeständnisse machen mussten. Solf ist ohne Zweifel ein fähiger Mann, der Schönheitsfehler: Die Cyclopedia war unter seiner Schirmherrschaft entstanden.

Ganz West-Samoa ist deutsch, die Reichswährung eingeführt, an Eingeborenenschulen wird Deutsch als Fremdsprache gelehrt. Tatsächlich gefestigt ist die koloniale Macht jedoch nur auf ein paar Plantagen an Upolus West- und Südküste, in Apia und in dessen Umgebung.
Der Hauptort zieht sich von Kap Matautu bis zur Landzunge Mulinuu hin. Apia ist Sitz des Gouverneurs, Mittelpunkt deutschen Lebens und Haupthandelsplatz. Hier schlägt das wirtschaftliche Herz des Schutzgebiets: Die Deutsche Samoa- und die Safata-Samoa-Gesellschaft als Schwesterunternehmen der »Firma«, die Samoa-Kautschuk-Kompanie … 1913 arbeiten in West-Samoa zehn größere Handelsgesellschaften und 27 kleinere Handelsbetriebe.
Apia hat einen hoch gelegenen Gouvernementspalast, fünf Kirchen, fünf Gasthäuser und ein Postamt, je eine Regierungsschule für Europäer und Samoaner. In Papauta, das ganz in der Nähe liegt, unterhält die Londoner Missionsgesellschaft eine Höhere Mädchenschule für Pastoren- und Häuptlingstöchter.
Ein Regierungshospital, Hotels, Warenhäuser, Bäcker- und Metzgerläden, eine Funk-

station und ein Ballsaal Tivoli (»*das Straßenleben macht einen netten Eindruck*«). Im Villenviertel Motootua am Fuß des Apiaberges wohnen die meisten Kaufleute, Pflanzer und Gewerbetreibende. Gouvernements-Architekt ist Albert Schaafhausen aus Essen, Chefchirurg Richard Franke aus Burkersdorf.

Apia hat eine deutsch/englische »Samoanische Zeitung« (Herausgeber: Emil Luebke) und eine Ortsgruppe des Deutschen Frauenvereins für Krankenpflege in den Kolonien. Dem Apia Sports Club gehören hauptsächlich Deutsche an, dazu kommen ein Handels-, ein Schützenverein und die Concordia mit eigener Musikkapelle.

Großereignis für Deutschsamoaner wie Reisner, Keil, Retzlaff, Eckenweber oder Kohlhase ist jeweils, wenn der im Vierwochentakt fahrende Postdampfer auf Reede liegt, geselliger Höhepunkt des Jahres Kaisers Geburtstag.

Für Vergnügen und Erholung lockt der Lanoto'o oder Goldfischsee, wo sich deutsche Männer mit blumengeschmückten einheimischen Schönheiten zum Picknick treffen. *Ou te alofa ia te oe* unter mächtigen Banyanbäumen, am Silberstreif eines Wasserfalls, das Feigen- ein Bananenblatt, obendrein ein gehälftetes. So ähnlich muss es im Himmel sein (die samoanische Gesellschaft hat gegen die Ehe einer Landestochter mit einem deutschen Mann nichts einzuwenden).

Samoas Deutsche sagen nicht nur *ou te alofa ia te oe*, sondern auch *manuia* (Prost). Samoas Wasser, bevorzugt in Zisternen aufbewahrt, schmeckt aufgrund der Wärme schrecklich, fordert den Schuss Whisky oder Gin heraus. Das Reich schickt seinen Kulturpionieren Urdeutsches wie Flensburger und Pschorr, in einem durchschnittlichen Jahr wie 1903 verkonsumieren die Weißen in und um Apia davon rund 75.000 Flaschen, das zu einem Flaschenpreis von 1,50 Mark.

Als Nationalgetränk Samoas und Ehrbezeugung für jeden, dem es gereicht wird, gilt Kawa, doch Kawa ist für den deutschen Geschmacksnerv etwas zu viel. Das graubraune Gesöff schmeckt wie Seifenwasser, schon der Herstellungsprozess stößt so manchen ab: Bevorzugt Jungfrauen kauen kleine Stückchen einer Pfefferpflanze weich, spucken sie dann in einen flachen Behälter, wo sie bloße Hände unter Zusatz von Wasser zu einem Brei verrühren. Das Resultat wird, nachdem die Kawawurzelfasern herausgefischt sind – *manuia, hinunter damit* – getrunken.

Vom britischen Konsul Ernst Maxse und Lt. Gaunt von HMS PORPOISE geführte Kolonne während Mataafas »Rebellion«.

Straße in Apia: Der Küstenort ist Haupthandelsplatz, Sitz des Gouverneurs und Mittelpunkt deutschen Lebens.

1913 – Ein Jahr im Leben der Südseedeutschen

Im *Januar* erhält Morobe eine Postanstalt ... nimmt Samoas Gouvernementsrat Stellung zur Mischehenfrage. Im *Februar* befährt der Geograf Behrmann als Erster den Töpferfluss in Kaiser-Wilhelmsland ... tragen von 727.777 auf NGK-Pflanzungen stehenden Kokospalmen 331.824 noch nicht, 215.376 nur schwach.

Im *März* erfordert die Ermordung der Gebrüder Weber eine Strafaktion auf der Insel Umboi ... beschließt der Reichstag, den Arbeitszwang in den Kolonien zu unterbinden. Im *April* wird die Einführung europäischen Jagdwilds diskutiert, da es hier für Europäer zu wenig zu schießen gibt ... stirbt Bezirksamtmann Franz Boluminski (*»hochverdient um die Erschließung Neumecklenburgs«*) in Kaewieng.

Im *Mai* wird Weißen die Zahlung mit Eingeborenengeld endgültig verboten ... arbeiten auf Pflanzungen in Deutsch-Neuguinea rund 10.000 Eingeborene. Im *Juni* stirbt der pommersche Schriftsteller und Samoapflanzer Werner v. Bülow ... legt P. Franz Kirschbaum (SVD) die Station Marienberg als erste europäische Niederlassung am Kaiserin-Augustafluss an.

Im *Juli* stirbt Emma Kolbe (*Queen Emma*) ... beträgt der Überfahrtspreis Genua-Herbertshöhe mit dem Norddeutschen Lloyd 1.560 bzw. 1.065 Mark je nach Klasse. Im *August* gilt eine Typhus-Epidemie auf den Marshallinseln als eingedämmt ... treffen die Diakonissinnen Emilie Wiesmüller und Anna Claß vom methodistischen Mutterhaus Martha-Maria in Nürnberg in Rabaul ein.

Im *September* wird die Paradiesvogeljagd für den Rest des Jahres verboten, da ganze Gegenden von Wilddieben »ausgeschossen« sind ... wird der Vorstoß zur Erschließung des Landes über Sepik, Wussi (Markham) und Ramu beschlossen.

Im *Oktober* erreicht Richard Thurnwald von der Nordküste her den Kaiserin-Augustafluss ... leben in Kaiser-Wilhelmsland 283 Weiße. Im *November* werden aufgrund von Kriegsgerüchten Evakuierungspläne erstellt.

Im *Dezember* nehmen Yap und Angaur den Funkbetrieb auf ... schüttet die Deutsche Südseephosphat-Aktiengesellschaft in Bremen elf Prozent, die Deutsche Handels- und Plantagengesellschaft zwölf Prozent Dividenden aus ...

Der Südseebesitz ist im Schatten der afrikanischen Besitzungen und Kiautschous geblieben, der Reichtum seiner Naturschätze jedoch so bedeutend und seine Produktionskraft so unerschöpflich, dass – so Georg Irmer, Landeshauptmann der Marshallinseln – »die Zeit nicht mehr fern sein kann, wo auch dorthin der Weltverkehr mit zwingender Notwendigkeit ganz von selbst gelenkt wird«.

Das Reich tut dazu, was es sich leisten kann: Die Kolonialschule für Landwirtschaft, Handel und Gewerbe im ehemaligen Wilhelmitenkloster in Witzenhausen bildet künftige Plantagenbeamte, Pflanzer, Landwirte, Viehzüchter, Wein- und Obstbauern aus. Im Lehrpersonal Wiesenbaumeister Bertelsmann, Forstmeister Jentsch, Tierarzt Schröder und der Gartenmeister Sonnenberg. Unter denen, die sich auf eine Rolle in der Kolonialverwaltung vorbereiten, sind zwei junge Melanesier.

In Weilbach bereitet die Kolonialfrauenschule junge Deutsche »der gebildeten Stände« im Alter zwischen 18 und 38 Jahren auf die Führung von Hauswirtschaften vor, bzw. auf die Ehe in einer der Kolonien. Gezeigt wird unter anderem, wie man Geflügel züchtet, Tafelsilber putzt, Kranke pflegt und in den Tropen kocht.

Seit den ersten Flaggenhissungen sind knapp 30 Jahre vergangen. 30 Jahre, in denen reichlich Lehrgeld bezahlt werden musste, was gerade auch im deutschen Südseebesitz zum Umdenken zwingt. Am Beispiel Baumwolle, wie sie Bismarcks Positionswechsel vor dem Reichstag einmal illustrierte:

Die Nachfrage nach weißem Gold (»*im Prinzip wichtiger für die Menschheit als Diamanten*«, Leutwein) ist aufgrund der wachsenden Zahl an Spindeln in textilverarbeitenden Ländern enorm angewachsen, die jährlich geerntete Baumwollmenge kann den Bedarf kaum mehr decken. An der Baumwollbörse spricht man von einer regelrechten Baumwollnot.

Eine langstapelige Flocke von außerordentlicher Güte, die sich mit der besten Sea-Islandbaumwolle messen kann, 90 bis 150 Pfennige pro Pfund, wo andere Spielarten nur 30 bis 70 Pfennige bringen ... auf Neuguinea schien die Baumwollkultur einmal eine glänzende Zukunft zu haben.

Queen Emmas Firma E.E. Forsayth und Hansemanns Neuguinea-Kompagnie engagierten sich, das Reich förderte den Anbau, um die Spinner zu versorgen. Dann wurde man jäh mit der Realität konfrontiert: Auf dem Festland setzt die Ernte erst gegen Ende der Trockenzeit ein, mit dem Regen und den Stürmen wurde so viel zerstört, dass die Ernten quantitativ viel zu gering ausfielen. In Deutsch-Neuguinea konnte man nicht anders, als die mit so großen Hoffnungen begonnene eigene Baumwollkultur wieder aufzugeben.

Wo es mit Baumwolle nichts werden wollte, könnte es mit dem Genussmittel Tabak jetzt etwas werden. Nichts gegen Pälzer Duwak oder Oderbrucher (»*aber es gibt doch Leute, die das unter tropischer Sonne gereifte Kraut einfach vorziehen*«, »Kolonie und Heimat«, Organ des Frauenbundes der Kolonialgesellschaft).

Die Tabakkultur ist fraglos eine der schwierigsten, doch Neuguinea hat nach dem Abholzen von Urwaldflächen den richtigen (tiefgründigen, jungfräulichen) Boden dafür.

Neuguinea schickte sein Produkt nach Bremen, wo die Cigarrenfabrik Hasse koloniale Tabakproben prüft. Vom deutschen Tabakverein war dann zu erfahren, dass das Festland ein gut brennendes Produkt, vielleicht eines der besten hat, auch wenn es noch verbessert werden könnte.

Die Aussichten sind so auch nicht schlecht: Der Deutsche mit einer glimmfähigen, rein deutschen Zigarre im Mund: Eine schlanke Form, eine zusagende Farbe und ein entsprechender Duft! Ein zartes Deckblatt in Sumatraqualität aus Deutsch-Togo, Deutsch-Ost oder Deutsch-Kamerun, das sich um einen würzigen, gehaltreichen Neuguineatabak schmiegt ... ein Hochgenuss für den Raucher, ein Segen für die Volkswirtschaft: ein koloniales Qualitätsprodukt!

Samoanisches Paar in Festtracht: Ein tapferer Menschenschlag mit viel Sinn für die anmutigen Seiten des Lebens.

Kiautschou – das Hongkong der Deutschen

P. Johann Baptist Anzer (1851–1903) aus Weinried in der Oberpfalz, Steyler Missionsbischof in Südschantung.

Johann Baptist Anzer, Titularbischof der Societas Verbi Divini (gekürzt: SVD), will Christus in China, auch Chinesen eines Tages neben sich im Himmel sehen. Ausgesandt, um alle Völker für das Christentum zu gewinnen (Matth. 28,18-20), gibt er Gott im Drachenland dafür, was rechtmäßig einfach Gottes ist. Das 19. ist der christlichen Mission großes Jahrhundert, in der Verbreitung des Evangeliums würde Anzer seine allererste Aufgabe sehen.

Als es einmal darauf ankommt, ein kleines Stückchen Schantung aus dem großen, jedoch politisch wie militärisch ohnmächtigen Reich der Mitte (zwischen Indien und Japan) zu schneiden, billigt der Bayer als guter Deutscher allerdings auch seinem Kaiser zu, was nach Matth. 22,15-22 des deutschen Kaisers sein könnte. Es mit seiner Hilfe auch wird. Worüber der Glaubenshüter viel von seinem Ruf, der SVD seine missionarische Unschuld verlor.

Mit Gott für Fürst und Vaterland, weiße Rasse/gelbe Gefahr ..., der Missionar, der aus der Ferne kam, um die Axt an Altchinas Wurzeln zu legen, hat relativ gute Argumente dafür. Zuerst die Seelenrettung (*»auf dass die Geschäfte dem Herrn wohl gefallen«*), danach die Politik (*»so ist es Mein Wunsch, unserer vaterländischen Arbeit und der Industrie der produzierenden Stände die Absatzgebiete zu sichern und zu erhalten, die wir brauchen«*, Wilhelm II.).

Wo es um Himmel und Hölle gegangen war, hatten Sendboten, unter Nichtchristen geschickt, schon vor ihm auf die starke Hand gebaut. Zum Vergleich sei auf christliche Franken, die der Heiland unter heidnische Sachsen schickte, auf Kreuzritter unter ungläubigen Prussen/Pruzzen (heute: Preußen) verwiesen.

»Heiligstes Herz Jesu, erbarme dich Chinas, heiliger Franciscus Xaverius, bitte für China« ... Warum sollte Er das Deutsche Reich jetzt nicht in China, genauer ausgedrückt: im selbständigen Missionsgebiet der Societas Verbi Divini in Südschantung engagieren.

»Die Erfahrung hat gelehrt, dass immer nur da, wo die weltlichen Gewalten den Glaubensboten ihren starken Arm liehen, ein durchgreifender Schritt zur Christianisierung eines Volkes hat gemacht werden können« (P. Heinrich Erlemann aus Wadersloh, Kirchenmöbel-Schreiner und SVD-Missionar). – »Die Chinesen sind durchaus kluge Köpfe, selbst der einfache Bauer redet daher wie ein Doktor, beherrscht die vornehmsten Umgangsformen ... Was ihnen freilich fehlt, ist das Christentum« (Josef Freinademetz aus Oies, SVD-Provikar). Dazu einer wie Wilhelm, dritter Kaiser des zweiten Reiches, der immer schon gerne mit dem Säbel, neuerdings auch mit des Meeres Dreizack rasselte!

Von seinem Souverän weiß Anzer, dass sich eine Großmacht nach ihrer Weltgeltung definiert, Welt- auf Kolonialpolitik nicht verzichten kann. Weltpolitik somit als Aufgabe, Weltmacht als Ziel, eine kräftig aufgerüstete Flotte als Instrument, damit deutsche Waffen auch auf dem Wasser und in Küstenbereichen sprechen können.

Auf dem Kontinent steht Anzers Deutschland bereits so potent wie klirrend da. Handfeste Interessen gibt es in Afrika und im Pazifik. Um im Konzert der Mächte in der vordersten Reihe mitzuspielen, fehlen Kaiser und Reich die entsprechenden Rollen im von England, Frankreich, Russland, Japan und den USA umkreisten China.

»Sollte der deutsche Handel immer mehr aufhören, ein Zwischenträger zwischen englischen und chinesischen Erzeugnissen zu sein und deutsche Waren auf den asiatischen Markt werfen, so bedarf es eines Geschwaders und eines eigenen Hongkong« (Großadmiral Tirpitz). Etwas wie das britische Hongkong, Vorbild im Guten wie im Bösen, sollte es schon sein.

Der Deutschmann würde auch hier verspätet kommen, ließ die Endphase kolonialer Erwerbungen doch nur noch die Aufholjagd zu. Doch China war groß, in China fanden vorrückende Imperialisten, wenn sie nur die Kanonen dazu hatten, noch allemal einen Platz.

Die längste Zeit war es so gewesen: »In China zu missionieren ist eine große und unverdiente Gnade, ein Glück, das der liebe Gott nur wenigen schenkt« (Augustin Henninghaus aus dem westfälischen Menden, SVD-Missionar). Das Arbeitsfeld ist gigantisch, immens, kolossal, wird rund 450 Mio Kindern des Drachens doch absolute Gleichgültigkeit gegenüber der Religion nachgesagt. *(»Wenn Mangel an Raum zur Unterbringung der Feldfrüchte herrscht, so wird ohne weiteres der Tempel als Lagerraum mit herangezogen.«)* Chinesen sind Menschen, die ihre Jahre nicht nach Anno Domini, sondern nach Ratte, Hase, Hund, Schwein, Affe, Schlange usw. ausrichten. In China sitzt »der Herr des Himmels« auf einem Drachenthron. Chinesen sind somit areligiös.

Missioniert wird seit dem 7. Jahrhundert, wobei der Gottesmann seine Aufgabe in der Regel im rein religiösen Sinne sah: »Seine Triebfeder ist das Erbarmen mit einer Menschheit, welcher das christliche Heil nicht zu theil geworden ist« (Ferdinand Frhr. v. Richthofen, Geograf und Geologe aus dem oberschlesischen Carlsruhe, nach einer Reise durch Schantung).

Die Missionen hatten sich ganz bewusst auf das eine konzentriert *(»damit alle Völker der Erde, auch das chinesische, eingehen werden in den Schafstall des einen guten Hirten«,* Freinademetz). Eine gezielte nationale Orientierung gab es nicht.

Den Erfolg zügelte, dass fremdenfeindliche Chinesen in Jesus den potenziellen Gegner sahen, da mit ihm die Dominanz des weißen Mannes begann (weiß ist in China die Farbe der Trauer). Die aktuelle Geschichte kann dem nicht widersprechen, lebt die militärische, zivile und amtliche Vertretung der christlichen Mächte, die die Besetzung vollzogen haben, so P. Josef Freinademetz, doch nicht christlich. Kulturbringer sind die Weißen, die hier wie Barbaren auftreten, tatsächlich nicht.

Wenig hilfreich daneben, dass sich Europäer und Chinesen auch weiterhin nicht riechen können, obwohl sie sich durchaus riechen. Söhne und Töchter des Drachens gelten als ungemein schmutzig, von deutscher Art und Sitte keine Spur. Tatsächlich wäscht sich Schantungs Landbevölkerung so richtig nur alle zwölf Monate, das zu Neujahr, dem Fest voller Vorbereitungen irgendwann zwischen einem 21. Januar und 20. Februar. Dazu geht dem Chinesen, mit kolonialer Herablassung gerne *Schlitzauge, Zopfträger* oder eben *Stinker* genannt, die tolle Knolle *Allium sativum* über (fast) alles, ist sein Land ein regelrechtes Paradies für Knoblauchesser.

Selbst wenn man ihn nicht vor sich hatte, riechen konnte man ihn immer. Der Deutschmann sollte, als es so weit ist, den Schantung-Chinesen den Fasan für die Jagd, in-

Chinamissionar Josef Freinademetz (1852–1908) aus Oies bei St. Leonhardt/Abtei, »die ehrwürdigste Figur von Alta Badia«.

Papst Leo XIII. (1810–1903): 1881 spricht die römische Propaganda dem Steyler Mutterhaus im Apostolischen Vikariat Schantung ein selbständiges Missionsfeld zu.

sektenfressende Vögel und die Erdbeere für den Nachtisch bringen (lokale Birnen und Äpfel schmeckten etwas holzig), ihnen zeigen, wie man Aale räuchert. Als Gegenleistung forderte er dafür bei Kiautschous Rikschafahrern und Hausangestellten ganz offiziell den Verzicht auf Knoblauchkonsum.

Die Chinesenseite sieht es ganz anders, kommt in Selbstdarstellungen geradezu »blumenartig« daher. Für sie sind es die Weißen (*Langnasen* oder *Hühnerherzen*), die »wie Raubtiere« riechen.

Geruchstest oder Eigengeruch, was für den vermehrten Hass der Chinesen viel gravierender ist: Mit dem Vordringen imperialistischer Mächte waren katholischen Missionen – seit den Tagen von Papst Klemens XI. mit dem Drachenthron über Kreuz – viele Privilegien eingeräumt worden. Mit jedem neuen Friedensschluss, mit dem Vertreter des zivilisierten Abendlandes das »unzivilisierte, unaufgeklärte« alte Kulturland knebelten, wurden weitere Zugeständnisse erzwungen …

Als Anzer die politische Bühne betritt, stehen Chinas knapp 545.000 katholische Christen (35 Bischöfe, 565 europäische und 542 chinesische Priester) unter französischem Protektorat. Missionare erfreuen sich weitgehender Handlungsfreiheit, ihre Stationen liegen auf chinesischem Boden, doch außerhalb der chinesischen Regierungsgewalt. Mit den Franzosen fahren die Gottesleute so auch sicher nicht schlecht.

Zwei Jahre, nachdem Kölns Erzbischof Krements den Bayer Anzer in der Kirche des Steyler Missionshauses zum ersten Missionsbischof weihte, wird der Preuße Wilhelm (II.) deutscher Kaiser. Von ihm erhält Max v. Brandt, Deutschlands Gesandter in Peking, den Auftrag, den Missionar zum Wechseln der Schutzmacht zu drängen. Anzer lässt diesbezüglich in Rom nachfragen, stellt danach mit Wissen Seiner Heiligkeit Leo XIII. das Missionsfeld unter den diplomatischen Schutz des Reiches. Wahrscheinlich wäre es dabei geblieben, Anzer eines Tages wie andere vor ihm im Nebel der Geschichte untergetaucht, hätten »ruchlose Mörderhände« Berlin nicht schon bald gefordert, sein Schutzversprechen auch einzulösen. Erst mit der kolonialen Machtdemonstration, das den Deutschen im Standort China ein »Klein-Deutschland über See« zuführt, erweist sich das Ausmaß der Vermischung von christlicher Mission und nationalistischem Geist.

Deutschlands kurzer Irrtum in Chinas langer Geschichte, die Kirche als verlängerter Arm der Politik (»*sie sagen Christus und meinen Kattun*«, Theodor Fontane)? Hielt die durch Bismarcks Kulturkampf gebeutelte römisch-katholische Kirche nationale Treuebekundungen zu diesem Zeitpunkt einfach für angebracht? Versprach sich der zum Bischof konsekrierte Anzer, höhere Weihen im Blick, durch praktisches Handeln Vorteile für seinen Missionsbereich oder hatte der Gottesmann Geschichte geschrieben, ohne es wirklich zu wollen?

Der Blick zurück würde gespalten bleiben, die Spekulationen reißen nicht ab. Tsingtau, deutsche Stadt am Gelben Meer, ein kleines Pachtgebiet mit großer Interessensphäre! Deutsch-China, das durchaus von nationalem strategischen Interesse ist, in kurzer Zeit gar zur populärsten deutschen Überseebesitzung wird …, was das junge Reich seinen Weichensteller einfach nicht vergessen lässt.

Anzer kann dank des persönlichen Wohl-wollens von Kaiser, Bülow und Caprivi den Zugang in die engere Heimat des Konfu-zius erzwingen. In Tsining (=Jining), nach dem Umzug von Puoli bedeutendste Stadt seines Vikariats, und Yenchow (=Yanzhou), »der Hochburg des Heidentums«, entste-hen Steyler Missionsstationen. In und um Tsingtau kann der Missionar Seelen ganz systematisch erobern, da das Reich den Ge-horsam durch Gesetze und Strafen er-zwingt.

1897 wird Anzer »als einer der bedeutends-ten katholischen Missionsbischöfe« vom bayrischen Prinzregenten geadelt. Als man ihn sechs Jahre später nach einem Hirn-schlag auf Roms Campo Santo Teutonico zur letzten Ruhe bettet, existiert in seinem Schantunger Missionsgebiet »ein herrlicher Kreis neuchristlicher Gemeinden« (Hen-ninghaus). Den Steylern ist die katholische Militärfürsorge für die *Tsingtauer* (Seeba-tallion und Marineinfanterie) zugefallen. P. Arnold Janssen, der den Missionsorden stiftete, und P. Josef Freinademetz, der durch heroische Tugendübungen ein vor-zügliches Zeugnis für das Himmelreich ab-legte, würden »kraft Unserer apostolischen Autorität« vom Heiligen Stuhl eines Tages ins Buch der Heiligen eingeschrieben. An-zer zieht als legendäre Übergröße in den Mythen-Fundus des deutschen Volkes ein, allerdings auch als erheblich beschädigter Gottesmann.

Adler und Drache

»China! Wunderbarstes Land des Ostens, riesiger Erdendrache, der seinen Zacken-schwanz im tiefen Weltmeer badet, den einen Flügel in die Eisregionen Sibiriens und den anderen in die dampfenden Dschungel Indiens schlägt« (Karl May, »Der Kiang-lu«).

Seit der Gründung der »Handlungs-Com-pagnie von Emden auf China« anno 1750 war viel Wasser die Ems, dann auch den in die Kiautschou-Bucht mündenden Haipo hinuntergeflossen. Die Deutschen hatten den Handel mit China nicht aus den Augen gelassen, Europas Mächtekonstellationen ihnen jedoch ganz andere Prioritäten auf-gezwungen.

Rund 100 Jahre waren verstrichen, in denen sie hilflos zusehen mussten, wie im-perialistische Großmächte das Land in Ein-flusssphären aufteilten. Wer die Kanonen-boote und Bajonette dazu hatte, sicherte sich Handelsprivilegien, Niederlassungs-rechte, Exterritorialität und Zollautonomie.

Alleine der erste Opiumkrieg (jener von 1839–42) hatte England mit Hongkong belohnt, Deutschlands europäischer Kon-kurrenz und dem britischen Opiumhandel zusätzlich fünf weitere Vertragshäfen ge-öffnet. Und wo es einst nur um Handels-klauseln zur wirtschaftlichen Expansion gegangen war, würden jetzt auch mehr und mehr militärisch-strategische Vorstellun-gen mitspielen.

Die deutschen Staaten mussten befürchten, aufgrund erzwungener Privilegien von einem der größten Weltmärkte ausgeschlos-sen zu bleiben. Einer wie Eduard Bernstein, Politiker und Redakteur der Zeitung »So-zialdemokrat«, meldet sich entsprechend zu Wort: »Das deutsche Volk hat kein In-teresse daran, dass China aufgeteilt und Deutschland mit einem Stück Reich der Mitte abgefunden wird. Aber das deutsche

P. Arnold Janssen (1837–1909) aus Goch am Nieder-rhein, der Gründer des Steyler Missionswerkes.

Allegorische Darstellung der deutschen Beset-zung Tsingtaus, gezeichnet von Kaiser Wilhelm II.

Ferdinand Frhr. v. Richthofen (1833–1905), Geograf und Forschungsreisender aus dem oberschlesischen Carlsruhe.

Volk hat ein großes Interesse daran, dass Chinas Handelspolitik nicht dem Interesse einer einzelnen fremden Macht oder einer Koalition fremder Mächte untergeordnet werde, kurz, dass in Bezug auf alle China betreffenden Fragen Deutschland ein entschiedenes Wort mitzusprechen habe. Sein Handel mit China erheischt ein solches Einspruchsrecht.«

Wenn Deutschland in Ostasien Flagge zeigen wollte, kam es ohne den Rückhalt kohlebefeuerter Dampfschiffe nicht aus. *Ofenbedarf* ist auf der Suche nach Sonnenplätzen (»*die in erster Linie deutsch sind, dem Handel und der zur maritimen Machtentfaltung notwendigen Logistik dienen*«) ein ganz gewichtiges Argument.

Richard v. Carlowitz, Preußens handelspolitischer Vertreter in Kanton, rief lautstark nach militärisch-deutscher Präsenz, Handelspioniere wie Wilhelm v. Pustau oder Georg T. Siemssen, die sich an Chinas Küste etabliert hatten, nach einem sicheren Anlaufplatz für Handelsschiffe. Salomon Heine, Hamburgs Rothschild und Onkel Heinrich Heines, investierte im Chinageschäft. Von einer Reise, die Chinas Häfen dem preußisch/deutschen Handel öffnen sollte, kommt der Düsseldorfer Kommerzienrat Friedrich W. Grube trotzdem mit leeren Händen zurück.

1859 richten Preußen (zugleich für den Zollverein), die Hansestädte und die beiden Mecklenburgs eine dreijährige Expansionsreise aus, die in Siam, Japan und China Handels- und Freundschaftsverträge nach der Großmächte Vorbild abschließen soll. Kommandant des Geschwaders – das Flaggschiff ARCONA, als erste Schraubenfregatte der Stolz der preußischen Marine, der Segelschoner FRAUENLOB, die Segelfregatte THETIS und das Transportschiff ELBE – ist KAdm. Hindrik Sundewall. Die politische Leitung übernimmt Friedrich (»Fritz«) Albrecht Graf zu Eulenburg, dem man dafür den Rang eines Außerordentlichen Gesandten verleiht.

Mit an Bord der ARCONA ist Ferdinand Frhr. v. Richthofen, der für die Einrichtung Deutsch-Chinas einmal die Stichworte gibt. Es ist der Oberschlesier, der nach einer Reihe zusätzlicher Chinareisen auf die Bedeutung der Kiautschou-Bucht und das anschließende Hinterland als maritimen und handelspolitischen Ansatzpunkt hinweisen würde. Wären die Vorteile (»*der Baumwolle, dem Eisen und anderen Produkten ein leichter Ausweg und den Importen ein billiger Zugang*«) dort doch so groß, dass sie Nachteile verschwindend klein machten.

Erste Wahl ist die Kiautschou-Bucht so wenig wie Angra Pequeña oder *King* Mlapas Togoland. Zu berücksichtigen ist dabei, dass geeignetere Landstriche zu diesem Zeitpunkt an Chinas Küste nicht mehr zu haben sind. Die Bucht liegt etwas außerhalb bevorzugter Seerouten, was Reedereien den Zeit- und damit Geldverlust aufzwingt. Das Anlaufen könnte man durch entsprechende Hafenanlagen, eine moderne Infrastruktur und die Verbindung ins Hinterland trotzdem attraktiv genug machen, damit Schiffe aller Flaggen einfach kommen mussten.

Der Ostasien-Expedition des Grafen Eulenburg fehlt vorerst der günstige Stern. Der von deutschen Frauen über Sammelaktionen finanzierte hölzerne Segelschoner FRAUENLOB/Kptlt. Retzke sinkt während eines Taifuns in japanischen Gewässern. Überlebende gibt es nicht. Als sich die Deutschen in Schanghai für die Öffnung von Vertragshäfen erklären, müssen sie erkennen, dass die Chinesen zwar England, Frankreich, Amerika und Russland kennen, von einer Großmacht Preußen jedoch noch nie etwas hörten. Der Weg nach Peking bleibt der Gesandtschaft versperrt.

Wenn es »Fritz« zu Eulenburg doch noch zum Abschluss eines Preußisch/Deutsch-Chinesischen Handels- und Schifffahrtsvertrags bringt, dann nur im Konzert der Westmächte und unter Androhung von Gewalt. Haben sich die Großmächte doch darauf geeinigt, dass alles, was China schwächer macht, ihren ureigenen Interessen entgegenkommt.

Zum ersten Mal hat Deutschland im Asienhandel jetzt einen gleichberechtigten Platz. Was den Marinen des Norddeutschen Bundes, danach des Deutschen Reiches weiterhin fehlt, ist der eigentliche ostasiatische Brückenkopf. Ein Flottenstützpunkt unter

deutscher Gebietshoheit mit Reparatur- und Ausrüstungshafen, Kasernen, Übungsplätzen und Lazarett, der Kriegs- und Handelsschiffen gemeinsam dient.

Daran sollte sich vorerst nichts ändern. Deutschlands Marinen bleiben auf die logistische Unterstützung, immer auch auf die Gastfreundschaft besonders der Engländer angewiesen, was für künftige Großtaten bis hin zum eventuellen Kriegsabenteuer keine gute Voraussetzung ist. Erst der von inneren Unruhen in Korea ausgelöste Chinesisch-Japanische Krieg lässt Wilhelm II. die angestrebte politische Rolle spielen, die für ein direkteres Engagement in Ostasien spricht.

Japans See- und Landstreitkräfte erweisen sich aufgrund ihrer militärischen Ausrüstung dem von seinem Kriegsgott Guan Gong erneut im Stich gelassenen China klar überlegen. Pekings Flotte wird nahezu voll-

Tsingtau, die deutsche Stadt und Festung am Gelben Meer, wie sie der Zeichner sieht.

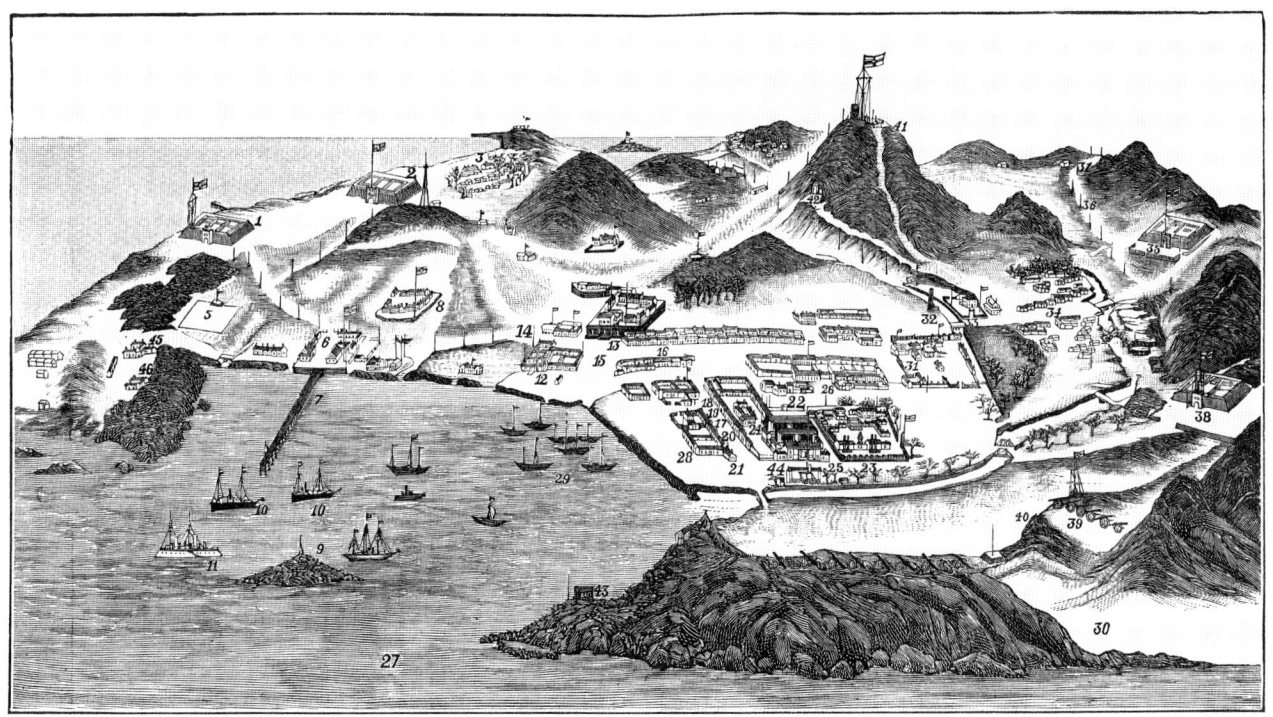

Panorama von Tsingtau.

In vorstehendem Bilde sind wir in der Lage, unseren Lesern ein Panorama von Tsingtau nach einer chinesischen Zeichnung vor Augen zu führen, welches gerade in gegenwärtiger Zeit von allgemeinstem Interesse sein dürfte. Tsingtau ist bekanntlich der Hauptort in unserer chinesischen Niederlassung in der Kiautschou Bucht, die Zeichnung leidet nach unseren Begriffen an manchen Mängeln, gibt aber immerhin eine gute Übersicht und lässt uns erkennen, welch große und schnelle Fortschritte unsere dortige Verwaltung gemacht hat. 1. Höhenlager. 2. Strandlager. 3. Dorf Topatau. 4. Innerer Hafen. 5. Exerzierplatz. 6. Brückenlager. 7. Alte chinesische Landungsbrücke. 8. Lazaret. 9. Arkona-Insel 10. Jebsendampfer. 11. Deutsches Kriegsschiff. 12. Chinesisches Zollamt. 13. Alter Tempel. 14. Langestraße. 15. Marktplatz. 16. Marktstraße. 17. Poststraße. 18. Postagentur. 19. Zivilkommissariat. 20. Intendantur. 21. Yamenplatz. 22. Yamen des Gouverneurs. 23. Yamenlager. 24. Offizierskasino des Yamenlagers. 25. Yamenstraße. 26. Gerichtsgebäude. 27. Tsingtaubucht. 28. Strandhotels. 29. Tsingtauhafen. 30. Klarabucht. 31. Artilleriedepôt. 32. Ziegelei. 33. Erstes europäisches Haus. 34. Kleintsingtau. 35. Ostlager. 36. Weg zum Pulvermagazin. 37. Pulvermagazin. 38. Artillerielager. 39. Den Chinesen abgenommene Salutbatterie. 40. Bismarckshöhe. 41. Truppelsberg, Signalstation. 42. Diederichstein. 43. Dynamitstation. 44. Heidentafel. 45. Neue Artilleriekaserne. 46. Artilleriekasino.

Übersichtskarten des Pachtgebiets Kiautschou an der Südostküste der Provinz Schantung (=Shandong) im Norden Chinas; Entfernung zur Elbmündung (über Hongkong): 11.200 Seemeilen.

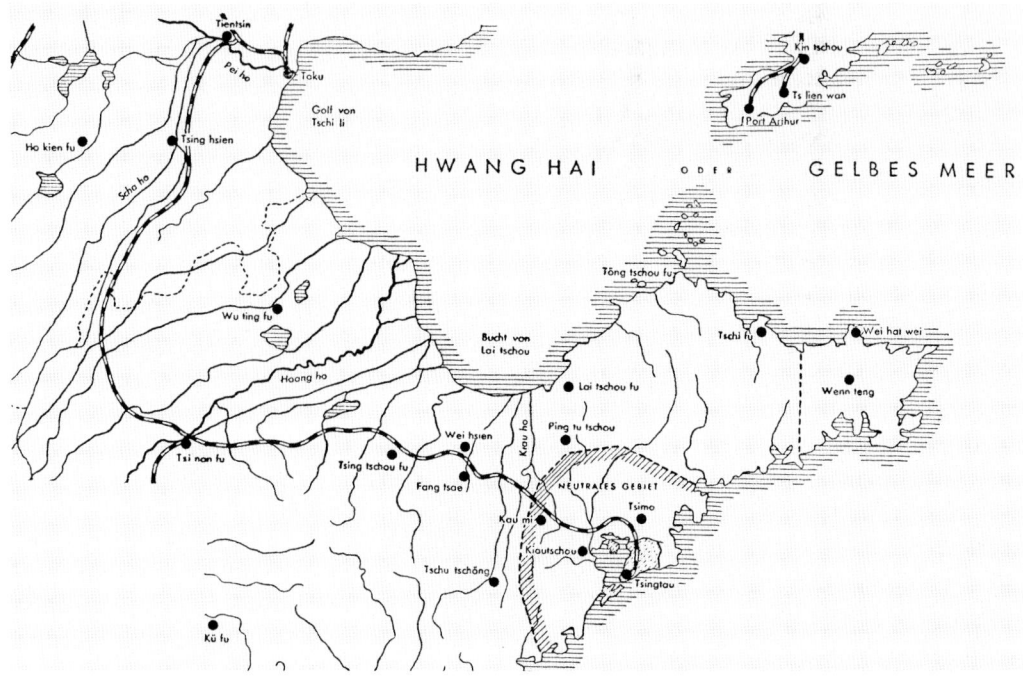

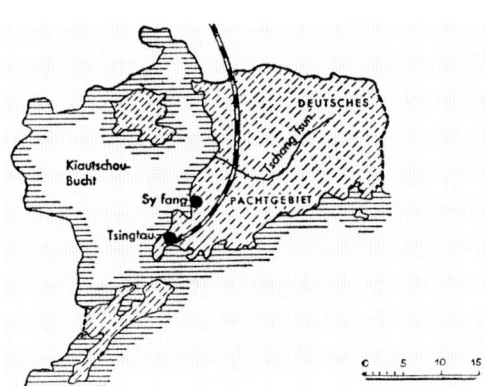

ständig vernichtet. Mit dem Friedensvertrag von Shimonoseki muss Peking Taiwan und die Pescadores-Inseln abtreten, die Unabhängigkeit Koreas anerkennen. Den Verlust der strategisch wichtigen Halbinsel Liaotung in der südlichen Mandschurei verhindert eine diplomatische Dreimächte-Mission, womit die Interventionsmacht Deutschland, die dem siegreichen Japan in den Arm gefallen ist, im Reich der aufgehenden Sonne allerdings jeden politischen Kredit verspielt.

Das China des Kaisers Guang Xu und der einflussreichen Kaiserwitwe Cixi hat sich als Papiertiger erwiesen, für Wilhelm das Abwarten gelohnt. Seine Kolonialplaner haben das sterbende chinesische Kaiser-

reich als Militärmacht nicht mehr zu fürchten. Obendrein wird er für die Unterstützung der chinesischen Position mit Konzessionen in den Vertragshäfen Wuhan (=Hankou) und Tientsin (=Tianjin) belohnt. Obwohl sich die Interventionsmacht verpflichtet hatte, auf Sondervorteile zu verzichten, wird chinesischen Politikern, die an der Spree vorbeischauen, dort zusätzlich verdeutlicht, dass das Reich für seine Haltung in der Liaotung-Frage noch etwas mehr erwarte.

Friedrich v. Hollmann, Staatssekretär im Reichsmarineamt, fordert (*»da der Zustand, der uns zwingt, unsere Kohlen bei anderen zu nehmen und bei Reparaturen fremde Docks anzulaufen, unter Deutschlands Würde ist«*) den Flottenstützpunkt an Chinas Küste. Der Sterbfritzer Frhr. Schenck zu Schweinsberg, jetzt deutscher Gesandter in Peking, schlägt aufgrund der Vorarbeiten des Frhr. v. Richthofen die Erwerbung der Kiautschou-Bucht vor.

Berlin regt beim Tsungli-Yamen, Pekings AA, die freie Abtretung bzw. pachtweise Überlassung eines geeigneten Territoriums für die Kriegsflotte an. Auf die daraus entstehenden Vorteile für das wirtschaftliche Leben und die territoriale Sicherheit Chinas wird ausdrücklich hingewiesen. Peking lehnt ab, was mit der Sorge, dass weitere Staaten mit ähnlichen Wünschen kommen könnten, zu begründen ist.

Diplomatie hätte zumindest etwas Zeit gebraucht, die sich Wilhelm allerdings nicht nehmen will. Scharfmacher setzen sich mit dem Vorschlag durch, den sperrigen Mandschu-Hof durch die Besetzung eines Küstenstrichs vor vollendete Tatsachen zu stellen. Für die junge Marine, die den Auftrag zur Vorbereitung einer Besitzergreifung erhält, soll Kptlt. Braun (Kanonenboot I. Klasse Iltis) die Eignung des anvisierten Küstenbereichs vom militärischen Standpunkt her überprüfen.

Im Juli 96 wird Iltis, auf dem Weg zur Kiautschou-Bucht, vor Kap Schantung von einem Taifun überrascht. Von Windstärken um die 200 km gegen Klippen geworfen, zerbricht das Schiff. 79 Seeleute sterben den Seemannstod, elf werden, nachdem sich der Taifun verbrauchte, auf einem Wrackteil auf den Tod oder die Rettung wartend entdeckt.

Zur mystischen Verklärung des Iltis-Untergangs führt, dass Überlebende erzählen, die Kameraden hätten, den sicheren Tod vor Augen, das deutsche Flaggenlied »Stolz weht die Fahne Schwarz-Weiß-Rot« angesungen: *»Und treibt ein feindliches Geschick/Uns an ein Felsenriff ... Ja, mit den Wogen kämpfen noch/Der sterbende Pilot./ In seiner Rechten hält er hoch/die Flagge Schwarz-Weiß-Rot.«*

Schwarz-Weiß-Rot, wo anders sollte es wehen als auf Position 36° 04' Nord, 120° 19' Ost: wo anders als an der Kiautschou-Bucht!

Anstelle von Kptlt. Braun reist der Kieler Hafenbauingenieur Georg Franzius mit einer Marineexpedition an. Von dem, was er vorfindet, ist er überzeugt: »Man musste an die, selbstverständlich friedliche, Erwerbung eines unter deutschem Hoheitsrecht stehenden Platzes denken und durfte um so mehr hoffen, hierbei von chinesischer Seite Entgegenkommen zu finden, als ja die Eröffnung eines neuen Hafens, die Herstellung von Eisenbahnen und die Aufschließung von Kohlen- und Eisenlagern nicht etwa nur den Inhabern von Konzessionen, sondern in erster Linie dem chinesischen Reiche selbst von höchstem Nutzen sein wird.«

Wieder zu Hause, reicht Franzius seine Erfahrungen an die Marineführung weiter, sodass hinterher alle der gleichen Meinung sind: Die Wassertiefe der Kiautschou-Bucht ist für die Passage tiefgehender Schiffe und nach entsprechender Ausbaggerung zur Anlage eines großen Hafens geeignet. Die Bucht ist ganzjährig eisfrei, mit dem Aufschütten eines Dammes der Schutz vor Stürmen zu garantieren.

Das Kanonenboot Iltis (II), 1898 in Danzigs Werft Schichau vom Stapel gelaufen: Hochseetüchtig, dazu in der Lage, auf Chinas großen Flüssen zu fahren.

Kaiser-Witwe Cixi (1835–1908), die einflussreichste Persönlichkeit im Reich der Mitte.

Wirtschaftlich im jetzigen Zustand noch uninteressant, könnte eine entsprechende Infrastruktur die Provinz Schantung an einen leistungsstarken Hafen anschließen, könnten im geländegünstigen Hinterland reiche Kohlenvorkommen geborgen werden, um damit Handels- und Kriegsschiffe zu versorgen: »Wichtiger noch als die wirtschaftliche Entwicklung Kiautschous ist es, mit Hilfe dieses militärischen Stützpunktes das ganze chinesische Land, das ganze chinesische Volk deutscher Unternehmungslust offen zu halten und weiter nutzbar zu machen.«

Politisch gesehen liegt die Bucht weit genug von den Interessensphären anderer Großmächte entfernt, was darauf hoffen lässt, dass eine Übernahme zu keinen Verwerfungen etwa mit dem Branchenriesen England führt. Auch vom Strategischen her ist Kiautschou absolut keine schlechte Wahl, sind von hier aus Südjapan, Korea oder die Pohaistraße doch in relativ kurzer Zeit zu erreichen.

»Bereit sein ist alles«, so VAdm. Max Frhr. v. d. Goltz, ehemaliger Geschwaderchef in Ostasien …, was Kaiser und Reich jetzt nur noch fehlt, um das Tor zu China aufzustoßen, ist ein Vorwand, ein konkreter Zwischenfall wie am Abend vor dem katholischen Gedenktag aller Heiligen und Seligen in Li-chia-chuang im Apostolischen Vikariat Schantung.

In der Heimat des Konfuzius

Johann Baptist Anzer, Metzgersohn aus dem oberpfälzischen Weinried, ist nach dem Besuch des Regensburger Lyzeums in die von Arnold Janssen im holländischen Flecken Steyl gegründete Societas Verbi Divini oder »Gesellschaft des Göttlichen Wortes« eingetreten. An der Maas zum Priester geweiht, bot er sich zusammen mit Josef Freinademetz, Bauernsohn aus dem Südtiroler Gadertal, als Sendbote im Fernen Osten an. 1879, nach Überreichung des Missionskreuzes, reisen die beiden mit dem Segen Papst Leos nach Hongkong (für einen Teil der Reisekosten kommt Kaiser Franz Josef auf, schließlich ist einer der beiden nicht nur Katholik, sondern auch Österrei-

Löhnung von Kulis in deutschen Diensten: Chinesen im Pachtgebiet bleiben chinesische Staatsbürger, haben jedoch Anspruch auf deutschen Schutz.

cher). Am Berg des Wohlgeruchs leben sich Anzer und Freinademetz in Sprache und Kultur des Landes ein.

1881 wird dem Steyler Mutterhaus von der römischen Congregatio de Propaganda Fide, der »Gesellschaft zur Verbreitung des Glaubens unter den Heiden und Akatholiken« (kurz Propaganda genannt), im Apostolischen Vikariat Schantung ein selbständiges Missionsfeld zugesprochen. In der Provinz hatten italienische Franziskaner drei Kirchendistrikte abgesteckt, den südlichen jedoch vorerst unbesetzt gelassen.

Die nordchinesische Provinz Schantung ist kein gewöhnlicher Platz. Hier liegt der taoistische heilige Berg Taishan, um den sich viele Legenden ranken. Im Staat Lu, dem heutigen Schantung, wurde Meister Kung-fu-tse, der größte aller Chinesen, geboren. Hier lebte und lehrte er.

»Der schönste Platz in der Welt ist, wo Gott mich hinschickt« (Freinademetz), auch dann noch, wenn im neuen Sprengel die eigenen Herde klein, die Zahl der Bergdämonen, Wassergeister, Lokalgottheiten und Himmelszeichen dagegen geradezu erdrückend sind. Lediglich in Puoli, das sie zu ihrer frühen Missionszentrale machen, finden die beiden *Langnasen* eine christliche Gemeinde vor. Um so eifriger gehen sie daran, »die Masse der im Aberglauben dahinvegetierenden Verdammten« auf den einzig richtigen Weg zu bringen. In Puoli kommt es zur Einrichtung eines Waisenhauses für Mädchen und Buben und eines Knabenseminars. Handwerkstätten bis hin zur Druckerei werden gebaut.

Probleme lassen nicht lange auf sich warten, wo immer die Steyler im Schweiße ihres Angesichts das Feld bestellen wollen, kommt es zu Konflikten mit Karl Mays »greisenhaft alter Kultur« (»Kong Kheou, das Ehrenwort«).

Dem Bayer und dem Tiroler, so unendlich weit von den grünen Weiden der Heimat entfernt, ist die aus uralten Lebensquellen gespeiste chinesische Geistesbildung, den Hütern klassischer chinesischer Bildung wiederum das Christliche fremd. Persönliche Entbehrungen (»*meine gegenwärtige Wohnung ist die Hütte eines hiesigen Christen, aus Erde gebaut, mit Stroh gedeckt*«, Anzer) müssen erst einmal überwunden werden.

Ungünstig scheint der gewählte Augenblick. Das alte China, vom Gott des Glücks verlassen, ist aus den Begegnungen mit dem Imperialismus immer wieder als zweiter Sieger hervorgegangen, das Weltbild vom Himmelssohn auf dem Drachenthron

Chinesisch gekleidete deutsche Missionare und Marinesoldaten: Die koloniale Machtdemonstration unterstreicht das Ausmaß der Vermischung von christlicher Mission und nationalistischem Geist.
Josef Freinademetz in der vordersten Reihe 2. von rechts.

Vizeadmiral Otto v. Diederichs (1843–1918) aus Minden, nach Tirpitz Chef des deutschen Kreuzergeschwaders in Ostasien.

als Herrscher über alle Völker und Länder verblichen. In den Köpfen der *Zopfträger* herrscht weiterhin Krieg, wofür es eine ganze Reihe guter Gründe gibt.

Die verhängnisvolle Abhängigkeit von Europas Supermächten, die nichts anderes als ihre Wirtschaftsinteressen verfolgen, hat zum Verlust von Absatzmärkten für heimische Produkte geführt. Dem Import ausländischer Waren fielen zahlreiche Arbeitsplätze zum Opfer. Dem Dauerverlierer bleibt der uneingeschränkte Handel mit Opium aufgezwungen. Opium, Brei des Glücks und Tod für Chinas Nerven, fließt als unerwünschte Fracht unkontrolliert ins Land. Gegen Einsprüche werden Kanonenboote Ihrer britischen Majestät eingesetzt.

An der Konfliktspirale hat die Suche nach dem »Reich des Großen Friedens« gedreht, ein Aufstand der christlich beeinflussten Taiping-Sekte, deren Führer sich als jüngerer Bruder Jesus sah. Die Zahl der Todesopfer war über 20 Mio gestiegen, in Peking der Sommerpalast geplündert und abgebrannt. Dazu kommen soziale Geißeln wie Seuchen und Naturkatastrophen.
Nicht von ungefähr schieben konfuzianische Gelehrte die Schuld an Chinas Niedergang auf »die fremden Teufel, die den Lauf

des Himmels aufzuhalten suchen«. Unter ihnen sehen gerade die »Schwarzröcke« mit ihrer offensiven Missionspolitik nicht gerade vorteilhaft aus. Neben ihnen sind die chinesischen Konvertiten, böswillig Reis- oder Dollar-Christen genannt, vom Zorn der Massen betroffen. Um die Götter gnädig zu stimmen, muss der fremde Einfluss gebrochen werden. Umgehende Reformen oder Revolution: Die Chinesen, die gleichzeitig unter Feudalismus und Imperialismus leiden, haben ein Ziel, sich darüber formende Geheimbünde und patriotische Gesellschaften in der Regel leichtes Spiel.
Freinademetz schreibt in die Heimat zurück: »Die Leute reden allgemein recht gut von unserer heiligen Religion und viele würden sich wohl auf der Stelle für uns erklären, wenn nicht so zahlreiche Hindernisse im Weg lägen. Der eine und vielleicht die Mehrzahl schämt sich, katholisch zu werden. Der andere wird gehindert durch seine Verwandten, ein anderer ist Gewohnheitssünder, z.B. Opiumraucher. ...«

An Hindernissen fehlt es tatsächlich nicht, 1895 werden im SVD-Missionsgebiet drei Konvertiten ermordet.

Freinademetz, den sie in den Tiroler Bergen gerne »die ehrwürdigste Figur von Alta Badia« nennen, wird in Schantung inzwischen *Fu Shenfu* genannt: *Fu* steht für Glück, auf das der von Religionsgegnern immer wieder einmal kräftig durchgeprügelte Tiroler angewiesen bleibt, *Shenfu* für Priester.

Nies, Henle ermordet

Am Abend vor dem katholischen Gedenktag aller Heiligen und Seligen des Jahres 1897 (nach dem »Barbarenkalender« von wenigen Jahrhunderten, der Chinas durchlebte Jahrtausende ignoriert) geht es in der Steyler Missionsstation Li-chia-chuang noch recht unterhaltsam zu. (*»Wir haben Volkslieder gesungen, es war ein richtig schöner, lustiger Abend. Zum Schluss haben wir noch das Requiem eingeübt.«* P. Georg Stenz) Nach dem Vaterunser legt man sich zur Ruhe.

Gegen 22 Uhr dringen Angehörige des aus der Gesellschaft der Unverwundbaren hervorgegangenen Geheimbundes der Messer-Sekte (Ta Tao Hwei) in die Station ein. P. Franz-Xaver Nies und P. Richard Henle schaffen es, aus dem Schlaf gerissen, noch bis zur Wasserstelle, wo sie ermordet (»*bestialisch zugerichtet, regelrecht abgeschlachtet*«) werden. P. Georg Stenz, der etwas abseits im Pförtnerzimmer gelegen hatte, gelingt die Flucht.

Für Nies (Jahrgang 1859) aus Recklinghausen und Henle (Jahrgang 1863) aus Stetten am kalten Markt war das Requiem am Abend das eigene gewesen. Dafür, dass aus dem »requiescat in pace« nichts werden will, können sie nichts. Zwei Morde an unter deutschem Schutz stehenden Gottesknechten sind ein Zwischen-, der für Wilhelm II. zum Glücksfall wird. Die Kolonialpropaganda würde Nies und Henle zu »Blutzeugen von Kiautschou« machen, obwohl die Behauptung geografisch recht unscharf ist.

»Es musste dem Zufall überlassen bleiben, dass Deutschland sich selbst einen Platz wählte und eine feste Tatsache schuf, mit der die chinesische Regierung sich nachträglich abfinden konnte« (Wilhelm Schrameier, Chinesenkommissar für Kiautschou).

Freinademetz, der sich vor Ort um Katechumen (Taufbewerber) und Katechisten kümmert, telegrafiert dem Mutterhaus »Nies, Henle ermordet«. Im Klosterdorf Steyl hält sich zur Zeit der Mordtaten auch Bischof Anzer auf.

Während Bittprozessionen in Deutschland und Österreich noch das »Heiliger Josef, Schutzpatron Chinas, bitte für China« beten, ruft Anzer vehement nach Sühneleistungen, wobei er prominent an den Bau

KzS Hugo Zeye, Kommandeur der Landungstruppen, mit seinen Offizieren nach der Besetzung der Befestigungen von Tsingtau.

Offiziere des deutschen Landungskorps: Kiautschou ist die einzige überseeische Besitzung, die militärisch erobert wurde, auch wenn dabei kein Schuss gefallen ist.

Alfred v. Tirpitz (1849–1930) aus Küstrin, Großadmiral der kaiserlichen Marine.

von drei großen Kirchen denkt. Diplomatischen Gepflogenheiten entsprechend, wäre es jetzt Aufgabe von Paris gewesen, als Wächter katholischer Missionen beim Mandschu-Hof vorstellig zu werden. Doch Anzer, der seinen Missionsschutz nationalisierte, eilt trotz zwischenzeitlicher Beruhigung ins kaiserliche Berlin, wo er mit S.M. privatim über die eiserne Faust zum Schutz von Missionar und chinesischer Herde spricht.

Vom kraftmeiernden Flottenkaiser erfährt die Welt, dass die Zeit, in der Deutsche draußen ohne Schutz und Schirm dastehen, abgelaufen sei, mit dem Reich ganz generell nicht mehr zu spassen ist. Kriegsschiffe würden die Sprache sprechen, die auch *Zopfträger* verstehen. Der Umgang mit »Christenmördern« ist ein Fall für seine Kanonenbootpolitik.

»Wer mit Deutschland suchte Hader,/Wär' es auch am fernen Strand,/Dem wird bald ein gut Geschwader/Aus der Heimat zugesandt« (Deutschlands Flotte).

Als VAdm. Otto v. Diederichs, nach Tirpitz Chef des Kreuzergeschwaders, den Befehl zur militärisch-maritimen Machtdemonstration (»*größte Energie geboten, Zielpunkt Ihrer Fahrt geheim*«) erhält, liegt der Plan zur Besetzung der Kiautschou-Bucht längst vor. Noch am gleichen Tag laufen die in Wusung bei Schanghai unter Dampf

liegenden Kreuzer 1. und 2. Klasse KAISER (Flaggschiff) und PRINZESS WILHELM aus. Der Kleine ungeschützte Kreuzer CORMORAN gesellt sich dazu.

Am 14. November 1897, einem Sonntag, liegen KAISER und PRINZESS WILHELM in der Kiautschou-Bucht vor Anker, um die an der Brücke des Fischerdorfes Ober-/Unter-Tsingtau ausgesetzte Landungsabteilung zu decken. CORMORAN dümpelt so lange beim Horse-shoe Riff, da es als denkbar erachtet wird, dass chinesische Truppen von irgendwo her ihren Kameraden zu Hilfe kommen.

Die völlig überraschte Garnison, 1.700 Mann des Küstenschutzes unter General Chang kao yuan, missversteht das Manöver des Landungskorps (107 Offz./Uffz., 610 Mann unter Führung von KzS Zeye) und stellt, anstatt sich zu wehren, zu dessen Begrüßung eine Ehrenkompanie auf. Vorauszusehen war das tatsächlich nicht. Von Diederichs zum Abzug innerhalb von drei Stunden aufgefordert, packen die Söhne des Drachens ihre Sachen ein und rücken ab. Tsingtau ist somit die einzige überseeische Besitzung des Reiches, die »militärisch erobert« wurde, auch wenn dabei kein einziger Schuss gefallen ist. Gen. Chang bleibt unter deutschem Schutz zurück, muss er doch Reaktionen seiner Vorgesetzten befürchten.

Tsingtau, 27. Januar 1898: Parade des Landungskorps vor Vizeadmiral Otto v. Diederichs.

Chinesen vor Ort wird mit ausgehängter Allerhöchster Kabinettsordre erklärt, warum anstelle eines grünen Drachens auf gelbem Feld jetzt ein schwarzgelber Adler über Ober-/Unter-Tsingtau weht. Kein Gewaltakt, so VAdm. v. Diederichs unter mächtigen Hurrarufen, sondern zwei Wochen nach der Ermordung von Nies und Henle die Bürgschaft für zu erfüllende Sühneforderungen an die chinesische Regierung. Dazu ein Akt der Notwehr, um im Drachenland lebende deutsche Landsleute zu schützen.

Mit dem Einlaufen der Kleinen Kreuzer Arcona und Irene wird die Besetzung auf das 33 km entfernt liegende Kiautschou ausgedehnt (Kiau für Leim, tschou für den Kreis: sprich Kiautschu). Bis zum Eintreffen eines kriegsstarken Seebataillons und Detachments der Matrosenartillerie bleiben Mannschaften des Ostasien-Geschwaders an Land.

Die Wucht der Ereignisse hat den Drachenthron überrascht, sein Ruf nach Vergeltung verhallt jedoch ungehört, da sich wegen eines deutschen Landraubs auch unter ansonsten scharf rivalisierenden Mächten keine Koalitionen bilden lassen. Ganz im Gegenteil nutzen Großmächte die Gelegenheit, um sich noch einmal selbst zu bereichern. Britannien krallt sich in der Hafenstadt Weihaiwei fest, Russland nimmt Lüshun (=Port Arthur).

Unerwartete Schwierigkeiten hat *Willy*, der Kaiser, so auch lediglich mit Cousin *Nicky*, dem Zar. Dem Herrscher aller Reußen hat der Hohenzoller ein allegorisches Gemälde des Hofmalers Hermann Knackfuß geschickt, auf dem – »Völker Europas wahret Eure heiligsten Güter« – Germania das Abendland vor der »gelben Gefahr« warnt. Knackfuß ist auf simple Verherrlichungen geradezu spezialisiert, der Entwurf stammte vom Kaiser, der nicht nur etwas gegen Chinesen, »die mit ihren Mongolenscharen die Kultur Europas bedrohen«, sondern auch etwas gegen »die jungen, selbstbewussten, nach Thaten lechzende Japaner« hat.

Die innerfamiliäre Unstimmigkeit lässt sich nach einigem Vorausgetöse in St. Petersburg auf diplomatischem Weg beilegen. Ein internationales Recht der ersten Ankerung

in einer Bucht – irgendeiner Bucht –, auf das sich Zar Nikolaus beruft, gibt es nicht.

»Vom Fels zum Meer! Der Ahnen Spruch,/ Den ehrt ich stets, so treu und wahr,/doch weiter, weiter geht dein Flug/Weit über's Meer, du Deutscher Aar« … Die Marine, ein Wunschbild der 48er Revolution, ist durch die »Erwerbung« mündig geworden, ein deutsches Hongkong im Werden.

Ständiges Lutschen an der Opiumpfeife, aufs konzentrierte Glück spezialisierte Singsong-Girls. Feuerwerk, Glücks- und Gaukelspiel, Tee, Porzellan und Seide. Das Schönheitsideal verkrüppelter Frauenfüße, die Popularisierung des Schlagworts von der gelben Gefahr … China ist ein fernes, fremdes Land, China mit seinen Stimmungen und Problemen!

Deutsche zwischen Maas und Memel, die jetzt penibel ihre Atlanten konsultierten, würden vergeblich nach Tschu tscha tau oder Hsiau kung tau suchen (der Bucht wie Wachhunde vorgelagerte Inseln). Dem Landsmann zwischen Etsch und Belt bleiben Flussläufe wie Litsun oder Paischaho fremd. Das Reich hat sich im Fernen Osten festgesetzt, doch über den neuen Nachbarn liegt in der Regel nur Klischeehaftes vor:

»Die Weiber tragen das Haar in kunstvollen Frisuren, die Männer haben den Kopf geschoren bis auf einen langen Zopf, wel-

S.M. Großer Kreuzer Kaiser, das Flaggschiff des Ostasien-Geschwaders, auf Reede in der Kiautschou-Bucht.

279

Chinesischer Text der Proklamation zur Besitzergreifung: Kiautschou steht völkerrechtlich auf gleicher Stufe wie die übrigen Schutzgebiete, bleibt formal jedoch dem Mandschu-Hof unterstellt.

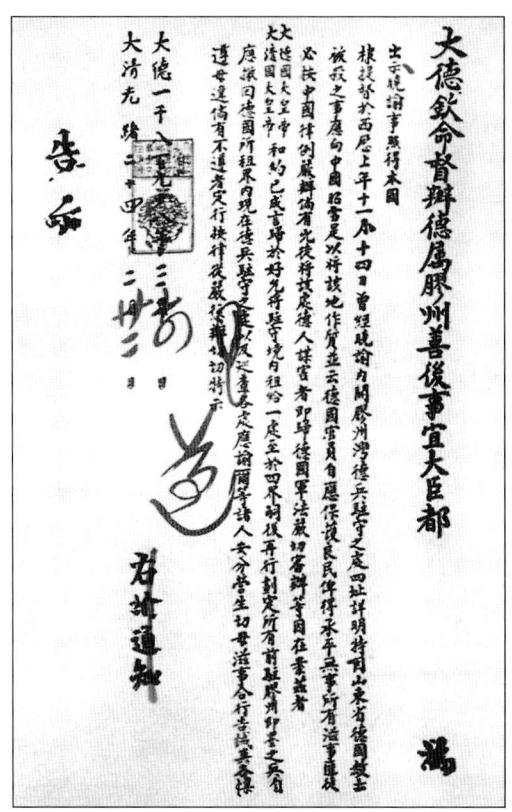

reisende Kurt Boeck). Der Bücherprotz Karl May geht davon aus, dass dem Volk im Reich der Mitte nicht zu trauen ist (nachzulesen im »Kiang-lu«).

Ferdinand v. Richthofen hält die Chinesen für ein »recht brauchbares Menschenmaterial, jedenfalls was Charakter und Körperbau anbetrifft, dazu kräftig, ordentlich, fleißig und ausdauernd, das Ideal einer menschlichen Arbeitsmaschine«. Richard Wilhelm, Missionar des Allgemeinen Evangelisch-Protestantischen Missionsvereins und Sinologe, ist als christlicher Missionar nach China gekommen, kehrt von dort als konfuzianischer zurück.

Hammer und Amboss

Fürst v. Bülow aus Klein Flottbek bei Altona: »Im kommenden Jahrhundert wird das deutsche Volk Hammer und Amboß sein.« Bis es so weit ist, würde man um so kräftiger den Hammer schwingen.

Das Reich besitzt nur, was es auch schützen kann. Im Kreis derer, die unter Geschützdonner und brausenden Hurrarufen zur Stationierung in Ostasien aus dem Kieler Hafen in die Förde dampfen, ist KAdm. Prinz Heinrich v. Preußen, der Bruder des Kaisers. An Bord des Panzerkreuzers DEUTSCHLAND auch Erich Raeder aus Wandsbek, der spätere Großadmiral.

Im Januar 98 treffen das in Cuxhaven neu aufgestellte III. See-Btl. und die Matrosenartillerie (in Zukunft die *Tsingtauer*) in der Kiautschou-Bucht ein, wo sie vorerst in zusammengeflickten Lehmwerken der ehemaligen chinesischen Garnison untergebracht werden.

Ein *Tsingtauer* hat laut Vorschrift tropentauglich, scharfsichtig, kräftig gebaut und mindestens 1,65 m groß zu sein. Nur die Fittesten werden genommen, wer kommt, kommt als Freiwilliger. Eine Reihe von Offizieren und Mannschaften scheint dazu handverlesen, nach Namen akzeptiert. Gibt es zum Heer der Namenlosen doch so Wohlklingendes wie v. Oppeln-Bronikowski, v. Lossow, v. Schack, v. Kayser und v. Liliencron, v. Köppen, v. Bassewitz und v. Pape.

chen die niederen Klassen während der Arbeit um den Hals winden, sonst aber rückwärts herabhängen lassen [im Zopf das rote Band, da rot die Farbe der Freude ist].«

Ehrliche Seefahrer gegen chinesische Seeräuber, des Kaisers Land des Lächelns von Diebes-, Räuberbanden und anderen Plagen gesäubert, ein Heer von Chinesen von regressiver Mandarinherrschaft befreit!

Deutsches Wissen, deutscher Geist. Einrädrige Schubkarren gegen die Eisenbahn, Porzellanbuddhas gegen das Kreuz … und überall Chinesen, »die die Besetzung des Kiautschougebietes durch das Deutsche Reich bald als ein Glück für ihr Land ansehen werden« (Kptlt. Deimling).

Besatzer und Besetzte haben allerdings Probleme, die so anderen Mentalitäten zu verstehen: »Bei einem Fußmarsch im Lauschangebirge schienen mich die mir gemächlich auf Eseln entgegentrabenden Schantungfrauen für nicht viel schlauer als ihre Grautierchen zu halten« (der Asien-

Die Soldaten bleiben in der Regel zwei Jahre. Auf das Einlaufen des Ablösungsdampfers jeweils im Februar wartet das Gros dann mit Ungeduld. Die Tage, an denen die Neuen kommen, die Alten leise Servus sagen, sind Höhepunkte im frühen Jahreslauf. Unter den *Tsingtauern* finden sich allerdings immer auch welche, denen es hier ganz gut gefällt, die sich nach Ablauf ihrer Dienstzeit eine Zukunft in Deutsch-China versprechen.

Offiziell wird die Reichskriegsflagge am 21. Februar '98 aufgezogen. VAdm. v. Diederichs (*»Ich, der Chef des Kreuzergeschwaders«* in großer Uniform) nimmt noch einmal die Gelegenheit wahr, um einem Soldatenspalier die Mär von der Kiautschou-Bucht und den vom Gelben Meer umspülten Inseln als Bürgen für die Erfüllung von Sühneforderungen zu erzählen. Zur Feldmesse treten Protestanten und Katholiken gemeinsam an. Zum Abschluss in einem der entlegensten Winkel der deutschen Geschichte das »Großer Gott wir loben dich« der Militärkapelle.

Den Befehl über die Besatzungstruppen erhält FKpt. Truppel, Artillerieinstruktor und Lehrer an der Marineakademie. Für den Übergang wird im notdürftig renovierten Yamen des Gen. Chang ein Hauptquartier eingerichtet.

Zurück im Reich jubelt Ullsteins »Berliner Illustrirte«, dass die Pachtung Kiautschous in kurzer Zeit äußerst populär geworden sei. Das wegen des Ausbleibens befürchteter »Gewaltsamkeiten«. Auf Posten stehen in Fernost beflügeln Geist und Sinn des Volkes, was sich – frei nach Wilhelm Hauffs »Steh ich in finstrer Mitternacht« – auch im Koloniallied niederschlägt:

»Zu Kiautschau (!) um Mitternacht/ Stand ein Matrose auf der Wacht./Zwei Sternlein hoch am Himmelszelt/Die bringen Kunde aus der Welt./Steh ich, die Büchse in der Hand,/Sterb ich den Tod fürs Vaterland./Gerecht ist nur der Tod im Krieg./Ein jeder denkt an sein fernes Lieb.«

»Sie, die Geliebte am Fenster steht,/Die Hände faltet zum Gebet,/Sie denket des Geliebten heiß,/Den sie im fernen China

Gouverneur Oskar (von) Truppel (1854–1931): Das Pachtgebiet untersteht einem Kapitän zur See, dem für die Dauer seines Amtes das Prädikat »Exzellenz« zukommt.

Strafexpedition nach Tsimo (=Jimo): Verhandlungen mit dem zuständigen Tao-Tai (Präsidenten) des Kreises Tsimo nach der Ermordung des Matrosen Schulz (1890).

weiß./Sei ruhig still Soldatenbraut,/Wer Gott vertraut, hat wohl gebaut./Sei ruhig still in Gottes Hut,/Dich liebt ein Soldatenblut.«

Im März 98 versucht Edmund Frhr. v. Heyking, Gesandter in Peking, »mit großer Festigkeit« ein Vertragswerk durchzuboxen, das nach offizieller Lesart »die freundschaftlichen Beziehungen zwischen China und Deutschland kräftigen und zugleich die militärische Bereitschaft Chinas stärken« soll. Geld und Kriegsschiffe sind die Sprache, die die Chinesen verstehen (v. Heyking), das schwache China hat keine andere Wahl, als »den berechtigten Wunsch des Kaisers nach einem Platz an der chinesischen Küste« zu erfüllen. Das Abkommen gilt in Europa schnell als ein Meisterstück deutscher Diplomatie, ist für Peking aufgrund unnötiger Härten jedoch eine einzige Demütigung.

Die beiden hohen Kontrahenten einigten sich: Der Kaiser von China überlässt dem Kaiser der Deutschen die seiner Regierung zustehenden Hoheitsrechte über zwei Landzungen auf beiden Seiten des Eingangs zur Bucht von Kiautschou, dazu die Wasserfläche der Bucht bis zum derzeitigen höchsten Wasserstand (zur endgültigen Feststellung der Hochwassergrenze, wie sie im Wattland für die Salzgewinnung aus Meer-

wasser wichtig ist, würde es allerdings noch bis 1911, dem Jahr des Schweines, dauern).

»Um die Würde Chinas zu wahren«, kommen die beiden Kontrahenten überein, dass das Land- und Seeareal lediglich pachtweise auf die Dauer von vorläufig 99 Jahren (also bis knapp zum Jahrtausendwechsel) übernommen wird. Die »Erwerbung« steht damit völker- sowie staatsrechtlich auf gleicher Stufe wie die übrigen Schutzgebiete, bleibt formal jedoch dem Mandschu-Hof unterstellt.

Um Konflikten vorzubeugen, erkennt China eine 100 Li (50 km) breite neutrale Zone rings um das Pachtgebiet an. Der Landstreifen ist deutsches Einflussgebiet, in dem sich der Pächter frei bewegen, Gottes Mission unter weltlichen Schutz stellen, aber etwa auch Wasserläufe regulieren kann. Ohne die Zustimmung der neuen dürfen die alten Herren hier keine eigenen Maßnahmen mehr ergreifen oder Anordnungen geben, gerade auch auf militärischem Gebiet.

Der Vertrag sichert dem Reich zusätzlich einen 30 Kilometer breiten, 400 km langen Korridor für Bergwerks- und Eisenbahnkonzessionen zu. Die Provinz Schantung verpflichtet sich, bei Bedarf an Kapital, Material und fremden Experten

Blick auf das Chinesenviertel: Tsingtaus strenge ethnische Trennung arbeitet nur bedingt, wird um 1912 so auch weitgehend aufgehoben.

deutschen Angeboten »Prioritätsrechte« einzuräumen.

Chinesen bleiben während des Aufenthalts im Pachtgebiet chinesische Staatsbürger, haben jedoch (»*vorausgesetzt, dass sie sich den Gesetzen und der Ordnung entsprechend verhalten*«) Anspruch auf deutschen Schutz, unterstehen deutscher Gerichtsbarkeit. Sollte die »Erwerbung« zu irgendeinem Zeitpunkt deutschen Erwartungen nicht mehr entsprechen, verpflichtet sich Peking, Berlin alle vor Ort gemachten Aufwendungen zu ersetzen und im Tausch ein besser geeignetes Gebiet abzutreten …

Der Pachtvertrag wird noch im März 98 ratifiziert, wogegen selbst ein so entschiedener Kolonialgegner wie August Bebel im Prinzip wenig einzuwenden hat. Der Mord an Nies und Henle wird mit einer Summe von 600.000 Mark gesühnt, die beim Bau von Kirchen und Missionen Verwendung finden.

Stadt und Festung Tsingtau

Deutsch-China muss sich einer so vorstellen: »Nähert man sich der Kolonie von See her, so grüßen zur Rechten schon von weitem die einer Tiroler Dolomitenkette vergleichbaren, nackten, zackigen Gipfel des Lauschan, die im Lauting bis zur Brockenhöhe ansteigen und dicht bis an das Meer herangehen. Es folgen der Kaiserstuhl, die Prinz-Heinrich- und schließlich in nächster Nähe Tsingtaus die jetzt grün bewaldeten Iltisberge. Auf der gegenüberliegenden Seite wird der Eingang zur Bucht unmittelbar am Kap Jaeschke beginnend von den Haihsibergen flankiert, denen sich das 800 m hohe imposante Perlgebirge anschließt« (Brüninghaus, Koloniallexikon). Karl May sieht es so: »Ein halbmondförmiger Busen, von dessen beiden Enden an das Land sich sanft, aber höher und höher erhebt« (tatsächlich wird die Kiautschou-Bucht gerne mit dem Jadebusen zwischen Weser- und Emsmündung verglichen).

»Die Bäume spielen im Landschaftsbild eine verhältnismäßig bescheidene Rolle. Weidenbüsche in den breiten sandigen Flussbetten, Gruppen von Kiefern an den

Begräbnisstellen angesehener Leute, einige oft mächtige Eschen oder Rüstern in den Dorfeingängen und kümmerliches Bambusgebüsch um Tempel und Klöster. Wald im deutschen Sinne gab es vor der Besitzergreifung nicht« (Koloniallexikon).

Die Kiautschou-Bucht selbst ist ein weites, natürliches Hafenbecken. An der Innenbucht liegen Dschunkenhäfen wie Tapautau.
Als die Deutschen kommen, ist das Pachtgebiet, kaum größer als Hamburg und an seiner schmalsten Stelle gerade ein paar 100 Meter breit, auf den ersten Blick sicher nicht das ganz große Los. Die Hafenkolonie besteht aus ein paar vom Bodenwasser verseuchten Wohnstätten und vier mit Lehmwällen geschützten Truppenlagern. Im Umland rund 300 verschmutzte Dörfer, die den Landstrich – so die Kolonialliteratur, die sich gerne sehr sicher ist – zu einer höchst ungesunden Gegend machen. Für die Gesundheit von Europäern besonders gefährlich ist der lokale Brauch der Darmentleerung (»*überall, selbst auf offener Straße*«), was speziell bei Regengüssen der Regenzeit durch Verunreinigung des Grundwassers schnell zum Ausbruch einer Typhusepidemie führen kann. Nennenswerte Bodenschätze fehlen.

Chinesen dazu, wohin man auch schaut, Chinesen, die in räumlicher Enge absolut jeden Flecken nutzen. Die Bevölkerungs-

Viel zu groß für eine kleine Kolonie, doch als Statussymbol geeignet: Kiautschous Gouvernementspalast.

dichte übersteigt jene des Reiches, was eine Ansiedlung deutscher Kolonisten von vornherein illusorisch macht.

Schantung-Chinesen sind »von großem, kräftigem Wuchs, stark, zäh, langsam und gutmütig ..., ein ganz anderer Menschenschlag als die kleinen, beweglichen, geriebenen Südchinesen« (Hans Wirtz aus Mühlheim a. Rhein, Dozent an der Hochschule in Tsingtau). Im Bereich der Bucht leben sie vorwiegend als Klein- und Kleinstbauern, von Fischfang, Kleinhandel und Hausindustrie, eine Hand voll von der Salzsiederei.

Mit dem Vertragsabschluss gehen die Deutschen, die vor Ort schnelle Fortschritte brauchen, um die künftige Unabhängigkeit und Rentabilität zu sichern, jetzt vor, wie Deutsche vorgehen, die einen Landstrich in Besitz nehmen, von dem sie sich nie mehr trennen wollen.

Tsingtau, Deutschlands einzige Stadtgründung in Asien, entsteht ohne Anbietung an eine existierende chinesische Stadt: Geschäftshäuser der Europäer.

Das Kreuzergeschwader, als mobiler Eingreifverband ein scharfes Kriegsinstrument, kann vor Übergriffen von der Seeseite her schützen. An Land wird, nachdem sich die acht Mann starke Europäerpolizei nicht bewährte, eine Chinesenkompanie aufgestellt. Die Landessöhne erweisen sich unter Führung deutscher Offz./Uffz. als überaus zäh und geschickt (»*Haltung frisch und tadellos*«). Gut gehen kann es trotzdem nicht, da ein Großteil schon während

der Boxerunruhen desertiert. Diejenigen, die zur Fahne hielten, bilden dann den Grundstock für die Chinesenpolizei, eine Einrichtung der Zivilverwaltung, die sich schnell »als unentbehrlich« erweist. Wohin die Polizisten gehören, zeigt das in landestypische Strohhüte eingeflochtene Schwarz-Weiß-Rot, später die Kokarde am Turban.

Noch bevor man sich darüber einigen kann, wie die Erwerbung überhaupt heißen soll – Versionen wie Tsintai, Tsintan, Tsin-tau existieren, Tsingtau ist eine »grüne Insel« in einer gleichnamigen Bucht –, liegen Pläne zur Anlage eines modern ausgestatteten Hafens, einer militärisch gesicherten Reißbrettstadt und einer Verbindung ins Hinterland vor.

Für Land- und Seekarten wird die Gegend gründlich vermessen. Vom provisorischen Anseglungsfeuer auf der Insel Tscha lien tau zur Tollwutstation, von den Richtlinien für die Raumhöhe der Wohnzimmer über die Dampfwaschanstalt zur modernen Trink- und Abwasserversorgung und Opium-Verbrauchsabgabe ist alles geplant. Aus Deutschland treffen ksl. Beamten, Architekten, Ingenieure und Facharbeiter ein, dazu Maschinen, Werkzeug, Laboratorien und sogenannte Tropenhäuser.

Bereits im ersten Jahr nach der Besitzergreifung gibt es eine deutsche Schule. 1899 wird nach Gründung der Schantung-Bergbau- und der Schantung-Eisenbahn-Gesellschaft mit dem Bau der Eisenbahnlinie Tsingtau—Kiautschou begonnen, die die Verbindung zu den Kohlenfeldern und Seidendistrikten herstellen soll. Im Dezember 1901 erreicht die Trasse Tschang ling (km 128), im Juni 02 das Kohlenrevier von Weihsien (km 183), 1904, im Jahr des Drachens, erreicht sie die Provinzhauptstadt Tsinan (=Jinan).

Die Suche nach dem geeigneten Platz für die Anlage einer Haupt- und Hafenstadt aus grüner Wurzel führt zur Südwestspitze der östlichen Halbinsel, wofür klimatische Überlegungen den Ausschlag geben. Die Berghänge im Norden bieten hinreichend Schutz gegen den Wintersturm, die Lage am Gelben Meer sorgt für die frische Brise im Sommer. Dazu ist der geplante Hafen nicht weit.

Chinesische
Geschäftshäuser
in der Schantung-
straße.

Tsingtau, Deutschlands einzige Stadtgründung in Asien, entsteht ohne räumliche Anbietung an eine existierende chinesische Stadt. Richtig grün sind die Wurzeln allerdings nicht, da neun Dörfer, darunter das alte Fischerdorf Tsingtau, dem Stadtbau weichen müssen. Was vom Namenspatron dann übrig bleibt, sind eine Tempelanlage der Schutzgöttin Tien-hou und der Yamen (jetzt Ksl. Postanstalt).

Eigentümer von Grundstücken erhalten Entschädigungen, die sich an jenen beim Aufbau der chinesischen Garnison des Gen. Chang orientieren. Eine moderne Landordnung verhindert Grundstücksspekulationen, was dem geregelten Aufbau und einer nach Funktionen gegliederten Raumstruktur entgegenkommt.

Der Bebauungsplan sieht mit dem Europäer-, Geschäfts- und Chinesenviertel drei klar zu unterscheidende Stadtteile vor (der Ausbruch einer Seuche erzwingt den Abriss weiterer chinesischer Dörfer in der Nähe der Reißbrettstadt):

a) An der Auguste-Viktoria-Bucht entsteht die Europäerstadt, in der Chinesen Land kaufen und vermieten, aber vorerst nicht wohnen dürfen. Eine ganz strikte Rassentrennung würde allerdings nicht einzuhalten sein, ist doch abzusehen, dass Deutsche in China nur ungern auf Amah (Hausmädchen), Hausdiener und Koch verzichten.

b) Das ausradierte Dorf Tsingtau an der Tsingtau-Bucht wird durch die Geschäftsstadt ersetzt.

c) Nordwestlich der Geschäftsstadt, zur Kiautschou-Bucht hin, wird das bereits bestehende Dorf Tapautau zur Chinesenstadt mit Handwerker- und Händlervierteln ausgebaut. Hier können sich auch Nichtchinesen niederlassen.

Gebaut wird, wie man in Deutschland nach der Preußischen Bauordnung baut, wenn auch mit kolonialen Elementen und Anleihen aus der chinesischen Architektur. Gebaut wird weitgehend klimagerecht.

Der Bauboom lässt sich kaum übertreffen: Die Iltiskaserne, das große Lazarett und Hotel Prinz Heinrich (ab 1899), das Europäergefängnis und Bahnhofsgebäude (1900), das Seemannshaus (1901), Gouvernementsgebäude und Bismarckkaserne (1903), die Polizeistation (1904), das Wohnhaus des Gouverneurs (1905) … Um Wohnraum für die vom Bauboom angezogenen Chinesen zu schaffen, werden in einiger Entfernung die Arbeitersiedlungen Taitungtschen und Taihsitschen angelegt.

Der Elitestrand an der Auguste-Viktoria-Bucht mit Strandhotel und Kasernen im Hintergrund.

In Tsingtau bleibt die Rassentrennung aus kolonialhygienischer Sicht in den ersten Jahren erhalten, sehen die Deutschen – die überfüllten Zentren Hongkong oder Singapur als warnende Beispiele vor Augen – im zu engen Zusammenleben doch die Seuchen- und Ansteckungsgefahr. Erst der Sturz der Mandschu-Dynastie, der vornehmen Mandschu-Adel und wohlhabende Sympathisanten der Monarchie in die Exterritorialität des Schutzgebietes spült, sollte auch das Europäerviertel multikulturell aufmischen.

Gewisse Spielarten der Apartheid werden auch in den eigenen Reihen gepflegt: Zivilisten wie die Regierungsbaumeister Mahlke und Stoessel, der Bankdirektor Schmidt-Decarli und der Mathematiker Konrad Knopp, Oberlandmesser Goedecke oder Oberlehrer Lessing dürfen sich am Elitestrand der Auguste-Viktoria-Bucht in die Fluten stürzen. Dort können sie auf Offiziere wie Oblt. zS Hoffmann-Lamatsch Edler v. Waffenstein, Oblt. zS Hellmann (ILTIS), Marine-Oberzahlmeister Dittmers treffen. Der gemeine Seesoldat pilgert zum Baden zur Iltisbucht.

Nur fünf Jahre würde es dauern, bis Gouverneur Truppel (den der Kaiser beim Eintritt in den Ruhestand adelt) und KAdm. Henning v. Holtzendorff die Anlegemole 1 im Großen Hafen von Tsingtau dem Verkehr übergeben. Mit einer Wassertiefe von neuneinhalb Metern wird die Anlage selbst tiefgehenden Schiffen gerecht. Ein 4.550 m langer Umschließungsdamm schützt vor starken Nordwestwinden.

»Germans to the front«

Von Anfang ist es das Ziel Berlins, deutsche Kultur nach China zu bringen. Die Hauptarbeit fällt vorerst den drei deutschen Missionsgesellschaften zu, neben den Steylern die Berliner Gesellschaft zur Beförderung der evangelischen Mission unter den Heiden und der in Weimar gegründete Allgemeine Evangelisch-Protestantische Missionsverein (Ostasienmission).

Die Missionen richten nach und nach 60 Elementarschulen für Chinesen ein, sind karitativ an Kranken tätig. Die praktischen Steyler unterhalten eine Lehranstalt, die chinesische Christen eigens auf die Anstellung bei der Eisenbahn vorbereitet. Der »Frauenverein für christliche Bildung des weiblichen Geschlechts im Morgenland« (jetzt: Morgenländische Frauenmission) richtet eine Lehranstalt für Mädchen ein, was die Reichsregierung jeweils mit Landschenkungen belohnt.

Für Schule, Seelenheil und Gesundheitswesen treffen Berliner Missionare wie Voskamp und Kunze ein. Namhafte Vertreter der Ostasienmission sind der Missionar, Forscher und Sinologe Ernst Faber aus Coburg und dessen Nachfolger Richard Wilhelm aus Stuttgart. Über den »Heiden« werden die Christen nicht vergessen: Der Seelsorge dient das vom evangelischen Marine-Oberpfarrer Winter angeregte christliche Soldatenheim am Tsingtauer Observationshügel.

Bis hierher hatte die Übernahme des Pachtgebiets keine größeren Reibereien provoziert. Zu ernsten Turbulenzen führt erst der Bau der Eisenbahn, die Einheimischen wie Teufelswerk vorkommt. Die Trasse führt durch Schantungs fruchtbarste Gegenden, ihre Dämme blockieren die Bewässerungsanlagen der Bauern. Die Bauarbeiten fordern zahlreiche Menschenle-

ben (besonders durch ansteckende Krankheiten wie Typhus und Cholera), stören in einer Kultur, in der Ahnenverehrung das größte aller Gebote ist, die Gräber, damit die Ruhe der teuren Verstorbenen.

Die Fremden, die zeitweise bis zu 25.000 chinesische Wanderarbeiter beschäftigen, zahlen schlecht, nehmen keine Rücksichten. Entlang der Trasse zur Befriedung stationierte Patrouillen schlagen jeden Widerstand nieder. Sabotageakte fordern die üblichen Formen kolonialer Unterdrückung heraus.

1898 wird der Matrose Schulz, während er auf Posten steht, heimtückisch ermordet, bei der Hinrichtung »des feigen Mörders« sind Deputationen aller Truppenteile dabei. Dem Überfall auf einen Geldtransport folgt der Anschlag auf ein Pulverlager. Das Chinesengefängnis in Litsung ist überfüllt.

Im Juni 99 marschiert Hptm. Mauve mit Marineinfanteristen und Kavalleristen im Kreis Kaumi (=Goami) ein. Kaumi liegt außerhalb des Pachtgebiets, doch innerhalb der 50-Kilometer-Zone. Mauves massive Strafaktionen kosten zahlreichen Dörflern das Leben. Nicht von ungefähr ist es das Hinterland des deutschen Pachtgebiets, in dem sich die Bewegung der Yihetuan oder Boxer bildet.

1898/99 hat es in Schantung nur wenig geregnet, wofür man einmal mehr die Missionare, die Fremden ganz generell verantwortlich macht. Im ausbleibenden Regen wird einer der Gründe gesehen, die zum sogenannten Boxeraufstand führen. Boxer sind fast ausnahmslos Bauernburschen, die die Tradition des Faustkampfes pflegen, sich durch weiße Kopftücher von der Masse abheben. Wären 1898/99 keine trockenen Jahre gewesen, hätten sich die Bauern wahrscheinlich zuerst auf ihre Ernten anstatt auf die Fremden konzentriert ...

Der Himmlische auf dem Drachenthron hatte seinen göttlichen Status eingebüßt, die Rebellion der »Faustkämpfer für Gerechtigkeit und Harmonie« gilt ursprünglich eher dem korrupten Mandschu-Regime. Erst auf die geschickte Intervention der Kaiser-Witwe Cixi schlägt die antimandschurische Stimmung in einen töd-

Prinz-Admiral Heinrich Albert Wilhelm v. Preußen (1862–1929), Chef eines Flottenverbandes zur Verstärkung des Kreuzergeschwaders.

Aushang zur Tötung von Weißen während des Boxeraufstands.

Der britische KAdm. Edward Seymour, Chef des Expeditionskorps zur Entsetzung Pekings: Als Seymour während eines Angriffs auf Fort Hsiku das berühmte »Germans to the front« befiehlt, wird aller Welt vorgeführt, dass (nur) Deutsche angreifen können.

»Die Deutschen an die Front« nach einem Gemälde von Karl Röchling.

lichen Hass auf alles Fremde um, worauf sich das »Friede für China, Tod den Mandschus« wie ein prodynastisches »Friede den Mandschus, Tod den Fremden« anhört. China erklärt Europas Mächten den Krieg.

Chinesische Christen werden reihenweise abgeschlachtet (»*Frauen und Kinder in Stücke gehackt, Männern Nasen und Ohren abgehauen und die Augen ausgestochen*«), christliche Schulen und Kirchen zerstört. Dazu Eisenbahnlinien unterbrochen, Brücken demoliert und Telegrafenleitungen gekappt. Im Mai tauchen Boxereinheiten vor Peking auf.

Was in Peking passiert, irritiert auch in Schantung, wo es von Drohungen und handfesten Andeutungen nur so wimmelt. In der deutschen Einflusszone nutzen militärisch organisierte Banden die Zeit zu bösen Exzessen, worauf sich die Verwaltung gezwungen sieht, Missionare, Bergwerks- und Bahnbeamten nach Tsingtau zurückzurufen. Die Stadtbefestigungen werden durch die sogenannte Boxerstellung verstärkt.

Deutschland verfügt in der Region über die in Tsingtau stationierten Truppen und das Kreuzergeschwader/KAdm. Otto Felix v. Bendemann: Die Großen Kreuzer HERTHA (Flaggschiff), KAISERIN AUGUSTA, HANSA, die

Kleinen Kreuzer IRENE und GEFION und das Kbt. ILTIS (II) ein Kanonenboot, das hochseetüchtig, dazu in der Lage ist, auf Chinas großen Flüssen zu fahren.

Als erste Maßnahme wird ein Kontingent des III. See-Btl. (6 Offz./Uffz., 45 Seesoldaten) zum Schutz des international verwalteten Gesandtschaftsviertels beim Tor des himmlischen Friedens von Tsingtau nach Peking verlegt.
Zwei Kompanien des See-Btl., vom dortigen Konsul zum Schutz der deutschen Niederlassungen gebeten, marschieren unter Oblt. v. Soden in Tientsin ein. Das Kreuzergeschwader verlässt Tsingtau mit Kurs auf die Taku-Reede.
Anfang Juni nehmen die Landungskorps des Kreuzergeschwaders unter KzS Guido v. Usedom am Marsch des internationalen Seymourschen Expeditionskorps teil, das Peking entsetzen soll. Seymours Truppe trifft auf unerwartete Schwierigkeiten, dann auch auf kräftige Gegenwehr. Es fehlt so ziemlich an allem, besonders an Trinkwasser und Munition.
Als KAdm. Seymour während eines Angriffs auf Fort Hsiku das berühmte »Germans to the front« befiehlt, wird aller Welt vorgeführt, dass (nur) Deutsche angreifen und siegen können. Die Kompanien von

S.M.S. Hertha/Kptlt. Hecht und S.M.S. Hansa/ Kptlt. Schlieper führen die Marschkolonne an. Auf deutscher Seite fallen 17 Mann, darunter KzS Buchholtz von der Kaiserin Augusta, 62 werden verwundet.

Das Expeditionkorps steckt vorerst in Fort Hsiku fest, zum Entsatz rücken europäische Truppen aus Tientsin an, darunter eine Kompanie *Tsingtauer* unter Hptm v. Knobelsdorff.

Im Juni geht Kbt. Iltis/Kptlt. Wilhelm Lans mit englischen, russischen und japanischen Alliierten gegen die von Boxern und regulären Truppen verteidigten Taku-Forts vor, die die Zufahrt vom Meer nach Tientsin und die Eisenbahnverbindung nach Peking bewachen. Der Preis ist auch für eine Gesellschaft, in der der Soldatentod der schönste ist, relativ hoch: Die ungepanzerte Iltis erhält Treffer auf Treffer (darf hinterher den Orden Pour le Mérite als Bugverzierung tragen), die Mannschaft hat 7 ehrenvoll Gefallene und 11 Verwundete.

Am 20. Juni wird der deutsche Geschäftsträger Klemens Frhr. v. Ketteler von einem Mandschu-Soldaten ermordet, worauf die Heimat mit einem national-patriotischen Aufschrei reagiert. Alles schreit, Wilhelm II., wie es seine Art ist, am lautesten. China habe »der Heiligkeit der Gesandten, der Heiligkeit des Gastrechts in abscheulicher Weise Hohn gesprochen«, das »tausendjährige alte Völkerrecht« umgeworfen und die deutsche Flagge beleidigt.

»Pekings feiger Überfall, Sühne deutscher Feldmarschall« … Wie der Mord an Nies und Henle die Chance zur Besetzung der Kiautschou-Bucht gab, sieht der oberste Kriegsherr jetzt die Gelegenheit, vor aller Welt zu beweisen, dass das Reich auch fern der Heimat geradezu vernichtende militärische Schläge führen kann. Die Ernennung des GFM Alfred Graf v. Waldersee zum Oberbefehlshaber des europäischen Expeditionskorps muss die neue Machtposition in China demonstrieren, des Reiches Stellung in Ostasien festigen.

Der Bur, der sein Land gegen die Engländer verteidigt, ist ein Held, der Chinese, der das gleiche tut, ein Barbar. Wilhelms schreckliche Hunnenrede bei der Verab-

schiedung des Ostasiatischen Korps am 27. Juli 1900 in Bremerhaven würde den Deutschen im angelsächsischen Raum den *nom de guerre* Huns/Hunnen einbringen:

»Bewährt die alte preußische Tüchtigkeit, zeigt Euch als Christen im freudigen Ertragen von Leiden, möge Ehre und Ruhm Euren Fahnen und Waffen folgen … Kommt Ihr vor den Feind, so wird derselbe erschlagen! Pardon wird nicht gegeben, Gefangene werden nicht gemacht! Wer Euch in die Hände fällt, sei Euch verfallen! Wie vor tausend Jahren die Hunnen unter ihrem König Etzel sich einen Namen gemacht, der sie noch jetzt in Überlieferung und Märchen gewaltig erscheinen lässt, so möge der Name Deutscher in China auf 1.000 Jahre durch Euch in einer Weise bestätigt werden, dass niemals wieder ein Chinese es wagt, einen Deutschen nur scheel anzusehen!«

Zum Leidwesen seines Kaisers trifft das deutsche Expeditionskorps – mit 20.000 Mann das größte Kontingent der »Acht Alliierten« – am Ort des Geschehens mit Verspätung ein. Alliierte Truppen haben sich bereits nach Peking durchgekämpft. An kleineren Straffeldzügen kann man sich noch beteiligen, 75 werden es immerhin.

Des Kaisers Hunnenrede als Losung muss das in Europa in Ansätzen formulierte Völ-

Oblt. Graf v. Soden (Bildmitte) beim Bau einer Barrikade im Garten der deutschen Gesandtschaft in Peking.

Vizeadmiral Felix v. Bendemann, Chef des Ostasien-Geschwaders.

»Pardon wird nicht gegeben«: Kaiser Wilhelm II. bei der Verabschiedung des Ostasiatischen Korps in Bremerhaven.

kerrecht auf der Strecke bleiben. Deutsche Soldaten (*»Pardon wird nicht gegeben: Wir haben Treue geschworen und wir müssen den Eid halten!«*) erinnern sich in Kriegsaufzeichnungen so mancher »kampfesheißer Tage«:

»Wie der Wind jagten wir, Graf Soden allen voran, nach dem Aufstieg, und in wenigen Minuten waren wir an die vordersten Chinesen heran und stachen sie über den Haufen. Gleich darauf kamen auch die Italiener und die Franzosen im Laufschritt angerückt, sie nahmen den östlichen, wir den westlichen Feind vor.«

Ein Unterschied zwischen Boxern und Nichtboxern wird nicht mehr gemacht: »Wir haben alles niedergemetzelt, was uns in die Finger kam, weder Weib noch Kind verschont.« – »Die gefangenen Chinesen haben wir alle totgeschossen, aber auch alle, die wir sahen und kriegten, haben wir niedergestochen und -geschossen.«

Waldersee, inzwischen scherzhaft so genannter »Weltmarschall«, fragt sein Tage-

buch: »Was soll ein Befehlshaber tun, wenn er sieht, wie ringsum Soldaten jeder Nationalität rauben und plündern unter Zustimmung ihrer Offiziere, wenn diese sogar das Beste für sich vorweg nehmen. Seit dem Dreißigjährigen Kriege und den Raubzügen Ludwigs XIV. in Deutschland ist ähnliches an Verwüstungen nicht vorgekommen.«

Kettelers Mörder wird in Gegenwart der Generäle Trotha und Lessel in der Kettelerstraße hingerichtet. Pekings Kettelerdenkmal trägt die Aufschrift »Die Gerechtigkeit siegt«. Für jene, die in China dabei waren, stiftet Kaiser Wilhelm eine von ihm selbst entworfene Gedenkmünze, die einen Adler zeigt, der einen Drachen in den Fängen hält.

Im Pachtgebiet halten die Unruhen an, was Gouverneur Jäschke und Graf Waldersee zu Strafaktionen zwingt. Nach Übergriffen auf Bergwerksingenieure bei Weihsien am nördlichen Abhang der Schantungberge, Angriffen auf Patrouillen und Sabotageakten an der Eisenbahn wird ein größeres Detachement nach Kiautschou verlegt. Um »Ruhestörungen im Keime zu ersticken«, marschiert Hptm. Conradi und 200 Mann im Kreis Kaumi ein. Die Soldaten kartätschen »von Boxern und Räubern besetzte Dörfer« zusammen, was als »durchgehend gerechte Behandlung« nach Berlin gemeldet wird.

Mit dem Norddeutschen-Lloyd-Dampfer BAYERN reist die durch das Internationale Boxerprotokoll zum Kniefall gezwungene chinesische Sühnegesandtschaft in Deutschland an. Mit an Bord ist Prinz Chun I., der Bruder des regierenden Kaisers.

Der Boxeraufstand hatte Amerikaner, Engländer, Russen, Italiener, Österreicher, Deutsche, Franzosen und Japaner zusammengeführt. Eine echte Zeitenwende markiert der Russisch-Japanische Krieg von 1904/05. Die Söhne Nippons besiegen die Fernost-, dann auch die baltische Kriegsflotte des Gegners. In der Mandschurei können sie die Truppen des großen Zarenreichs demütigen. Das mit den Beutegeschützen der Taku-Forts verstärkt armier-

te Pachtgebiet wird vom Kriegsgeschehen nur insofern betroffen, dass japanische Schiffe nordchinesische Gewässer meiden, ein beschädigtes russisches Linienschiff und ein paar Torpedoboote Tsingtau anlaufen. Um die 100 Russen finden Aufnahme im großen Lazarett.

Japan, das die Chinesen tief unter sich vermutet, war bei den Europäern, gerade auch bei einem deutschen Generalstabsoffizier in die Schule gegangen. Sein Sieg über den Militärhochmut Petersburgs beweist, dass es mit der abendländischen Überlegenheit allmählich zu Ende geht, auch traditionelle Großmächte zu schlagen sind. Was für China bedeutet, wenn es seine wirtschaftliche und politische Autonomie zurückerobern, seine aus den Fugen geratene Gesellschaft neu zusammenfügen will, dass es Japans Weg gehen muss.

Deutschland als Vorbild

Tsingtau, die Stadt »aus dem Nichts«, wie Rom auf sieben Hügeln gebaut. Tsingtau, Haupt-, Handels-, Hafen- und Garnisonsstadt, Flottenstütz- und Kulturmittelpunkt am Osteingang der Kiautschou-Bucht: eine kräftige Prise Deutschland mit Blick aufs Gelbe Meer, des Vogelmeisters Gunther Plüschows Paradies auf Erden. Baumbestandene, schachbrettartig angelegte Straßen und gartenartig behandelte Flächen. Rote Ziegeldächer, kaisergelbe Fassaden, Gebäude mit unverkennbar wilhelminischen Zügen, dazu an den Fenstern der Heimat weiße Gardinen.

Die Villen der Europäer liegen zur Seeseite hin, Hotels und Handelshäuser entlang der Ufer-, die meisten Geschäfte in der Friedrichstraße. Das Hotel Prinz Heinrich dominiert die Strandpromenade, als Badeplatz gibt es nichts Schöneres als die Auguste-Viktoria-Bucht. Über der Stadt das repräsentative Gouvernementsgebäude, das schon durch seine Erhöhung manifestiert, wer im Landstrich jetzt das Sagen hat. Vom »kirchenähnlichen« Bahnhofsgebäude in der Geschäftsstadt ist des Kaisers Berlin in gerade mal 13 bis 15 Tagen zu erreichen.

Klein-Deutschland über See ist in seinem Kern weitläufig germanisiert, wer die Kar-

Klemens Frhr. v. Ketteler (1853–1900) aus Potsdam, der deutsche Gesandte in Peking.

Zum Kotau nach Berlin: »Sühneprinz« Chun, ein Bruder des letzten chinesischen Kaisers.

Hinrichtung des Mörders des Frhr. v. Ketteler in Gegenwart der Generäle Trotha und Lessel in Pekings Kettelerstraße.

ten von Stadt und Land studiert, kann sich an einem Diederichs-, Signal-, Moltke-, Bismarck- oder Iltis-Berg orientieren, an der Irene-Baute, am Herzogin-Elisabeth-Tal und an einem Kaiser-Wilhelm-Ufer. Aus Mant tsching tau ist Hafeninsel, aus der Berggruppe Wu schan ein Kaiserstuhl geworden. In der Außenreede liegt die Arconainsel, vor der Innenreede ein Hufeisenriff. Im Tempelpass des Lauschangebirges steht, von der Wohlfahrtslotterie finanziert, das Genesungsheim Mecklenburg-Haus. Eine Küstenstelle trägt mit Meeresfrieden einen urdeutschen Namen.

Wahrzeichen der Stadt ist neben dem Hundertfünfzigtonnenkran des Hafens die am Ostersonntag 1910 in malerischer Lage östlich der Bismarckstraße geweihte Christuskirche der evangelischen Zivilgemeinde. Architekt des Gotteshauses, das Schwesterkirchen in Windhuk/Deutsch-Südwest und Daressalam/Deutsch-Ostafrika hat, war Curt Rothkegel, Bauherr der Deutsche Evangelische Kirchenausschuss Berlin.

Im Pachtgebiet arbeiten 73 europäische Unternehmen, Firmen wie Schwarzkopf, Wieler, Karberg, Carlowitz, Siemssen (alle & Co.). Nahezu jede größere deutsche Bank und Gesellschaft mit Chinaengagement ist mit einer Filiale vertreten. Dazu kommen chinesische Unternehmen, die die Stadt

als Standort wählten, und die chinesische Kaufmannschaft, die für den Handel mit dem Hinterland unentbehrlich geworden ist. Automobile und Telefon, fließendes Wasser und elektrischer Strom, dazu die Schantung-Eisenbahn mit Wagen auf doppelachsigen Drehgestellen, mit Dampfheizung und Aborten (lediglich in der billigen Klasse »zur Beförderung chinesischer Reisender« zweiachsig, ohne Sitze und mit sechs kleinen Fenstern).

An der Nordwestseite der Halbinsel liegen zwei Hafenanlagen: der Große oder Handelshafen mit Schwimmdock, Gleisanschlüssen und zwei Molen für größere Schiffe, die ksl. Werft auf einer natürlichen Insel. Der Kleine Hafen mit seiner 160 m langen eisernen Ladebrücke für Küstendampfer, Leichter, Segelschiffe, Sampans und seegehende Dschunken vor Tapautau. Die Einfahrt zur Bucht ist gut befeuert, Inseln und Untiefen mit den erforderlichen Seezeichen versehen.

Die einst kahlen Hügel um Tsingtau sind aus sanitären und wasserwirtschaftlichen Gründen mit Laubbäumen, Akazien und Kiefern kräftig aufgeforstet. Damit die Täler des Lauschan ihren »reindeutschen Zug« erhielten, wurden Dörfler im ohnehin arbeitslosen Winter zu kostenlosen Anpflanzungsarbeiten herangezogen.

Beliebter Ausflugsort ist das legendenumwobene Lauschan-Gebirge auf der östlichen Halbinsel. Der Reiz der aus verschiedenen parallelen Ketten bestehenden Bergwelt entspricht ihrem Dolomitencharakter. Im Lauschan öffnen sich herrliche Fernsichten auf benachbarte Bergketten und den Küstenstrich. In ohnehin gesunden Höhen wächst, so wird erzählt, ein Wunderkraut, das Langlebigkeit oder gar Unsterblichkeit verspricht.

Kulturellen Ansprüchen kommt eine durch Buchspenden »zur Förderung der geistigen Entwicklung und zur Belebung deutscher Gesinnung auf fremdem Boden« gut bestückte Bibliothek entgegen, dazu ein Verein für Kunst und Wissenschaft. Der gemischte Chor unter Marine-Kriegsgerichtsrat/Oberrichter Georg Crusen lädt zu Konzerten ins Seeheim oder Prinz-Heinrich-Hotel. Zur Entspannung können sich die Tsingtauer während Lorzings »Zar und Zimmermann« auf eine holländische Schiffswerft, mit Tschaikowskys Dreiakter »Pique Dame« in den Sommergarten von St. Petersburg versetzen.

Das Gesellschaftliche mochte etwas darunter leiden, dass die europäische Bevölkerung einer starken Fluktuation unterworfen ist: Soldaten kommen, bleiben in der Regel zwei Jahre und gehen wieder, Handelskontore wechseln Angestellte regelmäßig aus.

Doch für Kurzzeit-Residenten wie für permanente Einwohner gibt es den Tennis-, Turn-, Krieger- und Vaterländischen Verein. Den Bergverein als Sektion des deutsch-österreichischen Alpenvereins und den Saanenziegen-Zuchtverein.

Schwimmen, Boxen, Kegeln, Cricket, Polo, Fußball in der Halle oder unter freiem Himmel. Die Grillparty mit dem Leckerbissen Tsangkouschwein. Wer es sich leisten kann, reitet an Wochenenden zu den Prinz-Heinrich-Bergen, der Aufenthalt in einem der uralten Klöster stärkt Seele und Nerven.

Jährliche Höhepunkte neben dem Eintreffen der Ablösungsdampfer sind hochkarätige Besuche, Prominenz wie Johann Albrecht Hzg. v. Mecklenburg, ein eifriger Förderer des Kolonialgedankens, oder der Hohenzollernprinz Heinrich v. Preußen (»*zur See und überall, zur See und überall,/Prinz Heinrich ist's, Prinz Heinrich,/Des Kaisers, des Kaisers,/Des Kaisers Admiral*«).

Tsingtaus beispielhafte Landordnung hat wilden Terrainspekulationen wie in Hongkong rechtzeitig den Riegel vorgeschoben. Der Verwaltung steht ein allgemeines Enteignungsrecht zu, was das Land, das für die Besiedlung durch Europäer vorgesehen ist, zu Kronland macht.

Moderne hygienische Erkenntnisse wurden durchgesetzt. Ein Schwemmkanalsystem, das für seine Zeit richtungsweisend ist, transportiert Fäkalien ins Meer, auf dem Land dient ein Eimer/Tonnen-Abfuhrsystem der einst so unkontrollierbaren Darmentleerung. Zur dringend notwendigen Aufbesserung des Trinkwassers sind die Grundwasserströme der Haipo- und Litsunflüsse angezapft.

Das Faberhospital der Weimarer und das Krankenhaus der katholischen Mission ..., das Gesundheitswesen ist vorbildlich. In Polikliniken und einem unter Leitung von Marineärzten stehenden Krankenhaus für Chinesen werden Mittellose unentgeltlich behandelt. Dazu gibt's ein Prostituiertenhospital, wie es realen Interessen von Besatzern und Besetzten entspricht: Deutschlands Wacht im fernen Osten leidet unter einem krassen Frauenmangel. Seeleute und Seesoldaten suchen nach dem Glück im Winkel während ausgedehnter Vergnügungstrips. Wenn die Schiffe des Ostasien-Geschwaders in der Außenreede der Tsingtau-Bucht liegen, sind neben Gasthäusern und Bierkneipen Tapautaus Amüsierbetriebe überfüllt.

Die Deutschen haben lokalen Chinesen gezeigt, wie man den Obst- und Gemüseanbau verbessert, der lokalen Rinderpopulation, nachdem Allgäuer die Seefahrt nicht überstanden hatten, schwarzbuntes Niederungsvieh mit ostfriesischen Blutlinien zugeführt.

Tsingtautypisch ist täglich Punkt 12 ein von der Zeitsignalstation abgefeuerter Kanonenschuss, damit man an Land und auf den Schiffen die Uhr danach stellen kann.

Generalfeldmarschall Alfred Graf v. Waldersee (1832–1904), Oberbefehlshaber des europäischen Expeditionskorps.

Begrüßung Heinrichs v. Preußen durch chinesische Würdenträger: Der älteste Bruder Wilhelms II., 1898 als erster europäischer Prinz in China, verbringt einige Zeit in Kiautschou.

»Chinas Kehrichtwinkel, dem das Land der Mitte einst naserümpfend den Rücken kehrte, ist eine schmucke Stadt geworden …, Asiens Norderney« (Otto v. Gottberg). Tsingtau ist dort, wo Europäer leben, arbeiten oder ihre Freizeit verbringen, ein Postkartenidyll.

Unter Asiens Europäern gilt Deutschlands Zwergkolonie als Asiens gesündester Platz. Die bekannt gewordenen Badestrände und das landschaftlich reizvolle Lauschan-Gebirge locken inzwischen Touristen aus der gesamten Region. Zu mehr hätte es – Hand aufs deutsche Herz – in so kurzer Zeit kein anderes Land gebracht.

Tsingtau ist mit deutscher Gründlichkeit vom unscheinbaren Fischerdorf zur deutschen Musterstadt in Asien ausgebaut, das Reich hat seine Fähigkeit zur Modernisierung Chinas bewiesen. Tsingtau ist etwas wie eine ständige Ausstellung deutscher Leistungen in China, ein Schaufenster deutscher Kultur und Technik …, was so fantastisch klingt, dass selbst die SPD Tsingtau-Etats unterstützt.

Als Dr. Sun Yatsen, christlich getaufter Vater des republikanischen China, des Kaisers *Musterländle* besucht, stellt er vor Studenten der Deutsch-Chinesischen Hochschule Tsingtau als Modell für die chinesische Stadt der Zukunft, Deutschland als Vorbild für ein modernes China heraus. Etwas, das Kolonialdeutsche in Hurrastimmung versetzt, das offizielle Berlin beklatscht.

Die Deutsch-Chinesische Hochschule für Spezialwissenschaften, die nach modernpädagogischen Erfahrungen deutsches Wissen und Geistesleben vermittelt, als Ort des uneingeschränkten Lobes! Die Hochschule, an die nahezu alle chinesischen Provinzen, Chinas beste Familien Schüler schicken, an die das Reich prominente Pädagogen vermittelt.

Die Einrichtung war 1909, damit im Jahr des Hahns, ihrer Bestimmung übergeben worden. Die Unterstufe nach Vorbild der Realschule mit Deutsch und Chinesisch, Geografie, Rechnen usw. Die Oberstufe mit einer naturwissenschaftlich-technischen und einer rechtswissenschaftlich-staatswissenschaftlichen Fakultät. Dazu ein Internat, eine landwirtschaftliche Versuchs-

und eine Übersetzungsanstalt. Die Schule gibt die deutsch-chinesische Rechtszeitung und den »Westöstlichen Boten« heraus.

Die Bildungsanstalt, für deren Gründung der Sinologe Otto Franke aus Gernrode als Sonderkommissar der Reichsmarine die Verhandlungen führte, hat die staatliche Stellung einer chinesischen Provinzial-Hochschule, wird mit Mitteln vorwiegend aus Deutschland unterhalten. Von der Einrichtung verspricht sich das Reich die Herausbildung einheimischer Eliten, die in entsprechenden Führungspositionen künftig ein Herz für Deutschland zeigen würden, damit diese Gegenwart nicht vergeht. Seit 1906 gibt es in Berlin einen Ausschuss zur Förderung der deutschen Kulturarbeit in China.

Natürlich ist das Pacht- kein unbedingtes Prachtgebiet. Nach Kptlt. Deimlings rundherum »glücklichen Chinesen« muss man zum Beispiel suchen. »Die Stimmung der Bevölkerung ist immer noch eine bald latente, bald offen hervortretende Feindseligkeit« (Arthur Graf v. Rex, Gesandter in Peking). Die kulturelle und soziale Distanz ist geblieben, doch auch die Einheimischen haben profitiert. Kraftwerk, Reparaturdocks, Kohlenmole, Moleschuppen und Ladebrücken, Werftanlagen, Hallenschlachthof und Eisenbahn ziehen Chinesen zu guten Arbeitern heran. Die gewerbliche Tätigkeit ist gesund, in Tsingtau hat sich aufgrund der Arbeitsmöglichkeiten die Einwohnerzahl in kurzer Zeit verfünffacht.

Dazu drucken die »Tsingtauer Neueste Nachrichten« des Redakteurs Fritz Secker die Bewerbung eines Chinesen ab: »Tsingtau Bauverwaltung: Ich haben gehört sagen Sie wollen bei B.V. nur 2 Chinesen Beamten kein Deutschmann. Ich bitte Sie mir ein Baumeister Stellung geben. Viele Jahre ich schon bei B.V. arbeiten, kann Kanal machen Straßen machen Pumpstation Arbeiten auch sabbi, Alles machen was Baumeister machen auch gute deutsch sprechen und bisgen englisch. Früher Baumeister schon sagen Ich ganz gute Batu alles sabbi. Ich auch viel ehrlich maski nich zu viel Geld verdinen. deutsch schümpfen chinese schümpfen plenti sabbi, Fert reiten auch sabbi! mir bitte

Sun Yatsen, zeitweiliger Führer der chinesischen Revolution und Gründer der Kuomintang.

schreiben wieviel bezalen wenn anfangen Herr Hao tschi fu, Pekingstraße.«

Tsingtauisch ist Tsingtauisch, kann doch auch der ansonsten feines Bürokraten-deutsch sprechende Landsmann, so Zeit-zeuge Hans Wirtz, hier zum absoluten Wortakrobaten werden: »Boy, spring mal kuai kuai in die fangtsy und hol mir meine mantsy« (Junge, spring mal schnell ins Haus und hol mir meinen Hut).
Das Reich hat in die Erwerbung seit der Übernahme rund 200 Mio Mark investiert. Wenn Kolonialplaner bilanzieren, haben sich trotzdem nicht alle Erwartungen er-füllt. Tsingtau ist Stapelplatz und Umschlag-hafen für europäische Güter und Ausfuhr-hafen für chinesische Erzeugnisse. Echt deutsche Kolonialwaren gibt es allerdings (noch) nicht. Vieles von dem, was Deutsche einführen könnten, wird in Schantung in wesentlich billigerer Heimproduktion her-gestellt, was über die Stadt ausgeführt wird, stammt aus dem chinesischen Hinter-land.
Eine Mineralwasser- und Brikettfabrik, Ziegeleien, eine Getreidemühle und die Germania Brauerei ..., als Industrieplatz steckt das Gebiet noch in den Kinderschu-hen, lediglich die Kohlen- und Eisenerz-vorkommen im Bereich der Schantung-bahn werden ausgewertet. Doch gerade die in die Schantungkohle von beiden Seiten der konzessionierten Eisenbahnlinie ge-setzten Erwartungen haben sich nur zum Teil erfüllt, die Aktionäre noch keine Divi-dende gesehen.
Die Hungschankohle aus dem Poshanre-vier, bei Brennversuchen des Kreuzerge-schwaders als zu aschenreich durchgefal-len, bietet sich nach Inbetriebnahme einer Separationsanlage zur Verkokung und als Bunkerkohle an (»braucht sich vor der Kon-kurrenz der übrigen chinesischen und ja-panischen Kohle nicht mehr zu fürchten«). Die Kohle der Fangzi-Grube im Weihsien-Feld eignet sich weder als Schiffskohle noch für die Eisenbahn, wird so auch lediglich als Hausbrand und in der Industrie genutzt.

Eine »Gesellschaft für Bergbau und Indus-trie im Auslande«, mit Konzessionen auf Goldgruben, Diamanten etc., hat sich nach

aufwendigen Untersuchungen zurückge-zogen. Doch für die Zukunft spricht die bil-lige Arbeitskraft, immer auch ein Stück deutsch-chinesische Wirklichkeit.
Die ethnischen Grenzen sind wie die ur-sprünglichen Prioritätsrechte etwas aufge-weicht. Für Einheimische, die im Minna- oder Annie-Schacht, am Hafen oder bei der Eisenbahn malochen (ein Kohlenhauer er-hält 50 Pf. pro Schicht), gilt weiterhin die sog. »Chinesen-Ordnung«. Nach der kann, wer nicht arbeiten will, mit zehn Hieben oder vier Tagen Haft bestraft werden. Als Maximun sind bei entsprechenden Verge-hen bis zu 100 Schläge erlaubt, die in vier Intervallen zu je 25 Streichen zu verabrei-chen sind. Auf den Gesundheitszustand des Verurteilten ist Rücksicht zu nehmen.
Auch für die *deutsche Maulschelle* ist noch kein rechtes Äquivalent gefunden, was so mancher Kuli bestätigen kann (Kulis sind hirsesuppeschlürfende, sojabohnenquark- und knoblauchessende Menschen in blau gefärbten Leinwandkitteln und Hosen, die den Weißen ihre Körperkraft anbieten, Rik-schas ziehen und Schubkarren drücken). Dafür haben die Kolonialherren die Todes-strafe so weit abgemildert, dass nicht mehr zerstückelt, sondern nur noch enthauptet wird.

1913 – Ein Jahr im Leben Kiautschous

Im *Januar* finden die ersten Abschlussprü-fungen der juristischen und landwirt-schaftlichen Abteilungen der Deutsch-Chi-

Elektrizitätswerk (1912 für 1.256.550 Kilo-wattstunden gut): Tsingtau ist mit deutscher Gründ-lichkeit vom unscheinbaren Fischerdorf zur deutschen Muster-stadt in Asien ausgebaut.

»Einstehe für Pflichterfüllung bis zum Äußersten«: KzS Alfred Meyer-Waldeck (1864–1928), der letzte Gouverneur des Pachtgebiets Kiautschou.

nesischen Hochschule statt ..., gehen die Aktien der Schantung-Bergbau- in den Besitz der Schantung-Eisenbahngesellschaft über. Im *Februar* beginnt das Jahr des Büffels nach chinesischer Zeitrechnung ..., kostet die Fahrt von Tsingtau nach Berlin in der 2. Klasse/Schlafwagen 536,75 Mark.

Im *März* übernimmt Fregattenkapitän Karl v. Müller aus Hannover in Tsingtau das Kommando über den Kleinen Kreuzer EMDEN, der in kurzer Zeit zur Legende werden sollte. Im *April* beschäftigt die Werft rund 2.000 Chinesen. Im *Mai* wird das christliche Soldatenheim eröffnet ..., trifft der Ablösungstransport für das Kreuzergeschwader an Bord der KÖNIGIN LUISE ein. Im *Juni* plant die Hochschule, die bereits einen tiefen Einfluss auf das chinesische Bildungswesen ausübt, den Ausbau auf 500 Schüler.
Im *Juli* tagt der Gouvernementsrat in der Stadt ..., wird Batterie XII Bismarckberg, die auch Ziele auf kurze Distanz bestreichen kann, angeschossen. Im *August* hat die chinesische Bevölkerung im Stadtgebiet verglichen mit 1910 um 55,97, die Zahl der Europäer um 27,62 Prozent auf 53.312 bzw. 2.069 zugenommen. Im Pachtgebiet leben 1.855 reichsdeutsche Zivilisten und 2.400 Militärs.
Im *September* ist ein Eisenwerk zur Verhüttung der gewaltigen Eisenvorkommen

im landeinwärts gelegenen Tschinglichen geplant, womit Tsingtau aus dem Stadium der reinen Handelskolonie treten würde.

Im *Oktober* können Postsendungen auf dem Landweg über Sibirien befördert werden .... haben, aufs abgelaufene Berichtsjahr bezogen, 902 Schiffe mit 1.291.000 Netto-Registertonnen den Hafen angelaufen. Im *November* finden umfangreiche Festungskriegsübungen statt. Im *Dezember* hat die Schantung-Eisenbahn, aufs Jahr gerechnet, 1.317.438 Personen befördert ...

Seit Jahren proben Kreuzergeschwader und *Tsingtauer* aufgrund des Welttheaters den Ernstfall für das Pachtgebiet. Umfangreiche Felddienst- und Landungsübungen lösen sich ab. Bereit sein ist weiterhin alles, fällt dem befestigten Tsingtau doch als einzigem deutschen Schutzgebiet eine tatsächliche militärische Bedeutung zu. Getestet werden die Armierung der im Halbkreis um das Stadtgebiet gezogenen fünf Infanteriewerke, die Entlüftung der Unterstände und selbst noch die Radfahrerbeleuchtung. Heran an den Feind ist die Losung.

»Ein Angriff von der Landseite ist nicht zu befürchten, weil Tsingtau ringsum von neutralem chinesischen Gebiet umgeben ist« (Helmuth v. Mücke, Erster Offizier des Kleinen Kreuzers EMDEN). Der Gegner wird ausschließlich von See her erwartet. Viele Geschützstellungen sind so auch zum Meer hin ausgerichtet, können gegen Landziele nicht feuern.
Vorausgesetzt wird so auch, was nach dem Ausklammern einer Landfront einfach vorauszusetzen ist: Ein »gelber Feind« (der Japanern auffallend ähnlich ist) greift das Pachtgebiet von See her an. Natürlich ist es jeweils nur ein Manöver, ein simulierter Krieg. Doch wann immer Militärplaner wie Festungsbau-Oblt. Moslener oder Feuerwerks-Kptlt. Falkenhayn sehen, wie spielend leicht fiktive Gelbe, von Tai kung tau kommend, in die Innenbucht, dort bis zum Großen Hafen vorstoßen, ist es mit jeder Zuversicht vorbei. Die Angreifer spielen mit den Verteidigern Katz und Maus. Nur dass die Maus eine deutsche ist.

Natürlich würde es vom Gegner, der Qualität seiner Soldaten und Waffen abhängen. Tsingtau hat eine hohe Feuerkraft, hoch genug zur Abschreckung von Chinesen. Gegen den Angriff einer Großmacht wie das mit England verbündete Japan sind Stadt und Festung nicht gesichert.

Im Norden und Osten ist Tsingtau durch das wild zerklüftete Tung liu schui- und das Lauschangebirge mit seinen schwer zugänglichen Pässen durch die Natur geschützt, im Westen durch die Innenbucht. Doch vom Süden, vom Meer her, ist man gegen einen Gegner mit überlegener Schiffsartillerie verwundbar geblieben.

Tsingtaus Geschütze sind zum Teil noch Erinnerungsstücke aus dem Krieg von 1870/71, zum Teil Beutestücke aus den Taku-Forts. Tsingtaus eigentliches Dilemma beginnt allerdings mit seinem schwersten Geschütz: dem Kreuzergeschwader unter KAdm. Reichsgraf v. Spee.

Tsingtau ist als Kohlenstation, Reparatur- und Ausrüstungshafen für die Flotte geradezu ideal, für den Konfliktfall eignet es sich nicht. Aufgrund der Gefahr, hier von feindlichen Verbänden eingeschlossen zu werden, muss das Geschwader mit Ausnahme der Torpedo- und Kanonenboote bei Kriegsausbruch die Weite des Pazifiks suchen. Dort kann es durch seine Präsenz an den Handelswegen und durch seine Beweglichkeit den Gegner beschäftigen, im Bestfall von einem Angriff auf Tsingtau abhalten.

Je näher die Welt dann dem Weltkrieg kommt, muss sich dort, wo China deutsch geworden ist, die Überzeugung durchsetzen, dass des Kaisers Reich, die stärkste Großmacht des Kontinents, die schwächste Weltmacht geblieben ist. Mit am schwächsten in jenem Raum, in dem Tsingtau liegt. Die militärische hat mit der handelspolitischen Entwicklung nicht mitgehalten, großen Ankündigungen waren jeweils nur kleine Taten gefolgt. Daran kann in der verbleibenden Zeit selbst des Kaisers »Gott mit Euch« nichts mehr ändern.

Tsingtau im Jahre 17, nachdem VAdm. Diederichs Wilhelm II. ein Stück Weltmacht

erobert hat: Die Stadt ist als Austragungsort der Ostasiatischen Tennismeisterschaften bestimmt, im Frühjahr und Herbst sind Pferderennen angesagt. Im Lichtspieltheater des Seemannshauses an der Ecke Kronprinzen- und Friedrichstraße ist Asta Nielsen, der Stern des Stummfilms, zu sehen. Das Heimatgefühl stärken Platz- und Strandkonzerte der Kapelle des III. See-Btl. mit einem Repertoir vom deutschen Walzer bis hin zu »Heil Dir im Siegerkranz«. Einlaufende Schiffe werden mit voller Musik, am häufigsten mit »Alle Vöglein sind schon da« begrüßt. Hin und wieder folgt »Ich bin ein Preuße« als Zugabe.

Die Germania-Brauerei wirbt für ihr Tsingtau-Bier, das Helle nach Pilsner, das Dunkle »nach Münchener Art analog dem bayerischen Braugesetz hergestellt«. Chor und Orchester proben für Cherubinis Requiem c-Moll, was – es klingt verrückt, aber es ist nun einmal so – auffallend an das Requiem am Abend vor dem katholischen Gedenktag Allerheiligen und Allerseligen in Lichia-chuang erinnert.

Tsingtaus Diederichsstein in Erinnerung an die Besitzergreifung Kiautschous durch Vizeadmiral Otto v. Diederichs.

Kriegsjahre 1914–18

In schlechter neuer wächst die Sehnsucht nach der als gut verklärten Zeit: Zwischen den Weltkriegen tritt Konrad Adenauer, Vizepräsident der Deutschen Kolonialgesellschaft, für Kolonien als Ergänzung des europäischen Deutschlands ein.

Um Vaterland und Kolonie

»Dein Tag wird nicht nur in Berlin/Und nur im Reich begangen!/Wo immer Deine Schiffe zieh'n,/Soll heut Dein Name prangen!«
... Kaisers Geburts- ist in den Kolonien Hauptfeiertag für Weiße und Eingeborene, der 27. Januar 1914 ein Montag. Die Kolonialdeutschen stehen in Treue fest zu ihrem Kaiserhaus, Martialisches bei Krieger-, Sprach-, Schul-, Wehr-, Flotten-, Sport- und Volksvereinen.

Die Südseepflanzungen beginnen den Tag mit einem Appell (Aufruf der Arbeiter nach Zahllisten) und Stationsinspektionen (»ob sie auch wirklich blitzblank sind«). Kirchgang dann, die Chöre der Missionsschulen untermalen mit »Großer Gott wir loben dich«, die vaterländisch gesinnten Missionen läuten die Glocken. Kaisersalut, am Nachmittag Preis-/Scheibenschießen in ungetrübter Festtagsstimmung. Gemeinsames Essen in den Klublokalen mit Produktionen auf dem Klavier, allgemeiner Gesang (»manch gute, deutsche Weise klingt in die Nacht hinaus«).

In Deutsch-Samoa bleiben die Läden geschlossen, dürfen selbst Chinesen nicht arbeiten. Palaus Polizeisoldaten (*»20 malerisch schöne Gestalten, wie eine aus Bronze gegossene Gruppe«*) erhalten Schweinebraten.

In Stadt und Festung Tsingtau treten die Militärs in großer Gala an. Markige Parolen, Hurras, Salven (*»Chargiert fertig – Hoch legt an – Feuer«*) und »Heil dir im Siegerkranz«.

In Daressalam trifft sich nach dem Gottesdienst beim Gouverneur, wer Rang oder nur Namen hat zur Champagnerbowle. Die Herren, in Uniform oder im Frack, diskutieren den wirtschaftlichen Neuanfang, der mit der Vollendung der Mittellandbahn erwartet wird. Die Askarikapelle marschiert in gelbem Kaki auf, eine der Geburtstagsreden wird in Suaheli gehalten.

In Kamerun intonieren 30 Mann Blechbesetzung unter Stabführung eines weißen Feldwebels den »Preußischen Präsentiermarsch«. Flaggenparade mit großzügiger Verteilung der üblichen Portraits von Kaiser und ksl. Familie, Pferderennen, Wettlaufen. In Lome Kirchgang und Kaisersalut (*»Wir gedenken der Heimat«*). Pferderennen und Volksbelustigungen für Weiße und Farbige auf dem Gouvernementsterrain. Gesänge und Deklamationen in deutscher Sprache, am Abend knallende Feuerräder und aufsteigende Raketen.

»Der Kaiser ist ein lieber Mann und wohnet in Berlin,/und wär' es nicht so weit von hier, so lief ich heut noch hin«: Besonders dabei sind die deutschen Südwester, gilt Kaisers Geburtstag doch als letzter Tag, an dem die Hauptregenzeit beginnen kann. Zum Gottesdienst so auch Gedränge unter den Flaggenmasten, wobei nicht einwandfrei zu klären ist, ob wegen des Geburtstags oder wegen der Bitte um Regen.

1914 wird das 25-jährige Bestehen der ksl. Schutztruppe gefeiert, vor Swakopmund liegen die Schlachtschiffe KAISER und KÖNIG ALBERT und der Kleine Kreuzer STRASSBURG. Die »Lüderitzbuchter Zeitung« will im Besuch der »schwimmenden Zitadellen von gleich hoher Angriffs- und Abwehrkraft« ein erfreuliches Zeichen der beruhigten Weltlage und des gesicherten Friedens erkennen: »Man hat das Gefühl, dass unsere Ehre und unser Besitz, von solchen Hütern beschützt, unangetastet bleiben.« Zu Auftritten der Geschwaderkapelle an der Küste karren die Weißen schwarze Großleute aus dem Inland heran.

Die Berliner Kongoakte sieht afrikanische Besitzungen im Falle eines europäischen Krieges als neutrale Gebiete, Deutschlands Politiker rechnen damit, dass der Krieg auf Europas Schlachtfeldern ausgefochten würde, sich das Schicksal der Kolonien in der Nordsee entscheidet.

Noch am 2. August kabelt Berlin die beruhigende Botschaft »Schutzgebiete außer Kriegsgefahr, beruhigt Ansiedler« nach draußen. Drei Tage später beschließen

Londons Kriegsplaner die Eroberung des deutschen Überseebesitzes. Erst das Vorgehen der Alliierten, das ebenso gegen gängiges Völkerrecht verstößt wie der deutsche Einmarsch im neutralen Belgien, macht Europas Krieg buchstäblich zum Weltkrieg.

Der Krieg in Togo

Kamina, östlich von Atakpame, gegen Mitternacht vom 24. auf den 25. August 1914: Mit dem Aufmarsch einer englisch-französischen Übermacht werden die Sendemasten umgelegt *(»sie fielen nur ungern, protestierten durch lebhaftes Feuerwerk und Funkensprühen gegen diese barbarische Behandlung«)*, danach Turbinen, Kesselhaus, Empfangs-, Sende- und Maschinenraum in Brand gesteckt. Gegen 5 Uhr ist das Werk der Zerstörung beendet, Togo vom Reich und von allem, was in Afrika als deutsch gelten kann, abgeschnitten. Ein paar Stunden später setzen sich Rittmeister v. Roebern, Emissär des stellv. Gouverneurs Major a.D. v. Doering, und Obstlt. Frederick Bryant vom alliierten Expeditionskorps zu Übergabeverhandlungen zusammen. Die Kapitulation erfolgt am 27.

Deutsch-Togo galt im Falle eines Krieges mit einem europäisch gerüsteten Feind als Alptraum für Militärs, die es zu verteidigen hatten. Die Polizeitruppe (etatmäßig zwei weiße Offz., fünf Pol.-Meister und 560 Farbige) dient der Aufrechterhaltung der öffentlichen Ordnung und Sicherheit, insbesondere der Bekämpfung des Sklavenhandels. Die Munitionsreserve ist so angelegt, dass sie für eine bestimmte Zahl von Gefechtstagen mit Eingeborenen ausreicht. Auf eine stehende Schutztruppe hat man »aufgrund der friedlichen Verhältnisse« verzichtet.

Mit Kriegsbeginn erweisen sich Engländer und Franzosen als verlässliche Gegner. Togo hat mit Kamina ein militärisches Objekt, das nicht im Bestreichungssektor der feindlichen Schiffsartillerie liegt. Die Verständigung mit Nauen ist gut, vom Nachrichtenfluss aus dem Reich, den sie »die Stimme der Wahrheit« nennen, profitieren alle Afrikakolonien. Der Funkstation

verdankten auf großer Fahrt befindliche Schiffe das rechtzeitige Erreichen neutraler Häfen. Da das Ende Kaminas in London und Paris beschlossene Sache ist, wird eine von Doering angestrebte Neutralität Deutsch-Togos abgelehnt.

Für die Aufstellung einer Europäerkompanie kommen um die 160 wehrfähige Deutsche zusammen. Geplant ist, weiße und farbige Waffenträger um Kamina zu konzentrieren, die Station mit ihnen so gut es geht zu verteidigen, um die Verbindung mit der Heimat aufrecht zu erhalten. Es geht dann allerdings nicht lange gut.

Ein Blitzkrieg auf Anglo-Französisch ist es, der jede Legendenbildung verhindert *(»des Kaisers Adler nur mehr ein Suppenhuhn«)*. Senegalschützen unter weißer Führung rücken von Dahomey (bis 1894 Dahomé) her an der Küste vor, Porto Seguro und Anecho fallen ohne Widerstand. Die englische Angriffsspitze – das Gold Coast Rgt. (640 Infanteristen, drei Geschütze, vier MGs) und das Sierra Leone Bataillon (320 Infanteristen, zwei MGs) – schifft sich an der Goldküste ein.

Mit der Aufforderung zur bedingungslosen Kapitulation setzen sich Doering und Hptm. Pfähler von der Polizeitruppe aus dem grenznahen Lome ins Hinterland ab. Der zurückbleibende Zivilbeamte v. Clausnitzer ist lediglich befugt, der Übergabe eines Landstrichs bis zu 120 km Tiefe zuzustimmen. Kamina liegt 170 km entfernt. Am 12. August wird Lome von See her besetzt.

Im Aufbau begriffen, doch rund um die Uhr empfangsbereit: Togos Großfunkstation Kamina, im August 1914 Berlins Verbindungsstelle zu allem, was in Afrika als Deutsch gelten kann.

Doerings Truppe sprengt die kleine Funkstation bei Togblekofe und die Eisenbahnbrücken über den Sio- und Lili-Fluss, scharmützelt mit französischen Patrouillen. Im Gefecht bei Tsewie, an Kilometer 35 Haltestelle der Lome-Atakpame-Bahn, fallen Hptm. Pfähler und weitere sechs Deutsche für Kaiser und Reich. Der Gegner besetzt die Landschaft Sagada.

Am 22. August verliert die alliierte Streitmacht gegen die Abt. Mans am Khra-Fluss 73 Mann. Die Deutschen kommen mit geringen Verlusten davon, sind trotzdem gezwungen, ihre Stellung aufzugeben. Zwei Tage nach dem Sieg der Verlierer sendet die Großfunkstation: »Wenn Ihr einen Tag lang nichts mehr von uns hört, so ist Kamina, seine Besatzung und die deutsche Kolonie Togo nicht mehr in deutscher Hand.« Als es tatsächlich soweit ist, kann der für die Schwesterstationen Windhuk und Duala gedachte Abschiedsgruß nicht mehr abgesetzt werden.

Togo, der erste alliierte Sieg des Krieges, ist laut deutscher Propaganda dann alles andere als ein Ruhmesblatt der europäischen Kultur, beim Transport der Deutschen von Kamina zur Küste spielen sich »unerhörte Szenen« ab: Die Gefangenen müssen ihr Gepäck selbst tragen, dazu einen großen Lastwagen ziehen oder schie-

ben. Dass es zügig vorangeht, besorgen schwarze Soldaten mit Gewehrkolben und aufgepflanztem Seitengewehr.

Der Großteil der Gefangenen und Internierten wird nach Dahomey gebracht, wo die Männer unter heißer Tropensonne *(»dazu einer Behandlung unterworfen, die in ihrer Grausamkeit an das Gebahren mittelalterlicher Folterknechte erinnert«)* im Wegebau schuften müssen. Die Überführung nach Marokko und Algier, im Krankheitsfall auch nach Frankreich, gelingt erst nach langen Verhandlungen. Gefangene der Briten werden nach England, Lomes deutsche Männer unter schwarzer Bewachung nach Palime verschickt. Frauen und Kinder bleiben im katholischen Schwesternhaus der Hauptstadt zurück.

Firmen wie Boedecker & Meyer, Luther & Seyfahrt oder Alfred Kulenkampff müssen schließen, die Warenbestände deutscher Geschäfte kommen zur Versteigerung.

Der Kampf um Kiautschou

»Zu Kiautschou um Mitternacht/Stand ein Matrose auf der Wacht … Steh ich, die Büchse in der Hand,/Sterb ich den Tod fürs Vaterland./Gerecht ist nur der Tod im Krieg./ Ein jeder denkt an sein fernes Lieb« … Kiautschou kommt als einzigem übersee-

Alliierte Truppen in Togo:
»Wo Franzosen hinkommen, wird schauderhaft geplündert, während die Engländer meistens gute Zucht haben«
(RKA).

Reitende Feld-
artillerie, im
Soldatenjargon
Maultier-Batterie
genannt, während
der Mobilmachung
in Tsingtaus
Vorfeld.

Reitende Feld-
artillerie, im
Soldatenjargon
Maultier-Batterie
genannt, während
der Mobilmachung
in Tsingtaus
Vorfeld.

KzS Alfred
Meyer-Waldeck
(1864–1928),
Kiautschous
letzter Gouver-
neur: »Will der
Gegner Tsingtau
haben, so mag er
kommen, es sich
zu holen.«

ischem Besitz eine echte militärische Bedeutung zu. In Stadt und Festung Tsingtau
singen sie »des Krieges erstes wahres Lied
vom deutschen Heldentum«.
Mit der Mobilmachung wird die ca. 2.900
Mann starke Garnison – das III. See-Btl./
Obstlt. v. Kessinger und die Matrosen-Ar-
tillerie-Abt./FKpt. Haß – durch aus der gesamten Region eintreffende Reservisten,
Zivilisten und Seeleute eingemotteter Schiffe verstärkt. Bemerkenswert darunter die
zum Teil ausgeschiffte Besatzung des k.u.k.
Kreuzers KAISERIN ELISABETH/KzS Richard
Makevitz mit 305 Vertretern aus den Län-
dern der Habsburger Doppelmonarchie.
Das Eintreffen des Ostasiatischen Marine
Detachments – nach dem Boxeraufstand in
Peking und Tientsin stationierte Soldaten
– bringt die Zahl der Verteidiger des nicht
zu verteidigenden »Stückchens deutsche
Erde« auf rund 4.900 Mann. In Kriegszustand versetzt, sieht die deutsche Stadt am
Gelben Meer eher wie ein Heerlager aus.
Vor Tsingtau dümpeln JAGUAR, das Tor-
pedoboot S 90 und die schwach armierte
KAISERIN ELISABETH. In der Werft liegen die
aufgrund ihres Gefechtswerts für einen modernen Seekrieg untauglichen Kanonen-
boote ILTIS, TIGER, CORMORAN und LUCHS.

S.M.S. EMDEN/FKpt. Karl v. Müller bringt zu
den Klängen der »Wacht am Rhein« den
in der Tsushima-Straße aufgebrachten russischen Hilfskreuzer RJASAN als Prise ein.

Japan, das als letzte imperiale Weltmacht
eine Chance für seine Asien-den-Asiaten-
Politik sieht, lehnt Pekings Vorschlag zur
Neutralisierung des Küstenstrichs ab und
fordert den Abzug deutscher Kriegsschiffe aus japanischen und chinesischen Gewässern, die bedingungslose Kapitulation
und die Übergabe des Pachtgebiets ohne
Anspruch auf Entschädigung ultimativ.
Was Gouverneur Meyer-Waldeck (»Einste-
hen für Pflichterfüllung bis zum Äußersten«) davon hält, bringt Exzellenz in einem
vom Hurrapatriotismus des wilhelminischen Reiches befeuerten Tagesbefehl an
die Festungsbesatzung unter: »Zu stolzer
Freude gereicht es uns, dass nunmehr auch
wir für Kaiser und Reich fechten dürfen,
dass wir nicht dazu verurteilt sind, taten-
los beiseite zu stehen ... Von dieser Stätte,
die wir mit Liebe und Erfolg seit 17 Jahren zu einem kleinen Deutschland auszu-
gestalten bemüht waren, wollen wir nicht
weichen. Will der Gegner Tsingtau haben,
so mag er kommen, es sich zu holen.«

**Japanische Ziel-
aufklärung durch
vorgeschobene
Artilleriebe-
obachter und
Besetzung Tsing-
taus durch japani-
sche Truppen.
Dem der Marine
unterstelltem
Flottenstützpunkt
kommt als ein-
zigem übersee-
ischem Besitz
strategische
Bedeutung zu.**

Am 15. August einigen sich England und Japan über das Vorgehen gegen Kiaut-schou. Mit der Seeblockade wird Tsingtaus Außenbucht hermetisch abgeriegelt. Der Zerstörer SHIROTAYE strandet vor der Insel Tschu Scha Tau, JAGUAR/FKpt. Frhr. v. Bo-decker gibt ihm den Rest, was sie an Land mit nationalen Tönen feiern.

Anfang September landen japanische Trup-pen unter Verletzung der chinesischen Sou-veränität eine erste Angriffswelle im Hafen von Lungkou. Englische und indische Ver-bände, die gegen Ende des Monats folgen, werden lediglich noch zu Sterbehelfern im deutsch-japanischen Krieg.

Hptm. Graf v. Herzberg marschiert mit einer Kompanie des Ostasiatischen Mari-nedetachments nach Scha Tzy Kou, Hptm.

v. Stranz nach Litsun, Ko. Perschmann geht dem Gegner nach Fou Schan Hou entge-gen. Während der Beerdigung von Reser-veleutnant Frhr. v. Riedesel zu Eisenbach, Legationsrat der Gesandtschaft in Peking, der als erster Deutscher gefallen ist, streicht Pfarrer Winter sein »Schön ist es, für das Vaterland zu sterben« heraus.

Der japanische Vorstoß zieht die Schlinge um das Pachtgebiet enger, Tsingtau wird von der See her und aus der Luft bombardiert. Die »Helden von Tsingtau« – die Landfront unter v. Kessinger, die Seefront unter Haß – wehren sich tapfer, doch mit der Ein-schließung der Festung auf der Landseite ist ihre Lage schnell aussichtslos.

Am Geburtstag des Mikado kann die Gar-nison einen konzentrierten Angriff abwei-sen, gleich darauf geht ihr die Artillerie-munition aus. Am 7. November stürmen die Japaner, auf rund 65.000 Mann mit 140 Geschützen verstärkt, die Stellungen am Iltis- und Bismarckberg.

Bevor die weiße Fahne der Kapitulation auf dem Observatorium hochgeht, werden die verbliebenen Verteidigungs- und Werft-anlagen gesprengt, ILTIS, LUCHS und TIGER selbstversenkt und die Fahne des See-Btl. verbrannt. Die Übergabebedingungen wer-den in der Moltke-Kaserne diskutiert.

Über Tsingtaus letzte Stunden meldet Meyer-Waldeck nach Berlin: »Festung nach Erschöpfung Verteidigungsmittel durch Sturm und Durchbrechung in der Mitte gefallen. Befestigung und Stadt vorher durch ununterbrochenes Bombardement von Land mit schwerstem Geschütz bis 28 cm Steilfeuer, verbunden mit starker Beschießung von See schwer erschüttert, artilleristische Feuerkraft zum Schluss völ-lig gebrochen, Verlust nicht genau über-sehbar, aber trotz schwerstem anhalten-den Feuer wie durch Wunder viel geringer als zu erwarten.«

Für Gott, Kaiser und das ferne Vaterland sind 224 Verteidiger gefallen, rund 450 wurden verwundet. Heldentaten (*»dass ein Deutscher gegen zehn Feinde kämpfen kann«, Otto v. Gottberg*) und Heldentod sind es, was den Tsingtau-Kämpfern zu »un-sterblichem Ruhm« verhilft, sie in der Reichspropaganda zum Symbol für deut-sches Heldentum macht.

Held der Helden ist Gunther Plüschow (28) aus München, einziger in Tsingtau stationierter Marineflieger. Plüschow – seine »Rumpler-Taube« ist zu schwer für die dünne Luft, so dass er allein fliegen muss – war in der Luftaufklärung eingesetzt worden, hatte Lagepläne gezeichnet und selbst gebaute Bomben (Kaffeebüchsen mit Nägeln und Dynamit) abgeworfen. Am Tag vor der Kapitulation stieg er noch einmal auf, um Briefe, Dokumente und die Fahnenspitze des III. See-Btl. ins neutrale Ausland zu bringen.

Der Krieg in der Südsee

Die Nachricht »Krieg mit England, Frankreich, Russland. Meldung bestätigen« empfängt die Funkstation Bitapaka am 5. August gegen 10.15 Uhr. Eduard Haber, Vertreter des nach Deutschland gereisten Gouverneur Hahl, ist mit Rittmeister Karl v. Klewitz, Inspekteur der Polizeitruppe, auf Expedition bei Friedrich-Wilhelmshafen. Sein Referent, Geheimrat Adolf Schlettwein, ruft den Kriegszustand aus und verlegt die Verwaltung aus dem gegen Seeangriffe ungeschützten Rabaul rund zehn km landeinwärts nach Toma. Die zur Aufrechterhaltung der Ordnung in Rabaul zurückbleibende farbige Polizeitruppe legt nicht ganz unbezeichnend weiße Binden an.

Der Krieg kommt nicht unerwartet, Festland und Kleininselhaufen würden militärisch nicht zu halten sein. In der Schutzpolizei dienen 16 Weiße (1 Offz., 15 Pol.-Meister) und 597 Farbige, davon 120 Mann am Gouvernementssitz Rabaul. Aufgrund des Kriegsleistungsgesetzes für die Schutzgebiete stellen sich 61 wehrfähige Deutsche, darunter eine Hand voll Polizei-, Landwehr- und Reserveoffiziere und ein paar Freiwillige. Mehr waren aufgrund der Infrastruktur und der verbleibenden Zeit nicht zu requirieren.
Am 12. August landen Australier ein Kommando auf Neupommern, das die Einrichtungen der Postgebäude in Rabaul und Herbertshöhe zerstört, den Telefonverkehr lahm legt, sich danach jedoch wieder zurückzieht. Als Haber den Oberbefehl übernimmt, steht außer Frage, dass mit seiner

weißen Streitmacht *(»aus allen Berufs- und Rangklassen des Zivillebens stehenden Personen des Beurlaubtenstandes«)* selbst bei großer Opferfreudigkeit nichts zu gewinnen ist.
»Hampshire« legt den Turm der Funkstation auf Jap/Karolinen um. Ein Landungskommando der SYDNEY zerstört die Funkstation auf Angaur, MELBOURNE die Funkstation Nauru, ohne auf Widerstand zu stoßen. Tatsächlich kommt es im weiten deutschen Südseebesitz nur zu einem einzigen Gefecht.
Seesoldaten, von einem australischen Flottenverband in Kabakaul an Land gesetzt, marschieren zur Eroberung der Funkstation Bitapaka, ins Landesinnere *(»Zöglinge der englischen Mission leisten Verräterdienste«)*. Als es bei Bitapakas vorderen Schützengräben zu ernsten Schießereien kommt, ist der Großteil der Deutschen aufgrund der ungewohnten Ernährung bereits »darmkrank« gemeldet, machen die Polizeisoldaten kein gutes Bild (»sie zitterten vor Angst, weinten oder stahlen sich davon«, Lt. d.R. Emil Kempf). Mit der Kapitulation vier Stunden später haben die Verteidiger »im Buschkampf« rund 30 Mann verloren, darunter ein Weißer. Rund 80 Mann sind verwundet. Der Gegner zählt acht Gefallene, fünf Verwundete.
Haber, der Berlin noch auffordern konnte, Kaiser-Wilhelmsland bei einem Friedensschluss nicht dem Gegner zu überlassen, da das obere Wariagebiet mehrere Milli-

»Tsingtaus Auge«, Gunther Plüschow (1886–1931), der einzige im Pachtgebiet Kiautschou stationierte Marineflieger.

Unten: Gunther Plüschow mit seiner »Rumpler-Taube«: Der Flieger von Tsingtau wird in der Luftaufklärung eingesetzt und fliegt Angriffe gegen den Feind.

Eduard Haber (1866–1947) aus Riesa: Seit 1900 in der Kolonialabteilung des AA, zunächst Bergbeamter in Deutsch-Ost, trifft aber 1914 als Vertreter des Gouverneurs in Rabaul ein.

arden Gold und viel Platin verborgen halte, unterzeichnet den Kapitulationsvertrag für das gesamte von Rabaul aus verwaltete Gebiet *(»bekannt als Neuguinea«)*.

Zur offiziellen Übergabe unter ehrenvollen Bedingungen marschiert die deutsche Truppe am 21. September, morgens um 10 Uhr, in Herbertshöhe im Parademarsch vor der Ehrenwache der I. Australischen Infanterie auf, um Waffen und Munition zu übergeben. Weiße Offz. und Uffz., gegen Leistung des Neutralitätseids entlassen, können in ihre Zivilberufe zurückkehren, wer den Eid nicht ablegen will, reist nach Deutschland aus. Kaufleuten und Pflanzern bleibt die Tätigkeit vorerst erlaubt, Privateigentum anerkannt.

Obwohl der Südseebesitz nahezu kampflos gefallen ist, kommen Briten und Australier mit der Besetzung der Inseln nur langsam voran. Ende Oktober ist dafür nahezu ganz Deutsch-Mikronesien in der Hand der japanischen Südseegeschwader 1 und 2, was Londons Kriegsplaner ursprünglich verhindern wollten. Deutsche, denen bei der Übergabe Bleiberecht zugesichert worden war, werden ausgewiesen.

In Deutsch-Samoa beschließt der Gouvernementsrat, über den gerade fertig gestellten Funkturm Tafaigata von Europas Krieg informiert, die Kolonie im Falle eines An-

griffs von See her kampflos zu übergeben. Eine mit 40 dienstpflichtigen Europäern gebildete Bürgerwehr bewacht Tafaigata und hält sich für etwaige Unruhen unter Einheimischen oder Chinesen bereit. Waffenhilfe wird von der mit Söhnen angesehener Familien gebildeten Polizeitruppe Fita-Fita erwartet.

Gegen Samoas rund 100 Waffenträger fahren Ende August das Schlachtschiff AusTRALIA, die Kreuzer MELBOURNE, SYDNEY, PSYCHE, PYRAMUS und PHILOMEL und der französische Panzerkreuzer MONTCALM auf. Mit der Landung von 1.473 Neuseeländern wird die deutsche Flagge auf dem Gouvernementsgebäude eingeholt. Gouverneur Erich Schulz-Ewerth verlässt Samoa als Gefangener.

Im September erscheinen SCHARNHORST und GNEISENAU vor Apia. Mit den Schiffen des gegnerischen Geschwaders bereits ausgelaufen, fährt Graf Spee die Küste entlang nach Mulifanua, wo er kurz mit dem Pflanzer Wilhelm Hagedorn konferiert. Für den Kampf mit den Besatzern fehlen die Landungstruppen, der Beschuss mit schweren Schiffsgeschützen müsste gerade auch deutschen Besitz zerstören.

Graf Spee dreht ab, fährt, jetzt ohne landstrategische Basis, dem glänzenden Sieg bei Coronel vor Chiles Küste, allerdings

Einmarsch neuseeländischer Truppen auf Upolu: Deutsch-Samoa, seit der Jahrhundertwende deutscher Besitz, fällt dem Gegner kampflos in die Hand.

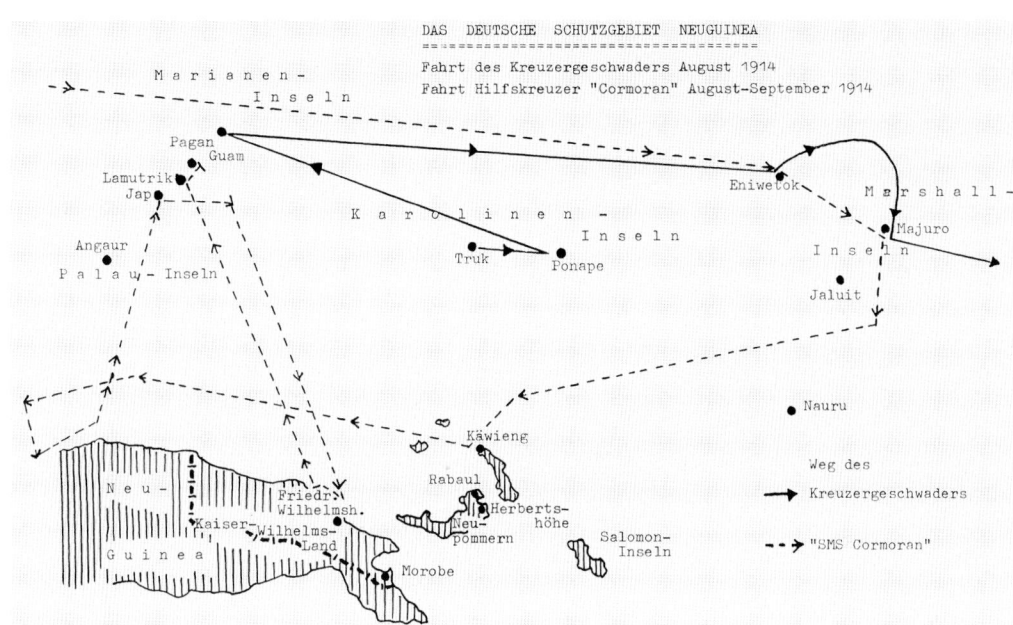

DAS DEUTSCHE SCHUTZGEBIET NEUGUINEA

Fahrt des Kreuzergeschwaders August 1914
Fahrt Hilfskreuzer "Cormoran" August-September 1914

Die Fahrten des Kreuzergeschwaders unter VAdm. Maximilian Reichsgraf v. Spee (oben) und der CORMORAN im August und September 1914: Hilfskreuzer CORMORAN (die von S.M.S. EMDEN aufgebrachte russische RJASAN) ist das letzte Schiff, das im Schutzgebiet die deutschen Farben zeigt.

auch der Niederlage bei den Falkland-Inseln entgegen, die die Grenzen des maritimen Übersee-Engagements des Reiches aufzeigt. Auf Samoa bleiben schwer enttäuschte Deutsche zurück.

Der Krieg in Deutsch-Südwest

In Swakopmund, über Kamina mit der Heimat verbunden, verliest Pfarrer Hasenkamp die Nachricht vom Kriegsausbruch unter dem Klang der Glocken (in Es, Ges und B) vor dem nächsten Gottesdienst. Englands Kriegseintritt fordert die allgemeine Mobilmachung heraus; Gouverneur Seitz, Legationsrat aus dem badischen Seckenheim, beeilt sich mit der Erklärung, dass die Schutztruppe keinen Angriffskrieg gegen Südafrika plant. Damit hatte schon aufgrund der Kräfteverteilung allerdings ohnehin niemand gerechnet.

Die Südwester warten ab, begrüßen jede Siegmeldung mit Flaggenhissungen und Kirchenglockengeläut. »30.000 bis 40.000 Russen gefangen! Drei belgische Festungen genommen ... herrliche Tage der Begeisterung ... Alle Sorgen um das persönliche Wohlergehen traten zurück vor der Sorge um das Wohl und Wehe des geliebten Vaterlandes. Wie tröstlich war uns der Gedanke: Wir werden ja nicht ganz abgeschnitten sein, wir haben ja die Tele-

funkentürme« (Cissy Willich). Nach dem Verlust Kaminas bleibt mehr Zeit, um sorgenvoll nach Süden zu blicken.

Deutsche und Buren haben vieles gemein, die Vorfahren des bärtigen Burenidols Paul Ohm Krüger stammen aus der Altmark, die immergrünen Bothas aus Gotha. Optimisten hegen die Hoffnung, dass die Buren den erneuten Aufstand gegen England wagen, ein *Orlog machen* mit Deutsch-Südwest dadurch so lange hinauszögern, bis Europas Krieg zu Ende ist.

Schwarzseher wie Obstlt. Joachim v. Heydebreck, Befehlshaber der Schutztruppe, halten dagegen, dass Premierminister Louis Botha und Kriegsminister Jan Christiaan Smuts den Lockungen des Imperialismus längst erlegen sind, mit der Eroberung des Sonnenlandes ein Südafrika vom Sambesi bis zum Kap der Guten Hoffnung verwirklichen wollen.

Die Schutztruppe (ca. 1.800 Mann), in Friedenszeiten auf neun Kompanien und drei Gebirgsbatterien, im Kriegsfall auf vier Regimenter verteilt, kann sich durch die Landespolizei, Reservisten, Landwehr und Landsturm auf rund 6.000 Mann verstärken, von denen eine Hälfte am Feind, die andere in der zweiten Reihe stehen würde. Der August verläuft so lange ruhig, bis Burengeneral Botha die Absicht erklärt, ein Expeditionskorps nach Südwest zu schi-

Paul Ohm Krüger (1825–1904), Präsident der Burenrepublik Transvaal mit Vorfahren im altmärkischen Mehrin.

tegisch wichtigen Wasserstelle Sandfontein den Weg, was hinterher als einzig überzeugender deutscher Sieg des Krieges gelten kann: »Um 13 Uhr herrscht Waffenruhe. Die Deutschen schlingen ihr Mittagessen hinunter, damit noch Zeit bleibt, ihre Positionen zu verbessern. Nach einer Stunde werden die Kampfhandlungen wieder aufgenommen. Heydebreck kann nach hartem Gefecht den Gegner zur Übergabe zwingen.« Dass Eingeborenen beigebracht wurde, wie man auf Weiße schießt, muss Europas Kulturwerk in Afrika zerstören. Als die Waffen schweigen, legen die Deutschen Protest gegen den Einsatz schwarzer Soldaten ein. Der Aufschrei bleibt unbeachtet.

Nach Sandfontein stellt der Gegner den Angriff von Süden her erst einmal ein, um sich auf den Vorstoß von Lüderitzbucht aus zu konzentrieren. Im Oranje-Freistaat und in Transvaal kommt es »wegen der Verletzung der Grenzen eines Volkes, das Südafrika nichts getan hat« zur »Revolution«. Der Angriff des durch Bttr. Hausding verstärkten prodeutschen Buren-Freikorps/ Gen. Maritz bei Keimoes wird von Unionstruppen zurückgeschlagen. Fiedler fliegt mit seiner Roland-Taube zur Feindbeobachtung bis Steinkopf/Südafrika, Abt. Petter geht über den Oranje und reißt die Bahntrasse vor Port Nolloth auf.

Zwei »alte Afrikaner« vor Kriegsbeginn: Joachim v. Heydebreck (2. von links) und Victor Franke (rechts).

Artilleristen der Schutztruppe mit ihrer Maultierbespannung auf dem Weg zum Einsatz im Süden.

Rechts:
Joachim v. Heydebreck (1861–1914), der spätere Kommandeur der Schutztruppe als junger Hauptmann

cken. Im September steckt Südwest mitten in Europas Krieg.

Mounted Rifles besetzen den Polizeiposten Ramansdrift und marschieren auf Warmbad. Lt. v. Scheele und Paul Fiedler, die vom südlichen Hauptquartier Keetmanshoop aus (noch) die Lufthoheit garantieren, observieren den Gegner, werfen selbst gebastelte Bomben ab.

Unionstruppen landen in Port Nolloth und Lüderitz, Rhodesier besetzen Schuckmannsburg im Caprivi-Zipfel, die Deutschen konzentrieren sich bei Aus. Hptm. Oscar Scultetus vom Küstenschutz greift Walvis Bay an, wo er die Kabelverbindung unterbrechen kann. Als Kriegsschiffe die offene Stadt Swakopmund beschießen, setzen sich die Swakopmunder ins Inland ab.

Ende September verlegt Heydebreck einer ca. 300 Mann starken Kolonne bei der stra-

Im Westen die Seeblockade, im Süden und Osten britisches Gebiet ... im Norden lassen Angolas amtlich noch neutrale Portugiesen kaum Zweifel daran, wo ihre Sympathien liegen. Mit der Truppe an allem kurz – gravierend der Mangel an Brotgetreide und Kraftfutter für Reit- und Zugtiere – sind Lebensmitteltransporte aus Angola fest eingeplant. Als es Mitte Oktober im portugiesischen Grenzfort Naulila darüber zum Streit kommen muss, werden Hans Schultze-Jena, Bezirkschef von Outjo, und drei seiner Begleiter erschossen.

Pol.-Wm. Oswald Ostermann geht »ohne Schonung« gegen portugiesische Grenzforts und Militärstationen vor, das nachgerückte Rgt. Franke darf nach einer gelungenen Strafexpedition den Ehrennamen »Regiment Naulila« tragen (»bis zu unserem Untergange wagte sich kein Portugiese mehr über die Grenze«).

Ein Schutztruppler kann alles (»gebt ihm etwas Draht, eine Zange und einige Blechdosen und er würde ein Unterseeboot daraus machen«), doch die schlechten Nachrichten häufen sich, im Sonnenland sieht es schnell eher düster aus. Der Gegner schiebt sich tiefer und tiefer ins Land, an Heilig Abend landen starke Truppenver-

bände in Walvis Bay. Botha, der den Oberbefehl persönlich übernommen hat, besetzt Swakopmund. Ein Angriff des burischen Freikorps auf Upington/SA wird abgeschlagen, worauf die prodeutschen Afrikaner die Waffen niederlegen.

Unionstruppen stoßen von der Swakopfront nach Osten und Nordosten, dann auch aus dem Betschuanaland vor. Die Schutztruppe setzt sich in breiter Front aus dem südlichen Landesteil nach Norden ab.

Der Krieg, den die Europäer untereinander führen, strapaziert das Schutz- und Trutzbündnis zwischen den Deutschen und ihrer bisher so bewährten Mischblutstammkompanie (»mit Stolz tragen sie ihr schwarz-weiß-rotes Band«, Hptm. Bayer). Es ist Weiß gegen Weiß, was die Schwarzen am meisten überrascht.

Die Baster dienen in deutschen Uniformen, stehen den Buren durch das Band des Blutes und der Sprache jedoch näher. Als ganz sicher ist, wer am Ende gewinnen würde, laufen sie den Deutschen davon und zu Botha über. Gleich darauf brechen offene Kampfhandlungen zwischen den ehemaligen Verbündeten aus. Die flinken Basterreiter plündern Farmen, dem »schwarzen Verrat« fallen Lt. Hans Frhr. v. Milkau, Pol.-Wm. Rogge, Sgt. Otto Schubert und die Far-

September 1914: Während des Rückzugs aus Lüderitzbucht sprengt die Schutztruppe Teilabschnitte der Südbahnlinie nach Aus, um dem Gegner den Vorstoß ins Landesinnere zu erschweren.

Unten: **Obstlt. Victor Franke (1866–1936) aus Zuckmantel, nach Heydebrecks Unfalltod Kommandeur der Südwester Schutztruppe.**

Pol.-Wm. Rudolf Rogge, während des »schwarzen Verrats« von aufsässigen Baster auf Büllspoort erschossen.

Burengeneral Louis Botha (1862–1919), erster Premierminister der Südafrikanischen Union.

mer Adam Heine, Max Hefner und Georg Eberhardt zum Opfer.

Botha mischt britische und burische Kriegsführung, die so genannte Zulu-Taktik wird zum Erfolgsrezept: Während die Hauptarmee im Zentrum der Front marschiert, umreiten überaus bewegliche *Mounted Burghers*, wie im Burenkrieg in Kommandos von Freunden und Nachbarn, die deutschen Flanken, um sie zum Rückzug zu zwingen. Glück hin und wieder für die deutschen *Oukies*, dass südafrikanische *Japies*, vor die Wahl Schutztruppler oder Wild gestellt, das Wild wählen, wie es ihrem Jagdinstinkt entspricht.

Die Lage wird schnell hoffnungslos. Die Schutztruppe, die im Bestfall über fünf Automobile verfügt, ist auf den Transport von Ochsenwagenstaffeln und Maultierkarren angewiesen, die Südafrikaner verfügen über einen motorisierten Fuhrpark von rund 1.500 Fahrzeugen. 1915 stehen bis zu 50.000 Mann Bothatruppen im Land, in den letzten Kriegswochen marschieren ca. 30.000 gegen weniger als 5.000 Mann hin zum letzten Gefecht.

Im Mai übergibt Bürgermeister Peter Müller Windhuk, im Juni rückt Botha den sich zurückziehenden Deutschen immer dichter nach, erweist sich doch, dass Franke, nach dem Unfalltod Heydebrecks Komman-

deur der Truppe, keine größere Begegnung mehr sucht. Das Gerücht kommt auf, wonach sich die deutsche Truppe zu Lettow-Vorbeck in Deutsch-Ost durchschlagen will. Nach dem Verlust Omarurus und Outjos werden die letzten nennenswerten Gefechte im Dreieck Otavi-Otavifontein-Elefantenberg geführt. Otavi fällt, berittene Brigaden umgehen Frankes Hauptmacht und nehmen Namutoni/Hptm. Wasserfall. Tsumeb/Hptm. v. Alvensleben zieht die weiße Fahne auf.

Die Schutztruppe versenkt ihr verbliebenes Kriegsmaterial im Otjikotosee, der nach der Legende grundlos ist. Am 9. Juli unterzeichnen Seitz und Franke bei der Wasserstelle Khorab den Kapitulationsvertrag, womit Kilometer 500 der Otavibahn zur Endstation Deutsch-Südwestafrikas wird.

Der Übermacht ergeben sich rund 3.400 Deutsche, 1.331 sind gefallen. Uffz. und Mannschaften der aktiven Truppe und Landespolizei werden interniert, bis Europas Krieg zu Ende ist, Offz. auf Ehrenwort entlassen. Landwehrmänner, Landstürmer und Reservisten gehen nach Hause, behalten ihre Gewehre und etwas Munition zur Selbstverteidigung »bei Übergriffen rebellischer Eingeborener«.

Rechts:
Louis Botha im Mai 1915 mit seinem Stab in Windhuk: Die Südwester Hauptstadt war dem Gegner kampflos in die Hand gefallen.

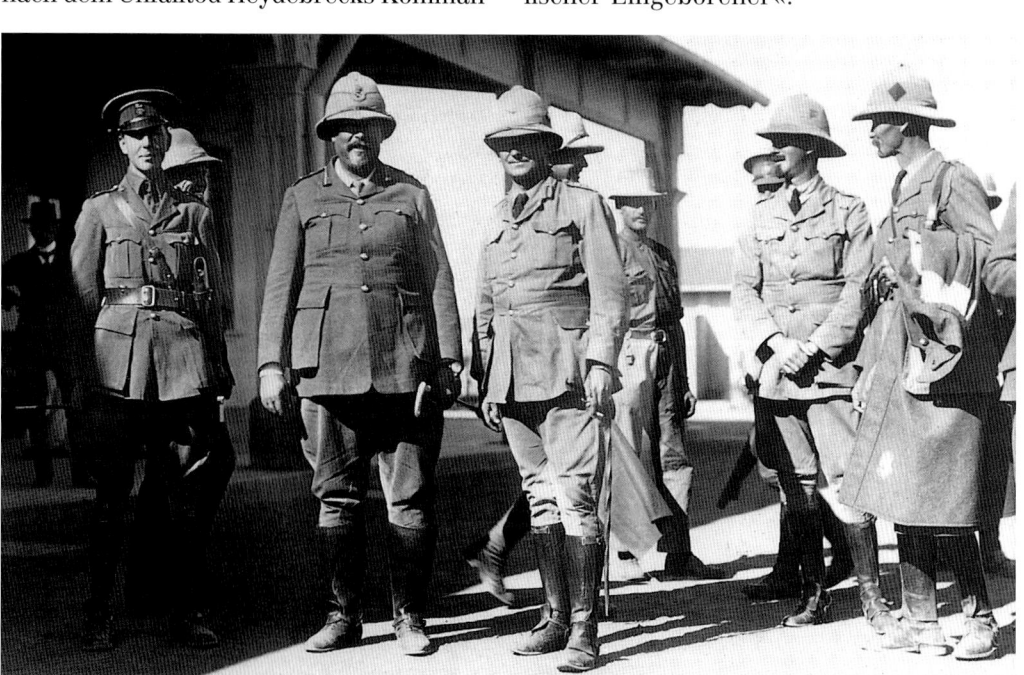

Hptm. Johannes Mannhardt von der Landespolizei, der die Mannschaften in die Gefangenschaft begleitete: »Die Engländer waren so froh, nicht mehr kämpfen zu müssen, dass sie uns auf Verlangen erlaubt hätten, ein paar Geschütze ins Lager mitzunehmen.«

Der Krieg in Kamerun

In Kameruns Küstengebiet trifft die Nachricht von Europas Krieg am 4. August ein, in Neukamerun tatsächlich erst, als angriffslustige Franzosen dort einmarschieren, um das durch den Marokkovertrag gerade Verlorene wieder zurückzuholen. Gouverneur Ebermaier richtet sein Kriegsbüro in Duala ein, verhängt den Ausnahmezustand und appelliert an »Ihr Deutschen Kameruns«: »Die Stunde der Entscheidung hat geschlagen! Feinde ringsum! Wacht auf! Neid auf Deutschlands Größe und Macht. Kampf um Sein und Nichtsein. Feinde ringsum! Alles fürs Vaterland! Sterben für des deutschen Volkes Zukunft! Für des Deutschen Reiches Macht und Herrlichkeit!«
Deutsch-Kamerun kann nach militärischer Logik einen Krieg mit europäisch gerüsteten Gegnern nicht gewinnen. Die bestehenden Grenzen klemmen das Schutzgebiet zwischen Gegnern ein, die Küste ist leicht zu blockieren, bei einem Angriff durch Landungstruppen nicht zu verteidigen.
Das strategisch wichtige Duala, Haupthafen und Ausgangspunkt von zwei Eisenbahnlinien, bietet sich Gegnern als Einfallstor an. Die Stadt ist nicht befestigt, verfügt lediglich über vier alte, nur noch zum Salutschießen eingesetzte Feldgeschütze. Auf der westafrikanischen Flottenstation befindet sich Kbt. EBER. Kbt. PANTHER ist zur Reparatur in Deutschland.
Ein Risikofaktor sind die Duala-Leute in ihrem selbstverständlichen Hass. Deren Bewegungsfreiheit ist vorsorglich stark eingeschränkt, der Abschreckung dient die Hinrichtung von sechs Delinquenten, die einen Beamten tätlich angegriffen hatten. Die aktive Schutz- und Polizeitruppe (215 Weiße, 2.750 Farbige) wird durch Reservisten und Zivilisten wie Zollamtsvorsteher Glock, Landmesser Lyhne und Bzk.-Amtmann Rausch verstärkt (drei, die während des Krieges fürs ferne Vaterland fallen). Missionare müssen nicht kämpfen, helfen dafür bei der Feuerwehr und dem Sanitätsdienst aus.
Kommandeur der Schutztruppe ist Karl Zimmermann (50), vormals Kompanieführer und Stationsleiter von Ebolowa, Resident in Garua und zuletzt Leiter der Süd-

Waffenstillstand bei Kilometer 500 der Otavi-Eisenbahn: General Louis Botha trifft Gouverneur Theodor Seitz (links und Bild unten), der eine Übergabe für die Schutztruppe unter ehrenvollen Bedingungen erreichen kann.

»Gegen eine Welt von Gegnern«: Ausmarsch der berittenen Abteilung von Garua unter Feldwebel Hoffmann.

Oberstleutnant Karl Zimmermann aus Luisendorf im Kreis Frankenberg, der letzte Kommandeur der Kameruner Schutztruppe.

expedition zur Vermessung der Grenze gegen Frz.-Zentralafrika. An seiner Seite dienen alte Afrikaner wie Haedicke, Heigelin oder Dühring, die sich im Buschkampf bereits hinreichend bewährten.

Die Schutztruppe kann, obwohl besser ausgebildet als der Gegner, aufgrund der deutlichen Überlegenheit der alliierten See- und Landstreitkräfte den Krieg nur aus der Defensive führen. Geplant ist, den Gegner aus dem Schutzschild seiner Schiffsartillerie zu nehmen, ins Hinterland zu locken und an selbst gewählten Kampfplätzen, wo erhöhte Tapferkeit mangelnde Kopfzahl ersetzen kann, herauszufordern.

Die Briten, die in Nigeria 360 weiße Offz./Uffz. und 7.733 afrikanische Dienstgrade der West African Frontier Force (WAFF) stehen haben, dringen aus grenznahen Stellungen mit drei Kolonnen im Nordwesten ein. Major Rammstedt schlägt den Gegner bei Nssanakang (Hptm. a.D. Rausch fällt beim Einholen der englischen Flagge). Die stark befestigte, 1.700 Fuß hoch gelegene Morastation (3. Ko./Lt. v. Raben) weist einen Angriff ab, Abt. Crailsheim schickt den Feind bei Garua am Benue »so schnell er laufen kann« nach Jola zurück (Oblt. v. Rothkirch und Panthen, Sanitäts-Sgt. Kühn und Sgt. Jost sind gefallen). Drei schnelle Siege, wofür ein Oberst Carter, der die In-

vasion vorbereitet hatte, nach England zurückbeordert wird.

Nachdem Landaktionen nichts brachten, beschießt ein anglo-französisches Geschwader das seit Wochen von der See her blockierte Duala. Den durch einen französischen Kreuzer verstärkten englischen Kriegsschiffen CHALLENGER, CUMBERLAND und DWARF mit einer 11.000 Mann starken Landungstruppe stehen ca. 65 deutsche Militärs, ein paar Reservisten und eine Hand voll Polizeisoldaten gegenüber.

Am 27. September – Spähtrupps suchen noch nach einer Stelle für das Landungsunternehmen, Ebermaier hat sich mit Truppenteilen in Richtung Eseka, Zimmermann nach Edea abgesetzt – jagen die Deutschen ihre Telefunkenstation in die Luft. Punkt 11 Uhr wird die weiße Fahne aufgezogen, die Übergabe erfolgt bedingungslos.

Britanniens Gen. Dobell richtet sein Hauptquartier im Gouvernementsgebäude gleich hinter dem Denkmal Nachtigals ein, seine Offiziere wohnen im zum »George Inn« umfunktionierten Hotel »Kaiserhof«.

Dualas Zivilgefangene werden »unter zahlreicher schwarzer Bedeckung, dem Hohn und Spott der Eingeborenen ausgesetzt« durch eine der belebtesten Straßen zum Hafen getrieben und nach Lagos, Cotonou oder England gebracht. Die Abschiebung entspricht der Sorge, die Duala könnten sich an ihnen rächen, die Behandlung löst in Berlin einen Sturm der Entrüstung aus:

»Nach dem Einmarsch von schwarzen und weißen Franzosen und schwarzen und weißen Engländern in Duala waren die Franzosen in einer jedem Gemeinschaftsgefühl der weißen Rasse hohnsprechenden Weise bestrebt, die bisherigen Herren, die Deutschen, vor den Negern zu demütigen. Nachdem die Deutschen auf solche Art vor den Negern erniedrigt und vertrieben worden waren, wurden von den Franzosen durch die Vernehmung der Duala Beweise für die ›Unwürdigkeit der Deutschen zu dem Besitz von Kolonien‹ gesammelt« (RKA).

Mit Duala haben die Alliierten ihr strategisches Ziel erreicht, der Marsch ins Hinterland ist im Prinzip nur noch Sache des Prinzips. Die Schutztruppe zieht sich in drei Kolonnen entlang der Nord- und Mittellandbahn und des Wuri ins Landesinnere zurück. Strategischer Mittelpunkt der Verteidiger wird Jaunde (»ein Zwölftagemarsch im Landesinnern«).

Hptm. Wilhelm v.d. Marwitz (40) aus Cölpin/Mecklenburg stürmt Djembe am Ssanga, Engelbrechten schlägt das 2nd Nigerian bei Susa an der Nordbahn. Abt. Künzlen siegt bei Nasuri, Oblt. Hartmann bei Putu ... es fehlt nicht an kühnen Ein- und Ausfällen, die Schutztruppe verfügt

über brauchbares eingeborenes Soldatenmaterial, kommt über ein paar störende Erfolge gegen die voll auf Angriff setzenden Gegner jedoch nicht hinaus. Ende des Jahres sind alle offenen Küstenorte, dazu Buea vom Feind besetzt.

Im Frühjahr 1915 halten Briten das Kamerungebirge bis zur nigerianischen Grenze und die Nordbahn, Franzosen einen Teil der Mittellandbahn mit Edea. Die Schutztruppe steht im Dreieck Edea-Garua-Molundu, wo ein paar Einbrüche durch Teiloffensiven pariert werden können. Am mittleren Kampo bekommt es die stark angeschlagene Kolonialmacht mit rebellischen Ntum, einem Volksstamm der Fang, zu tun.

Es geht noch ein paar Monate, doch es geht nicht gut. Die Lage der deutschen Truppe verschlechtert sich zusehends, die Logistik ist zusammengebrochen, es fehlt an allem. Der Feind bietet rund 18.000 Mann auf, darunter ca. 1.000 Weiße und ein indisches Regiment. Ebermaier versucht, seine Ratlosigkeit hinter ständigen Protestschreiben über die alliierte Kriegsführung zu verstecken.

Mit dem Ende der großen Regenzeit setzt die Großoffensive ein, die zur Endoffensive wird. Garua, Banyo und Ngaundere fallen, am Neujahrstag erobern die 4th

»Alles fürs Vaterland!«: Hptm. Kurt Frhr. v. Crailsheim, Resident von Garua, hält den britischen Vormarsch Ende August 1914 auf.

Links: Hptm. Friedrich Karl Dühring, Resident von Adamaua: Kameruns Schutztruppe ist gut ausgebildet, kommt über ein paar störende Erfolge gegen die auf Angriff setzenden Gegner jedoch nicht hinaus.

Befestigungs-anlagen von Garua in Nordkamerun und Feldgeschütze der Schutztruppe: Die Sieger von gestern verdanken ihre militärischen Erfolge dem Einsatz moderner Infanteriewaffen, ein Vorteil, der im Kampf gegen Europäer entfällt.

Nigerians die Jaunde-Festung mit ihrer Waffenmeisterei. Gouverneur Ebermaier hat sich rechtzeitig über den Njong abgesetzt.

Am 15. Februar, einem Dienstag, tritt die deutsche Truppe, um einer Kapitulation zu entgehen, in guter Ordnung in das benachbarte spanische Rio-Muni-Gebiet über, wo sie sich ehrenhaft internieren lässt. Mit den Deutschen setzen sich Karl Atangana, Oberhäuptling der Ewondo und Bene, Häuptling Nanga Eboko und mehrere tausend Eingeborene auf neutrales Gebiet ab. Die Europäer werden nach Spanien ge-

schickt, die Afrikaner bleiben vorerst auf Fernando Po.

Hptm. Ernst v. Raben aus dem württembergischen Gmünd sollten die Verhältnisse, nicht die zahlreichen Feinde besiegen. Die Nordstellung Mora gibt erst auf, nachdem im Süden alle Schläge ausgeteilt sind, die Nachricht vom Übertritt der Kerntruppe das Felsennest erreicht.

Macht gegen Ohnmacht, überm Wuti herrscht Ruhe. Im Jahresbericht der Gossnerschen Mission, mit vier Missionaren in Mittelkamerun, heißt es jetzt: »Der Vorhang ist gefallen, das Trauerspiel um Kamerun ist aus. Der Verlust unserer Kameruner Mission ist uns wie der eines bald nach der Geburt gestorbenen Kindes.« Berlins RKA-Bürokraten schicken ihren entkommenen Veteranen ein fürsorgliches »Mögen sie sich nun von den großen Anstrengungen und Entbehrungen des Krieges erholen, um dereinst freudig mitarbeiten zu können an dem Wiederaufbau des Schutzgebietes« hinterher.

Der Krieg in Deutsch-Ostafrika

Situationen suchen ihre Personen; in der Schlacht um die Küstenstadt Tanga, dem Ausgangspunkt der Usambarabahn nach Moschi, beginnen sich – »*Blas, Jokindu, blas:* ›*Zum Sturm*‹, *vorwärts marsch,* ›*Zum Sturm*‹!, *Seitengewehr rechts, marsch, marsch, hurra!*« – Leben und Legende Paul Emil v. Lettow-Vorbecks zu decken.
Die dunkle Tropennacht vom 3. auf den 4. November sieht Lettow, Befehlshaber der Kolonialtruppen in Deutsch-Ost, zur Feindaufklärung durch den Palmenwald bei Tanga radeln (Reiten fällt wegen der nachtaktiven Tsetse-Fliege aus). Auf Tangas Außenreede liegen, durch zwei Kreuzer gedeckt, 14 Transportschiffe eines anglo-indischen Expeditionskorps, das die Kolonie erobern soll.

Lettow (44), alter pommerscher Adel aus Saarlouis' Silberherzstraße 16, hat des Kaisers Waffenrock während der Niederschlagung des Boxeraufstands und in den Kriegen gegen Herero und Hottentotten getragen. Die »Ruhmestage von Tanga«, dazu Ein- und Ausfälle, um Kaiser und Reich das *wohl erworbene Land* unterm Kilimandscharo zu erhalten, machen ihn zum Generalmajor, zum Hexenmeister ... zur militärischen Legende.
Lettow, den Träger und Askaris *Bwana Obersti* nennen: »Wir wurden uns bewusst, dass dieser Krieg nicht der Verteidigung deutschen Kolonialbesitzes oder irgendeines Nebenzieles galt: Es ging ums Ganze! Es ging um die Heimat selber, um Sieg oder Untergang, um unsere ganze nationale Zukunft. So wurde die Kolonie [das Binden größerer Truppenteile des Gegners, um den Krieg in Europa zu beeinflussen] ein Kampfmittel, das voll einzusetzen war.«

Am 4. November setzt Jokindu, schneidiger schwarzer Trompeter der Abt. v. Ruckteschell, beim Hotel »Kaiserhof« das Horn an, um dem Gegner das altpreußische Angriffssignal ins Gesicht zu blasen: »Und mit lautem Siegesgeheul rasten unsere guten Schwarzen in die erschreckten Inder.« Das Expeditionskorps wird aufgerieben, das lang gediente, aus Europäern bestehende *Loyal North Lancashire-Regiment* in die Flucht geschlagen.
»*Tunakwenda tunashindo*«, das Hohelied der Askaris, zeugt von einem viel bewun-

Verbandsplatz im Schützengraben: Wie die farbigen Schutztruppler »als Deutsche kämpfen und sterben«, wird für gegnerische Beobachter zur eigentlichen Überraschung des Krieges.

Links: Paul Emil v. Lettow-Vorbeck (1870–1964) aus Saarlouis: Der quantitativen Überlegenheit des Gegners begegnet Lettow mit preußischem Know-how, der Buschkriegserfahrung seiner Askaris und der Disziplin seiner Europäerkompanien.

FKpt. Max Looff (1874–1954) aus Straßburg, Kommandant des Leichten Kreuzers KÖNIGSBERG.

Mobilmachung in Tanga: Die Verteidigungsanlage Deutschlands beschränkt sich auf »die Umwallung des heimischen Besitzes«, während die Kolonien Stiefkinder der Militärs geblieben sind.

derten deutschen Soldatengeist. Als sich Offiziere beider Seiten unter der weißen Flagge zu einer Flasche Brandy treffen – Schwerverwundete des Gegners erhalten erste Hilfe im deutschen Hospital –, haben sie erstmals schwarz auf weiß, dass von deutschen Drillsergeants ausgebildete Schwarze gegen Weiße kämpfen, dann auch siegen können.

Die Kampfhandlungen machen Tanga, wo bis zu sechs Angreifer auf einen Verteidiger kommen, zur »größten Waffentat auf deutschem Kolonialboden«. S.M. der Kaiser spricht, als er davon erfährt, RKA-Staatssekretär Solf seine Gefühle aus, wie es der Funkstelle Tabora überspielt wird: »Ihre Meldung von dem schönen Sieg bei Tanga in Ostafrika hat Mich hoch erfreut. Ich spreche Ihnen zu dieser Ruhmestat unserer Schutztruppe Meinen herzlichsten Glückwunsch aus. Übermitteln Sie Meine Anerkennung an die braven Männer, die fern von der Heimat vierfache Überlegenheit entscheidend geschlagen haben zur Ehre des deutschen Namens. Das Vaterland ist stolz auf diese Söhne« ...

Deutsch-Ost wird am 6. August in den Kriegszustand versetzt, zwei Tage später beschießt H.M.S. PEGASUS den Funkturm des vor Angriffen von der See her ungeschützten Daressalam.

Die aktive Truppe (216 Weiße, 2.540 Farbige) steht konzentriert westlich von Daressalam, die Grenzstationen gegen die Besitzungen Großbritanniens, Belgiens und Portugals sind nur schwach besetzt. Die Schutz- wird durch die Polizeitruppe (45 Weiße, 2.140 Farbige), knapp 3.000 wehrfähige Deutsche, einem arabischen Hilfskorps und mit Wartegeld entlassenen Askaris verstärkt (»Was mag wohl im Innern unserer farbigen Freunde vorgegangen sein, als sie erfahren mussten, dass die von ihnen als beinahe höhere Wesen verehrten Weißen begonnen hatten, sich gegenseitig umzubringen?«, Farmer Walter Kühn, nach Gestellungsbefehl 9. berittene Schützenkompanie/Moschi).

Auf der ostafrikanischen Flottenstation befinden sich das zum Vermessungsschiff abgerüstete Kbt. MÖWE und der moderne Leichte Kreuzer KÖNIGSBERG (Taufspruch: »Biet dem Feinde Trotz,/Sei dem Vaterlande Schutz/Und treu bis zum Tod/in Kampf und Not«) unter FKpt. Max Looff. Für die englische Kriegsmarine blockieren Schiffe wie HYACINTH, CHATHAM oder DARMOUTH die Küste.

Die Voraussetzungen, Deutsch-Ost gegen einen ebenbürtigen Gegner zu verteidigen, sind nicht schlecht. Mangelnde Truppenstärke kann durch die Natur ausgeglichen

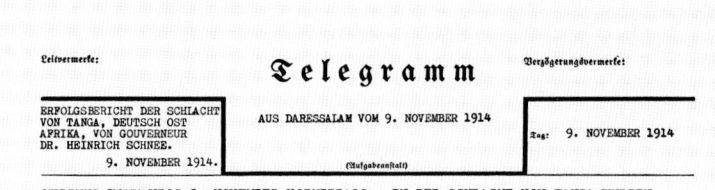

Telegramm

Leitvermerk:

ERFOLGSBERICHT DER SCHLACHT
VON TANGA, DEUTSCH OST
AFRIKA, VON GOUVERNEUR
DR. HEINRICH SCHNEE.
9. NOVEMBER 1914.

AUS DARESSALAM VOM 9. NOVEMBER 1914

Verzögerungsvermerk:

Tag: 9. NOVEMBER 1914

(Aufgabeanstalt)

MELDUNG KOMMANDOS 9. NOVEMBER VORMITTAGS: IN DER SCHLACHT VON TANGA WURDEN
GEFANGEN GENOMMEN 5 ENGLÄNDER OHNE CHARGE, EIN HINDUARZT OFFIZIERRANG, EIN
EINGEBORENENSERGEANT, 4 CORPORALE, 52 INDISCHE SOLDATEN OHNE CHARGE. VER –
WUNDET GEFANGEN AN ENGLÄNDERN: 2 OFFIZIERE, 1 FELDWEBEL, 2 CORPORALE,
13 GEMEINE, AN INDERN 29, RANG UND CHARGEN NOCH NICHT FESTGESTELLT. BEI
TANGA VERWUNDET GEFANGEN UND AUF EHRENWORT, NICHT MEHR GEGEN DEUTSCHLAND
UND VERBÜNDETE ZU KÄMPFEN, DEM FEIND WIEDER ÜBERLIEFERT: AN ENGLÄNDERN:
2 OBERSTLEUTNANTS, 1 MAJOR, 3 HAUPTLEUTE, 2 LEUTNANTS, EIN STERBENDER OFFIZIER,
LETZTERER IN TANGA HOSPITAL ABGELIEFERT, EIN FELDWEBEL, 4 SERGEANTEN,
1 CORPORAL, 9 GEMEINE; AN INDERN: 1 OBERSTLEUTNANT, 2 UNTEROFFIZIERE, 52 IN-
DISCHE SOLDATEN, RANG NICHT FESTGESTELLT. VOM FEIND SIND GEFALLEN NACH MEHR-
FACHER ZÄHLUNG MINDESTENS 150 ENGLÄNDER UND 500 INDER. EINE GROSSE ZAHL
VERWUNDETER ENGLÄNDER UND INDER WURDEN VOM FEIND AN BORD GENOMMEN. ERBEUTET
WURDEN 455 ENGLISCHE GEWEHRE, 1/2 MILLION PATRONEN, ACHT MASCHINENGEWEHRE,
AUSSERDEM 3 MASCHINENGEWEHRLAFETTEN, VIELE AUSRÜSTUNGSSTÜCKE UND VERPFLEGUNG.
EIN BRAUCHBARER LEICHTER ZURÜCKEROBERT.

GEZ. SCHNEE.

werden, Landungsmöglichkeiten vom Meer her sind begrenzt. Den Westen blockieren Seen und Bergland, im Norden bietet sich lediglich ein schmaler Streifen zwischen Kilimandscharo und Parebergen als Einfallstor an. Die Grenze im Süden bildet der Rovuma.

Kreuzer KÖNIGSBERG, der den Einsatzbefehl auf hoher See erwartet, bringt die CITY OF WINCHESTER auf, PEGASUS versenkt MÖWE vor Daressalam. Der zur Reparatur aufs Land gezogene Njassaseedampfer HERMANN VON WIßMANN fällt dem Gegner in die Hand, Kapitän und Mannschaft, die vom Krieg nichts wussten, werden festgesetzt.

Gouverneur Schnee, der die Kapitulation vorziehen würde, hält nichts von Lettows Vorstellung, nach der sich Deutsch-Ost durch die Bedrohung des Gegners auf dessen Boden verteidigen lässt. *Bwana Obersti* setzt sich durch und verschiebt Truppen nach Norden. Seinem Verhältnis zu Schnee hilft es nicht. Mitte August nimmt Hptm. v. Prince mit deutschen Siedlern und der Schützenkompanie der Abt. v. Hering das britische Taveta. Lettows Marsch auf Mombasa wird von den *Kings African Rifles* und Kriegsfreiwilligen blockiert.

Engländer besetzen den Buddubezirk, die in Bismarckburg am Ostufer des Tanganjikasees stationierte Schutztruppe bricht in Rhodesien ein und belagert Abercorn. Deutsche Truppen rücken gegen Kisumu, den Endpunkt der Ugandabahn vor, die belgische Station Ngoma fällt. Abt. Bock v. Wülfingen erleidet bei Kifi erhebliche Verluste, Abt. v. Bömken siegt bei Majorini, Wintgens erzwingt auf Kwidschi im Kiwusee die Übergabe des belgischen Postens Nyakalengo.

KÖNIGSBERG zerstört die in Sansibars Hafen liegende PEGASUS, zieht sich danach – durch die Dominanz der Royal Navy von jeder Art Nachschub abgeschnitten – ins Mündungsdelta des Rufiji zurück, wohin ihr die tief gehenden englischen Schiffe nicht folgen können. Der armierte Dampfer HEDWIG VON WIßMANN schießt die belgische ALEXANDRE DEL COMMUNE außer Gefecht, was die Deutschen auf dem Tanganjikasee so lange seebeherrschend macht, bis Wasserflugzeuge zum Einsatz kommen.

Anfang November taucht das anglo-indische Expeditionskorps vor Tanga auf. Der Ausgang der ersten richtigen Schlacht ist für beide Seiten von übergroßer Bedeutung, beobachten die Eingeborenen doch ganz genau, wer im Schauspiel Weiß gegen Weiß den tüchtigeren Kriegsgott hat.

Lettow befindet sich bei der Kerntruppe im Kriegslager am Kilimandscharo, die Übergabe lehnt Bezirksamtmann Auracher ab. Hptm. Baumstark marschiert mit zwei Kompanien auf, Einheiten aus Taveta und Moschi folgen mit der Usambarabahn, die alle acht Lokomotiven in den Dienst der

Erfolgsbericht nach der Schlacht von Tanga.

Links:
Albert Heinrich Schnee (1871–1949) aus Neuhaldensleben, der letzte Gouverneur von Deutsch-Ostafrika.

HERMANN VON WISSMANN in friedlichen Tagen: Bei Kriegsausbruch fällt der zu Reparaturen auf Land gezogene Njassasee-Dampfer in britische Hand, was Londons Presse als »Seesieg« feiert.

Truppe stellt *(»Unsere Schwarzen sind als kindische Augenblicksmenschen bester Stimmung, sie denken allerdings mehr an die Freuden der famosen Fahrt als an den nahen Kampf.«*, August Hauser, Schutztruppenarzt).

Am Tag des Vorgefechts versuchen indische Truppen und *East African Rifles* (1.500 Mann, sechs MGs, vier Feldgeschütze) mit einem Täuschungsmanöver vom Geschehen an der Küste abzulenken. Die Kolonne marschiert von Namanga auf die Stellung am Longidoberg (80 Reiter, 600 Askaris unter Major Kraut). Als das Schießen beginnt, machen sich zuerst die zahlreichen Maulesel, dann auch die anglo-indischen Angreifer stampedeartig davon.

Am Morgen des 3. November kann Kompanie Adler den Landungsversuch eines Sondierungskorps östlich von Tanga aufhalten, in der Nacht trifft Lettow ein. Während der Hauptschlacht am 4. schaffen es indische Gurkhas bis zum Hotel »Kaiserhof«, wo sie die deutsche Kriegsflagge einholen. Doch danach läuft so ziemlich alles wie von Lettow geplant.
Hptm. v. Prince greift mit zwei Europäerkompanien ein. »Uffz. Hiese rief dem Feind ›Achtung, jetzt kommt Schorsch Hiese‹ entgegen und legte mit seinem Maschinengewehr eine volle Kompanie der Inder auf den Sand« (Arning). Die 13. Ko. kommt aus der Reserve, um neben der 4. Ko. die

südliche Flanke des Gegners aufzureißen. Die Pflanzer der 6. Ko. gehen im Sturmangriff vor.
Die Inder *(»jiddering idiots, die sich hinter Büschen und Palmen versteckten und zu ihren Heidengöttern beteten«)* verlieren den Häuser- und Straßenkampf beim Bahnhof, »Fox« beschießt die eigenen Truppen und das Krankenhaus mit schwerem Geschütz. Irgendwer scheucht Bienenpopulationen auf, die Freund, gerade auch den Feind drangsalieren. Die *13th Rajputs*, die *61st Pioneers* und die *Lancashires* setzen sich ab (eines Tages würde nachgereicht, nicht die Deutschen, sondern die als äußerst reizbar bekannte afrikanische Biene hätte das Expeditionskorps in die Flucht gezwungen).
Die Schutztruppe (ca. 1.000 Gewehre) hat 15 Weiße und 54 Askaris verloren, unter den Gefallenen ist Tom v. Prince. Die Verluste des Gegners sind ungleich höher. Der Feind hatte sich derart überstürzt abgesetzt, dass Lettow mit dem zurückgelassenen Kriegsmaterial – darunter 600.000 Patronen, 16 MGs und 30 Feldtelefone – drei Kompanien modern ausrüsten kann.
Die schnellen Erfolge, die wenigen Begegnungen *(»wenn es Verluste gibt, dann durch Raubtiere«)*, lassen die Stimmung im deutschen Lager steigen: *»Die eisigen Höhen erglühen/Im ersten Sonnenstrahl, /Und deutsche Männer ziehen/Vom Berge hinab in das Tal./Das Feuer ist erglommen/In aller Herzen zugleich:/Die Meruschützen kommen,/Zu streiten für Kaiser und Reich.«*
Die Metzger von Wilhelmstal schicken Räucherwaren, Nichtkombattanten liefern Bier und Wein. Was vom Benzin bis zum Chinin, vom Waffenrock zum Schuhzeug bisher die Heimat lieferte, stellen Deutsche und Afrikaner jetzt in Heimarbeit her. Für Waffen, die ausfallen, wird Ersatz beim Gegner besorgt.
Das Gros der Deutschen besteht aus Siedlern, die wie zum Picknick ausgerüstet mit ihrem schwarzen Personal in den Krieg gezogen sind, dann mit großem Enthusiasmus kämpfen (man war Weltvolk und würde Weltvolk bleiben). »Viele der Unseren [Leute wie Oblt. Louis Frhr. v. Schrötter, Oblt. v. Busse, die Stabsärzte Vorwerk und Breuer, wie Volkwein, Baumstark,

Tafel, v. Liebermann oder v. Stürmer] hatten nicht übel Lust, nach Kriegsende ein Stück dieses fruchtbaren Geländes zu erwerben und Viehzucht zu treiben. Unbenutzt lag das Land und die Unseren daheim glaubten immer noch, dass Amerika das Land der Sehnsucht sei. Wenige, ja, fast niemand in unserer Heimat wusste, was wir Deutschen an Deutsch-Ostafrika hatten« (Lettow-Vorbeck).

1915 verläuft verhältnismäßig ruhig. Ein paar Gefechte im Kilimandscharogebiet und bei Bukoba bringen den Gegner nicht weiter. Lettow profitiert davon, dass er, wie in Südwest von Morenga und Witbooi vorgeführt, dem Gegner aufzwingen kann, wann und wo seine Streifabteilungen kämpfen wollen. Die Schutztruppler bleiben jeweils so lange am Feind, wie sie ihm Verluste beibringen können, ziehen sich danach schnell wieder zurück. Besonders die gegen die Ugandabahn geschickten Patrouillen machen den Briten zu schaffen. In knapp drei Monaten werden 32 Züge und neun Brücken zerstört.

Lettow lässt einen rund 300 km langen Etappenweg zur Mittellandbahn anlegen, um die Versorgung der Truppe zu erleichtern, im April durchbricht RUBENS/Kpt. Christiansen die Blockade. Das Schiff wird in der Manza-Bucht bei Tanga vom Kreuzer HYACINTH aufgebracht, der Großteil der Ladung konnte jedoch rechtzeitig geborgen werden.

Im Juli wird die KÖNIGSBERG, die 255 Tage lang bis zu 27 gegnerische Schiffe gebunden hatte, nach einem Angriff der Fluss-Kanonenboote SEVERN und MERSEY stark angeschlagen selbstversenkt. 322 Mann der Besatzung kämpfen den Kolonialkrieg in Lettows Königsberg-Kompanie weiter. Die an Land auf fahrbare Lafetten montierten Kruppgeschütze des Kreuzers werden als Feldartillerie eingesetzt.

So haben sich die Alliierten den Krieg nicht vorgestellt, besonders London treibt die Sorge um, dass das wenig erfolgreiche Taktieren seiner Militärs in Deutsch-Ost Auswirkungen auf die eigenen Kolonien haben könnte. Die britischen Streitkräfte werden dem Burengeneral Jan Christiaan Smuts unterstellt, der selbst als genialer Guerillataktiker gilt. Durch die Kapitulation der Südwester Schutztruppe frei gewordene südafrikanische Verbände treffen auf dem ostafrikanischen Kriegsschauplatz ein.

Im März 1916 kann Smuts, der nördlich von Taveta mit 27.350 Mann, 71 Geschützen und 123 MGs über den Lumi setzte, die Deutschen nach einem Flankenmarsch um den linken Flügel aus ihren Stellungen treiben. Lettows Hauptmacht geht, von vier Kompanien unter Major Kraut gedeckt, in Richtung Mittellandbahn zurück. Mit dem

Gefangene des anglo-indischen Expeditionskorps: Die Kampfhandlungen haben die Schlacht von Tanga zur »größten Waffentat auf deutschem Kolonialboden« gemacht.

Das Wrack der KÖNIGSBERG nach der Selbstversenkung im Mündungsdelta des Rufiji.

Richard Wenig: auf See Wachoffizier an Bord des Kreuzers, an Land Batterieführer der Königsberg-Kompanie.

Fall von Moschi und Aruscha dominiert der Gegner das Kilimandscharo-Meru-Gebiet.

MARIE VON STETTIN/Kpt. Sörensen durchbricht als weiteres Schiff die Blockade. An Bord Mörser und Munition, dazu vorgepackte Pakete zu je 65-70 Pfund, wie sie die Träger tragen können.

Mit Beginn der Großoffensive teilt Smuts seine Truppe in drei Kolonnen, ab sofort wird nicht mehr nur an einer Stelle gekämpft. Gen. Crewe unterstützt die aus dem Nordwesten vorstoßenden Belgier, Gen. Deventer marschiert in südwestlicher Richtung zur Mittellandbahn (die Kapitulation der 28. Ko. bei Lolkisale wird zur ersten echten Niederlage der Schutztruppe), Smuts selbst geht entlang der Usambarabahn zur Küste.

Deventers Burenkavallerie erreicht – nach dem Verlust vieler Reittiere in der Massaisteppe zum Großteil zu Fuß – den von Lettow aufgegebenen Straßenknotenpunkt Kondoa Irangi. Die letzte große Offensive der Schutztruppe – Major Kraut greift Kondoa Irangi Anfang Mai mit 4.000 Mann an, setzt dabei Geschütze der KÖNIGSBERG ein (Deventer verteidigt mit Geschützen der PEGASUS) – wird zurückgeschlagen.

Smuts besetzt Usambara, zieht in Wilhelmstal, am 7. Juli in Tanga ein *(»nicht überlegener Tüchtigkeit der Truppe und Führung*

verdankt Herr Smuts seine Erfolge, sondern lediglich seiner Überlegenheit an Zahl und Hilfsmitteln«, RKA). Gen. Northey marschiert von Rhodesien ein, besetzt Bismarck- und die Militärstation Langenburg. Deventer erreicht die Mittellandbahn bei Dodoma, nimmt Kilossa und Morogoro. Die Schutztruppe setzt sich in Richtung auf die Uluguruberge und auf Mahenge ab. Daressalam wird dem Gegner kampflos überlassen.

Gleichzeitig mit den britischen Vorstößen bricht das belgisch-kongolesische Expeditionskorps mit zwei Kolonnen (10.000 Mann) in das Schutzgebiet ein. Engländer und Belgier arbeiten zusammen, achten jedoch darauf, wer was zuerst erreicht, um es nach einem Waffenstillstand für sich zu reklamieren, was den Krieg zu einem weiteren Wettlauf um koloniale Beute macht.

Tabora, nach Daressalams Aufgabe Zentrum der Schutzmacht, fällt am 19. September 1916 in belgische Hand: »Dieselbe furchtbare Behandlung, die den Kolonialdeutschen in Westafrika von den Franzosen erwiesen worden ist, ist auch denjenigen Ostafrikanern entgegengebracht worden, die in belgische Gefangenschaft gefallen sind. Annähernd ein Jahr hat es gedauert, bis Belgien die in Tabora gefangen genommenen Frauen und Kinder aus der Gefangenschaft entlassen hat. Auch hier hat sich wiederum gezeigt, dass dem gesamten Feldzug kein anderes Motiv zu Grunde lag als das, das deutsche Ansehen, die deutschen Besitzungen und die Bevölkerung mit allen Mitteln zu vernichten« (»Deutscher Kolonialatlas«).

Im Herbst sind der gesamte Norden und sämtliche Küstenplätze in Feindeshand, ist die Truppe von Gegnern eingekreist. Portugiesen, von Lettow schnell über den Rovuma zurückgeworfen, äfft das »Deutsche Kolonialblatt« hinterher: »Wir hoffen auch, dass es den tapferen und vom Heldengeist beseelten Portugiesen zum Bewusstsein gekommen ist, dass die Untertanen des Kaisers von ihren Mausergewehren vorläufig noch Gebrauch zu machen wissen.« Doch mit dem Eintreffen kolonialkriegerfahrener Nigerianer aus Kamerun, Einheiten der Goldküste und aus Sierra Leone können die Alliierten zeitweilig bis zu 150.000 Mann ins Feld führen.

»Jeden Morgen wurde um 4 Uhr geweckt. Um 5 Uhr brachen die Ersten auf. Stillschweigend zogen sie in langen Marschlinien über Berg und Tal, von einer Höhe zur andern, zwei Stunden marschierend, eine halbe Stunde rastend, mit einer täglichen Marschleistung von sechs Stunden. Kamen wir um die Mittagszeit an ein günstig gelegenes Wasser, so hielten wir, und die Lager wurden bezogen. Wo jede Abteilung lag, blieb sie am Wege, suchte sich spärlichen Schatten, und sofort waren die kleinen Zelte der Askaris und die nur ein wenig größeren der Europäer auf Stangen gespannt über die ganze Gegend verbreitet. Erfrischend kühler Wind wehte über diese Höhenzüge, und des Nachts war es empfindlich kalt. Am Lagerfeuer schmiedeten wir Pläne, was alles dereinst im Frieden aus diesem herrlichen Lande zu machen sein würde« (Lettow-Vorbeck).

Lettows Versuch, Kibata am Osthang von Matumbi zu nehmen, dessen Lagerbestände er dringend brauchen könnte, scheitert. Smuts fordert Schnee zur Kapitulation auf, gibt sein Kommando ab und fährt nach England, wo er den Krieg in Deutsch-Ost

voreilig für beendet und sich selbst zum Sieger erklärt.

Was von der Schutztruppe übrig ist, steht im Süden der Kolonie, wo sich die Eingeborenen nicht besonders deutschfreundlich geben, die Aussichten, vom Land zu leben, trotzdem nicht die Schlechtesten sind (»die Deutschen bezahlen ihre farbigen Truppen damit, dass sie ihnen freie Hand geben. Sie können plündern und Frauen nehmen, wo und wann sie wollen«, Deventer).

Der 17. und 18. Oktober 1917 sieht mit dem Gefecht bei Mahiwa am Lukuledi River südwestlich von Lindi die neben Tanga blutigste Begegnung des gesamten Krieges. Die Alliierten verlieren 2.700 Mann, die Deutschen haben 95 Gefallene und 422 Verwundete. Die Schutztruppe hat die Oberhand behalten, doch nur die Alliierten können ihre Verluste ersetzen.

Im November startet das eigens dafür um zwei Gaszellen verlängerte Marineluftschiff LZ 59 in Heeresangelegenheiten im bulgarischen Jambol in Richtung Ostafrika. An Bord 14 Tonnen Kriegsmaterial, Proviant, Medikamente, Verband- bis hin zum Nähzeug. Die Hülle des Zeppelins kann als Uniformstoff, das Aluminiumgerippe etwa zur Herstellung von Tragbahren verwendet werden. Die Afrikafahrt des Luftschiffs gilt

Major Kraut, der Sieger von Longidoberg, deckt den Rückzug von Lettows Hauptmacht zur Mittellandbahn.

Schnellfeuerkanone (Kaliber 10,5-cm) der KÖNIGSBERG, auf eine fahrbare Lafette montiert und von Eingeborenen gezogen, auf einer Brücke über dem Lukigura.

Jan Christiaan Smuts (1870–1950): 1915 mit dem Befehl über Südafrikas Truppen im Süden von Deutsch-Südwest, erhält der Politiker und Offizier das Kommando über die britischen Streitkräfte in Deutsch-Ost.

als absolute Pioniertat, mit einer Heimkehr wird in Jambul nicht gerechnet.

Als LZ 59 westlich von Khartum fährt, gelingt es dem Gegner, KptLt. Ludwig Bockholdt mit einem fingierten Funkspruch auszutricksen: Die von der bordeigenen Telefunkenstation aufgefangene Meldung »Unternehmen abbrechen«, da sich die Schutztruppe ergeben habe, ist falsch, doch Bockholdt lässt sich täuschen, dreht ab und erreicht nach einem gigantischen Streckenrekord von 6.757 km Rundflug in 95 Stunden seine Ausgangsstation in Bulgarien.

Lettow, inzwischen der meistgesuchte Militär der Welt, sieht sich zum Abbau seiner Truppe gezwungen, da es an Munition, Medikamenten und Verpflegung fehlt. Mit dem kleinen, aber starken Rest kann er den um das Makondehochland gelegten Einschließungsring durchbrechen, Ende November geht die Truppe, bei der sich Gouverneur Schnee und der sächsische General Wahle befinden, oberhalb der Lujendamündung über den Rovuma nach Mosambik (Portugiesisch-Ost). Bei den Eingeborenen dort durchaus willkommen, kann Weihnachten mit Feigenschnaps und portugiesischem Wein gefeiert werden.

Im ersten Halbjahr 1918 immer wieder einmal zur Kapitulation aufgefordert, geht Lettow im Juni über den Lurio, um sich in einem reich bestückten Verpflegungsdepot neu auszurüsten. Der Gefahr, erneut eingekreist zu werden, entzieht sich die Truppe durch den Wiedereintritt auf den Boden Deutsch-Ostafrikas.

»175 Europäer und 1.480 Askaris kamen wir zurück von dem interessanten Streifzug im Portugiesischen, der vom 25. November 1917 bis zum 30. September 1918 gedauert hatte. Mit großem Misstrauen hatten viele Schwarze der Sache entgegengesehen. Jetzt aber, als wir wieder zurückgefunden hatten und aus diesem Wirrwarr der feindlichen Verfolgung und aus dem unbekannten Lande wieder eintraten in unser deutsches Gebiet, da waren sie vollauf befriedigt, tauften mich um und gaben mir einen Ehrennamen. Sie haben nämlich die Gewohnheit, ihre Europäer mit entsprechenden Ehrentiteln zu belegen. So nannten sie mich, als wir ins Portugiesische gin-

gen, den ›Mann, der uns ins Verderben führt‹. Jetzt aber, als ich sie nicht ins Verderben, sondern in ihr eigenes Land zurückgeführt hatte, hieß ich plötzlich ›Bwana kuba ja akili mingi‹, der große Herr mit dem vielen Verstand« (Lettow-Vorbeck).

Die Schutztruppe marschiert entlang des Njassasees nach Norden, weicht dann bei Fife nach Nordrhodesien aus, um sich bei Ubena mit Gegnern zu schlagen. Am Tag, an dem die Heimat erfährt, dass ihr Kaiser, der seine Untertanen jetzt eher für eine Schweinebande hält, abdanken würde, nimmt Lettows Vorausabteilung Kasama.

Am 13. November hört Lettow, seiner Truppe klapprig vorausradelnd, vom Waffenstillstand in Europa, der durch Einschaltungen in des Gegners Telefonleitung bestätigt wird. Am 17. November 1918 lässt Lettow die in Deutsch-Ost sieglosen Sieger wissen, dass er sich durchaus noch ein paar Monate halten könnte, so auch die Waffen nicht strecke, sondern die Kampfhandlungen lediglich einstelle.

In Abercorn stellen sich – »im Felde unbesiegt« – 155 Offz./Uffz., 1.168 Askaris, 1.522 Träger und »einige 100 Weiber« mit einer Feldkanone, 24 MGs und 14 englischen Lewis-Geschützen zum kurzen Übergabezeremoniell.

Paul Emil v. Lettow-Vorbeck, den Historiker, die sich mit ihm befassen, den begnadetsten Guerillakämpfer aller Zeiten nennen, hat den Gegner vier Jahre lang genarrt, dadurch große Truppenverbände in einen zähen Kleinkrieg verwickelt. Der Kampf der Schutztruppe konnte den Kriegsverlauf im Ganzen gesehen kaum beeinflussen. Was vom Kolonialkrieg in Deutsch-Ost jedoch bleibt, sind Feststellungen wie jene von Theodor Leutwein, ksl. Generalmajor z.D., vormals Gouverneur von Deutsch-Südwest: »Ohne Übertreibung kann man sagen, dass die Verteidigung Ostafrikas der größte wirkliche und moralische Dauererfolg der deutschen Waffen im Weltkrieg gewesen ist.«

Lettows Askaris erhalten Gutscheine für den ausstehenden Sold, die eines Tages tatsächlich eingelöst werden. Im Januar 1919 treten 114 Schutztruppler und Seeleute an

Bord des Dampfers FIELD MARSHALL der Union-Castle SS Co, vormals FELDMARSCHALL der Deutschen Ostafrika-Linie, die Heimreise an (»*und noch lange sangen auf den Märkten und in den Straßen von Korogwe und Kigoma, wie sonst überall im Schutzgebiet, die Mädchen Lieder von Bwana Sakarani [Hptm. v. Prince] und Bwana Lettow, vom Siegen und Sterben der Deutschen*«, Arning) ...

Im Januar 1918 hatte US-Präsident Woodrow Wilson sein Programm für die Neuordnung Europas und den daraus resultierenden Weltfrieden vorgelegt. Unter den zentralen Punkten war die freie, weitherzige und unbedingt unparteiische Regelung des kolonialen Systems. Als die Sieger in Versailles zusammenkommen, ist Deutschlands Unfähigkeit auf dem Gebiet der kolonialen Zivilisation jedoch bereits deutlich dargestellt.

Kaiser und Reich haben, so jedenfalls die Sieger, als Führer und Erzieher der Eingeborenen versagt, die »Hebung der sittlichen und materiellen Wohlfahrt« versäumt. Versailles, wo sie rund 50 Jahre zuvor Wilhelm I. zum Kaiser der Deutschen krönten, bietet sich als Ort der Revanche an. Die Verteilung des deutschen Besitzes an Großbritannien, Frankreich, Belgien, Portugal, Südafrika, Neuseeland, Australien und Japan mochte gegen gängiges Völkerrecht sein, hatte durch den angeblichen Willen »von 13 bis 14 Millionen durch den Krieg befreiten Eingeborenen« jedoch den humanen Akzent.

Das Vertragsdiktat zwingt Freund und Feind die Erfindung eines Mandatsmodells – in der Diplomatensprache eine vorübergehende völkerrechtliche Vormundschaft fortgeschrittener Nationen über minder entwickelte Völker – als koloniale Verwaltungsform auf. Der wahre Charakter der Institution Mandat ist offensichtlich: Der deutsche Überseebesitz wird durch das Völkerbundmandat getarnt faktisch dem Kolonialreich von Siegermächten zugeteilt.

Ein paar Wochen nur nach Versailles ist Burengeneral und Kolonialverweser Jan Christiaan Smuts in Südwest *auf Pad*: »Die alte Bevölkerung hat hier sehr gute Arbeit geleistet. Während der Reise mussten mir die Denkmäler ihrer Bemühungen auffallen, ein Sibirien zu einem gelobten Land zu machen. Dieses Land musste einen niederdrückenden Eindruck auf die Seele eines Volkes gemacht haben, das aus einem Lande kam, das eine unbegrenzte Zahl von Bäumen, große Mengen von Wasser und fruchtbaren Boden hat.«

Einzug der Afrikakämpfer Schnee, Lettow-Vorbeck und Max Looff im März 1919 in Berlin: Die gedemütigte Metropole hat ihren ersten Jubeltag seit Kriegsende, die Nation ist gerührt.

Togo (bis 1905: Togoland)

1857 J. M. Vietor & Söhne im Eweland.
1882 Handelsverträge mit Kwadjovi von
Klein-Popo.
1884 Flaggenhissungen in Bagida, Lome
und Porto Seguro.
1884/1885 Berliner Kongokonferenz.
1885 Aufstellung einer Polizeitruppe.
– Verbot des Sklavenhandels.
1886 Verlegung der Verwaltung von
Bagida nach Sebe.
1886/1887 Agotime, Tove, Keve, Palime
und Liati unter dt. Schutz.
1888 Gründung der Station Bismarckburg. – Curt v. François im nordwestlichen Hinterland.
1890 Kolonialabkommen mit
Regelung der Grenze zur Goldküstenkolonie. – Errichtung
der Station Misahöhe.
1891 Togo der Kolonialabteilung des
AA unterstellt. – Regierungsvolksschule für Anecho.
1894 Eröffnung des Nachtigal-Kran-
kenhauses in Anecho.
1894/1895 Togo-Hinterland-Expedition
von Misahöhe über den Niger
nach Gando.
1895 Togo am Welttelegrafennetz.
1896 Gründung der Station Sansane-
Mangu.
– Zech schlägt den Urabaya
von Bo.
1897 Lome Sitz der dt. Verwaltung.
– Anlage der Stationen Bassari,
Sokode und Kpando.
1898 Öffnung des Kabiye-Landes.
– Strafexpedition gegen die
Konkomba, Gefecht in der
Lasaebene.
1899 Samoa-Abkommen mit Regelung
der Westgrenze.
1900 Anlage einer Versuchsfarm für
Baumwolle in Tove.
1901 Bau der Herz-Jesu-Kathedrale in
Lome.
1902 Regierungsvolksschule für Lome.
1904 Einrichtung der Ackerbauschule
in Nuatjä.
– Einweihung der Landungsbrücke.

1905 Eröffnung der Küstenbahn
Lome-Anecho.
1907 Einführung der Kopfsteuer.
– Eröffnung der Inlandbahn
Lome-Palime.
1909 Königin Charlotte-Krankenhaus
in Lome.
1909/1910 Togo erwirtschaftet einen
Überschuss.
1910 Landreform zum Schutz der
Eingeborenen.
1911 Eröffnung der Hinterlandbahn
Lome-Atakpame.
1913 Kamina nimmt den Funkverkehr
mit Nauen auf.
1914 Übergabe des Schutzgebiets
in militärisch hoffnungs-
loser Lage.

*Reichskommissar – Landeshauptmann –
Gouverneur:*
1884/1885 Heinrich Randad
1885–1887 Ernst Falkenthal
1888–1891 Eugen Ritter v. Zimmerer
1892–1895 Jesko v. Puttkamer
1895–1902 August Köhler
1902–1905 Waldemar Horn
1905–1910 Johann Nepomuk
Graf Zech auf Neuhofen
1911/1912 Edmund Brückner
1912–1914 Adolf Friedrich Hzg.
zu Mecklenburg

Kommandeure der Polizeitruppe:
v. Piotrowski, Heinrich Klose, Hans
Georg v. Doering, August Braunbeck, Valentin v. Massow, Adolf Frhr. v. Seefried
auf Buttenheim, Adolf Mellin, Johannes
Preil, Julius Smend, Gotthard Freude,
Friedrich v. Nagel, Kurt Schlettwein, Karl
Gaisser, Gerhard Häring, Georg Trierenberg und Walther Stockhausen.

Nachlese: 1919 ff. Aufteilung des Kolo-
nialgebiets in zwei Völkerbundsmanda-
te: Großbritannien erhält West-, Frankreich Ost-Togo. Der brit. Teil kommt zur
Goldküste (Ghana), wo er 1957 nach
einer Volksabstimmung verbleibt. *1960*
Ost-Togo, seit 1936 Teil Frz.-Westafri-
kas, wird unabhängig.
Heute: Republik Togo (das ehem. frz.)
und Ghana (das ehem. brit. Protektorat).

Kamerun

1862 Faktorei C. Woermanns an der
Kamerunküste.
1875 *ff.* Faktoreien Jantzen & Thormä-
lens in Bimbia, Malimba, Victoria und an der Kampomündung.
1879 Flegel bereist den Benue bis
Garua.
1884 Flaggenhissungen durch Nachtigal. – Strafaktion der Marine im
Wuri-Mündungsgebiet.
1885 Demonstrationszug gegen
Abo- und Wuri-Leute.
1886 Basler Mission im Küstenstreifen.
1886–1892 Zintgraff dringt ins Hinterland vor.
1887 Erste Regierungsschule und Postagentur in Duala.
1888 Gründung Jaundes als Station des
Elfenbeinhandels.
1889 Kamptz schlägt die Wute und erobert Ngila.
– Zintgraff im Grasland.
1890 Anlage des Botanischen Gartens
in Victoria.
1890/1891 Aufstellung einer Polizeitruppe und Marinemiliz.
1891 Niederlage der Nord-Hinterlandexpedition gegen Bafut und Bandeng. – Gravenreuth fällt am
Kamerunberg.
1893 Dahomé-Aufstand auf der Joßplatte. – Bildung der ksl. Schutztruppe.
1894 Strafexpedition gegen die
Bakwiri.
1895 Bakoko-Expedition Dominiks.
1896 Kronlandverordnung.
1896–1898 Feldzüge gegen Jaunde,
Bane-Buli, Fang und Ikoi.
1898 Entdeckung reicher Gummibe-
stände im Südosten.
1898/1899 Wute-Adamaua-Feldzug mit
Gefangennahme des Sultans von
Tibati.
1901 Puttkamer verlegt Regierungssitz
nach Buea.
1906 Baubeginn der Nordbahn.
1909 Baubeginn der Mittellandbahn.
1911 Marokko-Abkommen.
1912 Funkstation Duala nimmt den
Betrieb auf.

1914 Unruhen in Duala mit Hinrichtung Rudolf Manga Bells. Einnahme Dualas durch alliierte Truppen.

1915/1916 Kampf der Schutztruppe gegen englische, französische und belgische Kolonialtruppen.

1916 Übertritt der Schutztruppe auf neutrales Gebiet.

Reichskommissar – Gouverneur:
1884/1885 Max Buchner
1/4/1885–4/7/1885 Eduard Knorr
1885–1891 Julius Frhr. v. Soden
1891–1895 Eugen Ritter v. Zimmerer
1895–1907 Jesko v. Puttkamer
1907–1910 Theodor Seitz
1910–1912 Otto Gleim
1912–1916 Karl Ebermaier

Kommandeure der Schutztruppe:
1894–1896 Hptm. Maximilian v. Stetten
1897–1901 Maj. Oltwig Wilhelm
         v. Kamptz
1901–1903 Oberst Kurt v. Pavel
1903–1908 Genmaj. Franz L.W. Müller
1908–1913 Obstlt. Harry Puder
1914–1916 Obstlt. Karl Zimmermann

Nachlese: 1919 ff. Aufteilung zwischen Frankreich und England als B-Mandate des Völkerbunds, ab 1946 Treuhandgebiete der Vereinten Nationen. *1955* Beginn des Partisanenkriegs in Frz.-Kamerun, das 1960 die Unabhängigkeit erhält. *1961* Der südliche Teil Brit.-Kameruns geht an die Republik Kamerun, der Norden schließt sich Nigeria an.
Heute: Republik Kamerun.

Deutsch-Südwestafrika

1883 Vogelsang erwirbt Angra Pequeña für Lüderitz.

1884 Flaggenhissungen im Küstenstreifen.

1885 Göring Reichskommissar, Schutzvertrag mit den Herero.

1887 Witbooi überfällt Otjimbingwe, Bildung einer Gesellschaftstruppe.

1889 »Schutztruppe« unter Hptm. Curt v. François.

1890 Kolonialabkommen erweitert Südwest um den Caprivi-Zipfel.
  – Südwest Kronkolonie.
  – Gründung Windhuks.

1893 Regelmäßiger Fracht- und Personenverkehr der Woermann-Linie.

1894 Witbooi erkennt Schutzherrschaft an.

1895 Aufstellung der Basterkompanie.

1897 Ausbruch der Rinderpest.

1897/1898 Feldzug gegen Swartboois, Topnaar und Nordwestherero.

1898 Der erste »Transport heiratswilliger Damen« trifft ein. – Feldzug gegen Bondels und Bethanier.

1900 Bau der Station Namutoni.

1902 Fertigstellung der Bahnverbindung Windhuk-Swakopmund.

1903 Baubeginn der Otavibahn.
  – Aufstand der Bondels.

1904 Bau des hölzernen Landungspiers in Swakopmund.

1904–1907/08 Kolonialkriege gegen Herero und Nama.

1905 Verbot der Mischehe.

1907 Einrichtung der berittenen Landespolizei.
  – Etoscha-Pfanne Naturschutzgebiet.

1908 Erste Diamantenfunde.

1909 Kommunale Selbstverwaltung.

1912 Enthüllung des Südwester-Reiters.

1913 Baubeginn des Tintenpalasts.

1914 Allgemeine Mobilmachung. Südafrikanischer Angriff auf Ramansdrift.

1915 Ehrenvolle Kapitulation der Schutztruppe.

Reichskommissar – Landeshauptmann – Gouverneur:
1885–1890 Heinrich Ernst Göring
1891–1894 Curt v. François
1894–1905 Theodor Leutwein
1905–1907 Friedrich v. Lindequist
1907–1910 Bruno v. Schuckmann
1910–1915 Theodor Seitz

Kommandeure der Schutztruppe:
1889–1894 Maj. Curt v. François
1894–1904 Oberst Theodor Leutwein
1904–1906 Genlt. Lothar v. Trotha
1906/1907 Genmaj. Berthold v. Deimling
1907–1911 Oberst Ludwig v. Estorff
1912–1914 Obstlt. Joachim
         v. Heydebreck
1914/1915 Obstlt. Erich Franke

Nachlese: 1918 Ablehnung des Waffenstillstandsvertrags durch England. *1919* Einsetzung Südafrikas als Mandatsmacht durch den Völkerbund, Caprivi-Zipfel im brit. Betschuanaland. Deportation von 6.374 Südwester-Deutschen, 1.223 als unerwünscht eingestufte und andere Familien verlassen das Land freiwillig, rund 6.700 Deutsche bleiben. *1924* Naturalisierungsgesetz: Deutsche, die sich am 1/1/24 im Land aufgehalten haben, werden südafrikanische (brit.) Staatsbürger. *1946* Weigerung Südafrikas, das Völkerbundsmandat in eine UN-Treuhandschaft umzuwandeln. *1966* Widerruf des UNO-Mandats. *1990* SWA als Namibia unabhängig. *1994* Südafrika tritt Walvis Bay an Namibia ab.
Heute: Republik Namibia.

Deutsch-Ostafrika

1848/1849 Krapf und Rebmann am Kilimandscharo und Mount Kenya.

1849 Hamburger Kaufleute im Transitzentrum Sansibar.

1867 Der Sultan von Wituland ersucht Preußen um Schutz.

1884 Erwerbs-Expedition der GfDK im Hinterland von Bagamoyo und Sadani.

1884/1885 Ruanda und Urundi im dt. Einflussbereich.

1885 Die Gebrüder Denhardt erwerben Land vom Sultan von Witu.
  – Ksl. Schutzbrief für Peters Erwerbungen.

1887 Die DOAG erwirbt das Küstengebiet vom Umba bis zum Rovuma. – Eröffnung der Station Daressalam.

1888 Bagamoyo Hauptstadt.
  – Beginn des Araber-Aufstands.
  – Küstenblockade.

1889 Operationen der Wißmanntruppe gegen Bushiri und Bana Heri.
  – Erstbesteigung des Kilimandscharo durch Meyer und Purtscheller.

1889/1890 Emin-Pascha-Expedition.

1890 Vertrag über Kolonien und Helgoland.
– Daressalam löst Bagamoyo als Hauptstadt ab.
1891 Deutsch-Ost Kronkolonie, Wißmanntruppe Schutztruppe.
1891–1898 Wahehe Aufstand.
1892 Hindorf führt die Kaffeekultur ein.
1893 Baubeginn der Usambarabahn.
1895 Deutsche Schule Daressalam.
1896 Ansiedlung von Burenfamilien am Nordhang des Meru.
1897 Übergabe des ksl. Schutzbriefs in Ruanda.
1898 Einführung der Hüttensteuer.
1899–1907 Ruanda-Urundi im Militärdistrikt Usumbura.
1900 Erste Versuche mit der Kautschukkultur.
1902 Zwangsanbau von Baumwolle im Süden.
1905–1907 Maji-Maji-Aufstand.
1905–1914 Bau der Mittellandbahn.
1906 Götzen erklärt Mischehen für unerwünscht.
1907 Aufteilung Ruanda-Urundis in zwei Residenturen.
1907–1909 Grätz durchquert das südliche Afrika im Spezial-Mercedes.
1914 Ausrufung des Kriegszustands. Lettow-Vorbeck wehrt brit. Invasionsversuch bei Tanga ab.
1914–1918 Kriegshandlungen im Schutzgebiet, die Schutztruppe streckt »unbesiegt« die Waffen.

Administrator – Reichskommissar – Gouverneur:
1885–1889 Carl Peters
1889–1891 Hermann v. Wißmann
1891–1893 Julius Frhr. v. Soden
1893–1895 Friedrich Frhr. v. Schele
1895/1896 Hermann v. Wißmann
1896–1901 Eduard v. Liebert
1901–1906 Adolf Graf v. Götzen
1906–1912 Georg Albrecht
Frhr. v. Rechenberg
1912–1918 Heinrich Schnee

Kommandeure der Schutztruppe:
1891 Emil v. Zelewski
1892/1893 unbesetzt

1894/1895 Oberst Friedrich
Frhr. v. Schele
1896/1897 Obstlt. Lothar v. Trotha
1898–1900 Genmaj. Eduard v. Liebert
1901–1905 Maj. Adolf Graf v. Götzen
1906–1914 Obstlt. Kurt v. Schleinitz
1914–1918 Obstlt. Paul
v. Lettow-Vorbeck

Nachlese: 1919 Deutsch-Ost mit Ausnahme der Sultanate Ruanda und Urundi und dem Kionga-Dreieck brit. Mandatsgebiet (Tanganjika-Territorium), Ruanda und Urundi belgisches, das Kionga-Dreieck portugiesisches Mandat. *1925* Ruanda-Urundi Teil der belgischen Kongo-Kolonie. *1946* Tanganjika und Ruanda-Urundi Treuhandgebiete der UNO. *1961* Tanganjika, 1962 Ruanda und Urundi/Burundi unabhängig. *1964* Zusammenschluss Tanganjikas und Sansibars zur Vereinigten Republik von Tanganjika und Sansibar (Tansania).
Heute: Vereinigte Republik Tansania. – Republik Burundi – Republik Ruanda – Republik Kenia (Deutsch-Wituland).

Deutsch-Neuguinea

1859 Die ersten Kriegsschiffe Preußens in der Südsee.
1865/1866 Godeffroy auf den Palauinseln und Karolinen, Hernsheim auf den Marshallinseln.
1874–1876 Deutsche »Gazelle«-Expedition.
1875 Freundschaftsvertrag mit den Tongainseln.
1878 Hafen von Jaluit dt. Bunkerstation.
1879–1885 Otto Finsch im Südpazifik.
1883 Queensland proklamiert Neuguinea und die umliegenden Inselgruppen als natürliche Domäne.
1884 Flaggenhissungen im Bismarckarchipel und an Neuguineas Küste.
1885 Karolinen- und Palauinseln durch Schiedspruch zu Spanien.
– Die Marshallinseln deutsches Schutzgebiet.
1886 Flaggenhissung auf den Salomonen.

1887 Aufstellung einer einheimischen Polizeitruppe.
– Gründung der Jaluit-Gesellschaft.
1888 Inbesitznahme des Nauru-Atolls.
1899 Entkräftung des ksl. Schutzbriefs, die Hoheitsrechte beim Reich. Herbertshöhe Verwaltungssitz. Deutschland erwirbt Marianen (außer Guam), Karolinen- und Palau-Inseln von Spanien.
1900 Phosphat auf Nauru entdeckt.
1901 Verbot von Muschel- und Steingeld im Geschäftsverkehr.
1906 Verwaltung der Marshallinseln beim Reich.
1907 Teilweise Einführung der Jahreskopfsteuer.
1910 Umzug der Verwaltung nach Rabaul. – Sokehs-Rebellion.
1914 Japan besetzt die Inseln Mikronesiens, Australien Kaiser-Wilhelmsland, Bismarckarchipel und die dt. Salomonen.

Ksl. Kommissar:
1885–1887 Gustav v. Oertzen
1889–1892 Friedrich »Fritz« Rose

Landeshauptmann der NGK:
1886–1888 Georg Frhr. v. Schleinitz
1888/1889 Reinhold Krätke
1892–1895 Georg Schmiele
1895/1896 Hugo Rüdiger
1896/1897 Curt v. Hagen
1897/1898 Hugo Skopnik

Gouverneur:
1899–1902 Rudolf v. Bennigsen
1902–1914 Albert Hahl
1914 Eduard Haber (i.V.)

Nachlese: 1919 Japan erhält die Marianen (ohne Guam), Karolinen-, Palau- und Marshallinseln als Völkerbundsmandat, Australien Kaiser-Wilhelmsland, Bismarckarchipel, Buka und Bougainville. Nauru wird als englisch-australisch-neuseeländisches Kondominat verwaltet. *1945–1947* Japan verliert sein mikronesisches Inselgebiet, Treuhandverwaltung durch die USA. *1975–1994* Die ehe-

maligen dt. Schutzgebiete werden unabhängig.
Heute: Papua-Neuguinea – Föderierte Staaten von Mikronesien – Commonwealth der Nördlichen Marianen – Salomonen – Republik der Marshallinseln – Republik Nauru – Republik Palau.

Deutsch-Samoa

1847/1848 Handelsschiffe aus Bremen und Hamburg laufen Samoa an.
1855 August Unshelm vom Handelshaus Godeffroy & Sohn auf Samoa.
1857 Faktorei Godeffroys bei Apia.
1864 Theodor Weber Direktor Godeffroys.
1868 ff. Malietoawirren mit Einflussnahme fremder »Bewerberstaaten«.
1878 Umwandlung des Handelshauses Godeffroy & Sohn in Deutsche Handels- und Plantagengesellschaft der Südseeinseln.
   – Samoa-Krise zwischen Deutschland, England und den USA.
1879 Erstes Samoa-Abkommen: Apia mit Umland fremdländische Munizipalität. – Der Reichstag lehnt Bismarcks Samoa-Vorlage ab.
1886 Landekommando der ALBATROSS besetzt ein Gebiet bei Apia.
1887–1889 Bürgerkrieg.
1888 USA entsenden Kriegsschiffe nach Apia. – Schwere Verluste einer dt. Landungsabteilung bei Bailele.
   – Eröffnung der dt. Privatschule in Apia.
1889 Zweites Samoa-Abkommen erklärt Samoa für neutral.
   – EBER und ADLER während eines Hurrikans vor Apia zerstört.
1899 Aufteilung Samoas in ein dt. und amerik. Hoheitsgebiet.
1900 Flaggenhissung auf Upolu und Sawaii.
1901 Die »Samoanische Zeitung« erscheint (bis 1916).
1903 Passiver Widerstand der Mau-Bewegung.
1910 Bestrebungen nach einem Ausbau der Selbstverwaltung.
1914 Eröffnung der Funkstation in Apia.

– Deutsch-Samoa von neuseeländischen Truppen besetzt.

Gouverneur:
1900–1911 Wilhelm H. Solf
1911–1914 Erich Schultz-Ewerth

Nachlese: 1921 Neuseeland erhält das Völkerbundsmandat für Deutsch-West-Samoa als letzte C-Mandatsmacht der Südsee. *1946* West-Samoa Treuhandgebiet unter neuseeländischer Verwaltung. *1962* West-Samoa unabhängig.
Heute: Unabhängiger Staat von Samoa.

Kiautschou

1852–1858 Hamburg, Lübeck, Preußen und Oldenburg eröffnen konsularische Vertretungen in Schanghai.
1859 Preußisch/deutsche Expansionsreise nach Ostasien, Abschluss eines Handelsvertrags mit China.
1868–1872 Forschungsreisen Richthofens in China.
1869 Stationierung dt. Kriegsschiffe in Ostasien.
1879 Anzer und Freinademetz treffen in Hongkong ein.
1881 Steyler Missionare im Apostolischen Vikariat Schantung.
1886 Anzer Titularbischof im Missionsgebiet Südschantung.
1890 Steyler Missionsfeld unter dem Schutz des Reiches.
1894/1895 Erster Chinesisch-Japanischer Krieg.
1896 Tirpitz Chef der in Ostasien stationierten Seestreitkräfte.
1897 Militärische Besetzung der Kiautschou-Bucht nach der Ermordung von zwei Missionaren.
1898 Deutsch-chinesischer Pachtvertrag.
   – Das III. Seebataillon in Kiautschou.
1899 Baubeginn des Großen Hafens, Anlage der Arbeitersiedlung Taitungtschen.
1899–1904 Bau der Schantungbahn, Konflikte zwischen Einheimischen und der Bahngesellschaft.

1900/1901 Boxeraufstand: Ermordung des dt. Gesandten in Peking, Eingreifen der Großmächte. Sühnemission des Prinzen Chun.
1901 Bau der Arbeitersiedlung Taihsitschen.
1902 Ausbeutung der Fangzi-Grube im Weihsien-Feld, der erste Kohlenzug trifft in Tsingtau ein.
1903 Bau des Gouverneursgebäudes (bis 1906).
1904 Eröffnung der Anlegemole 1 im Großen Hafen.
1904/1905 Russisch-Japanischer Krieg.
1905 Baubeginn der Ksl. Werft mit Asiens einzigem Schwimmdock.
1907 Inbetriebnahme der Hungschan-Grube bei Poshan.
1908 Baubeginn der Christuskirche.
1909 Eröffnung der Deutsch-Chinesischen Hochschule.
1911 Republikanische Revolution mit Sturz der Mandschu/Qing-Dynastie (seit 1644).
1912 Heinrich Prinz v. Preußen mit S.M.S. SCHARNHORST in Tsingtau.
1913 KAdm. Maximilian Reichsgraf v. Spee Chef des Ostasien-Geschwaders.
1914 Seeblockade der Kiautschou-Bucht. Japanische Truppen erzwingen die Kapitulation Tsingtaus.

Gouverneur und Befehlshaber der militärischen Besatzung:
1898/1899 KzS Carl Rosendahl
1899–1901 KzS Paul Jäschke
1/1901– KzS Max Rollmann (prov.)
6/1901
1901–1911 KzS Oskar v. Truppel
1911–1914 KzS Alfred Meyer-Waldeck

Nachlese: 1917: China tritt auf der Seite der Alliierten in den Krieg ein. *1919* Versailles zwingt Deutschland zum Verzicht auf die durch den Kiautschou-Vertrag erworbenen politischen wie wirtschaftlichen Vorrechte zu Gunsten Japans. *1922* Japan gibt Tsingtau auf Drängen der USA an China zurück.
Heute: Teil der Volksrepublik China.

Kolonialliteratur allgemein

Arendt, Otto: Ziele deutscher Kolonialpolitik. Berlin 1886

Aßmann, Kurt: Die Kämpfe der Kaiserlichen Marine in den Deutschen Kolonien. Berlin 1935

Benecke, Max: Die Ausbildung der Kolonialbeamten. Berlin 1894

Böttger, Hugo: Die neue Ära der deutschen Kolonialpolitik. Berlin 1894

Dernburg, Bernhard: Zielpunkte des Deutschen Kolonialwesens. Berlin 1907

Deutscher Kolonial-Atlas mit illustriertem Jahrbuch, hrsg. auf Veranlassung der Deutschen Kolonialgesellschaft. Berlin

Deutsches Kolonialblatt. Amtsblatt für die Schutzgebiete in Afrika und in der Südsee. Jg. 1-25. Berlin 1890–1914

Deutsche Kolonialzeitung Jg. 1-31

Fabri, Friedrich: Bedarf Deutschland der Kolonien? Gotha 1879

François/Müller/Wißmann/Wolf: Im Innern Afrikas. Die Erforschung des Kassai während der Jahre 1883, 1884 und 1885

Hassert, Kurt: Deutschlands Kolonien. Leipzig 1909

Hutter, Franz et al.: Das Überseeische Deutschland. Die deutschen Kolonien in Wort und Bild. Stuttgart, Berlin, Leipzig 1903

Jöhlinger, Otto: Die wirtschaftliche Bedeutung unserer Kolonien. Berlin 1910

Köbner, Otto: Einführung in die Kolonialpolitik. Jena 1908

Kuntze, Paul: Das Volksbuch unserer Kolonien. Leipzig 1938

Langheld, Wilhelm: Zwanzig Jahre in den deutschen Kolonien. Berlin 1910

Leutwein, Theodor: Zur Arbeitfrage in den Kolonien. 1906

Mecklenburg, Adolf Friedrich, Hzg. zu: Ins Innerste Afrika. Bericht über den Verlauf der deutschen wissenschaftlichen Zentral-Afrika-Expedition 1907–1908. Leipzig 1909

Mecklenburg, Adolf Friedrich, Hzg. zu: Vom Kongo zum Niger zum Nil. Berichte der deutschen Zentral-Afrika-Expedition 1910/1911. Leipzig 1921

Meyer, Hans: Das deutsche Kolonialreich. Leipzig und Wien 1909

Mirbt, Carl: Die evangelische Mission als Kulturmacht. Berlin 1905

Nachtigal, Gustav: Sahara und Sudan. Ergebnisse sechsjähriger Reisen in Afrika. Berlin 1879/81

Rohlfs, Gerhard: Land und Volk in Afrika. Berichte aus den Jahren 1865–1870. Bremen 1870

Rohrbach, Paul: Kulturpolitische Grundsätze für die Rassen- und Missionsfragen. Berlin 1909

Rohrbach, Paul: Wie machen wir unsere Kolonien rentabel? Halle 1907

Schanz, Moritz: Der Neger als Baumwollbauer in Deutsch-Afrika. 1911

Schmidlin, Josef: Die katholische Mission in den deutschen Schutzgebieten. Münster 1913

Schmidt, Rochus: Deutschlands koloniale Helden und Pioniere der Kultur im schwarzen Kontinent. Braunschweig 1896

Schnee, Heinrich (Hrsg.): Deutsches Koloniallexikon. Leipzig 1920

Schneider, Karl (Hrsg.): Jahrbuch der deutschen Kolonien (Jahrgänge I bis VII)

Schwabe/Leutwein: Die Deutschen Kolonien. Berlin 1935

Seitz, Theodor: Vom Aufstieg und Niederbruch deutscher Kolonialmacht. Karlsruhe 1929

Sembritzki, Emil: Der Kolonialfreund. Berlin 1912

Soyaux, Hermann: Deutsche Arbeit in Afrika. Leipzig 1888

Zache, Hans: Das deutsche Kolonialbuch. Leipzig 1915

Togo

Arendt, Otto: Die parlamentarischen Studienreisen nach West- und Ostafrika – Reisebriefe aus Togo, Kamerun und Deutsch-Ostafrika. Berlin 1906

Doering, Georg von: Reiseberichte aus den Jahren 1893–1895. Beihefte zum deutschen Kolonialblatt (VIII)

Henrici, Ernst: Das deutsche Togogebiet und meine Afrikareise 1887. Leipzig 1888

Kling/Büttner: Ergebnisse der Forschungsreisen im Hinterlande von Togo 1890–1892. Beihefte zum deutschen Kolonialblatt (VI)

Klose, Heinrich: Togo unter deutscher Flagge. Berlin 1899

Schlunk, Martin: Die norddeutsche Mission in Togo. Bremen 1910

Schönhärl, Josef: Volkskundliches aus Togo. Dresden 1909

Spieth, Jakob: Die Ewe-Stämme. Material zur Kunde des Ewe-Volkes in Deutsch-Togo. Berlin 1906

Togo und Kamerun. Eindrücke eines deutschen Abgeordneten. Leipzig 1905

Trierenberg, Georg: Togo – die Aufrichtung der deutschen Schutzherrschaft und die Erschließung des Landes. Berlin 1914

Zech, Julius von: Vermischte Notizen über Togo und Togohinterland. Beihefte zum deutschen Kolonialblatt (XI)

Zöller, Hugo: Das Togoland und die Sklavenküste. Stuttgart 1885

Kamerun

Autenrieth, Franz: Ins Inner-Hochland von Kamerun. Eigene Reiseerlebnisse. Stuttgart 1909

Bauer, Fritz: Die deutsche Niger-Benue-Tsadsee-Expedition 1902–1903. Berlin 1904

Böckheler, N.: Theodor Christaller, der erste deutsche Reichsschullehrer in Kamerun. Ein Lebensbild. Leipzig 1897

Bohner, Heinrich: Die Erziehung des Kamerun-Negers zur Kultur. Basel 1898

Buchner, Max: Kamerun. Skizzen und Betrachtungen. Leipzig 1887

Buchner, Max: Aurora colonialis. Bruchstücke eines Tagebuchs aus dem ersten Beginn unserer Kolonialpolitik 1884/85. München 1914

Chamier-Lisczinski, Hans von: In Kamerun: Reise- und Expeditionsskizzen eines ehemaligen Schutztruppenoffiziers. Berlin 1925

Damis, F.: Auf dem Moraberge. Erinnerungen an die Kämpfe der 3. Kompanie der ehemaligen kaiserlichen Schutztruppe für Kamerun. 1925

Dominik, Hans: Kamerun, Sechs Kriegs- und Friedensjahre in den deutschen Tropen. Berlin 1901

Dominik, Hans: Vom Atlantik zum Tschadsee, Kriegs- und Forschungsfahrten in Kamerun. Berlin 1908

Escherich, Georg: Quer durch den Urwald von Kamerun. Berlin 1923

Hutter, Franz: Wanderungen und Forschungen im Nordhinterland von Kamerun. Braunschweig 1902

Langheld, Wilhelm: Über die Stammesorganisation in Kamerun. Berlin 1909

Mansfeld, Alfred: Urwald-Dokumente. Vier Jahre unter den Crossflussnegern Kameruns. Berlin 1908

Morgen, Curt von: Durch Kamerun von Süd nach Nord. Leipzig 1893

Oertzen, Jasper von: In Wildnis und Gefangenschaft. Kameruner Tierleben. Berlin 1913

Passarge, Siegfried: Die Geschichte der Erforschung und Eroberung Kameruns. Zeitschrift für Kolonialpolitik 1908

Puttkamer, Jesco von: Gouverneursjahre in Kamerun. Berlin 1912

Reichenow, Anton: Die deutsche Kolonie Kamerun. Berlin 1884

René, Carl: Kamerun und die Deutsche Tsadsee-Eisenbahn. Berlin 1905

Scholze, Johannes: Deutsches Heldentum am Kameruner Götterberg. Offenburg 1934

Schwarz, Bernhard: Kamerun. Reise in die Hinterlande der Kolonie. Leipzig 1886

Sembritzki, Emil: Durch Urwald und Grasland in Kamerun. Berlin 1919

Strümpell, Kurt: Die Geschichte Adamauas nach mündlichen Überlieferungen. Hamburg 1912

Suren, Hans: Kampf um Kamerun. Berlin 1934

Teßmann, Günter: Die Pangwe, Völkerkundliche Monographie eines westafrikanischen Negerstammes. Berlin 1913

Thorbecke, Franz und Marie Pauline: Im Hochland von Mittel-Kamerun. Hamburg 1919

Wuhrmann, Anna: Vier Jahre im Grasland von Kamerun. Basel 1917

Zimmermann, Emil: Eine vernachlässigte Kolonie (Kamerun). Berlin 1910

Zimmermann, Oskar: Durch Busch und Steppe vom Campo bis zum Schari, 1892–1902; ein Beitrag zur Geschichte der Schutztruppe in Kamerun. Berlin 1909

Zintgraff, Eugen: Nord-Kamerun. Berlin 1895

Deutsch-Südwestafrika

Angebauer, Karl: Ovambo. Fünfzehn Jahre unter Kaffern, Buschleuten und Bezirksamtmännern. Berlin 1927

Angebauer, Karl: Die Farmer von Otivanda. Leipzig 1929

Auer v. Herrenkirchen, Helmuth: Meine Erlebnisse während des Feldzuges gegen die Herero und Witboois nach meinem Tagebuch. Berlin 1907

Bayer, Maximilian: Der Krieg in Südwestafrika. Leipzig 1906

Bayer, Maximilian: Mit dem Hauptquartier in Südwestafrika. Berlin 1909

Bülow, Freiherr F.J. von: Drei Jahre im Lande Hendrik Witbois. Berlin 1896

Bülow, Freiherr F.J. von: Im Felde gegen die Herero. Erlebnisse eines Mitkämpfers. Bremen

Deimling, Berthold: Südwestafrika; Land und Leute; unsere Kämpfe; Wert der Kolonie. Berlin 1906

Dove, Karl: Südwest-Afrika, Kriegs- und Friedensbilder aus der ersten deutschen Kolonie. Berlin 1896

Eckenbrecher, Margarethe von: Was Afrika mir gab und nahm. Erlebnisse einer deutschen Ansiedlerfrau in Südwestafrika. Berlin 1907

Falkenhausen, Helene von: Ansiedlerschicksale. Elf Jahre in Deutsch-Südwestafrika. Berlin 1905

Fischer, Eugen: Die Rehobother Bastards und das Bastardierungsproblem beim Menschen. Jena 1913

Francois, Curt von: Deutsch-Südwestafrika. Geschichte der Kolonisation bis zum Ausbruch des Krieges mit Witbooi April 1893. Berlin 1899

Francois, Hugo von: Nama und Damara. Magdeburg 1896

Frenssen, Gustav: Peter Moors Fahrt nach Südwest. Ein Feldzugsbericht. Berlin 1906

Geissler, Max: Soldaten-Balladen. Leipzig 1909

Grimm, Hans: Das deutsche Südwesterbuch. München 1929

Grimm, Hans: Der Zug des Hauptmanns von Erckert. München 1936

Grimm, Hans: Lüderitzland. Sieben Begebenheiten. München 1934

Großer Generalstab: Die Kämpfe gegen die Herero. Berlin 1906

Gürich, Georg: Deutsch-Südwestafrika. Reisebilder und Skizzen aus den Jahren 1888–89. Hamburg 1891

Hesse, H: Die Schutzverträge in Deutsch-Südwestafrika. Berlin 1905

Irle, Jakob: Die Herero. Gütersloh 1906

Karow, Maria: Wo sonst der Fuß des Kriegers trat. Farmerleben in Südwest nach dem Kriege. Berlin 1911

Klausmann, O.A.: Mit Büchse und Ochsenstrick in Südwestafrika. Kattowitz 1903

König, Harry: Heiß Flagge. Leipzig 1934

Külz, Wilhelm: Die Selbstverwaltung für Deutsch-Südwestafrika. Berlin 1909

Kuhn, A.: Zum Eingeborenenproblem in Deutsch-Südwestafrika. Ein Ruf an Deutschlands Frauen. Berlin 1905

Lenssen, Hans Emil: Chronik von Deutsch-Südwestafrika 1883–1915. Windhoek 1966

Leutwein, Theodor: Elf Jahre Gouverneur in Deutsch-Südwestafrika. Berlin 1908

Liliencron, Adda von: Bis in das Sandfeld hinein. Stuttgart 1908

Liliencron, Adda von: Reiterbriefe aus Südwest. Oldenburg 1906

Mossolow, N.: Windhoek damals. Windhoek

Oelhafen, Hans von: Der Feldzug in Südwest 1914/15. Berlin 1923

Passarge, Siegfried: Die Buschmänner der Kalahari. Berlin 1905

Passarge, Siegfried: Die Kalahari. Berlin 1904

Rust, Conrad: Krieg und Frieden im Hererolande. Berlin 1905

Schinz, Hans: Deutsch-Südwestafrika. Oldenburg 1891

Schlettwein, Carl: Der Farmer in Deutsch-Südwest-Afrika. Wismar 1907

Schröder-Stranz: Südwest, Kriegs- und Jagdbilder. Berlin 1911

Schultze, Leonard: Aus Namaland und Kalahari. Jena 1907

Schwabe, Kurd: Der Krieg in Deutsch-Südwest 1904–1906. Berlin 1907

Schwabe, Kurd: Im deutschen Diamantenlande. Berlin 1910

Schwabe, Kurd: Mit Schwert und Pflug in Deutsch-Südwestafrika. Berlin 1904

Vetter, Heinrich: Das alte Südwestafrika. Berlin 1934

Voigt, Bernhard: Schutztruppler in Südwestafrika. Potsdam 1941

Voigt, Bernhard: Der Südafrikanische Lederstrumpf. Potsdam 1934

Voigt, Bernhard: Du meine Heimat Deutschsüdwest. Berlin 1925

Winkler, A. von: Im afrikanischen Sonnenbrand. Leipzig 1912

Deutsch-Ostafrika

Arning, Wilhelm: Vier Jahre Weltkrieg in Deutsch-Afrika. Hannover 1920

Arning, Wilhelm: Deutsch-Ostafrika gestern und heute. Berlin 1936

Axenfeld, Karl: Die missionarische Aufgabe in Deutsch-Ostafrika. Berlin 1910

Behr, Hugold von: Kriegsbilder aus dem Aufstand in Deutsch-Ostafrika. Leipzig 1891

Bley, Fritz: Deutsche Pionierarbeit in Ostafrika. Berlin 1891

Borke, Helene von: Ostafrikanische Erinnerungen einer freiwilligen Krankenpflegerin. Berlin 1891

Bülow, Frieda von: Reiseskizzen und Tagebuchblätter aus Deutsch-Ostafrika. Berlin 1889

Kersten, Otto: Baron Carl Claus von der Decken's Reisen in Ost-Afrika in den Jahren 1859 bis 1865. Im Auftrage der Mutter des Reisenden Fürstin Adelheid von Pless. Leipzig 1871

Deppe, Ludwig: Mit Lettow-Vorbeck durch Afrika. Berlin 1919

Götzen, Graf von: Deutsch-Ostafrika im Aufstand 1905/06. Berlin 1909

Götzen, Graf von: Durch Afrika von Ost nach West – Resultate und Begebenheiten einer Reise von der Deutsch-Ostafrikanischen Küste bis zur Kongomündung in den Jahren 1893/94. Berlin 1895

Grätz, Paul: Im Auto quer durch Afrika. Berlin 1910

Jühlke, Karl: Die Erwerbung des Kilima Ndscharo. Köln 1886

Karstedt, Oskar: Beiträge zur Praxis der Eingeborenen-Rechtsprechung in Deutsch-Ostafrika. Daressalam 1912

Krapf, Johann: Reisen in Ostafrika in den Jahren 1837–1855. Kornthal 1858

Külz, Ludwig: Blätter und Briefe eines Arztes aus dem tropischen Deutsch-afrika. Berlin 1910

Kurtze, Bruno: Die Deutsch-Ostafrikanische Gesellschaft. Ein Beitrag zum Problem der Schutzbriefgesellschaften und zur Geschichte Deutsch-Ostafrikas. Jena 1913

Langheld, Wilhelm: Die afrikanischen Helden. Berlin 1912

Lettow-Vorbeck, Paul von: Heia Safari. Leipzig 1920

Lettow-Vorbeck, Paul von: Mein Leben. Biberach an der Riss, 1957

Leue, August: Daressalam. Leipzig 1903

Leue, August: Die Besiedlungsfähigkeit Deutsch-Ostafrikas. Leipzig 1904

Meyer, Hans: Zum Schneedom des Kilima Ndscharo. Berlin 1888

Nigmann, Ernst: Wahehe. Berlin 1907

Nigmann, Ernst: Geschichte der Kaiserlichen Schutztruppe für Deutsch-Ostafrika. Berlin 1911

Peters, Carl: Das deutsch-ostafrikanische Schutzgebiet. Leipzig 1891

Peters, Carl: Die Gründung von Deutsch-Ostafrika. Berlin 1906

Peters, Carl: Lebenserinnerungen. Hamburg 1918

Pfeil, Joachim Friedrich Graf: Vorschläge zur praktischen Kolonisation in Ostafrika. Berlin 1888

Prince, Magdalene: Eine deutsche Frau im Innern Deutsch-Ostafrikas. Berlin 1905

Pogge, Paul: Im Reiche des Muata Jamvo. Berlin 1880

Reichard, Paul: Deutsch-Ostafrika. Leipzig 1892

Roegels, Fritz: Mit Carl Peters in Afrika. Berlin 1838

Ruete, Emily: Memoiren einer arabischen Prinzessin. Berlin 1886

Schnee, Heinrich: Deutsch-Ostafrika im Weltkrieg. Wie wir lebten und kämpften. Leipzig 1919

Stuhlmann, Franz: Mit Emin Pascha ins Herz von Afrika. Berlin 1894

Weishaupt, Martin: Ostafrikanische Wandertage. Durch das Gebiet der Leipziger Mission in Deutsch-Ostafrika. Leipzig 1913

Werther, Waldemar: Zum Victoria Nyanza. Eine Antisklaverei-Expedition und Forschungsreise. Berlin 1894

Weule, Karl: Negerleben in Ostafrika. Ergebnisse einer ethnologischen Forschungsreise. Leipzig 1908

Wißmann, Hermann von: Unter deutscher Flagge quer durch Afrika von West nach Ost. Berlin 1889

Wißmann, Hermann von: Im Innern Afrikas. Die Erforschung des Kassai während der Jahre 1883/85. Leipzig 1891

Südseebesitzungen

»Amtsblatt für das Schutzgebiet Deutsch-Neuguinea«. 1909 ff.

Behrmann, Walter: Im Stromgebiet des Sepik. Berlin 1922

Detzner, Hermann: Vier Jahre unter Kannibalen – Von 1914 bis zum Waffenstillstand unter deutscher Flagge im unerforschten Innern von Neuguinea. Berlin 1921

Ebert, Paul: Südsee-Erinnerungen. Leipzig 1924

Ehlers, Otto: Samoa, die Perle der Südsee. Berlin 1895

Finsch, Otto: Neuguinea und seine Bewohner. Berlin 1865

Finsch, Otto: Samoa-Fahrten. Leipzig 1888

Flierl, Johann: Gottes Wort in den Urwäldern von Neuguinea. Neuendettelsau 1929

Friederici, Georg: Wissenschaftliche Ergebnisse einer Forschungsreise nach dem Bismarck-Archipel im Jahre 1908. Berlin 1910

Fritz, Georg: Ad majorem Dei gloriam, Die Vorgeschichte des Aufstandes 1910/11 in Ponape. Leipzig 1912

Frommund, Bernhard: Deutsch-Neuguinea, eine Perle der Südsee. Erlebnisse und Eindrücke eines Deutschen auf Deutsch-Neuguinea 1905–1908. Hamburg 1926

Hagen, Bernhard: Unter den Papuas. Wiesbaden 1899

Hager, Carl: Die Marshall Inseln in Erd- und Völkerkunde, Handel und Mission. 1886 Leipzig

Hahl, Albert: Deutsch-Neuguinea. Berlin 1942

Hahl, Albert: Gouverneursjahre in Neuguinea. Reprint 1997

Hambruch. Paul: Ergebnisse der Südseeexpedition 1908–10.

Hernsheim, Franz: Südsee-Erinnerungen 1875–1880. Berlin 1887

Hesse-Wartegg, Ernst von: Samoa, Bismarck-Archipel, Neuguinea, drei deutsche Kolonien in der Südsee. Leipzig 1902

Kramer, Augustin: Die Samoa-Inseln. Stuttgart 1903

Neuhaus, Richard: Deutsch-Neu-Guinea. Berlin 1911

Parkinson, Richard: Dreißig Jahre in der Südsee. Stuttgart 1907

Reinecke, Franz: Samoa. Berlin 1902

Schellong, Otto: Zur Geschichte der Gründung einer Kolonie. Erlebtes und Eingeborenenstudien. Königsberg i.Pr. 1934

Semper, Karl Gottfried: Die Palau-Insel im Stillen Ocean. Reiseerlebnisse. Leipzig 1873

Stevenson, Robert Louis: A Footnote to History: Eight Years of Trouble in Samoa. New York 1892

Wegener, Georg: Deutschland in der Südsee. Leipzig 1903

Wendland, Wilhelm: Aus Papuas Kulturmorgen. Ein deutscher Kolonialarzt erlebt die Südsee. Stuttgart 1939

Werner, Eugen: Kaiser-Wilhelmsland, Beobachtungen und Erlebnisse in den Urwäldern Neuguineas. Freiburg i.Br. 1911

Zieschanks, Frieda: Ein Jahrzehnt auf Samoa. Leipzig 1918

Zöller, Hugo: Deutsch-Neuguinea. Stuttgart 1891

Kiautschou

Boeck, Kurt: Deutsch-China im Bau. Stuttgart 1900

Franzius, Georg: Kiautschou. Deutschlands Erwerbung in Ostasien. Berlin 1898

Gottberg, Otto von: Die Helden von Tsingtau. Berlin 1915

Hesse-Wartegg, Ernst von: Schantung und Deutsch-China. Leipzig 1898

Marinearchiv: Die Kämpfe der kaiserlichen Marine in den deutschen Kolonien: Tsingtau. Berlin 1935

Mohr, Friedrich W.: Handbuch für das Schutzgebiet Kiautschou. Tsingtau 1911

Plüschow, Gunther: Die Abenteuer des Fliegers von Tsingtau. Berlin 1917

Richthofen, Ferdinand von: Kiautschou – Seine Weltgeltung und voraussichtliche Bedeutung. Berlin 1897

Richthofen, Ferdinand von: Schantung und seine Eingangspforte Kiautschou. Berlin 1898

Rohrbach, Paul: Deutschland in China voran. Berlin 1912

Schrameier, Wilhelm: Kiautschou: Seine Entwicklung und Bedeutung. Ein Rückblick. Berlin 1915

Vollerthun, Waldemar: Der Kampf um Tsingtau. Leipzig 1921

Walter, Robert: Tsingtau unterm Feuer. Weimar 1915

Weicker, Hans: Kiautschou. Das deutsche Schutzgebiet in Ostasien, Berlin 1908